中国社会科学院文库
历史考古研究系列
The Selected Works of CASS
History and Archaeology

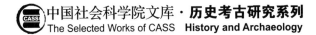中国社会科学院创新工程学术出版资助项目

中国社会科学院文库·历史考古研究系列
The Selected Works of CASS　History and Archaeology

美国与晚清中国
(1894 ~ 1911)

The United States and Late
Qing China, 1894-1911

崔志海　著

社会科学文献出版社
SOCIAL SCIENCES ACADEMIC PRESS (CHINA)

《中国社会科学院文库》
出版说明

　　《中国社会科学院文库》（全称《中国社会科学院重点研究课题成果文库》）是中国社会科学院组织出版的系列学术丛书。组织出版《中国社会科学院文库》，是我院进一步加强课题成果管理和学术成果出版的规范化、制度化建设的重要举措。

　　建院以来，我院广大科研人员坚持以马克思主义为指导，在中国特色社会主义理论和实践的双重探索中做出了重要贡献，在推进马克思主义理论创新、为建设中国特色社会主义提供智力支持和各学科基础建设方面，推出了大量的研究成果，其中每年完成的专著类成果就有三四百种之多。从现在起，我们经过一定的鉴定、结项、评审程序，逐年从中选出一批通过各类别课题研究工作而完成的具有较高学术水平和一定代表性的著作，编入《中国社会科学院文库》集中出版。我们希望这能够从一个侧面展示我院整体科研状况和学术成就，同时为优秀学术成果的面世创造更好的条件。

　　《中国社会科学院文库》分设马克思主义研究、文学语言研究、历史考古研究、哲学宗教研究、经济研究、法学社会学研究、国际问题研究七个系列，选收范围包括专著、研究报告集、学术资料、古籍整理、译著、工具书等。

中国社会科学院科研局

2006 年 11 月

目　录

前言　晚清中美特殊关系是神话还是现实?

　　美国与中国，一在浩瀚的太平洋之东，一在浩瀚的太平洋之西；一个为"世界上最新的帝国"，一个为"世界上最古老的帝国"。① 自 1784 年 8 月 28 日美国商船"中国皇后"号首航广州，开启中美两国关系以来，如何定义两国关系始终是一个困扰两国人民和政治家的问题。诚如美国学者格雷厄姆（Edward D. Graham）在研究 19 世纪美国人关于中美特殊关系的思想之后所说：中国是敌是友、是危险之源还是希望之源，迄今仍笼罩在美国人的意识生活之中。②

　　就中国一方来说，对美国这个国家虽有一些负面评论，尤其是在两国之间发生严重冲突之际，但大多数时候抱有比较正面的看法，比较"亲美"。19 世纪初中国第一批睁眼看世界的思想家，如魏源、徐继畬、梁廷枏等，在他们的著作里对美国这个新兴国家就都怀好感，甚至不乏盲目溢美之词，赞扬美国"逐走强敌，尽复故疆"，③ "诸大国与之辑睦，无敢凌侮之者"④；赞扬美国为政"公"，"不设王侯之号，不循世及之规，公器付之公论，创古今未有之局"⑤，"人心翕然"⑥；赞扬在中西贸易中，"英

---

① 〔美〕欧内斯特·梅、小詹姆斯·汤姆逊编《美中关系史论——兼论美国与亚洲其它国家的关系》，齐文颖等译，中国社会科学出版社，1991，第 41 页。

② Edward D. Graham, *American Ideas of A Special Relationship with China, 1784 – 1900* (New York and London: Garland Publishing, Inc. , 1988), p. 374.

③ 魏源：《海国图志》卷 59《外大西洋墨利加洲总叙》，《魏源全集》第 6 册，岳麓书社，2011，第 1585 页。

④ 徐继畬：《瀛环志略》卷 9《北亚墨利加米利坚合众国》，清道光三十年刊本，第 16 页。

⑤ 徐继畬：《瀛环志略》卷 9《北亚墨利加米利坚合众国》，第 35 页。

⑥ 魏源：《海国图志》卷 59《外大西洋墨利加洲总叙》，《魏源全集》第 6 册，第 1585 页。

夷乃以鸦片岁数千万竭中国之脂，惟弥利坚国邻南洲，金矿充溢，故以货易货外，尚岁运金银百数十万以裨中国之币"；赞扬美国"富且强，不横凌小国，不桀骜中国，且遇义愤，请效驰驱。可不谓谊乎？"[1]

在外交上，许多中国人也将美国与英国等其他列强区别开来，将美国看作可以援助中国的国家。鸦片战争期间，林则徐、阮元、伊里布、裕谦等清朝官员在提出"以夷制夷"策略时，就不同程度怀有争取或依赖美国的想法，其中阮元曾建议道："素知在粤通市各国，嘆咭唎之外，惟咪（唎堅）国最为强大，其国地平多米，嘆夷仰其接济，不敢触犯。而咪夷在粤，向系安静，非若嘆夷之顽梗。若优待咪夷，免其货税，又将嘆夷之贸易移给咪夷，则咪夷必感荷天恩，力与英夷相抗。且嘆夷之船炮，多向海外各国租赁裹胁而来，若咪夷为我所用，则各国闻知，无难瓦解。"伊里布对阮元的这一建议虽然表示"有无窒碍之处，奴才未能深悉"，但他将阮元的建议上奏朝廷，显然也是赞同阮议，因此明确希望朝廷加以采纳，谓："若假咪夷之力以制嘆夷，似觉事半功倍，虽以天朝之大，借助外夷，未为正办，然兵法中本有'伐交'之说，而以夷制夷之法，汉、唐以来载于史册者，不一而足，仿而行之，尚非失体。且以招抚嘆夷与驱策咪夷，两事相提并论，亦属此善于彼，阮元之策，似亦不为无见。"[2] 而林则徐在上奏中也表达过类似的思想，谓"查嘆咭唎在外国最称强悍，诸夷中惟咪（唎堅）及佛囒哂尚足与之抗衡"；[3] 裕谦则谓"如欧罗巴、美利坚、佛郎机诸国，其势力亦均与该逆相等"。[4]

后来，早期维新派郑观应在比较美国与英、法、俄等列强之后，在对外关系上更加明确主张联美，以为"声援"，写道："美国秉信守礼，风俗

① 魏源：《海国图志》卷59《外大西洋墨利加洲总叙》，《魏源全集》第6册，第1585页。按：早期先进中国人的美国观，可参见陈胜粦《鸦片战争前后中国人对美国的了解和介绍——兼论清代闭关政策的破产和开眼看世界思潮的勃兴》（上、下）（《中山大学学报》1980年第1、2期）及熊月之《中国近代民主思想史》（上海人民出版社，1986）、《西学东渐与晚清社会》（上海人民出版社，1994）等论著。

② 《伊里布又奏招美以制英片》（道光二十一年正月初七日），《筹办夷务始末》（道光朝）第2册，中华书局，1964，第745～746页。

③ 《林则徐等奏复封关禁海应毋庸议折》（道光二十年三月二十六日），《筹办夷务始末》（道光朝）第1册，中华书局，1964，第298页。

④ 《裕谦又奏请悬赏告示许各国洋人杀贼请赏片》（道光二十一年二月十九日），《筹办夷务始末》（道光朝）第2册，第871页。

庞厚，与中国素无猜嫌。当相与推诚布公，力敦和好，有事则稍资臂助，无事亦遥借声援。"① 薛福成也持相同见解，认为美国与欧洲国家有别，建议要以美国为中国之"强援"，指出："美国自为一洲，风气浑朴，与中国最无嫌隙。其纽约与蒲公使所立新约，则明示以助我中国之意。盖亦恐中国稍弱，则欧洲日强，还为彼国之害也。故中国与美国，宜推诚相与，略弃小嫌，此中国之强援，不可失也。"② 1897 年底德国强占胶州湾、列强掀起瓜分中国狂潮之后，驻美公使伍廷芳也以美国对华政策与其他列强有别，力主加强与美国的关系，写道："臣伏查美国合众邦以为国，其保邦制、治国律以兼并他洲土地为戒。溯自海上用兵以来，美国兵船皆由英人牵率而至。道光二十一年粤东议款，美实居间排解，遂得定盟。咸丰九年，英法阑入大沽，毁我防具。美导前约，船由北塘口驶入，呈递国书，情词谦逊，先换和约而归。是通商以来，美视诸国最为恭顺。此次守约惟谨，不肯附和，固由古巴议自主、檀岛议兼隶，近在同洲，大局未定，不遑远略。亦因与我交谊素笃，故不从合纵之谋。若能与之交欢，彼必乐为尽力。无事则联络邦交，深相结纳；有事则出持公论，有所折衷，似与大局不无裨益。"③ 1900 年庚子事变发生后，清朝政府又以美国"顾念邦交，允为排解，并先撤兵"，请求美国麦金莱（William Mckinley）总统"转商各国，尽捐嫌隙，速定和议，则感荷高谊，益无涯涘"。④ 至清末，驻美中国使馆参赞颜惠庆则公开撰文疾呼"纵观近今全球之大势，中国之所最宜联络、最宜亲密，彼此得以相维而相系者，莫如美"。⑤ 1930 年代，王彦威、王亮在编辑出版《清季外交史料》所撰《中美交涉序略》中总结晚清中外关系时亦称赞"美国对华交涉，迥然别于他国者矣"，"列强与我构衅，美恒以友邦之谊，周旋其间，并无利我土地之心"，"其能以和平相终

---

① 郑观应：《论边防》，夏东元编《郑观应集》上册，上海人民出版社，1982，第 114 页。
② 薛福成：《应诏陈言疏》（1875 年），《筹洋刍议：薛福成集》，徐素华选注，辽宁人民出版社，1994，第 42 页。
③ 《奏为清廷借材异地当以美国为宜片》（1898 年 2 月 10 日），丁贤俊、喻作凤编《伍廷芳集》上册，中华书局，1993，第 51 页。
④ 《总署致美使康格照会》（光绪二十六年闰八月二十八日），黄嘉谟主编《中美关系史料》（光绪朝四），台北中研院近代史研究所，1989，第 2724 页。
⑤ 颜惠庆：《论中美邦交》，《外交报》第 251 期，"译论"栏，第 9 页，外交报馆编《外交报汇编》第 13 册，商务印书馆，1914，第 423 页。按：有关近代中国人美国观的演变，可参见杨玉圣《中国人的美国观——一个历史的考察》（复旦大学出版社，1996）一书。

始者，仅美国而已"。①

　　1945 年抗日战争胜利之后，由于美国政府卷入国共两党之争，实行"亲蒋反共"政策，毛泽东主席在 1949 年新中国成立前夕就中美关系问题发表一系列文章，痛斥美国国务卿艾奇逊（Dean Gooderham Acheson）在《白皮书》中宣传中美友好特殊关系"当面撒谎，将侵略写成了'友谊'"；② 痛斥美国政府抱着侵略中国的目的，干涉中国内政，支持中国的反动政府和军队，与中国人民为敌，"美国出钱出枪，蒋介石出人，替美国打仗杀中国人，借以变中国为美国殖民地的战争，组成了美国帝国主义在第二次世界大战以后的世界侵略政策的一个重大的部分"。③ 但另一方面，中共中央和毛泽东并不否认历史上中美两国人民之间确乎存在友好的特殊关系，将破坏中美关系的反动派与美国人民区别开来，1949 年 8 月 12 日新华社在发表的评论文章中指出："白皮书徒然地伪善地说了一大堆中美的友谊。这种友谊确是存在的，而且将永远继续存在，但是它只存在在美国人民和中国人民之间，因为美国人民没有侵略中国的动机和必要，并且曾在许多方面与中国人民作了令人永志不忘的互相援助。"④ 接着，毛泽东在《为什么要讨论白皮书?》一文中也对这一观点做了呼应，说道："中美两国人民间的某些联系是存在的。经过两国人民的努力，这种联系，将来可能发展到'极亲密的友谊的'那种程度。但是，因为中美两国反动派的阻隔，这种联系，过去和现在都受到了极大的阻碍。并且因为两国反动派向两国人民撒了许多谎，拆了许多烂污，就是说做了许多的坏宣传和坏事，使得两国人民的联系极不密切。艾奇逊所说的'极亲密的友谊的联系'，不是说的两国人民，而是说的两国反动派。在这里，艾奇逊既不客观，也不坦白，他混淆了两国人民和两国反动派的相互关系。"⑤

　　对于历史上中美之间是否存在特殊关系问题，美国方面的观点和看法

---

① （清）王彦威辑、王亮编《清季外交史料索引》卷二，书目文献出版社，1987，第 1 页。
② 毛泽东："'友谊'，还是侵略?"（1949 年 8 月 30 日），《毛泽东选集》第 4 卷，人民出版社，1991，第 1505 页。
③ 毛泽东：《别了，司徒雷登》（1949 年 8 月 18 日），《毛泽东选集》第 4 卷，第 1491 页。
④ 《无可奈何的供状——评美国关于中国问题的白皮书》，《中美关系资料汇编》第 1 辑，世界知识出版社编印，1957，第 2 页。
⑤ 毛泽东：《为什么要讨论白皮书?》（1949 年 8 月 28 日），《毛泽东选集》第 4 卷，第 1501～1502 页。

则是言人人殊，莫衷一是。一派持肯定意见，认为中美之间确乎存在"由美国利他主义的援助和中国满怀感激的报答所产生的友好关系"。① 美国国务卿艾奇逊在 1949 年就《中美关系白皮书》致美国总统杜鲁门的信中就大谈中美两国的友好特殊关系和历史，指出："美国人民与政府对中国的关切，可以在我们的历史上追溯到很远的时期。尽管距离及背景上的广泛差异把中国和美国隔开，但是结合中美两民族的宗教上、慈善事业上和文化上的联系，常使美国对中国的友谊加强。这种友谊可以由许多年来的种种善意措施予以证明，诸如利用庚子赔款供中国学生的教育费用，在第二次世界大战期内的废除治外法权，战时和战后的广泛对华援助等。这个纪录表明，美国始终维持并且现在依然维持对华外交政策的各种基本原则，包括门户开放主义、尊重中国的行政和领土的完整、反对任何外国控制中国等。"② 也有美国学者认为，中美特殊关系主要表现在美国人怀着"天赋使命论"的思想，对华政策充满理想主义，"以'上帝重新挑选的选民'这种特定的自我形象来到了中国，并在中国传播一种全新的生活方式，而丝毫不考虑中国人的自身需要。美国人的信念是，上帝已经赋予他们以牺牲其他国家为代价去扩张的使命，这使他们想当然地以为，为别人提供对他们自己（自我利益）有好处的东西，也必然对其他人的利益有好处"；"美国人坚信，中国如果想实现变革和现代化，就必须成为'上帝之国'，这也就意味着中国必须在美国的指导下演变为一个'基督教中国'"。③ 还有美国学者认为，晚清中美特殊关系主要表现在整个晚清中外不平等关系体系中，尽管美国与其他列强一样，也获取在华特权，"自然也难免遭到敌视"，但"另一方面，当中国有需要把压迫中国的列强加以区别对待时，当中国需要帮助的时候，相对地说美国人还是比较友好和可以利用的"，④ 因此，美国在中国的形象始终要比其他的列强正面，常常被"视为列强中

---

① 〔美〕韩德：《中美特殊关系的形成——1914 年前的美国与中国》，项立岭、林勇军译，复旦大学出版社，1993，第 315 页。
② 《中美关系资料汇编》第 1 辑，第 29～30 页。
③ 〔美〕托马斯·博克：《大洋彼岸的中国幻梦——美国"精英"的中国观》，丁伯成译，外文出版社，2000，第 30、31 页。
④ 〔美〕孔华润：《美国对中国的反应——中美关系的历史剖析》，张静尔等译，复旦大学出版社，1989，第 25 页。

最不具侵略性的国家，最宜于驾驭来实现中国政策目标的国家"。①

另一派意见则相反，认为中美之间并不存在所谓的"友好合作"的"特殊"关系，也不存在美国对中国改革和1911年辛亥革命的同情和支持，这只是一种"虚构"和"神话"；美国的对华政策始终从本国现实利益出发，由本国国内和国际政治形势决定，并无特别之处；有关中美特殊关系的神话不但不真实，并且给两国关系造成严重伤害，必须予以摈弃，指出"对这种虚构的关系所作的仔细研究表明，所谓'特殊'是指两个截然不同的并相隔遥远的民族之间难分难解的冲突，而两个民族在某种程度上都成了它们自己的误解和神话的受害者"。② 或曰这种神话"导致了中美关系的不稳定，进一步加深了麦卡锡时代迫害不同政见者的痛苦，甚至导致鼓动美国卷入越战"。③

人们在界定晚清中美关系时出现上述截然不同的观点，既源于中美关系的复杂性和特殊性，同时也源于中美两国学者、政治家和历史人物的不同观感及对"特殊关系"的不同理解和定义。本书研究的目的之一，便是希望对更好理解晚清及今天的中美关系有所裨益。

关于美国与晚清中国，研究的内容自然十分广泛，包罗万象。若以两国关系领域来说，有经济关系、政治关系、军事关系、文化关系之分。若以两国关系的层级来说，则有民间外交与官方外交之别。在晚清中美关系中，根据学界一般的观点，就美方来说，主角为传教士、商人和政府。前两者的外交活动基本上属于民间外交范畴，政府层级的外交则代表和体现了中美两国的国家关系，属于官方外交。虽然传教士和商人在早期中美关系中曾扮演了重要角色，虽然有些学者强调民间外交或中外文化在外交和国际关系上的积极作用，但个人以为，在所有的近代外交和国际关系中，最终起主导作用的是官方外交，民间外交大多数时候只是官方关系的附属和补充，背后反映的还是国家意志。晚清的中美关系更是如此。

早期中美关系虽由美国商船"中国皇后"号开启，但其实与美国政府

---

① 〔美〕韩德：《中美特殊关系的形成——1914年前的美国与中国》，"中文版序"第3页。

② 〔美〕韩德：《中美特殊关系的形成——1914年前的美国与中国》，第316页。

③ Daniel M. Crane and Thomas A. Breslin, *An Ordinary Relationship*: *American Opposition to Republican Revolution in China* (Miami: Florida International University Press, 1986), "Preface", p. 9.

有密切关系。"中国皇后"号的船长耿若瀚（John Green）是独立战争期间美国政府默许劫掠敌船的私掠者之一，大班山茂召（Samuel Shaw）和合伙人兰德尔（Thomas Randall）均为独立战争中的美军军官，其首航不但得到其上司联邦陆军部长亨利·诺克斯（Henry Knox）少将的支持，而且国会也为其颁发了"航海护照"，证明其为美国船只。而在 1785 年"中国皇后"号凯旋后，国会任命山茂召为美国驻广州领事，尽管"不给予领取任何薪水、酬金或津贴等诸如此类的权利"，但仍有嘉奖之意。1786 年 1 月 30 日，山茂召致信当时美国外交部长杰伊（John Jay），"感谢国会的委任，对邦联国会给予的荣誉非常满意"，并保证忠实履行职责。为实现美国国家利益，2 月 4 日他再次从纽约起航，开始他第二次中美贸易之旅。稍后，联邦政府又响应美商的呼吁，于 1789 年和 1791 年专门立法，特别保护对华贸易。而与此形成鲜明对比的是，在"中国皇后"号首航广州之前二年，1776～1781 年跟随英国探险家柯克（James Cook）到过中国的美国人黎亚德（John Ledyard）于 1782 年返回美国后，曾建议美商和美国政府派商船前往广州贸易，但因得不到美国官方的响应和支持未能成行，赍志而殁。可以说，倘若没有美国政府的支持，早期美商的对中贸易是不可能顺利启动和发展的。① 同样，虽然传教士在早期中美关系中扮演了重要角色，但事实是美国的传教事业也是在借助美国政府和西方列强与清政府签订一系列不平等条约和各国的强力保护之后才获得发展的。在华传教士的人数从 1858 年的 81 人增加到 1889 年的 1296 人，其中，美国传教士大约 500 人；在华信徒则由 1853 年的约 350 人增加到 1889 年的 37287 人。② 因此，本书内容主要聚焦于中美两国的官方关系，所用资料也以两国官方外交文件为主。

　　本书选择以 1894～1911 年这一时间段的中美关系为研究对象，除了个人的学术兴趣及有可资利用的中美两国政府档案这一因素外，也是出于学术考量。无论从世界范围来说，还是对于美国和中国来说，19 世纪末都是

---

① 有关早期中美贸易关系及"中国皇后"号首航广州贸易的历史，参见〔美〕赖德烈《早期中美关系史（1784～1844）》，陈郁译，商务印书馆，1963；李定一《中美早期外交史（一七八四年至一八九四年）》，台北：传记文学出版社，1978；〔美〕乔西亚·昆西编《帝国的相遇：美国驻广州首任领事山茂召实录》，常征译，人民出版社，2015。

② Paul A. Varg, *Missionaries, Chinese, and Diplomats: The American Protestant Missionary Movement in China, 1890 - 1952* (Princeton: Princeton University Press, 1977), p. 13.

一个历史转折点。正是在这一时间节点上，主要资本主义国家先后完成第二次工业革命，实现了由蒸汽机的自由资本主义时代向电气化的帝国主义时代的过渡。与此同时，国际关系也伴随科技和生产力的巨大进步及世界资本主义经济体系的形成，发生深刻的变化，矛盾和冲突变得更加尖锐，影响更为巨大，"民族主义和工业主义这两个动力，彻底地改变了全世界的力量均势……这在1800年或从前任何世纪开始时都是未曾有过的"。[①]在这段时间里，美国不但全面完成第二次工业革命，基本实现工业化、城市化和垄断化，而且后来居上，一举跃居世界头等经济和军事强国。[②]随着西部大陆扩张的完成，其对外政策也发生重大变化，开始转向海外扩张，并将亚洲太平洋地区作为海外扩张的主要目标。继1867年吞并太平洋中途岛之后，美国又于1898年正式吞并夏威夷，发动与西班牙的战争，出兵占领菲律宾，"美国变成了亚洲地区的一个大国"，[③]力图在亚洲扮演与世界强国相称的角色。诚如另一位美国外交史家所说："19世纪末，美国开始感觉到，在亚洲拥有势力是成为一个世界强国所绝对必需的。美国在美西战争后是一个世界强国，所以它必须在远东事务中扮演一个主要角色。"[④]虽然这一时期美国关注的焦点仍然是加勒比、中美洲和欧洲，但伴随"太平洋时代"的到来，中国问题愈益成为美国东亚政策的一个重点，美国介入中国问题的兴趣和对中国问题的影响大大加强了，美国公众对华的"家长作风"（paternalism）和善良情感及美国官方的对华政策，很大程度上就是在这一时期形成的。[⑤]而中国则在这一国际大背景之下被进一步纳入世界资本主义经济体系之中，成为列强争夺的焦点，沦为一个半殖民地国家，内政和外交都深受包括美国在内的列强影响。因此，研究这一时

[①] C. L. 莫瓦特编《新编剑桥世界近代史》第12卷《世界力量对比的变化（1898～1945年)》，中国社会科学院世界历史研究所组译，中国社会科学出版社，1987，第151页。有关19、20世纪之交的世界历史，参见樊亢等编《主要资本主义国家经济简史》，人民出版社，1973。

[②] 有关这一时期的美国历史，可参见余志森主编《崛起和扩张的年代（1898～1929）》（刘绪贻、杨生茂主编《美国通史丛书》），人民出版社，2001。

[③] 〔美〕孔华润：《美国对中国的反应——中美关系的历史剖析》，第40页。

[④] 〔美〕托马斯·帕特森等：《美国外交政策》，李庆余译，中国社会科学出版社，1989，第273～274页。

[⑤] Paul A. Varg, *The Making of A Myth: The United States and China, 1897－1912* (Westport, CT: Greenwood Press, 1980), p. 1.

期中美两国关系，自然深具学术价值和现实意义。

关于1894～1911年的中美两国关系，既往中美学者已做过许多研究，既有比较宏观的通论性研究，也有不少专题研究，涉及两国的外交政策、经济关系、政治关系、军事关系、重大外交事件的交涉。① 就学界既往研究来说，大体比较偏重于外交政策及一些重大外交事件的交涉过程的分析，比较忽视美国与中国内政关系的研究。事实上，一个国家对另一国家内政的观察和反应，既是一个国家制定外交政策的重要依据之一，又是一个国家外交政策的体现，是各国外交关系的一个重要组成部分。许多外交学著作都将了解别国的内政列为一项重要的外交活动，1964年4月24日生效的《维也纳外交关系公约》在第3条关于驻外使馆职责中，明确规定"以一切合法手段调查接受国之状况及发展情形，向派遣国政府具报"为使馆职责之一。而在近代国际关系中，一些国家及其统治阶级为实现其外交目标，超出国际法的合理范围，粗暴干涉别国内政的行为，更是屡见不鲜。有鉴于此，本书的写作除涉及外交政策和中美交涉内容外，比较多地关注美国政府对中国内政的反应和影响，尝试在晚清政治与中美关系史的结合研究方面做些有益探索，由此深化这一时期的中美关系及晚清政治史的研究。而为使研究比较深入，本书将采取专题方式进行，除前言和结语外，共分十二章。

第一章考察了美国在中日甲午战争中的态度和反应及其原因和后果。1894～1895年的甲午战争是晚清发生的第四场中外战争，这场战争不但深刻影响了东亚国际关系，打破战前该地区脆弱均势，使日本一跃成为东亚霸主，并且将晚清中国的虚弱暴露无遗，天朝彻底崩溃，战争造成的民族危机极大促进了中国人民的觉醒，因此，这场战争既被视为中国的一场"国殇"，又被视为"现代中国"的一个开端。在这场战争中，美国表面声称保持中立，实际却偏袒日本一边：战前一再拒绝中、朝两国的调停请求和英国的联合调停建议，默认或怂恿日本发动战争。战争期间，美国外交官作为中日两国侨民的战时保护人，一再逸出国际法合理范围，曲意保护

---

① 既往中美学界的研究，可参见〔美〕欧内斯特·梅、小詹姆斯·汤姆逊编《美中关系史论——兼论美国与亚洲其它国家的关系》，汪熙、〔日〕田尻利主编《150年中美关系史论著目录（1823～1990）》（复旦大学出版社，2005）以及本书的参考文献和相关脚注，兹不一一介绍。

在华的日本间谍。作为中日两国的唯一调停人，美国一方面拒绝与欧洲国家联合调停，为日本继续发动战争减轻国际压力，另一方面又单方面劝说清朝政府接受日本的各项侵略要求，帮助日本实现发动战争的目的。美国之所以偏袒日本，一是希望借日本之手废除中朝宗藩关系，进一步打开中国的大门，同时利用日本削弱英国、俄国等列强在东亚的影响力；二是受美国国内舆论和偏见的影响。尽管美国的天平倾向日本一边，但清政府对美国的调停还是表达了感谢，认为这是美国的友善帮助。而历史证明，美国希望利用日本来实现其东亚政策并不是一个正确的选择，最终竹篮打水一场空，为日本火中取栗，却搬起石头砸了自己的脚。

第二章考察了美国驻华公使和美国政府对戊戌变法的观察和反应，以揭示意识形态、价值观念与国家理性在美国政府对待中国国内政治改革问题上的张力。戊戌变法为中日甲午战争之后中国国内掀起的一场具有救亡和思想启蒙意义的改革运动。对于这场改革运动，美国驻华公使和美国政府站在意识形态的立场上，倾向于同情和支持变法中的帝党和改革派。但基于国家理性，对于后党发动政变、镇压改革运动，并没有像当时舆论呼吁的那样，公开进行干涉或阻止，而是采取现实主义态度，重视和关注中国政局的稳定，仅对政变后北京出现的排外事件向清政府提出严重交涉。甚至与各国一道调兵进京，保护使馆，为一年多后庚子事变列强侵华做了预演。同样，基于国家理性，美国驻华公使和美国政府对清朝改革派与守旧派官员的判断和划分很大程度上也是根据他们对外国人的态度：凡是对外国人态度友好，热心办理洋务的，即是改革派官员；反之，便是守旧分子。尽管美国驻华公使和美国政府戴着有色眼镜，但他们的观察和反应对更好地认识戊戌变法的复杂性还是富有意义的，某些方面具有一定的历史洞见，比如关于拥护光绪帝的"勤王运动"有可能在南方发生的观察，对两宫生死与帝后两党权力斗争的关系、排外运动与慈禧太后政治反动之间的关系，以及排外运动可能招致列强瓜分之虞等的观察和论述，很大程度上被后来的历史所验证。当然，鉴于戊戌变法事属中国内政，以及当时美国在中国的影响力不及其他一些列强，美国驻华公使和美国政府对这场变法运动的观察和反应都是有限度的。

第三章考察了美国政府对庚子事变的反应。甲午战争后，相较于维新运动，美国政府更关注中国国内出现的反洋教运动，对战后发生的四川教案和福建古田教案都进行强烈干预，并向清政府提出五条总体解决方案。但对于 1899 年在山东兴起的义和团反教运动，美国政府一开始并没有意识到其严重性，发表的第一次门户开放照会与山东义和团运动并没有直接关系，系针对列强"瓜分"政策发出的一个倡议。直至 1900 年 3 月 22 日，美国政府才将它作为一项对华友好政策，指示康格（E. H. Conger）通报清朝政府，以此鼓励清政府镇压义和团运动。对于义和团运动向津京地区的蔓延，美国驻华公使康格反应强烈，主张与其他列强采取一致行动，并赞成列强的"瓜分"政策。但美国政府站在一个更高的高度，始终坚持门户开放政策，并将其扩大到维护中国领土和行政的完整，主张将战争严格局限于解救使馆、恢复秩序范围内。在《辛丑条约》谈判中，美国政府对中国的态度也相对友善，其目的主要在于促进中国内部改革，促进中外经济和贸易关系，实现对中国的"和平演变"，以致某些列强抱怨美国的会谈代表柔克义（William W. Rockhill）和康格"某种程度上充当了中国全权代表们的律师"。导致美国出兵参战的原因，并非"中外双方在交流方面的误解"，主要还是 19 世纪以来中外民教矛盾和冲突长期得不到妥善合理解决。而美国政府在这场中外战争中对中国的态度和反应较为节制和友好，除了美国国内政治因素和对华门户开放政策两个原因之外，当时东南地方督抚和驻美公使伍廷芳与美国政府之间保持的外交孔道也起了积极作用，中和了美国驻华公使康格提供的片面信息及欧美舆论界的一些夸大不实渲染，舒缓了美国政府和公众的焦虑。

第四章考察了美国驻华外交官和美国政府对庚子事变之后中国政局的观察和反应。经过庚子事变的冲击，改革主义在 20 世纪初重新兴起。对于 1901 年慈禧太后启动新政改革，美国驻华外交官和美国政府虽然乐见清政府进行行政和教育改革，但更关注贸易和投资方面的改革。同时，在清朝政治权力结构的变动中，美国驻华外交官和美国政府严防清朝顽固守旧排外势力回潮，不但要求清政府及时镇压中国国内的任何排外活动，并且公然阻止清朝任用他们认为的排外守旧官员。另一方面，他们又极力拉拢和支持清廷统治集团内亲外的改革派势力，如奕劻、李鸿章、刘坤一、张之洞、袁世凯、周馥等官员，欢迎他们出任重要职位，同时要求清政府为在庚子事变中因反战遭死或免职的官员正名、恢复名誉，甚至为保护亲外的改革派官员端方的声誉，不惜阻止美商因经济纠纷发起的诉讼。为加强对清廷朝政的影响，美国政府除派官员频频访华，推动中美官员的交往，密切与清政府的关系外，还希望在清朝机构改革中有美国人担任顾问。驻华公使康格甚至建议美国像有些列强一样，设立"腐败基金"，用金钱贿赂手段，在清朝官员中培植为美国服务的线人。康格夫人则积极开展"夫人"外交活动，与慈禧太后建立起密切关系，引导慈禧太后追随世界进步潮流，增进中外交往，执行开明的改革政策。在庚子事变之后，美国政府和其他列强对中国内政的干预和影响，明显加强了。

第五章考察了 1902～1903 年商约谈判中中美两国的分歧和妥协。为推动清政府进行贸易和投资方面的改革，在辛丑和约谈判期间，美国政府就有意启动商约谈判。《辛丑条约》签订后，美国政府紧随英国之后与清政府举行商约谈判。在将近两年的谈判过程中，尽管中美在加税免厘、开放通商口岸、知识产权保护、矿务章程、外交体制和海关改革等方面存在分歧，但当时的美国政府本着对华门户开放政策的友好原则，对清政府的要求多有妥协和采纳，认为商约的内容应该是互利的，这些改革是中国发展经济所必需的。因此，中美商约虽然是一个不平等条约，但它的内容在当时并非完全是负面的。譬如中美商约一定程度上体现了中外所享权利的对等；在某些方面照顾到了对中国主权的尊重；作为中美商约核心内容的加税免厘条款，就其主要方面来说，亦是符合中国利益的，当时的日本在商约谈判中就不愿接受中美商约这一条款内容。当然，清政府将关税问题、通商口岸问题、知识产权问题、货币改革问题等写入中外商约，也导致中国的有关改革受制于列强，丧失主动权，为随后美国和其他列强干涉中国这些改革提供了条约依据，反映了当时中国的弱国地位。中美在商约谈判中的矛盾和分歧，充分反映了中国改革和开放的两条道路之争：清朝政府力争走自主改革和开放道路，美国则力图将中国的改革和开放维持在不平等条约体系之内。

第六章具体考察了美国与清末币制改革的关系。1903～1904 年清政府邀请美国货币专家精琪（Jeremiah Jenks）来华，帮助进行币制改革。双方表面都以促进中外贸易和投资相标榜，实则各有所图。清政府是要维持中外货币汇率的稳定，解决自 19 世纪 70 年代以来因国际银价跌落、金银折算亏累所造成的财政损失，因此，从一开始就拒绝将精琪访华与中美商约挂钩。美国则试图借此将中国货币纳入以纽约为中心的美元国际集团，以与长期主宰国际金融的英镑竞争，使美国政府在国际货币事务中扮演领导角色。因此，美国表面声称精琪访华只负有调查建议之责，改革方案须由各国商议而定，不得损害金本位国家货币制度，实则力图由美国主导，促成中国货币改革。清政府最后拒绝精琪的货币改革方案，主因不在于晚清"货币发行地方化"所代表的地方利益的抵制，而在于该方案没有顾及中国主权和利益，同时也由于当时中国缺乏实行金本位的物质基础和有利的国际环境，以及当时清朝决策层缺乏必要的相关货币理论和国际金融知识。而精琪当时没有向外界和美国政府如实、准确传达会谈情况，声称清政府接受了他的货币改革方案，既出于其邀功心理，也是中美文化和语言隔阂所致。虽然清政府当时没有接受美国的货币改革方案，但精琪访华还是富有重大意义，他传播了相关国际货币金融知识，开启了中国近代币制本位问题的讨论。从清末到民国，中国内部有关金汇兑制问题的讨论几乎不同程度都以精琪货币改革方案为蓝本。并且，在当时众多列强中，清政府唯独邀请美国帮助中国进行币制改革，这本身就体现了中美之间的特殊关系。

　　第七章考察了美国罗斯福政府对日俄战争之后中国政局的观察和反应。受 1904～1905 年日俄战争中日胜俄败及民族危机进一步加深的影响，中国政局继续发生一系列深刻变化：1901 年开始的新政改革转向以预备立宪为中心的政治改革；以收回利权为核心内容的民族主义运动勃然兴起；伴随改革运动和民族主义运动的勃兴，清廷政治权力结构继续生变。美国驻华外交官和美国政府虽然对清政府依靠自身力量完成预备立宪的各项改革方案多持怀疑态度，但总体上还是肯定和支持的。而与对政治改革不同的是，在有关商务、贸易和投资领域的改革，诸如在制订矿务章程，知识产权保护，自开商埠和海关改革等问题上，美国并不支持清廷，中美之间多有分歧、矛盾。对这一时期中国国内掀起的收回利权和抵制美货运动，美国政府更是持敌视态度，尽管一些美国驻华外交官及美国政治家们对其性质有所认识，意识到收回利权运动并非传统排外运动的复兴，它标志着近代民族主义运动的兴起。在清廷政治权力结构变化中，美国驻华外交官和美国政府沿袭此前的做法，支持亲外官员，反对和抵制对外持强硬态度的官员，在 1907 年"丁未政潮"前后的清廷政治权力斗争中，完全站在袁世凯一边，将袁的政敌瞿鸿禨、岑春煊等看作反对改革运动的保守分子，乐见他们倒台。并且，随着日俄战争之后美国与日俄在华竞争的加剧，美国政府还开始将清廷内部的权力斗争与培植亲美势力直接联系在一起。为扩大美国在中国和东亚的影响力，罗斯福（Theodore Roosevelt）政府先后两次安排美国陆军部长塔夫脱（Willam Howard Taft）对中国进行短暂访问，并接受清朝政府的邀请，同意美国"大白舰队"（Great White Fleet）访问厦门，这在一定程度上反映了罗斯福政府对中国的重视。

第八章重新考察了美国政府首倡退款兴学的缘起和经过。1908 年，美国宣布退还部分庚子赔款，用于资助清政府派遣中国学生赴美留学，这是近代中美关系史上一件具有深远影响的大事。美国政府做出退还部分庚款的决定，主要不是清朝驻美公使梁诚运动的结果，也非 1905 年抵制美货运动的结果，而是因为美国政府在《辛丑条约》谈判赔款问题时就知道美国虚假多报了，有意削减或退还多余部分。同样，将赔款用于兴学也非出于梁诚的倡议和清政府的自愿，而主要出于美方的意图和逼迫。其中，美国外交官和汉学家、对华门户开放照会的起草者柔克义起了重要作用。美国退款兴学，一方面固然要借此培植中国亲美势力、扩大在华影响力，另一方面也是美国对华门户开放政策的一个具体体现——支持中国的改革。我们不能以退款兴学出于美国的意图便将之看作一种文化侵略，美国退款兴学固然是为了扩大美国在华影响力，但这是正常的国际关系行为和思维，对中国并无伤害，且有好处，某种程度上是对 1900～1901 年列强侵华并勒索高额赔款的一种自我否定，对后来其他列强退还庚子赔款起到了示范作用，并且为中国的现代化事业实实在在培养了大批人才。作为退款兴学具体成果之一的清华大学，为当今中国最高学府之一，更是惠泽今日。就此来说，一些美国政治家及中美学者将退款兴学看作中美友好关系和近代中美特殊关系的一个象征，不是没有道理的。

第九章考察了美国政府与清末禁烟运动的关系。1906 年清政府发起的禁烟运动历时五载，被称为清末新政期间最富有成效的改革之一。清末禁烟运动的成功，既得益于日俄战争之后中国国内改革主义和民族主义的普遍觉醒，也得益于出现了有利于中国禁烟的国际环境。其中，美国政府对清末禁烟运动的支持，便是其中一个重要因素。美国政府支持清末禁烟运动，首先与当时美国国内兴起的反麻醉品运动有着直接关系，是该运动的一个组成部分。美国为治理菲律宾需要而发起的禁烟运动则进一步将美国

与 20 世纪初的中国禁烟运动联系在一起。其次，美国在鸦片问题上实行的
"阳光政策"，使得美国政府认为他们最有资格在推动中国禁烟问题上发挥
领导作用，并为扩大美国对华贸易服务。再者，英国政府在鸦片政策问题
上发生的变化以及清政府在禁烟问题上所表现出来的决心和诚意，也为美国
发起支持清末禁烟运动提供了前提条件。美国政府不但积极鼓励清政府颁布
和实行积极的禁烟政策，为中国禁烟运动营造有利的舆论氛围，并且倡议、
发起了国际鸦片会议。在 1909 年 2 月 1 日召开的上海万国禁烟会上，美国
代表与中国代表相互配合，使会议通过声援中国禁烟运动的决议。中美的
这一合作有力地推动了中国和国际禁烟运动，既是晚清中国参与多边国际
外交活动的一个成功范例，也是晚清中美特殊关系的具体表现之一。

　　第十章考察了塔夫脱总统当政时期美国驻华外交官和美国政府对清宣
统朝政局的观察和反应。在 1909～1911 年宣统朝的三年里，美国当政的是
以对华实行"金元外交"政策著称的塔夫脱政府。在这一时期，对于 1908
年 11 月两宫相继去世、溥仪继位事件，即将卸任的罗斯福政府虽然怀疑光
绪帝有可能是被清廷内部的后党谋害，并在开始时对溥仪继任皇位持谨慎
态度，但在权衡利害之后，为维护中国国内政局的稳定，罗斯福政府并无
意响应流亡国外的保皇党领袖康有为出面干涉的请求，而是很快予以承
认，并在溥仪举行继位典礼的同一天接见清朝特使唐绍仪，重申美国对中
国改革与进步的支持。对于接着发生的摄政王载沣驱袁事件，由于美国政
府一直以来将袁世凯看作清廷中一位难得的亲外的富有能力的改革派官
员，并怀疑日本参与了驱袁事件，罗斯福政府及时进行了强力干预，虽然
未能改变袁遭罢黜的事实，但为袁本人及其同党免遭进一步打击并适时复
出获得清廷的口头保证，从而为后来袁的东山再起创造了条件。对于摄政
王载沣主持下的预备立宪政治改革，一方面，塔夫脱政府并没有急于向中
国输出美国的价值观念和美国的民主制度，相反，鼓励摄政王载沣实行渐
进的政治改革，认为中国并不具备实行西方民主制度的条件，对预备立宪
过程中地方谘议局和中央资政院对外表现出来的强烈的民族主义意识表达
强烈不满，希望清政府加以抑制。另一方面，与罗斯福总统当政时期中美
围绕商务改革多有争论和交涉不同，对于塔夫脱总统推出的对华"金元外
交"，摄政王政府更多表现出一种合作态度，对美国参与湖广铁路借款及
美国提出的"满洲铁路中立化"都给予积极配合，并在美国政府的牵头下

与美、英、德、法四国银行团签订《币制实业借款合同》。同时，塔夫脱政府对摄政王载沣有意加强与美国的军事交流也持积极态度，先后热情接待陆军大臣载涛、海军大臣载洵、巡洋舰队统领程璧光访美，并派美国前副总统和海军上将何尔博及陆军部长狄金生（J. M. Dickinson）分别访华。要之，在塔夫脱总统和摄政王载沣当政期间，中美两国在经济和军事领域的合作明显加强。

第十一章具体考察了塔夫脱政府与清政府之间的一项海军合作计划。这一海军合作计划源于 1909 年摄政王载沣提出的一个雄心勃勃的发展海军的七年规划。为实现这一海军重振计划，载沣任命乃弟载洵和海军提督萨镇冰为筹办海军大臣，前往英国、德国、意大利和奥匈帝国等欧洲国家考察，订购各类战舰。美国的造船厂和军火商及塔夫脱政府在获知这一消息后，也有意获得清朝的军舰订单，诚邀海军大臣载洵使团于 1910 年访美，为美国造船厂获得第一份造舰合同。与此同时，为消除 1910 年 7 月第二次日俄协约造成的危机感，摄政王载沣又派遣前外务部尚书梁敦彦为特使前往华盛顿，向美国政府提出一个中美海军合作计划——希望向美国贷款 2500 万两用于建造军舰，另由美国选派一些海军军官来华在中国舰队任职，帮助培训中国海军军官。经过将近一年的筹划、商议，1911 年 10 月美国政府授权与国务院关系密切的伯利恒钢铁公司总裁施瓦布在北京与海军大臣载洵签订了一份由伯利恒钢铁公司帮助清政府重建海军的合同。中美之间的这一海军合作计划虽然由于辛亥革命的爆发未能实施，但它仍然是晚清中美关系上一件值得重视的事情。它表明当时塔夫脱政府的对华“金元外交”政策已不限于铁路、财政、金融等经济领域，并且扩大到了军事领域。同时，它还表明随着东亚国际格局的变化，清政府在军事上开始改变以往一味依赖欧洲和日本的政策，为中美军事合作开启了第一扇大门。

第十二章重新考察了美国政府对辛亥革命和清朝覆灭的态度和反应。辛亥革命和清朝覆灭是中国近代具有划时代意义的重大事件，它标志着中国最后一个封建王朝的终结和亚洲第一个民主共和国家的诞生。关于包括美国在内的列强对中国近代这一重大历史事变的态度和反应，国内传统观点多认为美国等列强支持清朝政府和袁世凯，破坏辛亥革命，这一历史叙事与事实多有出入。就美国政府来说，尽管在辛亥革命爆发一年前美国政府就密切关注中国国内的革命风暴，但只要这些风暴不直接针对外国人，一般都将它们视为中国内部事务，并无直接干涉之意。1911年武昌起义爆发后，尽管美国驻华外交官在如何对待中国国内各派政治势力上有不同意见，但美国政府并没有像国内一些学者认为的那样，与反动的清朝政府或袁世凯政治势力相勾结，而是始终奉行中立政策，既拒绝承认南方革命政权，也不主张帮助清朝政府或袁世凯势力镇压革命党人，并反对有关国家干涉中国内政，寻求承认一个代表中国人民意愿的并具有权威性的合法政府。美国政府在中国国内各派政治势力之间保持中立，既是出于国家理性，也有意识形态和价值观念的因素。既往研究在这个问题上的失误在于：一是偏重考察美国政府对辛亥革命的态度和反应，并站在革命派的立场上看待问题，比较忽视美国政府对清朝政府的态度和反应；二是将美国外交官的个人意见和态度等同于美国政府的政策，忽略了这两者之间的区别；三是在史料的引用上没有注意时间概念，忽视了美国外交官和美国政府的态度随形势的发展而产生的变化。

自1784年美国商船"中国皇后"号首航广州，中美关系迄今已走过230多年的历程。晚清中美特殊关系到底是神话还是现实，关键在于我们如何理解和定义。进入21世纪，随着中国国力增强，以及世界格局的变化，如何定义中美两国关系——是"战略合作伙伴"抑或"负责任的利益攸关方"，是"遏制""竞争"关系，还是构建"相互尊重、和平共处、合作共赢"的新型大国关系——再次严峻地摆到中美两国人民和政治家面前，并且比以往任何时期都更具挑战性，更关乎中美两国和人类社会的福祉。为了寻找中美两国关系的正确航向，对不同历史时期的中美关系做一回顾和反思，是十分有益和必要的。希望本书的研究能够对回答中美关系向何处去这个世纪和时代之问有所启示。

第一章　美国政府与中日甲午战争

　　1894～1895 年的甲午战争是东亚邻国日本对中国发动的一场侵略战争，也是中国近代第四场中外战争。这场战争不但深刻影响了东亚国际关系，打破战前该地区脆弱的均势，使日本一跃成为东亚霸主，并且将清朝的虚弱暴露无遗，不但天朝彻底崩溃，而且还割地赔款，战争造成的民族危机极大促进了中国人民的觉醒，因此，这场战争既被称为"国殇"，又被视为"现代中国"的一个开端。① 也就是中国近代启蒙思想家梁启超所说："吾国四千年大梦之唤醒，实自甲午战败割台湾偿二百兆以后始也。"② 战争期间，美国当政的是第二度当选的民主党人克利夫兰（Stephen Grover Cleveland），他是美国历史上的第 24 位总统；国务卿是同为民主党人的葛

---

① 美国政治家、民初袁世凯的法律顾问古德诺（Frank Johnson Goodnow）在他所著的《解析中国》中这样描述甲午战争对中国近代历史的影响："1894～1895 年的甲午中日战争，使中国历史翻开了新的一页，中国社会从此进入了一个新的时期，我们将它称为'现代中国'。甲午中日战争之前，中国人一直十分鄙视日本。他们也同样鄙视和厌恶欧洲人，但长期以来中国一次又一次地遭受到拥有坚船利炮的欧洲人的侵略，每次战败后不得不忍气吞声地屈服于割地赔款的无理要求，他们对欧洲人的这种鄙薄心理已逐渐变成了畏欧洲人如虎。而对于日本，中国人则一直视之为自己的属邦，即使不是政治上应向自己称臣纳贡的小国，至少在文化上日本是从属于中国的，历史上日本不断学习和引进中国文化，依赖中国的汉字来表达他们的思想。可以想象，与这样的对手交战却遭到如此惨败，给中国人造成了多么巨大的震惊，多少个世纪以来的优越感和骄傲自大在这一刻被击得粉碎，中国人彻底从以往的迷梦中惊醒了。……中日之间的强弱形势已经发生了完全逆转，中国再也无法用并不继续存在的强大和威力的幻想来欺骗自己了，事实上，它剩下的只有为数众多的人口，辽阔的疆土，然而它已无力来维护自己的国土和人民，中国已变成了一块任人宰割的肥肉。中国已无法再麻木下去了。"（〔美〕古德诺：《解析中国》，蔡向阳等译，国际文化出版公司，1998，第 98～99 页）

② 梁启超：《戊戌政变记》，《饮冰室合集·专集之一》，中华书局，1989，第 1 页。

礼山（W. Q. Gresham）。本章就克利夫兰总统当政期间的美国政府对中日甲午战争的态度和反应、原因和后果，做一考察和分析。①

一　虚假的中立

中日甲午战争因朝鲜问题而起。朝鲜作为中国的一个近邻，因历史和地理的渊源关系，在满族统治者入主中原之后，与清朝政府建立起密切的"事大字小"的宗藩关系。尽管在 1863 年之后，随着外国势力进入朝鲜，中国与朝鲜那种传统宗藩关系实际上已大为削弱，但直至 1890 年代，由于列强在争夺朝鲜问题上的竞争和矛盾，清朝政府不但继续维持与朝鲜之间的传统宗藩关系，并且，在袁世凯任"驻扎朝鲜总理交涉通商事宜大臣"的十多年里，表面上还强化了清朝政府与朝鲜王室之间的"宗藩"关系。②因为中朝之间的这种特殊关系，1894 年 6 月 3 日应朝鲜政府的正式请求，清朝政府于 6 月 6 日、9 日、10 日三天，分三次派兵渡海，出动兵力总计 2465 人，登陆朝鲜，帮助朝鲜政府镇压境内东学党农民起义，恢复秩序。尽管清朝政府的派兵行动是应朝鲜政府之请，并声明平定后即撤军，即使以今日标准衡量，也属符合国际法，但这一行动还是为别有用心的日本制造发动战争的借口提供了机会。

---

① 按：有关美国与甲午战争的关系，在 1950 年代初，国内学者为配合反美宣传，就曾对美国在中日甲午战争中的亲日立场做出比较多的揭露和批判，详见尚钺《中日甲午战争中美帝帮助日本侵略中朝的影响和教训》和司绶延《中日甲午战争时期美国帮助日本对中朝两国的侵略罪行》（载历史教学月刊社编《中日甲午战争论集》，五十年代出版社，1954，第 85 ~ 116 页）；以及刘大年著《美国侵华史》（人民出版社，1951），第 36 ~ 45 页；卿汝楫《美国侵华史》第 2 卷（生活·读书·新知三联书店，1956），第 190 ~ 218 页。但受当时学术环境和资料条件的限制，1950 年代的相关论著在重建史实方面多有不足。80 年代之后，戚其章教授的《甲午战争国际关系史》（人民出版社，1994）是国内该研究领域中的一部权威著作，书中内容多处涉及美国与甲午战争的关系。但由于戚先生的著作系综合研究甲午战争中的国际关系，并把日本、英国放在最重要位置，自然不能对美国与甲午战争的关系进行系统论述。此外，美国学者魁特（Payson J. Treat）著《美日外交关系史》第 2 卷（*Diplomatic Relations between the United States and Japan, 1853 - 1895*, Gloucester, Mass.: Peter Smith, 1963）一直是国内学者研究中日甲午战争时期美国对华政策的一部重要参考书，为我们提供了许多宝贵的美国外交档案资料，但该书作者的学术观点存在明显亲日立场，多有偏见，不足为训。
② 有关袁世凯驻扎朝鲜期间强化"宗主权"的举措，详见林明德《袁世凯与朝鲜》（台北中研院近代史研究所，1984）一书。

　　日本作为朝鲜和中国的一个邻邦，自 1868 年明治维新之后即走上对外扩张道路，有意侵略朝鲜，并将朝鲜作为向大陆扩张的跳板。1876年，日本就以武力打开朝鲜国门，强迫朝鲜政府签订《江华条约》，取得了领事裁判权等一系列特权。该条约第一条即宣称"朝鲜为自主之邦，保有与日本国平等之权"，公然把朝鲜的宗主国清朝排斥在外，充分暴露了日本独占朝鲜的野心。1882 年，朝鲜发生壬午兵变，中日两国同时出兵朝鲜，清军虽然在这次事件中压制住了日军，但日本还是如愿在《济物浦条约》中以保护公使馆为由，取得了在朝鲜的派兵权和驻军权。1884 年，日本帮助朝鲜开化党发动甲申政变，企图驱逐中国在朝鲜的势力。袁世凯率清军击败日军，镇压了这次政变。但日本还是利用中法战争之机，与清朝订立《天津会议专条》，取得与中国在朝鲜共同行动的权利，规定中日两国同时从朝鲜撤兵，两国出兵朝鲜须互相通知。在1894 年中日战争爆发前夕，日本已做好为发动对朝鲜和中国战争的准备。1893 年 2 月，日本天皇下达敕谕，决定每年从宫廷经费中拨出 30万元，再从文武百官的薪金中抽出 1/10 缴纳国库，用以补充造舰经费；5 月，天皇又批准日本军方的《战时大本营条例》，规定大本营完全由陆海军军官组成，文官不能参与作战指导；10 月间，山县有朋大将提出《军备意见书》，要求日本军方为侵略中国"应作好准备，一有可乘之机，即应主动采取行动，收取利益"。① 因此，在得知朝鲜政府向中国借兵的消息之后，日本政府就极力怂恿清政府出兵朝鲜，为其蓄谋已久的出兵朝鲜提供借口。6 月 7 日，在中国通报派兵的次日，日本即按预定方案，也将出兵朝鲜的决定正式照会清政府。在朝鲜政府于 6 月 11 日与发动起义的东学党人订立《全州和约》并平息农民起义之后，清朝政府表示愿意从朝鲜撤兵，日本政府则拒绝撤军，节外生枝，赤裸裸地干涉朝鲜内政，提出须以朝鲜进行改革作为撤兵条件，并指责清朝政府阻碍朝鲜改革，不断制造事端，增兵朝鲜，将中日撤兵问题逐步引向与中国开战、独占朝鲜的轨道。

　　对于因中日两国出兵朝鲜所引发的紧张局面，美国驻朝鲜、中国和

① 〔日〕信夫清三郎编《日本外交史》上册，天津社会科学院日本问题研究所译，商务印书馆，1992，第 253 页。

日本的外交官从一开始就予以密切关注，并明显站在日本一边。1894 年
6 月 18 日，美国驻朝鲜公使西尔（John M. B. Sill，当时中文文件称禧露）
在写给国务院的报告中，一方面承认清政府出兵朝鲜系因朝鲜方面的请
求，帮助平定叛乱；并且在内乱平定、朝鲜政府提出撤军要求之后，中
国军队亦答应撤军，但由于 5000 名日本海军在济物浦登陆，并于 10 日进
驻汉城，导致中国方面也将他们的军队驻扎在原地。他认为日本派遣大
批军队进驻汉城"肯定怀有某种不可告人的目的"，肯定不会轻易撤军：
"现在很显然，日本人已经到了这里，他们可能会坚信他们不能'有失面
子'的离开这里，他们或许会喜欢有一个宣称他们在韩国的影响的机
会。"但另一方面，西尔又为日本的军事行动辩解，声称鉴于 1882 年
"壬午兵变"和 1884 年"甲申政变"中有 100 余名日本人伤亡，而目前
在朝的日本人超过 10000 人，因此日本方面解释派军入朝是为了保护在
朝鲜的日本人和使馆，"是相当合乎情理的"。他甚至还违背客观事实，
把朝鲜出现的紧张局面的责任完全归咎中国方面，声称："很显然，造成
目前困难局面的错误都是由于中国人的行动，他们将军队派到朝鲜；如
果中国没有派军队到朝鲜，日本派来的军队可能就会少许多，或者不会
派遣任何军队。"[1]

　　在收到国务院 22 日指示他努力维护朝鲜和平的电报后，西尔 6 月 24
日致电国务院，比较如实地报告了韩国形势，指出，"韩国的叛乱已平息。
数千中国和日本军队占领韩国，他们谁都不愿先撤兵，有很大危险。中国
赞同同时撤军，日本固执坚持，怀疑有不可告人的目的，似乎想发动战
争。朝鲜的完整受到威胁，朝鲜国王希望您与日本政府调解。"次日，西
尔又致函国务院，报告这里的形势"日见紧张。日军约 5000 人，携炮在
汉城附近驻扎。大鸟先生明日谒见国王，据说他会提出一些显然会将事情
引到危机上去的问题"。同时，他报告他已与英国、俄国、法国公使一道，

---

①　John M. Sill to Secretary of State, June 18, 1894, in Spencer J. Palmer (ed.), *Korean-American Relations: Documents Pertaining to the Far Eastern Diplomacy of the United States*, Volume Ⅱ, *the Period of Growing Influence, 1887 – 1895* (Berkeley and Los Angeles: University of California Press, 1963), pp. 330 – 332. 按：对西尔将朝鲜出现紧张局面归咎于中国方面的不实指责，美国国务院并不认同，在稍后公开出版的《美国外交文件》中删去了这段文字。

要求日本和中国政府同时撤军。① 但在 6 月 29 日向国务院报告中、日两国
对同时撤兵要求所做的回应时，西尔的态度又发生转变，对日本将改革朝
鲜内政作为撤兵条件和要求解除朝鲜与中国的宗藩关系表示明确支持，写
道："我可以说，日本对于朝鲜似乎是很善意的。日本似乎仅希望朝鲜永
久摆脱中国宗主权的支配，然后帮助它进行这样的改革，把和平、繁荣和
开明带给其人民，帮助日本的这个弱邻，巩固其独立地位。这个动机受到
许多比较有知识的朝鲜官吏们的欢迎，并且我想象在美国也不会遇到反对
的。"② 7 月 23 日，日军包围并攻占朝鲜王宫，软禁朝王李熙，拥大院君李
昰应入宫，成立傀儡政府。对于日本人的这一行动，西尔在 24 日的报告中
虽然指出因日本军队夺取朝鲜王宫、汉城陷入巨大混乱之中，但同时报告
日军为他保持与济物浦美国海军的通信提供了帮助，美国的公使馆也得到
日军的保护：这里的美国海军和美国人都同情日本，希望朝鲜进步。③ 西
尔的这些报告，立场明显站在日本一边。

美国驻日公使谭恩（Edwin Dun）同样站在日本一边。他虽然在 6 月
15 日的报告中明确指出，日本在朝鲜部署如此大规模的军队，不可能仅为
保护使领馆及侨民，如果不是威胁中国的话，至少也是想展示日本的力
量，表明它有能力在朝鲜组织大量军力，以免中国干预朝鲜事务，威胁朝
鲜主权的完整。他断言：日本民众对中国在朝鲜影响力的强烈忌恨，很有
可能促使日本政府采取行动，危害中日两国的和平关系。④ 但 7 月 3 日致
电国务院报告导致中日关系紧张及日本派兵到朝鲜的原因时，谭恩完全赞
同日本外务大臣陆奥宗光的解释，将责任归于中国和朝鲜，称：日本外务

---

① John M. Sill to Seretary of State, June 25, 1894, in Spencer J. Palmer (ed.), *Korean-American Relations: Documents Pertaining to the Far Eastern Diplomacy of the United States*, Volume II, *the Period of Growing Influence, 1887 – 1895*, pp. 333 – 334.

② John M. Sill to Seretary of State, June 29, 1894, in Spencer J. Palmer (ed.), *Korean-American Relations: Documents Pertaining to the Far Eastern Diplomacy of the United States*, Volume II, *the Period of Growing Influence, 1887 – 1895*, pp. 335 – 336.

③ John M. Sill to Seretary of State, July 24, 1894, in Spencer J. Palmer (ed.), *Korean American Relations: Documents Pertaining to the Far Eastern Diplomacy of the United States*, Volume II, *the Period of Growing Influence, 1887 – 1895*, pp. 338 – 339.

④ Dun to Gresham, June 15, 1894, in Jules Davids (ed.), *American Diplomatic and Public Papers: The United States and China*, Series III, *The Sino-Japanese War to the Russo-Japanese War, 1894 – 1905*, Volume 2, *The Sino-Japanese War I* (Wilmington, Delaware: Scholarly Resourse Inc., 1981), pp. 87 – 89.

大臣解释日本派军队到朝鲜，首先是根据 1882 年的《济物浦条约》，而中国派兵的照会使日本增兵成为必然，以避免1882～1884 年事件再次发生。朝鲜所发生的叛乱是由于腐败和压迫。为确保未来的和平，日本要求朝鲜进行激进的行政改革，并建议与中国一道实现这一目标，但遭中国拒绝；因此日本将不顾中国的反对，单独推行这些改革。日本没有任何侵略领土的意图，现在必须由中国方面做些改进。① 在 7 月 7 日国务院致电谭恩，对日本在朝鲜问题上的立场表示遗憾之后，谭恩仍极力为日本辩护。7 月10 日，他向美国政府转达日本关于朝鲜政策的表态：日本在朝鲜并不是要制造战争，实质上是为了确保朝鲜的主权、独立、和平、秩序和良好的政治，以避免再次发生叛乱。日本期望消除官场腐败、贪污和各种弊政的根源。朝鲜政府应该实行日本建议的改革，中国的含糊态度妨碍了这些改革，并危害东亚的和平。叛乱并没有完全平息，它的根源依然存在。日本此时撤兵是不明智的，一旦未来的和平得到保证，日本会即刻撤兵，不存在任何与朝鲜发生战争的忧虑。在转达日本政府的此一表态后，谭恩还声称，他个人认为中日之间不存在爆发战争的任何可能性。②

　　7 月 14 日，谭恩又写了一份详细的报告，再次声称日本在朝鲜的目的不是要发动战争，只是想对朝鲜进行必要的改革，建议美国政府相信日本所说的在朝鲜问题上的动机，说道："我与陆奥先生就朝鲜问题做过数次晤谈，没有理由怀疑日本目前在朝鲜所采取的行动的动机和政策。日本十分警惕朝鲜半岛被某一西方列强吞并的可能性，并认为目前朝鲜官场上的腐败和压迫如果继续存在下去，必将导致朝鲜统治的整个瓦解，不但使朝鲜沦为那些觊觎朝鲜领土的列强的猎物，而且也为其中某个列强以法律、秩序和人道名义实行军事占领提供了一个有力的借口。我个人认为日本目前没有扩张领土的意图，她的目的正如陆奥先生对我所说，对朝鲜的内政进行改革，使朝鲜不但在名义上而且在实际上实现自主和主权独立。虽然中国声称对朝鲜享有准宗主权，但日本不但完全不相信中国的力量，而且

① Dun to Gresham, July 3, 1894, in Jules Davids (ed.), *American Diplomatic and Public Papers: The United States and China*, Series Ⅲ, *The Sino-Japanese War to the Russo-Japanese War, 1894 –1905*, Volume 2, *The Sino-Japanese War I*, p. 148.

② Dun to Gresham, July 10, 1894, in Jules Davids (ed.), *American Diplomatic and Public Papers: The United States and China*, Series Ⅲ, *The Sino-Japanese War to the Russo-Japanese War, 1894 –1905*, Volume 2, *The Sino – Japanese War I*, p. 154.

也完全不相信中国有为维护朝鲜独立而进行干预的愿望。日本认为，朝鲜在与中国关系上所表现出来的半独立状况是朝鲜积弱的一个根源，中国对朝鲜国王的影响已明显导致朝鲜的混乱和退化，朝鲜的独立和主权要求应该结束对中国的隐性依赖，为了维护朝鲜的独立和主权，必须进行改革和行政重组，结束中国对朝鲜事务所起的倒退和弥漫性的影响。"谭恩最后建议美国接受日本的要求，指出受日本国内民意的压力，日本政府在朝鲜问题上已无退路，必须实现这一目标，"日本能否成功实行她目前从事的任务，只有时间能够证明。日本已对这一努力做了承诺，日本民众的躁动情绪和好斗精神现在也不允许日本政府倒退，即使日本政府有意如此。日本国家上下一心，都支持政府的朝鲜政策，并敦促继续完成。如果日本现在在没有获得与出兵规模和支出相称的目标或好处时即从朝鲜撤兵，一定会激起民众的反对"。①

美国驻华代办田夏礼（Charles Denby, Jr.）由于身在中国，只是一般地报告清政府方面的动向，此时尚没有过多表示个人的倾向性。6月8日，田夏礼电告清朝已派军队前往朝鲜，帮助镇压叛乱。次日，具体函告1500名清兵应朝鲜国王的请求，6日从天津前往朝鲜，并将增至2225人，另有三艘中国军舰奉命前往济物浦；北洋大臣李鸿章已向日本和俄国保证，一旦叛乱平息，清朝方面立即撤兵。田夏礼最后指出：前往朝鲜的中国军队主要是为了防止叛军逼近京城。②6月26日，他报告朝鲜形势和中国军队的调遣，并附寄《字林西报》文章，认为中日战争一触即发。7月3日，电告围绕朝鲜问题的敌对行动已不可避免，尽管日本采取进攻性态度，但中国方面仍寻求妥协，寻求英国、俄国调解。7月6日，报告英国驻华公使建议美国倡议联合抗议日本挑起事端，田夏礼表示除非由总理衙门提出这样的要求。7月13日，报告向李鸿章转达美国国务卿葛礼山对日本挑起战争感到不安。7月19日，报告称中日之间的战争已不可避免。

---

① Dun to Gresham, July 14, 1894, in Jules Davids (ed.), *American Diplomatic and Public Papers: The United States and China*, Series Ⅲ, *The Sino-Japanese War to the Russo-Japanese War, 1894–1905*, Volume 2, *The Sino-Japanese War I*, pp. 175–182.

② Mr. Denby to Mr. Gresham, June 9, 1894, in Jules Davids (ed.), *American Diplomatic and Public Papers: The United States and China*, Series Ⅲ, *The Sino-Japanese War to the Russo-Japanese War, 1894–1905*, Volume 2, *The Sino-Japanese War I*, p. 81.

　　需要指出的是，尽管田夏礼此时比较客观地反映了日本主动挑起战争的事实，但这并不表明他个人的立场站在中国一边。田夏礼在报告中之所以没有像西尔和谭恩那样支持日本发动战争，主要在于他当时认为日本不可能在与中国的战争中取胜。他在 6 月 26 日写给美国政府的报告中明确表示，如果没有其他列强的干涉，中国军队的取胜是"不可避免的结果"，指出："战时编制的日军仅十二万人，但是仅李总督就有五万新式装备、受过外国人精良训练的军人。除去这些，尚有散布在帝国各处的成千成万的外国训练过的军队以及无数的旧式土著兵士。"①

　　对于中日出兵朝鲜所引发的紧张局面，美国政府的态度和反应比较微妙。一方面，美国政府由于战争的后果及影响尚不能确定，担心东亚国际局势复杂化，同时鉴于美国当时在东亚的势力有限，将无法主导局面，开始时并不愿意看到日本因朝鲜问题挑起战争，希望维持东亚和平。6 月 22日，国务院致电驻朝鲜公使西尔，要求他尽一切可能维护朝鲜的和平，电文称："出于美国对朝鲜及其人民的福祉的友好的关怀，兹依总统的指示，训令你竭尽所能来维护和平。"② 6 月 29 日，国务卿葛礼山又致电驻日公使谭恩，表示鉴于美国对日本和朝鲜两国都抱有友好感情以及朝鲜目前的无助，要求谭恩报告并弄清日本派兵到朝鲜的原因及日本对朝鲜所提的要求。③ 7 月 7 日，葛礼山再次致电谭恩，对日本拒绝从朝鲜撤兵，并要求改革朝鲜内政表示"遗憾"，称："朝鲜国变乱尽管业已归于平定，但日本拒绝撤兵，并要求对该国内政施行急剧改革，合众国政府闻之深表遗憾。且清国有希望日清两国同时撤兵之事，如有上述要求更引起他人之注目。合众国政府对日本、朝鲜两国怀有深厚友谊，故希望朝鲜国独立并尊重其主权"，并指示谭恩转告日本政府：如日本政府向不堪防守的邻国施以不正

---

① Mr. Denby to Mr. Gresham, June 26, 1894, in Jules Davids (ed.), *American Diplomatic and Public Papers*: *The United States and China*, Series Ⅲ, *The Sino-Japanese War to the Russo-Japanese War*, *1894 – 1905*, Volume 2, *The Sino-Japanese War I*, pp. 113 – 114.

② Mr. Uhl to Mr. Sill, June 22, 1894, in Jules Davidss (ed.), *American Diplomatic and Public papers*: *The United States and China*, Series Ⅲ, *The Sino – Japanese War to the Russo – Japanese War*, *1894 – 1905*, Volume 2, *The Sino – Japanese War I*, p. 96.

③ Mr. Gresham to Mr. Dun, June 29, 1894, in Jules Davids (ed.), *American Diplomatic and Public Papers*: *The United States and China*, Series Ⅲ, *The Sino-Japanese War to the Russo-Japanese War*, *1894 – 1905*, Volume 2, *The Sino-Japanese War I*, p. 96.

义的战争，大总统将痛感失望。①

但另一方面，美国又站在日本一边，拒绝出面调停，听任甚至怂恿日本因朝鲜问题发动战争。1894 年 6 月 24 日，朝鲜政府致函包括美国在内的各国驻朝公使，请求各国政府出面斡旋，敦促日本从朝鲜撤军，指出："中日两国军队占据朝鲜土地。中国军是被请求帮助平定'叛乱'的。日本军不是被招请，而是不顾朝鲜政府的抗议而开来的。据他们对我说，是由于担心此间日本的侨民的安全而来的。他们双方的驻留现在是没有必要了。现在中国当局在这个情形下是愿意从朝鲜境内撤退他们的军队的，如果日本撤兵的话。但是日本在中国撤兵以前是拒绝撤退它的军队的，并且不考虑双方同时撤退的任何建议。……我谨向各国代表及其政府提出，在日本与朝鲜和平相处的时候，朝鲜境内保留这样多的日本武装军队是不合乎国际法的。"② 6 月 28 日，在日本公使大鸟圭介 26 日谒见朝鲜国王，拒绝撤退日本军队，逼迫朝鲜进行内政改革的第 3 天，朝鲜政府又致电驻美公使李承寿，请求美国出面斡旋，指示他"立刻去晤见国务卿，向他说明开一个强有力的国际会议以调整困难及避免冲突"。过了几天，朝鲜政府再次令驻美公使李承寿面晤国务卿，指示他"要郑重地请求美国政府指示其驻中国、日本及朝鲜的代表们，用他们的力量来避免任何冲突，并要求各该国军队尽速撤退"。③

对于朝鲜政府的三番请求，美国国务卿只是一般地对朝鲜的处境表示同情，希望朝鲜的主权得到尊重，但拒绝朝鲜政府的斡旋请求，表示美国必须保持对朝鲜和其他国家"一个公平的中立态度，我们仅能以友谊的方式予日本以影响，我们绝不能够同其他国家联合干涉"。④

尽管出于各种原因，美国政府于 7 月 7 日曾致电美国驻日公使，表示希望日本尊重朝鲜独立和主权，但这只是为应付舆论和其他国家的斡旋建

---

① 《美国公使谭恩致陆奥外务大臣函》（1894 年 7 月 9 日），戚其章主编《中国近代史资料丛刊续编·中日战争》第 9 册，中华书局，1994，第 308 页。

② 《朝鲜统理交涉通商事务督办赵秉稷致西露公使》（1894 年 6 月 24 日），中国史学会主编《中国近代史资料丛刊·中日战争》第 7 册，新知识出版社，1956，第 430 页。

③ 《朝鲜办理公使 Ye Sung Soo 致格莱锡函》（1894 年 7 月 5 日发），《中国近代史资料丛刊·中日战争》第 7 册，第 436~437 页。

④ 《格莱锡致驳巴雅尔德》（1874 年 7 月 20 日），《中国近代史资料丛刊·中日战争》第 7 册，第 441~442 页。

议而表示一种姿态而已。日本外务大臣陆奥宗光当时就已看出美国的此一用意，认为不用担心美国的干涉，指出："美国为从来对我国友谊甚厚，最抱好意之国，从彼国固有之政略上言之，尤不好容喙于远东之事件，究不过难拒绝人类普通爱和平之希望及朝鲜之恳求，故发此劝告，此外无他意也。"① 而事实确如陆奥宗光所分析的那样。

7月9日，日本政府在给美国的回复照会中一方面否认有对朝鲜不利的野心，声称："帝国政府目前对于朝鲜国所谋求者，绝不在于启衅，而只期待该国秩序之安宁及国政之善良。故本大臣向阁下保证：帝国政府绝不采取不尊重该国独立及主权之措施。"另一方面，又将目前的朝鲜问题归咎于朝鲜政府不配合进行改革和清政府"不断妨害东亚安宁"，表示日本在达到目的之前不会从朝鲜撤兵，说道："本来帝国政府不仅毫无不利于朝鲜国安宁之心情，亦无两国间可发生冲突之忧虑，更无对其邻邦挑起衅端之愿望。而且期望预防如以往屡起内讧变乱于未来。然而相信此种期望，非芟除使该国人民痛苦之主因，即官场之贪婪弊政，则不能实现。……如朝鲜国政府慎思之，则应实行此等改革殆无容置疑。然而对朝鲜之事件，因清政府之举动出于常理之外而无结果。……清国出兵朝鲜，虽应朝鲜政府之请，为援助其平定变乱之事，但帝国政府之派兵乃基于条约权利而应有之自卫。然清政府竟以该变乱业已归于平定为借口，提议日清两国同时撤兵。但据帝国政府所见，激起该变乱之原因不仅尚未完全消除，而其变乱亦尚未归于平定。且观察目前形势亦不能安心。故帝国政府此时无撤兵之理，并确信撤兵非为上策。但根据朝鲜国情形，帝国政府欣然期待我兵得以撤回时期之到来。"②

对于日本政府在回复中坚持干涉朝鲜内政，侵犯朝鲜主权，拒绝从朝鲜撤兵的态度，美国政府并没有坚持7月7日电文的立场，不但没有予以谴责，反而完全接受日本的解释，并将它作为美国拒绝进一步调停的一个理由。当时，英国政府为维护其在东亚的利益，不希望中日之间爆发战争而破坏东亚的现有格局，除单独劝说日本从朝鲜撤兵外，还有意联合包括

---

① 陆奥宗光：《蹇蹇录》，《中国近代史资料丛刊·中日战争》第7册，第155页。
② 《陆奥外务大臣致美国公使》(1894年7月9日)，戚其章主编《中国近代史资料丛刊续编·中日战争》第9册，第309~310页。

美国在内的其他列强进行联合调停。为此，英国驻美大使于 7 月 8 日受命
询问美国国务卿葛礼山，是否愿意与英国一道干预，以避免中日爆发战
争。葛礼山当即表示，美国奉行友好的中立政策，不会进行干预；美国已
与日本方面做过调停，不可能进一步斡旋。次日，葛礼山将 7 月 7 日美国
政府给驻日公使谭恩指示的一份复印件交给英国大使，并通知他即使是友
好的调停，美国也不会参加。①

　　同样，美国也拒绝清政府的斡旋请求。7 月 13 日，中国驻美公使杨儒
面晤葛礼山，再次请求美国出面与其他国家联合，要求日本从朝鲜撤军，
制止日本发动战争。葛礼山断然予以拒绝，表示美国在 7 月 7 日向日本发
出规劝之后，"我们看不出我们还能够进一步去做什么，我们不能与其他
国家联合作任何种类的干涉"。他还违心地单方面听信日本方面及美国驻
日公使谭恩的说法，认为日本不会发动战争，指出"从谭恩及其他方面收
到的情报看来，我难立即相信日本将诉诸战争"。②

　　然而，自相矛盾的是，美国一方面以奉行所谓的"中立"政策和日本
不会发动战争为理由，拒绝在中日间进行斡旋，但另一方面，对日本提出
的战争爆发后由美国代为保护在华日本人的请求却慨然应允。早在 6 月底，
日本方面为发动战争就询问美国政府，一旦日本公使撤离北京，美国是否
愿意保护在中国的日本人及财产，③ 葛礼山当即回复表示，如获中国方面
的认可，日本的这一请求将会受到"总统的善意考虑"。④ 7 月 13 日，日

---

① Mr. Gresham to Mr. Bayard, July 20, 1894, in Jules Davids (ed.), *American Diplomatic and Public Papers：The United States and China*, Series Ⅲ, *The Sino-Japanese War to the Russo-Japanese War, 1894－1905*, Volume 2, *The Sino-Japanese War I*, pp. 187－188.

② 《格莱锡致巴雅尔德》（1894 年 7 月 20 日）《中国近代史资料丛刊·中日战争》第 7 册，第 444 页。按：对美国政府的态度，当时清朝一些官员多有误解，以为美国政府 7 月 7 日致驻日公使的电报表明美国政府愿意单独调停中日战争。7 月 12 日，李鸿章致电总理衙门，称：据杨儒报告，美已电驻日公使，劝日退兵，勿干涉朝鲜内政。7 月 15 日，李鸿章又致电总理衙门，称：据杨儒报告，美愿意接受清政府的请求，欲单独劝说日本共保和平，"但美不愿会同俄、英各国，恐各国别怀意见，于事无益"。详见《总署收北洋大臣李鸿章电》（光绪二十年六月初十日、光绪二十年六月十三日），黄嘉谟主编《中美关系史料》（光绪朝三），台北中研院近代史研究所，1990，第 1857 页。

③ Mr. Dun to Mr. Gresham, June 29, in Jules Davids (ed.), *American Diplomatic and Public Papers：The United States and China*, Series Ⅲ, *The Sino-Japanese War to the Russo-Japanese War, 1894－1905*, Volume 2, *The Sino-Japanese War I*, p. 142.

④ Payson J. Treat, *Diplomatic Relations between the United States and Japan, 1853－1895*, Volume Ⅱ, p. 459.

本外务大臣陆奥宗光在致日本驻华代理公使小村的密函中即通报日本方面已与美国商定,如获得清政府的同意,美国愿意在中日开战时代为保护在中国的日本商民。① 7 月 17 日,陆奥宗光便将此一决定电告小村,指出:"在中国政府同意接受美国对中国在日本之利益予以保护条件下,美国政府也接受了在战争情况下,对日本在华利益予以保护的我方之请求。万一情况紧急,你要立即向美国驻华公使提出请求。"② 8 月 1 日,美国驻华代办田夏礼在收到小村请求他代为保护在华日本人的函件后,③ 于当日即照会总理衙门,宣布自即日起,战时在中国的日本人"均在本署大臣及本国驻各口领事保护之下",要求清政府"即咨行各省转饬各海关地方知照,并希严饬各地方官保护在各口之日本臣民,免受凌虐;至于日本人之现在满洲蒙古地方游历寄寓者,亦希行饬一体保护,俾其各得平安旋回各口可也"。④

在与美国方面事先私下商定后,日本政府为诱使清政府同意战时由美国代为保护在中国的日本商民,便放出有关这方面的风声。1894 年 7 月 16 日,清驻日公使汪凤藻致电清政府,指出日本已约请法国代为保护日本在华商民,中国在日商人求护日切,美使接本国政府电报,如中国政府托美护商,美国愿意效力,建议请美国政府保护在日本的中国商民。⑤ 鉴于中日开战已不可避免,7 月 28 日总理衙门照会田夏礼,正式请求美国代为保护在日华民,照会称:"光绪二十年六月十九日,贵大臣来署,以十二日接贵国外部电称,中日与高丽事万一失和,日本商人之在中国者请本国保护,不知贵国愿意否等语。本大臣等当答以中国驻日本公使汪大臣,亦与贵国驻日本大臣说明,如中日失和,中国商民之在日本者,请贵国保护,计已转达贵国外部在案。现在日本兵衅自开,情形叵测,中国商民在日本

---

① 《陆奥外务大臣致驻中国小村临时代理公使函》(1894 年 7 月 13 日),戚其章主编《中国近代史资料丛刊续编·中日战争》第 9 册,第 399~400 页。

② 《陆奥外务大臣致清国小村临时代理公使电》(1894 年 7 月 19 日),戚其章主编《中国近代史资料丛刊续编·中日战争》第 9 册,第 316~317 页。

③ 日本公使小村在致美国驻华公使的函件中称:"今日下午,我将同使团全体成员离开北京。就此点而言,我有幸请求您,必须根据我双方政府之协定,立即负责保护日人之利益。"戚其章主编《中国近代史资料丛刊续编·中日战争》第 9 册,第 404 页。

④ 《总署收美国署公使田夏礼照会》(光绪二十年七月初二日),《清季中日韩关系史料》第 6 卷,台北中研院近代史研究所编印,1972,第 3376 页。

⑤ 黄嘉谟主编《中美关系史料》(光绪朝三),第 1857 页。

者为数实多，凡日本通商各口及东京一带多有寄寓，所有眷口资财产业买卖生理，既承贵国按照公法代为保护，本大臣等良深感慰。用特备文照会贵署大臣查照，并祈贵署大臣转达贵国外部，电致贵国驻日本钦差为荷。"① 8月2日，田夏礼照会清朝总理衙门，表示中国请美国保护侨居日本中国人一事已获本国政府同意，并已电令美国驻日本公使"于中日开仗时保护住日本之中国人矣"。②

美国政府在中日正式开战之前，一方面以奉行中立政策为幌子，拒绝调停，但同时私下欣然接受日本政府提出的充当战时日本保护人的请求，并一道诱使清政府接受此一安排，这无疑表明美国乐于或怂恿日本发动战争。

二 力护日本间谍

中日在断绝外交关系之后，各自委托美国保护在对方国家的本国侨民，这一做法符合正常的国际法惯例。在接到8月1日美国代办田夏礼宣布由美国代为保护在华日本人的照会后，清朝政府即根据他的要求，按照国际法惯例，于8月4日发文命令各地方官保护在中国的日本商民和游历人员，指出："查两国开战以后，互保人民系照公法办理，自应准行"，③并照会田夏礼，予以通报。④ 然而，美国外交官在保护在华日本人中却一再袒护日本，逸出国际法合理范围，对日本在中国的间谍也试图加以保护。

中日彼此宣战后不久，清政府即于8月4日在天津逮捕了一个名叫石川伍一的日本间谍。为此，总理衙门于8月6日照会田夏礼，表示除对居住在中国的安分的日本商民予以保护外，将根据国际法惯例，对在中国从

---

① 《总署发美国公使田贝照会》（光绪二十年六月二十六日），《清季中日韩关系史料》第6卷，第3357页。

② 《总署收美国署公使田夏礼照会》（光绪二十年七月初二日），《清季中日韩关系史料》第6卷，第3386页。

③ 《总署发南洋大臣等文》（光绪二十年七月初四日），《清季中日韩关系史料》第6卷，第3402页。

④ 《总署发美国署公使田夏礼照会》（光绪二十年七月初四日），《清季中日韩关系史料》第6卷，第3403页。

事间谍活动的日本人予以惩处，照会称："现在日本开衅，其国商民之在中国者由贵国代为保护，前准照会，当经通行各省并照复贵署大臣在案。顷接北洋大臣电称，倭人在津日派奸细二三十人，或改装剃发，潜往各处窥探军情等语。查公法第六百二十七至六百四十一条，论处治奸细之例甚严，现既失和交战，其安分商民自应照约保护，而此等奸细不在保护之列，亦必从严惩治，以符公法。"①

对清政府的这一合理要求，田夏礼却极力抵制和反对。8 月 8 日，他复照总理衙门，警告清政府对日本间谍案要严加甄别，不要制造错案，谓："如在内地果有此等奸细，或系疑其为奸细，尚望于拿获后将取讯口供详细查明，实系证据昭然，方得斟酌定案。倘其情节尚在疑似之间，切勿遽刻惩办。缘此等事最易办理过情。"同时，田夏礼反对中国按国际法处理日本奸细，要求清政府对日本间谍要怀有"仁慈之心"，提议如有日本人在内地从事间谍活动者，请解交就近海口，驱逐回国，称"现在中日开仗系在朝鲜，中国地方并无日本一兵一骑，据想即系实有日本人来作奸细之据，如遽行严惩，亦非切当办法。是以请贵王大臣查照，如遇有日本人改装在内地作奸细者，即将其解交就近海口，逐其回国，使之不得与内地华民交接，于中国防泄军机似亦为无碍，且此办法已足为惩其作奸细之罪矣。甚望贵王大臣本仁慈之心，不因两国失和，于日本人民恨恶而深绝之可也"。②

对于田夏礼这一偏袒日本、危害中国安全的要求，清政府断然予以拒绝。8 月 12 日，总理衙门复照田夏礼，明确表示其建议与公法不符，对中国安全构成危害，宣布仍然按照 6 日的照会精神办理，指出："中日两国现已开仗，战守机宜，关系綦重。日本奸细改装剃发，混迹各处，刺听军情，实与战事大有关碍，且虑潜匿煽惑，不得不从严惩治，以杜狡谋而图自卫。来文谓如有奸细即解交就近海口逐其回国，实不足以惩其作奸之罪，亦与公法不符，相应照会贵署大臣，仍希查照本衙门本月初六日照会

---

① 《总署发美国署公使田夏礼照会》（光绪二十年七月初六日），《清季中日韩关系史料》第 6 卷，第 3418 页。
② 《总署收美国署公使田夏礼照会》（光绪二十年七月初八日），《清季中日韩关系史料》第 6 卷，第 3432 页。

备案。"①

除向总理衙门提出建议外，田夏礼还指示美国驻天津领事李德（Sheridan P. Read）就石川伍一间谍案与北洋大臣李鸿章直接进行交涉。8月29日，李德致函李鸿章，要求释放日本间谍石川伍一，称"七月二十九日本领事奉到本国驻京田大臣来电，为前数日拿获日本人一事，内云据日本国家声称，石川伍一并非奸细，本大臣应请中堂开放送交驻津李领事转饬回国"。② 李德的这一要求也遭李鸿章拒绝。9月4日，津海关道盛宣怀代表北洋大臣复函李德，驳斥日本方面所谓石川非间谍一说缺乏根据，指出根据《中日修好条约》相关条款的规定，两国商民均不得改装易冠，"现在两国失和，忽然改装易服，潜匿民家，四出窥探，其意何居？"此前贵领事声称所有在天津的日本人均已随同日本驻华公使小村回国，"何以该犯石川独不同行，且不令贵领事知其住处"？坚持"石川一犯自应由中国官密访确情，彻底根究，未便遽行开释"。③ 9月10日，总理衙门也就此事专门照会田夏礼，表示根据北洋大臣的报告，日人石川"似不在保护之列"，要求田夏礼停止干涉，转达驻津领事，"勿再误会，致倭奸恃为护符，悻逃法网"。④ 后据石川的交代，他确系在中国多年的日本间谍，中日开战前他通过收买军械局书办刘棻等，将大量有关北洋军队的装备和军火情报传回日本。中日宣战后，日本驻天津领事荒川已次等下旗回国，石川和另一日本间谍则试图潜伏下来，继续刺探军情，结果于8月4日被清兵缉拿归案。⑤ 在确定身份后，石川于9月20日被押赴教场，照公法用枪击毙。⑥

① 《总署发美国署公使田夏礼照会》（光绪二十年七月十二日），《清季中日韩关系史料》第6卷，第3449页。

② 《总署收北洋大臣李鸿章文》（光绪二十年八月初五日）附件一《照录美国李领事来函》，《清季中日韩关系史料》第6卷，第3546页。

③ 《总署收北洋大臣李鸿章文》（光绪二十年八月初五日）附件二《津海关道盛宣怀复美国李领事函》，《清季中日韩关系史料》第6卷，第3546～3547页。

④ 《总署发美国署公使田夏礼照会》（光绪二十年八月十一日），《清季中日韩关系史料》第6卷，第3567页。

⑤ 《总署收北洋大臣李鸿章文》（光绪二十年八月十九日）及附件一《石川伍一并刘树棻供词》，《清季中日韩关系史料》第6卷，第3600～3604页。

⑥ 《总署收北洋大臣李鸿章文》（光绪二十年九月初六日）及附件一《天津文武监刑官职揭贴》，《清季中日韩关系史料》第6卷，第3643页。

继在天津逮捕石川伍一之后，清朝政府在上海、江苏、浙江等地也相继查获一些日本间谍。8月14日，上海道在上海法租界起获两名日本间谍，法国领事以日本人归美国保护，交美署管押。上海道要求美驻沪总领事佑尼干（T. R. Jernigan）交出间谍，美总领事则拒交，称事关重大，须电美公使指示。为此，总理衙门于16日照会田夏礼，要求引渡，指出："查沪关所拿华装倭人二名，既经搜出图据，确系奸细，不在保护之列，按照公法自应由中国讯明办理。"要求转饬驻沪领事"速将该倭人二名即交上海道审办"。①

对于清政府的此一要求，田夏礼也不予配合，加以婉拒，于次日回复总理衙门，称："本署大臣现尚未接到该总领事详报，无知悉此案详细情形，是以未便遽照所请饬行办理。"② 与此同时，美驻沪总领事佑尼干对上海道派员索要日本间谍，又以未奉公使电示搪塞，并以"案情长冗，须用详文，未便电禀等语"推托，与田夏礼一道大演双簧戏，两相推诿，试图将日本间谍保护下来。③

对于美国公使和上海总领事为拒交日本间谍而演的双簧戏，清政府于20日再次照会田夏礼，谴责他们的做法违背中立，指出"今上海拿获华装倭人二名，搜出图据，确为奸细之证，不在保护之列，贵国总领事既不迳交中国讯办，又不迅速电达贵署大臣饬遵，似此有意偏袒，于中国防务大有关碍，殊乖两国睦谊"，敦促田夏礼"电饬该领事，迅将此案情形报明贵署大臣查照，一面先将所获倭人二名送交上海道审明惩办，以符公法而重邦交"。④ 同时，清政府又指示驻美公使杨儒与美国政府直接交涉。8月20日，杨儒致电总理衙门汇报与美国政府交涉结果，称"顷晤外部，据云奸细如有确据，领事不应袒护，惟来电情节未晰，已电询田使"。⑤ 而根据

① 《总署发美国署公使田夏礼照会》（光绪二十年七月十六日），《清季中日韩关系史料》第6卷，第3475页。
② 《总署收美国署公使田夏礼照会》（光绪二十年七月十七日），《清季中日韩关系史料》第6卷，第3478页。
③ 《总署收南洋大臣刘坤一电》（光绪二十年七月二十日），黄嘉谟主编《中美关系史料》（光绪朝三），第1882页。
④ 《总署致美署使田夏礼照会》（光绪二十年七月二十日），黄嘉谟主编《中美关系史料》（光绪朝三），第1883~1884页。
⑤ 《总署收驻美大臣杨儒电》（光绪二十年七月二十日），黄嘉谟主编《中美关系史料》（光绪朝三），第1883页。

美国国务院外交文件显示，事实是在清朝驻美公使杨儒向美国政府交涉后，葛礼山于8月18日就致电田夏礼询问日本间谍案情况，21日田夏礼便复电做了汇报，同日，葛礼山即致电田夏礼，指示他们交出日本间谍，表示在中国的美国公使馆和领事馆没有被授权收留被指控违背中国政府的日本罪犯。①

虽然葛礼山已指示交出日本间谍，但田夏礼还是一再拖延，拒交日本间谍，争取说服美国政府接受他的意见。对于总理衙门一再照会催促尽快交出日本间谍，田夏礼则极力掩盖已接到葛礼山指示的真相，反复表示待接到美国政府令将两名日本人交与何人的具体指示后，即行交出办理。21日，田夏礼照会总理衙门，称："本署大臣已知中国将此事电行驻本国杨大臣转达外部，现接外部大臣来电，嘱将此案细情即行电转。兹已按所知情形电复矣，应俟本国外部将此案如何嘱办，再行办理。是以请贵王大臣俟本署大臣接有外部如何电嘱，自必即行照复。"②

8月23日，驻美公使杨儒将国务卿葛礼山21日致电田夏礼的指示通报总理衙门，电称："接号电又晤外部，知田使复电亦到。据葛云，奸细应交，美使及领事袒宥非是，已电田使饬交。"③ 次日，总理衙门便根据杨儒的报告，再次照会田夏礼，要求他根据美国政府的指示交出日本间谍，照会称："上海拿获日本奸细一案，送经本衙门照会贵署大臣转饬驻沪领事速交在案。兹本月二十三日接出使贵国杨大臣二十二日电称，屡晤贵国外部葛大臣。据云贵署大臣复电已到，并称奸细照例应交，领事不应袒宥，已电贵署大臣饬令领事交出等语。应请贵署大臣即遵贵国外部之意转饬驻沪总领事，速将日本奸细二名照交中国地方官审办。"④ 但田夏礼继续以等待美国政府具体指示为由进行拖延，8月27日照会总理衙门，谎称："本署大臣于二十五日下午已接到本国外部来电，内系仍欲详知此案情形，

① Payson J. Treat, *Diplomatic Relations between the United States and Japan, 1853 - 1895*, Volume II, p. 484.

② 《总署收美署使田夏礼照会》（光绪二十年七月二十一日），《清季中日韩关系史料》第6卷，第3494页；黄嘉谟主编《中美关系史料》（光绪朝三），第1885页。

③ 《总署收驻美大臣杨儒电》（光绪二十年七月二十三日），黄嘉谟主编《中美关系史料》（光绪朝三），第1886页。

④ 《总署发美国署公使田夏礼照会》（光绪二十年七月二十四日），《清季中日韩关系史料》第6卷，第3506页。

经于二十六日具电声复，请外部即实行饬知此案应如何办理，想今明二日
内，定有外部电复。俟接到时，自当知照贵署即行照办也。"①

如前所述，国务卿葛礼山于 21 日就指示田夏礼交出日本间谍，田夏礼
在给总理衙门照会中所谓的 8 月 26 日的具文声复，事实上只是试图说服葛
礼山改变此前的指示，同意他们拒交日本间谍。他声称这两个日本间谍
"只是在校学生，公开、和平地在上海居住"，居住在中国的日本人改穿中
国服装虽然与条约的规定不相符合，但并没有遭到反对。他强调这两个日
本人是清白的，请求葛礼山同意由美驻沪总领事作为仲裁人和一名中国官
员一道听审，并居然表示外国人犯罪不应由中国政府来处罚，试图让日本
间谍享有治外法权待遇。②

然而，当时当政的克利夫兰政府鉴于保护两名日本间谍明显违背美国
的中立政策，并没有接受田夏礼的意见。8 月 29 日，国务卿葛礼山致电田
夏礼，明确指示他在处理日本间谍问题时应保持中立，遵守美国政府的指
示，将日本间谍交清政府处理。电文称：

> 目下中日交战，不相通使，该代办乃局外邦国使臣，理宜不偏不
> 袒，而所行所办，中倭均应视为公道……此意应切念之，务当遵照公
> 法，而不失局外邦国之谊。美国不得视倭人为美民，亦不得使倭人向
> 无享受如此利益者，而不归中国管辖，亦不得留之治以美例，统归美
> 使领事管理，亦不得将使署、领署作为倭人避法之区。总之倭人仍系
> 倭国子民，应照向来办法，归地方官审办，不得因美官保护稍有变
> 迁。查美国使臣代施保护，有案可援，于一千八百六十七年墨西哥一
> 案，又于一千八百七十年布法争战一案，又瑞士国未派使臣驻扎中
> 国，以及别国亦请美国代行保护一案，美国外部于一千八百七十二年
> 七月二十五号，饬令驻华使臣指示办法，谕曰保护一层，乃系私情调
> 停，虽经中国允准，遇有瑞士国人轻重案件，美国使臣不能争管辖之
> 权，而瑞士国人所为一切，亦不能责问美国政府以及使臣等语。该代

---

① 《总署发美国署公使田夏礼照会》（光绪二十年七月二十七日），《清季中日韩关系史料》
第 6 卷，第 3522 页。

② Payson J. Treat, *Diplomatic Relations between the United States and Japan*, *1853 – 1895*,
pp. 484 – 485.

办既是私下调停，则凡倭人有所控诉，自应仔细详察，方得向中国政府代为伸理。务须遵照以上所言，以施保护。①

在葛礼山下达如此明确的指示后，田夏礼还试图做最后努力，加以挽回，保护两名日本间谍。8月31日，他再次致电葛礼山，称："美国驻日公使来电，声称日本政府保证这两名日本人不是间谍，日本政府要求中国在美国驻华公使田贝到达之前不要采取任何行动。您是授权我向中国政府提出这一建议，还是命令立即无条件地将两名日本人交给中国政府？"田夏礼这一不执行命令的做法显然令葛礼山极为不悦，他当即复电，指出"我29日的指示已十分清楚"。②

总理衙门也于8月31日在接到驻美公使杨儒关于葛礼山8月29日电文指示报告③后，当即照会田夏礼，揭露他此前照会内称各节"核与杨大臣电述贵国外部之意两歧"，要求田夏礼根据美国政府指示，速饬上海美领事将日本间谍交上海道惩办，称："上海拿获日本奸细一案，前据出使贵国杨大臣来电，于本月二十四日备文照会贵署大臣查照在案。是日贵署大臣来署面称，尚未接到外部电信，如外部准令送交上海道，即可饬交等语。昨于二十七日接准照称，已接外部来电，仍欲详知此案情形，业经具电声复，请外部即行饬知如何办理，想日内定有电复等因。查本月二十三日，本衙门准出使杨大臣来电内称，据贵国外部葛大臣面云，已得贵署大臣复电，且谓奸细按照公法应交，不应袒宥，已电贵署大臣饬交等语……此次来照内称各节，核与杨大臣电述贵国外部之意两歧。近日华人之在朝鲜及日本等处寄寓者，日本官吏待之甚苛，贵署大臣亦必有闻。此等倭

① 《驻美使馆收美国外部葛礼山照会》（光绪二十年七月二十九日），黄嘉谟主编《中美关系史料》（光绪朝三），第1890～1891页。另见 Mr. Gresham to Mr. Denby, August 29, 1894, in Jules Davids (ed.), *American Diplomatic and Public Papers: The United States and China*, Series Ⅲ, *The Sino-Japanese War to the Russo-Japanese War, 1894–1905*, Volume 2, *The Sino-Japanese War I*, pp. 227–228。

② Payson J. Treat, *Diplomatic Relations between the United States and Japan, 1853–1895*, Volume II, p. 485.

③ 《总署收驻美大臣杨儒电》（光绪二十年八月初一日），黄嘉谟主编《中美关系史料》（光绪朝三），第1886页。

奸，中国境内所在多有，既经拿获，若不从速惩办，何以儆戒其余？"①

同日，总理衙门还就美国驻汉口领事保护逃入租界伪装华人的日本人照会田夏礼，提出抗议，并谴责田夏礼庇护上海日本间谍的行为助长了在华日本人的间谍活动，照会称："七月二十七日，接准湖广总督电称，二十四日未刻，有倭人剃发改易华装，在汉口租界外行走，营勇向前盘诘，正欲查拿，该倭人即持刀抗拒，逃入租界，美领事不肯交出，谓系日本安分人，即时护送登轮往沪。既系安分，何必改装，情弊显然。请照会美国驻京大臣切嘱美领事，以后查有华装倭人，不得袒庇等语。查中日未经失和以前，条约内载两国商民不准改换衣冠，致滋冒混。是平时倭人改易华装，尚干例禁，况现当两国开战之际，倭人改装剃发，匿居中国，其为窥探军情，有心混迹可知。此次汉口之改装倭人，一经营勇盘诘，即持刀抗拒，逃入租界，情弊显露。而美领事讳为日本安分之人，即时送沪，是否有意袒庇倭奸，殊难剖白。但论公法，似已未协，且于贵国保护真正安分商民之名有损。盖缘沪关所获倭奸，不早交出讯办，以致他口倭奸效尤无忌，实于中国军情大有妨碍。应请贵署大臣严饬各口领事，嗣后如遇此等情事，即照公法交出讯办，以敦睦谊可也。"②

在最后的努力失败之后，田夏礼只好于 9 月 1 日照会总理衙门，通报已根据美国政府的指示，致电驻沪总领事佑尼干，令他交出日本间谍。③

需要特别指出的是，田夏礼和佑尼干附和日本政府说法，称在上海法租界拘捕的两名日本人并非间谍，是毫无根据的。在两名日本人被引渡后，他们的身份也被查明，一个名为福原林平，另一个名为楠内友次郎。他们的任务是受日本军方之命，计划从上海北上营口，探听军情。为避人耳目，他们于 10 日从上海日人居住地瀛华广懋馆移居中国人在法租界开设的同福客栈，准备候船北上。他们两人举止异常，形迹可疑，引起上海道密探的注意，遂于 14 日被租界巡捕拘捕，并从其携带的行李中搜出与日本

① 《总署致美署使田夏礼照会》（光绪二十年八月初一日），黄嘉谟主编《中美关系史料》（光绪朝三），第 1893 页。

② 《总署致美署使田夏礼照会》（光绪二十年八月初一日），黄嘉谟主编《中美关系史料》（光绪朝三），第 1892 页。

③ 《总署收美署使田夏礼照会》（光绪二十年八月初二日），黄嘉谟主编《中美关系史料》（光绪朝三），第 1894 页。

军方联络的暗号和电报密码。因此，福原和楠内确系日本间谍。① 并且，通过他们的招供，还侦知 8 月 19 日在浙江拘捕的两名日本僧人高见武夫和藤岛武彦同为日本间谍。② 在查明真相后，福原林平、楠内友次郎、高见武夫和藤岛武彦先后被处决。

在上述日本间谍案的交涉中，尽管美国驻华外交官的努力最后都以失败告终，但美国驻华代办田夏礼还是帮助一个名叫川烟丈之助的日本间谍成功逃避清政府的拘捕，安然返回日本。川烟丈之助原为步兵少尉，1892年 9 月间即由日本军方派往中国从事侦察活动。他在奉天一带活动近两年，到处搜集情报，发回日本国内，对中日战争爆发后日本发动辽东战役立下了功劳。1894 年 8 月间，他由东北经烟台转赴北京。③ 8 月 31 日，田夏礼突然致函总理衙门，要求发给川烟丈之助路照，使之"执持赴津"回国，谎称川烟丈之助系一位美国传教士所开学堂的学生，"两月前该学房放热学时，该学生即出外游历，昨于七月三十旋回学房，仍欲入学，伊尚不知中日业已失和。该教士因际此时不愿留此日本学生，欲其回国"。④ 总理衙门在 9 月 2 日的复函中认为田夏礼函中所说的有关川烟丈之助的情况不可信，破绽百出，指出："查本衙门前经派员特向贵署大臣询问有无倭人潜留京城，准贵署大臣面称并无倭人踪迹。现在倭人忽称由外旋回，究于何处游历？由何处回京？无由详其踪迹。且出外两月之久，尚不知中日业经开战，仍欲入学，殊难凭信。"并表示"中日开战以后，本衙门未便再发路照"。但考虑到在日本的中国侨民需要美国外交官代为出面保护，总理衙门在川烟丈之助回国问题上又不愿过于得罪田夏礼，因此留了退路，要求他在说明川烟丈之助"何年来京附学"和"本年避暑往来踪迹"后，"再与贵署大臣商办"。⑤

① 见《总署收南洋大臣刘坤一文》（光绪二十一年十一月初三日）及附件一《福原林平口供》附件二《楠内友次郎口供》附件三《福原林平口供》附件四《清单》，《清季中日韩关系史料》第 6 卷，第 3826～3849 页。
② 见《总署收浙江巡抚廖寿丰文》（光绪二十一年九月二十八日）及《附件一：藤岛武彦供词》《附件二：高见武夫供词》，《清季中日韩关系史料》第 6 卷，第 3694～3697 页。
③ 戚其章：《甲午战争国际关系史》，人民出版社，1994，第 232～233 页。
④ 《总署收美国署公使田夏礼函》（光绪二十年八月初一日），《清季中日韩关系史料》第 6卷，第 3535 页。
⑤ 《总署发美国署公使田夏礼函》（光绪二十年八月初三日），《清季中日韩关系史料》第 6卷，第 3539 页。

在接到总理衙门的回复后，那位美国传教士立即就为川烟丈之助编造了来京附学的时间及暑期游历行踪，并称"该日本人系极好学生，并甚朴实"。田夏礼也在 9 月 5 日致总理衙门函中为其担保，称："查该教士人品向来方正，以上所言实为可靠；仍请贵衙门大臣查照，缮给该日本人川烟丈之助由京赴津之护照，俾其平安抵津。"① 在田夏礼的要求下，总理衙门最后予以通融，同意放行、出境。9 月 13 日，总理衙门致函田夏礼："查日本称兵肇衅，中国已视为无约之邦，该国人民例不能给护照，惟既经贵署大臣再三函请，自当斟酌情事，稍与通融，倘贵署大臣能保该倭人立即出境，必无作奸犯科，有干中国国法军法之处，即由贵馆缮写护照，将此注明再送至本衙门用印给发，以便贵署大臣遣送该倭人回国可也。"② 在田夏礼的安排下，这名日本间谍终于在 10 月 4 日从上海乘船回国。③

除间谍案之外，美国在其他一些问题上也偏袒日本，如维持上海为中立区的问题。中日开战之前，因英国的要求，日本方面表示任何情况下都不进攻上海，于 7 月 23 日致函英国驻日本临时代理公使，称："如不幸，日清两国间虽启兵端，帝国政府亦不向上海及其通路为战时之运动。"④ 但开战后不久，日本即以清朝方面没有遵守中立承诺为理由，利用在上海的兵工厂及港口制造和运输武器，提出收回维持上海为中立区的承诺。对此，英国政府坚决反对日本的这一要求，认为清政府方面并没有破坏上海的中立，不存在日本方面所说的指控，日本方面的理由不成立，指出：日本政府在做出这个保证的时候，完全知道在上海附近有中国的兵工厂；并且据可靠消息报道，目前兵工厂较之中法战争时不很繁忙，而且由于缺乏有经验的艺人，生产没有增长。再者，日方已收到英国驻上海总领事韩能（Hannen）先生之电报，保证外国船只不会为中国军队运送战争禁运品。因为日本政府同意不对上海采取任何军事行动，中国政府也答应不在上海

---

① 《总署收美国署公使田夏礼函》（光绪二十年八月初六日），《清季中日韩关系史料》第 6 卷，第 3557 页。

② 《总署发美国署公使田夏礼函》（光绪二十年八月十三日），《清季中日韩关系史料》第 6 卷，第 3580 页。

③ 《总署收美国署公使田夏礼函》（光绪二十年九月十五日），《清季中日韩关系史料》第 6 卷，第 3658 页。

④ 《陆奥外务大臣致英国临时代理公使函》（七月二十三日发），戚其章主编《中国近代史资料丛刊续编·中日战争》第 9 册，第 382 页。

港及附近地区设置障碍，上海的情况无变化。英方坚持要求日本遵守承诺。① 美国驻华公使虽然从商业利益出发，附和英国的要求，建议美国政府劝导日本遵守上海中立承诺，但同时指责清政府破坏上海中立，认为日本转变态度是"有相当的理由的"，指出："中国自己没有尊重上海的中立。巨大的江南兵工厂就在上边，位于同一个江边上，恰在上海城的近郊。由于所约定的中立给予它安全，它不断在工作着。外国船也从兵工厂码头安静地装载军火，并无忧无虑地等待适宜机会运他们的货物到台湾及其他各处。"并将清政府要求交出躲藏在租界内的日本间谍也看作中国方面破坏上海中立的事例之一，写道："中国政府决定在租界专对日本人行使管辖权——表现在最近两个间谍的案件上。人们非难它破坏中立。"② 这与英国的看法和立场完全不同。

总之，在日本间谍案问题上，尽管美国政府在清政府的交涉下同意交出日本间谍，但美国的外交官及美国政府的总体立场明显站在日本一边，这在此后美国政府调停中日战争的过程中反映得更为清楚。

三　拉偏架的调停

如前所述，中日战争爆发之前，清政府无意与日开战，曾请求俄、英、美、奥、意等国干涉或调停，避免中日爆发战争。只是在 7 月 25 日日本方面首先挑起战端，在丰岛海面袭击中国军舰的事件发生后，清朝政府才于 8 月 1 日向日本宣战，但清政府内主和派的议和活动一直没有停止过。8 月 13 日，清朝重臣李鸿章在发给总理衙门的电报中就报告了他在天津与俄国驻华参赞商议由俄国帮助停止战争一事，称："看来俄似有动兵逐倭之意。该使谓，如何办法，该国尚未明谕，而大要必不出此。"9 月 15 日平壤战败后，清廷内议和之声再起。9 月 27 日，慈禧太后即命翁同龢前往天津，探询李鸿章能否设法请求俄国调停。10 月初，总理衙门大臣奕劻、奕䜣等多次与海关总税务司赫德会谈，商议由英国出面调停，并提出以保

---

① 《英国公使致陆奥外务大臣》（1894 年 8 月 29 日收、9 月 7 日收），戚其章主编《中国近代史资料丛刊续编·中日战争》第 9 册，第 393～394、396 页。

② 《田夏礼致格莱锡》（1894 年 9 月 15 日发，10 月 31 日收），《中国近代史资料丛刊·中日战争》第 7 册，第 446 页。

证朝鲜独立和赔偿军费作为讲和条件。10 月末，在日本拒绝英国的调停建议和日军侵入中国本土之后，清政府转而请求美国出面调停。10 月 31 日，恭亲王奕䜣和孙毓汶、张荫桓等总理衙门官员专门约见美国驻华公使田贝（Charles Denby），举行密谈，援引 1858 年《中美天津条约》第一款内容，请求美国充当调解人。① 面谈后，总理衙门为便于田贝出面调停中日战争，又发送一份详细照会，说明中日战争缘由、目前战况和影响及希望中日睦邻友好的愿望，称：

　　贵大臣甫自贵国而来，恐于此中原委，尚未能尽知底蕴，兹特缕细函布台端。溯自朝鲜为我之藩服，垂三百年，既已著之宪典，又载于约章附文，各国亦从无异议。本年夏间，朝鲜全罗道民变，该国王一再乞师，请平乱党。我中国大皇帝俯念藩封，不忍重违所请，因照章派去兵士只二千人，乱即救平，正拟撤回间，讵日人已陆续兴兵，直入鲜境，不赴全罗道，而径抵汉城。数日之间，已至万余之数，是以当时有彼此撤兵之议，而日人不即允从。旋又有兵士驻扎之处均略为退让，免生衅端之议，而日人又不允从。中国逐事婉商，亦无不准情酌理。即派兵以平乱党，亦系分所应为，非独无思据其地之意，亦并无与日人生衅之心。正在百计图维，力筹和局，未几而高升被击之事出，又未几而牙山失守之信闻，凡此数端皆日人先为之倡，中国遂不得不整我戎行也。

　　惟是中国兵制与各国异。各国皆备有防兵、战兵，各有专责，中国所有兵士不过借平寇盗，自安境内。兵无所谓防，更无所谓战也。日人自明治维新后，事事效法泰西，兵法一门，已得要领，以致此次交战而我兵不甚得力者，职是故耳。

　　夫东方之国，中日为大，尤宜和好永敦，以全邻谊。今日人徒以朝鲜之故，与辅车相依之国妄启兵端，纵令获胜，而彼此均不免伤残。是以当平壤战后，我即复有愿商之举。盖因同处亚洲中，不必自相残害，且又素为有约之国，日与我固别无嫌隙，而我亦并无使其有

---

① Mr. Denby to Mr. Gresham, October 31, 1894, in Jules Davids（ed.）, *American Diplomatic and Public Papers: The United States and China*, Series Ⅲ, *The Sino-Japanese War to the Russo-Japanese War, 1894 – 1905*, Volume 2, *The Sino-Japanese War Ⅰ*, pp. 274 – 277.

嫌隙可乘。讵日人仍复侈其兵力，不肯允从。是真索解不得矣。

现举众已渡鸭绿江，将为窥伺东三省之计，并有犯我京畿之谣。第兵家胜负不常，正未可逞其所欲。我中国总以用兵之事，最为危险，但能了结之处，无不曲全，以免生灵涂炭。虽战端并非自我而启，和议要无不可自我而成。诚以怨结兵连，一切外患内忧，固与我大有关系，即东方战争日久，于贵国亦多所关系。缘兵衅久开，通商各口岸、贵国商旅，恐不能安居乐业。即内地各教士亦深恐保护不周，致生他变，转非所以重友谊而示怀柔。是以中国大皇帝与贵国大伯理玺天德深愿永敦和好，亦不愿与日本大启兵端，且贵国条约载明若他国有何不公轻藐之事，一经照知，必须相助，从中善为调处，以示友谊等语。中国现时难处，自应照知贵大臣，可否由贵国居中设法调处，早息干戈，以同享太平之福，则中国幸甚，各国幸甚。①

同时为求得更多的国际支持，清政府仍然希望英国、俄国、德国等欧洲国家联合调停。11月3日，总理衙门召见美、英、法、德、俄五国公使，提出以承认朝鲜独立和向日本提供军费赔偿作为和谈条件，请求各国公使建议本国政府出面调停。总理衙门在给美国驻华公使田贝的书面照会中称："查自六月以来，中日开衅，此事曲直所在，为各友邦所共悉，无庸赘陈。现在兵端不解，事机日迫，我大皇帝惟以孝养皇太后、爱惜百姓为怀，不欲慈虑忧劳，生灵涂炭。今愿与日本约，即日两国罢战，日本将兵退出奉疆，中国允许朝鲜准作自主之国，再以兵费相酬。各友邦凭公定议，分立限期，中国当照约办理，次第交清，决不食言。想各国国家与中国睦谊素敦，当此为难之时，无不同心协助，力为调处，以期共享升平也。"② 美国驻华公使田贝在当日致美国政府的电文中称："今日总署召集英、法、德、俄各公使及我本人开会，要求我们电请我们的政府出面干

① 中国第一历史档案馆、北京大学、澳大利亚拉筹伯大学编《清代外务部中外关系档案史料丛编——中美关系卷》第 8 册，中华书局，2017，第 17～19 页。按：由于这道照会没有具体日期，该卷编者将它放在光绪二十年十月二十五日（1894 年 11 月 22 日）照会之后，这会产生误导。根据该照会内容，照会时间应在 1894 年 11 月 1 日或 2 日，绝对不会在 11 月 22 日之后，只能在此之前。
② 《总署致美使田贝照会》（光绪二十年十月初六日），黄嘉谟主编《中美关系史料》（光绪朝三），第 1922 页。

涉，获取和平。它提出谈判的基础为朝鲜独立和分期赔偿战费（数额由友国共同决定）。"田贝建议接受清政府的斡旋请求，"作为挽救朝廷和帝国的最后努力"。①

在议和问题上，美国政府基本上是站在日本一边。一方面，美国政府以保持中立为由，拒绝与欧洲国家联合调停。10 月 6 日，英国外交大臣指示驻美代办歌珅（W. E. Goschen）致函国务卿葛礼山，询问美国是否愿意与英国、德国、法国和俄国一道调停中日战争，并指出调停的条件是由各列强保证朝鲜的独立，日本将获得一笔战争赔款，② 美国政府就予以拒绝。葛礼山 12 日复电表示，美国总统虽然真诚希望中国和日本尽快达成和平条件，并不使朝鲜蒙羞，但他不能接受参加四国干涉的要求。③ 英国政府做出进一步解释，表示五国的调解活动将"仅限于外交的行动，并将仅于有适当机会采取这一步骤时进行"。④ 但即便如此，美国也不接受英国的建议，不愿"变更总统的判断"。⑤ 并且，葛礼山还将这一情况秘密通报日本驻美公使栗野。栗野在 10 月 21 日发给陆奥外务大臣的电文中写道："国务卿以如下之事密告本使：英国政府询问美国政府关于为恢复和平试图干涉一事，是否有与英、德、俄、法同盟之意。美国政府则以同欧洲诸国结成关系，与美国之政策背道而驰拒绝之。"⑥ 11 月 8 日，法国驻美大使巴德诺（Patenôtre）代表法国政府，建议美国与欧洲国家联合调停中日战争，葛礼山也坚决予以拒绝，声称"美国不能加入一项旨在迫使日本接受它事先不准备同意的条件的干预活动"，清政府"只是在看到他们的提议遭到日本人拒绝后才向列强求助，以便列强对日本人施加压力"，因此，不能同意

---

① Mr. Denby to Mr. Gresham, November 3, 1894, in Jules Davids（ed.）, *American Diplomatic and Public Papers：The United States and China*, Series Ⅲ, *The Sino-Japanese War to the Russo-Japanese War, 1894 – 1905*, Volume 2, *The Sino-Japanese War Ⅰ*, p. 298.

② Mr. Goschen to Mr. Gresham, October 6, 1894, in Jules Davids（ed.）, *American Diplomatic and Public Papers：The United States and China*, Series Ⅲ, *The Sino – Japanese War to the Russo – Japanese War, 1894 – 1895*, Volume 2, *The Sino – Japanese War Ⅰ*, p. 252.

③ Mr. Greshamto Mr. Goschen, October 12, 1894, ibid., p. 252.

④ 《歌珅致格莱锡》（1894 年 10 月 14 日），《中国近代史资料丛刊·中日战争》第 7 册，第 447 页。

⑤ 《格莱锡致田贝》（1894 年 11 月 24 日），《中国近代史资料丛刊·中日战争》第 7 册，第 457 页。

⑥ 《驻美国栗野公使致陆奥外务大臣电》（1894 年 10 月 21 日），戚其章主编《中国近代史资料丛刊续编·中日战争》第 9 册，第 440 页。

清朝政府的请求；并表示既然中日交战双方可以直接进行谈判，列强也就没有调停的必要。①

另一方面，美国又力图单独调停，操纵和谈。11 月 6 日，国务卿葛礼山致电驻日公使谭恩，向日本表示美国愿意为结束目前战争而出面调停，电文称："令人痛感遗憾之日清战争，在亚细亚并不危及美国之策略。对于两国交战，美国之意图无非为友谊不偏之局外中立国而希望双方之幸福。如不限制日军于陆海之运动，而使争斗持续，则与另方面有利害关系之其他各国，将提出对日本国之安全与幸福不利之要求亦难预料。美国大总统对日本国抱有极深厚之友谊，如该大总统为和平与保持日清两国共同之名誉尽斡旋之劳，日本国政府是否承诺？"② 为达到单独调停的目的，葛礼山同日又致电田贝，极力阻止和压制清政府向俄国、英国等欧洲国家寻求外交支持，指出："中国致欧洲各大国同样请求，也许将多少阻碍总统的行动自由"，"总统谢绝任何共同的干涉。我今天训令你行动，大体上可以说已经是在中国请求之先提出了调停。总统希望很快知道他今天提出的他单独的调停，是否为交战国双方都可以接受的"。③ 接到美国政府的指示后，田贝 7 日前往总理衙门，向清政府施压，强调美国只有作为唯一的调停者才会出面斡旋，要求清政府停止向其他国家寻求调停，指出：总署对美国做特别的请求，但同时又请其他四国为中国出面干涉，这种行为是互相矛盾，并且是令人感到困惑的。④

需要指出的是，美国做出这一决定，并非对田贝 11 月 6 日报告清政府请求美国调停而做的直接回应，而是根据中国驻美公使杨儒的请

---

① M. Patenôtre, Ambassadeur de France à Washington, à M. Hanotaux, Ministre des Affaires Etrangères, Washington, 8 novembre 1894, Ministère des Affaires Etrangères, *Documents diplomatiques français* (*1871 - 1914*), 1ère série, 1871 - 1900, Tome 11 (Paris：Imprimerie nationale, 1947), pp. 413 - 414. 按：本书引用的法文资料均由葛夫平同志提供并翻译成中文。

② 《林外务次官致陆奥外务大臣电》（1894 年 11 月 8 日），戚其章主编《中国近代史资料丛刊续编·中日战争》第 9 册，第 445 页。

③ 《格莱锡致田贝》（1894 年 11 月 6 日发），《中国近代史资料丛刊·中日战争》第 7 册，第 451～452 页。

④ Mr. Denby to Mr. Gresham, November 10, 1894, in Jules Davids (ed.), *American Diplomatic and Public Papers：The United States and China*, Series Ⅲ, *The Sino-Japanese War to the Russo-Japanese War*, *1894 - 1905*, Volume 2, *The Sino-Japanese War I*, pp. 302 - 303.

求，在与日本驻美公使充分沟通并获后者谅解之后才做出的一个决策。
11 月 24 日，葛礼山在向田贝说明美国做出这一行动的背景时明确指
出，他在 11 月 6 日发出的美国愿意调停的电报系在收到田贝电报的数
个小时之前即已发出，"本月六日以前，中国公使杨儒和美国国务院有
数次晤谈，他表示，他的政府至诚恳地希望美国总统按照美国一般的
政策并遵循调处行动的著名前例出面斡旋，结束目前战争。因此，总
统作出本月六日用电报通知你的建议。但是这建议，是在我与日本公
使多次晤谈而确实知道日本完全理解并赞许总统的善意、公平的动机
以后，才做的"。①

　　根据日本驻美公使栗野慎一郎的报告，葛礼山向他解释美国出面调
停中日战争，主要基于以下几点考虑：（1）中日战争对美国外交策略无任
何损害，但目前欧洲各国欲联合干涉中日战争，结果将对日本不利，因
此，美国总统完全出于对日本的友谊，愿意对中日两国进行公平调停，前
提条件是两国政府对此都无异议；否则，便不欲为之。（2）自中日开战以
来，日本方面在海陆同时连战连捷，并进入中国本土，逼近北京，日本国
之武威已光耀宇内，跃居世界强国之一，美国在此时出面调停、中止战
争，对日本的名誉毫无损害。（3）如日本因受各国压制而与英国或其他
一、二盟国发生战争，虽与美国无关，但美国和美国人民的一般情谊却偏
向日本一边，因此美国届时是否仍严守中立而为局外旁观者，乃为美国政
治家必须考虑的一件大事。（4）美国在中日两国之间进行友谊的调停过程
中，将绝不允许英国插手其间。②

　　从葛礼山与日本公使栗野的谈话中不难看出，美国决定调停中日战
争，表面是响应清政府的请求，但实际上更大程度是出于对日本的友谊，
为日本减轻来自英国和俄国等欧洲国家的外交压力。因此，在与葛礼山的
交谈中，日本公使栗野慎一郎当即感谢美国"对帝国之厚情"，表示"急
速电告本国政府相答"，③ 建议日本政府"应听从合众国之调停，因为该国

---

①　《格莱锡致田贝》（1894 年 11 月 24 日），《中国近代史资料丛刊·中日战争》第 7 册，第
　　457～458 页。
②　《驻美国栗野公使致陆奥外务大臣函》（1894 年 12 月 5 日收），戚其章主编《中国近代史
　　资料丛刊续编·中日战争》第 9 册，第 446 页。
③　《驻美国栗野公使致陆奥外务大臣函》（1894 年 12 月 25 日收），戚其章主编《中国近代
　　史资料丛刊续编·中日战争》第 9 册，第 446 页。

之舆论不仅大为偏袒日本，且大总统亦因国内策略与其一己之友情，始终尽力于使日本满意之事"。①

日本政府虽然不愿中日谈判受制于第三国而没有完全答应美国的调停建议，且认为与中国和谈的时机还不成熟，但同时认为美国是将来日本与中国和谈的最好中间人："中日战争非能永久继续，早晚媾和之机成熟时，第三国之俨然仲裁虽无必要，如有一国从中周旋为交换彼我意见之机关，颇为便利，而可为此机关者，则无善于美国者。"② 因此，陆奥外务大臣于11月17日致函美国驻日公使谭恩，一方面拒绝美国的调停建议，表示"帝国政府甚赞赏此种友好感情，因其可使美国政府能为日中和平提供帮助"，申明日本迄今在战争中连战连捷，结束战争并不需要谋求友邦的协助，战争将直至清朝政府直接向日本求和为止。但同时又以私人谈话形式向谭恩表示如清政府提出希望和谈，日本希望其提议尽量由美国公使转达："日本政府现在公然烦美国政府为中日两国间之仲裁者，或不免招其他第三国干涉，故不能不避脱此事，异日若由中国开媾和之端绪时，美国从中交换彼我之意见，则我政府当深倚赖美国政府之厚谊。"③

很显然，日本只希望美国充当居间传信人的角色。对此，美国政府完全接受，乐于将自己降格为一个居间传信者的角色，十分配合日本的意图，对日本的答复"表示满意"。④ 19日、20日，葛礼山便将日本的回复分别通知美国驻华公使田贝和中国驻美公使杨儒。田贝则于20日下午3时至总理衙门通报此一结果，宣布："我的政府通知我说，日本可以考虑中国通过我向它直接提出的和平要求。"同时声明"我只要作一个中间人……日本既然不希望斡旋，而是要考虑中国'直接'提出的条件，所以我预备把中国的提案用密码送达东京美国公使，再由他转送给日本政

① 《驻美国栗野公使致陆奥外务大臣电》（1894 年 11 月 13 日发），戚其章主编《中国近代史资料丛刊续编·中日战争》第 9 册，第 451 页。
② 陆奥宗光：《蹇蹇录》，《中国近代史资料丛刊·中日战争》第 7 册，第 167 页。
③ 陆奥宗光：《蹇蹇录》，《中国近代史资料丛刊·中日战争》第 7 册，第 168 页；《陆奥外务大臣美国公使函》（1894 年 11 月 17 日发），戚其章主编《中国近代史资料丛刊续编·中日战争》第 9 册，第 453 页。
④ 《驻美国栗野公使致陆奥外务大臣电》（1894 年 11 月 22 日发），戚其章主编《中国近代史资料丛刊续编·中日战争》第 9 册，第 457 页。

府"。① 11 月 22 日，总理衙门照会田贝，正式委托他调处中日战事，称：
"现因中日失和，贵国国家笃念邦交，愿照咸丰八年中美约章第一款，从
中善为调处。中国国家亦愿由贵大臣直向日本说合，中国允许朝鲜自主，
并酬日本兵费，按公定议数目。贵大臣既有说合之权，应请将中日两国主
见互为传述商定，以期早息兵争，仍归和好，庶不负贵国国家及贵大臣
美意。"②

在随后的调停过程中，美国驻华公使田贝和驻日公使谭恩除为中日两
国传达信息之外，基本上是站在日本一边，单方面说服和要求中国方面按
照日本的要求和条件举行和谈。

根据 11 月 22 日总理衙门的照会，田贝同日致电美国驻日公使谭恩，
转达清政府已授权他直接提议和谈，条件是承认朝鲜独立和赔偿适当的军
费。③ 但清政府提出的这一和谈条件遭日本政府的拒绝，26 日美国驻日公
使谭恩代表日本政府复电，指责清政府并没有显现出答应一个令人满意的
和平条件的意向，表示如果中国渴望和平并为此任命合适的全权谈判代
表，日本将在两国代表会谈时提出同意停战的条件。④

在接到日本政府的回复后，总理衙门于 28 日召见田贝，询问日本方面
所说的中国方面没有真正和谈诚意的含义，希望田贝为他们撰写回复，负
责与日本的谈判，田贝则表示他作为美国公使，不可能充当清政府的谈判
委员，要求由总理衙门自己回复日本的电报。⑤ 29 日下午，总理衙门将复
电函件送达田贝，由田贝于次日致电谭恩，表示不了解日本方面所说的
和谈条件，希望日本说明商谈大略，以便中国采取行动。12 月 3 日，谭

① 《田贝致格莱锡》（1894 年 11 月 22 日发），《中国近代史资料丛刊·中日战争》第 7 册，
第 455～456 页。

② 《总署致美使田贝照会》（光绪二十年十月二十五日），黄嘉谟主编《中美关系史料》（光
绪朝三），第 1944 页；另见《清代外务部中外关系档案史料丛编——中美关系卷》第 8
册，第 16 页。

③ Payson J. Treat, *Diplomatic Relations between the United States and Japan, 1853 - 1895*,
Volume II, pp. 501 - 502.

④ Payson J. Treat, *Diplomatic Relations between the United States and Japan, 1853 - 1895*,
Volume II, p. 502；北京美国公使馆钞《美署中日议和往来转电节略》，戚其章主编《中
国近代史资料丛刊续编·中日战争》第 6 册，中华书局，1993，第 607 页。

⑤ Mr. Denby to Mr. Gresham, November 30, 1894, in Jules Davids（ed.）, *American Diplomatic
and Public Papers：The United States and China*, Series III, *The Sino-Japanese War to the Russo-
Japanese War, 1894 - 1905*, Volume 2, *The Sino - Japanese War I*, pp. 352 - 354.

恩致电田贝，转达日本政府意见，称：根据美国驻北京公使转来的电文，显示中国政府对于讲和与否，仍无定见；要求结束敌对状态的是中国而不是日本，因此，日本必须重申，只有在两国从合格的高级官员中任命的全权谈判代表的会谈开始时，日本才能宣布和谈条件；否则，此事作罢。

田贝在向总理衙门转达日本这一回复时，极力敦促清政府尽快响应日本的要求，选派和谈全权代表，指出日本没有提出和谈的确切条件，这对中国更有利，某种程度上可摆脱和谈条件的束缚，并为清政府拟定复电内容。对清政府内部因主战派和主和派的斗争迟迟不对12月3日的电文做出回复，田贝极为不满，在8日写给国务院的报告中指责清朝官员对外国、国际法和外交一无所知，"他们那套自以为是的机敏在危机面前毫无用处"。[①]

过了8天，清政府才做出决定，于12月12日由田贝致电谭恩，对日本拒绝接受中国的建议表示遗憾，同时称愿意根据日本的意愿，任命全权谈判大臣与日本全权代表举行和谈，建议将上海作为会谈地点，询问日本酌定何时会谈。12月18日，谭恩复电田贝，代表日本政府拒绝了清政府提出的在上海会谈的要求，表示如果中国任命全权谈判代表，日本也将任命全权大臣，在中国通知全权大臣姓名和品级之后，日本即酌派全权大臣；会谈地点必须在日本境内。

19日，田贝又前往总理衙门，做说服工作，向总理衙门官员讲解一些国际法基本知识，以欧洲以前签订的条约为例，指出选择和谈地点，这是战胜国的权利。对于清朝官员担心和谈签约官员可能会成为替罪羊而遭杀头，田贝建议添入一个条款，声明在任何情况下和谈人员个人不负责任，也不能因为签约中的行为而遭伤害。他还向总理衙门官员暗示最好派李鸿章为全权谈判代表，建议清政府尽快做出答复，不能再像上次那样拖延。[②]根据田贝的建议，清政府于次日即做出回复，由田贝致电谭恩，称中国现

① Mr. Denby to Mr. Gresham, December 8, 1894, in Jules Davids (ed.), *American Diplomatic and Public Papers: The United States and China*, Series Ⅲ, *The Sino-Japanese War to the Russo-Japanese War, 1894 – 1905*, Volume 3, *The Sino-Japanese War II*, pp. 6 – 19.

② Mr. Denby to Mr. Gresham, December 20, 1894, in Jules Davids (ed.), *American Diplomatic and Public Papers: The United States and China*, Series Ⅲ, *The Sino-Japanese War to the Russo-Japanese War, 1894 – 1905*, Volume 3, *The Sino-Japanese War II*, pp. 27 – 39.

派张荫桓、邵友濂为全权大臣，往日本商定议和，建议日本方面所定会议地点最好能离上海较近，便于来往；同时希望日本速派全权大臣，早定会议日期，并于日本派定全权大臣之日，即行决定停战日期。[①]

12月27日，谭恩复电，向清政府转达日本政府意见，并没有对清政府所派全权大臣提出异议，通知日本政府将委派一名或数名全权大臣与中国任命的全权大臣缔结和约。日本政府选择广岛为会议场所，并提出会议将在中国全权大臣到达广岛48小时内举行，中国所派大臣何时来广岛，须先告知；停战问题待和谈开始之后，再由日本方面酌定。

对于日本方面拒绝向中国方面通报任命全权大臣的情况和立即停战的请求，清朝政府十分不满。田贝也认为日本的做法有些过头，故意伤害中国的自尊与面子，认为日本所选择的会议地点广岛是一与外隔绝之地，易被军队所包围，切断中国代表获得外国人的帮助，因此，他建议张荫桓带上翻译人员，如有可能再带上一名外国法律顾问。[②] 29日，清政府方面由田贝致电谭恩，询问中国派往大臣由何处入口和日本所派和谈大臣衔名。同时，田贝个人也致电美驻日公使谭恩，指出：我因日本在这最微小的问题上拒绝向中国做出让步而感为难。如果日本政府现在能向中国提供全权大臣的名单，这将有利于会谈的结束。它仅仅挽回中国的面子。[③]

然而，日本政府仍然坚持此前的态度，31日谭恩致电田贝，称日本政府倾向在中国全权大臣抵达日本之时任命合适官衔的全权大臣，日本政府认为没有必要事先向中国政府通知日本全权大臣的人选、姓名及职衔。为方便起见，中国大臣须乘挂局外旗号的船只在下关入口，由日本官员在那里迎接，安排他们前往广岛。[④] 1895年1月1日，美国国务卿葛礼山在与清朝驻美公使杨儒的会谈中也敦促清政府尽快派全权代表前往日本和谈，

---

① 北京美国公使馆钞《美署中日议和往来转电节略》，戚其章主编《中国近代史资料丛刊续编·中日战争》第6册，第607页。

② Mr. Denby to Mr. Gresham, December 29, 1894, in Jules Davids (ed.), *American Diplomatic and Public Papers: The United States and China*, Series Ⅲ, *The Sino-Japanese War to the Russo-Japanese War, 1894 – 1905*, Volume 3, *The Sino – Japanese War Ⅱ*, pp. 59 – 64.

③ Payson J. Treat, *Diplomatic Relations between the United States and Japan, 1853 – 1895*, Volume Ⅱ, p. 510.

④ 北京美国公使馆钞《美署中日议和往来转电节略》，戚其章主编《中国近代史资料丛刊续编·中日战争》第6册，第608页。按：后来日本方面在1月31日清朝和谈代表到达广岛的第二天、中日举行会谈的前一天才将日本方面的谈判代表正式通知清朝谈判代表。

指出："清国如愿与日本帝国进行和平谈判，应派出特派大使着手谈判为妥。如求助于他国则徒失时机。"①

在美国外交官田贝和谭恩的穿针引线下，清政府只能完全接受日本的和谈安排，1895年1月5日，由田贝通报日本政府，中国大臣张荫桓将于1月7日出京，乘局外商船至上海，会同邵友濂前往日本。经过一番准备，张荫桓和邵友濂一行于1月28日抵达日本长崎，30日乘英国"皇后"号邮船抵达神户，再由日本安排的轮船转送广岛举行和谈。2月1日，根据日本方面的安排，中日谈判代表举行第一次会议，彼此交换全权证书。会上，日本谈判代表伊藤博文对清朝谈判代表张和邵的委任状提出质疑，认为他们不具备全权资格；而张、邵则照会声明他们所携敕书已"畀以讲和缔结会商条款、署名画押之全权"，指出日本方面以委任状中有会谈结果请皇帝批准谕旨之语，便说他们的授权受到限制，是不能接受的；此一用语的目的在于保证条约一经签字盖印，便迅速批准实行。并且，此前驻北京之美国公使就已收到总理衙门之保证，称"本大臣确被赋与以对讲和条件谈判与签名盖印之全权"。再者，此委任状与清政府以往向他国派遣的条约谈判全权大臣的委任状完全相同，而此前没有被拒绝之事发生。②

2月2日，中日代表举行第二次会议，伊藤博文发表长篇演说，粗暴指责清政府在外交上不讲信用，指责张、邵所携委任状"完全缺乏委任全权所必须之各项"，宣布停止此次和谈工作。清朝谈判代表解释他们完全是按照美国驻华公使的照会之主旨办理，与照会中所述要求并无矛盾；指出就伊藤博文和陆奥宗光所出示的委任状也写明他们所签订的条约只有在符合适当的和规定的形式时方能得到日本天皇的批准这一规定来说，这与清政府颁发给他们的委任状并无本质区别；表示日本方面如果认为他们所出示的委任状有问题，不具备全权资格，他们愿意按日本所要求的标准，

---

① 《驻美国栗野公使致陆奥外务大臣函》（1895年1月4日），戚其章主编《中国近代史资料丛刊续编·中日战争》第9册，第461页。

② 《二月一日清国使节对有关全权资格问题进行解释之函件》，戚其章主编《中国近代史资料丛刊续编·中日战争》第10册，中华书局，1995，第294～295页。委任状全文如下："皇帝敕谕：尚书衔总理各国事务大臣户部左侍郎张荫桓，着派为全权大臣，与日本派出全权大臣会商事件。尔仍一面电达总理衙门请旨遵行，随行官员听尔节制。尔其殚竭精诚，敬谨将事，无负委任，尔其慎之。特谕。"

"增补我们的全权书"。但伊藤博文和陆奥宗光根本不接受清朝代表的解释。在看了清政府和美国驻华公使往来官方照会的抄件之后，他们承认"也许会有由于英文译成中文中出现的错误而造成的误解"，但依然表示"不管田贝公使能建议和保证你们政府做什么，都不能成为我们现在的问题"。两人认为日本政府所颁委任状与清政府所颁委任状的区别在于，前者赋予代表缔结和约全权，而后者只授权谈判，谈判期间代表受到政府的指挥。日方认为清政府委任状存在严肃的问题，不能等闲视之，坚持中止此次和谈。陆奥宗光甚至当场下逐客令，要求清朝代表尽快取道长崎回国，表示："既然我们现在不能进行谈判，我们相信，阁下有必要离开这个国家，立即离开这座城市。正如你们所知，目前，我们的司令部设在这里。我们想，从长崎乘船到你们自己的国家是最方便的港口。"① 2月4日，日本即安排轮船将清朝和谈使团送回长崎。

对于日本借口张荫桓和邵友濂不具备全权代表资格，拒绝和谈，并剥夺张、邵外交和谈之权，令他们限期离开日本的行为，美国也完全站在日本一方，将谈判中断完全归咎于清政府，甚至指责清政府缺乏和谈诚意。2月4日日方向他通报此一事情时，充当中日和谈联络人的美国驻日公使谭恩明确表态："日本之措施正当，无可非议。"② 田贝则抱怨总理衙门颁发的委任状没有采用他拟订的英文本，不符合全权证书的要求，并指责清政府缺乏和谈意愿，幻想通过外国列强的干涉挽救自己。田贝说："如果中国现在知道世界并不站在她的一边，随她自己开战，那么她将会立即议和。"③ 而事实上田贝在1894年12月29日写给美国国务卿的汇报中就根据日本方面的态度和安排，表示"这次谈判是否会导致和平，我是非常怀疑的"。④ 美国国务卿同样也不顾事实，在日本驻美公使栗野向他通报这一

① 《有关拒绝张荫桓一行讲和使节经过之奏章》，戚其章主编《中国近代史资料丛刊续编·中日战争》第10册，第288、290页。
② 《林外务次官致锅岛外务书记官电》（1895年2月4日发），戚其章主编《中国近代史资料丛刊续编·中日战争》第10册，第296页。
③ Mr. Denby to Mr. Greham, February 6, 1895, in Jules Davids (ed.), *American Diplomatic and Public Papers: The United States and China*, Series III, *The Sino-Japanese War to the Russo-Japanese War*, *1894 - 1905*, Volume 3, *The Sino - Japanese War II*, pp. 91 - 100.
④ Mr. Denby to Mr. Gresham, December 29, 1894, in Jules Davids (ed.), *American Diplomatic and Public Papers: The United States and China*, Series III, *The Sino-Japanese War to the Russo-Japanese War*, *1894 - 1905*, Volume 3, *The Sino-Japanese War II*, pp. 59 - 64.

结果时，对日本的决定表示支持，并声称"他已通过美国驻中国的公使向中国提出了同样的建议"。①

值得指出的是，除美国驻华公使田贝和驻日公使谭恩之外，清政府聘请的此次和谈法律顾问、美国前国务卿科士达（John W. Foster）同样也是站在日本一边。② 为了给和谈提供法律帮助，应付日本方面的无理要挟，张荫桓奉命东渡日本议和前夕，于1895年1月2日上奏朝廷，建议聘请美国人科士达为议和法律顾问，谓："倭人动援西例，侈言公法。……臣此行应办之事，较为繁重。中日战事，倭俗屡播新闻，工于掩著。欧美诸洲间为所惑，有律师可以诘其情伪，代鸣不平。其他要挟，能查西国例案以折之，或不为所欺饰，大致亦易就绪。惟律师颇难其选。臣前使美国，所延律师科士达，人极公正，熟谙各国条例，又曾奉使俄、墨诸国，曾充美国外部大臣。现在优游林下，行年已老，臣虑其不肯远涉，前日试与电商，乃承慨诺。当电杨儒代拨盘川，令在神户相候，脩脯酬劳晤时酌订。"张的这一请求当日即被朝廷允准。③

科士达虽然曾担任过中国驻美公使馆的法律顾问，但他与日本的关系远比他与中国的关系深厚。据他本人的回忆录，在日本外务大臣陆奥宗光任日本驻美公使期间，科士达便与他建立了很好的友谊关系。1894年春科士达游历日本期间，也与陆奥来往甚密，后者拜托他为正在华盛顿进行的日美修约谈判提供帮助。科士达回美国后，陆奥又让新任驻美公使栗野慎一郎带上给科士达的一封信件，继续请他在日美修约问题上给予帮助，信中写道："现在委任栗野最重要的工作是修订条约，我请求

---

① 《驻美国栗野公使致陆奥外务大臣电》（1895年2月3日发），戚其章主编《中国近代史资料丛刊续编·中日战争》第10册，第296页。

② 科士达就聘为中方和谈法律顾问，固然名义上为私人身份，但由于他本人为美国的前国务卿，其担任和谈顾问不但事前得到国务卿的首肯，而且事后也得到美国政府和美国驻华和驻日外交官的密切配合和支持，因此，科士达的使命实际上很难说是纯粹的私人性质，应该说一定程度上已代表了美国政府的立场。

③ 《钦差大臣张荫桓奏片》（光绪二十年十二月初七日），《清季中日韩关系史料》第6卷，第3976～3977页。按：根据稍后李鸿章的聘请，科士达薪酬为月薪1万美元，共获得3万美金，其中1万美元为科士达陪同李经方的赴台经费。详见《总署收钦差大臣李鸿章电》（光绪二十年正月二十五日），《中美关系史料》（光绪朝三），第1974页；《总署收署两江总督张之洞文》（光绪二十一年六月初二日），《清季中日韩关系史料》第7卷，第4373～4374页。

您给他友好的信任，给他最需要的帮助，使他工作得到圆满的终结。"对科士达通过游说美国国务卿葛礼山，改变他在美日修约问题上的态度，陆奥也亲自去信向他表示感谢，并希望科士达"将来以同样的态度继续帮助我们"。①

科士达在接受清政府的聘请后，果然像陆奥所期望的那样，在中日问题上依然采取亲日立场。在 12 月 23 日接到总理衙门聘请他的密码电报的当日，科士达除拜访他的"终生好友"葛礼山，征求后者的意见外，还拜访了日本驻美公使栗野，向他通报自己将前往日本担任清政府和谈顾问一事，并向栗野保证自己接受清政府这一委托，绝不会给日本增添麻烦，做对日本不利的事情。科士达声称："假若我接受中国差使，将使日本政府感到任何程度的不安，或对我和日本间的友好关系有任何危害的话，我是不愿接受差使而到日本去的。"② 栗野向他说明日本此次和谈将会挟日本在战场上之胜势向中国方面提出十分苛刻和严厉的条件，提醒他对此次使命要有充分思想准备，科士达当即表示赞同日本方面的立场，承诺将配合日方代表说服清政府满足日本的要求，称："日本政府尔来所采取之措施素为至当。军国之机运将从此而出，乃势所难免，此示为本人所充分了解者。故本人对清国之境域，予以相当之忠告，并使日本政府满意而肯诺媾和。"③

秉持这样一种亲日态度，科士达于 1895 年 1 月 21 日到日本之后，除了收受清政府的聘金之外，并没有给清政府提供任何帮助。在 1 月 30 日张荫桓率和谈使团到达日本之后，对于日本方面拒绝使团接发与北京进行联系的电报这种有违外交惯例的做法，科士达虽应使团的要求，面见日本外务省外交顾问、美国人端迪臣（H. W. Denison），指出日方的这一做法不合外交惯例，但并没有为清朝使团争到这个合法权利。对于 2 月 2 日日本方面以清朝和谈代表张荫桓委任状缺乏全权资格为由，拒绝和谈，科士达完全站在日本一方，替日本说话。在日本拒绝会谈的第二天上午，端迪臣即向他说明日本拒绝和谈的真实原因是认为清朝任命

---

① 《科士达外交回忆录》，《中国近代史资料丛刊·中日战争》第 7 册，第 465 页。
② 《科士达外交回忆录》，《中国近代史资料丛刊·中日战争》第 7 册，第 465 页。
③ 《驻美国栗野公使致陆奥外务大臣函》（1895 年 2 月 4 日发），戚其章主编《中国近代史资料丛刊续编·中日战争》第 9 册，第 482 页。

的两位和谈代表张和邵官阶不够高，希望清朝派恭亲王或李鸿章这样的谈判使臣。① 科士达本人还认为日本拒绝和谈的另一个没有言明的原因是，日本更希望等到在威海卫战役中彻底摧毁和捕获清朝的北洋舰队之后，为日本争取更为有利的和谈条件，他在回忆录中这样写道："端迪臣的拜访所给我的印象是，日本人对于他们拒绝中国代表并不完全觉得安心，希望通过我向世界更完满地说明他们行动的正当。端迪臣没有说出他们行动的另外一个理由。日方已经派出一支军队去攻袭威海卫炮台，击毁或捕捉在那里避难的中国海军的剩余部分。当着使臣在广岛举行会议时，在该炮台正进行着激烈的战事。无疑，日本人感到在这一仗胜利结束后，他们可以处于一个较优越的地位来签订和约。"② 然而，科士达这位拿着清政府高额佣金的法律顾问不但没有对日本拒绝和谈的真实原因加以揭露，反而将和谈破裂归咎于清政府颁发的不是全权委任状。这是一个连日本自己都觉得"并不完全安心"的理由。在离开日本之前，他居然对清朝使节的所谓的"不妥适"表示愤怒，完全替日本说话，宣称："我到北京必请清廷派遣完全的使节，以充分的诚实完成媾和。"③

张荫桓和邵友濂和谈使团在长崎等待邮船回国期间，清政府尚不明白日本方面的意图，为继续进行和谈做最后努力，2 月 7 日由田贝致电美国驻日本公使，一方面声明在张、邵委任状中的"全权"二字"对缔结和签署和约已经足够了"，但同时表示愿意根据日本方面的要求，更换委任状，希望日本方面接受张、邵为谈判代表，电文称："昨日总理衙门荣幸地收到了阁下之电报。阁下召见了中国全权代表张、邵二先生。因为他们的委托书上没有

① 按：在 2 月 2 日的会谈中，张荫桓就曾询问伊藤博文拒绝与他和谈，是否因为他和邵的官阶不足以充当中国的全权大臣，伊予以否定，坚持只是因为清政府未授予他的全权（见戚其章主编《中国近代史资料丛刊续编·中日战争》第 10 册，第 488 页）。日本方面之所以在公开场合不说明拒绝和谈的理由，是因为清政府早已将派张、邵作为谈判代表通知日本政府，并得到日本的认可，而日本政府始终拒绝事先告知清政府日本的谈判代表，因此，日本如以张、邵的官阶问题作为拒绝会谈的理由，显然会使自己处于十分被动的地位，要为此次会谈失败承担责任。

② 《科士达外交回忆录》，《中国近代史资料丛刊·中日战争》第 7 册，第 472 页。

③ 《中国近代史资料丛刊·中日战争》第 1 册，第 268～269 页。按：科士达对日本的偏袒在他所著的回忆录中也有所体现，对于中国和谈使团到达神户之后日本方面的接待工作，科士达认为日本方面"对他们没有忽略应有的礼节"，对使团提供了很好的保护，这与当时其他国家外交官及当时一些报纸所报道的有关中国使团遭到"冷遇"的说法，立场完全不同。

说明他们有缔结和签署议和条约之全权，日本对此表示反对。对日本来说，与他们谈判则是困难的事。为此，张、邵二先生被送到长崎。在给全权代表的委托书中，已有'全权'二字，这对缔结和签署和约已经足够了。这二字便已包罗万象，没有必要详述每件事情。鉴于日本已怀疑委托书的效力问题，中国愿意按规定更换一下委托书。并把经过审慎考虑后，两国之全权代表已签订了议和条约，在条约批准和生效前，还须待皇帝同意这些细则写在委托书上。更换的委托书将送到张、邵二位先生那里，以便向日本当局递交。由于送此委托书需要时间，请阁下根据上述意思详细电告日本。至于长崎的张、邵二位先生，请阁下询问日本可否开始与他们谈判而无须他们返回上海。"① 然而，清政府的这一要求遭到日本方面的断然拒绝。2月9日谭恩致电田贝，转达日本方面的决定，称："日本外相要求您通知中国政府，日本政府绝对不允许中国之全权代表在日本逗留。他们必须立即返回中国。"② 无奈之下，清政府只好于2月11日令张、邵使团回国。12日下午4时，张、邵使团乘法国邮船"威尔奈斯特·西蒙斯"号离开日本长崎。这次由美国居间的中日和谈就这样草草收场，无果而终。

综上所述，美国这种毫无是非的完全听任日本态度和主张的调解，除了为清政府转达安排会谈的程序之外，无论是政府层面，还是科士达以私人身份，对清朝政府都没有提供什么实质性的帮助。美国这种一边倒的调停，反而在许多方面帮了日本政府的忙，缓解了日本受欧洲国家联合调解的压力，为日本继续按计划发动对中国的战争提供了一个有利的国际背景。这种偏袒的态度在中日签订《马关条约》过程中再次得到体现。

四　助日逼签《马关条约》

如前所述，日本破坏广岛和谈的目的是为寻找一个日本方面满意的谈判代表及与中国签订和约的最佳时机。根据近代国际法原理和外交惯例，战胜国的成果只有通过签订条约才能获得合法化。2月初，在日军行将攻

---

① 《美国驻中国公使致美国驻日本公使电》（1895年2月7日发），戚其章主编《中国近代史资料丛刊续编·中日战争》第10册，第305页。

② 《美国驻日本公使致美国驻中国公使电》（1895年2月9日发），戚其章主编《中国近代史资料丛刊续编·中日战争》第10册，第305页。

占威海之际，日本政府认为和谈的时机已经成熟，便于当天经美国驻日公使谭恩向清政府转达和谈条件，电称："中国另派大臣，除允偿兵费、朝鲜自主外，若无商议地土及与日本日后定立办理交涉能以画押之全权，即无庸派其前来。"①

在收到日本的和谈条件之后，求和心切的清朝政府于2月3日即托美国驻华公使田贝致电谭恩，表示愿意和谈，并迎合日本的意图，改任李鸿章为和谈全权大臣，声称："李中堂奉派全权大臣，凡日本二十三日（夏历）电内欲商各节，均有此全权责任"，"此次敕书词意，悉照日本所发敕书办理"，并询问日方"拟在何处会议，即行复电，以便约期前往"。② 但需要指出的是，清朝政府虽然当时求和心切，但对日本提出的割地条件还是持保留态度，清廷内部存在严重分歧，主战派主张以迁都来拒绝日本的割地谈判条件："不顾恋京师，则倭人无所挟持。俄王保罗之败法主拿破仑第一，空都城以予之。是良法也。"③ 即使是和谈全权大臣李鸿章也不愿意承担割地的千古骂名，奏称："割地之说，不敢担承。"④ 同时，他拜访英、法、德、俄等国驻华使节，请求这些国家出面干涉，逼迫日本放弃割地的要求，希望自己能"在不应允割让土地的条件下前往日本和谈"。⑤ 在清朝政府和李鸿章是否接受日本提出的割地的谈判条件问题上，作为调停人的美国驻华公使田贝又单方面做了大量的说服工作。

2月22日下午，李鸿章在觐见光绪皇帝之后即拜见田贝，请求美国向中国提供帮助，劝说日本结束战争，尤其希望日本方面不要将割让领土作为和谈的条件。对此，田贝明确加以拒绝，坚定地表示"美国政府不会不明智地卷入战争，在中日两国之间不会进行任何干预"。对于李鸿章说他一直在扮演调停人的角色，可以通过他对日本的影响做些对中国友好的事

---

① 《美署中日议和往来转电节略》，戚其章主编《中国近代史资料丛刊续编·中日战争》第6册，中华书局，1993，第609页。

② 伊藤博文：《秘书类纂》，《中国近代史资料丛刊·中日战争》第7册，第118页。

③ 文廷式：《闻尘偶记》，《中国近代史资料丛刊·中日战争》第5册，第496～497页。

④ 翁同龢：《翁文恭公日记》，《中国近代史资料丛刊·中日战争》第4册，第538页。

⑤ Denby to Gresham, February 26, 1895, in Jules Davids (ed.), *American Diplomatic and Public Papers: The United States and China*, Series Ⅲ, *The Sino-Japanese War to the Russo-Japanese War, 1894 - 1905*, Volume 3, *The Sino-Japanese War Ⅱ*, p. 170. 有关清廷内部对日本割地和谈条件的反应及李鸿章在北京的外交活动，详见戚其章《甲午战争国际关系史》，第342～351页，兹不赘述。

情，田贝则加以否定，声称他本人从没有充当调停人，除了为总理衙门向日本提交书面电报外，他本人没有向日本政府转达过一句话。李鸿章就给日本方面的复函征求他的意见时，田贝警告李鸿章必须首先接受日本方面17 日提出的同意朝鲜独立、赔款和割让土地的条件。①

对于李鸿章争取欧洲国家驻华公使说服各国政府在中日战争中向中国提供支持，田贝极为反感，认为李鸿章的想法不切实际，他在 26 日写给美国政府的报告中写道：最近几天以来，李鸿章一直与这里的各国使节会谈，他似乎仍然坚持这样一个不切实际的念头——欧洲列强将不会允许日本攫取中国任何领土。他向每位公使都提这样的问题：如果中国政府拒绝割让领土，你们的政府是否会出面干涉？就我所知，尽管有些公使应允就这个问题打电报给他们的政府，但他很少得到鼓励。法国和俄国公使对李说，在确知日本所要求割让的为何地领土之前，他们不可能要求他们的政府考虑与割让领土有关的问题。例如，俄国也许会因不想有日本这样一个邻居对割让满洲表示关注；同样，法国也许会反对出让与越南相邻的领土。很显然，此时任何国家都不可能与日本讨论领土割让问题。日本也许会在各处要求割让领土，就像英国此前在天津、汉口、广东甚至上海所要求的那样，或者日本会要求台湾，或者辽东半岛。在日本的观点公开之前，就国际法来说，任何的干涉都是没有根据的，即使以自我保护为理由。

不但如此，田贝还劝说其他国家的公使与他一致行动，消除李鸿章要求其他国家干涉的念头。他在同一份报告中写道：在与我同僚的交谈中，我总是要求他们至少暂时停止讨论有关干涉问题，相反应肯定地表示他们的政府将不会干涉任何不可信的事情，就像我在谈到我的政府时所说的那样。我反复告诉我的同僚，如果不是因为存在向中国提供帮助的幻想，我两个月前就实现了和平。只要中国认为在关键时刻英国或者俄国的枪炮会转而对准日本的船只，它就会拖延直接行动。然而，我的同僚没能听从我的劝告。他们不希望在任何情况下都被中立的宣言所束缚。他们希望李鸿章作为全权特使前往日本缔结和约，并告诉他目前不会进行任何干涉，但

---

① Denby to Gresham, February 23, 1895, in Jules Davids（ed.）, *American Diplomatic and Public Papers: The United States and China*, Series Ⅲ, *The Sino-Japanese War to the Russo-Japanese War, 1894 – 1905*, Volume 3, *The Sino-Japanese War Ⅱ*, pp. 151 – 155.

他们持有确切的希望——将来会进行干涉。

对此李鸿章表示：根据他的理解，日本的要求并不意味要以割让领土作为和谈条件，只是讨论这个问题。田贝则劝说李鸿章必须打消这种不切实际的想法，指出：日本2月17日的电文已经宣布除非答应割让领土，否则不会接受任何全权特使；"如果日本的要求仅仅意味着讨论这个问题而中国坚持不以割地作为和谈条件的话，那么，他最好回家"。为说服李鸿章接受日本的和谈条件前往日本，田贝还违心地宽慰李鸿章不要把这个问题看得太严重，表示日本或许会满足于类似英国、法国和美国在上海获得一些租借地，而不会要求中方割让任何领土。

对于李鸿章再次请求美国在和谈中向中国提供帮助，田贝一口回绝，他表示与他再说这个问题没有任何用处，他接到的指示是不能做任何即使表面看来有损中立的事情。他只是充当一个中间人，目前他本人的谈话也不是以美国公使的身份，完全是个人性质。接着，他便以私人身份建议李鸿章和清朝政府应将背转向欧洲列强，彻底放弃求助其他列强干涉的念头，真诚面对日本，向日本说明如果日本削弱中国，日本的贸易和商业也会受损，从地理位置、民族的相似性和商业利益等角度劝说日本不要瓜分中国，努力避免割让大陆领土。他还进一步表示：外国的干涉对中国没有任何好处，很有可能超出日本采取的行动，导致中国的解体，除非俄国、英国、法国表现得比历史上更为无私，否则，他们都会为向中国提供的服务要求巨大的补偿；中国的政策应该是与日本恢复真诚、友好的邦交关系，日本对中日这两个东方大国从长远角度来看有着共同利益的说法可能不会不予认同。但当李鸿章问他为什么不向日本方面转达这层意思时，田贝却表示他只希望与李鸿章解决干涉问题，他与日本之间没有什么可以做的事情。① 换言之，他只是单方面说服中国接受日本的侵略要求，而不愿为维护中国方面的利益做任何努力。

在说服李鸿章接受日本割地的和谈条件之后，田贝又在3月3日下午李鸿章动身前往日本前夕与他举行了一次会谈，提醒李鸿章和清政府要为向日本提供巨额赔款做好准备。为此，他建议李鸿章在离开日本之前将这

---

① Denby to Gresham, February 26, 1895, in Jules Davids (ed.), *American Diplomatic and Public Papers: The United States and China*, Series Ⅲ, *The Sino-Japanese War to the Russo-Japanese War, 1894 - 1905*, Volume 3, *The Sino-Japanese War Ⅱ*, pp. 156 - 169.

个问题向光绪皇帝和慈禧太后陈明，并向他们提出如何筹措赔款的问题，让他们有一个心理准备。田贝向李鸿章授意说：这样巨额的战争赔款中国不可能通过通常的税收解决，将这样沉重的负担压到人民身上会产生叛乱；中国在偿还巨额赔款的同时应开发资源，通过修建铁路、开办银行和采矿等实业活动获得财政来源，并应由他本人出使回来后控制和领导这些实业活动，而这方面的活动和措施应掌握在说英语的人的手里，美国就可以为中国提供这样的人才。根据田贝的授意，李鸿章在会谈后的第二天早上就单独觐见光绪皇帝和慈禧太后，转达了田贝这番提醒和建议。[①]

3月19日中日马关条约谈判开始后，清政府继续争取包括美国在内的列强出面干涉，迫使日本降低侵略要求。在清政府所进行的这一系列外交活动中，美国外交官和美国政府继续以中立为幌子，站在日本一边，拒绝清朝方面的请求，只是单方面劝说清政府接受日本的侵略要求。在接到日本方面为停战提出的苛刻条件之后，3月22日总理衙门除召见俄、法、德、英四国驻华公使外，也召见美国驻华公使田贝，征询意见，希望能获得美国的支持，促使日本放弃一些苛刻条件。但田贝并没有为中国说话，反而劝说清政府接受日本的条件，责问清政府是否想要和平，指出中国如想和平的话，就应该接受日本的条件。[②]

不但如此，美国在国际上也站在日本一边，拒绝与俄、法、德等国一道联合干涉中日和谈，并暗中帮助日本。谈判开始后，为对付俄、法、德、英四国的干涉，日本外务大臣陆奥于3月19日就电示驻美公使栗野，请求美国国务卿向驻上述四国的美国公使发出指示，帮助探询四国的意向。[③] 对于日本外务大臣的这一请求，美国政府虽然以上述四国很难接近，并以此一做法将惹起其他国家猜疑，使美国陷于困难之地，婉言拒绝，但国务卿向日本公使明确保证"美国决不与上述各国结盟，或接受清国之请

---

① Denby to Gresham, March 5, 1895, in Jules Davids (ed.), *American Diplomatic and Public Papers: The United States and China*, Series Ⅲ, *The Sino-Japanese War to the Russo-Japanese War, 1894 – 1905*, Volume 3, *The Sino-Japanese War Ⅱ*, pp. 193 – 198.

② Denby to Gresham, March 23, 1895, in Jules Davids (ed.), *American Diplomatic and Public Papers: The United States and China*, Series Ⅲ, *The Sino-Japanese War to the Russo-Japanese War, 1894 – 1905*, Volume 3, *The Sino-Japanese War Ⅱ*, p. 231.

③ 《陆奥外务大臣致驻美国栗野公使电》（1895年3月19日），戚其章主编《中国近代史资料丛刊续编·中日战争》第10册，第69页。

求"，并对俄国干涉中日和谈持警惕态度，指出"俄国并非怀有好意偏向于日清两国之一方，而是急切想抓住一切可利用之机会，以期达到自己目的"。① 并且，在婉拒日本帮助探询各国动向不久，国务卿便于3月23日将美驻俄公使了解到的俄国动向透露给日本驻美公使栗野，通报俄国欲占领中国之北部和满洲，对日本占领上述土地及对朝鲜具有保护权持有异议，已派3万军队驻扎中俄边境，有意干涉中日两国间的纠纷。② 据栗野说，美国国务卿向他透露俄国这一动向，实际上是对3月19日日本请求美国帮助的一个回应。栗野在3月28日写给陆奥宗光的信函中这样说道："美国国务卿虽然一度公开表示谢绝，但不数日自美国驻俄公使发来急报。据本官所察，此急报完全是国务卿秘密发出指示，令其复电之结果。"③

1895年4月17日，李鸿章在马关与日本签订和约，中国国内举国反对。国际上，俄、法、德三国亦因日本割让中国辽东半岛损害自身利益，联合要求日本放弃对辽东半岛的永久占领。在此形势之下，清朝政府希望推迟交换和约，挽回部分利权。在这个问题上，美国的立场再次站到日本一边。4月23日，日本政府召见美国驻日公使谭恩，以日本尚不能与中国政府直接往来，委托他向美国驻华公使田贝予以协助，代为说项，催促清政府尽快批准交换和约，表示"俟和约批准交换完毕后，我皇帝陛下将亲自写信给美国总统表扬谭与田贝二氏对于和平结局给予之帮助"。④ 4月25日，田贝即致函总理衙门，转达日本催促清政府加快批准、互换条约的要求，称："本国驻日本大臣昨日发来之电内称：日本政府请田大臣转达中国政府，日本大皇帝现将所定和约日文汉文各款，均已批准，日本政府愿知中国大皇帝将所定各约何时批准等因，相应照译录送贵王大臣查照示复可也。"⑤ 4月27日，田贝又主动致函总理衙门，询问"所有与日本商定

<hr>

① 《驻美国栗野公使致陆奥外务大臣电》（1895年3月21日），戚其章主编《中国近代史资料丛刊续编·中日战争》第10册，第70页。

② 《驻美国栗野公使致陆奥外务大臣电》（1895年3月24日），戚其章主编《中国近代史资料丛刊续编·中日战争》第10册，第74页。

③ 《驻美国栗野公使致陆奥外务大臣函》（1895年3月28日），戚其章主编《中国近代史资料丛刊续编·中日战争》第10册，第76页。

④ 《陆奥外务大臣致林外务次官电》（1895年4月23日），戚其章主编《中国近代史资料丛刊续编·中日战争》第10册，第349页。

⑤ 《总署收美使田贝函》（光绪二十一年四月初一日），《清季中日韩关系史料》第7卷，第4246页。

和约正本可于何日批准"，要求"望即示复，以便电复日本"。①

此外，清政府雇用的谈判顾问、美国人科士达也认为《马关条约》是清政府所能争取到的最好结果，较之法国在普法战争中失败的结果要好，劝说清政府接受，乘机进行国内改革，不要过于计较条约给中国造成的损失。4月22日，他致函总理衙门，指出：

> 日本所索之款虽极奢巨，然与普法之役已迥不相侔。查法国所让两省之地，较之奉天南边并台湾全岛为尤要；所赔兵费用金申算，则六倍日本之数。中国地大物博，土肥矿多，户口之繁甲于天下，百姓极为勤俭，工商废而未举，诚能变革中国旧俗，采用泰西新法，富强之期可立而待。不但中日条约让地赔款未足为中国累，而十年之后诸务繁兴，国富民强之效，必为中国前此所未有。区区日本，此约何足深较。②

4月30日他又亲至总理衙门，与军机大臣翁同龢、李鸿藻、庆亲王等会谈，劝说"约宜批准"，③声称："条约已不是李鸿章的条约而是皇帝的条约了，因为在签字前每一个字都电达北京，皇帝根据军机处的意见，才授权签字。假若他拒绝批准的话，那在文明世界之前，他将失掉了体面，对于皇帝的不体面，军机大臣是应负责的。"据科士达本人在回忆录中所说，他的意见得到了军机大臣们的重视，"他们很客气的注意听我的话，似乎很有兴趣，并且问了我许多的问题，卒至对于中国的需要作一般的讨论，达两时之久"。④

同时，日本政府还令驻美公使栗野，请求美国政府敦促清政府批准互换条约，对俄、法、德等国的干涉加以牵制，说服三国放弃干涉政策，指出："日本国政府惟恐俄、法、德三国之活动，将诱使清国抛弃条约，以

① 《总署发美使田贝函》（光绪二十一年四月初四日），《清季中日韩关系史料》第7卷，第4253页。
② 《总署收美国科士达函》（光绪二十一年三月二十八日），《清季中日韩关系史料》第7卷，第4244~4245页。
③ 《翁文恭公日记》，《中国近代史资料丛刊·中日战争》第4册，第553页。
④ 《科士达外交回忆录》，《中国近代史资料丛刊·中日战争》第7册，第480~481页。

致再开战端。如此结果需要尽力避免，日本国政府切望美国予以友好援助"；① "合众国如能尽力将其从来为和平所施行之调解，施行于上述各国、特别是俄国，以促请对其所提异议进行重新考虑时，本事件将可圆满解决。因此，帝国政府将秘密致函该国政府，表示希望美国给以援助之意"。

根据日本政府的指示，栗野于 26 日、27 日两次拜见国务卿葛礼山，寻求美国帮助。在会谈中，对于日本希望美国阻止俄、法、德等欧洲国家干涉中日问题，葛礼山因国力所限，以美国对欧洲政治奉行不干涉为由，表示"难以对他国活动置喙"，但同时表示美国"始终均在为贵国尽力，将竭尽可能给以援助"。对于日本方面请求美国帮助敦促清朝政府尽快批准互换条约，葛礼山则欣然应允，称："美国政府业于和平条约谈判开始之际，已给田贝以详细训令，现今政府无须重新去电，谅田贝正在尽力奔走。当然，如有须仔细商议之事，亦可再去指令，决不拖延。"次日，葛礼山即为此专门召见清朝驻美公使杨儒，劝说清政府尽快批准、交换和约，指出："日本之要求当与不当，本官虽难以说明，但请清国对今日之状况加以重新考虑。如清国因有足以挽回今日处境之良策，而特意拖延和平条约之批准，日本则将从事更大规模之战争。此时，欧洲各国终将乘机纠缠于两国之间，努力以满足其各自欲望。其结果，清国终将不止于失掉辽东，犹恐失去较此更为广大之领土。"建议清政府放弃亲俄的外交政策，指出："清国暗中委托欧洲诸国，尤其俄国，使其对日清间之谈判进行干涉，借以削减日本之要求。依据本官之浅见，俄国并非得以作为清国之友邦而向之求教之国家。清国可惧怕之国家，并非日本而是俄国。"② 在与杨儒会谈之后，葛礼山不但将会谈过程告诉日本公使栗野，同时也致电驻华公使田贝，指示他敦促清政府尽快批准和交换条约。③

正是葛礼山在这个问题上所表现出来的积极态度，日本在 5 月 1 日任命

---

① 《陆奥外务大臣致驻美国栗野公使电》（1895 年 4 月 26 日），戚其章主编《中国近代史资料丛刊续编·中日战争》第 10 册，第 146 页。

② 《驻美国栗野公使致陆奥外务大臣函》（1895 年 5 月 7 日），戚其章主编《中国近代史资料丛刊续编·中日战争》第 10 册，第 180～181 页。

③ 《驻美国栗野公使致陆奥外务大臣电》（1895 年 4 月 27 日）、《陆奥外务大臣致林外务次官电》（1895 年 4 月 29 日），戚其章主编《中国近代史资料丛刊续编·中日战争》第 10 册，第 148、351 页。陆奥宗光：《蹇蹇录》，《中国近代史资料丛刊·中日战争》，第 7 册，第 181 页。

伊东巳代治为换约大臣前往中国的当日致电栗野，再次请求美国政府提供帮助，电云："阁下可会见国务卿，就清国批准条约一事，询问该国务卿自驻清国之美国公使得到如何答复。为批准交换，我国使节已向芝罘出发。故阁下须委托该国务卿劝告清国政府，希清国政府亦派其使节携带批准书前来该地。"① 次日，日本政府又致函美国驻日公使谭恩，托其尽速电告美国驻华公使田贝，催促清政府按时交换和约，指出："日本政府不仅未见到有何缘故，需要将和平条约批准交换延期，反而认为批准交换乃是为恢复和平所必不可缺之事。故批准交换须毫不犹豫地实行。如果按照俄、法、德之提议，须对和平条约加以修改，根据此种情况下类似之惯例，与其在批准交换前进行，反不如批准交换后进行更为容易。伊东巳代治阁下已被任命为批准交换之全权办理大臣，现正在前往芝罘之途中，必将于所定交换日期之前到达该地。"② 在美国的穿针引线下，5 月 3 日清政府最后任命伍廷芳和联芳为换约大臣，前往烟台。5 月 9 日，正式完成与日本的互换和约工作。

在中日批准交换和约之后，由于台湾人民对割台众情激愤，李鸿章和清朝政府又希望与日本重新商议台湾问题，但清政府聘请的美国前国务卿科士达又为日本说项，敦促李鸿章和清政府尽快履约，将台湾割让给日本，指出"中国有责任向前走下去，忠实地执行条约"。③ 5 月 18 日，在接到日本伊藤博文拒绝就台湾问题举行会议的答复后，科士达又致电总理衙门，要求清政府"迅速采取行动执行条约中关于移交台湾的规定，不要显出犹豫不决或企图逃避"。④ 5 月 30 日，科士达还应李鸿章的请求，亲自陪同李经方赴台完成与日本的交割工作，最终落实马关条约的规定。科士达这次充分发挥了他的法律顾问的"作用"。鉴于台湾民情激愤，武力反抗日本占领台湾，交割工作无法在台湾本岛完成。为按时完成交割工作，避免无限期延迟，科士达便想出一个变通办法，让李经方不用上岸便可完

---

① 《陆奥外务大臣致驻美国栗野公使函》（1895 年 5 月 1 日），戚其章主编《中国近代史资料丛刊续编·中日战争》第 10 册，第 351 页。

② 《陆奥外务大臣致美国公使函》（1895 年 5 月 2 日），戚其章主编《中国近代史资料丛刊续编·中日战争》第 10 册，第 351~352 页。

③ 《科士达日记》（1895 年 5 月 13 日），戚其章主编《中国近代史资料丛刊续编·中日战争》第 6 册，第 628 页。

④ 《科士达日记》（1895 年 5 月 18 日），戚其章主编《中国近代史资料丛刊续编·中日战争》第 6 册，第 628 页。

成交割工作："按照西方国家的惯例，一个所有权人把大的财产及大块土地移交给另一个所有权人时，用一个书面文件叫作'让渡证书'就够了，把这文件签字、交付后，所有权也就移交了，不需要再去巡视土地。"① 6月2日，李经方所乘德国商轮"公义"号即在台湾基隆海面，完全根据科士达的建议，与日本桦山提督完成台湾的交割。

对于科士达在充当清朝谈判法律顾问期间所提供的帮助，日本政府极为赞赏。日本内阁书记官伊东巳代治在烟台与中方代表完成互换条约后即向伊藤博文和陆奥宗光报告说："科士达身为对方顾问，非常尽力。天津、烟台之美国领事李得亦给予我方以极大方便。而且由于李得系科士达亲戚之故，又得以间接利用科士达。"② 1895年6月科士达回国途经日本东京时，内阁总理大臣伊藤博文专门通过美国驻日公使邀科士达见面，对他所做工作表示感谢。科士达本人在回忆录中这样写道："在会晤的时候，我发现他完全知道我到北京去并和军机处会议的事情。他对于我努力使条约获得忠实的履行深表赞许。"③ 而对于中日战争期间美国政府所给予的帮助和支持，日本天皇在中日互换和约的第四天，也即5月12日，就专门写了一封感谢信，并于6月18日致函美国国务卿，希望对在中国和日本的美国外交官和领事官予以嘉奖。在这一建议被美国国务院拒绝之后，日本又于11月1日将这封感谢信通过日本驻美公使送达美国总统克利夫兰，向他表示"最高的问候和尊敬"。日本天皇在感谢信中这样写道：

> 我尊敬的友好的朋友，在日本帝国与中国进行战争期间，在您的善意允许及在您的直接英明的指示下，在中国的美国外交官和领事官们为我们在中国的日本臣民提供了友好的服务，并在许多场合向他们提供援助和帮助。此外，在战争进入最后阶段时，在东京和北京的美国外交代表在您的授权下，为中国能够与我们的政府进行直接联系提供了途径。正是通过在东京和北京的美国外交代表为日中两国政府所提供的直接交流，使得所有有望最终结束敌对状态的

---

① 《科士达外交回忆录》，《中国近代史资料丛刊·中日战争》第7册，第485页。
② 伊藤博文：《机密日清战争》，戚其章主编《中国近代史资料丛刊续编·中日战争》第7册，中华书局，1996，第153页。
③ 《科士达外交回忆录》，《中国近代史资料丛刊·中日战争》第7册，第486页。

和谈准备工作得以安排。借此机会，我们谨对您及阁下的官员们所做的事情向您表示我们的万分感激。你们所做的工作不仅减缓了战争的残酷和痛苦，并最终促成和谈，而且也有助于加深我们两国的友谊和睦邻友好关系。①

由此可见，日本方面是如何地感激美国在中日甲午战争期间所提供的外交支持和帮助。

五　美国偏袒日本的原因

综上所述，美国在中日甲午战争中表面奉行中立政策，实际上却站在日本一边。它在战前一再拒绝中、朝两国的调停请求和英国的联合调停建议，默认或怂恿日本发动战争。战争期间，美国外交官作为中日两国侨民的战时保护人，一再逸出国际法合理范围，曲意保护在华的日本间谍。作为中日两国的唯一调停人，美国一方面拒绝与欧洲国家联合调停，为日本继续发动战争减轻国际压力；另一方面又单方面劝说清朝政府接受日本的各项侵略要求，帮助日本实现发动战争的目的。美国在中日甲午战争中偏袒日本的原因是多方面的。

首先，美国希望通过日本之手彻底解除中国与朝鲜的宗藩关系。由于朝鲜在东亚的特殊地理位置，朝鲜问题在19世纪中叶就被纳入美国的东亚政策之中。1854年美国东印度舰队司令佩里（M. C. Perry）准将率舰队远征日本、迫使日本签订《神奈川条约》。进入1860年代，美国在与西方列强一道成功叩开中国和日本这两个东亚主要国家的大门之后，便有意以日本为样板如法炮制，叩开朝鲜这个东亚"隐士之国"的大门，将朝鲜作为美国进一步扩大在中国和日本势力的一个跳板。1871年5月至7月，美国亚洲舰队司令即率5艘军舰入侵朝鲜，但被朝鲜军民击退。1876年朝鲜与日本签订《江华岛条约》，重新燃起美国进入朝鲜的愿望，美国新任驻华公使西华（George F. Seward）认为从"日本的胜利中看到了使美国得到一

---

① Payson J. Treat, *Diplomatic Relations between the United States and Japan, 1853 – 1895*, Volume Ⅱ, p. 544.

个条约的机会"，并建议美国政府签订与日美条约类似的朝美条约。① 1878
年底，美国政府即任命海军提督薛斐尔（R. W. Shufeldt）前往东亚执行这
一使命。最后，在中国清朝政府的帮助下，1882 年 5 月朝鲜与美国签订修
好通商条约，美国在朝鲜获得最惠国待遇、治外法权和参与制订海关税
率，以及在港口城市的居住权等特权，并规定朝鲜有为美国来往船只提供
停泊、救护、饮食和保护美国公民的义务。这样，美国就成为最早进入朝
鲜半岛、迫使朝鲜向西方国家敞开大门的西方国家。②

　　在发展与朝鲜的关系上，美国始终将中国与朝鲜的宗藩关系看作美国
向东亚扩张的阻力和障碍。1882 年，美国海军提督薛斐尔在与李鸿章商订
《朝美修好通商条约》时，就拒绝将有关中朝宗藩关系内容写入条约内。③
次年，美国新任驻华公使杨约翰（John Russel Young）在与李鸿章的会谈
中，也反对中国继续维持与朝鲜的宗藩关系。尽管李鸿章向他解释，在中
朝宗藩关系中，朝鲜在内政和外交方面都是自主的，中国并不干涉朝鲜的
内部事务，朝鲜只是通过一套特定的仪式表达对中国皇帝的忠诚，但杨约
翰还是要求中国放弃这种关系，表示中朝宗藩关系是一个不可接受的时
代错误。截至 1886 年，朝鲜先后与美国、英国、法国、意大利和德国签
订条约，欧洲列强都继续承认中国对朝鲜的宗主权，或由他们驻北京的
外交代表同时负责朝鲜事务。而美国出于对中朝宗藩关系的反感，则派
了一位与驻华公使同等级别的驻朝公使。总之，进入 1880 年代之后，在
判断朝鲜独立还是保留中国宗主权两者之间哪一种情况更符合美国利益
问题上，当时的美国政府诚如丹涅特在《美国人在东亚》一书中所分析
的，显然倾向朝鲜独立，认为"在中国庇荫下的朝鲜，料定会拒阻而不
会鼓励对外贸易和内政改革。……至于既没有保护又没有防备的一种理
论上的独立情况可能比维持中国宗主权更坏一节，美国政府似乎始终没

---

① Payson J. Treat, *Diplomatic Relations between the United States and Japan*, *1853 - 1895*, Volume
　Ⅱ, pp. 24, 173.

② 有关日、美及欧洲国家侵略朝鲜历史，参见曹中屏著《朝鲜近代史（1863—1919）》（东
　方出版社 1993 年版）一书。

③ 《总署发北洋大臣李鸿章电》（光绪八年二月二十五日）、《总署收北洋大臣李鸿章电》
　（光绪八年三月初四日），《清季中日韩关系史料》第 2 卷，第 557～559、559～565 页；
　另参见 Payson J. Treat, *Diplomatic Relations between the United States and Japan*, *1853 - 1895*,
　Volume Ⅱ, pp. 158 - 160。

有想到"。① 中日甲午战争爆发后，10 月 31 日当恭亲王等总理衙门大臣请求美国驻华公使田贝充当调解人、寻求停战时，田贝公开对清政府维持与朝鲜的宗藩关系表达强烈不满，认为这是中日爆发战争的一个重要原因，将清政府答应书面同意承认朝鲜完全独立作为他同意调停的条件，说道："虽然我不合适就哪个国家应该受到谴责表达意见，但我愿意就爆发战争的原因表达我的意见。我认为中国对朝鲜的态度是前后矛盾的。中国已同意朝鲜与外国列强签约，这就意味承认朝鲜的独立，但中国仍然声称与朝鲜有宗主权关系。……朝鲜问题是爆发这次战争的根本原因，作为诱因，它在调解中必然会被提及，我想知道中国是否愿意答应承认朝鲜的完全独立。"②

　　同时，美国也希望通过日本之手进一步打开中国的大门。尽管自鸦片战争以来，通过一系列中外不平等条约，包括美国在内的列强叩开了中国的大门，获得了开放通商口岸、传教、领事裁判权和最惠国待遇等一系列特权，但在美国人看来，中国的大门并没有完全打开，清朝政府还没有允许外国完全自由贸易，也没有允许列强在华设厂投资。也正因为如此，美国政府认为有必要通过日本之手，进一步削弱清朝政府，为美国扩大对华贸易和投资扫除障碍。1894 年 10 月 23 日，美国驻华公使田贝在写给美国政府的秘密报告中就反对接受清政府的和谈请求，明确表示在中国军队被日本逐出朝鲜之后即结束战争不符合美国的利益，应让战争继续进行，通过别国干涉带来的和平不会持久，要使清朝帝国能够与这个世界和平、融洽，非武力不行。中国战败，乃至清王朝受到威胁，都是有益的事。只有这样的时机到来之际，才是外国进行干涉之时。③ 而在1895 年 1 月 17 日写给国务卿的报告中，田贝则期待日本在与中国签订和约中会向清政府提出废除厘金、改革币制、开设银行、修建铁路等要求，

---

① 〔美〕泰勒·丹涅特：《美国人在东亚——十九世纪美国对中国、日本和朝鲜政策的批判的研究》，姚曾廙译，商务印书馆，1959，第 385 页。

② Mr. Denby to Mr. Gresham, October 31, 1894, in Jules Davids (ed.), *American Diplomatic and Public Papers: The United States and China*, Series Ⅲ, *The Sino-Japanese War to the Russo-Japanese War, 1894 – 1905*, Volume 3, *The Sino-Japanese War Ⅱ*, pp. 73 – 78.

③ Denby to Gresham, October 23, 1894, in Jules Davids (ed.), *American Diplomatic and Public Papers: The United States and China*, Series Ⅲ, *The Sino-Japanese War to the Russo-Japanese War, 1894 – 1905*, Volume 3, *The Sino-Japanese War Ⅱ*, pp. 254 – 259.

"废除排外主义，使中国的所有港口都向它的商业开放"。① 为了实现在中国开矿、修建铁路等投资活动，担任李鸿章英文秘书的美国人毕德格（William N. Pethick）和美国商人威尔逊（James Harrison Wilson）在中日甲午战争爆发后，甚至直接运动美国前国务卿科士达、美国驻日参赞史蒂芬斯（D. W. Stevens）和美国驻华公使田贝等人，鼓动日本政府攻占北京，推翻清朝政府，日、美联手拥戴李鸿章为中国新的统治者，他们的一个重要理由便是清朝政府拒绝改革，妨碍中国市场的发展，阻止修建铁路，允许欧洲人控制中国，影响美国的商业利益和影响力。② 在中日《马关条约》签订后不久，田贝在 4 月 29 日写给美国政府的一份报告中一再抱怨日本在《马关条约》中只追求自身利益，在帮助欧美逼迫中国进一步开放市场和投资方面做得不够，背弃承诺，这再次暴露了他们当初怂恿日本发动对中国战争的目的。③ 当时美国国内舆论也公开表示，希望借日本之手，进一步打开中国的门户，指出中日战争"一旦结束，东方贸易对于美国将具有日益增长的重大意义"；一旦"辽阔的中国领土处在日本的英明管理之下，商业及其他利益……比之任何协定都将增加多得多"，"美国人对在华商务的真实情况将大开眼界"。④ 此外，美国人认为中国被日本打败还可为扩大美国在华传教事业提供方便。《世界传教评论》杂志中的一篇文章就曾欢呼中国战败的结局"为基督教势力进入中国开辟了一条捷径"。⑤

其次，美国在中日甲午战争中倒向日本一边也是此前美国东亚政策的继续——利用日本削弱英国、俄国等列强在东亚的影响力。19 世纪初之后，美国的亚洲政策建立在使用武力和与其他大国合作这两个原则基础

---

① Mr. Denby to Mr. Gresham, January 17, 1895, in Jules Davids (ed.), *American Diplomatic and Public Papers: The United States and China*, Series Ⅲ, *The Sino-Japanese War to the Russo-Japanese War, 1894–1905*, Volume 2, *The Sino-Japanese War Ⅱ*, pp. 279–281.

② 有关此一计划的详细情况及过程，见 Marilyn Blatt Young, *The Rhetoric of Empire: American China Policy, 1895–1901* (Cambridge, Mass.: Harvard University Press, 1968), pp. 27–30。

③ Denby to Gresham, April 29, 1895, in Jules Davids (ed.), *American Diplomatic and Public Papers: The United States and China*, Series Ⅲ, *The Sino-Japanese War to the Russo-Japanese War, 1894–1905*, Volume 3, *The Sino-Japanese War Ⅱ*, pp. 289–299.

④ 〔苏〕福森科：《瓜分中国的斗争和美国的门户开放政策（1895—1900）》，杨诗浩译，生活·读书·新知三联书店，1958，第 13～14 页。按：有关 1890 年代之后美国国内对扩大对华贸易的憧憬及这种憧憬对美国对华政策的影响，可参见 Thomas J. McCormick, *China Market: America's Quest for Informal Empire, 1893–1901* (Chicago: Quadrangle Books, 1967)。

⑤ Marilyn Blatt Young, *The Rhetoric of Empire: American China Policy, 1895–1901*, p. 22.

上。但在 1868 年日本实行明治维新之后，随着日本在东亚的崛起，美国的东亚政策在进入 1870 年代之后发生了历史性转折，开始抛弃欧洲伙伴，单独奉行亲日政策，认为"日本持有开启东方的锁钥"，试图通过美日合作削弱英国等欧洲国家在东亚的影响。① 为此，美国对日本要求关税自主持同情态度，并不顾欧洲国家的反对和不满，在 1878 年与日本签订的一项条约中即允许日本享有很大程度的关税自主权。1880 年代，美国再次不顾英国的反对，表示有意在日本取消治外法权。② 总之，1870 年代之后美国的东亚政策正如美国学者所说，"看好的是日本的未来，而不是中国或朝鲜的前途"。③ 因此，当中日围绕朝鲜问题的矛盾升级以后，美国一再拒绝英国的联合调停建议，表面理由是奉行中立，实际上美国认为联合调停将会符合英国的利益。对于甲午战争期间英、美在东亚的矛盾和竞争，法国驻英大使就曾分析说："英国对于美国在太平洋的角色和他们与日本的关系的担心并不亚于她对俄国政策的担心。"④

同样，1890 年代随着美国完成工业革命、成为世界强国，开始走上向太平洋扩张道路，美国也将俄国看作它在东亚的一个主要竞争对手。1891 年俄国宣布开始兴建从莫斯科直达符拉迪沃斯托克的西伯利亚铁路，这更加使美国、英国这些试图扩大在华势力的国家神经紧张，倾向利用日本抵制俄国势力南下，认为"只有日本，这个对登上大陆有切身利害关系的国家，才有可能企图在陆上对俄国'控制太平洋水域的一切国际商业活动'这一噩梦般的前景进行对抗"。⑤ 据苏联学者研究，至 1890 年代初，美国

① 〔美〕泰勒·丹涅特：《美国人在东亚——十九世纪美国对中国、日本和朝鲜政策的批判的研究》，第 387 页。

② 〔美〕马士、宓亨利：《远东国际关系史》上册，姚曾廙等译，商务印书馆，1975，第 355～361 页。

③ 〔美〕孔华润主编《剑桥美国对外关系史》上册，王琛等译，新华出版社，2004，第 370 页。

④ M. de Courcel, Ambassadeur de France à Londres, à M. Hanotaux, Ministre des Affaires Etrangères, Londres, 26 avril 1895, Ministère des Affaires Etrangères, *Documents diplomatiques français* (*1871 – 1914*), 1ère série, 1871 – 1900, Tome 11, p. 726.

⑤ 〔苏〕鲍里斯·罗曼诺夫：《俄国在满洲（1892—1906）（专制政体在帝国主义时代的对外政策史纲》，陶文钊、李金秋、姚宝珠译，商务印书馆，1980，第 13 页。有关 19 世纪美俄两国关系演变更为系统的论述，请参见 Edward H. Zabriskie, *American-Russian Rivalry in the Far East: A Study in Diplomacy and Power Politics, 1895 – 1914* (Westport, CT: Greenwood Press, 1976)。

在中国东北市场上就已经取得统治地位，在主要商品输入方面将其他竞争者抛在后面。例如1891~1892年，美国输入东北的主要纺织品品种就比英国多9倍，美国输入东北的煤油比俄国多1.5倍。[①] 因此，为了抵制俄国势力在中国东北的扩张，美国国务卿在调停中日战争过程中就曾劝说清政府放弃亲俄的外交政策，提醒清政府俄国是中国的主要威胁，建议中国实行亲日政策，指出："清国暗中委托欧洲诸国，尤其俄国，使其对日清间之谈判进行干涉，借以削减日本之要求。依据本官之浅见，俄国并非得以作为清国之友邦而向之求教之国家。清国可惧怕之国家，并非日本而是俄国。"[②] 同时，美国国务卿也一再建议日本警惕俄国的野心，不要与俄国进行交易，指出"如日本与俄国达成协议，虽当前无何危害，但俄国之野心甚大，令人难以深信"。[③] 在以后的东亚国际格局中，俄国作为美国的主要竞争者，长期都是美国防备和遏制的主要对象之一。

事实上，对于美国当时利用日本来实现它的东亚政策，欧洲的其他国家也都有同感。如法国驻华公使施阿兰（Gérard）在向法国外长的汇报中就指出：日本有妄想自己在中国担任文明的传播者，并把欧洲人从这个巨大的帝国中排挤出去的野心；美国赞同日本的这些野心的倾向，这对法国来说非常危险。[④] 法国驻英大使顾随（de Courcel）也向英国外交大臣金伯雷（Kimberley）勋爵警告：当美国和日本这两个野心勃勃的国家联合行动时，如果听任事态发展，英、法、俄三个与中国利益密切相关的国家极有可能遇到完全追逐商业利益的国家，如美国、德国，今后无疑也包括日本方面的有力的竞争。[⑤] 德国驻法大使敏斯特（Münster）伯爵在与法国外长

---

① 〔苏〕C. B. 戈列里克：《1898—1903年美国对满洲的政策与"门户开放"主义》，高鸿志译，黑龙江教育出版社，1991，第18页。
② 《驻美国栗野公使致陆奥外务大臣函》（1895年5月7日），戚其章主编《中国近代史资料丛刊续编·中日战争》第10册，第181页。
③ 《驻美国栗野公使致陆奥外务大臣电》（1895年4月5日发）、《驻美国栗野公使致陆奥外务大臣函》（1895年4月16日），戚其章主编《中国近代史资料丛刊续编·中日战争》第10册，第86、104~105页。
④ M. de Courcel, Ambassadeur de France à Londres, à M. Hanotaux, Ministre des Affaires Etrangères, Londres, 5 mars 1895, Ministère des Affaires Etrangères, *Documents diplomatiques français* (1871 - 1914), 1ère série, 1871 - 1900, Tome 11, pp. 602 - 603.
⑤ M. de Courcel, Ambassadeur de France à Londres, à M. Hanotaux, Ministre des Affaires Etrangères, Londres, 10 avril 1895, Ministère des Affaires Etrangères, *Documents diplomatiques français* (1871 - 1914), 1ère série, 1871 - 1900, Tome 11, p. 675.

讨论甲午战后东亚形势时亦表示："美国对日本施加的影响是危险的，欧洲应该为她的商业利益担忧。"① 德国外交大臣马莎尔（Marschall）男爵在与法国驻德大使的交谈中则讽刺甲午战争期间美国人"对日本有一种炽热的感情"。② 总之，美国奉行亲日政策的背后实际上隐藏着美国与欧洲国家的竞争和矛盾。

再者，美国政府在甲午战争中倾向日本一边亦是受了国内舆论和偏见的影响。中日冲突开始后，美国国内舆论普遍同情和支持日本。当日本在平壤战役获胜的消息传到美国后，美国《波士顿邮报》就为此欢呼，认为"日本利用最被人称赞的战争方法所赢得的胜利，必将使世界对日本作出新的评价"。美国舆论甚至还接受日本方面的宣传，将中日战争看作现代文明与中国保守主义之间的战争，看作"进步"和"停滞"之间的战争，因此，美国报刊的社论和文章都对中国的失败幸灾乐祸，认为这是像中国这样的保守国家罪有应得的。《世界传教评论》杂志上的一篇社论就挖苦道："中国这个充满自大的约有 3 亿人口的天朝帝国一再败在一个只有 400 万人口的小国日本手中，谁都不会同情天朝帝国所遭受的耻辱，中国只有自己表示感谢。"③ 激进的共和党人报纸《纽约新闻报》则极力反对美国政府调停中日战争，主张让中国彻底战败，让清朝统治崩溃，指出："调停的建议是不合理的，它除了符合英国的利益之外，其结果只能使那个可恶的、残忍的、反动的清朝政府免于毁灭；中国的战败将意味着数百万人从愚昧、专制和独裁中得到解放。因此，美国总统和国务卿从日本人手中拯救中国是一个有悖国际正义的行为。"④ 美国的一些政治家也认为中国在战争中遭受打击对中国来说是一件好事，如美国国务院中国问题专家柔克义就声称"一次痛击一点也不会伤害中国，它仅仅是一副适合中国的补

---

① Note du Ministre, Paris, 5 avril 1895, Ministère des Affaires Etrangères, *Documents diplomatiques français* （1871 – 1914）, 1ère série, 1871 – 1900, Tome 11, p. 661.

② M. Herbette, Ambassadeur de France à Berlin, à M. Hanotaux, Ministre des Affaires Etrangères, Berlin, 18 avril 1895, Ministère des Affaires Etrangères, *Documents diplomatiques français* （1871 – 1914）, 1ère série, 1871 – 1900, Tome 11, p. 704.

③ Marilyn Blatt Young, *The Rhetoric of Empire: American China Policy*, 1895 – 1901, pp. 21 – 22.

④ Marilyn Blatt Young, *The Rhetoric of Empire: American China Policy*, 1895 – 1901, p. 23.

药"。① 美国驻华公使田贝则表示中日甲午战争中"日本对中国所做的，正是美国对日本曾经所做的事情，日本已经学会西方文明，现在正迫使它难以操纵的邻居接受西方文明，中国在世界上的唯一希望是真心地吸取教训"。② 出于同样的偏见，在中美关于日本间谍案的交涉中，美国舆论和一些政客们也多偏袒日本，反对国务卿允许将日本间谍移交清政府，声称这完全不是一个法律问题，甚至也不只是一个人道主义问题，像中国这样一个半开化的国家不能与日本一样，它无权处理和报复我们的保护人；向中国移交日本间谍是美国的一个羞辱，它玷污了美国的荣誉、独立和权利。③ 在国内舆论的压力和日本政府的要求下，国务卿葛礼山在下达将上海租界的两名日本间谍移交清政府的指示之后，为平息国内舆论和日本方面的不满，不得不调整他在处理日本间谍案问题上的态度，致函清朝驻美公使杨儒，要求清政府在美国驻华公使田贝回到北京之前保证不随便处置上海租界的两名日本间谍。④

最后需要指出的是，尽管在中日甲午战争中美国是外交上最支持日本的国家，但美国在战争中试图借日本之手所要达到的目的，一个也没有实现，只是单方面为日本火中取栗，最终搬起石头砸了自己的脚。如前所述，对于美国出于为日本考虑而提出的调停建议，日本政府为实现自己的侵略欲望，在当时就已不愿受美国的束缚，为避免在和谈中受美国的牵制，明确表示日本并不需要"仲裁者"，申明日本在战争中连战连捷，结束战争并不需要谋求友邦的协助，战争将持续到清朝政府直接向日本求和为止。这无疑是不容美国在中日议和问题上置喙，只接受美国作为中日和谈的居间传话人角色。而在中日和约谈判过程中，日本最关注的是勒索更多的赔款和割让中国领土，对美国关心的扩大在中国的贸易和投资并不那么用

---

① William W. Rockhill to Alfred Hippisley, October 30, 1894, *Rockhill Papers*, Houghton Library, Harvard University.

② Denby to Gresham, February 26, 1895, in Jules Davids (ed.), *American Diplomatic and Public Papers: The United States and China*, Series Ⅲ, *The Sino-Japanese War to the Russo-Japanese War, 1894 - 1905*, Volume 3, *The Sino-Japanese War Ⅱ*, pp. 162 - 163.

③ Marilyn Blatt Young, *The Rhetoric of Empire: American China Policy, 1895 - 1901*, pp. 25 - 26.

④ Payson J. Treat, *Diplomatic Relations between the United States and Japan, 1853 - 1895*, Volume Ⅱ, p. 487.

心和在意,以致美国驻华公使田贝在《马关条约》签订后就对日本的"自私"表示极大的不满,在写给美国政府的报告中抱怨日本只追求自身利益,在帮助欧美逼迫中国进一步开放市场和投资方面态度消极,背弃承诺。

美国希望利用日本来实现其东亚政策的战略意图不但没有实现,反而以吞食苦果告终。先说朝鲜问题。美国始终将中国与朝鲜的宗藩关系看作美国向东亚扩张的阻力和障碍,但在美国通过中日甲午战争解除中朝宗藩关系之后,朝鲜并没有获得美国期待的独立和自主,很快就一步步沦为日本的殖民地,到1910年即被日本所吞并。美国在处理朝鲜问题上所犯的错误,诚如美国著名外交史家丹涅特在《美国人在东亚》一书中所分析的那样:美国只注意到宗藩关系不会鼓励朝鲜的对外贸易和内政改革,而对于解除中朝宗藩关系可能出现更坏的情况,美国政府似乎始终没有想到。

其次,美国利用日本以削弱英国、俄国等列强在东亚的影响力的企图,也只是竹篮打水一场空。事实证明日本是一个崇尚利益和实力、不重情义的国家,它根本无意成为美国制衡英、俄等欧洲国家的工具。为了进一步扩大日本在华势力和影响,日本在甲午战争过后几年就与曾试图联合干预中日战争的欧洲国家英国、法国捐弃前嫌,先后签订日英协约和日法协约,结成日英和日法同盟关系。1905年日俄战争后不久,日本便捐弃前嫌,与俄国握手言和,于1907年和1910年先后两次与俄国签订协约,将在日俄战争中支持自己的美国晾在一边,甚至恩将仇报,与俄国联手抵制美国势力进入东三省,将国际关系中的忘恩负义、唯利是图,翻手为云覆手为雨的一面,表演得淋漓尽致。

至于美国试图利用日本之手进一步打开中国的大门,这更是与虎谋皮,反被虎咬。自明治维新之后,日本走上"脱亚入欧"道路,并非为帮助欧美国家打开中国的贸易和投资大门,而是要"开拓万里波涛,宣布国威于四方",实现日本的"大陆政策",攻占台湾,吞并朝鲜,进军满蒙,灭亡中国,最后征服亚洲,称霸世界,这与美国为谋求商业利益而推出的对华门户开放政策有着不可调和的矛盾。因此,美国在东亚奉行的门户开放政策和亲日政策不但没有得到日本的善意回报,反而被日本看作其称霸亚洲的最大障碍。终于在1941年12月7日的清晨,日本通过偷袭珍珠港,给美国的亲日政策上了刻骨铭心的一课。

第二章　美国政府与戊戌变法

戊戌变法是19世纪末中国国内受甲午战败刺激而兴起的一场救亡政治运动和思想启蒙运动，它标志着清廷朝野近代民族意识和改革意识的进一步觉醒。这场运动从意识形态角度来说，属于一场资本主义性质的改革运动，希望向西方资本主义国家学习，引入近代西方思想，仿行近代西方的政治、经济制度，促进中国社会由传统向现代的转变。戊戌变法纯属中国内政，但由于这场改革运动不但事关中国的政治走向，而且也势必影响列强的在华地位和利益，因此，在华列强不但密切关注，并且不同程度地卷入其中。[①] 本章结合相关中文档案文献资料，就美国外交文件中驻华公使对维新运动的观察略做考察和分析，以窥视美国政府在对待中国内政问题时如何平衡意识形态与国家利益之间的张力。

一　对强学会的观察

强学会是中日甲午战败后康有为、梁启超为推动变法维新运动组织的第一个政治团体，于1895年8月在北京成立。参加这个团体的主要为一些赞成变法但不掌握实权的士人及中层官员，诸如康有为、梁启超、麦孟

---

① 有关列强对戊戌变法的观察和反应，参见王树槐《外人与戊戌变法》（台北中研院近代史研究所1965年初版，1980年再版；上海书店出版社，1998）及沈镜如《戊戌变法与日本》（《历史研究》1954年第6期），李廷江《戊戌维新前后的中日关系——日本军事顾问与清末军事改革》（《历史研究》1999年第2期），陶德民《戊戌变法前夜日本参谋本部的张之洞工作》（王晓秋主编《戊戌维新与近代中国的改革》，社会科学文献出版社，2000，第413～420页）和茅海建、郑匡民《日本政府对于戊戌变法的观察与反应》（《历史研究》2004年第3期）等论著。

华、文廷式、沈曾植等22人。同时，强学会得到朝廷中帝党高层官员，如户部尚书、军机大臣翁同龢，大学士、军机大臣李鸿藻，光绪的老师、工部尚书孙家鼐，户部左侍郎张荫桓，以及直隶总督王文韶、两江总督刘坤一、湖广总督张之洞等实力派官员的支持。① 此外，强学会的创办还得到英国传教士李提摩太（Timothy Richard）、美国传教士李佳白（Gilbert Reid）、美国人毕德格（William N. Pethick）等英美民间人士的帮助和支持。强学会可以说是康梁维新派和朝廷中帝党官员相结合的一个政治团体。从一开始，强学会就卷入清朝统治集团内部的派系斗争，拒绝后党官僚李鸿章"以三千金入股"，强学会也因此在成立两个月后即遭后党官僚的弹劾而遭关闭。1896年1月21日，李鸿章授意他的儿女亲家杨崇伊上疏弹劾，控告强学会结党敛钱，请旨严禁。当日，朝廷即下旨如所请，"着都察院查明封禁"。②

　　可能由于强学会有英美人士参与，并在北京活动，美国驻华公使田贝就强学会的成立和遭封禁向美国政府做了汇报。1895年11月21日，田贝在致国务卿手写函中就北京强学会的成立做了报告，全文如下：

　　　　我荣幸地通知您，作为一件有意思的事情，最近在北京的御史和翰林中成立了一个"改革俱乐部"（Reform Club）。该运动的发起人是李提摩太，正是他运用向上层阶级运动的能力，使得一些士大夫们对这一计划感兴趣。该俱乐部的规章已印发，并募集到10000两活动经费，其中一半由张之洞捐助。俱乐部计划创办一份日报，设立一个读书室，提供各种报纸和有关科学、政治学和进步方面的书籍，另设立一个图书馆和讲堂。李提摩太已被邀请帮助该俱乐部，他也已应允提供帮助。毫无疑问，其他外国人也会对这场在中国是全新的并将产生良好结果的运动产生兴趣。③

────────────

① 有关强学会组织情况，请参见汤志钧《戊戌变法史》，人民出版社，1984，第137~143页。

② 《清实录·德宗景皇帝实录》（五），中华书局，1987年影印本，第986~987页。

③ Charles Denby to Richard Olney, November 21, 1895, in Jules Davids（ed.）, *American Diplomatic and Public Papers：The United States and China*, Series Ⅲ, *The Sino-Japanese War to the Russo-Japanese War, 1894 – 1905*, Volume 1, *The China Scene*, pp. 9 – 10.

1896年2月3日，田贝又给国务卿写了一封亲笔函，专门汇报北京强学会遭封闭一事，写道：

在我最近11月21日的信函中，我告诉您在北京成立了一个"改革俱乐部"。现在我不得不通知您，皇帝已命令将它关闭。该俱乐部及其隔天出版的报纸被取缔，主要由于新任御史杨崇伊的弹劾。杨与皇帝的导师翁同龢均来自江苏。据说他与翁同龢和李鸿章都有姻亲关系。据说这两位官员合谋参与了取缔该俱乐部的计划。但我认为李与此无关。

对该俱乐部的指控是多方面的。它被指控是一个谋取钱财的组织，胁迫那些担心受到非难的官员提供捐助。张之洞和王文韶两位总督各捐助了5000两，其他所有的总督也被要求捐助。

该俱乐部还被指控是一个革命组织，计划成立国会。该俱乐部的官员大多数为汉人，这是满人所忌惮和反感的。有人建议该俱乐部的成员应交刑部判处，但这一建议尚未被采纳。

在该俱乐部工作的编辑、印刷工和领导人共22人。当将派人没收他们的财产并封闭俱乐部的谕令下达后，俱乐部所有可被带走的东西被运走，场所被废弃，红色封条和一个公告被贴在俱乐部的大门上。这个年轻的俱乐部过早地结束了。

对于这个俱乐部是否永久结束，舆论看法不一。我肯定它在很长时间内不可能再出现。反对它的一个充足理由是以前从来没有成立过这样一个组织，革新被认为是危险的，皇帝的高级顾问们都害怕革新。

在该俱乐部的创办和运作过程中，有几位杰出的年轻官员。起初，李提摩太、毕德格、李佳白和居住这里的外国人都致力于给这个俱乐部提供帮助，但后来外国人的帮助就成多余的了。①

在这两封亲笔函里，田贝将强学会称作"改革俱乐部"（Reform Club），

---

① Charles Denby to Richard Olney, February 3, 1896, in Jules Davids（ed.）, *American Diplomatic and Public Papers*: *The United States and China*, Series Ⅲ, *The Sino-Japanese War to the Russo-Japanese War*, 1894–1905, Volume 1, *The China Scene*, pp. 12–16.

虽非实名，但却是十分契合该会性质的。值得注意的是，虽然田贝在第二份亲笔函中提到"在该俱乐部的创办和运作过程中，有几位杰出的年轻官员"，但在两封亲笔函中都没有提到康有为和梁启超与强学会的关系，甚至将改革运动的发起首先归功于李提摩太的倡议和运动。这说明康梁虽然在国内维新派中已崭露头角，但作为在野的士人，当时并不被美国驻华公使了解和认识。事实上，康梁成为北京外国公使团中的闻人，很大程度是由戊戌政变后清廷下发的一道道拘捕令促成的。

再者，在强学会与外国人的关系上，康有为在《自编年谱》中说强学会曾得到英、美两国公使的支持，他们"愿大助西书及图器"，① 但田贝在这两封信函中只讲到强学会得到了英美民间人士的帮助和支持，始终没有提到他本人以及英国驻华公使欧格讷（Nicholas Roderick O'Coner）与强学会之间有什么关系。应该说，田贝反映的是真实的情况。作为美国和英国的外交代表，无论是田贝还是欧格讷，正常情况下，都不会参与或卷入由民间人士发起成立的政治团体的活动，也不会与康梁有什么往来。这既不符合外交惯例，也不符合他们的身份。康有为在《自编年谱》中将强学会曾得到英美民间人士的帮助，说成得到英美两国公使的支持，不是无意混淆，便是有意借英美两国公使的身份，为自己做宣传，抬高自己的地位和身价。

此外，关于强学会所受的指控，田贝认为除了杨崇伊所指控的结党敛财外，还因为"该俱乐部的官员大多数为汉人，这是满人所忌惮和反感的"。他的这一观察也是很值得重视的。一则列入强学会名籍或参与会务者及支持学会或与之有关者，除少数几位外国人外，确乎清一色为汉人。再则，当时一些满族官员确基于满汉畛域意识，对帝党汉族官僚排挤满族官僚极为不满。1896 年 2 月 2 日李提摩太拜见刚毅时，刚毅就抱怨"翁同龢一手遮天……汉族官员独行其是，甚至恭亲王与礼亲王都无足轻重。……翁同龢把皇帝引进了一团黑暗里，'蒙蔽了他的双眼'"，以致李提摩太在回忆录中写道"在这次会面中，满汉官员间的相互妒忌非常明显"。② 这就很好地解释了光绪帝何以要将支持自己改革的强学会迅速取缔，以及列名支持强

---

① 中国史学会主编《中国近代史资料丛刊·戊戌变法》第 4 册，上海人民出版社，1957，第 134 页。

② 〔英〕李提摩太：《亲历晚清四十五年：李提摩太在华回忆录》，李宪堂、侯林莉译，天津人民出版社，2006，第 240~241 页。

学会的帝党官僚翁同龢对此默不作声，甚至"推之两邸"了。① 再结合康有为后来成立保国会，同样受到"保中国不保大清"的指控。② 可以说，田贝的这一观察是很具有洞察力的。在戊戌变法运动中，除了存在帝党与后党的权力斗争、改革与反改革之间的较量之外，显然也存在不便公开言说的满汉矛盾，后者同样影响和制约了变法运动的发展和结果。

最后，在李鸿章和翁同龢两个政敌的政治立场及与强学会遭封一事关系问题上，田贝抬李贬翁，认为李鸿章是一位改革派官僚，翁同龢是一位保守派官僚，甚至怀疑翁与弹劾强学会有牵连，认定李与此无关，这显然出于个人猜测和偏见。尽管杨崇伊确如田贝所说，与李和翁之间都有亲戚关系，但无论从亲戚关系还是从政治派系和立场上来说，杨都与李亲近，而与翁疏远，甚至不合。③ 时人及后来学者认为杨弹劾强学会系出于李的授意，是有一定依据的，尽管李本人在与李提摩太谈话时"拒绝承认他和强学会的关闭有什么关系"。④ 至于田贝和当时舆论传言翁与弹劾强学会有牵连，则可能与翁在光绪帝下谕查禁强学会时"嘿不一言"有关。⑤ 总之，对于外交官们非亲历亲闻而是依据当时传言所做的有关清廷政情的报告或分析，虽然也是历史，可为我们提供有益的参考，但它们真真假假，虚虚实实，或半真半假，不可不加分析引以为据，或信以为实。

二 对于清廷党争的观察

自甲午战后维新运动开始以来，清廷内部改革与反改革、帝党与后党的矛盾和权力斗争一直若隐若现，并在1898年6月11日"百日维新"运动开始后趋于白热化。6月15日，在光绪皇帝发布"国是诏书"、宣布变

---

① 上海图书馆编《汪康年师友书札》第1册，上海古籍出版社，1986，第722页。

② 中国第一历史档案馆编《光绪宣统两朝上谕档》第24册，广西师范大学出版社，1996，第430页。

③ 按：就亲戚关系来说，杨因其子杨圻娶李鸿章的孙女、李经方长女李国香为妻，而杨之幼女又嫁予李鸿章嫡孙、李经述之子李国杰，与李鸿章是亲上加亲。杨与翁则主要因同为江苏常熟的名门望族，其伯父辈与翁同龢家族多有交往，其中翁之胞兄同爵娶杨之伯祖希铨之女为妻，其亲戚关系显然不及前者紧密、牢固。

④ 〔英〕李提摩太：《亲历晚清四十五年：李提摩太在华回忆录》，第235页。

⑤ 《汪康年师友书札》第1册，第721页。按：尽管如此，将翁与弹劾强学会牵连在一起，是违背历史事实的。

法的第四天，慈禧太后就对帝党的变法加以牵制，进行了一场人事布局，命令光绪帝下谕将他的老师，也是帝党的核心人物协办大学士、总理衙门大臣、户部尚书翁同龢革职回籍，上谕称："协办大学士、户部尚书翁同龢，近来办事多未允协，以致众论不服，屡经有人参奏。且每于召对时咨询事件，任意可否，喜怒见于词色，渐露揽权狂悖情状，断难胜枢机之任。本应察明究办，予以重惩，姑念其在毓庆宫行走有年，不忍遽加严谴。翁同龢着即开缺回籍，以示保全。"① 同日，还命直隶总督王文韶来京，由后党重臣荣禄署直隶总督，统率董福祥的甘军、聂士成的武毅军、袁世凯的新建陆军，并下谕明确规定二品以上官员的受赏及补授须得到慈禧太后的允准，"嗣后在廷臣工仰蒙慈禧端佑康颐昭豫庄诚寿恭钦献崇熙皇太后赏项，及补授文武一品暨满汉侍郎，均着于具折后恭诣皇太后前谢恩；各省将军、都统、督抚、提督等官亦着一体具折奏谢"。② 这是"诏定国是"后清廷内部改革与反改革、帝党与后党的首次冲突。

对于清廷内部帝党与后党之间的这场高层权力斗争，田贝在 6 月 20 日向国务卿的报告中虽然认为"这是清政府中发生的一个重大变动"，但并不了解其中的内情，没有认识到这是清廷内部帝党与后党之间的一场权力斗争，只是根据这些官员对外国人的态度进行分析，对翁同龢遭革职多持支持态度，完全赞同上谕对翁的斥责。他在报告中写道：翁同龢遭革职回籍，据说是因为受到不少于 24 位御史的弹劾，皇帝由于翁是他的老师，所以做了宽大处理。翁与其他大臣特别是李鸿章工作不和谐，这一变动将会大大加强李鸿章的地位，因为翁一直是李最痛恨的政敌。王文韶在中日战争后接替李鸿章出任直隶总督，他是已故恭亲王奕訢特别喜欢的一位官员，③ 总希望回到内阁中任职；王文韶既不亲外也不排外，对外国事务不

---

① 《光绪宣统两朝上谕档》第 24 册，第 181～182 页。
② 《光绪宣统两朝上谕档》第 24 册，第 182 页。
③ 按：田贝对恭亲王奕訢因其对外持友好态度也持肯定评价，5 月 29 日恭亲王奕訢病逝后，田贝在 6 月 1 日写给美国政府的报告中对奕訢大加赞扬，称他完全配得上朝廷对他的褒扬，"他是一位坚强的、深谋远虑的、富有才干的人，他在 1860～1884 年期间以怀柔方式，富有远见地谨慎地处理中国的外交事务"。见 Charles Denby to John Sherman, June 1st, 1898, in Jules Davids（ed.）, *American Diplomatic and Public Papers：The United States and China*, Series Ⅲ, *The Sino-Japanese War to the Russo-Japanese War*, *1894 - 1905*, Volume 1, *The China Scene*, pp. 19 - 20.

感兴趣。对荣禄，田贝只报告朝廷任命他署直隶总督，而未做任何评论。[①]

过了四天，田贝根据那道要求二品以上官员的任命须由慈禧太后允准的上谕，对清廷内部的这场人事变动做了新的诠释。他在6月24日写给国务卿的报告中认为这是慈禧太后加强自身权力而采取的一个重大措施，指出这些上谕表明"慈禧太后将从此积极参与政务活动"，并预言随着慈禧太后重掌权力，"中国的外交政策将更为坚定，将会对外国的一些不合理要求进行抵制"。同时，还对李鸿章、翁同龢、王文韶和荣禄的政治态度和动向做了补充说明，指出根据李鸿章最近又受到双龙褒奖可推测，他在朝廷中的影响力很有可能会得到增强，"他始终是慈禧太后提携的人"。翁同龢一直是李鸿章的政敌，但却是恭亲王奕䜣的密友，奕䜣的去世促使了翁的突然倒台。直隶总督王文韶回京系出于已故恭亲王奕䜣的遗嘱，他在天津履职期间与外国人相处友好。荣禄被认为是京城满人中最精明的官员，他是第一个被任命为直隶总督的满人。[②]

从这两份报告来看，田贝对清廷高层官员的了解还是相当有限的，他着重关注翁与李两人的动向，对后党心腹荣禄的了解甚少，强调他是第一位出任直隶总督的满族官员，虽然体现了对荣禄的重视，但显然只知同光两朝直隶总督的状况，而不知此前多有满族官员出任直隶总督。这里需要特别指出的是，在恭亲王奕䜣与翁同龢去职及这场人事任免之间的关系上，田贝认为奕䜣为翁同龢的密友，前者的去世使翁在朝廷中失去了一个有力的支持者，这一观察与6月27日《申报》上刊载的《圣怒有由》一文所说翁同龢开缺系出于奕䜣临死前留给光绪帝的嘱咐，[③] 完全是两个对立的版本。鉴于英国公使窦纳乐在6月18日写给英国外交大臣的信中也持与田贝相同的观点，也认为恭亲王奕䜣的去世，使慈禧太后可以伸张她的权力，从而导致翁的去职，并说这是当时"北京流行的意见"，[④] 田贝的这

[①] Charles Denby to William R. Day, June 20, 1898, *Papers Relating to the Foreign Relations of the United States*（以下简称 *FRUS*），*1898*（Washington: Government Printing Office, 1901），p. 218.

[②] Charles Denby to William R. Day, June 24, 1898, *Dispatches from U. S. Ministers to China, 1843－1906*, microfilm. Washington, National Archives, 1946－1947.

[③] 中国史学会主编《中国近代史资料丛刊·戊戌变法》第3册，上海人民出版社，1957，第381～382页。

[④] 《窦纳乐致沙侯》（1898年6月18日），《中国近代史资料丛刊·戊戌变法》第3册，第544页。

一观察还是值得重视的。①

1898年9月4日，光绪帝下令将怀塔布、许应骙、堃岫、徐会沣、溥颋、曾广汉等阻碍变法的礼部六堂官革职，7日又命李鸿章毋庸在总理衙门行走，命裕禄为总理衙门行走。这是百日维新期间维新派和帝党为推动变法，向后党做出的一个有力回击。

美国驻华公使康格于7月11日履新，② 对清廷朝政的了解更加不如他的前任田贝。他于9日将上面两份任免上谕电告译送国务卿后，9月14日才写信对这一人事任免做了一个简单的分析。他在信函的开头就坦言"罢免这些人的直接原因尚不清楚，也许以后可以了解"，但他认为这是朝廷内改革派对保守派官僚所采取的一个行动，"是那些对光绪皇帝有影响的一些改革领导人决心扫除旧习惯和旧大臣，以便为他们自己和他们的朋友让出位置，此前主宰一切的皇太后似乎失去一些她的影响力"，并认为皇帝采取这一行动肯定没有征求太后的意见，"因为不可能设想她会答应将像李鸿章这样忠于他的四朝元老罢免"。对于两宫之间的矛盾，康格一方面认为"宫中的这种倾轧可能会导致危机的早日到来"，另一方面又说"据信皇帝和他的朋友有足够的能力避免使情况变得十分严重"。③ 康格显然还吃不准形势的变化。

尽管美国驻华公使对戊戌变法期间清廷人事任免的观察并不深入，但他们的观察表明，清廷内部显然存在帝党与后党及改革派与反改革派之间的权力斗争，戊戌政变的爆发有其必然性，那种仅仅依据后党官僚的自我辩护，淡化甚至否认变法期间慈禧太后与光绪皇帝之间的冲突和矛盾，将戊戌政变的发生完全归咎于康梁等人的鲁莽及策划围园弑后的失败，显然有失公允，过于简单化。

---

① 按：俞炳坤先生的《翁同龢罢官缘由考辨》(《历史档案》1995年第1期) 一文已对《圣怒有由》一文报道内容的真实性提出质疑。本人阅读《圣怒有由》一文的报道，怀疑有可能是后党为消除英国公使窦纳乐当时所说的"北京流行的意见"所进行的一种宣传。

② 《总署收美使康格照会》(光绪二十四年五月二十三日)，黄嘉谟主编《中美关系史料》(光绪朝四)，第2398页。按：1898年1月19日美国政府任命康格为驻华公使 (John R. Patton, *Minister to the Mandarins: Charles Denby and the Emergence of America's China Policy*, p. 110.

③ E. H. Conger to William R. Day, September 14, 1898, *Dispatches from U. S. Ministers to China, 1843 - 1906*, microfilm.

三 对戊戌政变的观察和反应

1898 年 9 月 21 日凌晨，慈禧太后突然从颐和园赶回紫禁城，直入光绪皇帝寝宫，将光绪皇帝软禁于中南海瀛台；然后又以光绪帝名义发布诏书，再次临朝"训政"，称："现在国事艰难，庶务待理。朕勤劳宵旰，日综万几。兢业之余，时虞丛脞。恭溯同治年间以来，慈禧端佑康颐昭豫庄诚寿恭钦献崇熙皇太后两次垂帘听政，办理朝政，宏济时艰，无不尽美尽善。因念宗社为重，再三吁恳慈恩训政，仰蒙俯如所请，此乃天下臣民之福。由今日始在便殿办事。本月初八日朕率诸王、大臣在勤政殿行礼，一切应行礼仪，着各该衙门敬谨预备。"①

由于政变具有很大的隐蔽性，以及慈禧太后完全控制了京津冀三地的军队，当时并未在京城引起重大的恐慌和震动，美国驻华公使康格于政变发生后的 23 日才得知这一情况，匆匆电告国务卿："皇帝被迫发布上谕，令慈禧皇太后摄政，她今天临朝训政。"② 次日（9 月 24 日），康格再致函国务卿，亡羊补牢，译送 21 日上谕，对北京发生的这场政变做了详细汇报。

他认为根据 21 日的训政上谕，"虽然皇太后似乎被邀'帮助'管理政府，但实际上她已接管最高权力，皇帝目前至少被有效地剥夺了权力，实际上是宫里的一位囚犯"。关于政变发生的原因，康格认为是由于光绪皇帝听从一帮改革派的意见，试图摆脱慈禧太后的控制，并计划囚禁皇太后，"在过去几个月里，皇帝一直听从一帮改革派，他们认为如果中国要获得真正的进步，必须与传统决裂，沿着西方国家走过的道路前进，这条道路对日本似乎获得良好结果。皇帝信任这些人，并认为自己已长大成人，没有必要再受皇太后操纵，一直逐渐摆脱以前那些保守顾问，自作主张，不像以前那样征求皇太后意见就发布上谕。然而，他最近的一道上谕在发布之前就被皇太后阻止。这道上谕允许一定级别以上的所有官员可以穿西服，并且给皇帝本人也准备了几套西服试穿，看看他穿上西服的样

---

① 《光绪宣统两朝上谕档》第 24 册，第 416 页。
② E. H. Conger to Mr. Day, September 23, 1898, *FRUS, 1898.*

子。根据权威的说法，皇帝计划逮捕并囚禁皇太后，但皇太后于 20 日那天从颐和园返回宫中，传唤年轻的皇帝，严加训斥，要求他向她交出管理权，迫使他发布上面这道上谕，它毫无疑问出自皇太后本人之手"。

对于政变中遭拘捕和处死的维新党人，康格与他们之间则无任何联系，也无意干涉。他在 24 日致国务卿函中，只是客观地报告"已有一些人被逮捕，但主犯和皇帝主要的改革顾问已逃过拘捕，据信已逃离中国"，并首次对康有为其人做了介绍："他是一位来自广东的文人，是中国最聪明的作家之一，他也是 1895 年北京一个改革俱乐部的组织者和领导人之一。他在京城不到一年，但成为皇帝经常赏识和具有影响力的顾问。他最初赢得皇帝的赏识，是通过他的《彼得大帝传》这一优秀译作，它让皇帝如此地感兴趣，令他撰写日本改革历史。他的名字叫康有为。他的兄弟已在被捕人员之中。"① 9 月 30 日，康格又将清政府 26 日颁布的缉拿、审讯徐致靖、谭嗣同、杨锐、刘光第、林旭、杨深秀、康广仁及 28 日颁布的杀害"戊戌六君子"的处死令和 29 日颁布的缉拿康梁并宣布其罪案的上谕，一道译送国务卿，指出谭、杨、刘、林、杨、康等六人"在 29 日朝廷公布他们罪案和审讯之前就被杀害了。这六名被处决的人都是年青的文人，他们与康有为一道获得光绪皇帝的信任和友谊"，同时报告"康有为本人已逃往天津，并从那里乘坐一艘英国商船前往上海，在吴淞又转乘英国军舰'埃斯克'（Esk）号正驶往香港"。② 10 月 22 日，康格在接获康有为 10 月 7 日在香港的访谈文章后，对康有为和他的同党成功逃离表示庆幸，将康的访谈文章呈送美国政府，称这是"为这里最近发生的事情投下的一道额外光明"。③

在遭清政府拘捕和惩处的官员中，康格只对前驻美公使张荫桓的遭遇

---

① E. H. Conger to John Hay, September 24, 1898, *Dispatches from U. S. Ministers to China, 1843 – 1906*, microfilm. 按：康格有关戊戌政变的报告由于事涉清廷内政，在当时可能过于敏感，美国国务院在文件中都做了"删除"（omit）的批注和标记，没有将它公开发表在 1901 年出版的《美国外交文件》中（详见 *FRUS*, 1898, pp. 218 – 219）。需要指出的是，这种情况并非个例，这是我们在利用美国国务院出版的《美国外交文件》时应加注意的。

② E. H. Conger to William R. Day, September 30, 1898, *Dispatches from U. S. Ministers to China, 1843 – 1906*, microfilm.

③ E. H. Conger to John Hay, October 22, 1898, *Dispatches from U. S. Ministers to China, 1843 – 1906*, microfilm. 按：康有为早在 9 月 29 日就安抵香港。

做了特别关注，称赞他是一位"最进步的"官员，在 24 日致国务卿函中
即报告"总理衙门的一位主要成员、前驻美公使，也是最进步的官员之一
张荫桓今天也被逮捕，交刑部处理"。① 30 日又报告"根据 29 日的上谕，
总理衙门官员、前驻美公使张荫桓被贬，发配新疆"。② 并且，张荫桓的遭
遇还引起美国政府的重视。在得知张荫桓遭逮捕的消息后，麦金莱总统因
张在驻美公使任上"令人惬意"，于 10 月 8 日指示国务卿电令康格"如有
可能和机会，采取非官方的方式，施加影响，减缓对张荫桓的处罚"。③ 康
格在收到电文后，即向美国政府解释"在收到指示之前，张荫桓即已被发
配新疆"，但同时表示"如有机会，一定执行总统的指示"。④ 在此需要指
出的是，29 日张荫桓被贬新疆，实际上已是经过英国驻华公使窦纳乐和日
本方面的援救后清政府方面所做的一个从轻处罚。⑤ 但从康格的报告来看，
他当时显然并不知道这一内情，同时也说明英、日两国驻华公使与康格之
间没有互动。

　　此外，康格还十分留意在百日维新期间遭光绪帝开缺的李鸿章的去
向，希望他能在政变后尽快重返政坛。康格在 9 月 24 日写给国务院函中
就提到此事，称"尚不清楚李鸿章是否会恢复官位，但李的朋友们相信
他将会被恢复官位和权力"。⑥ 对于 11 月 13 日慈禧太后亲下懿旨，派李鸿
章履勘山东黄河工程，"用副朝廷慎重河防至意"，⑦ 康格十分重视，第二
天就专门将这道上谕译送国务院，称这道上谕很重要，一则期待有可能
就此保留住巨大的富有价值的土地，二则为李鸿章提供了一个位置，

① E. H. Conger to John Hay, September 24, 1898, *Dispatches from U. S. Ministers to China, 1843－1906*, microfilm.

② E. H. Conger to William R. Day, September 30, 1898, *Dispatches from U. S. Ministers to China, 1843－1906*, microfilm.

③ John Hay to E. H. Conger, October 8, 1898, *Dispatches from U. S. Ministers to China, 1843－1906*, microfilm.

④ John Hay to E. H. Conger, October 12, 1898, *Dispatches from U. S. Ministers to China, 1843－1906*, microfilm.

⑤ 有关英国驻华公使窦纳乐的援救活动，详见《窦纳乐致英国外交大臣信》（1898 年 9 月 28 日），《中国近代史资料丛刊·戊戌变法》第 3 册，第 540～541 页。有关日本方面的援救活动，请见茅海建、郑匡民《日本政府对于戊戌变法的观察与反应》一文。

⑥ E. H. Conger to John Hay, September 24, 1898, *Dispatches from U. S. Ministers to China, 1843－1906*, microfilm.

⑦ 《光绪宣统两朝上谕档》第 24 册，第 509～510 页。

"虽然我尚不清楚这是否意味着将他调离北京并最终将他搁置一边，或者仅仅是朝着恢复他在政府中旧有权力的一个步骤。但我得到消息，李本人对这一任命感到满意，并确保他与慈禧太后之间的友谊及对她政策的支持"。①

对于政变后的北京政局，康格从一开始就断定慈禧太后完全能够掌控局面。他在 9 月 24 日致国务卿的函中报告道："直隶总督荣禄是京畿所有军队的真正指挥官，是皇太后最有力的朋友和支持者，大部分的军官也都在他的控制之下。除了一帮改革派之外，皇帝似乎没有任何有力的支持者，并且他既没有勇气也没有强壮的身体和精力。他被迫屈服，惊恐万状，害怕夺走他的生命。"虽然政变"产生了极大骚动，但民众是如此地保守，他们一直目睹这位显赫女人的强大和保守，从这些发生的事情中并没有出现人们期待的那种普遍觉醒"。②稍后，康格根据慈禧太后的最新人事布局，进一步阐述了他的这一判断，他在 9 月 30 日致国务卿函中指出，慈禧太后已于 28 日任命荣禄为军机大臣上行走，以裕禄补授直隶总督兼北洋大臣，"他们两人都是慈禧太后真正和可靠的朋友，所有北方的军队都在他们的指挥之下"。据此，康格认为不用太担心政变会在这里产生动乱，指出慈禧太后作为一个满人，人们特别是所有的满人出于对她此前摄政的信任，普遍都会支持她。此外，目前在北京和直隶的军队和官员大部分都是支持慈禧太后的。康格认为反抗和动乱有可能会来自南方，指出那些遭处决的光绪皇帝的朋友此前大多数都居住在南方，他们都有朋友，他们的领导人也都逃往南方，并且在南方一些内陆地方已发生骚乱，因此，"很担心在南方会出现一些严重的动乱"。③鉴于一年后在长江流域发生的自立军"勤王事件"，康格的这一判断是富有预见性的。事实上，相对于北方，南方一直是清朝中央政府统治相对薄弱的地区，这是晚清政局的一个基本态势。

对于政变后的清政府的政策和改革走向，康格起初虽然认为"种种迹

---

① E. H. Conger to John Hay, October 15, 1898, *Dispatches from U. S. Ministers to China, 1843 – 1906*, microfilm.

② E. H. Conger to John Hay, September 24, 1898, *Dispatches from U. S. Ministers to China, 1843 – 1906*, microfilm.

③ E. H. Conger to William R. Day, September 30, 1898, *Dispatches from U. S. Ministers to China, 1843 – 1906*, microfilm.

象显示光绪帝的废黜是永久的，可以预料保守主义将会取代进步主义"，
但仍对慈禧太后抱有幻想，认为有些改革措施仍会保留和延续，指出这里
的人们普遍认为"即使皇太后和她的极端保守的顾问们某种程度也被过去
所发生的事情唤醒，开发资源，发展商业和教育将会继续得到执行，虽然
以某种缓慢的步伐进行"。① 但随着慈禧太后下发一道道打击维新党人和
改革派官员的拘捕令和惩处令，同时还不时下旨废除百日维新期间的一
项项改革措施——如 9 月 26 日下旨重新恢复被光绪帝裁撤的机构，禁止
官民直接上奏朝廷，废除《时务官报》，恢复被改为学堂的庙宇；10 月 9
日又亲下懿旨，恢复八股取士制度，宣布"乡试会试暨岁考科考等场，
悉照旧制，仍以四书文试帖经文策问等项，分别考试"，② 并令查禁各省
报馆，严拿主笔，③ 等等，康格最后放弃了对慈禧太后可能会保留某些改
革成果的幻想。他在 10 月 14 日写给国务卿的信中怒斥慈禧太后简直是在
开历史倒车，指出这些都是"皇太后决心将时钟往后扳的最有力的确证，
过不了多久，进步的钟摆就会摆回到皇帝最近开始起步的地方，这是肯
定的"。④

此外，需要指出的是，在对戊戌政变的反应上，虽然日本和英国驻
华外交官私下援助康梁等一部分维新党人逃亡国外，但包括康格在内的
所有各国驻北京的外交官都没有基于意识形态和价值观念，有意对慈禧
太后发动政变、镇压改革派公开提出抗议、进行干涉，反而都采取了默
认和旁观的态度。而与北京外交官态度不同的是，当时在华的一些西文
报刊，如《字林西报周刊》（*The North-China Herald*，即《北华捷报》）
则极力呼吁西方国家出面干涉，保护维新党人和改革成果，批评各国外
交官对慈禧太后发动政变采取默认态度，这是"在野蛮与改革二者之
中"选择了"野蛮"，⑤ 指出"无论就接受太后为中国事实上的统治者来

---

① E. H. Conger to John Hay, September 24, 1898, *Dispatches from U. S. Ministers to China, 1843 - 1906*, microfilm.
② 《光绪宣统两朝上谕档》第 24 册，第 451～452 页。
③ 《光绪宣统两朝上谕档》第 24 册，第 452～453 页。
④ E. H. Conger to John Hay, October 14, 1898, *Dispatches from U. S. Ministers to China, 1843 - 1906*, microfilm.
⑤ 《野蛮较佳于维新》（1898 年 11 月 7 日），《中国近代史资料丛刊·戊戌变法》第 3 册，第 516～518 页。

说，或就宽宥她的僭篡来说，列强驻北京的公使们都同样犯了严重的错误"。① 康格和北京的各国外交官之所以采取这种与西文报刊不同的态度，固然由于戊戌政变纯属中国内政，不便干涉，但同时也是基于国家理性，不愿由于干涉戊戌政变而搞坏与清朝当权派慈禧太后的关系，影响本国的利益。

四 关于光绪皇帝的生死问题

戊戌政变发生后，光绪皇帝作为一国之主，他的生死成了外界最为关注的一个问题。事实上，如何对待光绪皇帝，也是对政变发动者慈禧太后政治智慧的一个严峻考验。9 月 25 日，在政变发生后的第四天，朝廷发布的一道有关光绪皇帝身体有病、征召御医的上谕，② 极大地加重了外界对于光绪帝生死问题的疑虑和猜测：或云其已寻短见；或曰其已被守旧党陷害；或曰其已被下毒，生命垂危；③ 等等。在华西文报刊《字林西报周刊》则连发两文，发出"光绪皇帝究竟是不是还在人间"的疑问，建议北京的外国公使们要求觐见，以确定光绪皇帝是否还活着，指出揭示真相是北京的外国公使们和列强的"责任"。④ 由于光绪皇帝的生死问题直接影响中国政局，它自然也是包括美国驻华公使康格在内的所有各国驻华外交官共同关注的一个问题。

对于 9 月 25 日朝廷发布的征召御医上谕，康格在 9 月 30 日写给国务卿的信中也认为这"只不过是为光绪帝早死安排的一个阴谋和理由"，指出自光绪皇帝被囚宫中之后，"虽然假装皇帝在处理政务中仍分享领导权，但事实是他既不被咨询，也不被允许提议"。康格还报告说，9 月 28 日夜

---

① 《列强在北京》（十月十四日），《中国近代史资料丛刊·戊戌变法》第 3 册，第 496 ~ 499 页。

② 该上谕称："朕躬自四月以来，屡有不适，调治日久，尚无大效。京外如有精通医理之人，即着内外臣工切实保荐候旨。其现在外省者，即日驰送来京，毋稍延缓。"见《光绪宣统两朝上谕档》第 24 册，第 424 页。

③ 《北京要事汇闻》（《知新报》光绪二十四年九月十一日），《中国近代史资料丛刊·戊戌变法》第 3 册，第 444 页。

④ 《光绪帝》（《字林西报周刊》十月一日）、《北京之谜》（十月六日），中国史学会主编《中国近代史资料丛刊·戊戌变法》第 3 册，第 485 ~ 491 页。

间，光绪皇帝曾试图通过宫中一个冷落的边门逃离，但被守卫阻止。[1] 但与舆论谣传光绪皇帝已被加害不同，康格身处京城，更能就近了解到光绪皇帝的真实情况，在 10 月 14 日致国务卿函中虽然报告自 10 月 6 日以来所有的上谕都以太后名义单独发布，不再有与光绪皇帝有关的任何类型的公告，"但我从有机会知道内情的人那里得到确信，皇帝虽被严格囚禁在宫中，但他仍然活着"。[2]

有意思的是，在 10 月 7 日写给国务卿的报告中，康格结合 9 月 30 日北京发生的排外事件（详见下文），对光绪帝和慈禧太后两人之间的生死问题及其对中国政局可能产生的影响做了分析。他认为，光绪帝和慈禧太后之间的紧张关系不可能持续太久，两人之间必有一人被谋杀，由于慈禧太后掌控全部权力，成为牺牲品的很可能是光绪皇帝。但他同时又认为，慈禧太后被刺杀或被毒死及意外死亡的可能性虽然极小，但并不是完全没有。如果光绪帝先死，在许多地方由汉人反满所激发的叛乱及由帝党和维新派煽动的叛乱，其力量有可能汇聚，最后足以抵达北京。如果先死的是慈禧太后，一场叛乱将会突然爆发，其结果的严重性无法预估。无论哪种情况，无知的民众肯定都会将这场政治风波的矛头转向外国人，人身伤害的危险不是来自帝后两派有组织的部队，而是来自暴民，清政府将无力保护外国人。[3]

康格的这一分析虽然有主观猜测成分，但并非无稽之谈。首先，它表明在帝后两派及改革派和反改革派之争中，康格更关心清朝政局的稳定，更担心无政府局面引发的骚乱对外国人的伤害，这可以说也是当时北京的外交官们对戊戌政变持静默态度的原因之一。其次，康格的分析还表明两宫的生死问题已与清廷内帝后两派的权力斗争紧密纠缠在一起，这预示着

---

[1] E. H. Conger to William R. Day, September 30, 1898, *Dispatches from U. S. Ministers to China, 1843 - 1906*, microfilm.

[2] E. H. Conger to John Hay, October 14, 1898, *Dispatches from U. S. Ministers to China, 1843 - 1906*, microfilm. 按：康格关于 10 月 6 日以来所有的上谕都以太后名义单独发布的说法是不准确的。

[3] E. H. Conger to John Hay, October 7, 1898, *Dispatches from U. S. Ministers to China, 1843 - 1906*, microfil. 按：康格的这一分析也被国务院做了"删除"（omit）的批注和标记，没有将它公开发表在 1901 年出版的《美国外交文件》中，详见 *FRUS, 1898*，pp. 228 - 229。

10 年之后两宫的隔日相继去世，并非巧合，而是宫廷内权力斗争的一个必然结果：共同听政 10 年，最后几乎同时谢世。① 再者，康格关于两宫必有一死的分析，是对当时形势所做的两个极端选择。事实上慈禧太后维持两宫共同听政的做法，避免了这两种极端情况的出现。稍后，康格也观察到慈禧太后为消解国内拥护光绪皇帝势力的不满，将会维持两宫共同听政。可以说，最后 10 年两宫共同听政局面的形成，既是形势使然，也是慈禧太后所做的一个理性抉择。

为解除外界对光绪皇帝生死问题的各种猜测和传言，稳定人心，总理衙门在求得慈禧太后的同意之后，接受英国驻华公使窦纳乐和法国驻华公使毕盛（Pichon）的建议，② 10 月 18 日邀请法国公使馆大夫德泰夫（Dethève）到宫中为光绪皇帝看病。德泰夫大夫对光绪皇帝的病情诊断如下：

> 初看起来，身体虚弱，消瘦明显，神态疲乏，脸色苍白。
>
> 食欲不错，但消化滞缓；有轻微的腹泻；大便呈微白色，没有完全消化，呕吐较频繁；由气喘可见呼吸困难，发作时苦恼不安。蒙皇帝许可，对肺部进行听诊，并没有发现明显的异常。
>
> 在血液循环方面，问题更多。脉弱又快，头痛，胸闷，耳鸣，头昏眼花，两脚发软。
>
> 除了这些症状外，还畏寒，尤其是腿部和膝盖，手指麻木，小腿抽筋，皮肤发痒，轻微耳聋，视力减退，腰痛。
>
> 但最严重的是肾脏问题。初看，尿液清，呈白色，尿量不大；对它的化验结果，并没有显示蛋白的存在，但浓度减低。陛下排尿频繁，量少，24 小时的尿量似乎低于正常数量。陛下强调遗精，这种情况发生在夜里，而且总是伴随有快感。这些梦遗将导致白天阴茎勃起能力的减弱。
>
> 在对这些不同症状进行长时间的思考后，我相信皇帝的疾病主要

---

① 有关 1908 年两宫相继去世的讨论，请参见崔志海《光绪皇帝和慈禧太后之死与美国政府的反应——兼论光绪死因》，《清史研究》2009 年第 3 期。

② 窦纳乐的建议见《窦纳乐致英国外交大臣电》（1898 年 10 月 16 日），《中国近代史资料丛刊·戊戌变法》第 3 册，第 538 页。

源自两腰的损伤，在欧洲，人们称之为肾炎，即肾脏的慢性炎症。

根据健康原理，血液流经肾脏时将营养吸收后的食物残渣清除，这些物质对该器官是真正的毒药。当肾脏不能让这些物质随尿一起排出时，随之就产生肾脏病变。这些有毒物质又被血液带到其他器官，在那里不断堆积，便引起功能障碍，出现前述特征。

其给光绪皇帝开出的治疗方法是：

有必要制定一个食谱，使肾脏不承受太重的负担，而其残渣又可以随尿排出。

最好的食谱莫过于纯奶食谱，忌其他食物。它只含奶，或者牛奶，或者人乳，每天3～4升，在奶中可以加50克乳糖。该食谱必须持续许多个月。

在药物方面，洋地黄粉具有实际疗效。干擦和诱导剂可以缓释腰痛。

我们可以看到小便将恢复正常，气喘减轻，身体状况将随之得到大大的改善。

至于遗精问题，它源自体质的虚弱，特别是小腹部的肌肉不能阻止精液外流。因此，重要的是首先要关注肾脏的状况，并将之治愈。之后，将更容易对付遗精问题。①

10月20日，德泰夫将上面这个诊断书提交总理衙门。次日，总理衙门即照会外交团团长葛络干（Bernardo Cologan），转达诊断书，通报诊断经过和结果，称：

先前，皇帝陛下的身体不是很好，他吃了许多次药，但未见重大好转。八月十一日（9月26日），我们收到法国公使毕盛先生的一封来函，他在来函中对我们说，他得知皇帝陛下身体不佳，使馆医生德

① Diagnostic du Dr. DETHEVE（Remis au Tsongli Yamen, 20 Octobre 1898）, *Dispatches from U. S. Ministers to China, 1843 - 1906*, microfilm.

泰夫大夫极愿帮忙，请我们将此转告皇上。英国公使窦纳乐也向我们强烈建议，应该同时看一下西医。因此，我们衙门就将这些情况告诉了皇上，不久我们收到上谕，命令与该大夫约定时间，定于九月四日（10 月 18 日），让大夫前往皇宫的西苑做体检。之后，本月六日（10 月 20 日），德泰夫大夫给我们寄来了皇帝病因报告。

最后，总理衙门要求外交团团长葛络干将德泰夫大夫的诊断书"告诉北京的所有外国公使，以消除他们的担忧"。[①]

在收到总理衙门照会 5 天后，葛络干代表外交团于 26 日复照，表示愿意答应总理衙门的要求，称："我已将这些情况转告我的同事们，他们都让我请贵衙门转告皇上，他们对皇帝陛下所患的疾病感到十分遗憾，同时，他们也真诚地希望能为皇上圣体的康复效劳。借此机会，我再一次向殿下和贵大臣们表示崇高的敬意！"[②]

慈禧太后的这一做法是很明智的，起到了很好的效果，很大程度上消除了外界关于光绪帝生死的各种传言，减轻了在这个问题上来自中外的压力。在德泰夫大夫为光绪帝看病的次日（10 月 19 日），康格即写信向国务卿做了汇报，写道：

> 鉴于外界电传光绪皇帝是否还活着，以及由此产生的政治和商业不安，我很高兴地报告，应总理衙门的要求，昨天法国公使馆德泰夫大夫由庆亲王和一位翻译陪同，在宫中探视了光绪皇帝，当着慈禧太后在场对光绪帝作了全面身体检查。德泰夫大夫发现皇帝在宫中像往常一样舒适，看来并没有被严格地拘禁。光绪皇帝虽然身体脆弱，无精打采，但病情并不严重，只需要恢复和调养。

据此，康格对形势的判断转趋乐观，称：这表明形势变得更有希望，将会

① Dépêche du Tsungli Yamen à S. Exe. M. Cologan, Ministre d'Espagne, Doyen, Kouang Siu 24e Année, 9e lune, 7e jour（21 Octobre 1898）, *Dispatches from U. S. Ministers to China*, *1843 – 1906*, microfilm.

② Cologan: A Son Altesse le Prince et Leurs Excellence les Ministres du Tsungli Yamen, Pékin, le 26 Octobre 1898, *Dispatches from U. S. Ministers to China*, *1843 – 1906*, microfilm.

延迟在皇帝或太后过世时更危险事情的爆发。皇太后如此硬朗，能做各种工作，但"为安抚帝国内的皇帝支持者们，保留两个摄政者的局面（也即两宫共同听政的局面——引者注）将会得到维持"。①

基于这一判断，康格还改变了他对美国是否需要派军进京保护使馆的意见。10月初，康格曾因9月30日京城发生攻击外国人事件及公使团决定派兵进京保护使馆，也极力主张美国政府派兵（详见下文）。但在德泰夫大夫探视光绪皇帝之后，他就改变了主意，认为没有必要，理由是此事消除了不确定性及对政局动荡的担忧。他在10月21日写给国务卿的信中这样解释道："正如已汇报的，皇帝的健康检查和公众对他生命和安全的认知，已极大减轻了人们对未来产生纷争或动荡的担忧，再结合他们最好的军队都聚集在都城附近，这一事实使我们有理由肯定，如果危险降临到这里的外国人身上，那将是遥远内地叛乱的结果，到达北京需要相当长时间。因此，我不认为目前有派兵来这里的现实必要性。"②

五 对京城排外事件的观察和反应

戊戌政变之后，由于列强一方面在中国掀起的强占租界地、划分势力范围的狂潮，另一方面又介入清廷内部后党与帝党之间的权力斗争，同时伴随慈禧太后政治上的反动，京津冀地区对外国人的敌意明显增强，1898年9、10月间便在驻有外国公使馆的北京发生了两起震动各国的排外事件。其中一起是9月30日中秋节那天，一些自天津乘火车来北京的外国人到达北京城南的马家堡车站后，在乘马车和轿子路过前门外天桥附近时，遭到中国民众的辱骂和瓦砾石块的轻微袭击。一行人中有两个日本学生，英国公使馆人员及女眷各一人，美国传教士刘海澜（H. H. Lowry）及一些英国海关或邮政人员，他们的马车和坐轿遭严重毁坏，在场巡警和清兵则拒绝为他们提供保护。同一天，一名公使团内眷在乘轿由北堂前往西堂途中也

---

① E. H. Conger to John Hay, October 19, 1898, *Dispatches from U. S. Ministers to China*, *1843 - 1906*, microfilm.

② E. H. Conger to John Hay, October 21, 1898, *FRUS*, *1898*（Washington：Government Printing Office, 1901）, p. 231.

遭到民众的欺侮辱詈。① 事件发生的第二天，公使团就因英国公使窦纳乐的建议，② 召开会议，由公使团团长、西班牙公使葛络干照会总理衙门，提出强烈抗议，指出这次排外事件显然是有领导的，"是绝对不能容忍的"，要求清政府立即采取有力措施，确保在北京的所有外交人员及所有外国人的安全和自由。③

尽管清政府在接到抗议后即采取措施，10 月 2 日总理衙门复照公使团，通报朝廷已下谕调查、处理此案，并已拘捕数人，将首犯加枷示众，以儆效尤。④ 10 月 4 日，清廷又连发三道上谕，责令步军统领衙门和五城御史派兵"分段巡逻，认真弹压保卫"，"毋得稍有疏虞"，指示顺天府尹整修前门外自天桥以南至永定门道路。⑤ 但公使团并不满意清政府所采取的措施，5 日照会总理衙门，指责清政府并未对排外事件做出真诚道歉，不相信清政府的措施足以保护北京的外国人，执意要求清政府同意各国调派使馆卫队进京，并通报德、英、俄三国先遣分队各 30 人将于后天由天津开往北京，要求清政府予以配合，提供火车专列及其他便利。⑥ 总理衙门则极力劝阻，当日就复照公使团，要求各国不要派兵进京，以免引起民众激愤和各种流言，引发其他骚乱，⑦ 并致函公使团团长，请求暂缓军队进京，建议次日上午 9 时亲往公使团商议此事。⑧ 公使团团长粗暴地予以拒绝，于午夜复函总理衙门，称"没有什么可讨论的"，"我必须执行公使团昨天做出的决议"。⑨ 6 日，总理衙门大臣、庆亲王奕劻只好亲往英国使馆，劝说英国公使窦纳乐带头放弃使馆卫队进京，指出使馆卫队进京一事系由他倡议，如果英国不派兵进京，其他国家也不会派兵。而窦纳乐断然

---

① E. H. Conger to John Hay, October 1, *Dispatches from U. S. Ministers to China, 1843 – 1906*, microfilm.

② Claude MacDonald to the Dean of the Diplomatic Corps, September 30, *FRUS, 1898*, p. 232.

③ Mr. Cologan to the Tsungli Yamen, October 1, 1898, *FRUS, 1898*, p. 233.

④ The Tsungli Yamen to the Dean of the Diplomatic Corps, October 2, 1898, *FRUS, 1898*, p. 234.

⑤ 《光绪宣统两朝上谕档》第 24 册，第 440 页。

⑥ Doyen of the Diplomatic Corps to the Tsungli Yamen, October 5, 1898, *FRUS, 1898*, p. 235.

⑦ The Tsungli Yamen to the Dean of the Diplomatic Corps, October 5, 1898, *FRUS, 1898*, pp. 235 – 236.

⑧ Red Letter of the Yamen to the Dean of the Diplomatic Corps, October 5, 1898, *FRUS, 1898*, p. 236.

⑨ The Dean of of the Diplomatic Corps to the Tsungli Yamen, October 5, 1898, *FRUS, 1898*, p. 236.

否认派兵进京一事由他倡议，声称这是公使团经过讨论后各国公使的一致决定，敦促清政府为使馆卫队进京提供专列和保护。① 同日，慈禧太后为向公使团示好，也亲下懿旨，命各省认真保护教堂及来华游历的外国人。② 但清政府所做的这些努力并未能改变公使团的决定，7 日，英、俄、德三国使馆卫队如期进京，其中，英国士兵 28 人，德国士兵 30 人，而俄国士兵多达 66 人。③ 这样，公使团便为列强派兵进京保护使馆和外国人开创了一个恶劣先例。

另一突出事件为董福祥部甘军与外国人的冲突。董福祥的甘军原驻扎在距北京千里之外的陕甘，1898 年 3 月底因德占山东、俄占旅大，局势紧张，清廷令其移扎直隶正定一带。戊戌政变发生后，慈禧太后对京津冀一带的清军进行重新部署，9 月 27 日命董福祥"借前往演习洋操为名，不动声色，酌拨数营"前往秦皇岛一带，"择要驻扎，以资镇慑"。④ 9 月 30 日在京城外国人遭攻击事情发生后，在外国公使团的联合抗议和武力威逼之下，为向列强示好，慈禧太后于 10 月 6 日亲下懿旨，声明保护外人，但各国驻京公使干涉清廷朝政、袒护维新派和光绪帝的行为，以及各国的调兵进京举动，都加深了慈禧太后及拥护慈禧太后的清朝官兵对外国人的戒心和敌意，工科给事中张仲炘在上奏中就认为"洋兵如果入京，断非专为保护使馆起见，必有他谋。仅恃京兵不足御乱，若调外兵又恐人心惊扰"，建议清廷以举行南苑阅操为名，"宣谕酌调董军数营或聂军、袁军数营，驰赴南苑驻扎，听候简阅，一面密饬戒备，有警即援。届期仍请钦派王、大臣前往校阅，以掩外人耳目，庶几人不惊惶而防范益密矣"。⑤ 10 月 6 日，清廷即以阅操为名，再命董福祥将其余各部"即行移扎南苑，认真操练，以便简派王、大臣随时校阅，俾成劲旅"。⑥ 10 月 23 日，调往南苑的董福祥部甘军在卢沟桥附近攻击了一队由英国领事馆汉文副使甘伯乐

① Interview between Sir Claudel MacDonald and Prince Ching, October 6, 1898, *FRUS*, *1898*, p. 237.
② 《光绪宣统两朝上谕档》第 24 册，第 443～444 页。
③ The Tsungli Yamen to the Dean of of the Diplomatic Corps, October 7, 1898, *FRUS*, *1898*, p. 238.
④ 《光绪宣统两朝上谕档》第 24 册，第 427 页。
⑤ 国家档案局明清档案馆编《戊戌变法档案史料》，中华书局，1958，第 474～475 页。
⑥ 《光绪宣统两朝上谕档》第 24 册，第 443 页。

(Charles William Campbell) 及其他两名英国人和一位挪威人组成的工作人员，其中有二人被石块严重击伤。董部并拆毁保定府和卢沟桥之间的铁路和沿路电线，致使该段铁路交通完全中断，公开扬言要将所有外国人和他们所有的发明和铁路等驱逐出中国。此外，一部分甘军士兵还在 10 月 20 日中断北戴河沿线的一段铁路交通，抢夺了一辆小车，并用石块攻击阻止他们的欧洲监督和中国雇员。

这些事件发生后，英国公使窦纳乐立即与总理衙门交涉。27 日，各国驻华公使召开公使团会议，授意公使团团长、西班牙公使葛络干照会总理衙门，就最近董福祥部甘军的排外言行提出强烈抗议，责问清政府在北京和天津附近及铁路沿线和外国人的居住区部署大量清军，不但没有为外国人提供起码的保护，反而用来制造危险、煽动冲突，其动机和目的为何。要求清政府尽快将董福祥的甘军调离北京。① 在英国公使窦纳乐和公使团提出抗议后，清政府即派顺天府尹、办理卢汉铁路大臣胡燏棻调查处理此事。11 月 1 日，根据胡燏棻的调查，清廷只是下谕对相关官员做出惩处，并无撤走甘军之意。② 各国公使对清廷的这一处理极为不满，英国公使和俄国代办威胁要打电报给他们的政府，建议联合占领从北京至山海关的铁路线，逼使清廷撤走甘军。③ 11 月 5 日和 10 日，公使团为此接连两次召开会议，照会总理衙门，明确要求清政府务必于 11 月 15 日前将甘军撤出直隶，否则，各国将派兵占领北京至山海关铁路沿线。在公使团的通牒之下，慈禧太后最后又做出让步，同意撤走甘军，于 11 日亲下懿旨，宣布"校阅甘军马步各营操演完竣"，"着董福祥分别赏给营哨各官。所有该提督所部甘军着休息数日，即行移赴驻扎处所，认真训练，务期精益求精，以副朝廷整军经武至意"。④

由于上述两起北京发生的排外事件均涉及外交，直接影响美国利益，康格的观察和反应也较其他内政问题更加敏感和强烈。在前门天桥附近发生辱骂、攻击外国人的第二天（10 月 1 日），康格就此给国务卿连发三道

---

① The Dean of the Diplomatic Corps to the Tsungli Yamen, October 27, 1898, *Dispatches from U. S. Ministers to China*, *1843 – 1906*, microfilm.

② 《光绪宣统两朝上谕档》第 24 册，第 492 页。

③ E. H. Conger to John Hay, November 3, 1898, *Dispatches from U. S. Ministers to China*, *1843 – 1906*, microfilm.

④ 《光绪宣统两朝上谕档》第 24 册，第 506 页。

函电。其第一道电文虽然报告前日外国人在通过铁路进城中遭到街头暴徒攻击，但称"没有人严重受伤。清政府已承诺采取足够措施，以避免此类事件再次发生"。第二道电文虽称"尚无严重危险"，但极度渲染紧张气氛，谓"未来极为可忧。外国军舰正在天津集结。我们应该让在天津的军舰获得指示，如有必要，因我的命令，派海军前来"。而在第三道信函中，康格对这次排外事件的严重性做了分析，指出由于这是北京第一次发生这样严重的攻击外国人事件，起初人们认为这只是一场自发的群众运动，但鉴于同一天在北京的不同地方发生多起攻击和辱骂外国人的事情，"因此这里肯定还会发生这类意想不到的新的全面的排外事件"。① 康格的这一预言在一年后的"庚子事变"中即变成现实，这可能是他本人意想不到的。

同日，康格还在公使团会议之前，就美国传教士刘海澜携小女儿在京城天桥附近遭到袭击一事单独照会总理衙门，指责清政府未能恪尽保护外人之责，要求对肇事者及保护不力官员严加惩办和处理，称："昨因天桥匪徒击打美国教士一事，曾先差人片请贵署办理，兹将该教士所禀被伤详细情形译送查核。所可异者，切近辇毂之下，按段均有管理地面之官厅及巡查之兵役，何以经过此路者竟遇有此等滋闹之事。足见官厅与兵役均不尽心管理，虽往报明，亦等弗闻，恐以后滋闹之事将更有甚于此者。本大臣兹应请贵衙门即行设法，增添巡守之兵，并出示严禁百姓滋闹，查拿所有滋闹匪徒，严行惩办。更究查不管此事地面官之职名，加以惩处。总须设立善法，俾美国人民不但往来马家铺，并往来无论何处，均得平安行走，系为最关紧要。"② 对此，国务卿海约翰完全表示支持，3 日致电康格："你的行为获批准。采取强有力行动以保护美国公民，同时要求赔偿和预防。"③

在 10 月 5 日公使团做出派兵进京保护使馆的决定后，康格又于 7 日、9 日连发三道函电，报告情况正在恶化，英、俄、德驻华公使已在使馆部署卫队，其他各国公使也命令卫队前来保护，清政府刚开始时反对外国军

---

① E. H. Conger to John Hay, October 1, 1898, *Dispatches from U. S. Ministers to China*, *1843 – 1906*, microfilm.

② 《总署收美使康格照会》（光绪二十四年八月十六日），黄嘉谟主编《中美关系史料》（光绪朝四），第 2442～2443 页。

③ John Hay to E. H. Conger, October 3, 1898, *FRUS*, *1898*, p. 228.

队入京，但在公使团的联合要求下，已同意为使馆卫队进京提供专列及其他帮助。因此，康格建议美国政府也应在北直隶湾入冬封航之前，尽快派军舰从香港或马尼拉启程，部署在天津，以便必要时要求他们来京保护使馆，指出虽然"我不认为危在眉睫"，但如果产生骚乱，美国的外交人员被迫逃入其他欧洲国家的使馆寻求保护，"这将是十分丢脸的"，并且也会被中国人和世界小看，美国虽然被认为是一个海军强国，但不能冒任何风险。① 根据康格的报告，美国政府也做了派兵的决定，10 日国务卿电告康格：美国政府已命令"波士顿"号（Boston）和"海燕"号（Petrel）于10 月 4 日自马尼拉启程前往大沽，将于 14 日到达，"仅在必要情况下命令前往北京保卫使馆"。② 10 月 19 日，巡洋舰"波士顿"号和"海燕"号炮艇及一艘运煤船"尼罗"号（Nero）抵达天津大沽。次日，舰长怀尔兹（Wildes）赴京与康格商议派遣使馆卫队进京一事。但如前所述，此时康格因光绪皇帝身体并无大碍、北京政局也无动荡之忧，同时考虑到美国驻京使馆场所狭窄，不便安排使馆卫队，认为暂无派遣使馆卫队进京的必要，建议怀尔兹舰长暂将军舰驻扎大沽附近，如形势确有必要，再通知他派使馆卫队进京。然而，不久发生的董福祥甘军攻击外国人事件，又让康格改变了对中国政局的看法。

11 月 1 日，针对清政府拒撤甘军及英、俄公使威胁派兵占领北京至山海关铁路，康格认为形势严峻，当日即要求舰长怀尔兹分别调派 18 名和30 名海军陆战队员保卫北京公使馆和天津领事馆，并电告国务卿海约翰。③11 月 3 日，康格又致函海约翰，对北京附近最近发生的甘军排外事件及公使团的意见做了详细汇报，对局势的发展深表不安，称在北京、天津及其附近"有一种非同寻常的排外情绪，在中国人中弥漫着一种即将暴发动乱的巨大恐惧"，这种排外情绪还"因为慈禧太后的政策而得到鼓励"；"在海上航道封冻及来自军舰的可能援助被切断之后，这里所有的外国人都有一种愈来愈不安的情绪，没有人预测将会发生什么事情"；"发生真正和严

① E. H. Conger to John Hay, October 7, 9, 1898, *Dispatches from U. S. Ministers to China, 1843–1906*, microfilm. 按：康格 10 月 7 日致国务卿函虽然刊印在《美国外交文件（1898）》（*FRUS, 1898*）第 228~230 页，但文中所引的最后一段文字也被删掉了。

② John Hay to E. H. Conger, October 10, 1898, *FRUS, 1898*, p.230.

③ E. H. Conger to John Hay, November 1, 1898, *FRUS, 1898*, p.232.

重的威胁是可能的。虽然我不完全怀有这种警觉（可能我到这里时间太短），但对刚到这里只有四个月的我来说，反对大部分外交家、传教士和商人的观点是不明智和不谨慎的"。康格还报告各国都加强了使馆保卫工作，英、俄、日、德等国正在调动更多军队开往天津和北京，认为中国的形势很不乐观，存在被列强瓜分的危险，建议美国也"应该通过谈判，或者通过实际的占领，拥有和控制至少一个重要港口，据此我们可以有力地维护我们的权利，并有效地发挥我们的影响"。① 与此同时，康格又照会总理衙门，要求为美国调派使馆卫队进京提供与其他列强相同的方便，"拨备火车及派兵丁护送"，并获得清政府的同意和配合。② 11 月 5 日，20 名武装的美国海军陆战队员如期进驻美国使馆。③ 6 日，康格再致电国务卿，请示批准他参加公使团的外交抗议，要求清政府必须在 15 日前撤走甘军。④ 14 日，总理衙门复照公使团，转达 11 日慈禧太后撤军懿旨，并通报甘军将于 15 日、16 日两天撤往蓟州，依山驻扎，指出他们虽然没有撤到直隶境外，但会远离铁道线，足以保证此后各国官商铁道旅行不受妨碍。⑤

　　在撤走甘军的目标达到之后，康格对北京的形势又转趋乐观，在 17 日写给国务卿的信中指出"随着这些目无法纪的军队撤出及外交代表敦促中国政府采取的格外预防，可以相信目前发生进一步的骚乱将会避免"。⑥ 鉴于北京形势恢复平静，美国使馆卫队在北京度过一个冬天后，于次年直隶湾开冻后的 3 月 13 日离开北京，与天津领事馆美国卫队会合，南下上海。⑦ 尽管如此，美国驻华公使和北京外交团对戊戌政变后北京两起排外事件的反应，一定程度上可以说是一年之后庚子事变的一个预演。

────────────

① E. H. Conger to John Hay, November 3, 1898, *Dispatches from U. S. Ministers to China, 1843 – 1906*, microfilm.

② 《总署收美使康格照会》（光绪二十四年九月二十日）、《总署收北洋大臣裕禄电》（光绪二十四年九月二十一日）、《总署致美使康格照会》（光绪二十四年九月二十五日），黄嘉谟主编《中美关系史料》（光绪朝四），第 2457、2460 页。

③ E. H. Conger to John Hay, November 10, 1898, *FRUS, 1898*, p. 239.

④ E. H. Conger to John Hay, November 6, 1898, *FRUS, 1898*, p. 239.

⑤ The Yamen to Cologan and Dean of the Diplomatic Corps, November 14, 1898, *Dispatches from U. S. Ministers to China, 1843 – 1906*, microfilm.

⑥ E. H. Conger to John Hay, November 17, 1898, *Dispatches from U. S. Ministers to China, 1843 – 1906*, microfilm.

⑦ E. H. Conger to John Hay, March 13, 1899, *FRUS, 1898*, p. 242.

戊戌变法作为中国内部的一场改革运动，以及由于美国当时在中国的影响力不及其他一些列强，美国驻华公使对这场变法运动的观察和反应是有限度的，并且带有个人感情色彩，但对于我们从不同角度观察这一时期的中国内政和中美关系还是具有意义的。

就中国内政来说，美国驻华公使的有限观察和反应提示我们，戊戌变法在当时的意义和影响还不是十分彰显的，至少对驻华的外交官们来说，他们更关心的是这一时期中国国内的反洋教运动。[①] 就戊戌变法来说，康有为和梁启超作为维新派中的两位代表性人物，虽然在戊戌变法中起了重要作用，但作为在野士人和清廷中的低级官员或谋士，他们在很长时间里都未被美国驻华公使了解和关注，康梁引起美国驻华公使和其他国家外交官的关注和重视，主要是在戊戌政变发生之后，清政府发布的一道道拘捕令及对其著作和主办刊物的查封令，使他们成为北京外交官中的闻人。因此，既往学界将康梁作为戊戌变法的主角的认识可能是偏颇的。再者，在美国驻华公使的观察中，向被国内学界视为改革派的翁同龢被看作守旧派人物加以否定，而向被认为改革派对立面的李鸿章却被视为中国国内一位进步人物，这一方面固然反映了他们对中国内情缺乏了解和偏见，但另一方面也提醒关于清朝内部改革派与守旧派的分野有些时候是并不清晰和绝对的。至于美国驻华公使关于强学会遭查封与满汉矛盾之间的关系，以及翁同龢遭开缺与恭亲王奕䜣之间关系所做的观察，以及美国驻华公使康格对戊戌政变之后中国政局所做的一系列分析——诸如关于拥护光绪帝的"勤王运动"有可能在南方发生，两宫生死与帝后两党权力斗争的关系，排外运动与慈禧太后政治反动之间的关系，以及排外运动可能招致列强瓜分之虞等，很大程度上被后来的历史所验证。这深刻揭示出戊戌变法历史与最后十余年清廷朝政之间的历史连续性，体现了局外人的历史洞见。

就中美关系来说，美国驻华公使的观察和反应始终从意识形态和国家理性两个维度为出发点。在戊戌变法期间清廷内部帝后两派权力之争及改革派与守旧派之间的斗争中，他们从价值观念和意识形态角度，倾向于同情和支持帝党和改革派，但他们对清朝官员的判断又不是以派论人，而更倾向于根据这些官员对外国人的态度做判断。凡是对外国人态度友好，热

———————————

① 详见第三章。

心办理洋务的，即是改革派官员；反之，便是守旧分子。换言之，改革与保守的区别和划分很大程度上以对待外国人的态度而论。据此标准，戊戌期间支持改革派的帝党核心人物翁同龢因其对外的主战立场，始终被他们视为守旧派官员，不受待见；而后党官员李鸿章因热心办理洋务，则被当作改革派人物，倍加青睐。户部侍郎张荫桓也因其以往驻美公使的经历及在总理衙门行走任上热心办理外交，与外人态度友好，被视为最进步的官员，受到特别的关注和支持。对于慈禧太后发动的戊戌政变，美国驻华公使虽然从意识形态角度，观察到这是对改革运动的一场反动，但更倾向于这是光绪皇帝与慈禧太后之间的一场权力斗争，希望改革不要因此中断，在慈禧太后下旨废除光绪帝的一项项改革措施出台后，美国驻华公使在内部报告中怒斥慈禧太后在开历史倒车。但另一方面，美国驻华公使和列强在北京的外交官们并没有像当时舆论呼吁的那样，依据西方的价值观念，站在进步一边，有意公开进行干涉或阻止，而是始终持默认和旁观态度。美国驻华公使与列强在北京的外交官们之所以采取静默态度，固然由于戊戌政变纯属中国内政，不便干涉，但同时也是基于国家理性，不愿由于干涉戊戌政变而搞坏与清朝当权派慈禧太后的关系，影响其本国的利益。戊戌政变之后，美国驻华公使十分关注光绪帝乃至慈禧太后的生死问题，也非出于对改革运动的关心，而是担心光绪帝生死问题影响政局和商业，担心光绪皇帝或慈禧太后的去世导致政局失控，无法保护外国人。站在国家理性的立场上，对于戊戌政变后北京发生的直接影响其利益的两起排外事件，美国驻华公使始终高度关注和警惕，并与北京公使团一道，积极向清政府交涉、施压，甚至调派军队进京，保护使馆。此后，美国政府对中国内政问题的观察和反应基本上就是以国家理性和意识形态两个维度为基本遵循，并以服从前者为取舍。

第三章 美国政府与庚子事变

中日甲午战争之后，除了维新运动之外，中国政局发生的另一重大蜕变是，随着中国民族危机的加深，中外冲突和矛盾也进一步激化。其中，最为突出的是晚清以来的反洋教运动最后演化成 1900 年震惊世界的中外战争，史称"庚子事变"。本章拟就美国政府对甲午战争之后中国国内兴起的反洋教运动及庚子事变的态度和反应，做一系统考察。

一 力促镇压反教运动

就甲午战后中国政局的变动来说，迄今国内的论著都聚焦于清朝统治集团内部维新派的兴起及戊戌前后的变法运动，但就美国政府对中国政局的反应来说，它主要关注的是甲午战后中国国内出现的反洋教运动，因为反洋教运动打碎了美国政府通过中日甲午战争进一步打开中国大门的憧憬。截至 1895 年，美国传教士开始在在华传教的基督教传教士中占据重要地位。美国在 51 个新教教会中占了 19 个，在 2427 名传教士中占了 936 名，在 463 个传道站中占了 149 个，在 1965 个布道点中占了 845 个；[1] 到 1900 年，美国教会资产占了美国在华总投资的 1/5。[2] 美国驻华外交官和美国政府不但将保护传教看作条约权利，维护和扩大美国在华基督教的势力和影响，传播美国基督教文明，还将传教看作扩大美国在华影响的一个重要途径，认为传教与美国国家利益和商业利益是一致的，"传教士是贸

---

① 〔苏〕福森科：《瓜分中国的斗争和美国的门户开放政策（1895～1900）》，杨诗浩译，生活·读书·新知三联书店，1958，第 87 页。

② Marilyn Blatt Young, *The Rhetoric of Empire: American China Policy, 1895 – 1901*, p. 76.

易和商业的先驱"；文明不只是一种精神文化，而且也是一种物质文化，"文明意味着贸易、商业和一个工业品市场"。① 因此，对于甲午战后中国国内出现的反洋教运动，美国驻华外交官和美国政府给予了高度关注。

就在中日交换批准《马关条约》后不久，在中国西南的四川成都和中国东南沿海的福建古田相继爆发了震动列强的民众反洋教运动。1895 年 5 月 28 日端午节，成都市民按照当地旧俗，在城内东校场举行"抛李子"游戏活动，有附近英国四圣祠福音堂医馆的洋人在观看中与两名幼孩推挤，发生冲突，将幼孩拉入福音堂内，愤怒的民众一起拥入教堂，在地板下的一个铁箱内找到一位奄奄一息的男孩，并登时捣毁福音堂，而在捣毁过程中，堂内洋油失火，结果房屋遭焚毁。次日，在一洞桥法国天主教堂内又起获骷髅一具以及一些不完整的骨架，民众对有关教堂残害幼孩的怀疑陡然增强，遂将城内 9 所教堂和医馆捣毁。② 受成都教案影响，6 月中、上旬，四川许多府、厅、州、县也相继发生民众捣毁和抢掠教堂和医馆事件，致使四川总督刘秉璋穷于应付，惊叹"此次教案叠起，实出意表，防不及防"。③

成都教案的发生除受教堂戕害幼童传言的鼓动之外，根据美国驻华公使田贝的说法，也是四川官民对在中日甲午战争中美国与英国和法国没有帮助中国表达不满，"因此要将他们也驱逐出中国"。④ 给事中胡俊章也认为成都教案的发生与不久前中日签订的《马关条约》不无关系，指出"窃奴才风闻四川省现有焚毁教堂之案，虽未必由于倭事议和之后人心浮动所致，然赔费割地，乃天下人意料所不及，愤懑所不能平者。凡不逞之徒因之奋臂而起，恐骚动不仅一川省也。拟请旨将倭人现已成和，各国缔念邦交，从中调护，必期中日两便，断不至扰我商民……宣示中外，庶各国之

---

① John R. Patton, *Minister to the Mandarins: Charles Denby and the Emergence of America's China Policy* (Boca Raton, Florida: Florida Atlantic University, 1977), p. 9.

② 《前四川总督刘秉璋为省城教堂被毁由致总署电》（光绪二十一年五月初六日）、《开缺四川总督刘秉璋奏报办理省城教堂医馆被毁情形折》（光绪二十一年五月二十五日），中国第一历史档案馆、福建师范大学历史系合编《中国近代史资料丛刊续编·清末教案》第 2 册，中华书局，1998，第 576～577、580～582 页。

③ 《开缺四川总督刘秉璋奏报已将教案全卷等移送新任督臣片》（光绪二十一年五月十四日），《中国近代史资料丛刊续编·清末教案》第 2 册，第 586 页。

④ Mr. Denby to the Tsungli Yamen, August 3, 1895, *FRUS, 1895, Part I* (Washington: Government Printing Office, 1896), p. 99.

别起衅端，奸民之肆无忌惮，皆可潜移默化矣"。① 另一位给事中吴光奎也将成都教案与中日甲午战争联系在一起，认为教案的发生，"推原其故大率因去年倭人开战，外省愚民罔识东西洋之分，但系洋人无不切齿痛憾，间或奸匪等意图作难，乘机煽惑，遂不免群动义愤，反为所误"。②

在这次教案中以法国教会遭受的损失最大，川省内被毁教堂、医馆多达 39 处，英国堂馆被毁 8 处，美国堂馆、寓所被毁 3 处，它们分别为省城成都县陕西西街福音堂、乐山县城内白塔街寓所和宜宾县城内鲁家园什物，另有南溪县教士培吉义的行李被抢。③

虽然美国教会在成都教案中的损失其实并不大，驻华公使田贝在 6 月 4 日写给国务卿的报告中也承认在成都教案中没有外国人受到伤害，并且清政府也已采取措施，防止教案在长江流域蔓延，④ 但在 13 日写给国务卿的报告中田贝认为成都教案系受四川总督刘秉璋的煽动，指责刘秉璋任四川总督九年，一直以来敌视教会和西学，现在试图通过对外人施暴来表达对他个人开缺的不满。⑤ 同日，田贝就成都教案与清政府进行交涉，照会总理衙门，严饬长江一带地方官严防滋事，称："本大臣闻西上月二十七日，四川成都府滋有大事，并在他处亦有滋闹情形，闻悉之余，殊为意想不到，心实惜之。现复闻大竹县、嘉定府、叙州府等处，均行滋有大事，该地方官于保护洋人之事或系处于不能，或系出于不愿，当此之时滋有此等大事，与中国实为甚关紧要，且系实为有损。本大臣念此事于中国实有攸关，并思及贵国官员按约应办之事，不能不请贵王大臣立即严饬长江一带地方官，不准在他处有人复行滋事可也。"⑥ 6 月 25 日再次照会总理衙门，指责总理衙门 5 月 27 日的回复不能令人满意，对失责官员未加处罚，

---

① 《给事中胡俊章奏为请饬新任总督迅速赴川相机办理毁堂案折》（光绪二十一年五月十六日），《中国近代史资料丛刊续编·清末教案》第 2 册，第 579 页。
② 《给事中吴光奎奏为前川督刘秉璋玩视民瘼致酿巨案请旨惩处折》（光绪二十一年七月二十五日），《中国近代史资料丛刊续编·清末教案》第 2 册，第 601 页。
③ 《四川总督鹿传霖为已与法主教议结省内教案请代奏事致总署电》（光绪二十一年八月十一日）、《成都将军恭寿等奏报省城内外法国教案先行议结等情折》（光绪二十一年八月十一日），《中国近代史资料丛刊续编·清末教案》第 2 册，第 605、609 页。
④ Mr. Denby to Mr. Uhl., June 4, 1895, *FRUS*, 1895, Part I, p. 87.
⑤ Mr. Denby to Mr. Uhl., June 13, 1895, *FRUS*, 1895, Part I, p. 88.
⑥ 《总署收美使田贝照会》（光绪二十一年五月二十一日），黄嘉谟主编《中美关系史料》（光绪朝三），第 2025～2026 页。

弹压不力，指出反教常年发生，原因就在于"贵国所办此等案件，系未重办滋事者之罪，而于办事草率之地方官，更未加以重惩，因而此处滋事，彼处亦即响应，滋事之案层出不穷"，"查中国于办理华民向洋人滋事之案，从未照办理各处乱民背叛者办理。在中国极大变乱之事向不多见，如遇变乱，中国必即派兵剿办，而于华民滋事案，据想只系派兵弁差役巡捕，弹压之际不过袖手旁观，直似鼓舞民间滋生事故。中国如此办理，请问贵王大臣，泰西各国只见如此保护，更待几何时而不有一言耶。抑以此等保护，即可谓按约中保护之意为已照办耶。此次滋事之案，总须加罪于川督……"要求清政府速饬行川督，派洋枪兵队一千，在成都及所有地方实力弹压，并派兵队前往重庆，严禁民人不准滋事，以保护洋人。①

7月1日，田贝又照会总理衙门，要求清政府派新任川督及藩臬两司会同英美教士查办川省滋事案，成立一个由四川地方高级官员与英国和美国代表组成的联合委员会，前往成都调查真相。② 但不及联合委员会成立，7月9日在接到传教士有关刘秉璋和成都地方官员怂恿暴乱报告后，田贝便致函总理衙门，要求清政府对刘秉璋和没有尽职保护外国人的地方官员加以惩处，称："中国现际此时，如于办事草率之地方官，以及主谋起事，保护不力，应行获咎之员，并不加以罪名，不过只偿赔款，岂为妥协。"③ 8月3日，田贝再次照会总理衙门，提交地方官员保护不力或怂恿反教证据，并提出八条处理意见，再次要求对保护不力官员加以惩处，重新颁布上谕，准许教士内地传教，威胁清政府如果不能承担保护外人的责任，那么，"泰西各国亦无他法，惟总须按约中所许保护洋人者自行保护也"。④ 8月28日，田贝再向总理衙门施压，敦促清政府对前任川督刘秉璋加以定罪，并提出三条具体处理办法：（1）革职永不叙用；（2）定罪

① 《总署收美使田贝照会》（光绪二十一年闰五月初三日），黄嘉谟主编《中美关系史料》（光绪朝三），第2030～2031页。

② Mr. Denby to the Tsungli Yamen, July 1, 1895, *FRUS*, *1895*, Part I, p. 89. 《总署收美使田贝照会》（光绪二十一年闰五月初九日），《中美关系史料》（光绪朝三），第2031页。

③ 《总署收美使田贝照会》（光绪二十一年闰五月十七日），《中美关系史料》（光绪朝三），第2034～2035页；Mr. Denby to the Tsungli Yamen, July 9, 1895, *FRUS*, *1895*, Part I, pp. 94－95.

④ 《总署收美使田贝照会》（光绪二十一年六月十三日），《中美关系史料》（光绪朝三），第2041～2043页；Mr. Denby to the Tsungli Yamen, August 3, 1895, *FRUS*, *1895*, pp. 99－100.

流徙；（3）将定罪缘由发抄宣示中外，强调"此案定办其罪系属当然，故毋庸再论"。①

对田贝要求清政府处罚怂恿反教官员的建议，美国政府毫无保留地支持。7月19日，代理国务卿艾地（Alvey A. Adee）在收到6月13日田贝怀疑四川教案与刘秉璋等地方官员保护不力有关的函件的次日即复函，指示田贝努力查清真相，如果确有地方高官反教的证据，必须要求予以严厉谴责和惩处，同时要求赔偿并保证将来不再重犯。②

在美国和英、法等国的共同压力之下，9月29日清政府颁布上谕，着将刘秉璋革职，"永不叙用，以示惩儆"，同时宣布"其余办理不善之道府等官，着鹿传霖确切查明，分别参办"。③ 当日，总理衙门即将这一处理结果通报田贝。④ 美国政府也对这道上谕表示满意，认为树立了一个"有益的典范"，实际许诺了所有相关从属官员都将受到处罚。⑤

继在政治上要求清政府取缔国内反教运动之后，美国驻华公使田贝和美国政府还在经济上支持美国传教士提出的索赔要求。田贝指派美国驻天津领事官李雅各、公使馆水师参将巴佰、翻译馆哲士前往四川成都，与四川地方官员交涉，最后，赔偿美以美会教会损失计九七平足银30325两。⑥

继1895年5、6月间成都教案之后，8月1日福建又爆发古田教案。与成都教案具有很大的自发性不同，古田教案系秘密会社白莲教的一个支派斋会领导和组织发动。在古田教案中，美国仅有一妇人受了轻伤。

古田教案发生后，8月13日，美国驻华公使田贝即向总理衙门交涉，

① 《总署收美使田贝照会》（光绪二十一年七月初九日），黄嘉谟主编《中美关系史料》（光绪朝三），第2056页。
② Mr. Adee to Mr. Denby, July 19, 1895, *FRUS*, *1895*, Part I, p. 96.
③ 《著将刘秉璋革职永不叙用事上谕》（光绪二十一年八月十一日），《中国近代史资料丛刊续编·清末教案》第2册，第604～605页。
④ 《总署致美使田贝照会》（光绪二十一年八月十一日），黄嘉谟主编《中美关系史料》（光绪朝三），第2076页。
⑤ Mr. Olney to Mr. Denby, November 21, 1895, *FRUS*, *1895*, Part I, p. 172.
⑥ 《四川总督鹿传霖奏报续结川省英美两国教案情形折》（光绪二十一年十二月十九日），《中国近代史资料丛刊续编·清末教案》第2册，第624页。

要求清政府护送美国领事前往古田查办。① 8月20、21、22日又接连照会总理衙门，抱怨美领事调查遭到阻碍，要求立即电令闽省，任便领事自行查办，并允领事官于讯案时前往观审，另派品级较高官员会同领事查办，威胁清政府如不照办，"本大臣则必行饬本国领事官即回福州，设有他故，责有攸归，应由贵国承办也"。② 9月14日，田贝又照会总理衙门，敦促清政府对古田案已判死刑各犯立即行刑，并禁止将斋会归入乡团。③ 10月1日，田贝照会总理衙门，要求地方进一步缉拿古田教案匪犯，称："查当日华山滋事情形，非系出于寻常匪犯，实系勾连别省思欲揭竿起事之徒，是以此等匪徒，应即速为惩办。在华山滋事者计有二、三百人，兹所拿获者只有四十五名，地方官现待洋人不善，意似庇护匪人"，敦促总理衙门"转饬地方官实心办理，以期速结可也"。④ 1896年11月23日，田贝根据美国政府指示，根据美国副将的调查报告，照会总理衙门，要求追办古田教案中的有责官员，并开列名单，强调"该副将与领事往查此案，亦犹是去岁派赴成都查案三员之意见，均以此等事最易办法，惟有遇何滋事之案，即行罪及地方各官，如此办理，以后自免滋事"。并要求对负伤的美国妇人给予银1880元赔偿。⑤ 11月28日，总理衙门照复田贝，声称此案于上年十月十八日奏办完结，案内要犯正法二十余名，发极边充军及发各县监禁又二十余名，即牛副将所列办理未善之地方官如唐有德、王汝麟、汪育旸等均经先后奏参革职。并非地方官员未办一员，中国办理此案，实因顾全睦谊，格外认真，不遗余力。且办结后已届一年之久，此时未便再行追办。但表示同意给予赔偿。⑥

① 《总署致美使田贝照会》（光绪二十一年六月二十六日），黄嘉谟主编《中美关系史料》（光绪朝三），第2051页。
② 《总署收美使田贝照会》（光绪二十一年七月初二日），黄嘉谟主编《中美关系史料》（光绪朝三），第2052页。
③ 《总署收美使田贝照会》（光绪二十一年七月二十六日），黄嘉谟主编《中美关系史料》（光绪朝三），第2067页。
④ 《总署收美使田贝照会》（光绪二十一年八月十三日），黄嘉谟主编《中美关系史料》（光绪朝三），第2076～2077页。
⑤ 《总署收美使田贝照会》（光绪二十二年十月十九日），黄嘉谟主编《中美关系史料》（光绪朝三），第2219～2221页。
⑥ 《总署致美使田贝照会》（光绪二十二年十月二十四日），黄嘉谟主编《中美关系史料》（光绪朝三），第2223～2224页。

　　在要求清政府取缔反教活动过程中，美国政府自始至终支持田贝的交涉，并在此基础上提出总体解决方案，以避免教案反复成为中外和中美之间的交涉事件，影响中美关系。1896 年 7 月 28 日，美国代理国务卿柔克义在阅读有关成都教案和古田教案的调查报告后认为，避免中国国内再次发生类似民众反洋教运动的关键，在于迫使清政府公开和正式承认美国公民在中国内地有居住权，并对发生排外骚乱的各级地方官加以惩处；发生排外骚乱的原因主要在于省级督抚和地方官员镇压不力，甚至怂恿排外行为；指示田贝在适当时机就这个问题与清政府进行协商。① 9 月 21 日，田贝照会总理衙门，通报美国政府为避免教案重发，正在拟订办法，希望清政府予以配合，"本国有一定之意，必行照会贵署，以便两国设法免此滋闹事端"，声称："现值中国正在仿照西法整顿一切之时，而整顿之最要者，则莫先于保护在内地教士身家产业，使之得以安居。"② 对于美国的倡议，清政府当时也做了比较积极的回应，表示如果美国政府所拟教案处理办法与条约不相违背，愿意就此与美国对话，和衷妥商。③

　　11 月 25 日，国务卿亲自致函田贝，就取缔中国国内排外运动提出 5 条要求：（1）颁布上谕，准许美国教士在内地传教、居住；（2）上谕应声明美国人可以在内地置地；（3）凡发生为难教士和焚毁教堂事情，除惩办匪徒外，必须对该省督抚和地方官加以问罪；（4）对地方官的处理除革职和永不叙用之外，还必须依据其罪之轻重，按中国律例，处以斩、绞、徒流、监禁和查抄等处罚；（5）将含有上述内容的上谕颁行各省，张贴于各府州县衙门之内。④

　　1897 年 2 月 11 日，田贝正式将美国政府的 5 条建议转达总理衙门，希望清政府"即迅速设法办理，以期两国睦谊日加敦笃"，强调根据调查，四川教案和古田教案发生的主要原因，在于地方官弹压不力，放纵民众反

---

① Mr. Rockhill to Mr. Denby, July 28, 1896, *FRUS, 1896*（Washington: Government Printing Office, 1897）, pp. 57 – 59.
② 《总署收美使田贝照会》（光绪二十二年八月十五日），黄嘉谟主编《中美关系史料》（光绪朝三），第 2190～2191 页；Mr. Denby to the Tsung li Yamen, September 21, 1896, *FRUS, 1896*, p. 60.
③ 《总署致美使田贝照会》（光绪二十二年八月十八日），黄嘉谟主编《中美关系史料》（光绪朝三），第 2192 页。
④ Mr. Olney to Mr. Denby, November 25, 1896, *FRUS, 1896*, pp. 61 – 64.

教，指责清政府没有像处理内部叛乱事件那样处理教案，"在中国凡遇揭竿变乱之事，地方官均必能实力设法搜拿，有获即行正法。即各等会党谋为不轨，地方官一有所闻，亦必能实力访拿，以消隐患。至向洋人滋闹抢掠伤命等案，事先亦均有揭帖风闻，并非猝然而起，原无难预为防备，地方官何能诿为不知。故遇有滋生事端，不能谓地方官为无罪。即如前年川省滋事，省会与各府州县同时起意，焚毁教堂，驱逐洋人，足见其预有同谋，不容洋人居处该省之意，事先官府均行知悉，实为有据也。按以上所论，最易免其滋事办法，无论何处滋事，只问罪于地方官，实亦系中国办理变乱等案，必行究惩该管各官之办法，何独于闹教之案竟未尝尽行如此办理"。①

对于美国所提的 5 条建议，2 月 18 日总理衙门复照，对第一、二、五3 条表示认可，对第三条持保留态度，声明"查自来民教滋事之案，均系匪徒自行出头，并无地方官暗中主使之事"。对第四条内容坚决拒绝，认为这是将治匪徒之罪用于治官，绝不可行，指出"查中国官员处分，除亏空官帑应行请旨查抄备抵外，其余如贪赃枉法，亦不过议以革职，至永不叙用而止。自非贻误军机身犯重罪，更无拟以斩、绞、徒、流、监禁之条。若只因办理教案不善，即行从重拟罪，恐启百姓以藐视官长之渐。况各处匪徒素与地方官为仇，一旦以治匪徒者转而治官，则匪徒藐官愈甚，地方必更从此多事，断难照办"。②

同样，对于美国政府追办古田案官员的要求，清政府稍后也加以拒绝，总理衙门在 3 月 19 日致田贝的照会中声称此案"于上年十月十八日奏办完结，案内要犯正法二十余名，发极边充军及发各县监禁又二十余名，即牛副将所列办理未善之地方官如唐有德、王汝麟、汪育旸等均经先后奏参革职。论此案当日情形，英国人受祸最烈，美国人次之。自奏结后，英国宝大臣并无异言，是此案办法持平，情真罪当，绝无枉纵，已可概见。今阅贵国外部文称牛副将所列办理不善之各官仍须追办云云，是欲使中国于持平之中又为苛刻之举，殊难曲从"。对于美国政府所说问罪地

---

① 《总署收美使田贝照会》（光绪二十三年正月初十日），黄嘉谟主编《中美关系史料》（光绪朝四），第 2249～2251 页。

② 《总署致美使田贝照会》（光绪二十三年正月十七日），黄嘉谟主编《中美关系史料》（光绪朝四），第 2252～2253 页。

方官为了以免滋事之说，总理衙门也做了反驳，指出"必问罪于罪有应得之员，方足以示惩儆。若罪非应得，一遇教案，便科以罪，则将来凡有教堂地方，人皆视为畏途，而弹压保护之事，又将谁任耶？且罪果滥科，即有清严持正之好官，而刁狡之民反借闹教，使好官不安于任，恐亦势所不免"。①

美国政府这种单方面要求清政府取缔民众反教斗争的做法，虽然一定程度上维护了教会势力的利益，但这种做法严重干涉了中国内政，加深了中国民众与列强的矛盾，同时也削弱了清政府的权威，将使清政府无法行使权力。对于清政府惩处保护外人不力的官员，当时就引起一些官员的反弹，认为这种做法不妥。如掌江西道监察御史王鹏运就上书清廷，认为对官员的处罚过重，指出因外人要挟，"加等非常之罚，出于朝廷，或可以结邦交；出自部议，在彼族以为当然，转足以资借口。此时为严议，后日遂为定章，将来教案方多，地方官何从措手？无益交涉，只增民怨"。② 不久后发生的震惊中外的庚子事变，便是中外民教矛盾和冲突长期得不到妥善解决的一个结果。

二　对山东义和团的轻忽

义和团本称义和拳，源流复杂，原为以练习武术为主的民间结社与秘密宗教白莲教相结合的反清组织，康熙、乾隆年间即已存在，多流行于山东、直隶和江苏北部等地。中日甲午战争之后，随着列强势力的进一步渗透和教会势力的膨胀，中外矛盾日益激化，活跃在鲁西一带的义和团最先将斗争矛头转向侵华列强，于1898年在多地发起声势浩大的反洋教运动。

对于义和团运动的严重性，1898年7月履新的美国驻华公使康格和美国政府起初并没有一个清醒的认识。是年11月，美国传教士就致函美国驻烟台领事，对山东诸城、日照、沂水等地发生的民教冲突做了具体汇报，并得出这次山东的民教冲突与以往不同：它不是孤立教案，而是几个事件

---

① 《总署致美使田贝照会》（光绪二十三年二月十七日），黄嘉谟主编《中美关系史料》（光绪朝四），第2258～2259页。

② 《御史王鹏运奏为部议失当请旨严惩折》（光绪二十一年九月十二日），《中国近代史资料丛刊续编·清末教案》第2册，第615～616页。

同时发生，表现出一种普遍的暴力排外情绪；目前爆发的事件与北京的"政变"有着直接联系。① 但康格在收到这些报告后并没有认真对待，只是将传教士的控告信转达总理衙门，询问详情，② 敦促清政府进一步采取有效措施，尽快平叛骚乱，保护外人生命和财产安全。③ 到了1899年，康格对清政府没有有效控制反教运动越来越不满，于1月12日，2月3日、11日，连续三次照会总理衙门，开列闹事头目名单，要求清政府尽快加以逮捕、严惩，并切实履行条约义务，对教会和教民损失予以赔偿。④ 5月31日，又亲赴总理衙门，敦促清政府加以落实，恢复秩序与和平，避免"没完没了的函札往来"，声称"如不尽快逮捕和严惩闹事头目，一切努力都将徒劳"。⑤ 但他对山东义和团运动的严重性仍然缺乏认识，在2月8日写给国务院的汇报中表示：这些教案并没有造成严重的伤亡，传教士有关山东的报告"或出于教民夸大其词，或出于传教士不必要的过虑"。⑥

美国政府在收到相关报告后，一方面赞同康格敦促清政府采取强烈措施、尽快惩处闹事头目，⑦ 同时认为康格的交涉不够严厉，批评他没有像他前任田贝那样向清政府提出惩处地方官的要求。8月24日代理国务卿艾地指示康格就此向清政府提出交涉，指出："国务院据此倾向于认为，尽

① Messrs. Killie, Faris, and Chalfant to Consul Fowler, November 29, 1898, *FRUS, 1899* (Washington: Government Printing Office, 1901), pp. 154 – 156.

② Mr. Conger to the Tsungli Yamen, December 20, 1898, *FRUS, 1899*, p. 157.

③ Mr. Conger to the Tsungli Yamen, December 27, 1898, *FRUS, 1899*, p. 159.

④ Mr. Conger to the Tsungli Yamen, January 12, February 3, 11, 1899, *FRUS, 1899*, pp. 163, 164, 165.

⑤ Memorandum left by Mr. Conger at the Tsungli Yamen, Memorandum of an interview between Mr. Conger and the Ministers of the Tsungli Yamen, May 31, 1899, *FRUS, 1899*, pp. 169, 170.

⑥ Mr. Conger to Mr. Hay, February 8, 1899, *FRUS, 1899*, p. 154. 按：在当时旅居在美国公使馆的美国矿业工程师查尔斯·戴维斯·詹姆森的叙述里，也讲述了当时在北京的外国人对山东义和团运动的严重性普遍缺乏认识，他这样写道："在山东省的传教士们不断写信要求采取行动以保护他们开展工作，并称义和团已不是一个地方问题，它正在整个山东省境内展开而且已逐渐向北面的直隶省蔓延。人们很少相信传教士们'狼来了'的呼吁，因为这些事件年年有而且至今什么大事也没发生。所有在北京已居住多年并或多或少了解一些中国事务和中国局势的人都对他们已处险境这一想法付之一笑。"（〔美〕弗雷德里克·A. 沙夫、〔英〕彼德·哈林顿编著《1900年：西方人的叙述——义和团运动亲历者的书信、日记和照片》，顾明译注，天津人民出版社，2010，第7页。

⑦ Mr. Hay to Mr. Conger, April 7, July 28, 1899, *FRUS, 1899*, pp. 167, 170 – 171.

管你建议的步骤可能会导致这一专案获得令直接受害者满意的解决，但你却错失了一个坚决要求沂州府各地方当局承担责任的良机。你不妨继续按照此前使馆在类似案例的指示中所规定的政策方针，敦促给予他们惩处。这样的惩处完全符合中国人的观念，而且是防止重新调查的唯一可行办法。我们有理由担心，如果不使总理衙门明确地了解我国政府坚决要求惩处地方官的意图，可能会削弱以后你按现行指令所提抗议的分量。"①

1899 年 10 月中旬，朱红灯领导的义和团取得平原大捷之后，康格才知山东的反教运动系由"义和拳"（Boxers）秘密组织领导及其严重性，并根据美国政府的指示，在 11 月 16 日至 12 月 5 日的 20 天里，连续七次照会总理衙门，抱怨民教冲突继续在山东蔓延，原因在于山东巡抚和地方官员"没有尽责"，他们的态度"鼓励了匪徒，显然要为目前的暴民运动负责"。他一再敦促清政府尽快电令山东巡抚和地方官员采取强力措施，迅速平息暴乱，保卫外人生命和财产安全，并建议撤换山东巡抚毓贤的职务。② 12 月 7 日，他在写给国务卿的信件中称："我很遗憾地向您报告山东一些地方教士和教民中发生的一件十分严重事态……10 月初在荏平邻县一个名叫'义和拳'的秘密会社聚会，公开宣称以驱除洋人和灭洋教为目的。""毓贤是一个强烈排外分子，他丝毫没有做他应该和可以做的事情。"③

在 12 月 6 日清政府免去毓贤、改由袁世凯署理山东巡抚一职后，康格又对平息山东民教冲突充满希望，在次日写给国务卿的信中表示："我建议总理衙门有必要罢免他的职务，十分高兴的是，昨天上谕已任命袁世凯署理山东巡抚。袁是一位富有才智、敢作敢为的人，与外人一直有许多交往。如果皇帝给他下达一些正确的命令，相信叛乱将会平息，秩序将会恢复。"④ 国务卿海约翰（John Hay）也对袁世凯署理山东巡抚表示满意，认为这将为山东"开创一个新的时代"，虽然美国公民存在某种危险，但迄今他们的人身和财产安全并未遭重大损失，指示康格继续留意清廷给

① Mr. Adee to Mr. Conger, August 24, 1899, *FRUS*, *1899*, p. 176.
② Mr. Squiers to the Tsungli Yamen, November 11, 16; Mr. Conger to the Tsungli Yamen, November 25, 26, 27, December 2, 5, *FRUS*, *1900* (Washington Government Printing Office, 1902), pp. 78 – 81, 84.
③ Mr. Conger to Mr. Hay, December 7, *1899*, *FRUS*, *1900*, p. 77.
④ Mr. Conger to Mr. Hay, December 7, *1899*, *FRUS*, *1900*, pp. 77 – 78.

袁世凯下达的指示。①

1月4日，清政府就1899年12月30日山东肥城教案中英国传教士卜克斯（S. M. Brooks）被杀一事发布上谕，严加谴责，责令袁世凯尽速查处，称："各国传教载在约章，叠经谕令各该督抚饬地方官随事随时认真保护，奚止三令五申，乃山东地方竟有教士被害之事，该地方文武各员事前疏于防范，已属咎无可辞，若不即将凶犯赶紧缉获，尚复成何事体。着袁世凯迅将疏防之该管各官先行参处，一面勒限严缉凶犯，务获惩办，以靖地方而敦邻好。"②康格在4日的《京报》上读到这道上谕后，更是大加肯定，于5日就电告国务卿，次日又致函汇报肥城教案，表示"这件事已引起清朝当局对局势的严重关切，现在我相信暴乱将被平息"。③

尽管袁世凯出任山东巡抚后果然不负美国和其他列强的期望，积极取缔义和团，但1900年1月11日清廷颁布的一道有关处理教案的上谕又招致包括美国在内的列强的共同抗议和反对。在这道上谕中，清廷要求地方督抚慎重处理各地教案，不可将反对洋教者一概"目为会匪""良莠不分"，强调"若安分良民，或习技艺以自卫身家，或联村众以互保闾里，是乃守望相助之义"，地方官在处理此等民教案件时，应该"只问其为匪与否，肇衅与否，不论其会不会、教不教"。④这道上谕在当时的历史背景下，确乎有使山东义和团成为"自卫身家"的合法团体的嫌疑和可能。

康格在《京报》上读到这道上谕后极为不满，1月15日便将它译送海约翰，认为这是清政府在义和团政策上的一个倒退，一定程度上将助长义和团的排外活动，弊大于利。⑤随后，他还响应法国驻华公使毕盛的倡议，与德国、英国和意大利驻华公使一道，于1月27日分别照会总理衙门，要求清政府下谕明确取缔义和团和大刀会组织，称："本月十一日所奉上谕，以会亦有别等因，恭绎此旨，惜使多人以此类大刀、义和等会为朝廷所嘉

---

① Mr. Hay to Mr. Conger, February 1, 1900, *FRUS*, *1900*, pp. 96-97.
② 中国第一历史档案馆编《光绪宣统两朝上谕档》第25册，广西师范大学出版社，1996，第371～372页。
③ Mr. Conger to Mr. Hay, January 6, 1900, *FRUS*, *1900*, p. 87.
④ 故宫博物院明清档案部编《义和团档案史料》上册，中华书局，1959，第56页。
⑤ Mr. Conger to Mr. Hay, January 15, 1900, *FRUS*, *1900*, p. 88.

许，是以误会之人显著厌欣，气愈炽而胆愈壮，恣其闹教之凶。窃以为上谕之意，决非如此，盖前已言明，该会叛逆情形，实属可恶至极。本大臣切请中国朝廷，审慎体察以上情形，及时认真设法，尚可挽救。否则致匪党妄想其行为国家所许，日益披猖，于交涉之情大有危险。合请贵王大臣先行奏请明降上谕，指明义和拳大刀会名目，饬令将该会剪除净尽。并声明凡入该会之人，及容隐入会之人，咸为中国律例所禁，是为切盼。"① 2月 6 日，康格在收到传教士有关山东教民仍然没有受到地方官保护的报告后，再次照会总理衙门，除要求清政府"速即施行严厉办法，尽力弹压，缉匪惩办"外，同时催促总理衙门尽快就 27 日照会"作复"。② 康格在 1月 29 日写给国务卿的报告中，甚至建议各国派军舰展示实力来迫使清政府改变政策，指出清政府对什么都不介意，但军事实力的展示会让他们立刻改变。③

在包括康格在内等列强驻华公使的抗议和压力之下，总理衙门倾向于严厉取缔山东、直隶的义和团运动。2 月 19 日，总理衙门上奏朝廷，汇报山东、直隶义和团的反教已引起列强严重抗议，要求"请饬设法保护教堂教民"，明确建议清廷"申明旧禁，明降谕旨，饬下直隶总督、山东巡抚，各就地方情形，剀切晓谕，解散胁从，并严拿为首之人，从重惩办，以靖闾阎而消隐患"。④ 朝廷部分接受了总理衙门的建议，当日下谕称："总理各国事务衙门奏请饬严禁拳会一折，上年据山东巡抚电称，各属义和拳会以仇教为名，到处滋扰，并及直隶南境一带，迭经谕令直隶、山东督、抚派兵弹压。此种私立会名，聚众生事，若不严行禁止，恐无知愚民被其煽惑，蔓延日广，迨酿成巨案，不得不用兵剿办，所伤实多。朝廷不忍不教而诛，着直隶、山东各督抚，剀切出示晓谕，严行禁止，俾百姓咸知私立会名皆属违禁犯法，务宜革除恶习，勉为良民。倘仍有执迷不悟，复蹈故辙，即行从严惩办，勿稍宽纵。至民教同是编氓，凡遇词讼案件，该地方

① 《总署收美使康格照会》（光绪二十五年十二月二十七日），黄嘉谟主编《中美关系史料》（光绪朝四），第 2612～2613 页。
② 《总署收美使康格照会》（光绪二十六年正月初七日），黄嘉谟主编《中美关系史料》（光绪朝四），第 2615～2616 页。
③ Mr. Conger to Mr. Hay, January 29, 1900, *FRUS, 1900*, pp. 93-94.
④ 《总署奏折》（光绪二十六年正月二十日），黄嘉谟主编《中美关系史料》（光绪朝四），第 2620～2621 页；《义和团档案史料》上册，第 64 页。

官务当秉公审断，但分曲直，不分民教，不得稍有偏倚，用副朝廷一视同仁之至意。"① 总理衙门在接到这道上谕后，立即转饬直隶总督和山东巡抚张贴公告。

2月21日，康格又照会总理衙门，再次敦促尽快就27日照会做出答复，称"上年十二月二十七日，本大臣曾照会贵署，以山东义和拳、大刀会各匪滋事，到处难为教民百姓，凶恶之极，请贵署转行奏请明降谕旨，将该各会匪剪除净尽等因。本大臣兹甚有以为奇异者，则系迄今未准作复，此系极为紧要之事，该匪等行为凶恶，于交涉之情甚有危险，自应及早示悉，是以再请贵王大臣查照，希即详酌此事情形速行见复可也"。② 2月25日，总理衙门复照，通报"此事本衙门已于本月二十日具奏，当经奉有谕旨，令直隶、山东各督抚出示晓谕，严行禁止矣"。③ 3月1日，总理衙门又照会康格，通报直隶总督裕禄已在辖境内颁布严禁拳会滋扰告示，并附上《直督晓谕示稿》。④

但由于19日的上谕及直隶总督的告示都没有明言取缔义和拳和大刀会，康格仍不满意，3月2日便复照，执意要求明确写明剪除义和拳和大刀会，并刊载《京报》，声称"窃以为非此不足以将近日山东、直隶闹教惨事消除，且本大臣所请者并非苛求，倘朝廷并不见许，则本大臣无可如何，惟有详请本国政府，谓中国于应行防范此等仇视洋人会党，未能照常防范，而此后如在各该处续有滋事情形，则关于中国政府者不得谓为不重也"。⑤ 并且，康格还粗暴干涉清朝督抚的任免，3月6日照会总理衙门，以山东巡抚毓贤纵容义和团，要求清政府不得任命毓贤为山西巡抚，声明"彼在东省办事，确实不守条约，外国人决不能忘，断不容其再行掌理凡有教会交涉省分之事务"，"嗣后若仍于有教会交涉省分，以毓贤为大吏，

① 《总署收军机处抄交上谕》（光绪二十六年正月二十日），黄嘉谟主编《中美关系史料》（光绪朝四），第2621页。
② 《总署收美使康格照会》（光绪二十六年正月二十二日），黄嘉谟主编《中美关系史料》（光绪朝四），第2622~2623页。
③ 《总署致美使康格照会》（光绪二十六年正月二十六日），黄嘉谟主编《中美关系史料》（光绪朝四），第2623页。
④ 《总署致美使康格照会》（光绪二十六年二月初一日），黄嘉谟主编《中美关系史料》（光绪朝四），第2625~2626页。
⑤ 《总署收美使康格照会》（光绪二十六年二月初二日），黄嘉谟主编《中美关系史料》（光绪朝四），第2626页。

本大臣决不能照允也"。① 康格认为任命毓贤这样一个排外官员为山西巡抚，这是清政府"对列强的不尊重和不友好的举措"。② 国务卿海约翰也赞同康格的观点，支持他就此以个人名义向清政府提出抗议。③

3 月 7 日，总理衙门照会康格，就 2 月 19 日上谕加以说明，指出该上谕系由军机处以廷寄方式，直接下达各省督抚照办，比明发上谕更为郑重，不能再交内阁重复发布上谕；而该省督抚接到廷寄上谕后，即出示公告，加以严禁，足以达到威慑闹教作用；并且，督抚所颁告示比将上谕刊诸京报更能起到宣传作用，百姓皆得见之，《京报》只在京城内传阅较广，外省只有官员看报，民间概不得见。④ 另建议各国洋人来华游历、传教，务令前往该地方官衙门呈验护照，以便保护。⑤

但康格和英、法、德、意驻华公使坚持清政府依照他们的要求，尽快在《京报》上颁布取缔义和拳和大刀会的上谕，并采取共同行动，分别照会总理衙门，向清政府施加压力。3 月 10 日，康格在提交总理衙门的照会中声称：由于清政府 11 日所颁上谕，使义和拳和大刀会有所依恃，且有滋蔓之势，因此必须明降谕旨，通行各省，指明义和拳、大刀会名目，严行禁止，并刊载《京报》，其发抄办法应与 11 日上谕相同；威胁总理衙门"如不能速得应允回文，即当电咨本国政府核夺，切请另行设法保护在华美国人性命财产可也"。⑥ 为此，康格在同日写给海约翰的报告中，建议美国政府为必要时派两艘军舰来华做好准备，指出通过派军舰到直隶湾，迫使清政府满足他们的要求，这是英、法、德、美、意五国驻华公使的一致意见。⑦ 而对总理衙门要求传教士到地方衙门呈验执照、便于地方管理和保护的建议，康格于 3 月 16 日复照，加以拒绝，表示"实为不能办到之

---

① 《总署收美使康格照会》（光绪二十六年二月初六日），黄嘉谟主编《中美关系史料》（光绪朝四），第 2627 页；Mr. Conger to the Tsungli Yamen, March 6, *FRUS*, *1900*, p. 109.

② Mr. Conger to Mr. Hay, March 23, 1900, *FRUS*, *1900*, p. 112.

③ Mr. Hay to Mr. Conger, May 15, 1900, *FRUS*, *1900*, p. 126.

④ 《总署致美使康格照会》（光绪二十六年二月初七日），黄嘉谟主编《中美关系史料》（光绪朝四），第 2628 页。

⑤ 《总署致美使康格照会》（光绪二十六年二月初八日），黄嘉谟主编《中美关系史料》（光绪朝四），第 2629 页。

⑥ 《总署收美使康格照会》（光绪二十六年二月初十日），黄嘉谟主编《中美关系史料》（光绪朝四），第 2629～2930 页。

⑦ Mr. Conger to Mr. Hay, March 10, 1900, *FRUS*, *1900*, pp. 102 - 104.

事，且于教士诸多不便，有所阻碍"，"按约只有饬交执照时教士应随时呈验，并无必须赴官署呈验明文，是按约应行保护教士一节，不惟东省地方官万难诿卸其责，即贵国政府亦难脱离此任也"。①

3月17日，康格又就义和团向接近北京的直隶保定等地蔓延表示强烈不满，照会总理衙门，指责直隶保定等地没有张贴禁止义和团告示和清政府的保教上谕："本大臣请问贵署出此示谕之意系欲何为，不过欲各处人民均知遵照示谕，勉为良善。兹张谕未遍，实等于无用，是以再请行知该省赶即遵照谕旨，严禁游手之徒演习拳会，再生事端，以便该教士等按约随时前往该各处传教，得以安平无险。该各处距京匪遥，何能诿为声教难通，致违廷谕，教士等在华传教，应使平安，不应使其受险，想贵王大臣必知此时教士如往以上所言各处，是否尚有妨碍，请即行复知，以便转知各教士可也。"② 3月22日，康格至总理衙门亲递节略，指控临清、高唐、平原等地官员"确有庇匪之据，足见其不愿秉公办理"。③ 次日，康格又接着致函总理衙门，要求清政府尽快落实昨日面谈事项：（1）立即电令山东巡抚"立即径电该臬司饬即速行判定所获各匪罪名，迅即严办"；（2）立即将义和拳和大刀会"认真严禁，实力弹压，不使再有危险"。④ 3月30日，再次就直隶保定等地地方官没有普遍张贴告示及当地教民遭受恐吓等情况，照会总理衙门，表示"此危险情形，恐贵王大臣有所不知，如知此情形，定必不能不即速设法弹压也"。⑤ 美国政府对康格的交涉活动全力支持，3月15日海约翰致电康格，明确答应调派军舰，"海军部将派舰独立保护在华美国公民和利益，可能从大沽来的司令官将直接与你联系"。⑥ 并在22日的函中再次指示康格，为平息中国国内的反教运动，关键还是要对

---

① 《总署收美使康格照会》（光绪二十六年二月十六日），黄嘉谟主编《中美关系史料》（光绪朝四），第 2637 页。

② 《总署收美使康格照会》（光绪二十六年二月十七日），黄嘉谟主编《中美关系史料》（光绪朝四），第 2637～2638 页。

③ 《总署收美使康格面递节略》（光绪二十六年二月二十二日），黄嘉谟主编《中美关系史料》（光绪朝四），第 2638 页。

④ 《总署收美使康格函》（光绪二十六年二月二十三日），黄嘉谟主编《中美关系史料》（光绪朝四），第 2638～2639 页。

⑤ 《总署收美使康格函》（光绪二十六年二月三十日），黄嘉谟主编《中美关系史料》（光绪朝四），第 2641～2642 页。

⑥ Mr. Hay to Mr. Conger, March 15, 1900, *FRUS*, *1900*, p. 110.

清政府惩罚相关地方官施加更大压力。①

　　对康格所提的这些要求，总理衙门都做了积极回应。3 月 15 日，总理衙门照会康格，将袁世凯张贴的明确写明取缔义和拳、大刀会的告示和五言歌谣转达康格，以此表示履行了康格的要求，指出："本衙门查该署抚所编歌词中并标明大刀会名目，且由地方官督同绅董逢集讲解，办理尤属认真。"② 接着，总理衙门一方面将康格的要求一一转饬山东巡抚袁世凯和直隶总督裕禄，加以解决和落实，并及时将处理情况报告康格，3 月 25 日复照称：据山东巡抚复电，"初十后匪徒滋事，当已追捕多名，十五后各属安静，委无别案"。③ 随后，直隶总督裕禄也报告，已按照要求"札司迅即查明通省各属所有应行张贴之处，转饬一律张贴，遍行晓谕，仍饬将张贴处所具报"，"并按照美使函开各地名，分饬该地方官会同派往营队认真弹压，以期绥靖"。④ 在做了这样一系列工作之后，4 月 7 日总理衙门照会康格，表示问题已圆满解决，已满足包括美国在内的各列强驻华公使的要求，称："查义和拳、大刀会，本衙门业于正月具折奏请禁止，当经奉旨交直隶总督、山东巡抚出示晓谕，所出告示均恭录谕旨全文，山东巡抚告示内并明列大刀会名目，经本衙门先后照会在案，足见贵大臣所请要节，本衙门均已切实照办。至当日所奉谕旨，既由廷寄径行发递该省，自无再交内阁发抄载入京报之理。上次业已据实照复此事，限于向办章程，所有为难之处，想经贵大臣洞悉。"⑤

　　鉴于袁世凯张贴的告示基本满足了他的要求和袁对山东义和团所采取的严厉措施，以及其他列强也无意在这个问题上继续与清政府为难，康格

① Mr. Hay to Mr. Conger, March 22, 1900, *FRUS*, *1900*, pp. 111 - 112.

② 《总署致美使康格照会》（光绪二十六年二月十五日），黄嘉谟主编《中美关系史料》（光绪朝四），第 2634 ~ 2636 页。按：袁在五言歌谣中宣布各类拳会均为须加取缔的非法组织，义和拳系白莲教演化而来，劝诫百姓不要被其迷惑，其中写道："昔传白莲教，并有义和门。蔓延各州郡，党羽日纵横。纵横酿巨祸，芟夷断葛藤，相去数十年，旧事重翻新。义和名未改，拳会祸更深。神拳与红拳，名目亦相仍。惟有大刀会，门户显区分。其实皆邪术，妖妄不足凭。"

③ 《总署致美使康格函》（光绪二十六年二月二十五日），黄嘉谟主编《中美关系史料》（光绪朝四），第 2639 页。

④ 《总署收北洋大臣裕禄函》（光绪二十六年二月二十六日、光绪二十六年三月初八日），黄嘉谟主编《中美关系史料》（光绪朝四），第 2639 ~ 2640、2643 页。

⑤ 《总署致美使康格照会》（光绪二十六年三月初八日），黄嘉谟主编《中美关系史料》（光绪朝四），第 2643 ~ 2644 页。

的态度有所缓和，对于《京报》刊载取缔义和团上谕一事也不再执意坚持。4月12日，他照会总理衙门，表示体谅清政府的为难之处，"是以不再谆请载入《京报》，惟嗣后倘有意外之虞，则仔肩全在贵国矣"。① 同日，康格在写给国务卿的报告中也解释说，五国公使之所以没有按最初要求那样在《京报》上发布上谕，一则袁世凯张贴的告示已明文将"大刀会"和"义和拳"这两个秘密会社列入取缔对象。二则各类禁止排外的公告已普遍张贴，许多地方官遭到免职；英国传教士卜克斯遭杀案已得到满意解决，"形势总的来说已有相当改善"。②

在对待山东义和团运动的反应上，美国政府与美国驻华公使康格的最大不同是，站在一个更高的高度，将新推出的对华门户开放政策与平息义和团运动结合在一起，并作为美国政府处理中国问题的指针。1899年9月6日，国务卿海约翰训令美国驻英、俄、德 三国大使分别转达驻在国政府，就各国最近在中国划分势力范围一事，向英、俄、德政府提出以下三项原则：（1）对于各国在中国所谓的势力范围或租借地内的任何条约口岸和任何既得利益，一概不予干涉；（2）中国现行条约税则除自由港之外，适用于所有势力范围内一切口岸所装卸的商品，不论其属何国籍，并由中国政府征收此项税款；（3）在各国势力范围内的任何口岸，对他国入港船舶所征收的入港费不得高于对本国船舶所征收的入港费；在各国势力范围内修筑、管理或经营的铁路，对他国公民运输的货物与本国公民运输同样货物、经过同等距离所征收的铁路运费相等。③ 11月13、17和21日，海约翰又分别向日本、意大利和法国递交内容相近的照会。

而在此需要特别指出的是，海约翰的第一次门户开放照会虽然在山东义和团爆发之际发布，但与此并无直接关系；海约翰的第一次门户开放照会系对甲午战争之后列强在华争夺势力范围、特别是1897年德国强占胶州湾之后，列强强占租借地而做的一个直接反应，是向列强发出的

---

① 《总署收美使康格照会》（光绪二十六年三月十三日），黄嘉谟主编《中美关系史料》（光绪朝四），第 2648 页。

② Mr. Conger to Mr. Hay, April 12, 1900, *FRUS*, *1900*, p. 114.

③ Mr. Hay to Mr. White, September 6, 1899, *FRUS*, *1899*, pp. 129 - 130.

一个政策倡议。① 因此，美国政府当时并没有通报美国驻华公使和清朝政府，直至 1900 年 3 月 22 日国务卿海约翰在听取有关义和团运动进展的最新报告后，才指示康格将门户开放政策通报清朝政府，以此鼓励清政府采取措施、平息义和团运动，指出："有关山东义和团事情已引起国务院的密切关注，你提交总理衙门的要求惩处排外运动主谋的照会没有受到应有重视，这是十分遗憾的。""在提交总理衙门的照会中，你要让总理衙门明白地意识到，美国政府最近从列强那里获得维护中国境内租借地和势力范围内贸易自由和中国主权的保证，因此也获得了列强不干涉中华帝国完整的保证。""美国政府比以往任何时候都希望清政府对排外运动负有直接或间接责任的地方官员加以惩处，这不但为了美国公民的利益和权利，而且毫无疑问也有益于中国自身利益。"为贯彻门户开放政策，海约翰同时明确指示康格在要求清政府取缔义和团排外运动的交涉中不要与其他列强联合，最好采取单独行动，虽然有时客观条件需要我们采取与其他列强相似的行动，但因为美国在与中国的关系中的地位，单独行动对美国更为有利。② 对于美国派往中国的军舰，海约翰也指示应单独执行保护在华美国公民的任务，不要与其他列强的军舰采取联合行动。③

　　根据美国政府的指示，5 月 9 日康格照会总理衙门，一方面敦促清政府采取切实行动、阻止义和团运动在京城蔓延，同时通报了美国和列强的对华门户开放政策，要求清政府加以配合，遵守中外条约，俾使门户开放政策得以落实，免遭各国瓜分，对中国自身有益，称"本国素与中国邦交甚密，常有体谅中国之心，现又有可见确证，在诸大国所租中国之地，本国兹有文致彼各大国，请其于所租处所仍允随便通商来往，不失中国主权，惟在开通商务门户。均经各该国文复允许，是以各有约国之意，不欲别有干预，俾中国得以完全。各大国又言，以上所言系各国均有相同之意，以后于中国之事，定必一律办理。其中所定最要一意，系定欲使中国政府遵守条约，保护通商事务与洋人及教士教民。此系中国早已允行之

————————

① 有关美国对华门户开放政策的出台背景和过程，可参见 Charles S. Campbell, Jr., *Special Interests and Open Door Policy* (New Haven: Yale University Press, 1951); Paul A. Varg, *Open Door Diplomat: The Life of W. W. Rockhill* (Urbana: The University of Illinois Press, 1952)。

② Mr. Hay to Mr. Conger, March 22, 1900, *FRUS, 1900*, p. 111.

③ Mr. Hay to Mr. Conger, March 15, 1900, *FRUS, 1900*, p. 110.

事，中国若能照办，本国与各大国所约之事必能有成，否则势难成就。并恐欧洲各国不久仍行再贪中国地土，转致以后瓜分十八省，内地各省必将大乱，中国何以完全。……须知本国现欲中国按约办事之意，系较从前所执之意为尤坚。究之此意，不过欲使本国人得其按约应得之益，并于中国实为有益也"。① 14 日，康格还将美国与各国关于门户开放政策往来文件，照会"嘱送"总理衙门。②

三　对京津义和团的恐慌

自袁世凯出任山东巡抚后，义和团在山东的活动逐渐趋于缓和，1900年的春夏之交开始向京津冀地区蔓延和发展。进入 5 月之后，康格频频向美国政府报告局势进一步恶化。在 5 月 8 日写给国务卿的信函中，康格指出"山东的形势有了重大改善，但'义和团'似乎正在向直隶蔓延"，"他们的恶意不是完全对着传教士，而且对准一般的外国人"，并认为"这毫无疑问是受到慈禧太后的两个重要军机大臣刚毅和徐桐的鼓动，他们对太后的影响超过任何其他官员，这两人都以仇视外人和外国思想著称"。③5 月 21 日，康格连发两道函电，报告直隶和北京附近的义和团快速蔓延，距离北京 40 里的村庄被焚毁，60 名教民被杀，称："除非采取某种有力的行动，否则，所有的外国人都面临巨大危险，不但面临来自有目的的或有组织的攻击，而且还面临来自那些无知的、冲动的民众的暴力攻击。"④ 5月 28 日，康格又电告国务卿："义和团在蔓延，九个教民在霸州被残酷杀害，这场运动已演变为公开的叛乱。中国政府正在努力，但显然没有能力加以镇压，许多士兵并不忠诚。北京附近的一些桥梁和站台被烧毁，各使馆已加强保卫。"⑤ 6 月 3、4 日，康格连发四道函电，报告"形势进一步恶化""形势十分危急"，铁路、电线被毁，"我们很有可能被困京城"，

---

① 《总署收美使康格照会》（光绪二十六年四月十一日），黄嘉谟主编《中美关系史料》（光绪朝四），第 2656 页。

② 《总署收美使康格照会》（光绪二十六年四月十六日），黄嘉谟主编《中美关系史料》（光绪朝四），第 2657 页。

③ Mr. Conger to Mr. Hay, May 8, 1900, *FRUS, 1900*, pp. 121 - 122.

④ Mr. Conger to Mr. Hay, May 21, 1900, *FRUS, 1900*, pp. 127, 129.

⑤ Mr. Conger to Mr. Hay, May 28, 1900, *FRUS, 1900*, p. 132.

"所谓义和团在蔓延和发展，不是指他们满足于迫害和屠杀当地教徒，而是指他们正在威胁传教士、攻击外国人，特别是那些在铁路部门工作的外国人"。清廷内部派系斗争十分紧张，在刚毅、徐桐和端王载漪及军队中一些排外派官员的影响下，"排外情绪弥漫全国，义和团得到许多官兵的同情和支持，不断壮大"；尽管 6 月 3 日清廷下谕派兵弹压解散义和团，但私底下称义和团为爱国者，命令军队不要向他们开火，而是与他们称兄道弟；清政府已没有能力也不愿镇压义和团。① 7、8 日，又连发四封电报，希望美国政府同意他加入北京外交团，拜见光绪皇帝，宣布如清政府不能立即镇压义和团、恢复秩序，各国将自己采取行动，实现这一目的。在其中的一封电文中这样写道：更多的铁路被毁坏，保护的军队被撤走，中国政府日益无力；外国军队被迫保护铁路，俄国、英国和日本都已如此行动，在大沽的外国军舰已达 24 艘；只有美国没有参与。②

6 月 10 日，清政府任命载漪兼管总理衙门，礼部尚书启修、工部右侍郎溥兴、内阁学士兼礼部侍郎那桐在总理衙门大臣上行走，排外保守势力进一步掌控清廷朝政。11 日，义和团开始大规模涌入京城，日本使馆书记杉山彬在北京永定门外为董福祥部甘军杀害，北京形势进一步恶化。康格在 11 日连发两道函电，对清政府的最新人事任免深感失望。他认为上述四位新任官员都是排外分子，特别是端王载漪更是以排外著称，是义和团的保护人，在他的军队里有许多拳民，因此不可能指望他对义和团采取镇压。这意味着迫害和攻击教士、教民和毁坏他们财物的行为必将继续，意味着贸易受阻，意味着所有外国人和利益处于危险之中。在报告中，康格对北京局势的最新发展及使馆的处境深感焦虑和不安，写道：我们现在为正在途中的增援部队和我们自己感到焦虑。就现有警卫，我们可以抗击义和团、保护自己，但我们很难抗击义和团和清军的联合进攻。任何事都不能依赖中国军队，他们处于失控状态，并不遵守命令，正在从事抢劫和屠杀活动。今天日本使馆的一名书记官就在门口遭清军攻击，被揪出马车，遭残酷杀害。我在 4 日电文中所说的那种可能性现在已成为一种现实，北京已遭围困，与外部的通信联系已被完全切断，我们只能依靠大沽口联军

①　Mr. Conger to Mr. Hay, June 3, 4, 1900, *FRUS*, *1900*, pp. 139 – 142.
②　Mr. Conger to Mr. Hay, June 7, 8, 1900, *FRUS*, *1900*, pp. 142 – 143.

前来营救。① 15 日，康格报告自 11 日发出函电以来，"我们完全被围困在使馆内，整个北京城都被一群放纵、凶恶的暴民控制，清政府没有采取可见的努力加以制止"。②

在向美国政府报告义和团向京津蔓延、形势趋于恶化的同时，康格也加强了与清政府的交涉。5 月 7 日，他派使馆翻译哲士（Cheshire）亲往总理衙门递交节略，控告拳民滋扰京内教堂，公然张贴告示，威胁洋人，要求清政府尽速查拿惩办，指出："如此情形竟有之于京城地面，实为意想不到……如不能将演拳一事速行实力禁绝，定必至如山东滋成大事"，"切不可等闲视之"。③ 18 日，康格又亲往总理衙门，递交节略，对义和团在北京郊区等地蔓延深感不安，指出："在两月以前尚无演拳之事，现在到处皆有，愈延愈广，若不设严法拿办匪首，解散演拳，将必滋成大事。"并表示如果局势不能缓解，将调派更多美国海军陆战队保护使馆安全。④20 日，参加北京公使团会议，赞同由外交团团长 21 日递交联合照会，提出六项具体要求：（1）凡参与义和拳活动的均予逮捕；（2）凡为义和拳提供活动场所的所有人和监护人以及参与策划犯罪活动的，均作义和拳论处；（3）对放纵义和拳的官员均予惩罚；（4）凡企图杀人放火、谋财害命的首犯，均予处决；（5）凡在目前骚乱中为义和拳提供帮助和指点者，均予处决；（6）在北京、直隶及北方其他各省公布这些措施，以便人人知晓。最后，照会要求清政府"尽快给予令人满意的答复"。⑤ 25 日，美国驻华使馆翻译哲士再至总理衙门递交节略，以义和团在京城的发展"较前尤为猖獗"，责问清政府"从彼日至今系用何法弹压办理，希即明以告我，以便转报本国"。⑥ 28 日，康格参加下午 5 点紧急召开的公使团会议，并作

① Mr. Conger to Mr. Hay, June 11, 1900, *FRUS*, *1900*, pp. 144 – 145, 154.

② Mr. Conger to Mr. Hay, June 15, 1900, *FRUS*, *1900*, p. 154.

③ 《总署收美翻译哲士面递节略》（光绪二十六年四月初九日），黄嘉谟主编《中美关系史料》（光绪朝四），第 2655 页；Memorandum of an interview between Mr. Cheshire and Wang Chingmu, May 7, 1900, *FRUS*, *1900*, pp. 124 – 125.

④ 《总署收美使康格面递节略》（光绪二十六年四月二十日）、《总署收美使康格函》（光绪二十六年二月二十三日），黄嘉谟主编《中美关系史料》（光绪朝四），第 2663~2664 页。Mr. Conger to Mr. Hay, May 21, 1900, *FRUS*, *1900*, pp. 128 – 129.

⑤ The Diplomatic Body to the Tsungli Yamen, May 21, 1900, *FRUS*, *1900*, p. 129.

⑥ 《总署收美翻译哲士面递节略》（光绪二十六年四月二十七日），黄嘉谟主编《中美关系史料》（光绪朝四），第 2668~2669 页。

为公使团代表，与英、法、俄三国驻华公使一道，连夜照会总理衙门，要求清政府同意各国增派使馆卫队，并提供火车交通运输。① 5 月 30 日，就发生在京城附近的霸州教案再次照会总理衙门，要求缉拿首犯，指责清政府未尽镇压义和团、保护教民之责，"纵偶有派兵前往何处之时，而兵丁与拳匪竟如熟识彼此扳谈，决未查拿一匪，今果致酿此极可恶凶杀重案"。② 次日，又致函总理衙门，要求清政府速派兵保护在通州的美国传教士和教堂，否则，"本国定必惟贵国政府是问"。③

6 月 2 日，再次就顺天府属近日发生多起教案，责问总理衙门"常云认真办理，请问日日有难为教民之案，将即以是为办理认真耶"。④ 6 月 4 日，就保定发生杀害传教士和教民事，督促清政府"立即电行该处大吏，必须设法用心实力妥为保护，免致滋成事端"。⑤ 6 月 7 日，又以黄村美以美会教会遭焚毁照会总理衙门，指责清政府办理不力，称"本大臣想此不遵王法之事，如中国政府不严拿该匪等正法，定必滋事不休；地方官若肯认真拿办所有实在为拳匪之犯，甚为容易"，要求多派军队前往保定弹压。⑥ 6 月 8 日，致函总理衙门，要求清政府保护通州美国教堂、学堂及一切财产，"一俟地方平定，该教士等再行回通，方免危险"。⑦ 6 月 9、10 两日，连发两道照会，要求清政府保护美国传教士在北京因躲避义和团而遗留下的教堂、学堂及一切财产及保护美国传教士的安全。⑧ 6 月 10 日照

① Mr. Conger to Mr. Hay, June 2, 1900, *FRUS*, *1900*, p.133. 胡滨译《英国蓝皮书有关义和团运动资料选译》，中华书局，1980，第 80 页。

② 《总署收美使康格函》（光绪二十六年五月初三日），黄嘉谟主编《中美关系史料》（光绪朝四），第 2677 页。

③ 《总署收美使康格函》（光绪二十六年五月初四日），黄嘉谟主编《中美关系史料》（光绪朝四），第 2678～2679 页。

④ 《总署收美使康格函》（光绪二十六年五月初六日），黄嘉谟主编《中美关系史料》（光绪朝四），第 2679～2680 页。

⑤ 《总署收美使康格函》（光绪二十六年五月初八日），黄嘉谟主编《中美关系史料》（光绪朝四），第 2682 页。

⑥ 《总署收美使康格函》《总署收美翻译哲士函》（光绪二十六年五月十一日），《中美关系史料》（光绪朝四），第 2684、2685 页。

⑦ 《总署收美使康格函》（光绪二十六年五月十二日），黄嘉谟主编《中美关系史料》（光绪朝四），第 2685 页。

⑧ 《总署收美使康格函》（光绪二十六年五月十三日、光绪二十六年五月十四日）、《总署收美翻译哲士节略》（光绪二十六年五月十四日），黄嘉谟主编《中美关系史料》（光绪朝四），第 2686～2688 页。

会总理衙门，以清政府不能有效保护外人，宣布自行保护在华美国人生命和财产安全："现因义和拳肆行滋扰，情势日迫，以致所有驻京各外国人均有性命之虞。本大臣惟有执定自行设法保护美人性命之权，相机行事。"① 6 月 13 日，又连续照会总理衙门，一责备清政府听任义和团进京滋事，谓"兹闻拳匪欲进城，于凡无外国兵保护之处尽行焚毁，请问贵王大臣，此等情形何时方得止熄。数月中除拳匪无故焚毁外，其殴杀人命甚多，实属凶悍无比。从古迄今，籍载所列者未有如此残忍，直系形同野兽也"。② 二对清政府没有查拿前门外的义和团提出抗议，要求"赶紧设法拿捕拳匪，飞速弹压城内地方，俾得平安，是为至要"。③ 三对清政府听任义和团拆毁丰台一带铁路提出抗议，要求"务须设法速通此路"。④ 14 日，要求禁止中国军民行走东交民巷使馆区。⑤ 6 月 16 日，再次三次照会总理衙门，一是就美国在北京的教堂被焚毁殆尽未受有效保护照会总理衙门，责备清政府未尽保护之责，称："西本月初九日，本大臣曾因拳匪欲行滋事，函请保护在京美国各教堂，可惜虽有此请，贵国政府决不实力办理。现于京师辇毂之下，并有重兵，竟至除尚存有美国一教堂外，其余美教堂均被焚毁净尽，多多教民亦被拳匪杀毙，实属凶恶之极。……独不解于此事何为不肯实用全力弹压也。"⑥ 二是就 15 日晚有中国士兵开枪射击美国使馆士兵提出抗议，"请问贵国如此保护系有何意？贵国国家应自认此情节系为极重"，表示此事"不能他诿"，"所有各与国定必速向中国国家究追此事底里"。⑦ 三是要求清政府立即关闭崇文门，以防止义和团进入城

---

① 《总署收美使康格照会》（光绪二十六年五月十四日），黄嘉谟主编《中美关系史料》（光绪朝四），第 2687 页。

② 《总署收美使康格芦晧》（光绪二十六年五月十七日），《中美关系史料》（光绪朝四），第 2693 页。

③ 《总署收美使康格函》（光绪二十六年五月十七日），黄嘉谟主编《中美关系史料》（光绪朝四），第 2694 页。

④ 《总署收美使翻译哲士节略》（光绪二十六年五月十七日），《中美关系史料》（光绪朝四），第 2694 页。

⑤ 《总署收美使康格函》（光绪二十六年五月十八日），黄嘉谟主编《中美关系史料》（光绪朝四），第 2694 页。

⑥ 《总署收美使康格照会》（光绪二十六年五月二十日），黄嘉谟主编《中美关系史料》（光绪朝四），第 2695 页。

⑦ 《总署收美使康格照会》（光绪二十六年五月二十日），黄嘉谟主编《中美关系史料》（光绪朝四），第 2696 页。

内，称"现在外城拳匪聚集甚众，将生大乱，事已紧急，是以径行函达贵提督速将崇文门刻即关闭，系为切要"。①

针对中外冲突趋于严重，16 日总理衙门照会包括美国公使在内的各国公使，宣布根据上谕指示，将派兵保护使馆安全，询问康格清军以驻扎何处为宜；另表示如使馆眷属等须出京赴津，自应一体保护，但鉴于目前形势，建议暂行照常居住，"一俟铁路通行，再行酌商办理"。② 康格显然对清军保护美国使馆并不放心，要求清军保持与使馆的距离，复照称："孝顺胡同教堂已由本馆拨有兵官带兵驻守，请行知中国所派巡逻美以美教会之兵，切嘱其须在该处所设木栅百步之外，以免晚间击拳匪时误及，并请嘱其不可在该处教会房屋甚近之处。"③。在 17 日与总理衙门大臣徐用仪、联元和户部尚书立山的晤谈中，康格也明确表示清军不可靠，大多数时候他们与义和团一样坏，美国必须派遣足够的兵力来京保护使馆的安全，履行清朝军队没有履行的职责，警告清政府不得攻击前往北京的美国军队，否则清政府将承担严重后果。④

但随着 19 日第四次御前会议上，慈禧太后受侵华联军攻占大沽炮台及列强要她"归政"伪照的影响、由倾向主和变为主战，清朝政府对各国公使馆的态度发生逆转。19 日下午 4 点总理衙门照会康格及各国驻华公使，要求 24 小时内护送各使馆人员离京赴津，称："中国与各国向来和好，乃各水师提督遽有占据炮台之说，显系各国有意失和，首先开衅。现在京城拳会纷起，人情浮动，贵使臣及眷属人等在此使馆，情形危险，中国实有保护难周之势。应请于二十四点钟内带同护馆弁兵等妥为约束，速即起行前赴天津，以免疏虞。"⑤

在接到清政府的这一照会要求后，康格起初似予配合，致函总理衙

① 《总署收美使康格（致提督）函》（光绪二十六年五月二十日），黄嘉谟主编《中美关系史料》（光绪朝四），第 2696 页。
② 《总署致美使康格照会》（光绪二十六年五月二十日），黄嘉谟主编《中美关系史料》（光绪朝四），第 2697～2698 页。
③ 《总署收美使康格照会》（光绪二十六年五月二十一日），黄嘉谟主编《中美关系史料》（光绪朝四），第 2698 页。
④ Memorandum of an interview had at the United States legation, on the 17th of June, 1900, *FRUS*, *1900*, pp. 152 - 153.
⑤ 《总署致美使康格照会》（光绪二十六年五月二十三日），黄嘉谟主编《中美关系史料》（光绪朝四），第 2699 页。

门，通报美国使馆人员情况，称"本馆除护兵外，现有美国人一百一十人，必须用车一百辆送往天津，请贵衙门即为备办差送来馆，以便前往是荷"。① 但北京公使团连夜召开会议，对清政府的这一决定表示"甚为诧异之至"，当即复照总理衙门，要求缓期实行，待联军入京后偕行护送，并约次日上午9时面商。② 20日，公使团还照会总理衙门，表示联军攻占炮台一事"此举原系暂行，而丝毫无意欲侵中国境土，在各使臣深愿尽其本职，将此事和衷办理"，待联军到京后"应仍退归中国"。③ 但不及总理衙门回复、安排，德国公使克林德（Baron von kettler）在20日早上8点公使团会议后，不听其他外交官的劝阻，在没有接到总理衙门回复的情况下，固执地亲自前往总理衙门交涉，结果在北京崇文门大街被清军击毙。这一事件又改变了清政府的决定，事情发生后，总理衙门即照会公使团，同意公使团展缓离京要求，称："查昨日照会各国大臣于二十四点钟内出京，原因京城地面匪徒滋扰，恐有保护难周之虑，惟京外一带现亦不靖，各国大臣眷属丁幼同行，亦恐或有疏虞。来照既称万难于二十四点钟之内备办行装，自可从缓再行商办。"并对克林德不幸遇害事情婉转表示遗憾，谓："中国与各国久已敦睦无嫌，今因民教相仇之故，竟至出此情形，实非意计所及。"同时通报因"近日人心浮动，各国大臣由馆至署，沿途或受惊恐，本爵大臣等于心转觉不安，况本爵现在西苑宿卫，亦实难于分身"，不能安排公使团代表来署晤谈，但表示十分愿意就保持中外"和美"局面与各国会商："来照殷殷以意欲和美为言，实为保全敦睦要义，本爵大臣等极所乐闻，即望将各国命意所在明白见示，以便会商办理。"④

由于慈禧太后已做出与列强开战的决定，自20日开始，总理衙门与公使馆的磋商即告中断，美国驻华公使馆与其他国家使馆卫队便一道进入与清军断断续续的战斗中。其间，清政府也曾继续多次提出护送使馆人员移

① 《总署收美使康格函》（光绪二十六年五月二十四日），黄嘉谟主编《中美关系史料》（光绪朝四），第2700页。
② 《总署收领衔日使葛络干照会》（光绪二十六年五月二十四日），黄嘉谟主编《中美关系史料》（光绪朝四），第2699～2700页。
③ 《总署致美使康格照会》（光绪二十六年五月二十四日），黄嘉谟主编《中美关系史料》（光绪朝四），第2700页。
④ 《总署给领衔日使葛络干照会》（光绪二十六年五月二十四日），黄嘉谟主编《中美关系史料》（光绪朝四），第2701页。

往天津的建议和要求，康格则与其他国家外交官采取一致立场，一直予以
拒绝，认为清政府安排那些每天射击他们的官兵护送他们移往天津，这无
疑是一个伏击他们的计划。在 8 月 17 日写给国务卿的报告中，康格详细叙
述了自 6 月 20 日之后直至 8 月 14 日使馆解围期间，使馆卫队与清军的战
斗情况，报告在与清军的作战中，使馆卫队总计有 65 人被击毙，受伤 135
人，其中美国海军陆战队员死亡 7 人，受伤 17 人，因病死亡的儿童 1 人，
"而中国人的伤亡则是我们的十倍"。除人员伤亡外，比利时、奥地利、意
大利、荷兰和法国公使馆被焚；邮局和三家外国银行、所有海关馆舍及除
北堂之外的所有教堂全部遭毁。在遭围困期间，"清政府假装向我们及世
界表示他们在保护我们，并为我们提供食物等供应，一次为我们提供少量
的西瓜、黄瓜和西红柿，另一次为我们提供了三袋面粉。清政府虽然答应
我们挂停战旗帜、开设市场，以便我们可以购买一些鸡蛋、水果和鲜肉，
但（我们出门又）被清军开枪阻止"。康格认为，清军围攻使馆的目的是
逼迫所有外国人离开中国。①

　　在向清政府交涉的同时，康格还一再建议和催促美国政府派军队进行
武力施压。5 月 17、18 日，康格接连两次致电美国亚洲海军指挥官坎卜夫
（Kempff）上将，要求其速调军舰到大沽口，指出除非中国政府采取比目
前更为有力的措施，否则对传教士和中国政府来说，形势会变得十分严
峻；有一艘或更多的军舰出现在大沽口附近将对清政府产生影响，并且也
是急需的。② 26 日，他致电国务院，请求授权与海军上将商议派兵保护使
馆，并获批准。③ 5 月 31 日晚 8 点，50 名美国海军陆战队员抵达美国使
馆，加强对使馆的保卫。④ 6 月 5 日康格致电美国政府，请求派遣更多美国
军舰进驻大沽。⑤

---

① Mr. Conger to Mr. Hay, August 17, 1900, *FRUS*, *1900*, pp. 162 - 167. 按：清政府组织清军
　　围攻使馆的动机及现象是一个有待进一步考察和研究的问题，目前国内学界有两种不同
　　说法：一种意见认为这是以慈禧太后为首的守旧排外官僚为废帝立储夙愿而策划的一个
　　阴谋；另一派则认为此举意在达到"逼迫列强同意停止战争"的目的。
② Conger to Kempff, May 17, 18, 1900, *FRUS*, *1900*, p. 127.
③ Mr. Conger to Mr. Hay, May 26, 1900; Mr. Hill to Mr. Conger, May 26, 1900, *FRUS*, *1900*,
　　pp. 131 - 132.
④ Mr. Conger to Mr. Hay, June 2, 1900, *FRUS*, *1900*, p. 132.
⑤ Mr. Conger to Mr. Hay, June 5, 1900, *FRUS*, *1900*, p. 142.

另外，在对华政策问题上，康格个人也更倾向列强的"瓜分"政策。1898 年 8 月 26 日，他在履任驻华公使不久就致函国务卿，建议美国政府有必要改变外交政策，也拥有自己的势力范围，强调在中国占领一个理想的宽敞的港口，这对巩固美国在中国的影响力和贸易具有无可估量的价值，它将为美国在中国实现商业征服提供一个必需的和便利的供应基地，在那里美国的贸易、资本和智力资源将得以聚集；并且，它还可使得美国无可匹敌的直接跨越太平洋的海底电缆和加煤站成功实现必要的连接，为美国海军提供一个像家一样的据点。① 11 月 3 日，康格又给美国政府撰写了一份有关中国局势最近发展情况的长篇报告，认为中国的形势极令人失望，再次建议美国应做好充分准备，"通过谈判或实际占领，至少拥有和控制一个我们能够有效地宣示我们的权利和有效发挥影响力的良港"。② 1899 年 3 月 1 日康格在写给国务卿海约翰的信函中进一步建议美国将直隶作为自己的势力范围，表示纵观中国，只有直隶尚未被划分为势力范围，而直隶由于拥有作为中国北方贸易中心的天津，未来在商业上注定是东方最值得永久占有的领地之一。③ 然而，须加特别指出的是，康格的这一政策建议并没有被美国政府接受或采纳；美国政府最终采纳的还是门户开放政策。这是我们在考察美国对华政策和反应中应区别对待的，不可简单地将个别美国外交官的个人政策建议或意见当作美国政府的政策进行解读。

四　解救使馆行动与外交

对于京津地区外国人遭遇的危机，美国政府一方面根据美国驻华外交官的报告和请求，采取了军事行动，派出军队去解救使馆，另一方面在外交上坚持执行对华门户开放政策，希望早日恢复秩序与和平，维护中国行政和领土的完整，不愿与列强采取联合或一致行动。对于康格加入北京外交团与列强采取联合行动的做法，海约翰在 6 月 8 日的电文中仍持保留态

---

① Mr. Conger to William R. Day, August 26, 1898, *Despatches from U. S. Ministers to China*, *1843 - 1906*, microfilm.

② Mr. Conger to Mr. John Hay, November 3, 1898, *Despatches from U. S. Ministers to China*, *1843 - 1906*, microfilm.

③ Mr. Conger to Mr. John Hay, March 3, 1899, *Despatches from U . S . Ministers to China*, *1843 - 1906* , microfilm.

度，强调"采取独立行动保护美国利益"，"如有必要，才可与其他国家代表采取可行的、临时的联合行动"。① 在 9 日的电文中，海约翰虽然勉强表示"同意"，② 但第二天便致电康格，要求"今后绝不可做任何与确定的指示相矛盾的事情"，声明"美国的在华政策仅仅在于保护美国利益，尤其是保护美国公民和使馆"，"绝不会有任何的联盟"，③ 再次强烈表达了美国不愿与其他列强联合进行侵华战争的愿望。同日，向日本驻美公使也表达了同样立场。④ 根据美国政府的指示，在 6 月 16 日联军攻打、夺取大沽炮台的军事行动中，美国海军少将坎卜夫就坚决执行美国政府的指示，拒绝参与，声称他"未被授权向一个与我国保持着和平的国家发动任何战争行为"，也拒绝参加联军对塘沽车站的占领，表示他"不能参加对中国政府财产的占有"。麦金莱总统的理由是"我们并未同中国作战，一个敌对性的示威可以促成排外分子的团结并加强义和团对所派救援纵队的反抗"。⑤

但需要指出的是，美国这种为避免被其他国家自私政策所利用而拒绝联合军事行动的做法，在当时是很难实现的。一则中国方面难以将美军与其他列强的军队进行区别对待，虽然美军没有参与 17 日的大沽之战，而停泊在大沽口外的美国"莫诺卡西"（Monocacy）号恰恰最先遭清军流弹炮击。二则离开列强联军的合作，美国当时并不具备单独实行军事行动的实力。三则美军的独立行动既有被其他列强视为"背叛"行为而遭受孤立的危险，同时也被美国国内目为不负责任行为而承受巨大舆论压力。⑥ 因此，在"莫诺卡西"号遭炮击后，美国方面就不再严格执行避不合作政策。

坎卜夫少将在联军夺取炮台次日（18 日），即将清军的炮击看作对美军的战争，声称"实际已处于战争状态"，命令舰长怀斯（Frederick Wise）

① Mr. Hay to Mr. Conger, June 8, 1900, *FRUS*, *1900*, p. 143.
② Mr. Hay to Mr. Conger, June 9, 1900, *FRUS*, *1900*, p. 143.
③ Mr. Hay to Mr. Conger, June 10, 1900, *FRUS*, *1900*, p. 143.
④ 《驻美锅岛临时代理公使致青木外务大臣函（电报）》（6 月 9 日），路遥主编《义和团运动文献资料汇编》（日译文卷上），山东大学出版社，2012，第 220～221 页。
⑤ 〔美〕马士：《中华帝国对外关系史》第 3 卷，张汇文等译，上海书店出版社，2000，第 221 页。William Reynolds Braisted, *The United States Navy in the Pacific*, *1897-1909*, pp. 89-92.
⑥ 有关美国国内舆论反应，参见 Marilyn Blatt Young, *The Rhetoric of Empire*：*American China Policy*, *1895-1901* (Cambridge, Mass.：Harvard University Press, 1968), pp. 154-155.

有必要与列强军队合作，进行回击，由怀斯率"莫诺卡西"水兵接替调往大沽炮台的日军，驻防大沽火车站，为美军和联军的军事行动提供运输保障。[1] 19 日又指示瓦勒（Littleton Waller）少校率领美国海军陆战队第一团的部分士兵参加联军救援天津的军事行动，并于 23 日最先进入天津紫竹林租界。在这一军事行动中，美军亡 3 人，伤 13 人。接着，美军又配合联军攻下东机器局和西机器局。[2]

美国政府也在大沽之战后对避不合作政策做了调整。6 月 18 日，代理海军部长海克特（Hackett）电令坎卜夫必须"让海军部了解列强的联合讨伐或其他远征计划，以便美国政府承担起与其利益相符的义务"，明确指示他"可与其他列强军队临时联合行动，以保护所有美国人的利益"。[3] 麦金莱总统也要求坎卜夫就美军在大沽之战中的表现做出解释，并因此改派刚刚亲历古巴战争的沙飞（Adna R. Chaffee）将军前往中国，担任美军指挥官，同时从菲律宾增派美国陆军步兵团前往中国参战。[4] 7 月 1 日，德国公使克林德于 6 月 20 日被清军杀害的消息传出后，国务卿海约翰在当日写给他儿子的一封家信中惊呼"这几乎是他一生中呼吸到的一场恐怖的战争气息"，并发函给当时还在老家俄亥俄州的麦金莱总统，建议立即举行内阁会议。[5] 也就在同一天，美国政府命第六骑兵团从美国本土旧金山开赴中国，后又征求坎卜夫的意见，做出从菲律宾和美国本土派遣总计 1 万名美军的决定。[6] 针对 7 月 2 日法国政府的对华采取联合军事行动的照会，麦金莱政府也做了积极响应，除 7 月 3 日向德、英、法、俄、意和日本等六国发布第二次门户开放照会、协调列强对华政策外，还于同日单独照会

---

[1] Marilyn Blatt Young, *The Rhetoric of Empire: American China Policy, 1895 – 1901*, p.151.

[2] William Reynolds Braisted, *The United States Navy in the Pacific, 1897 – 1909*, pp.91 – 92. Report of the consul to the Assistant Secretary of State, July 16, 1900, *FRUS, 1900*, pp. 271 – 272.

[3] Hackett to Kempff, June 18, 1900, 转引自 Marilyn Blatt Young, *The Rhetoric of Empire: American China Policy, 1895 – 1901*, p.152。William Reynolds Braisted, *The United States Navy in the Pacific, 1897 – 1909*, p.90.

[4] William Reynolds Braisted, *The United States Navy in the Pacific, 1897 – 1909*, pp. 90, 105.

[5] Mr. Hay to "My Dear Boy", July 1, 1900, *Hay Papers*, Washington: Librarg of Congress Photopublication Service, 1971.

[6] Kempff to Long, July 7, 1900, 转引自 William Reynolds Braisted, *The United States Navy in the Pacific, 1897 – 1909*, pp. 106 – 107。按：截至 8 月底，抵达中国的美军实际为 6300 人。

法国，重申第二次门户开放照会内容，同时赞同法国联合军事行动的建议，应允指示美国在华海军指挥官就所需军队人数及各国应派军队份额与各国指挥官协商，表示"总统所决定的本国政府的政策与态度，从本质上来说与贵国政府的观点是一致的"。①

根据美国政府的最新指令，自菲律宾启程的里斯库姆（Emerson H. Lisum）上校率领的第九步兵团于 7 月 6 日到达大沽后，就参加了联军发动的攻打天津战役，并由于初来乍到而不熟悉战场地形，在 13~14 日的战斗中遭受重大伤亡，阵亡 17 人，伤 71 人；里斯库姆上校本人也被清军击毙。② 在整个天津战役中，美军伤亡 150 人。③ 随后，美国也参与了联军对天津的占领和管理。在 7 月 30 日列强成立的天津临时政府中由田夏礼和丁家立（Charles Tenny）分别担任秘书长和中文秘书，派出 100 名士兵参与治安部队。④ 11 月 14 日，天津临时政府委员会为体现公平，避免列强间的矛盾，在原俄、英、日三名委员基础上增补德、美、法三国委员，美国指派福脱（Morris Foote）上校出任委员。⑤

美军新任指挥官沙飞将军于 7 月 30 日到达天津后，也积极推动联军出征北京，解救被困公使团和外国人。在 8 月 1 日和 3 日召开的各国指挥官联席军事会议上，沙飞将军与英军指挥官盖斯里（Alfred Gaselee）和日军指挥官山口一道极力主张尽快出兵，促使俄、德两国指挥官改变在出兵日期上的迟延态度，使会议做出 4 日进军北京的决定。⑥ 为使这一决定得以顺利落实，美国还在联军指挥官问题上迁就俄、德两国的要求，同意并支持由德军将领出任联军最高统帅，向德国表示"美国政府非常愿意由瓦德西这样一个杰出并富有经验的将领担任联合军事行动的指挥"，已指示在华美军指挥官在联军的军事行动中"就各国军队的共同方向与其他指挥官

① Mr. Hay to Mr. Thiebaut, July 3, 1900, *FRUS*, *1900*, pp. 318 – 319.

② 马士：《中华帝国对外关系史》第 3 卷，第 260 页。Report of the consul to the Assistant Secretary of State, July 16, 1900, *FRUS*, *1900*, p. 272.

③ 《庚子中外战纪》，中国史学会主编《中国近代史资料丛刊·义和团》第 3 册，上海人民出版社，1957，第 303 页。按：整个天津战役联军伤亡共 900 人。

④ 《八国联军占领实录·天津临时政府会议纪要》上册，天津社会科学院出版社，2004，第 3 页。

⑤ 《八国联军占领实录·天津临时政府会议纪要》上册，第 81 页。

⑥ A. S. Daggett, *American in the China Relief Expedition* (Kansas City: HudsonKimberly Publishing Company, 1908), pp. 52 – 58.

保持一致"。① 在进军北京过程中，美军与日军和英军构成一组。在这组联军中，以日军人数最多，近 1 万人。美军在 8 月 6 日杨村战斗中发挥了比较重要作用，有 9 人被击毙，64 人受伤。② 8 月 14 日午后，美军随联军一道攻入北京城，美军伤亡很少，仅 9 伤 1 亡。③ 当日，康格即电告美国政府：各使馆因援救军的到来而得救，他们轻松进城。④

在派兵参与联军侵华军事行动的同时，美国政府在对华政策上并没有陷入歇斯底里，仍坚持执行门户开放政策，并结合中国形势的变化，将门户开放政策由维护中国境内贸易的自由、均等扩大到维护中国行政和领土的完整，同时将战争严格限制在平息排外运动、解救驻外使馆、恢复秩序与和平目标上。为响应法国 7 月 2 日照会的建议以及上海方面的"东南互保"的倡议，⑤ 7 月 3 日，海约翰照会德、英、法、俄、意和日本等六国，发出第二次门户开放政策倡议，声明：我们坚持 1857 年所提出的政策，即与中国保持和平，促进合法贸易，以及根据条约规定的治外法权和国际法所保证的一切手段保护我国公民的生命财产。倘若我国公民遭受迫害，我们会要求肇事者承担最大的责任。总统的目的过去是，现在依然是与各国一致行动：第一，打通与北京的联系，并营救那些处于危险中的美国官员、教士及其他美国人；第二，对于在中国各地的美国人的生命财产尽力保护；第三，维护和保障美国的一切合法利益；第四，协助防止骚乱向帝国其他省份蔓延，并防止此类灾难重新发生。美国谋求的能给中国带来持久安全与和平的解决办法是"维护中国的领土和行政实体，保护条约和国际法赋予各友好国家的一切权利，并为世界各国保卫与中华帝国各个地区进行平等与公平贸易的原则"。⑥ 并且，与第一次发布门户开放政策的照会迟迟没有通知中方不同，这次海约翰在 7 月 18 日就照会伍廷芳，通报清朝政府："美国政府赞成维护中国领土和行政完整的立场和态度在我们 7 月 3

---

① Mr. Adee to Mr. Jackson, August 10, 1900, *FRUS*, *1900*, p. 331－332.

② A. S. Daggett, *American in the China Relief Expedition*, p. 68.

③ A. S. Daggett, *American in the China Relief Expedition*, p. 92.

④ Mr. Conger to Mr. Hay, August 14, 1900, *FRUS*, *1900*, p. 160.

⑤ 按：有关法国与美国门户开放政策的关系，可参见葛夫平《法国与门户开放政策》（《中国社会科学》2019 年第 4 期）一文；有关"东南互保"与美国第二次门户开放照会的关系详见下文论述。

⑥ Mr. Hay to Mr. Herdliska, July 3, 1900, *FRUS*, *1900*, p. 299.

日的通函中已得到充分清晰的阐述，我们仍将坚持这一态度，并且坚信其他所有列强也是持相似的观点。"① 此外，在答应美军加入联军进攻北京的同时，美国政府也向其他列强声明"美军加入联军的目的是达到 7 月 3 日美国政府在给各国照会中所宣布的那些目标"，"维护美军作为一个独立单位的完整性"。②

同时，麦金莱政府通过外交途径积极了解美国驻华使馆的真实情况，以为美国进一步行动的根据。为确定康格等使馆人员是否安全，7 月 11 日海约翰通过中国驻美公使伍廷芳向康格发送一封密码电报，要求"通过传信人发送消息"。③ 7 月 16 日，康格在收到并研究这封电报后写了一封对清政府不利的密码回电，称：一个月来我们被围困在英国使馆，遭受中国军队的枪击和炮轰；只有尽速营救才能避免杀戮。7 月 20 日，海约翰收到康格 7 月 16 日的电文后，为确定电文是否出自康格本人，21 日又通过伍廷芳致电康格，让他在复电中给出他妹妹的名字，以确定真实性，称"信件收到。真实性受到怀疑。为此，请回答你妹妹的名字。报告中国政府的态度和立场"。而康格在 21 日复电中报出他妹妹的名字，并报告自 16 日与清政府达成协议后已没有战斗，使馆有足够的食物，但只有少量的弹药，希望尽速营救。④ 同时，上海方面的清朝官员也通过伍廷芳向美国政府及时通报北京方面对驻外使节所采取的保护措施及他们的真实情况。21、23日，伍廷芳根据刘坤一来电，先后两次向美国政府通报 7 月 17 日清政府就德国公使被杀事件颁布的上谕，表示清政府已采取严格措施保护所有外交使节，他们都未受到伤害。⑤

在确定使馆人员的安全之后，海约翰接着便进一步指示美国驻上海总领事古纳（John Goodnow）与清政府任命的议和大臣李鸿章和盛宣怀等官员交涉，并直接通过伍廷芳，敦促清政府尽快恢复使馆与外界的通信联系，宣告恢复各国外交官与本国政府的通信自由及消除对外交人员生命和

---

① Mr. Hay to Mr. Wu Ting-Fang, July 18, 1900, *FRUS*, *1900*, p. 279.

② Mr. Adee to Mr. Jackson, August 10, 1900, *FRUS*, *1900*, pp. 331 – 332.

③ Mr. Hay to Mr. Conger, July 11, 1900, *FRUS*, *1900*, p. 155.

④ Mr. Conger to Mr. Hay, July 16, 21, 1900; Mr. Hay to Mr. Conger, July 21, 1900, *FRUS*, *1900*, p. 156.

⑤ Memorandum left at the Department of State by the Chinese Minister, July 21, 23, 1900, *FRUS*, *1900*, pp. 280 – 281.

自由的威胁，这是和谈的前提条件，并要求清政府与前往营救使馆的联军合作，否则，清政府将为他们的行为承担严重责任。① 在美国政府的交涉下，8月5日清政府发布上谕，终于同意恢复外国驻华外交官与各国政府之间的明码电报通信联系。② 海约翰与清朝官员达成的这一结果在当时具有特殊意义，正如伍廷芳在写给海约翰的函件中所说，这不但表明清朝官员的"良好诚意"，表明他们并非如欧洲一些杂志所抨击的那样，并且对消除美国公众的疑虑和不信任也产生了广泛和强烈的影响。③

本着对华门户开放政策，美国政府对清政府的调和请求也持积极态度。7月17日，清政府向美、法、德三国发出国书，请求"排难解纷"，希望议和。其中致美国的国书称："大清国大皇帝问大美国大伯理玺天德好。中国与贵国交好已久，深知贵国专意通商，彼此毫无顾忌。中国近因民教相仇，各国疑朝廷袒民嫉教，遂有攻占大沽炮台之事，于是兵连祸结，时局益形纷扰。昨接使臣伍廷芳电奏，知贵国慨念邦交，近事深蒙垂念，曷胜感佩。今中国为时势所迫，几致干犯众怒，排难解纷，惟贵国是赖。为此开诚布臆，恳切致书，惟望大伯理玺天德设法图维，执牛耳以挽回时局，并希惠示德音，不胜急切翘企之至。"④ 清政府这份希望美国调和的国书于7月19日由上海道台翻译电送驻美公使伍廷芳。23日，麦金莱总统回致国书，做了积极表态，明确表示"美国政府和人民对中国除了希望正义和公平以外别无他求"，"我们派军队到中国的目的，是营救处于严重危险中的美国公使馆，同时保护那些旅居中国并享有受条约和国际法保护权利的美国人的生命财产"，只要清政府不恣意和赞助义和团的排外行动，满足以下3个条件——公开证实外国公使是否在世及其状况；让各国外交使节能直接、自由地与各自的政府取得联系，排除威胁他们生命和自

---

① Mr. Hay to Mr. Goodnow, July 30, August 1, 1900; Mr. Hay to Mr. Wu Tingfang, August 1, 1900; Mr. Wu Tingfang to Mr. Hay, August 1, 1900; Mr. Goodnow to Mr. Cridler, August 2, 1900, *FRUS, 1900*, pp. 260 - 264, 281 - 282.

② Mr. Cridler to Mr. Goodnow, August 8, 1900; Memorandum delivered by the Chinese minister, August 8, 1900, *FRUS, 1900*, pp. 264, 283.

③ Mr. Wu Tingfang to Mr. Hay, August 3, 1900, *FRUS, 1900*, p. 282.

④ 《致美国国书》（光绪二十六年六月二十一日）《义和团档案史料》上册，第329页。Translation of a cablegram received by Wu on July 20, 1900, *FRUS, 1900*, pp. 293 - 294. 《总署致美使康格照会》（光绪二十六年六月二十三日），黄嘉谟主编《中美关系史料》（光绪朝四），第2709～2710页。

由的一切危险；清朝当局应与外国援军进行联系，以保证在解救公使馆、保护外国人和恢复秩序方面彼此合作，那么，美国政府"相信对于和平解决这次动乱引发的所有问题，各国将不会存在任何障碍；美国政府在取得其他国家的同意后，将乐于以此目的为陛下进行友好的斡旋"。① 7 月 27 日，美国政府又派遣美国国务院远东问题专家柔克义（William W. Rockhill）作为美国特使前往中国，指示其以 7 月 3 日的照会及 23 日美国总统致清政府的国书作为指导。②

在中国南方，对于两江总督刘坤一、湖广总督张之洞联络南方各省督抚，发起"东南互保"活动，倡议列强共同维护东南和平局面，不派军舰进入长江流域，美国政府也给予积极响应和支持。6 月 21 日，张之洞致电清朝驻美公使伍廷芳，"素闻美人仗大义持公道，不肯乘人之危，以众陵寡，是以此次大沽之役美舰未肯开炮，不胜感佩。特请转达美总统及外部，恳其与各国切商保全东南大局，不可遽派船入江，弟与刘岘帅当力任保护，认真弹压匪徒，断不容稍滋事端"。③ 次日早上，伍廷芳即拜见国务卿海约翰，转达此意。当天，海约翰即通报美国总统，照会伍廷芳，称：美国总统对此表示欢迎，只要各总督维持辖境内的秩序并保护外国人的安全，美国无意派军队进入这些省份；我已将各省总督的保证及我的复照转达美国驻伦敦、巴黎、柏林、圣彼得堡和东京的外交使节。④ 25 日，收到 23 日由两广总督李鸿章、两江总督刘坤一、湖广总督张之洞、山东巡抚袁世凯、安徽巡抚王之春、湖南巡抚俞廉三联合署名的《东南互保声明》的英文译件，海约翰也于当天复照伍廷芳，再次表态，予以支持，并建议清朝政府与列强合作，尽速采取措施，扑灭北方义和团运动。⑤ 27 日，又致电指示美国驻华领事负责与各省督抚商议"互保"各项事宜，⑥ 并照会通

① Mr. Hay to Mr. Wu Tingfang, July 23, 1900, *FRUS*, *1900*, pp. 294 – 295.
② 《海致柔克义函》（1900 年 7 月 27 日），天津社会科学院历史研究所编《1901 年美国对华外交档案──有关义和团运动暨辛丑条约谈判的文件》，刘心显、刘海岩译，齐鲁书社，1983，第 9 ~ 10 页。
③ 《致华盛顿伍钦差》（光绪二十六年五月二十五日未刻发），苑书义等主编《张之洞全集》第 10 册，河北人民出版社，1998，第 8008 页。
④ Mr. Hay to Mr. Wu Tingfang, June 22, 1900, *FRUS*, *1900*, p. 274.
⑤ Mr. Hay to Mr. Wu Tingfang, June 25, 1900, *FRUS*, *1900*, p. 276.
⑥ Mr Goodnow to Mr. Hay, June 28, 1900, *FRUS*, *1900*, p. 248.

报伍廷芳。① 事实上，美国政府 7 月 3 日发布的第二次门户开放政策照会
既是对法国 7 月 2 日照会的答复，也是对刘坤一、张之洞发起的"东南互
保"倡议和活动的一个回应。7 月 2 日在发布第二次门户开放政策照会的
前一天，美国政府就向法国及其他列强发布了一个支持东南互保的照会，
宣告美国政府已命令军队不进攻华中华南各省，只要这些地方当局维持秩
序、保护外人生命和财产安全。② 在 7 月 3 日第二次门户开放政策照会中，
美国政府也表达了同样的意思，指出："我们认为北京事实上已处于一种
无政府状态，因而权力和责任实际上已移归各省地方当局。只要他们不公
开与叛乱者勾结，并行使权力保护外国人的生命财产，我们就认为他们代
表着我们所要与之保持和平友好的中国人民。"③

　　需要特别指出的是，在北京使馆遭围困期间，美国政府与清朝政府的
外交联络主要通过东南地方督抚和清朝驻美公使伍廷芳这一渠道。这一外
交孔道，中和了美国驻华公使康格提供的片面信息及欧美舆论界的一些夸
大不实渲染，为美国政府了解中国国内实情，缓解美国政府和公众的焦
虑，维持中美和平外交关系，起到了十分积极的作用，海约翰当时就曾对
此表示肯定和感谢。④

五　在和约谈判中袒护中国

　　在八国联军进军北京之际，清政府就将与列强的和谈提到议事日程
上。8 月 7 日，清政府颁布上谕，宣布任命两广总督李鸿章为全权大臣，
即日电商各国，并由总理衙门当日照会美国公使康格。⑤ 8 月 12 日上午 10
时 15 分，清朝驻美公使伍廷芳又向美国政府直接转达清政府这一任命、并
请求美国停止敌对行动，国务卿海约翰当日下午便复函表示认可和支持，
谓："美国政府欣悉李鸿章伯爵被任命为与各国谈判的全权大臣，美国方
面将本着继续保持两国间迄今存在的友好关系的愿望开始这次谈判。"并

---

① Mr. Hay to Mr. Wu Tingfang, June 22, 1900, *FRUS*, *1900*, p. 276.

② Mr. Hay to Mr. Porter, July 2, 1900, *FRUS*, *1900*, p. 312.

③ Mr. Hay to Mr. Herdliska, July 3, 1900, *FRUS*, *1900*, p. 299.

④ Mr. Wu Tingfang to Mr. Hay, August 3, 1900, *FRUS*, *1900*, p. 282.

⑤ The Tsungli Yamen to Mr. Conger, August 7, 1900, *FRUS*, *1900*, p. 187.

提出和谈和停止敌对行动的条件是"允许一支足够的部队组成援军不受干扰地进入北京"。①

八国联军攻占北京后，李鸿章于 8 月 19、21 日代表清朝政府致电中国驻外公使，请求各国立即停战并派代表举行谈判，美国政府也表示愿意配合。22 日代理国务卿艾地复函伍廷芳，虽然对清政府在外国联军进军北京、营救公使馆过程中没有提供协助有所不满，但同时明确表示"本政府仍然准备欢迎任何停火建议并邀请其他各国参加"，一旦清政府能确保首都的安全及北京和中国其他地方实行有效的停战，"美国就准备派代表同其他与美国利益相近的国家的代表以及中华帝国有权威的、能负责的政府代表一起，实现我们在 1900 年 7 月 3 日致各国的通告照会中所宣布的目的"。②

与此同时，美国政府不赞同一些列强（主要是英国和德国）对李鸿章作为清政府和谈全权代表前来北京举行和谈进行抵制的做法，他们在李鸿章抵达大沽后将禁止他上岸与中国当局取得联系，③ 代理国务卿为此于 8 月 24 日致电美国驻柏林、维也纳、巴黎、伦敦、罗马、东京和圣彼得堡的外交使节，指示他们转告各驻在国政府，美国在这个问题上与俄国持一致立场，反对各国在华外交代表和军队采取这种行动，指出"为了和平，为了使各国对中国的各项正当要求能有效地提出，重要的是使中国全权大臣能与他本国的政府及军队统帅取得联系，他们的行动对实现我在 22 日给你们的电报中所要求的停战将是必要的"。④ 并且，美国还以俄国已做出不企图在中国攫取领土的声明，倡议各国约定共同从北京撤军，表示随着清政府政权得到恢复和承认，"美国愿意从北京撤出它的军队，并将我们的正当要求通过和平谈判的途径加以解决"。⑤ 为了早日促成和谈，美国政府甚

---

① 《国务卿致中国公使的备忘录》（1900 年 8 月 12 日），《1901 年美国对华外交档案》，第 11 页。

② 《代理国务卿致中国公使的备忘录》（1900 年 8 月 22 日），《1901 年美国对华外交档案》，第 12 ~ 13 页。

③ 有关联军和英、德两国抵制李鸿章会谈活动，具体可参见李德征、苏智位、刘天路《八国联军侵华史》，山东大学出版社，1990，第 284 ~ 296 页。

④ 《代理国务卿致美国驻柏林、维也纳、巴黎、伦敦、罗马、东京和圣彼得堡外交使节的电报》（1900 年 8 月 24 日），《1901 年美国对华外交档案》，第 16 页。

⑤ 《代理国务卿致美国驻柏林、维也纳、巴黎、伦敦、罗马、东京和圣彼得堡外交使节的电报》（1900 年 8 月 29 日），《1901 年美国对华外交档案》，第 19 页。

至对清政府提出的由美国军队为李鸿章从天津前往北京提供保护的请求也予以接受。9 月 12 日，代理国务卿复函伍廷芳，表示"美国政府愿意在美国军队力所能及的范围内采取各种适当的方式，为李伯爵赴京提供方便，并将这样命令它的军队将领"。① 在 17 日接到伍廷芳关于清政府任命庆亲王和李鸿章为全权大臣，希望美国电令美国驻华公使尽快举行谈判的照会后，21 日代理国务卿即做出正式答复，对庆亲王和李鸿章的全权代表资格予以承认，授权美国驻华公使康格与庆亲王和李鸿章联系，举行谈判。②

在接着列强间关于议和大纲的谈判过程中，美国对中国的态度，相比其他列强也更为友善。9 月 30 日和 10 月 4 日，法国照会各国，提出与清政府和谈的 6 个条件：惩罚由各国驻北京使节指定的主要罪犯；维持武器禁运；对各有关国家、团体及个人给予相应的赔偿；在北京设立一支永久性的使馆卫队；拆除大沽炮台；对北京至天津道路上的两三个据点实行军事占领，强调要"从中国政府那里获得对过去事件的适当赔偿和对将来的确实保证"。③ 对法国这两道照会，美国国务卿海约翰多有保留意见。为防止一些列强在会谈过程中提出违背中国领土和行政完整的侵略要求或行动，10 月 22 日国务卿海约翰再向各国发出第三次"门户开放"政策照会，明确表示列强的议和条件要以恪守门户开放政策为前提，声称"我们对法国政府的上一次外交文件的答复是，本政府相信，如果各国在最初宣言中一致声明，他们决心维护中国的领土完整和行政统一，决心为中国也为他们自己保护中华帝国和全世界之间开放和平等的通商利益，那么，法国在其建议条款中所期望的那种结果，即对中国皇帝和政府的决断施加有利的影响，就一定会得到增强"。④

具体而言，在惩凶问题上，美国政府虽然与其他列强一致，主张须对

---

① 《代理国务卿致中国公使的备忘录》（1900 年 9 月 12 日），《1901 年美国对华外交档案》，第 21 页。

② 《代理国务卿致中国公使的备忘录》（1900 年 9 月 21 日）、《代理国务卿致俄国驻美代办的备忘录》（1900 年 9 月 21 日），《1901 年美国对华外交档案》，第 22～23 页。

③ Delcassé aux Ambassadeurs de la République française à Londres，à Berlin，à Vienne et près S. M. le Roi d'Italie，et au Ministre de France à Tokyo，30 septembre 1900，*Documents Diplomatiques*，*Chine*，*1899–1900*，p. 174；《法国驻美代办致国务卿的备忘录》（1900 年 10 月 4 日），《1901 年美国对华外交档案》，第 26～27 页。

④ Mr. Hay to Mr. Herdliska，October 22，1900，*FRUS*，*1900*，p. 307.

庚子事件中怂恿和支持义和团排外运动的中央和地方官员加以严惩，声称
美国政府从一开始就宣布"任何侵犯在中国的美国公民及其利益的肇事者
都应承担最大的责任"，但同时明确反对将惩凶作为和谈的前提条件，强
调"这实质上应当是在谈判最后解决办法时所要包括和提出的一个条
件"，[①] 并指示美国驻华公使加以监督和执行："祸首是否正确无误和令人
满意地列入了该谕旨的名单；所提出的处罚是否与所犯罪行的轻重相符；
用何种方法使各国确信这些惩处已经执行"。[②] 但另一方面，美国对惩凶问
题的态度又较其他列强温和，对列强在这个问题上的过分或不当要求多有
纠正。其一，主张惩凶问题应交由清朝政府执行，反对交由列强执行，明
确表示"作为对所受侵害的赔偿和对今后的儆戒，最有效的惩罚措施就是
由帝国最高当局自己去罢黜和惩办肇事者；应当先给中国一个这样做的机
会，从而使它在世界面前恢复自己的名誉，只有这样，对中国才算是公道
的"。[③] 其二，说服列强放弃将清政府不折不扣执行外交团的惩凶要求作为
和约的第一款和最后通牒，也反对在联合照会中使用与最后通牒意义相同
的"不可更改"一词，以免"导致谈判的失败"，建议顾及清政府实际能
否执行，只是在英国政府提出一个修正案，表示"不可更改"一词并不意
味因此有参与联合军事行动权力，以及其他列强都赞同在联合照会中保留
"不可更改"一词的情况下，为避免造成无限期拖延谈判局面，最后国务
卿海约翰才做出妥协，授权康格"在再次阐述本政府的意见之后，在照会
上签字"。[④] 其三，在最后确定外省犯事获咎应惩处名单及应判死刑名单和
人数中，美国反对更多的流血和殃及无辜，同意并说服其他列强接受清政
府将死刑官员由 10 人降为 4 人，不同程度减轻对其他人员的处罚。[⑤]

对和约中法国提出的有关禁止武器输入中国、在北京组建一支常驻公

①　《代理国务卿致德国驻美代办函》（1900 年 9 月 21 日），《1901 年美国对华外交档案》，第
　　24～25 页。
②　《海致康格电》（1900 年 10 月 3 日），《1901 年美国对华外交档案》，第 409 页。
③　《代理国务卿致德国驻美代办函》（1900 年 9 月 21 日），《1901 年美国对华外交档案》，第
　　24～25 页。
④　《海致康格电》（1900 年 11 月 20 日、11 月 27 日、12 月 19 日、12 月 21 日），《康格致海
　　电》（1900 年 11 月 23 日、12 月 4 日、12 月 20 日），《1901 年美国对华外交档案》，第
　　419、421、423～425 页。
⑤　《柔克义致海函》（1901 年 6 月 5 日）、《希尔致柔克义函》（1901 年 7 月 20 日），《1901
　　年美国对华外交档案》，第 252～266、298、392 页。

使馆的卫队、拆除大沽炮台、对天津至北京之间道路上的二三地点实行军事占领等严重损害中国主权的条款，美国多持保留意见。国务卿海约翰在10月10日致法国政府的复照中明确表示，有关武器禁令不能被理解为永久性的；美国政府在未经立法部门授权以前，不能对组建常驻公使馆卫队和军事占领天津至北京沿线重要据点等问题"做任何永久性的保证"；在未收到有关中国局势的进一步报告之前，美国政府对拆除大沽炮台一事将持保留意见，[①] 并将美国政府的这一立场致函美国驻华公使康格，令其执行。[②] 在接着讨论和约条款的过程中，美国对上述内容均持消极态度。在实行武器禁运问题上，美国对"是否有利"和"是否得当"表示"怀疑"，认为"这是一个很不令人满意的解决办法"；在禁运年限上，美国更倾向缩短禁运期，建议以 2 年更为合理，反对其他列强的 5 年建议。[③] 在军事占领天津至北京之间一些重要据点问题上，国务卿明确表示"美国不能答应参与联军对北京和直隶的无限期占领"，[④] 拒绝参与列强提议组织一支 12000 人的国际军队来实施占领，声明美国政府"除了依照我们最初的目的——保卫使馆和保护美国的利益外，无意参与其他军事行动"。[⑤] 并且，美国政府还赞同清政府要求列强停止对内地的军事征讨，认为"应该立即停止"，反对列强摧毁清军炮台工事，主张通过拆除手段解决之。[⑥] 在列强商议组建常驻公使馆卫队中，美国的态度也比较克制，与英、俄、日、法、德、意、奥匈等国相比，美国拟留驻的人数最少，只有 100 人。[⑦]

此外，美国政府还力促列强从中国撤兵，早日恢复和平。8 月 29 日，美国代理国务卿致函各国政府，表示赞同俄国的建议，随着清朝政权的恢

① 《国务卿致法国驻美代办的备忘录》（1900 年 10 月 10 日），《1901 年美国对华外交档案》，第 27～28 页。
② 《海致康格电》（1900 年 10 月 19 日），《1901 年美国对华外交档案》，第 411 页。
③ 《柔克义致海函》（1901 年 3 月 20 日、7 月 18 日、7 月 26 日），《1901 年美国对华外交档案》，第 127、362～363、371 页。
④ 《海致康格电》（1900 年 12 月 17 日），《1901 年美国对华外交档案》，第 423 页。
⑤ 《海致康格电》（1901 年 2 月 5 日），《1901 年美国对华外交档案》，第 433 页。
⑥ 《康格致海电》（1900 年 12 月 30 日）、《海致康格电》（1901 年 1 月 3 日），《1901 年美国对华外交档案》，第 427、428 页。
⑦ 其他列强拟留驻人数如下：日本：300～400；俄国：350；德国：300；英国：200～250；法国：250；奥匈：250；意大利：150～200。详见《军事委员会关于计划中的北京使馆区设防的报告》（1901 年 2 月 19 日），《1901 年美国对华外交档案》，第 92～93 页。

复，"美国愿意从北京撤出它的军队"，提议"指令在北京的各国军队司令一起协商，就像他们约定进军时一样，约定共同撤军"。① 为促成列强早日撤兵，稍后美国政府又放弃"约定共同撤军"倡议，不顾康格、柔克义等在华外交官主张继续保留美国在华驻军以确保美国影响力的建议，② 开始率先单独撤军。9 月 29 日，美方在天津临时政府第 47 次会议上就通知其他列强，美军将在一个月后撤离，"此后，拟不再派出美军换防"。③ 10 月初，美国即启动从北京和天津的撤兵工作，至 1901 年 5 月 19 日午夜除使馆卫队外的最后一批美军离开北京，撤军工作宣告完成。④ 撤军的同时，美国亦率先退出列强组织的殖民机构——天津临时政府管理委员会。1901年 4 月 29 日，在天津临时政府第 138 次会议上，美国福脱上校宣布他本人将退出临时政府委员会，此后"委员会将不再有代表美国的军官"，由秘书长田夏礼把关系美国的重大事务通知美国驻北京的公使馆。⑤ 5 月 3 日，福脱上校在第 140 次会议上宣布他本人已接到命令，"将于本月 10 日离开临时政府"。⑥ 美国既是第一个退出天津临时政府管理委员会的国家，也是联军中最早结束赴华远征的国家。

再者，在赔款问题上，美国政府坚决反对列强趁机对清政府进行敲骨吸髓的讹诈和勒索，主张将赔款额尽量限制在清政府能够承受的范围内，不要给清政府造成过度的财政压力，以致清政府失去生存和改革的能力。1900 年 12 月 29 日，美国国务卿海约翰即在电报中指示康格，在和约谈判中，尽可能使赔款保持在一个适当的限度内，以确保中国的偿付能力。⑦1901 年 1 月 29 日，海约翰具体指示康格将庚子赔款的总数限制在 1.5 亿美元（约合关平银 2.02 亿两），同时提出美国的损失和支出约为 2500 万美元。在此需要指出的是，海约翰当时提出美国的损失为 2500 万美元，并

① 《代理国务卿致美国驻柏林、维也纳、巴黎、伦敦、罗马、东京和圣彼得堡外交使节的电令》（1900 年 8 月 29 日），《1901 年美国对华外交档案》，第 19 页。
② 按：康格和柔克义的建议，详见《1901 年美国对华外交档案》，第 126、428 页。
③ 《八国联军占领实录·天津临时政府会议纪要》上册，第 47 页。
④ 有关美国的撤兵过程，详见 A. S. Daggett, *American in the China Relief Expedition*, pp. 135 - 140，144 - 146.
⑤ 《八国联军占领实录·天津临时政府会议纪要》上册，第 273 页。
⑥ 《八国联军占领实录·天津临时政府会议纪要》上册，第 277 页。
⑦ Mr. Hay to Mr. Conger, December 29, 1900, *Diplomatic Instructions of the Department of State, 1801 - 1906, China*, microfilm, Washington: National Archives, 1945 - 1946.

不是实际要求的赔款额，只是一个虚报的数字，目的是为在谈判中要求其他列强削减赔款数目预设一个筹码。在同一份电报中，海约翰就指出为使赔款总数不超出 1.5 亿美元，这就很可能需要各国做出一定的削减，并在电报的最后表示："我们并不期望完全赔付这样一个总数，像其他一些列强那样提出类似超出中国赔付能力的极端要求。"① 在此后有关赔款问题的谈判中，美国政府一再主张将赔款额限在 4000 万英镑（约合关平银 2.6666 亿两），避免给中国造成严重的财政困难，逼迫清政府实行一些不但危害列强自身利益，而且危害中国独立和完整的应急措施，强调"更多的优惠和行政改革要比大量的金钱赔偿更合乎需要"。② 根据美国政府的指示，4 月 23 日美国全权代表柔克义建议举行外交团会议，就这一问题阐明美方立场，强调根据去年 12 月 22 日列强联合照会的条款声明赔款应当是公平的原则，列强向中国索取的赔款额，"不应超过中国的支付能力，不应因此造成严重的财政困难，从而损害这个国家的行政以及行政的改革和所有外国的利益，并可能迫使中国不得不求助于所有国家都要谴责的财政上的应急手段，从而危害帝国的独立和完整"。他指出："既然要求中国的赔款必须是合理的，那么它的岁入不管是八千万两还是一亿或几亿，这对我们都无关紧要，我们仅仅限于要求中国能赔偿我们的损失和支出，而不是要寻求查清中国财源的底数，以便勒索它的每一分钱。美国政府认为，根据已经说明的情况，中国偿付能力的最大限度是四千万英镑。"③ 海约翰批评列强提出的 6750 万镑的赔款总数"太高了"，表示为让其他国家削减赔款要求，美国"愿意把自己已经合理的赔偿要求减少二分之一"。同时在偿付方式上，美国亦主张采取对中国较为有利的"没有国际担保""三厘利息和不付佣金的债券"，④ 坚决反对采取对中国更为不利的"联合担保

---

① Mr. Hay to Mr. Conger, January 29, 1901, *Diplomatic Instructions of the Department of State, 1801 – 1906, China*, microfilm. 按：海约翰的最后一句话在美国出版的 1901 年的外交文件中被删去，见 *FRUS, 1901*, Appendix, p. 359.

② Mr. Hay to Mr. Rockhill, April 8, April 29, 1901, *Diplomatic Instructions of the Department of State, 1801 – 1906, China*, microfilm; Mr. Rockhill to Mr. Secretary, April 18, 1901, *John Hay Papers*, microfilm.

③ 《柔克义致海函》（1901 年 4 月 23 日），《1901 年美国对华外交档案》，第 178～181 页。

④ 《海致柔克义电》（1901 年 5 月 10 日），《1901 年美国对华外交档案》，第 451～452 页。按：债券的年息最后确定为四厘。

借款"方式。① 要之,美国政府在赔款问题上的态度和立场,实际上为后来退还部分庚子赔款埋下了伏笔。

对于美国政府所表示的友善态度,清政府于 10 月 14 日便以光绪皇帝名义致电麦金莱总统,表示衷心感谢,电文云:"此次中国变起仓促,开罪友邦,乃蒙大伯理玺天德顾念邦交,允为排解,并先撤兵,感佩之忱,曷有既极。用特派四品卿衔出使大臣伍廷芳,呈递国电,先伸谢悃,还祈大伯理玺天德保全大局,永敦和好,转商各国,尽捐嫌隙,速定和议,则感荷高谊,益无涯涘。"② 1902 年 1 月 12 日,光绪皇帝又颁发电旨,秉承慈禧太后懿旨,令驻美公使伍廷芳对美军在占领北京期间保护紫禁城不受破坏,"洵属睦谊可风",向美国政府表示感谢。③ 甚至一些列强也认为美国在列强讨论议和大纲中充当了中国利益代言人的角色。1902 年 6 月 12 日,法国驻华公使鲍渥(Beau)在给法国外交大臣德尔卡赛(Delcasse)函中汇报议和大纲谈判过程时写道:"我已经与阁下提及美国驻北京使节对于中国所表现出来的极其友好的态度。去年谈判期间,美国代表柔克义在外交团召开的会议上在某种程度上充当了中国全权代表们的律师。至于康格先生,他为了赢得中国政府的感谢,回来后也是不遗余力。"④

纵观美国政府对义和团运动的态度和反应,我们可以得出以下结论:其一,在义和团运动中,美国政府一开始对其严重性缺乏认识,发表的第一次门户开放政策照会也与山东义和团运动并无直接关系,系针对列强的"瓜分"政策而发出的一个倡议,因此当时并没有通报美国驻华公使和清朝政府,直至 1900 年 3 月 22 日美国政府才指示康格通报清朝政府,以此鼓励清政府镇压义和团运动。其二,对于义和团运动向京津地区蔓延,美

---

① 《柔克义致海电》(1901 年 5 月 7 日),《1901 年美国对华外交档案》,第 451 ~ 452 页。

② 《总署致美使康格照会》(光绪二十六年闰八月二十八日),《中美关系史料》(光绪朝四),第 2724 页。

③ 《驻美国大臣伍廷芳为两次奉到慈禧电旨紫禁城承受美国官兵保护向美外交部申谢事致外务部咨呈》(光绪二十八年正月初四日),中国第一历史档案馆、北京大学、澳大利亚拉筹伯大学编《清代外务部中外关系档案史料丛编——中美关系卷》第 8 册《综合》,中华书局,2017,第 27 页。

④ M. Beau à M. Delcassé, 12 juin 1902, *Documents diplomatiques français*, *1871 – 1914*. 2e série, 1901 – 1911, Tome 2, Ministère des Affaires Étrangères (Paris: Imprimerie Nationale, 1931), pp. 347 – 348.

国驻华公使康格反应强烈，多主张与其他列强采取一致行动，并赞成列强的"瓜分"政策。但美国政府始终与其他列强保持距离，虽然出兵参与八国联军侵华战争，但仍与清政府保持外交沟通，将战争严格限制在解救使馆、恢复秩序范围内，支持"东南互保"及与清朝政府尽快举行和谈，结束战争，恢复和平，并先后发表第二、三次门户开放照会，将门户开放政策从维护中国境内贸易的自由均等扩大到维护中国领土和行政的完整。在《辛丑条约》谈判中，美国政府对中国的态度也相对友善。其三，美国政府对中国的态度和反应之所以较为节制和友好，除了美国国内政治因素之外，既与门户开放政策有着密切关系，也与东南地方督抚和驻美公使伍廷芳与美国政府之间保持的外交孔道起了积极作用有关。这一外交孔道中和了美国驻华公使康格提供的片面信息及欧美舆论界的一些夸大不实渲染，舒缓了美国政府和公众的焦虑。其四，透过美国政府对义和团运动的反应，我们看不出如有些学者所说，引发这场战争的原因在于"中外双方在交流方面的误解"，[①] 而主要还是 19 世纪以来中外民教矛盾和冲突长期得不到妥善合理解决的一个必然结果。

---

① 相蓝欣：《义和团战争的起源：跨国研究》，华东师范大学出版社，2003，第 358 页。

第四章　美国政府与庚子事变后的中国政局（1901～1905）

　　在庚子事变后的 5 年里，美国执政的是以信奉白种优越论和扩张有理论著称的西奥多·罗斯福总统。1901 年 3 月 4 日，同属共和党的麦金莱和罗斯福击败民主党总统候选人威廉·詹宁斯·布赖恩（William Jennings Bryan），分别就任美国正副总统。同年 9 月，麦金莱被美国一位无政府主义者枪杀身亡，罗斯福继任、成为美国第 26 位总统，也是迄今为止美国历史上最年轻的总统，时年 42 岁。国务卿仍然是以制订对华门户开放政策著称的海约翰。随着美国走向世界强国以及庚子事变之后中国成为列强的"保全"之国，罗斯福政府对中国政局的关注度和影响力亦大大加强。

一　推动中美官员交往

　　庚子事变之后，清廷朝政发生的一个明显变化是对外政策和态度由排外转向友好和媚外。1901 年 2 月 14 日慈禧太后和光绪皇帝颁布上谕，对列强的议和大纲欣然接受，对发生义和团反帝事件深表内疚，感谢列强的 12 条议和大纲"不侵我主权，不割我土地，念列邦之见谅，疾愚暴之无知，事后追思，惭愤交集"，指示"电饬该全权大臣将详细节目悉心酌核，量中华之物力，结与国之欢心"。① 鉴于美国在庚子事变中表现出来的相对友好态度，清政府更是积极发展中美关系。

　　1901 年 9 月 11 日，在得知麦金莱总统遇刺的消息后，外务部即致函康格，表示慰问和关切，称：

---

① 《光绪宣统两朝上谕档》第 26 册，第 482～483 页。

项接本月二十六日来函，惊悉贵国大伯理玺天德于前日下午突被蔑法党人行刺，身受两枪，伤势甚重，展诵之余，曷任骇诧，惟盼天相吉人，创口早日平复，不独慰贵国人民之望，亦环球友邦所同殷祝祷者也。除电达西安政府请备国电致问外，所有本爵阁大臣惊悼之怀，尚祈贵大臣电达贵政府查照可也。①

9月15日，在接到康格通报麦金莱总统去世的当日，外务部又复函康格，表示吊唁，称：

项接来函，惊悉贵国大伯理玺天德创伤益剧，遽于昨早崩逝，迩听之余，曷胜痛悼。伏惟大伯理玺天德自践祚以来，开疆辟土，远略丰功，实开贵国从来未有之风气，久为环球各邦所钦服。去岁中国变起仓卒，仰赖大伯理玺天德眷怀睦谊，遇事维持，本阁爵大臣受庇不浅，铭感实深。兹噩耗传来，尤令人痛惜不置，除即日电达西安政府奏请国电致唁外，本阁爵卧病在床，闻信感怆万分，尚祈贵大臣代为转达贵政府可也。②

同时，清政府还致电中国驻美公使伍廷芳，对罗斯福继任总统表示祝贺。9月26日，康格为此照会外务部，代表罗斯福总统对清政府的祝贺表示感谢，称：

兹有达知贵亲王一事，本国新大伯理玺天德于中国电嘱伍大臣致贺登极一节，甚为欣悦，现奉外部嘱请贵亲王，将大伯理玺天德知有此贺电颇为重视，欣谢良深，并常心祝中国大皇帝得膺景福，鸿业振兴，甚望两国常昭和睦之式，更望中国国家与百姓因而同受麻祥，得有升平景象之意，代为转行入奏可也。③

---

① 《外务部致美使康格函》（光绪二十七年七月二十九日），黄嘉谟主编《中美关系史料》（光绪朝五），台北中研院近代史研究所，1990，第2984页。

② 《外务部致美使康格函》（光绪二十七年八月初三日），黄嘉谟主编《中美关系史料》（光绪朝五），第2985页。

③ 《外务部收美使康格照会》（光绪二十七年八月十四日），黄嘉谟主编《中美关系史料》（光绪朝五），第2991页。《中美往来照会集（1846—1931）》第9册，广西师范大学出版社，2006，第342～343页。

为改变与各国关系，清廷于 1902 年 1 月 5 日即由外务部照会包括美国在内的各国公使，通告根据慈禧太后懿旨，将在回銮京师后尽快在乾清宫和宁寿宫分别召见各国驻华公使和公使夫人，"以笃邦交而重使事"。① 并且，在 1 月 7 日慈禧太后返銮进城的那一天，清廷虽然事前通知各国使馆，要求不要占用御道，各国使馆卫队要留在各自的兵营内，但当天清廷不但没有限制外国人出来观看，反而照会欢迎各国使馆人员观看，并为他们提供方便和服务；当慈禧太后路过前门大街外人站立观看的阳台时，慈禧太后还在轿子座椅上前倾示意，回复在场外国人的致意。② 1 月 28 日，光绪帝和慈禧太后便一道按照《辛丑条约》中所规定的觐见礼节，在乾清宫隆重招待外交团。公使团代表奥地利驻华公使齐干（Moritz Freiherr von Czikann）在觐见中致辞，一方面对光绪皇帝返回京城并接待外交使节表示欢迎，同时敦促清政府履行《辛丑条约》义务，增进中外理解，确保中外永久和平，称：

　　本领衔大臣代各国驻华使臣恭颂大皇帝陛下圣安，缘因去岁惨遭变乱，以致朝廷乘舆西幸，并我各国政府与中国所系交涉颇觉纷纭，一载有余，随即与大皇帝所简全权大臣酌商，弥久幸洽，于本年七月二十五日始将议定条款公同画押，则我各国政府与中国历久睦谊已然复续如恒，忆必共相适意。此次条款画押后，得以树立将来之新基，庶期倚赖新定条款各节，认真恪遵，我各国政府与贵国交谊自可日加亲密。目下大皇帝回銮，优赐觐见，而诸国使臣欣然以此视为事业之落成，并为大皇帝甚愿扩充邦交、永敦和好之证据。且此美意亦系我诸国大皇帝、大君主、大伯里玺天德具有同心，是使臣等敢于陛下前确切陈明，故大皇帝此次回銮，在使臣等欣恭表抒，愿祝大皇帝纯嘏绵长，国运隆昌之衷悃，谨此上闻焉。③

① 《中美往来照会集（1846—1931）》第 9 册，第 395 页。
② Mr. Conger to Mr. Hay, January 7, 1902, *Dispatches from U. S. Ministers to China*, *1843 - 1906*, microfilm.
③ 《各国公使会同觐见颂词》（光绪二十七年十二月十九日），黄嘉谟主编《中美关系史料》（光绪朝五），第 3054～3055 页。《中美往来照会集（1846 - 1931）》第 9 册，第 406 页。

光绪皇帝则在答词中感谢各国帮助恢复秩序，发誓自今以后开诚布公，共昭信义，谓：

> 贵使臣等合词进颂，备达恫忱，朕心殊深欣悦。溯自上年奉匪肇衅，骤致播迁，朕特命全权王大臣回京妥商定约，宗社复安，生灵无恙，实赖各国大君主、大皇帝、大伯理玺天德友睦之情，与贵使臣等维持之力。兹当銮舆旋轸，中外联欢，感念之余，尤为嘉慰。自今以后，开诚布公，共昭信义，邦交辑洽，海宇升平，朕与贵使臣等庆实同之。

慈禧太后则在答词中对外人在义和团运动中所受的遭遇表示歉意，表示今后必增进中外关系，并祝贺各驻华使节吉祥如意，称：

> 今日各使臣觐见，予心甚为欣悦，贵大臣等去年在京受惊者，予心尤为抱歉。此后中西各国必重敦睦谊，日加亲密，并愿贵大臣等驻京吉祥如意，同享升平之福。①

对于清廷的这次接见活动，康格在 2 月 5 日写给国务院的报告中予以积极评价，指出此次会见比此前接见外交使节更正式，更隆重，更尊敬，特别值得注意的是，慈禧太后第一次在接见外国公使中公开出场，这两次接待自始至终都非常周到和隆重，如是真诚的话，确乎具有重大意义。②

随着清政府对外政策的调整及中外交往礼节问题的解决，美国政府也在慈禧太后和光绪皇帝回銮之后频频派相关官员访华，加强与清政府的交往。1902 年 6 月 24 日 11 时，慈禧太后和光绪皇帝因康格的要求，在乾清

---

① 《各国使臣会同觐见答敕》（光绪二十七年十二月十九日），黄嘉谟主编《中美关系史料》（光绪朝五），第 3055 页。《中美往来照会集（1846－1931）》第 9 册，第 407 页。按：有关公使团颂词及光绪皇帝和慈禧太后答词的英文本，请见 FRUS, 1902（Washington：U. S. Government Printing Office, 1903），pp. 206－207.

② Mr. Conger to Mr. Hay, February 5, 1902, FRUS, 1902, p. 205.

宫接见美国亚洲舰队司令、海军少将娄哲思（Fredrick Rodgers）一行，[1]
并为娄哲思举行盛大的欢迎仪式，出席欢迎仪式的除所有外务部官员外，
还有数百名其他官员。娄哲思的致辞除感谢慈禧太后和光绪皇帝的接见
外，特别强调中美之间的特殊友好关系，指出：我坚信世界上没有其他国
家的人民比美国人民对中国的历史更亲近或更感兴趣的。毫无疑问，我们
两国之间的商业利益的重要性也将不断增强，这种相互关系是维持我们和
睦关系的一个重要因素。维护和加强中美之间的这种热情友好关系是我们
的真诚愿望，我们也真诚希望中华帝国和平、繁荣。[2] 光绪皇帝的答词除
赞赏娄哲思致辞所表达的友好感情外，也祝中美间的友谊从此更加亲密，
人民幸福、繁荣。[3] 在致辞和答词仪式结束后，慈禧太后还与娄哲思寒
喧：向美国总统和海军少将本人问好，询问他来北京旅途的时间，来自
太平洋，还是直接来自美国，并表示素闻美国海军所向无敌，很高兴太
平洋舰队在他的指挥下，纪律严明，训练有素，感谢康格为增进中美两
国友谊所做的努力，希望罗杰斯回国后转达对美国总统和美国人民的问
候和祝福，并祝他旅途顺利，等等。[4] 康格则在候客厅利用吃茶点的机
会，与奕劻、王文韶等在场的清朝官员交流，建议多增强中西方官员之间
的接触，这对彼此有益，在场的清朝官员完全赞同。觐见后的次日，康格
在写给国务卿的汇报中，称赞清政府为迎接娄哲思的访问做了十分周到的
安排，"一切都十分顺利、愉快，没有任何细节被忽视"，整个过程都"很

----

[1]　根据中方档案，美方出席觐见的除康格和娄哲思外，还有：美使馆医士李思得、卫馆都
　　　司黎富思、武官韦伯尔、翻译官汉文参赞白保罗以及美军随员医官伯都乐、随员游击谢
　　　乐尔、随员都司符理堆得。见中国第一历史档案馆编《光绪朝朱批奏折》第112辑，中
　　　华书局，1995，第115页。

[2]　Address of Admiral Rodgers at audience given by Emperor, *FRUS*, *1902*, p. 243. 按：当时翻译
　　　中文颂词如下："敝提督管理太平洋一带美国兵船，本日蒙皇太后大皇帝允准觐见，不胜
　　　感激之至。敝提督代美国政府管理海军既得入觐，将来报转政府，定必闻而欣悦。天下
　　　各国考究中国事务者，鲜有似美国人如是详察，关心中国一切事务之人。中国与美国友
　　　谊敦睦，系美国国家尤为欢喜不尽。嗣后使邦交永固，日益增加，实亦敝提督所甚愿。
　　　两国通商兴旺，系有必然彼此均行有益，斯实即襄助以上所言之交谊也。兹惟恭祝皇太
　　　后、大皇帝国泰民安。"见《光绪朝朱批奏折》第112辑，第116页。

[3]　Reply of the Throne to Mr. Conger and to the address of Admiral Rodgers, *FRUS*, *1902*, p. 243.

[4]　Supplementary Remarks of the Empress Dowager at the Audience Given to Admiral Rodgers, June
　　　24, 1902, *FRUS*, *1902*, pp. 243 - 244.

有礼貌，令人满意"，娄哲思少将"十分享受他在这个古都的短暂逗留"。①
康格认为清政府的这一变化"是对传统惯例的重大背离"，有益于促进
中美两国关系，指出这种接见规格仅在 1 个月前用于俄国海军上将。那
时，各国公使都心照不宣地认为，除了总司令，清廷不可能接见普通海
军官员。② 海军少将娄哲思回美国后也转达了慈禧太后及光绪皇帝对罗
斯福总统的问候，12 月 26 日，国务卿就此指示康格向清政府转达总统
的致谢。③

　　1902 年 12 月 22 日，康格照会外务部，通报美国陆军中将麦勒思
（Miles）将于近日到京，希望外务部安排觐见。④ 26 日，外务部即复照，
通报于次日巳正二刻予以接见。⑤ 27 日，参加觐见的美方人员除康格和麦
勒思外，还有翼长随员副将怀题尼、副将玛斯、水师总统饶司、随员腓布
格、随员何爱特、使馆头等参赞固立之、武随员都司布鲁思、医官哈特
撒、汉文参赞卫理。⑥ 而麦勒思觐见奏词也极言中美两国友好的特殊关系，
云："皇太后大皇帝准美国提臣麦勒思前来觐见，实为荣幸。勒思因系美
国人，甚乐知中国永为自古东方君主之国，与本国为泰西民主之首邦，向
来交涉，无一次不至于和睦，甚愿两国政府更有极睦之交。又知麦勒思所
言，系为本国政府及各人民均所欲言之意，并望两宫鸿（洪）福无疆及政
府诸事如意，百姓乂安。"⑦ 光绪皇帝的答敕也是一番中美友好的套话，
云："贵使臣带领贵提督觐见，专词致颂，备达辑睦之忱，良深嘉悦。贵
提督管带陆军，名誉夙著，我两国邦交敦笃，从此日加亲密，共享升平，
允符厚望。"⑧ 慈禧太后则与觐见的美方人员交谈，询问他们的个人问题，
并请麦勒思转达她对美国总统的问候和祝福；此外，还在宫中为麦勒思表

---

① 娄哲思于 6 月 18 日到京，25 日早上离开北京，前往大沽。
② Mr. Conger to Mr. Hay, June 25, 1902, *FRUS, 1902*, pp. 240 - 241.
③ Mr. Hay to Mr. Conger, December 26, 1902, *Diplomatic Instructions of the Department of State, 1801 - 1906, China*, microfilm.
④ 《康格致外务部照会》（光绪二十八年十一月二十三日），《中美往来照会集（1846—1931）》第 9 册，第 505 页。
⑤ 《外务部致康格照会》（光绪二十八年十一月二十七日），《中美往来照会集（1846—1931）》第 9 册，第 505 页。
⑥ 《光绪朝朱批奏折》第 112 辑，第 118 页。
⑦ 《麦勒思觐见致词》，《中美往来照会集（1846—1931）》第 9 册，第 506 页。
⑧ 《麦勒思觐见答敕》，《中美往来照会集（1846—1931）》第 9 册，第 507 页。

演了骑兵和步兵操练。11 月 29 日，两宫又在宁寿宫安排接待女眷觐见，人员有麦勒思之妻、康格夫妇、汉文参赞卫理夫妇、副将玛斯之妻、刚姑娘、魏姑娘、天津领事若士得之妻和医生葛翰章之妻，并安排她们与宫中的许多公主一道用餐。① 而康格夫妇则分别回邀庆亲王奕劻、军机大臣王文韶等高官及宫中的女眷到美国使馆做客、交流。12 月 31 日，在麦勒思中将离京次日，康格专门就这次中美官员的交往向国务卿做了具体汇报，表示这次访问给中国官员留下"非常正面的印象，相信中将的访问必将产生有益的作用"。②

不到半年，1903 年 6 月，美国政府又派海军上将艾文思（Robley D. Evans）及 11 名随员和内眷访问北京。6 月 15 日上午 10 点，由康格夫妇陪同，艾文思一行在颐和园仁寿殿先后受到慈禧太后和光绪皇帝的接见，两宫并设午宴招待。出席觐见的除康格、艾文思外，计有总兵贝礼、司探吞，医官贾底纳，主计甲理提、都司且宾、华盛顿、然美理、李思、散多思，千总艾泰路，学生伯鹿克，头等参赞固立之，汉务参赞卫理，天津领事官若士得，翻译学生柯罗、韩塞满、胡为拉。出席女眷觐见的人员除康格夫妇和艾文思之妻外，还有汉务参赞卫理夫妇、散多思之妻、艾文思之媳、营口领事官梅拉之女、刚伯理姑娘和女翻译何闰贞。艾文思在觐见颂词也感谢清廷的接见，称赞中美之间友好关系：

> 今日蒙皇太后、大皇帝恩允艾文思觐见，曷胜荣幸感激之至。美国与中国友谊相交，实有历久不渝之意，且系一秉诚实之心。此系已在圣明洞鉴之中，毋庸复赞。所可陈者，美国人视中国封圻广阔，治理二百数十余年，现在更行发达，一切政治制造，蒸蒸日上。美国人深可信贵国年愈盛兴。兹恭颂皇太后、大皇帝福寿康强、年丰国泰，万民乐业，四海升平。

光绪皇帝的答敕则云：

---

① 《光绪朝朱批奏折》第 112 辑，第 119 页。
② Mr. Conger to Mr. Hay, December 31, 1902, *Dispatches from U. S. Ministers to China, 1843 – 1906*, microfilm.

贵提督抒诚入觐，奏进颂词，语意吉祥，良深嘉悦。中国与贵国情好素敦，久而弥挚。兹当振兴庶务之际，尤愿与贵国益加亲睦，共臻上理，以期彼此有益，并愿贵提督顺时介祉，即事多欣，用副拳拳之意。①

18 日，康格专门写信给国务卿，报告艾文思一行"受到亲切和友善的接待"，"朝廷尽其所能使接待显得热情友好，并且令人难忘；海军上将艾文思也十分满意"。②

除派上述美军军官访华之外，美国政府还于 1902 年夏天简派圣路易斯博览会总理会务官巴礼德（John Barrett）访华，邀请中国参加赛会。1902年 7 月 21 日，康格照会外务部，通报美国为举办圣路易斯博览会派遣巴礼德前来北京，携有邀请光绪皇帝的刻银请柬，希望予以接见，"成就其奉派前来之事务，以为增加两国友睦之据"。③ 7 月 23 日，外务部上奏朝廷，旨准于 7 月 26 日巳正二刻觐见，④ 并于当日复照通知康格。⑤ 26 日，巴礼德在康格引见之后，奏词介绍了美国举办该博览会的缘由，代表美国政府邀请清政府和商民派员参加，以增进两国友谊，指出"此为美国甚有关系之事，是以愿请各国务必前来，作一万国博览赛会。中国与美国，向既相好，两国自必同心，欲坚友谊，以振兴彼此商务。礼德与美国人民甚望两宫均往临幸，中国人民亦均有赴会之分，俾得成就各美意，实为两国永有裨益。礼德兹代本国恭颂两宫国泰民安"。并呈递刻银请帖，帖内文字如下："大美国因购得鲁西亚纳地方，设立庆贺百年赛会，总理

---

① 《光绪朝朱批奏折》第 112 辑，第 122 页。

② Mr. Conger to Mr. Hay, June 18, 1903, *Dispatches from U. S. Ministers to China*, *1843 - 1906*, microfilm. 另参见《外务部致康格函·水师提督艾文思带员与内眷入觐已奉旨允准附礼节单》（光绪二十九年五月十八日），《中美往来照会集（1846—1931）》第 10 册，第 45 ～ 47 页。

③ Mr. Conger to Prince Ch'ing, July 21, 1902, *Dispatches from U. S. Ministers to China*, *1843 - 1906*, microfilm.

④ 《外务部为美国博览会总理巴礼德来京吁恳觐见事奏稿》（光绪二十八年六月十九日），江岳波编《晚清赴美参加圣路易斯博览会史料》，《历史档案》1987 年第 4 期，第 22 页。

⑤ 《外务部致康格照会》，《中美往来照会集（1846 - 1931）》第 9 册，第 468 页；Prince Ch'ing to Mr. Conger, July 23, 1902, *Dispatches from U. S. Ministers to China*, *1843 - 1906*, microfilm.

及各董事等敬谨恭请大清国大皇帝陛下御临斯会，并殷盼大皇帝谕饬贵
国家大臣等随同前往。总理会务巴礼德、总理会长弗兰西于一千九百二
年四月三十号同签字于散鲁伊斯城。"① 光绪皇帝则在答词中明确表示鉴
于中美两国良好关系"届时自当简派大员往襄盛会，从此商务振兴，升平
共享"。② 以此为契机，参加圣路易斯博览会成为这一时期中美交往的一项
重要活动。

为参加圣路易斯博览会，中国朝野进行了广泛地组织和动员。清政府
组建了一个高规格的赴美赛会代表团，任命溥伦贝勒为代表团正监督，任
命留美幼童、毕业于耶鲁大学的黄开甲和烟台海关税务司、美国人柯尔乐
（Francis A. Carl）为副监督，并饬令各省督抚筹措赴美赛会经费 75 万两，③
为清末历届之最。中国民间也闻风而动，积极响应，在朝野的共同努力
下，据不完全统计，赴美赛会的展品多达 46455 项，向美国和世界展示了
中国的工艺和物产。④ 1904 年溥伦抵美后，也受到美国政府的特别招待，
美方除提供陪同人员及保护外，为显示对清政府的重视，美国总统还于 4
月 25 日下午 2 点半在白宫亲自予以接见。会上，溥伦递呈光绪皇帝致罗
斯福总统函，光绪皇帝祝贺美国举办博览会，感谢美国此举为中美两国
友好关系提供了新的机会，期待溥伦美国之行将为中美两国商业带来巨
大利益。⑤ 罗斯福总统则在复函中表示增进中美两国关系也是美国政府的
愿望和目标，强调商业关系在中美关系中的极端重要性，指出：我们认

① 《大臣致词及巴礼德觐见奏词照译刻银请柬》，《中美往来照会集（1846—1931）》第 9
册，第 468～470 页；Copy of Address to be Delivered to Their Imperial Majesties, the Emperor
and Empress Dowager of China, by John Barrett, July 26, 1902, *Dispatches from U. S. Ministers to
China, 1843 - 1906*, microfilm.

② 《大臣觐见答敕》，《中美往来照会集（1846—1931）》第 9 册，第 471 页；The Answer of
the throne at the Audience granted to Hon. John Barrett, July 26, 1902, *Dispatches from
U. S. Ministers to China, 1843 - 1906*, microfilm.

③ 其中，直隶、江苏、广东、四川各 10 万两；湖北、浙江各 8 万两；江西、安徽、湖南、
山东各 4 万两；福建 3 万两，详见《户部为摊派各省赴美赛会经费事给外务部咨呈》（光
绪二十九年二月二十八日），江岳波编《晚清赴美参加圣路易斯博览会史料》，《历史档
案》1987 年第 4 期，第 23～24 页。

④ 吴锋：《1904 年美国圣路易斯商品博览会中国参展情况及历史影响》，《海关与经贸研究》
第 41 卷第 3 期，2020 年 5 月。按：有关清政府此次组织参展及参展品存在的问题，参见
董增刚《晚清赴美赛会述略》（《北京社会科学》2000 年第 2 期），兹不做论述。

⑤ The Emperor of China to the President of the United States of America, February 3, 1904, *FRUS,
1904*（Washington：Government Printing House, 1905），p. 149.

为，没有什么比扩大中美两国的商业关系更有助于实现这一目的，它将促进彼此信任和繁荣、人民的幸福和政府行善的目标。① 会后，中美两国都对双方相关人员进行了嘉奖。清政府向美方35名人员做了嘉奖，分别赏给宝星。② 美方也对中国展品及相关官员分别发给奖牌，共32个，其中，头等赏牌9个，金牌9个，银牌3个，纪念牌11个。③ 而在清政府积极组织动员中国绅商赴美参加博览会的同时，美国政府还于1904年2月专门派货币问题专家精琪来华，帮助清政府币制改革，由此可见当时中美关系和交往之密切。④

在中美文化教育交往领域，对于美国哥伦比亚大学成立中国语言系，希望中方帮助提供有关中国文学、语言、宗教和艺术方面的图书，或为大学博物馆提供中国工艺品，以增进美国人民对中国的了解，清朝政府也做了积极响应。1901年10月31日，康格为此专门致函外务部，转达哥大校长及他本人的愿望，指出"洛校长深信中美两国关系在不远的将来注定更加紧密，而这种睦谊关系的基础在于彼此的了解。为响应洛校长的倡议，我请贵部关心这一肯定也有益阁下的提议"。⑤ 11月3日，李鸿章和联芳代表外务部写了一封热情洋溢的复函，称："本部认为这一倡议体现了哥大校长传播学问的热情。全面研究文学、语言、宗教和艺术四个学科，不仅可以极大增进中美两国的友好关系，还可促进两国学问更加全面，将各科学问结成一个连贯的体系，这是显然的。我

---

① President Roosevelt to the Emperor of China, May 28, 1904, *FRUS, 1904*, pp. 149 – 150.
② 《奏赏赛会美官绅宝星及执照已寄往外部照单发给》（光绪三十一年二月十五日）、《照送散鲁伊斯赛会官绅宝星三十五并执照希收转寄附单》（光绪三十一年二月十日）、《有关转寄宝星及执照事宜之照会》（光绪三十一年二月十五日），《中美往来照会集（1846—1931）》第10册，第215、287~289、290页。按：照会一与照会二，实系同一文件。
③ 《美国博览会赠送中国赛会奖牌折单》（光绪三十三年三月十八日），江岳波编《晚清赴美参加圣路易斯博览会史料》，《历史档案》1987年第4期，第33页。按：需要特别指出的是，这次中美交往还为一年之后中国抵制美货运动拉开序幕。在赴美参展过程中，美国海关对中国官绅和商民施加的种种歧视和粗暴对待，就引起中国朝野的普遍不满。为此，康格在写给国务卿的有关这个问题的报告中建议美国政府对中国入境美国参展人员的规定做必要修改，否则，有损中美两国友好关系和商业关系，影响中国官商参会热情，有违邀请中国参会的初衷。详见 Mr. Conger to Mr. Hay, July 3, 1903, *Dispatches from U. S. Ministers to China, 1843 – 1906*, microfilm.
④ 按：有关美国货币问题专家精琪访华一事，详见本书第六章。
⑤ Mr. Conger to the Foreign Office, October 31, 1901, *Dispatches from U. S. Ministers to China, 1843 – 1906*, microfilm.

们很高兴拜读你的来函，本部已致函南洋大臣、两江总督刘坤一和铁路总办盛宣怀及驻美公使伍廷芳负责挑选和采购相关的重要中国书籍及精美工艺品，以帮助这项事业。谨此回复阁下的问讯，并望转达尊敬的哥大校长。"①

经过一个多月的挑选，中方为哥大挑选购买了一套《图书集成》丛书，径由刘坤一通过驻美公使伍廷芳赠送哥大校长。12 月 26 日，奕劻、王文韶、那桐和联芳署名代表外务部致函康格，就此加以说明，解释《图书集成》系中国目前最全面的图书汇集，汇集了中国古代和近代著作，涉及各方面内容；至于工艺品，南洋大臣刘坤一以为不好挑选购买，美商在华从事贸易多年，如果需要，哥大可从美商那里购买。② 对此，康格于 28 日复函表示感谢，称：这一礼物会作为哥大图书馆一件宝贵的新增图书受到高度重视，尤其是将为新成立的中国语言系提供所必需的文献。我希望这件可以增进中美两国人民友好感情的珍贵礼物，将证明在未来两国彼此利益中加强更加紧密关系的愿望。③ 1902 年 1 月 2 日，康格还就此写信向国务卿海约翰做了汇报，认为：这套丛书价值 1 万元；哥大拥有这套丛书将会大大增强它的声誉，对新成立的中国语言系将是一件十分宝贵的附属品。中国官员此时对这件事表现出来的兴趣，体现了中国对美国的友好态度，尤其是两江总督刘坤一的明智和友善。④

在庚子后促进和推动中美官员交往中，美国驻华公使康格夫妇更是做了大量工作。对于慈禧太后回銮后为改变其在列强中的不好形象，有意加强与各国驻京公使的往来，康格夫妇始终持鼓励和支持态度，并有意主动通过加强与清廷的交往，改变清廷排外保守形象，引导清廷与外界的交往

---

① The Foreign Office to Mr. Conger, November 3, 1901, *Dispatches from U. S. Ministers to China*, *1843 – 1906*, microfilm.

② The Foreign Office to Mr. Conger, December 26, 1901, *Dispatches from U. S. Ministers to China*, *1843 – 1906*, microfilm.

③ Mr. Conger to the Foreign Office, December 28, 1901, *Dispatches from U. S. Ministers to China*, *1843 – 1906*, microfilm.

④ Mr. Conger to the Secretary of State, January 2, 1902, *Dispatches from U. S. Ministers to China*, *1843 – 1906*, microfilm.

和接触。康格夫人①于 1897 年陪同丈夫一同来华，对中国的落后和所遭受列强的欺凌抱有一定的同情。她在 1899 年初一封写给其侄子的信中这样写道："因为亲身经历了这里的一切，对于中国人痛恨外国人的现象，我并不感到惊讶。外国人在这个不属于自己的国度里频繁地巧取豪夺，变本加厉。他们对待中国人就像对待狗和那些毫无尊严的东西一样。毫无疑问中国人会怒吼，甚至有时会伤人。这些来自基督国度的人们难道不能向中国人展示出更多一点的基督精神吗？无论是'年轻的西方'还是'年轻的美国'，已经积累起来的知识还远远不够，继续进行进一步的探索和研究不是更好吗？即使是在最不开化的国度里，仍然可以探寻到未知的领域。"②

1902 年 2 月 1 日，慈禧太后在养性殿隆重宴请外交团夫人，康格夫人作为公使团夫人代表，在会见的致辞中热情地鼓励太后追随世界进步潮流，增进中外交往，说道：

尊敬的太后：外交团夫人们荣幸地接受您的会见邀请，我们真诚地祝贺您和您的朝廷自由和平地返回京城，导致您弃离美丽京城的不幸事件终于得到圆满解决。您平安的返回北京和这座完好无损的皇宫，将是未来历史的一个重大事件，这个未来的历史此时尚不为人们充分理解。过去二年发生的事件就像对世界所有其他人一样，对您也肯定是十分痛苦的，但这一悲惨经历的伤痛是可以消除的。我们真诚地希望中国和世界其他民族之间将建立起更为友好、更为信任、更为坦诚的关系。

世界正在前进之中，进步的潮流不可阻遏，希望中国也与世界其他伟大的民族一道加入这一伟大的进程之中；祝愿所有的国家都显示宽容、善意和尊重他人，互为好处。

最近的上谕给予您的人民和帝国极大的美好希望，我们真诚地祈

---

① 康格夫人于 1843 年生于美国的俄亥俄州，1863 年毕业于伊利诺伊州的隆巴德学院。她与康格从小相识，青梅竹马，于 1867 年结为夫妻。1897 年，康格作为一名美国南北战争的老兵、律师和议员，被麦金莱总统任命为驻华公使，康格夫人即陪同丈夫一同来华。

② Sarah Pike Conger, *Letters from China: With Particular Reference to the Empress Dowager and the Women of China* (Chicago: A. C. McClurg and Co., 1909), pp. 222 – 223.

祷上帝保佑太后和皇上，引导你们实现这一愿望。①

　　为促进清廷与外部的交往和接触，康格夫人此后还不顾一些舆论的反对，多次接受邀请，前往紫禁城或颐和园接受慈禧太后的宴请，并争取慈禧太后同意 11 位朝廷王公贵族的妻妾和女孩到美国使馆做客，共进午餐，另邀请庆亲王和朝廷高官及随从 232 人出席美国使馆举行的晚宴。针对当时有些外国人反对她与慈禧太后来往、接触，康格夫人申辩说："个人的怨恨是一份毒剂，不但不能缝合伤口，如有可能，甚至扩大伤口；只有侨民理智地通过和平交流，才能达到愈合伤口；我们内心充满悔恨和复仇，将永远也不会减轻我们过去不幸事件的伤痛，也不会让我们生活在和平之中。……经常性的联谊（聚会），不管是社交性质还是政治性质的，都会增进中国人与外国人之间的相互理解"；② "在朝廷和平返回之后，慈禧太后敞开紫禁城的大门，邀请我们进入紫禁城，我们接受了邀请。为什么我们不应该回敬呢？这次共进午餐过后，它被证明十分成功，我真是感激之至。如果太后和那些女眷的丈夫不答应，那么那些夫人们就不可能来我

①　Address of Mrs. Conger, doyenne, at the reception of the Empress Dowager to the ladies of the diplomatic corps, February 1, 1902, *FRUS*, *1902*, p. 207. 当时康格夫人颂词的中文译件如下："各国使臣夫人欣得有皇太后懿旨觐见，均愿遵于钦定日期前来入觐。兹诚敬恭贺皇太后与大皇帝及朝廷一切臣工，缘上年有銮舆播越弃所有华美皇都之不幸一事，现在事归已往，两宫犹幸能以安然旋京，无损无虞，仍由自主，复得见庙社宫廷未罹兵燹，此时之人已渐明其故，将来国史必应记载其详。想皇太后与天下臣民必同以此为抱痛之事，中国惟有与各国妥设至好至正至可靠之交涉办法，以尽消毒螯之萌，此办法系中外之人甚为切盼。现时天下各国均系日有进步，此非人力所能阻挠，盼望中国亦允与天下各国同行此大有可为之进步，并愿天下各国能以同心明显忍耐恭敬和睦之心，于各国系同有益。敬阅近数月以来所降纶音，有予人以可期中国渐有起色之望，各使臣夫人均至诚祈祷上帝眷佑皇太后、大皇帝，默为引导，俾此期望成就如美花结果，可以餍足人心。兹祝两宫鸿福，永享无疆。"［见《康柏克氏觐见皇太后致词》（光绪二十七年十二月二十三日），黄嘉谟主编《中美关系史料》（光绪朝五），第 3057 页；《中美往来照会集（1846—1931）》第 9 册，第 409～410 页］。皇太后的答词如下："各使臣夫人合致颂词，情文周挚，欣悦良深。去岁内讧生变，仓促播迁，现值旋跸京师，欢联中外，谂知康夫人起居佳善，各夫人一切顺平，极慰系念。此次入觐宫廷，殷殷以中国振兴为颂词，尤见真诚。嗣后睦谊益敦，升平共享，惟愿各夫人在华诸事如意，福祉骈臻。是所厚望。"［《各国使臣夫人觐见皇太后答敕》（光绪二十七年十二月二十三日），黄嘉谟主编《中美关系史料》（光绪朝五），第 3057 页；《中美往来照会集（1846—1931）》第 9 册，第 409～410 页］

②　Sarah Pike Conger, *Letters from China: With Particular Reference to the Empress Dowager and the Women of China*, pp. 222－223.

家。她们接受邀请，这是告别传统习惯的一个令人兴奋的开端"。① 在与慈禧太后的交往中，康格夫人介绍美国风俗，如美国的感恩节，美国的墓葬，还建议她鼓励将朝廷子弟送往国外留学，称赏慈禧太后的一些改革措施，诸如颁布禁止缠足上谕。

为消除外人对慈禧太后的偏见，改变其在列强中的不好形象，同时也促进清朝宫廷与外界的交往和接触，1903 年 6 月 15 日，康格夫人利用在陪同来访的美国海军提督艾文思上将夫人觐见的机会，向慈禧太后推荐美国画家替她画像，供次年在美国举行的圣路易斯展览会上展出，然后转赠美国政府。对于这件事，康格夫人在 20 日写给她女儿的信中这样写道："几个月来，我一直对一些画报上严重丑化太后的漫画感到愤愤不平，愈来愈希望世界能够更加真实地看待她，我一直在设想要求太后允许与她讨论找人替她画像的主意。我已经写信给画家卡尔女士，得知她愿意与我合作。……画像或许可以向外界展示这位被故意错误报道的妇人的真实感情和个性，这是我的最大愿望。我亲爱的女儿，我没有忘记遭围困的黑暗日子里所经历的痛苦、流血和悲伤，但我不能漠然地将黑暗掩盖所有明媚的阳光。我最真诚地希望我们国家的人民能像我一样看待太后。我十分清楚这些转变是考验，但我总认为慈禧太后能够成功的面对它们。她观察和接受事物的直觉能力不是可以轻易逾越的，也不是一般的男人和女人可以相提并论的。"② 8 月 5 日，康格夫人亲领美国女画家卡尔 (Katherine Augusta Carl)③ 赴颐和园觐见慈禧太后，开始画像。

次年 4 月，慈禧太后人像画竣后，美国驻华公使康格在接到外务部照会的次日 (16 日)，便致函国务卿，转达照会内容，④ 并如实指出这项工

---

① Sarah Pike Conger, *Letters from China: With Particular Reference to the Empress Dowager and the Women of China*, p. 229.

② Sarah Pike Conger, *Letters from China: With Particular Reference to the Empress Dowager and the Women of China*, pp. 247 - 248.

③ 按：卡尔生于美国路易斯安那州新奥尔良市，在巴黎就学于 J. P. Laurenze and Gustave Courtois 门下。1898 年巴黎沙龙和 1900 年巴黎展览会上获提名奖。1904 年在完成慈禧太后的画像工作后，继续在欧美等国从事绘画，于 1938 年去世。

④ 按：外务部照会内容如下："现在恭绘皇太后圣容告成，钦奉懿旨，交本部祗领饬总税务司寄至贵国，即由散鲁伊斯赛会正监督恭迎至会场，俾共瞻仰。俟该监督观会事毕，转由驻扎贵国梁大臣赍送贵国国家，并将此意转达贵国大伯理玺天德。"《外务部致康格照会》(光绪三十年二月三十日)，*Records of the United States Legation in China, 1843 - 1945*, microfilm.

作系由其夫人倡议，写道："我荣幸地告诉阁下，因康格女士的建议，慈禧太后陛下答应将她的画像供在圣路易斯展览会上展出。现在这项工作已由康格女士推荐的美国画家卡尔小姐成功完成，现在正在运往圣路易斯的途中。"① 博览会结束后，驻美中国使馆遵照太后旨意，派员将画像运至华盛顿，赠送美国政府收藏。美国总统罗斯福出席赠送仪式，代表美国政府正式接受这幅画像。② 而女画家卡尔归国后，也为慈禧太后辩护，于 1906 年出版《与慈禧太后在一起的日子里》 （*With the Empress Dowager of China*），详细讲述她在宫廷为慈禧画像的经历。她在该书的绪言中指出写作该书的动机就是要纠正外界有关慈禧的一些不实说法，写道："特予遣回美洲后，各种报纸，往往将我之经历，信口雌黄，淆惑他人之观听；间有得之他人口述，则亦为海市蜃楼，无中生有之作。如有人谓太后乃为一阴险之女子，待我极苛刻，写照之时，强予写一较美较少之像；且落笔之后，又不准予有所改正。凡此种种，见于平日报纸者，不一而足。而伦敦泰晤士报某日，登有新闻一则，更为荒谬。谓'有人云中国慈禧皇太后，性极暴戾，有虎豹之威，今经卡尔女士证实，殊非过言'云云。余见之大异，盖予从未发为此等不确当之言论，以披露于世。而予所见之该项记载，美国各报，又转相抄袭，且加以按语，谓上半截云云，亦属我之口吻。夫欧美报纸之势力，既极伟大，则该项记载，自必深印于人人之脑筋中，即使我去函辨正，亦难望矫正公众人之心理矣。而此同类之记载，又复层见叠出，于我心殊怦怦也。既而思之，若为慈禧皇太后及我之名誉起见，则势不得不起而与之力辩。其辩护之法，则固无有如将予在宫中，为太后写照时之种种经过，编成一书便者，此本书之所以作也。"③

1904 年 11 月 16 日为慈禧太后 70 寿辰，康格早在 6 月 13 日就致函国务卿，建议美国政府致信祝贺，指出除英国和日本公使外，其他国家的公使都将建议政府发送贺信。④ 11 月 12 日，慈禧太后和光绪皇帝在宁寿宫亲自接

---

① Mr. Conger to Mr. Hay, April 16, 1904, *Dispatches from U. S. Ministers to China*, *1843－1906*, microfilm.

② Katherine Augusta Carl, *With the Empress Dowager of China* （London and New York: Kegan Paul, 1986）.

③ 卡尔：《慈禧写照记》，陈霆锐译，中华书局，1917，第 3 页。

④ Mr. Conger to Mr. Hay, June 13, 1904, *Dispatches from U. S. Ministers to China*, *1843－1906*, microfilm.

见康格，接受罗斯福总统的贺信和康格的贺词。罗斯福总统的贺信云：

> 大美国大伯理玺天德敬致书于大清国慈禧端佑康颐昭豫庄诚寿恭
> 钦献崇熙皇太后，前据驻扎中华便宜行事全权使臣奏称，中国历十月
> 初十日系皇太后七旬万寿，预行恭祝。予迤为互相敦睦友邦之大伯理
> 玺天德代本朝文武大臣及通国士庶，协声颂贺皇太后受此最得深旨之
> 颂祝，自必喜悦，政府及万民亦必胪欢。本大伯理玺天德亦当同乐，
> 惟愿皇太后圣寿绵长。

康格在致辞中首先对慈禧太后觐见接受国书表示感谢和祝贺，还借此
表达了增进中国与各国及美国之间关系的强烈愿望，对慈禧太后做统战工
作，其致辞云：

> 使臣于今日趁此吉祥之际遇觐见皇太后，将本国大伯理玺天德亲
> 笔之贺书呈递，以表其自行友睦之情，并恭贺慈躬鸿福、康强、平
> 顺，得至此七旬上寿。使臣今奉有本国总统嘱为亲致国书之谕，复蒙
> 慈恩，允准前来，实为不易得之机，殊深欣幸。兹甚欣将大伯理玺天
> 德所言之美意奏明，即系本国百姓有如此友爱中国百姓之心。若中国
> 百姓亦均有同心友爱本国百姓，彼此国家亦应同深庆贺国之得以兴盛
> 与民之得以绥丰，均系乎国有义安及与各与国和平之交涉，皇太后以
> 此巨国，自与泰西各国定约通商、立有相交之谊，迄今中美和睦历久
> 不渝。使臣奉使来华六年，实为使臣之大幸。数年中时想见果，即得
> 见两国交际年愈一年，迄今情谊更为敦厚，现在并欣见格外显明亲密
> 情形。故使臣甚望两国友谊，如有束缚之力，使之久而不离，并愿皇
> 太后圣寿无疆，得以亲睹交接彼此所结之美果，深为愉悦也。使臣兹
> 又至恭至诚，自行庆贺皇太后，并恭谢时蒙慈恩优待，兹将此国书亲
> 呈皇太后陛下披阅。①

---

① 《皇太后七旬万寿国书稿及康大臣之颂词》，《中美往来照会集（1846—1931）》第 10 册，
第 150～152 页。

对于美国总统的贺信，慈禧太后和光绪皇帝"深受感动"，在温谕和答敕中要求康格转达对罗斯福总统的感谢和祝福，分别称赞康格"语意吉祥，实为欣悦""驻华多年，遇事持平，良深嘉尚"，并分别赠送罗斯福总统和康格一幅慈禧太后相片，"以申敦睦之意"和"以示优异贵使臣贤劳丰著"。①

鉴于康格夫妇在促进清朝宫廷与外界交往以及改变西方国家对于慈禧太后形象等方面所做的努力和贡献，清廷对他们也是礼遇有加。1905 年 6 月康格离任前夕，光绪皇帝和慈禧太后在宫中接见即将离任的康格夫妇时，对他们在促进中美关系所做的贡献分别做了充分肯定，并表达对他们的良好祝愿。光绪皇帝在答敕中称赞康格"驻华数载，办事和平，有裨交谊，嘉悦良深"，祝愿中美"两国邦交永笃，亲睦有加，并愿贵使臣一路福星名誉日盛"。慈禧太后在温谕中也赞扬康格"为国宣勤，协笃邦交，深资翊赞，实堪嘉悦。贵使臣驻华数载，诸事浃洽"，对他的离任表示"眷念殊深，特赏御笔画一轴，宝星一座，锦缎四卷，用示优异"。

对于康格夫人，慈禧太后为感谢她所提供的帮助，尤其是在促进中国妇女与外界社会接触和中外官员夫人之间交往所做的贡献，授予一枚专门授予妇人的勋章及其他礼品，称："贵夫人驻华数年，迭次觐见，倍极欢洽，现将远行，更深眷注，特赏照像一分，宝星一座，锦缎四卷，用示记念。贵夫人赋性贤淑，深为嘉尚。惟愿福祉攸加，顺时珍重。"② 清廷对康格夫人的褒奖，固然有礼节成分，但确有对其贡献的肯定。

康格本人在辞行致辞中，也为其 7 年任期间中美关系的发展感到满意，并感谢两宫对他本人的优待，同时表达良好祝愿，云："使臣自奉使来京，将有七年之久，兹将离此美善之区，不能不行奏请入觐，恭谢皇太后大皇帝优待之恩，并深谢时赐以温厚之谊，俾中美两国交际最敦。窃愿如此情形历久不变，兹值陛辞，惟望皇太后大皇帝随时珍重，圣体康强，贵国愈见振兴，民情悉臻安谧。"③

---

① Mr. Conger to Mr. Hay, November 16, 1904, *Dispatches from U. S. Ministers to China*, *1843 - 1906*, microfilm. 《大臣觐见答敕及温谕》，《中美往来照会集（1846—1931）》第 10 册，第 154~155 页。

② 《康夫人陛辞温谕》，《中美往来照会集（1846—1931）》第 10 册，第 292 页。

③ 《康大臣辞行之致词》，《中美往来照会集（1846—1931）》第 10 册，第 217 页。

二 对新政改革的态度和反应

庚子事变之后，清朝朝政发生的另一重大变化是改革主义在因戊戌政变而遭中断 3 年之后重新启动。为迎合列强的愿望，改变自己保守顽固的形象，逃避造成庚子八国联军侵华的罪责，逃亡西安的慈禧太后迫于内外压力，于 1901 年 1 月 29 日以光绪皇帝名义，发布上谕，宣布改弦易辙，实行变法。该上谕称："自播迁以来，皇太后宵旰焦劳，朕尤痛自刻责。深念近数十年积弊相仍，因循粉饰，以致酿成大衅。现正议和，一切政事，尤须切实整顿，以期渐至富强。懿训以为取外国之长，乃可去中国之短；惩前事之失，乃可作后事之师。……着军机大臣、大学士、六部九卿、出使各国大臣、各省督抚，各就现在情弊，参酌中西政治，举凡朝章国政、吏治民生、学校科举、军制财政，当因当革，当省当并，如何而国势始兴，如何而人才始盛，如何而度支始裕，如何而武备始精，各举所知，各抒所见，通限两个月内悉条议以闻，再行上禀慈谟，斟酌尽善，切实施行。"①

后来的历史表明，这在晚清历史上是一道具有划时代意义的上谕，它标志清末最后十年新政的开始。然而，对于这道重要的上谕，美国政府开始时多对其持不信任态度，并不看好。当时美国的驻华公使康格就没有充分意识到这道上谕的意义，他在向国务院汇报这道改革上谕时虽然指出"这道上谕被中国人称为'改革上谕'，提出许多好的建议"，但同时指出该上谕仍然否定 1898 年戊戌变法，斥责康有为的变法非变法，乃乱法，"很显然，这是受皇太后的鼓动和意愿，不能期望会有许多真正的改革"。②美国和约谈判全权代表柔克义也对清政府启动的新政改革持怀疑态度，在收读新政上谕后，他在 2 月 18 日写给国务卿海约翰的信件中认为这道上谕"是令人好奇的，但它不一定有任何价值或益处，也不意味具有令其他政

---

① 朱寿朋编《光绪朝东华录》四，中华书局，1958，总第 4601～4602 页。
② E. H. Conger to the Secretary of State, March 1, 1901, in Jules Davids (ed.), *American Diplomatic and Public Papers: The United States and China*, Series Ⅲ, *The Sino-Japanese War to the Russo-Japanese War, 1894–1905*, Volume 1, *The China Scene*, p. 73.

府希望迅速听到的满意的东西"。① 6 月 16 日，柔克义在写给国务卿海约翰的信件中继续不看好改革前景，表示："在目前中国，除非在强大的外部压力之下，否则改革将不会得到认真的执行；贸易自然会有所改进，但崩溃将会继续，因为整个统治阶级毫无生气和活力，毫无爱国主义精神。在我看来，中国的前景十分黯淡。"②

在颁布新政改革上谕两个月之后，4 月 25 日慈禧太后再次以光绪皇帝名义发布变革上谕，敦促封疆大吏就变通政治、力图自强提出建议，并宣布设立督办政务处，任命庆亲王奕劻、大学士李鸿章、荣禄、昆冈、王文韶、户部尚书鹿传霖为督办政务大臣，刘坤一、张之洞遥为参与，"于一切因革事宜，务当和衷商榷，悉心详议，次第奏闻，俟朕上禀慈谟，随时择定，俟回銮后，切实颁行"。③

在 4 月 21 日上谕下达之后，先前还持观望态度的地方督抚开始转变态度，闻风而动，就改革问题上奏朝廷。而美国驻华公使康格对这道改革上谕却做了超出上谕内容的解读。一方面，他认为上谕宣布设立政务处有利于推动清廷改革，在 5 月 2 日向国务院译送上谕的报告中指出：虽然政务处的一些成员肯定属于保守主义者，但当朝廷返回北京和他们履行职责的时候，他们很可能会看到，中国的唯一希望在于改革，并且就像这里的官员已经发生的那样，将经历一个心灵的转变，很快成为亲外分子——就如同他们曾是排外分子。另一方面，康格仍然对上谕传达的改革意图抱怀疑态度，甚至牵强附会，将设立政务处看作慈禧太后即将退出政坛的一个预兆，他在上谕颁布后的第四天便电告国务院，称："皇太后已任命设立政务处，以解除她的政务职责"，并于电报中冠以"绝密"字样。一个星期后，他在全文译送上谕的报告中仍然坚持这一看法，指出这道电文上谕系由李鸿章收到，出台的具体细节不详。对于慈禧太后发布这道上谕的真实意图有许多不同看法，即使中国人也有一些疑惑，但一般多认为这是慈禧太后退出权力的开始。④

① W. W. Rockhill to Mr. John Hay, June 16, 1901, *John Hay Papers*, microfilm.

② W. W. Rockhill to Mr. John Hay, June 16, 1901, *John Hay Papers*, microfilm.

③ 朱寿朋编《光绪朝东华录》（四），总第 4655 页。

④ E. H. Conger to the Secretary of State, May 2, 1901, in Jules Davids（ed.）, *American Diplomatic and Public Papers：The United States and China*, Series Ⅲ, *The Sino-Japanese War to the Russo-Japanese War*, *1894－1905*, Volume 1, *The China Scene*, pp. 76－79.

值得指出的是，康格将清廷宣布设立政务处解读为慈禧太后退政的预兆，这是完全错误的。上谕明确宣示有关清廷的所有改革大计都须"俟朕上禀慈谟，随时择定"，换言之，所有军国大事均由慈禧太后裁定，根本没有慈禧退政之意。康格对 4 月 21 日上谕的误读，更多传达了当时一些西方国家和人士希望慈禧太后退政的主观愿望，同时将清朝官员之间担心西方列强提出"更换执政"的私议误读为慈禧退政。不过，好在康格的这一误读只是个例，在当时并未影响美国政府的决策。

8 月 20 日，清政府公布《督办政务处章程》10 条，不但具体规定了政务处的组成、职能、权限和地位，强调政务处"乃天下政治之管辖，当广集英贤，资其策力，非其才不当循情面，得其人不当限资格，朝廷用人，一秉大公，当以政务处始"，同时对政务处主导改革的指导思想、路径和宗旨做了阐述，宣布变法大纲有二：一是认真整理旧章；二是中法所无参用西法。改革路径是尽裁冗费，先取天下所痛恶者革除一二，天下所甚愿者兴办一二，以争取民心，绝不可"此时先事搜刮"。改革宗旨为遵循 1900 年上谕"严禁新旧之名，融通中外之迹"之训条，吸取洋务运动、戊戌维新之教训，去私心，破积习；强调改革应根据中国国情，因地制宜，因势利导。① 根据此一章程内容，作为推行新政改革总机关的督办政务处，不但为清末改革步伐定下比较审慎的基调，同时也将政务处作为清廷推行行政改革的先声。

可能由于督办政务处章程为新政改革所定下的审慎基调（尽管具有极大的合理性）不久在很大程度上被刘坤一、张之洞的《江楚会奏三折》及实际改革进程所颠覆，此一重要文献无论在当时还是后来的研究中都未受重视。但康格对该章程的重要性和意义却有比较准确的分析和评论，他在 9 月 6 日将《督办政务处章程》全文译呈国务院时指出：该章程虽然有些冗长，但很有意思，因为它显示了政务处根据更为现代和更有效的路线组织政府的真实意图。对于督办政务处章程为新政改革定下的审慎基调，康格一方面认为有些保守，指出受目前环境的影响，其所表达的改革思想毫无疑问是保守的，并不主张整体采纳西方文明，也无意仿效 1898 年提出的

---

① 该章程内容，详见（清）沈桐生编《光绪政要》卷 27，台北：文海出版社，1985，第 1582～1588 页。

改革步骤，但同时肯定该章程显然渴望学习西方的各种方法，并使之适合中国国情，以加强中国的国力。①

在清政府推出的各项新政中，康格关注最多的是有关教育方面的改革。1901 年 8 月 29 日，清廷发布上谕，宣布自翌年开始乡试和会试取消用八股文程式，一律改试策论，并停止武生童考试及武科乡会试，称："科举为抡材大典，我朝沿用前明旧制，以八股文取士……乃行之二百余年，流弊日深，士子但视为弋取科名之具，剿袭庸滥，于经史大义，无所发明，急宜讲求实学，挽回积习，况近来各国通商，智巧日辟，尤贵博通中外，储为有用之材，所有各项考试，不得不因时变通，以资造就。着自明年为始，嗣后乡会试，头场试中国政治史事论五篇，二场试各国政治艺学策五道，三场试四书义二篇、五经义一篇。考官评卷，合校三场，以定去取，不得全重一场。生童岁科两考，仍先试经古一场，专试中国政治史事及各国政治艺学策论，正场试四书义五经义各一篇。考试试差庶吉士散馆均用论一篇策一道。进士朝考论疏、殿试策问，均以中国政治史事及各国政治艺学命题。以上一切考试，凡四书五经义均不准用八股文程式。策论均应切实敷陈，不得仍前空衍剽窃。自此次降旨之后，皆当争自濯磨，务以四书五经为根本，究心经济，力戒浮嚣，明体达用，足备器使，庶副朝廷求治作人之至意。"② 又称："武科一途，本因前明旧制，相沿既久，流弊滋多，而所习硬弓刀石及马步射，皆与兵事无涉，施之今日，亦无所用，自应设法变通，力求实用，嗣后武生童考试及武科乡会试，着即一律永远停止。所有武举人进士，均令投标学习，其精壮之幼生及向来所学之童生，均准其应试入伍，俟各省设立武备学堂后，再行酌定挑选考试章程，以储将才。"③ 9 月 6 日，康格将这两道上谕全文译送国务院，指出：如果这些上谕得到合理的执行，会使中国人的思想、政治和实际生活产生巨大的变化，结果会消除许多的偏见，促进中国与西方的友好关系。他认为新的教育制度要求学习物理和政治科学，将会纠正目前片面的文化，为

---

① E. H. Conger to the Secretary of State, September 6, 1901, in Jules Davids (ed.), *American Diplomatic and Public Papers: The United States and China*, Series Ⅲ, *The Sino-Japanese War to the Russo-Japanese War, 1894 - 1905*, Volume 1, *The China Scene*, p. 101.

② 朱寿朋编《光绪朝东华录》（四），总第 4697 页。

③ 朱寿朋编《光绪朝东华录》（四），总第 4697～4698 页。

合理开发这个大帝国的富饶资源准备条件。如果中国人真诚地沿着这条道路走下去，一定可以期待良好的结果，这对所有人都是一个莫大的惊喜。康格还认为，清政府启动教育改革与去年列强在和约谈判中要求在那些外国人遭受伤害的地区停止科举考试有着直接关系，它"为中国政府引入这些十分必要并值得称道的改革提供了机会"。①

1901 年 9 月 14 日和 16 日，清政府又分别颁布两道与教育改革有关的上谕：一道是鼓励设立学校，命将各省所有书院于省城改设大学堂，各府及直隶州改设中学堂，各州县均改设小学堂，并多设蒙养学堂。② 另一道是鼓励各省选派学生出洋游学，同时鼓励自费留学，称："造就人才，实系当今急务。前据江南、湖北、四川等省选派学生出洋肄业，着各省督抚一律仿照办理，务择心术端正文理明通之士，遣往学习，将一切专门艺学，认真肄业，竭力讲求，学成领有凭照回华，即由该督抚学政，按其所学，分门考验。如果学有成效，即行出具切实考语，咨送外务部复加考验，据实奏请奖励。其游学经费，着各直省妥筹发给，准其作正开销。如有自备旅资出洋游学者，着各该省督抚咨明该出使大臣随时照料。如果学成得有优等凭照回华，准照派出学生一体考验奖励，候旨分别赏给进士举人各项出身，以备任用，而资鼓舞。"③ 1901 年 10 月 1 日，康格将这两道上谕译送国务卿，指出这些上谕虽然不像 1898 年光绪皇帝颁布的那些改革上谕那样激进，但与其他最近转呈的上谕遵循的路线是一致的。如果中国政府真心诚意，并执行这些改革，将会获益匪浅。但康格同时对改革政策能否真正得以落实抱怀疑态度，表示"我们过去的经验使我们不能对这些承诺在其实施之前寄予太大希望"。④

1902 年 1 月 10 日，慈禧太后在回到京城后的第四天，又以光绪皇帝名义发布两道教育改革上谕：（1）恢复京师大学堂，任命张百熙为管学大

---

① E. H. Conger to the Secretary of State, Setember 13, 1901, in Jules Davids (ed.), *American Diplomatic and Public Papers*: *The United States and China*, Series Ⅲ, *The Sino-Japanese War to the Russo-Japanese War*, *1894 - 1905*, Volume 1, *The China Scene*, pp. 102 - 106.

② 朱寿朋编《光绪朝东华录》（四），总第 4719~4720 页。

③ 朱寿朋编《光绪朝东华录》（四），总第 4720 页。

④ E. H. Conger to the Secretary of State, October 1, 1901, in Jules Davids (ed.), *American Diplomatic and Public Papers*: *The United States and China*, Series Ⅲ, *The Sino-Japanese War to the Russo-Japanese War*, *1894 - 1905*, Volume 1, *The China Scene*, p. 113.

臣，要求切实整顿，"务期端正趋向，造就通才，明体达用，庶收得人之效"；（2）命翰林院切实讲求古今政治，中西艺学，"期为有用之才，以备国家任使"。① 次日，又令将同文馆归入大学堂，不再隶属外务部。对这三道改革上谕，康格在 1 月 16 日的报告中一方面肯定这是清政府希望通过教育改革获得更有能力处理国际事务的官员，但同时批评清廷的教育改革存在一些认识误区和局限：清政府期望在几个月内让他们的官员学到西学知识，以使他们能够胜任讨论一些需要掌握近代科学才能解决的问题，这显然是对西方能够向他们提供的知识估计不足，这种对西学的低估已损害了中国人过去所进行的历次教育改革。恢复京师大学堂是一个重要的决定，但将它完全交由张百熙管理，这并不利于它的成功；张百熙虽然是一位进步官员，但他是一个完全受中国教育的人，不熟识西方科学和教育，不足以胜任这一重要职位，不能为京师大学堂制订适用的课程和章程。另一方面，康格认为清政府不愿意将他们的学校暂时委托有能力的外国教育家管理，也不利于教育改革的成功："固然有一个由欧洲和美国学者组成的院系，其中我们的同胞丁韪良（W. A. P. Martin）担任总教习，他自然会与他们交换意见，但据悉这些外国教员将会全部被解聘，由其他人取代他们的位置。只要中国完全不愿意将学校暂时委托有能力的外国学者管理，他们将会失败，就像他们以往所做的那样，使这些学校蒙羞。"②

　　对于清朝政府在教育改革过程中同意山东济南大学堂章程规定所有学生均须向孔子行跪拜之礼，将那些不肯行礼的教民学生逐出学堂的做法，康格代表美国政府，则直接加以干涉。1902 年 5 月 5 日，康格专门就此照会外务部，提出抗议，指责山东济南大学堂章程和做法违背信教自由，违背中外条约，为守旧势力张目，要求修改学堂章程，指出："中国朝廷迭谕百姓，不得逼迫教民，并迭惩办其逼迫者，自问可以先行自开逼迫之端为之榜样耶？……如严执此现定之章，以致从教学生禁入学堂，并行道教习，亦须逐出，愚民视之，必群以国家意将除去耶稣之教，岂不与一千九百年欲行滋事情形一律乎。旧党之人将必因而生事，若再有事故，其责非归中国，其谁任之。"并且，此种做法也有损中国政府改革和与外国友好

---

① 朱寿朋编《光绪朝东华录》（四），总第 4798 页。
② Mr. Conger to Mr. Hay, January 16, 1902, *FRUS, 1902*, pp. 181 - 182.

的形象，欧美人民"均必以为薄待，不能视为友睦，且必更视中国心怀仇为不善也，自应妥设善法，兴起学堂。缘中国政府允更新政，设立学堂，以求新学，各国人均指所立此章系为政府决无实意奉行新政之据"。①一个星期后，外务部即照会康格，通报已将来函要求饬山东巡抚查明核复。②在收到康格的报告后，美国政府于6月27日致函康格，对他的交涉行动明确表示支持。③

除关注教育改革外，根据对华门户开放政策，当时美国政府主要还是关心与贸易和投资有关的改革。美国总统罗斯福在每年的国情咨文中，凡是提到中国问题，谈得最多的也是如何促进美国在华的贸易和投资，强调贸易关系在促进中国的文明和进步、促进中国与其他国家友好关系上的作用。他的第一份年度国情咨文报告在谈到中国问题时便宣称：

> 我们赞成门户开放政策所包含的内容，不仅扩大沿海的商业机会，而且要进入中国已同意开放的内陆地区。只有通过将中国人带入到与世界所有民族和平友好的贸易社会中，现在顺利开始的这项工作才能结出丰硕成果。为了实现这一目标，我们必须根据条约，坚持在帝国境内为我们的贸易和公民获得与所有其他国家平等的待遇。④

他在1903年的国情咨文中则热烈称赞中美签订的《通商行船续订条约》"终于为我们商业的全面发展奠定了基础"。⑤1904年5月，罗斯福总统在写给光绪皇帝的回信中，亦强调希望促进中美两国的经济关系，表示："扩大商业贸易关系，可以极大地增进彼此的信任，促进彼此的繁荣，并增进人民的福祉，我们认为没有什么能比扩大中美两国人民的贸易关系

---

① 《外务部收美使康格照会》（光绪二十八年三月二十八日），黄嘉谟主编《中美关系史料》（光绪朝五），第3127页。《中美往来照会集（1846—1931）》第9册，第435页。

② 《外务部致美使康格照会》（光绪二十八年四月初六日），黄嘉谟主编《中美关系史料》（光绪朝五），第3133页。

③ Mr. Hill to Mr. Conger, June 27, 1902, *Diplomatic Instructions of the Department of State, 1801 – 1906, China*, microfilm.

④ Message of the President, U. S. State Department, *FRUS, 1901*, p. LIII.

⑤ Message of the President, U. S. State Department, *FRUS, 1903*, p. XXII.

更为有益。"① 但在经济改革领域，美国政府与清政府的态度和主张并不一致。

在路矿领域，美国方面对清政府颁布和制订的政策和法令、章程就不支持。1902年3月17日，清政府颁布由外务部和路矿总局制订的《矿务章程十九条》。这份由外务部奏请的矿务章程为鼓励中外商人投资近代矿业，同时也为迎合列强输出资本的需要，对外资投资中国矿业并没有加以限制，给予洋商与华商同等待遇，其第5条规定"递禀开办者，或华人自办，或洋人承办，或华洋人合办，均无不可"，只是要求承办者无论何人，"均应遵守中国定章，倘出有事端，应由中国按照自主之权自定"。另外，章程规定允准之采矿权，一律必须由外务部批准后，"方可为准行之据；未奉批准以前，不得开办"（第1条）。② 对于该章程在给予洋商与华商同等开矿权的漏洞，当时有些清朝官员就有所批评，如盛宣怀就批评矿章对"洋人与华人一律看待，恐此后更无限制"，为此，刘坤一和张之洞则要求对矿章"浑言洋人可开矿，必应改订"。然而，对于这份由外务部制订的比较迁就外商投资矿业的章程，包括美国在内的西方列强并不予以认同。3月29日，外务部照会康格，送上矿务章程，告获皇帝批准。4月3日，美国驻华公使康格在收到矿务章程4天后照会外务部，称"此矿章过于繁难，恐不能鼓励矿商，振兴各矿，中国政府与商民难期获利，直与禁止开办所差无几，实为可惜之至"。③ 在否决外务部的矿务章程后，康格对商部在1903年12月制订颁布的《铁路简明章程》也持反对态度，12月29日照会外务部，认为章程没有鼓励吸引外资，称："本大臣深信章内所言铁路系为中国兴盛之基，贵国不能不筹设妥法办理，并信中国开造铁路必须倚借洋款，一如外洋各国造路亦常集资于他国之人。惟此次重订之章，恐未必能有成效，缘此章过于严苛难行，想洋人未必乐于照此章程出借也。"④

根据中英、中美商约的规定，1904年3月清政府又重新颁布《矿务暂

① President Roosevelt to the Emperor of China, May 28, 1904, *FRUS*, *1904*, pp. 149 - 150.
② 《外务部奏定矿章程折》，《外交报》第9期，"文牍"，第五页上。
③ 《外务部收美使康格照会》（光绪二十八年二月二十五日），黄嘉谟主编《中美关系史料》（光绪朝五），第3112页。《中美往来照会集（1846—1931）》第9册，第426页。
④ 《美国驻华公使康格致外务部照会》（光绪二十九年十一月十一日），《中美往来照会集（1846—1931）》第10册，第73页；《外务部收美使康格照会》（光绪二十九年十一月十一日），黄嘉谟主编《中美关系史料》（光绪朝五），第3781页。

行章程》38 条。这部矿务章程系由 1903 年 9 月成立的商部在参考各国矿章的基础上制订。由于商部的职责是振兴中国实业，较少受列强的影响，因此这份由商部制订的矿务章程，不但没有满足包括美国在内的列强的愿望，反而对外商投资矿业做了限制，注意维护中国利权，在一定程度纠正了 1902 年矿务章程的弊端。[①] 1904 年 4 月 16 日，康格在收到矿务章程的次日即照会清政府，坚决反对，指出："若照此章办理，直不啻不允照西（历）上年十月八号所定商约第七条内所列明者，该条明言于招致外洋资财无碍，于中国矿务有益。照此章程，不惟不能招致洋款前来，且与禁止洋人于中国开矿无异。故本国政府断不能认此章曾为商约所载明也"。[②] 美国政府在收到康格译送的矿务章程后，国务卿就矿章是否符合 1903 年中美商约第 7 条精神征询美国内政部意见，内政部长在征求地理调查局主任和国土局委员的意见后，认为清政府颁布的矿务暂行章程有以下条款应加以修改：（1）矿务章程第 3 条有关向个人征用矿地的规定不恰当，[③] 没有在不能获得地主应允时为征用矿地专门提供必要的措施，指出这在像中国这样人口众多的国家特别重要。（2）矿务章程第 4 条关于华洋商合办申请探矿或开矿执照须声明洋商为何国人、占股若干的规定，表明矿务章程显然想要避免外国资本有效实际控制任何矿业，这显然不利于鼓励外国资本投资，而这正是商约所严重关注的问题。（3）矿务章程第 7～12 条有关申请探矿执照的程序、方法，探矿征用土地所要支付的各种付费及租税，以及所能获得的权利的规定过于沉重和苛刻，建议适当地加以简化和修改，以更有效地达到中美商约规定的目的。（4）章程第 24 条关于在领办开矿执照后须于 6 个月开工的规定不合理，时间过短，外资很难执行；章程第 29 条关于订立开矿合同不得与所定章程有悖，并须呈请商部核准方可签押的规定至少过于模糊，显然与商约的观点不符合，一些重要的开矿合同会因此而遭耽搁和障碍，甚至有可能被宣布无效；章程第 34 条关于对矿产出井征税的规定是否过分值得考虑，它对那些试图在中国投资矿业的人很重

① 矿务章程见《外交报》甲辰年第七号，光绪三十年三月二十五日，"文牍"，第四～八页。
② 《奏准矿章已阅若照此章与梦洋至华开矿无异故断不能认准》（光绪三十年三月初一日），《中美往来照会集（1846—1931）》第 10 册，第 103 页。
③ 按：该条规定"矿地无论系产何种矿质，必须为国家官地，方能发给执照。若系有主之地，则须与该地主商允地价或愿作股分（份），报明立案，方准禀请给照。如该矿地为国家必须开采之处，应由官公道给价购买，地主不应抗违"。

要，它直接影响投资矿业能否实现。（5）章程第 16 条须予特别注意，[①] 该条的规定不但使外资裹足不前，而且实际上迫使他们不愿投资开矿，显然不是吸引而是排斥外国资本，与条约精神不符。[②] 9 月 2 日，代理国务卿将这些意见寄给康格，指示他就此与外务部进行进一步交涉，"使之与我们与中国所签条约更加一致，更加适用于实业和商业目的"。[③]

此外，对于清政府批准的《湖南全省矿务总公司章程》明确规定由湖南全省矿务总公司"总揽湖南全省各矿，以保利源而专责成"，"无论本省或外省或外埠各绅商人等皆可入股，但不准参入非本国之人"（第 10 条），[④] 排除外国人在湖南境内投资矿业，康格与其他列强也一致反对，认为章程严重违背中美商约的规定，分别向外务部提出抗议。1904 年 3 月 15 日，康格照会外务部，对清政府批准该章程表示惊讶，指责该章程显然违背《中美商约》第 8 款的精神，指出如果允许湖南矿务章程实施的话，肯定会永远将外人和外国资本排除在湖南的矿业之外，要求清政府废除此项章程。[⑤]

在知识产权领域，美国政府也极为重视，1903 年 11 月 21 日，在中美商约批准生效之前，康格即致函外务部，要求清政府注意已批准的《中英商约》第 7 条保护外人商标的条款，询问清政府采取什么步骤履行这些规定，美国公民的商标要获得注册需要哪些必需的程序，注册费多少。11 月 25 日，奕劻复函表示，有关这个问题已致函南北洋大臣商讨、准备报告，现已收到北洋大臣袁世凯的意见，但尚未收到南洋大臣魏光焘的意见，他已去函催促。[⑥]

1904 年 3 月《中美商约》正式批准生效后不久，美国政府就指示驻华公使康格催促清政府落实第 9、10、11 款有关商标、专利和版权保护内容，询问清政府在这些方面采取哪些必要措施，以便美国的商标、专利和图书

---

① 按：该条规定"集股开矿总宜以华股占多为主，倘华股不敷，必须附搭洋股，则以不逾华股之数为限。具禀时须声明洋股实数若干，无得含混，并不准于附搭洋股外另借洋款。倘有蒙准开办者，查实即将执照注销，矿地充公"。

② Mr. Ryan to Mr. Hay, August 27, 1904, *FRUS*, *1904*, pp. 161 – 167.《矿务暂行章程》见《外交报》甲辰年第 7 号，光绪三十年三月二十五日，"文牍"，第四～八页。

③ Mr. Adee to Mr. Conger, September 2, 1904, *FRUS*, *1904*, p. 160.

④ 《湖南全省矿务总公司章程》，《政艺通报》光绪廿九年，《艺书通辑》卷 5，第 44 页。

⑤ Mr. Conger to Prince Ch'ing, March 15, 1904, *FRUS*, *1904*, p. 153.

⑥ Conger to John Hay, June 1, 1904, *Dispatches from U. S. Ministers to China, 1843 – 1906*, microfilm.

版权获得保护。① 3 月 12 日，康格便根据国务院的指示及在华美商的要求，照会外务部，敦促清政府尽快履行中美商约规定，保护在华美商的知识产权。② 3 月 26 日，外务部复照康格，表示商部正在制订商标注册章程，一旦获得谕准，即通知各驻华公使。③ 5 月 19 日，助理国务卿又进一步指示康格不但要求清政府制订和颁布保护商标、专利和版权的临时性规定，还要为这些法规的付诸实施争取一个确定的日期，并且这些法规应在公布之前向你提交，以便确定它们是否符合条约的规定。④ 根据美国政府的指示，5 月 20 日康格再次照会外务部，不满清政府在这个问题上的延搁，敦促外务部催促商部尽快采取行动。5 月 28 日，外务部照会康格，通告接到商部的回复，商标章程已制订完毕，但有关专利和版权问题须在考察商标注册的效果之后再予考虑实行。⑤

但对于 1904 年 6 月清政府批准商部制订的颁布《商标注册章程》，驻华公使康格并不满意，与德国、法国、英国等国公使采取同一立场，要求清政府推迟实行。6 月 9 日，外务部根据中外商约条款的规定，将商部制订的商标法分别送达美英日三国公使，通报将于 6 月 15 日上奏朝廷批准，建议三国公使尽快返回意见。⑥ 6 月 13 日，康格在商部上奏朝廷前复照，表示反对，认为商部制订的商标法"条款过繁""又过于纠绕，阅之不能立即明晰，此数日限内何能详细查核，深明其中情绪"，须待送本国政府审查与商约规定是否符合后再做答复。⑦ 7 月 25 日，外务部又照会康格，转达商部意见，声明《商标试办章程》"实系按照各国通例，无少偏倚，

① Hay to Conger, March 6, 1904, *Diplomatic Instructions of the Department of State, 1801 - 1906, China*, microfilm.
② Mr. Conger to Prince Ch'ing, March 12, 1904, *FRUS, 1906, Part I* (Washington: Government Printing Office, 1909), pp. 234 - 235.
③ The Foreign Office to Mr. Conger, March 26, 1904, *FRUS, 1906, Part I*, pp. 235 - 236.
④ The Acting Secretary of State to Minister Conger, May 19, 1904, *FRUS, 1906, Part I*, p. 236.
⑤ Conger to John Hay, June 1, 1904, *Dispatches from U. S. Ministers to China, 1843 - 1906*, microfilm.
⑥ 《外务部致康格照会》（光绪三十年四月二十六日），《中美往来照会集 (1846—1931)》第 10 册，第 116 页。
⑦ 《康格致外务部照会》（光绪三十年四月三十日），《中美往来照会集 (1846—1931)》第 10 册，第 117 页。

自应迅即具奏，以凭布告而免稽延"，催促尽快"见复"。① 8 月 5 日，康格复照外务部，要求商部在 9 月 15 日开办商标注册之前必须答应以下三个条件：（1）须允准英国的删改；（2）按照美国商标专用年限，将商标试办章程规定的 20 年改为 30 年；（3）"以后美商有所更正删补，该注册局必当允与美商协和商办"。同时，康格对商部没有等候他的回复、匆忙将商标注册试办章程上奏的做法表示强烈不满，谓："贵亲王来照不过十一日，本大臣并曾请商部多待几日，俟得有上海美商确耗，再行入奏。今商部将英国删改之章程送来本馆未逾二日，故不深信贵国待本国政府有如此近于轻慢之意，即希贵亲王将以上之敝意转达商部。"② 8 月 12 日，外务部照会康格，送上商部上奏批准的《商标注册章程》，要求各国一体遵照，同时转达商部将会考虑康格所提的三个要求，表示"本部所拟章程早经声明试办在案，嗣后各国大臣如有见商之端，但与各国通例无甚出入，尽可和平商改"。③

　　对于清政府颁布的《商标注册章程》，美国政府虽然也有意见，但与康格及英、法、德等列强不同，④ 为促使清政府尽快落实商约规定的知识产权保护内容，反对推迟实行。9 月 29 日，德国驻美大使致函国务卿，希望美国与他们采取一致立场，要求清政府推迟实行，以便加以修改，指出清政府颁布的商标法虽然比现有的情况有明显的改进，但该商标法含有一些可能导致贸易国家之间误会和困难的内容；在华的美国和英、德等国商人也都赞同推迟该商标法的实施。⑤ 10 月 10 日，国务卿海约翰复照，明确拒绝德国的建议，支持清政府 10 月 23 日将商标法付诸实施，指出：该商标法的有些条款也许是累赘的，有些过于难懂，但如果在这个试办章程暂行之前进行一般的讨论和修改的话，无疑会造成很大的拖延；中国政府十

---

①　《外务部致康格照会》（光绪三十年六月十三日），《中美往来照会集（1846—1931）》第 10 册，第 121 页。

②　《康格致外务部照会》（光绪三十年六月二十四日），《中美往来照会集（1846—1931）》第 10 册，第 123～125 页。

③　《外务部致康格照会》（光绪三十年七月初二日），《中美往来照会集（1846—1931）》第 10 册，第 129～131 页。

④　有关英、法、德等列强对商标法的态度和反应，请参见崔志海《中国近代第一部商标法的颁布及其夭折》，《历史档案》1991 年第 3 期。

⑤　The German Ambassador to the Secretary of State, September 29, 1904, *FRUS*, *1906*, *Part I*, p. 240.

分清楚我们接受该章程只是作为试办，我们享有随时修改它的权利；该章程将来可能带来的拖延和误解将在该章程试办后根据情况加以改正。① 尽管康格也向国务卿表示各国在华商人都希望商标法推迟 6 个月实施，德国、法国和英国公使也都赞同，② 并表示推迟《商标试办章程》不会给美国造成任何物质利益的损害，希望美国政府从政治角度考虑，与其他国家采取一致立场，指出推迟商标章程实施最初由德国商人提出，其真正原因是他们根本不想要任何的章程。德国公使和法国驻华公使开始时也仅将此事当作商业问题，但当他们发现日本预先迎合中国方面时，他们立即将它转变为一个政治问题，到处宣传这是"黄祸"的幽灵，引导更多的公使加入他们的行动。③ 但海约翰还是反对推迟执行，在 11 月 12 日致康格的电文中表示"我们并不关心这个问题的政治方面"，④ 完全没有必要推迟商标法的实施，持反对立场的列强可以在任何时候要求修改，中国政府也声明章程只是试行，应允根据要求加以修改；⑤ 在商标法问题上，"国务院没有看到有任何改变此前意见的理由"，要求康格严格执行国务院的电报指示，不得参加列强推迟商标法实施的任何活动。⑥ 根据海约翰的指示，康格对清政府的商标法转而持支持态度，在听闻商标法因德、法、英、意、奥五国的反对暂缓执行的消息后，即于 12 月 29 日照会外务部，声明"如有美商已按照商标章程呈请注册，该所应得权利，不能因现在布告缓行商标章程即行作废。本国政府定于未接有贵部知照商标修改暂缓注册之明文，必视前所定之章程认以为施行也"。⑦

但海约翰的这一主张不但没有被德、法、英、意、奥接受，并且最后也没有被美国政府坚持。在海约翰去世之后，美国政府最后还是听从在华

① The Secretary of State to German Ambassador, October 10, 1904, *FRUS, 1906, Part I*, p. 241.
② Minister Conger to the Secretary of State, October 12, 13, 1904, *FRUS, 1906, Part I*, pp. 241, 242.
③ Conger to John Hay, November 14, 1904, *Dispatches from U. S. Ministers to China, 1843 - 1906*, microfilm.
④ Hay to Conger, November 12, 1904, *Diplomatic Instructions of the Department of State, 1801 - 1906, China*, microfilm.
⑤ The Secretary of State to Minister Conger, October 12, 1904, *FRUS, 1906, Part I*, p. 241.
⑥ The Secretary of State to Minister Conger, November 18, 1904, *FRUS, 1906, Part I*, p. 243.
⑦ 《康格致外务部照会》（光绪三十年十一月二十三日），《中美往来照会集（1846—1931）》第 10 册，第 179～180 页。

美商的意见，并从政治角度考虑，没有在商标法和知识产权保护问题上支持清朝政府，而是撇开清政府，接受德国等列强的建议，自行与各国商议互签保护协议。①

三　防止排外保守势力回潮

庚子事变之后，清朝朝政出现的一个新的变化是清廷统治集团内部的权力结构发生明显变化：排外的保守派势力趋于式微，亲外的改革派势力走上前台。清廷政治生态所发生的变化，既是内部斗争的结果，同时也与包括美国在内的列强所施加的影响有着密切关系。

鉴于清廷内保守派得势酿成庚子年的排外事件，美国政府在 1900 年 9 月和谈开始后，就将打击清廷内排外保守势力作为影响清廷朝政走向的重要手段。但美国在这方面没有像德、日等国那样苛刻和僵硬，而是既反对将惩凶问题作为和谈的先决条件，也反对由列强确定各案应惩罚的性质，将惩凶单纯当作一种泄私愤的行为。美国政府主张维护清政府的行政自主，所有各案应由清政府审理、执行，将惩凶问题与促进清政府的自我革新结合在一起，指出："作为对所受侵害的赔偿和对今后的儆戒，最有效的惩罚措施就是由帝国最高当局自己去罢黜和惩办肇事者；应当先给中国一个这样做的机会，从而使它在世界面前恢复自己的名誉，只有这样，对中国才算是公道的。"但同时也明确表示对排外运动的肇事者进行惩罚，"是实现防止此类暴行再度发生和给中国带来持久安全与和平的任何有效解决的必要因素"。② 在有关惩凶问题的谈判中，美国公使康格根据美国政府的指示，与其他列强使节一道，坚决要求从速从严惩处极少数应负首要责任的王公大臣，认为这"在中国人中所产生的影响，要比惩办成百名次要罪犯更为广泛"。③ 麦金莱总统甚至就此问题致函光绪皇帝，敦促清政府须对惩办祸首表示出诚意，声称："这些祸首不仅对外国人来说，而且对陛下来说也是应受惩罚的，因为在陛下的统治下，中国与世界和平共处的

---

① 详见 FRUS, 1906, Part I, pp. 228 – 234.
② 《1901 年美国对华外交档案》，第 24 页。
③ 《1901 年美国对华外交档案》，第 77 页。

宗旨，迄今一直表现为给外国人以有保证的欢迎和保护。"①

除要求惩办在世的保守官员外，美国甚至还要求清政府取消清廷向他们认为已故的保守官员颁发的各种恩典。1900年11月27日，康格就清政府9月间发表上谕，表彰在与八国联军作战中战死的李秉衡一事提出抗议，指出："我无须赘述李秉衡的经历，他的众所周知的仇外精神，他前来北方途中的所作所为，他为进攻使馆灌输新的狂热思想，他参与策划处死与欧洲人友好的大臣，最后，他本人在对抗各国军队进兵时死于非命。……鉴于这些情况，我有责任对颁布此类上谕提出最强烈的抗议，并请你们代陈此意，表明我要求今后不再发表类似上谕。"康格在照会中还解释说："皇帝陛下及时奖励忠荩，本无可非议。可是在目前情况下，陛下在这份上谕和李秉衡死后立刻发出的前一份上谕中，以惯常使用的措辞表彰李秉衡并予以谥封，这一事实可能使舆论发生误解。它使中国人相信，尽管表面上为恢复以前的友好关系而与各国和谈，但实际上，陛下的谋士们仍然怀着那种已经使死去的李秉衡如此声名狼藉的敌对情绪。"② 11月19日，康格还照会清政府，对西安行在仍然留任董福祥提出抗议，要求"即行逐退"。③

美国政府除与其他列强一道逼迫清政府惩罚排外保守官员外，为从根本上避免排外事件的再次发生，美国驻华公使康格还率先提议在和约中规定清政府颁布上谕，要求各省督抚及其他官员对各自管辖区的秩序负责，如对辖区内发生的排外运动或其他违约事件不予及时镇压和惩办肇事者，有关官员即予革职，并永远不得叙用或接受奖励。④ 后来，这一内容被写入和约第10款。该款规定："西历本年二月初一日，即中历上年十二月十三日上谕，以各省督抚、文武大吏暨有司各官，于所属境内，均有保平安之责，如复滋伤害诸国人民之事，或再有违约之行，必须立时弹压惩办，否则该管之员，即行革职，永不叙用，亦不得开脱，别给奖叙（附件十六）。以上谕旨，现于中国全境渐次张贴。"⑤ 该条款内容为后来列强干涉清朝官员的任

---

① 《1901年美国对华外交档案》，第29～30页。
② 《1901年美国对华外交档案》，第60页；《康格致外务部照会》（光绪二十六年九月二十八日），《中美往来照会集（1846—1931）》第9册，第80页。
③ 《康格致外务部照会》（光绪二十六年十月六日），《中美往来照会集（1846—1931）》第9册，第80页。
④ 《1901年美国对华外交档案》，第51页。
⑤ 王铁崖编《中外旧约章汇编》第1册，生活·读书·新知三联书店，1959，第1007页。

免提供了条约依据，为压制清廷内保守势力东山再起发挥了预期的作用。

《辛丑条约》签订后，美国对清廷和地方保守排外势力卷土重来保持高度警惕，严防与义和团运动类似的事件再次发生。美国公使康格虽然对清廷返回京城后发布保护外人的上谕并将一些支持排外运动的官员予以革职感到满意，但对清廷纵容义和团的祸首端王和董福祥仍然盘踞中国西北等地感到不安。他在 1902 年 1 月 9 日写给美国政府的报告中认为，发生在 1901 年底的甘肃平罗教案即系端王和董福祥指使和鼓动。康格指出虽然南方一些督抚已上奏朝廷，建议对负有责任的董福祥加以惩处，清廷也已决定发布这样一道上谕，命令陕甘总督捉拿董福祥，并将他处死，但陕甘总督是否有此足够能力贯彻这一命令，仍有待观察，因为"董将军受到过去一直倾向叛乱的穆斯林朋友的保护"。① 1903 年 1 月 22 日，康格在向国务卿海约翰汇报中国政局时再次对董福祥排外势力在中国西北死灰复燃表示担忧。他在信中写道："甘肃和陕西境内存在令人惊恐的情况。据新闻报道和中国人的流言，端亲王和董福祥并没有住在流放地，据说在甘肃和陕西两省交界地带组织了一支庞大的军队，准备向朝廷提出一些要求；如果这些要求不被满足，他们就将反叛，首先攻击外国人，然后进军北京。他们的真正要求尚无从得知。南方的动乱似乎也在继续。有传言说，利用各地因征收庚子赔款税款所激起的敌对情绪，南北两股叛乱组织实行联合，共同对抗政府和在华的外国人，并不困难。鉴于中国政府存在的痼疾和颟顸，如果出现有能力的领导者，同时有足够的武器和资金，出现这种情况并不是不可能的。"②

为严防清廷排外势力死灰复燃，美国政府与其他列强一道坚决反对清政府起用那些有排外倾向的官员。1903 年 1 月 22 日，清政府任命原湖南巡抚俞廉三为山西巡抚，③ 康格就以俞曾同情义和团加以反对，于 26 日照会外务部，称：

---

① Mr. Conger to Mr. Hay, January 9, 1902, *FRUS, 1902*, p. 159.
② Conger to John Hay, January 22, 1903, *Dispatches from U. S. Ministers to China, 1843－1906*, microfilm.
③ 中国第一历史档案馆编《光绪宣统两朝上谕档》第 28 册，广西师范大学出版社，1996，第 350 页。按：由于俞廉三的任命遭列强的抗议，实际未履任，朱寿朋编《光绪朝东华录》（中华书局，1958）第五册，总第 4984 页提到 1903 年 1 月 22 日清廷官员的任免时，便略去俞的任命，只记载赵尔巽为湖南巡抚和诚勋为安徽巡抚的任命，此一做法实有篡改史实之嫌。

昨阅邸抄，奉旨山西巡抚着俞廉三调补。查该巡抚于光绪二十六年在湖南巡抚任内，教士被害并肆行凌虐各情，于该抚甚有干系，是以当经各国大臣拟以革职，永不叙用。嗣因减等改为革职留任，该抚宜如何痛改前非，乃本年七月间，复有英教士二人在该省被害。观以上各情，俞廉三调任山西巡抚要缺，本大臣实深诧异。查山西情形甚为岌岌，在光绪二十六年北方乱时，山西一省受创尤巨，邻省各处时有不靖，教士教民该省甚多，各国商务亦日盛一日。今以山西全省大权畀之于嫉视外国及所属、屡有伤害教士各案之人，贵国国家如此涉险，本大臣不得不预为指明，即希贵亲王一详审焉。①

2月5日，康格又与公使团一道照会奕劻和王文韶，对清政府重新起用因庚子事件而被降级的官员表示深切的遗憾，提出抗议，要求清政府履行《辛丑条约》第10款义务，将有关取缔排外活动、保护外人的上谕重新张贴，称：

驻京各国钦差兹有一事提醒贵王大臣，一千九百零一年九月初七日在京都所立和约第十款大略，中国政府允于两年内将所指之数道上谕，颁发各府、厅、州、县遍行布告。现据数国领事官称，有数省地方官似尚未遍处张贴，或于张贴后被人撕毁，或被风雨损坏，均未再行补贴。并有地方虽经张示布告，不过粘贴于附近教堂之处，余处则未张贴。所有未尽遵从和约第十款通行布告之地方，以河南、湖南、山西、陕西、甘肃、四川各省分为最要，是以本大臣等按照友谊，合词提醒贵王大臣，并深信既已知此情形，自必速饬地方官遵约认真办理。再有一事，趁此机会须行声明。本大臣等惜贵国政府于一千九百年不幸事所革之员复行起用。即如俞廉三系一千九百年戕害洋人案内有干系之人，并于去岁八月间该省之案亦有干系，现经调任山西巡抚繁难之缺，即系交涉甚多，通商日盛之任，故本大臣等不能不视为应

---

① 《外务部收美使康格照会》（光绪二十八年十二月二十八日），黄嘉谟主编《中美关系史料》（光绪朝五），第3367～3368页。

须指明，预行奉告也。①

　　对此，美国政府完全支持，并且认为联合照会的措辞还"不够强硬"，宣称"清政府疏于履行张贴告示的义务是不可宽恕的，任命俞这样的官员违背了清政府对列强所做的承诺"。② 在包括美国在内的列强的共同干预下，清政府只好取消对俞的任命，由俞本人自行告病，准其开缺，于2月17日改任张曾敭为山西巡抚。③ 对于清政府改任张曾敭为山西巡抚，康格以对张"所知甚少"④，未再提出异议。

　　《辛丑条约》签订之后，美国政府也严防中国国内排外的反洋教起义或民变回潮，要求清政府严加镇压，对那些没有尽力保护外人的官员加以处罚。1902年初，广西发生大规模会党起义，起义群众在中越边境打死一名法国官员。2月27日，康格在接到美国驻广州领事电告，转达传教士要求广西巡抚保护他们前往梧州的消息后，当日即致函外务部，转达电文，并要求告知叛乱具体细节。⑤ 次日，又致函外务部，告广西情况严重，催促速转告有关情况，称："日昨下晚，曾因接有广西南宁叛乱之电，函达贵部，迄未准有回音，缘该处有本国人居住，本大臣故甚心急，切望贵部得有如何信息，立即知照，此请亦系合乎情理，是以再请贵王大臣查照，即速见复是盼。"⑥ 28日，外务部致函康格，通告适接广西巡抚电告，南宁叛乱系因云南和广西最近解雇的士兵发生哗变，人数合计不下万人，本部已上奏朝廷

① 《外务部收各国驻京大臣照会》（光绪二十九年正月初八日），黄嘉谟主编《中美关系史料》（光绪朝五），第3370页；Conger to John Hay, February 6, 1903, *Dispatches from U. S. Ministers to China, 1843－1906*, microfilm.

② Rockhill to John Hay, March 24, 1903, *Dispatches from U. S. Ministers to China, 1843－1906*, microfilm.

③ 中国第一历史档案馆编《光绪宣统两朝上谕档》第29册，广西师范大学出版社，1996，第14页；朱寿朋编《光绪朝东华录》（五），中华书局，1958，第4992页。按：钱实甫先生在所编《清季重要职官年表》（中华书局，1977）第214页谓俞廉三因病被免去山西巡抚一职，不甚准确。

④ Conger to John Hay, February 23, 1903, *Dispatches from U. S. Ministers to China, 1843－1906*, microfilm.

⑤ 《外务部收美使康格函》（光绪二十八年正月二十日），黄嘉谟主编《中美关系史料》（光绪朝五），第3074页；Mr. WcWade to Mr. Conger, February 27, 1902, Mr. Conger to the Foreign Office, February 27, 1902, *FRUS, 1902*, p. 162.

⑥ 《外务部收美使康格函》（光绪二十八年正月二十一日），黄嘉谟主编《中美关系史料》（光绪朝五），第3075页。

发布上谕镇压，保护各国传教士和商民，同时希望康格配合广西巡抚，警告本国传教士和商民不要前往该处，居住在发生骚乱地区的传教士和商人则由地方官保护出境。① 3月1日，康格复函外务部，对外务部照会中所说很难立即平息叛乱表示极大的不满，横加责备，称："在该处于一时有如许散勇，殊堪诧异，兹须声明，谅贵王大臣犹记忆当日拳匪起事时，曾有官府亦同有此难即平靖之语，惟请贵王大臣立即严饬地方官，于该起乱地方所住之教士格外用心保护。"同时表示："以此事时常重视，本大臣现已电饬驻广州领事，嘱其劝令在该处一带之教士加意谨慎，自行备防，以免或罹危险矣。"② 为应付康格的责备，说明清政府对镇压广西兵变的重视，3月3日和6日，外务部将清廷于2月28日和3月4日发布的关于迅速镇压南宁叛乱、切实保护外人的上谕，分别全文照会康格及各国驻华公使。③ 同年3月20日，在得知河南泌阳爆发乡民反洋教起义后，康格又立即派使馆中文秘书前往外务部，要求清政府为那里的外国人提供充分保护。④

1902年5月间，康格据美公理会教士报称在通州重建潞河书院遭到以王六为首的当地居民的抵制和威胁，并有殴打、驱逐教民，霸占房产之事，便于当月25日照会外务部，要求清政府加以镇压，指出：

查庚子年匪乱之始，与今无异，因未办罪于先，以致酿祸于后，万勿再蹈故辙，致有今昔相同之患。各地方官尤须申明律法，大展威权，务将犯法之人从严治罪，俾人民咸知安分，不复为乱，民教俱可相安于无事。况近畿重地，有如此大干法纪之人，岂能听其任意横行，置局外而不顾。本大臣有志必宣，所有此中情形，未敢自甘缄

---

① 《外务部发美使康格函》（光绪二十八年正月二十一日），黄嘉谟主编《中美关系史料》（光绪朝五），第3075～3076页。

② 《外务部收美使康格函》（光绪二十八年正月二十二日），黄嘉谟主编《中美关系史料》（光绪朝五），第3076页；Mr. Conger to the Foreign Office, March 1, 1902, *FRUS, 1902*, pp. 163 - 164.

③ The Foreign Office to Mr. Conger, March 3, 1902, March 6, 1902, *FRUS, 1902*, pp. 164 - 165；《外务部致美使康格照会》（光绪二十八年正月二十四日），黄嘉谟主编《中美关系史料》（光绪朝五），第3077页。

④ Mr. Conger to Mr. Hay, March 27, 1902, *FRUS, 1902*, p. 166.

默。为此照会贵亲王查照，即希设法妥办，免致别生事端可也。①

　　次日，外务部即回复康格，通报通州地方官已将王六拘捕归案，正在讯办，待证据确实，即当按律严办，决不纵容。② 虽然后经查实，这是一起由日本通用公司参与和策动的教案，③ 但康格还是要求对王六加以惩办，7 月 5 日照会外务部，称：

　　　　查该日本人既已具结，以后不再多事，固可算为了结。若将王六亦算为完案释放，恐在牛堡屯地方难以十分保护教民，是以请贵部转行通州州牧，务须将王六查照律例审讯，无论何人，不准阻此照例办法。在光绪二十六年间，王六充当拳首，人所尽知，彼时曾戕害教民数人，亦系该犯为首。嗣经缉拿逃走，贵政府亦知近来王六复回牛堡屯肆行恐吓，使该处所住教民不安。按照和约律例，应行保护安分教民，岂容有此等凶恶之犯可以任便在该处游行，以致教民等生命财产均难保全。既有此情形，本大臣分所应行照知贵国政府，请即速为办理。④

在康格的干涉之下，通州州牧最后判处王六五年监禁，并由外务部批准并将判处结果通报康格，称："兹据该州禀称，查该犯王六前因习拳为匪，经天主教会将其家房屋折罚赔偿完结，乃并不思悔过，胆敢勾串翻译人等带领日本人赴该村吓诈，希图索还房屋，以致教民王二情急禀控，几酿重案，实属不法，自应禀请将该犯王六酌量监禁五年，庶地方知所儆惕，而民教可期相安，禀请咨会等因前来。本部查该犯王六现据该州

①　《外务部收美使康格照会》（光绪二十八年四月十八日），黄嘉谟主编《中美关系史料》（光绪朝五），第 3146～3147 页。

②　《外务部致美使康格照会》（光绪二十八年四月十九日），黄嘉谟主编《中美关系史料》（光绪朝五），第 3147 页。

③　《外务部致美使康格照会》（光绪二十八年五月二十一日），黄嘉谟主编《中美关系史料》（光绪朝五），第 3166～3167 页。

④　《外务部收美使康格照会》（光绪二十八年六月初一日），黄嘉谟主编《中美关系史料》（光绪朝五），第 3170～3171 页。

科以监禁五年，实属罪有应得，应准照办，以示惩儆。"①

对于四川境内爆发的大规模的反洋教起义，康格更是多次出面与清政府交涉。1902年6月20日，美国传教士康拉德（Dr. Canright）电告康格，称四川爆发类似1900年的排外运动，10名传教士被杀，教堂被焚毁，官员办事不力，马虎应付。康格收到消息后，即于6月23日照会外务部，要求清政府立即采取必要和足够的措施保护尚在那里的外国人的生命和财产安全，指出"以往的经验告诉我们，只有将这些叛乱扑灭在萌芽之际，才能获得安全"。②7月29日，美国传教士康拉德又致电康格，埋怨四川地方官员没有为他们提供必要的保护，抢劫和屠杀每天都有发生，形势处于危急之中。在收到这份电报的次日，康格再次照会外务部，指责清政府并没有履行迅速平叛的责任，再次敦促清政府立即采取更有效的措施"以避免进一步的人身和财产损失"。③此外，康格还两次亲赴外务部进行非正式会谈，敦促清政府尽快采取有效行动，罢免那些不法官员，另派得力官员前往镇压起义，强调根据以往的经验，只有如此，才能维持秩序，保护外人生命和财产安全。④在美国等列强的压力下，8月5日清政府颁布上谕，将四川总督奎俊开缺，以岑春煊署四川总督。康格对清政府的这一行动表示满意，他在7日写给国务院的汇报中认为由岑出任四川总督显然是由于前任奎俊镇压最近的叛乱失败，虽然岑赴任需要3个月，但这一消息将会有助于改善那里的形势。⑤但不到1个月，康格又于8月30日迫不及待地照会外务部，催促清政府尽快采取措施，恢复那里的秩序。1902年9月18日，康格根据法国驻华使馆收到的来自成都的不实的警告电报，再次照会外务部，警告说：

> 我不得不再次提请阁下注意四川省叛乱情况的严重性，最近来自成都的电文消息报告那里的骚乱并没有平息，危险反而愈益加重。这场运动看来完全是1900年拳乱的再版，地方官员的行为也是如此，政

---

① 《外务部致美使康格照会》（光绪二十八年七月二十日），黄嘉谟主编《中美关系史料》（光绪朝五），第3240～3241页。

② Mr. Conger to Prince Ch'ing, June 23, 1902, *FRUS, 1902*, p. 171.

③ Mr. Conger to Prince Ch'ing, July 30, 1902, *FRUS, 1902*, p. 173.

④ Mr. Conger to Mr. Hay, August 6, 1902, *FRUS, 1902*, p. 171.

⑤ Mr. Conger to Mr. Hay, August 7, 1902, *FRUS, 1902*, p. 174.

府的努力也不再有效，最后的结果肯定是相同的。1900 年的经历表明：那一年发生的可怕的杀戮本来可由政府采取及时和强有力高压措施加以避免的。我相信目前发生的事情也是如此。欧洲和美国都在密切注视'排外主义'在四川省的发展，中国将继续留下恶劣的形象——她不能也将不会及时地镇压国内的排外主义。①

直至 9 月 28 日收到外务部的照会，通报四川反洋教起义已被平息，康格才停止施压，并于 10 月 3 日将外务部的照会转达美国政府。

需要指出的是，康格的这些交涉行动并不是他的个人行为，而是代表美国政府进行的，得到美国政府的充分支持。在与清政府交涉时，康格每次都向美国政府做详细汇报。直至 1904 年底，国务卿海约翰还对中国国内反洋教起义表示忧虑，12 月 12 日致电康格，询问中国国内排外运动的情况，要求康格汇报。康格在 12 月 14 日的复函中，一方面报告中国国内确乎存在各种秘密会社，各地每年都有叛乱发生，但同时指出目前中国国内发生的叛乱虽然也敌视外国人，但主要针对清朝政府，并且由于这些叛乱往往分散，缺乏组织，以及清政府及时采取镇压措施，它们并不会对外人构成太大威胁。康格说：

> 总之，在我看来，政治不满情绪在中国各地或多或少都存在，但其程度和性质并没有什么特别之处。这些秘密会社的主要目标是反对清廷统治，但他们也敌视外国人。如果他们成功发动一场一般性质的起义，他们不但攻击帝国官员和军事及行政人员，也会攻击外国人。但这些秘密会社散布各地，彼此分割，互不协调，迄今为止，除了广西之外，制造骚乱的企图都是枉费心机；在广西，那些叛乱分子除了占据崇山峻岭之外，一无所获。清朝中央政府随时准备镇压破坏和平的骚乱，并且看来足以镇压任何可能发生的暴动，他们竭诚保护所有外国人的生命和财产安全。因此，我看不到有任何值得焦虑的理由。②

---

① Conger to Prince Ch'ing, September 18th, 1902, *Dispatches from U. S. Ministers to China*, *1843 - 1906*, microfilm.

② Mr. Conger to Mr. Hay, December 14, 1904, *FRUS*, *1904*, p. 203.

在此之前，为消除美国政府对清政府内排外保守势力复活的担忧，康格也做过相近的报告。他在 1903 年 4 月 16 日写给国务卿的一份报告中明确表示，美国国内有关中国可能爆发另一场类似义和团性质的排外运动的传言存在明显夸大，指出：

> 因偿付庚子赔款的征税及其他额外的苛捐杂税所引发的地方叛乱可能会使外国人遭到攻击，使外国人的生命和财产受到损失，但目前的清朝政府不可能发动类似 1900 年的排外运动，应宽宏大量地考虑到清朝政府对外人所表示的友好及对西学和进步的热情。他们也许像以前一样不喜欢外国人，并且渴望驱逐外国人，但他们并没有忘记 1900 年的教训。慈禧太后和她的谋士们深知他们那时做了一件极端恶劣的蠢事，他们现在都十分明智，不会不理解这一点。[①]

康格的这一判断，比较真实地反映了清廷统治集团内排外保守势力在《辛丑条约》之后趋于式微的事实。

四　扶植亲外改革派势力

在打击和严防清廷排外保守势力的同时，美国政府又积极扶植和支持清廷内的改革派势力。还在 1900 年和约谈判过程中，美国政府明确要求对清朝亲外的改革派官员予以保护。1900 年 10 月 23 日，美国国务卿海约翰指示康格："任何劝告对外国人采取友好行动或者在他们处境危险时给予帮助的中国官员，因此而遭到贬黜或其他惩罚性的对待，这对于外国人虽是间接的，但却是实际上的一种侮辱。"[②] 根据美国政府的指示，康格积极与其他国家的驻华公使一道要求对主张与外国保持友好而在义和团运动中被处死的总理衙门官员许景澄、徐用仪、联元、袁昶和户部尚书、内务部总管大臣立山给予某种形式的褒恤。[③] 根据美国政府指示，1901 年 2 月 7

---

① Conger to John Hay, April 16, 1903, *Dispatches from U. S. Ministers to China*, 1843 - 1906, microfilm.

② 《海约翰致康格函》（1900 年 10 月 23 日），《1901 年美国对华外交档案》，第 45～46 页。

③ 《康格致海约翰函》（1901 年 1 月 26 日），《1901 年美国对华外交档案》，第 80 页。

日，康格照会清政府将上述诸人开复原官。① 在美国及其他列强的共同施压下，清廷很快就满足了他们要求颁布上谕，将这些官员开复，但并不认为他们是因力主剿灭义和团、保卫公使馆而遭惩处，称：光绪二十六年五月间，"拳匪倡乱，势日鸱张，朝廷以剿抚两难，迭次召见臣工，以期折衷一是，乃兵部尚书徐用仪、户部尚书立山、吏部左侍郎许景澄、内阁学士联元、太常寺卿袁昶，经朕一再垂询，词意均涉两可，而首祸诸臣遂乘机诬陷，交章参劾，以致身罹重辟"。② 对此，康格与公使团一道表达不满，由公使团团长照会外务部，指责上谕用词"似攻击使馆系徐用仪、许景澄、袁昶、联元、立山五员之意"，与事实"不符"，要求修改，重发上谕，"其中务须详细言明开复惨罹大辟之五员者，系因其当日力驳攻击使馆之故也"。③

此外，美国还多次单独要求为前驻美公使张荫桓平反昭雪。1901 年 7月 1 日，美国全权特使柔克义代表美国政府专门为此照会庆亲王奕劻，称：

> 上年六七月间，中国诛戮各大员时，曾将从前发遣新疆大员张荫桓亦经诛戮。追忆一千八百八十五至八十九年间张大臣奉使本国时，尽心尽力，使两国邦交日愈加厚，无论公私各事，无不使人心均佩服。计由本国回华，迄其受刑时，虽已十一载，本国华盛顿人民闻其被戮，犹无不均为悼惜，本国国家亦以心契之友今已云亡，中国如此宣力之臣竟尔弃市，深为悲悯……本国大伯理玺天德深以为贵国大皇帝猝然刑一多年出力之大员另有确据，不过系因彼时地方变乱摇动之所致，嗣后必将按公允予昭雪。是以嘱本大臣转请贵王大臣据情入奏，请将张荫桓一切罪名开除，赏还原衔，追予谥典。诚能允如所请，本国国家与人民更必以贵国素敦睦谊，向于交涉一切悉秉至公，

---

① 《康格致外务部照会》（光绪二十六年十二月十九日），《中美往来照会集（1846—1931）》第 9 册，第 109 页。

② 《奉谕旨再加罪肇祸王大臣并开复徐用仪等五人原官》（光绪二十六年十二月二十七日），《中美往来照会集（1846—1931）》第 9 册，第 113～114 页。

③ 《诸国大臣要求另降谕开复徐用仪等五大臣之故》（光绪二十七年一月），《中美往来照会集（1846—1931）》第 9 册，第 121～122 页。

系为格外有据也。①

8月27日，柔克义照会外务部，催促清政府尽快做出答复，称：

> 本年西七月初一日，本大臣曾照会贵王大臣，以美国政府甚欲招（昭）雪前驻美之中国钦差张荫桓一切罪名，赏还原衔等因。迄今未准见复，兹再言及于此，系因本国国家以此事为紧要，如贵王大臣愿为打电入奏，本国国家甚为心感。兹甚盼不日有好音见复，俾得转报本国政府已蒙中国大皇帝俞允可也。②

在收到照会后，外务部于次日即电奏朝廷，予以考虑。③ 两个多月后，康格再次照会外务部，敦促清政府尽快为张荫桓平反昭雪，指出此前全权特使柔克义已就这一问题两次照会外务部，"现已经三月，尚无音信显明中国政府有意秉公宽待此忠贤之臣，是以本国政府特嘱本大臣再致贵部大臣照会，请转为入奏，俾大皇帝得知美国深以此事为极要，请即按所请之意，即将张大臣原官开复，兹甚盼早得贵部即以已蒙谕旨，允照所请作复也"。④ 在美国的一再干预下，1901年12月31日清廷颁布上谕，宣布恢复张荫桓名誉和官衔。⑤ 1902年1月2日，外务部将清廷的这一决定通告康格。⑥ 康格在接到消息的当日即向美国政府汇报，指出这道上谕三言两语，表明完全是出于英国和美国的要求。⑦ 2月23日，张荫桓的儿子致电康格，

---

① 《柔克义致庆亲王奕劻照会》（光绪二十七年五月十六日），*Records of the United States Legation in China，1843-1945*，microfilm。《中美往来照会集（1846—1931）》第9册，第224页。

② 《外务部收美特派大臣柔克义照会》（光绪二十七年七月十四日），黄嘉谟主编《中美关系史料》（光绪朝五），第2971页。

③ 《外务部致美使柔克义照会》（光绪二十七年七月十五日），黄嘉谟主编《中美关系史料》（光绪朝五），第2972页。

④ 《外务部收美使康格照会》（光绪二十七年十月十二日），黄嘉谟主编《中美关系史料》（光绪朝五），第3022页。

⑤ 该上谕称："内阁奉上谕，据奕劻等奏，英美两国使臣请将张荫桓处分开复等语，已故户部左侍郎张荫桓著加恩开复原官，以敦睦谊。钦此。"《光绪宣统两朝上谕档》第27册，第235页。

⑥ 《外务部致美使康格照会》（光绪二十七年十一月二十三日），黄嘉谟主编《中美关系史料》（光绪朝五），第3040页。

⑦ Mr. Conger to Mr. Hay, January 2, 1902, *FRUS*, *1902*, p. 140.

对于美国出面迫使清政府为其父亲恢复名誉表示感谢。①

在当时清朝统治集团内部，美国主要将主张镇压义和团的官员，如李鸿章、刘坤一、张之洞、袁世凯等看作亲外的改革派势力，予以支持。1900 年 10 月间，在风闻清政府将调离两江总督刘坤一和湖广总督张之洞，委派保守官员出任长江流域各省的总督的消息之后，驻华公使康格立即照会庆亲王和李鸿章，提出强烈抗议，声明"这些委任或调动是对目前正致力于谈判解决由中国不幸挑起的动乱的各外国极不友好的行动"。② 在收到康格的照会后，总理衙门立即复函，向康格解释清廷任命两江总督刘坤一和湖广总督张之洞会商办理和议事件，并准便宜行事，"自系朝廷倚任，断无黜撤之事"，并表示："即使有与二督意见不合之人，但系国家重臣，断无敢于圣明之前有所倾挤。本王大臣并未闻有此语，即贵大臣亦知其定非真确也。……勿听谣言可也。"③ 1901 年 11 月 7 日李鸿章病逝后，国务卿海约翰于 8 日分别致电和致函美国驻华公使康格和清朝驻美公使伍廷芳，称李鸿章为杰出的政治家，赞扬他多年来对美国的友好态度。④ 同时，致电祝贺袁世凯被任命为直隶总督。⑤ 1901 年 12 月 6 日，当时负责美国远东政策的柔克义也写信祝贺袁世凯出任直隶总督，称：

　　我很高兴从美国驻北京公使的来电中获知你被任命为直隶总督。没有更合适和有能力的人可以找来接替李鸿章，你的任命对美国国务卿来说则是一件令人满意和愉快的事情。我经常向国务卿和总统谈论有关你的情况。……作为你的老朋友，谨致最热烈的祝贺，并祝你在新的岗位上一切顺利……如果有我可以为你尽力之处，请随时招呼我，我将尽力而为。⑥

① Chang Kaichin et al. to Mr. Conger, February 23, 1902, *FRUS, 1902*, p. 141.
② 《康格致庆亲王和李鸿章函》（1900 年 10 月 26 日），《1901 年美国对华外交档案》，第 49 页。《中美往来照会集（1846—1931）》第 9 册，第 75 页。
③ 《总署致美使康格照会》（光绪二十六年九月初五日），黄嘉谟主编《中美关系史料》（光绪朝四），第 2729～2730 页。《中美往来照会集（1846－1931）》第 9 册，第 76 页。
④ Mr. Hay to Mr. Conger, November 6, 1901; Mr. Hay to Mr. Wu, November 11, 1901, *FRUS, 1901*, pp. 132, 133.
⑤ Mr. Hay to Mr. Conger, November 8, 1901, *Diplomatic Instructions of the Department of State, 1801－1906, China*, microfilm.
⑥ W. W. Rockhill to Yuan ShihKai, December 6, 1901, *Rockhill Papers*, 46M386Q.

稍后，康格又对清政府任命对外人持友好态度的周馥为山东巡抚表示欢迎，认为"这是一件很好的事情"①。1902 年 10 月 6 日两江总督刘坤一病逝，康格 7 日通报国务院，在介绍刘坤一生平中，对刘在 1900 年义和团运动期间与列强签订协定，参加东南互保多加称赞。鉴于刘坤一的政治立场，国务卿海约翰也致电康格，对刘坤一的去世表示哀悼。②

1902 年，在一家美国洋行与端方的经济纠纷案中，美国政府也因端方为清朝统治集团内一位亲外的改革派官员而予以保护。1902 年 1 月 10 日，美国茂生洋行（The American Trading Company）致电时任湖北巡抚的端方，以端方系天津元昌钱庄的业主为由，要求端方偿还茂生洋行贷给元昌钱庄的 35000 两借款，并威胁要将此事提交外务部。在接到茂生洋行的这一电函后，端方立即派手下人与美国驻汉口领事魏礼格（Wilcox）接触，声称端方并非元昌钱庄的业主，希望不要因这件事毁坏他在公众中的名声，给伤害他的政敌提供借口，并要求美国魏礼格代为致电美国公使康格，对洋行发送这样的威胁信加以谴责，如果洋行坚持他的要求，请在采取行动之前予以通知，以便端方做出书面答复。③

在受理这一经济纠纷案中，美国驻汉口领事魏礼格和驻华公使康格便以端方为清朝统治集团内一位反对排外的官员而有意予以保护。魏礼格在 1 月 15 日写给康格的信函中即表示，鉴于义和团运动期间端方在任陕西巡抚期间帮助许多外国人逃走，他们中许多人为美国人，因此我认为他的合理要求值得重视。④ 康格在收到魏礼格的报告后，起初写信建议洋行提供有关证据，但在 3 月间收到端方对他本人和美国的对华友好政策表示感谢的来信之后，便拒绝将此案转交中国当局解决，表面理由是没有国务院的特别指示，公使馆不能插手商业合同纠纷，指出所有美国公民有关商业合

① Mr. Conger to John Hay, May 30, 1902, *Dispatches from U. S. Ministers to China, 1843 – 1906*, microfilm.
② 《外务部收美使康格照会》（光绪二十八年九月初十日），黄嘉谟主编《中美关系史料》（光绪朝五），第 3278～3279 页；Mr. Hay to Mr. Conger, October 10, 1902, *FRUS, 1902*, p. 270.
③ Mr. Wilcox to Mr. Conger, January 15, 1902, *Dispatches from U. S. Ministers to China, 1843 – 1906*, microfilm.
④ Mr. Wilcox to Mr. Conger, January 15, 1902, *Dispatches from U. S. Ministers to China, 1843 – 1906*, microfilm.

同的纠纷，不管是针对外国政府或公民，如没有国务院的授权，均不属于外交介入的范围。① 康格的这一解说，显然是为保护端方而找的一个借口。茂生洋行在写给康格的复函中就坦言"看来是元昌的业主是一位巡抚这一事实使这一案件复杂化了"，抱怨汉口领事魏礼格对这一案件抱有很大的偏见。② 而事实也的确如此，5 月 7 日，康格就此事写信请示国务卿海约翰对这一案件的处理意见时，也特别强调端方为一位亲美官员，应予保护，指出端方"以与外国人友好而闻名。在 1900 年的严峻时期，他作为陕西巡抚，做出巨大的努力，成功地援助和保护该省的传教士。如果他被投诉到外务部，很可能正好为那些企图诋毁他的人提供机会"。③ 海约翰也对康格的处理意见表示赞同，拒绝受理此案，6 月 21 日做出指示，称"正如美国洋行在 4 月 7 日致公使馆的信中所说'这桩起诉不是针对中国政府，而是针对个别的中国人'，因此，这不是一桩可以通过外交途径提出来的诉讼"。④

1903 年 4 月 12 日，清政府任命庆亲王奕劻接替荣禄出任军机大臣，康格亦表示支持，认为是"最好的选择"，指出庆亲王不像荣禄，是一个强人，他也没有像荣禄那样坏，他既不固执，也不残忍，他比荣禄更倾向进步，也不像荣禄那样不喜欢外国人。他对慈禧太后虽然没有像荣禄那样有影响力，但不管影响如何，他总比荣禄好。⑤ 对清政府于 4 月 5 日任命锡良为闽浙总督，康格也以锡良在义和团运动之后对外人态度多有转变而倾向肯定，指出锡良虽然在义和团时期曾倾向排外，过去几年居住在中国的外人一直对他表示怀疑，但他在近期谈话中则表现出对外人友好，倾向

---

① The American Trading Co. to Mr. Bainbridge, April 17, 1902; Mr. Bainbridge to the American Trading Co., April 20, 1902; Mr. Conger to the American Trading Co., April 30, 1902, *Dispatches from U. S. Ministers to China, 1843 – 1906*, microfilm.

② The American Trading Co. to Mr. Conger, May 3, 1902, *Dispatches from U. S. Ministers to China, 1843 – 1906*, microfilm.

③ E. H. Conger to the Scretary of States, May 7, 1902, *Dispatches from U. S. Ministers to China, 1843 – 1906*, microfilm.

④ Mr. Hay to Mr. Conger, June 21, 1902, *Diplomatic Instructions of the Department of State, 1801 – 1906, China*, microfilm. 有关端方与美商经济官司交涉的具体经过，详见崔志海《端方与美商一桩未予诉讼的经济官司》，《历史研究》2007 年第 3 期。

⑤ Conger to John Hay, April 17, 1903, *Dispatches from U. S. Ministers to China, 1843 – 1906*, microfilm.

进步，他最近在河南任上的公正行为得到居住在该省的外侨的好评。①

对于清政府和官员镇压各地民众反洋教斗争、切实保护外人利益，康格则大加赞扬和鼓励。1901年底，甘肃平罗教案发生后，清廷于12月27日及1902年1月1日至3日连发四道上谕，要求陕西、甘肃等地方官员对当地传教士和教民善加保护，对抓到的罪犯予以严惩，将负有责任的地方官革职，并对遇害传教士表示惋惜。② 对于清政府在镇压中国人民反洋教中所表现出来的积极态度，康格感到"欣慰"，他在1902年1月9日写给国务院的报告中称赞"清朝政府显然牢记他们的责任，他们在努力惩凶和赔偿伤亡损失中所表现出来的热情是最值得称道的"。③ 不久，慈禧太后在返回京城之后又颁布一系列上谕，要求各地方官切实保护教堂，务使民教相安。1月13日，清廷发布上谕，严禁传习白莲、八卦等邪教，宣布"其有传习邪教，如白莲、八卦等名目，借端惑众，本为法令所不容，久已悬为厉禁，务即申明晓示，严切稽查，有犯必惩，以正人心，而肃国纪"。同日，又以逢迎附和义和团罪名，令将开缺左副都御史何乃莹、侍讲学士彭清藜、编修王龙文、知府连文冲和曾廉等革职永不叙用，称："上年拳匪内讧酿成巨祸，皆由无识之王大臣纵庇邪术，挟制朝廷，职为厉阶，其罪固无可逭，而当时愚妄之徒，逢迎附和，与该王大臣等彼呼此应，议论嚣张，淆乱观听，实属贻害国家。虽情节轻重不同，要亦难逃洞鉴，自应一并惩创，以肃官常。"④ 1月16日，康格将这些上谕译送国务院，认为它们表明了"清廷取悦列强的诚意"，是"值得称赞的"，但同时表示"它们的价值完全取决于清政府在贯彻和执行这些上谕中的决心"。⑤ 对直隶总督袁世凯积极镇压反洋教活动，康格则迭加赞扬。在直隶景廷宾起义兴起后不久，康格就对袁世凯镇压起义抱有信心，在5月8日写给国务院的报告中表示：我可以肯定，如果可能，袁世凯总督会立即镇压叛乱，因为他十分清楚，只有他证明他有能力立即恢复秩序、保护外人的生命和财产，天

---

① Conger to John Hay, April 13, 1903, *Dispatches from U. S. Ministers to China, 1843 – 1906*, microfilm.

② 中国第一历史档案馆、福建师范大学历史系合编《清末教案》第3册，中华书局，1998，第127～135页。

③ Mr. Conger to Mr. Hay, January 9, 1902, *FRUS, 1902*, p. 159.

④ 朱寿明编《光绪朝东华录》（四），总第4800页。

⑤ Mr. Conger to Mr. Hay, January 16, 1902, *FRUS, 1902*, pp. 181 – 182.

津城才会由联军归还中国人，外国军队才会进一步从直隶撤军。① 在看到
1902 年 8 月 19 日袁世凯在直隶公报上颁布取缔和镇压拳乱的公告后，康
格极为欣赏，立即译送美国政府，指出：我深信总督是真诚的，如果他能
获得朝廷适当的支持，该省将不会再有拳乱麻烦。② 1903 年 3 月 12 日，康
格再次对袁世凯成功镇压直隶境内的农民起义表示赞赏，指出只有像袁世
凯那样采取及时和严厉的措施，才能避免其他地区出现类似的组织，相信
袁将会像他开始的那样继续奉行这一政策。③

　　为加强对清廷朝政的影响，美国政府还希望清政府多聘请外国顾问。
1902 年初，清廷实行机构调整时，美国就希望清朝中央各部能够聘用外国
顾问，指示康格多加留意，希望有美国人在清朝政府中担任顾问。④ 而康
格本人则曾建议在使馆内设立一个“腐败基金”，向清朝官员及时购买一
些重要情报。但他的这一建议被当时负责远东政策的国务院官员柔克义坚
决否决。柔克义认为：让外交官从清朝政府的下级官员中购买有价值的情
报，这是不明智的；虽然我们有时可以通过康格提议的办法获得一些重要
商业情报，但只要使馆人员与中国人及其他使馆人员保持密切联系，就没
有必要经常从中国政府的官员那里购买情报，因此也就没有必要设立一个
“腐败基金”，供驻华公使支配。如果驻华公使偶尔因获得重要情报需要奖
励某人，他应该很高兴自掏腰包，而不能要求“腐败基金”。⑤ 根据美国政
府的指示，1903 年初在得知袁世凯有意招聘银行方面的外国顾问的消息
后，康格便立即写信给袁世凯，希望能聘用美国顾问，但后因聘用月薪过
低（月薪 500 两）而放弃要求。康格认为在美国找不到愿意拿这样低工资
的专家。⑥

　　要之，庚子事变之后，美国政府对中国内政的关注和干涉大大加强

①　Mr. Conger to Mr. Hay, May 8, 1902, *FRUS, 1902*, p. 167.

②　Mr. Conger to Mr. Hay, August 21, 1902, *FRUS, 1902*, p. 266.

③　Conger to John Hay, March 12, 1903, *FRUS, 1903* (Washington: Government Printing Office, 1904), p. 167.

④　Mr. Conger to Mr. Hay, January 21, 1902, *Dispatches from U. S. Ministers to China, 1843 - 1906*, microfilm.

⑤　Mr. Rockhill to the Secretary of State, December 31, 1901, *John Hay Papers*, microfilm.

⑥　Mr. Conger to Mr. Hay, February 3, 1903, *Dispatches from U. S. Ministers to China, 1843 - 1906*, microfilm.

了，并成为美国对华门户开放政策的一个组成部分，这也是美国对华政策发生的一个重大变化。1902 年 5 月 21 日，美国对华门户开放政策的实际制订者柔克义在美国亚洲协会发表的演讲中，就认识到发展贸易和投资发展与中国国内各项行政改革和政局之间的密切关系，强调要维护中国商业的门户开放，必须更多了解中国的内部状况，鼓励中国实行行政改革。他指出：亚洲协会的特殊兴趣是贸易，但要促进这一目的，就要求亚洲协会不能不对鼓励和促进中国的行政改革予以关注，通过提供明智和及时的建议，帮助中国维护它的完整和独立，并促进它的进步。同时，通过在美国同胞中传播有关东亚状况的正确知识，避免采取可能会阻碍中国进步、扰乱中国人民并可能会引发重大骚乱的草率行动，或提出不合时宜的要求，只有这样，才能既有利于亚洲协会的特殊利益，也有利于美国政府的总体利益。他对许多美国人认为美国在中国只有纯粹的商业利益而没有政治利益的观点提出尖锐的批评，反问说："这怎么可能呢？由我们的国务卿通过成功的外交谈判所获得的中国门户开放可能会被称为是纯粹商业性的吗？它们难道没有对中国的政治状况产生深远影响吗？贸易界所抱怨的苛捐杂税难道不是中国政治的直接结果吗？难道不是因为政府的无能和弊政束缚生产、妨碍出口并削弱中国人的购买力的结果吗？"[1] 而事实也的确如此，美国政府为发展对华贸易和投资、为维护门户开放，不可能不关注中国国内改革的进程和政局的变动。并且，随着美国国力的增强及在华势力和影响的扩大，美国卷入中国内部事务的程度必然益深。

---

[1] *Journal of the American Asiatic Association*, Vol. Ⅱ, No. 5, June, 1902, p. 112.

第五章　中美商约谈判与清末新政改革

　　清末新政改革所受外国列强的影响，莫过于有关中国国内的一些改革被写入中外条约之中。就美国政府来说，继 1901 年《辛丑条约》为其干涉中国内政提供了条约依据之后，1903 年的《中美通商行船续订条约》，则为美国进一步介入中国内部改革，尤其与国际投资和贸易体制有关的改革，提供了条约根据，并在很大程度上反映和体现了美国政府介入清末新政改革的深度、广度及中美在改革问题上的分歧和矛盾。因此，本章将就中美商约谈判的经过，以及中美关于各项改革问题的争论及意义做初步研究。

一　商约谈判缘起及经过

　　《中美通商行船续订条约》的谈判系 1901 年《辛丑条约》第 11 款，该款订明："大清国国家允定，将通商行船各条约内，诸国视为应行商改之处，及有关通商各地事宜，均行议商，以期妥善简易。"[①] 该条款由英国公使萨道义（Ernest M. Satow）在 1900 年 11 月 5 日各国公使会议上最早提出。[②] 但由于该款的内容与美国这一时期要求扩大在华贸易和投资的愿望相一致，美国政府立即给予支持。11 月 9 日，国务卿海约翰在给驻华公使康格的电文中明确表示，如果各国不同意这一条款，"本政府将保留按这种意思与中国政府进行谈判的权利。这种谈判将是独立的，但对具有相同观点的国家来说又是共同的"。[③] 因此，在议和过程中，当各国把注意力集中在赔款

---

①　王铁崖编《中外旧约章汇编》第 1 册，第 1007 页。
②　胡滨译《英国蓝皮书有关义和团运动资料选译》，第 358～359 页。
③　《海致康格电》（1900 年 11 月 9 日），《1901 年美国对华外交档案》，第 415 页。

问题上时，美国政府就在为修改商约做准备。1901 年初，美国亚洲协会秘书约翰·福尔德（John Foord）和美国特派全权委员约翰·凯森（John A. Kasson）就分别向国务院提交了有关与中国修改通商条约的说帖和报告，强调通过修改商约以促进美国在华贸易和投资的重要性。①

同年 4 月 11 日，国务卿海约翰又致函来华专使柔克义，专门就修改商约问题做出具体指示，阐述了美国在修改商约问题上的立场和所要解决的问题，指出：修改商约的主要目的是利于中国财政的稳定，并根据与各国平等的条件促进在任何市场上购买和交换各地土产的能力。不平等的厘金应该取消。关税应该重新规定。根据货物的性质，征收值百抽五到十五的关税对贸易将是公平的，既不偏不倚也不造成负担，而且由于贸易打入内地将会使岁入稳步增加。为了做到这一点，需要在整个中国实行门户开放。所有贸易国家都应当有在整个帝国销售商品的均等机会。对输入品征收较低的关税，有助于发展中国的生产力。对于农具和比较简单的制造机器应特别加以优待。中国人只有靠发展本国生产，才能获得繁荣，以求购买自己不能出产的物品。②

但美国政府试图在和约谈判过程中同时解决商约问题在当时是不现实的，正如柔克义在给国务卿海约翰的复函中所说："在这次谈判中，各国代表迄今一直认为以不先提出通商问题为宜，留待联合照会其他各款获得最后解决后再予考虑。……我的所有同僚都认为，任何有关通商问题的谈判至少必须推迟到明冬。其中多数人以为，所有各国联合起来同中国政府就这些问题进行谈判，那是十分不切实际的，他们当中多数人相信如果采取这种办法，势必极大的拖延谈判时间，而且可能一无所成。"③

《辛丑条约》签订后，虽然英国最先与清政府举行商约谈判，但美国也表现得十分积极。1902 年 1 月 21 日，中英商约谈判开始后不到两个星期，美国政府就致电美国驻华公使康格，指示他通知清朝政府立即贯彻《辛丑条约》第 11 款联合照会之规定，举行修改商约谈判，并通知清朝政府美驻上海总领事古纳（John Goodnow）和旅居上海的美商希孟（J. F.

---

① 《1901 年美国对华外交档案》，第 276～283、294～298 页。
② 《1901 年美国对华外交档案》，第 276、446～447 页。
③ 《柔克义克海函》（1901 年 6 月 25 日），《1901 年美国对华外交档案》，第 341 页。

Seaman，亦译作西门）及康格本人为商约谈判代表。① 1 月 25 日，美国国务卿海约翰又致函康格，就中美商约谈判内容和谈判策略做出具体指示，指出中美商约谈判很可能在上海进行，但康格没有必要频繁前往上海，利用在北京的地位，了解其他国家在这方面工作的情况，以便美方的谈判与他们协调，甚至在某些方面与他们合作，这样可能更有益于指导中美商约谈判。有关美国政府在商约谈判中的原则和内容，海约翰指示康格除遵守1901 年 4 月 11 日他给当时来华专使柔克义的训令外，再次强调废除厘金的重要性，指出在对进出口货物征收的不合常规的、强迫性的内地税被废除之前，美方与中国的商业关系就不可能得到令人满意的改善，同时重申在清政府完全废除厘金的条件下，美国同意并支持将关税提高到值百抽五至十五之间。另外，海约翰还特别指示康格利用商约谈判机会，为美国在中国的商标和发明获得保护创造条件，要求康格将商约会谈情况通过电报和信函及时通报国务院，并就有关尚不清楚的问题请求国务院的特别指示。②

　　根据美国政府的指示，1902 年 1 月 23 日，美国驻华公使康格便照会通知外务部，美国政府已授命他本人和美驻上海总领事古纳和驻上海美商希孟负责中美商约谈判，希望在未开办前先与庆亲王奕劻晤商。但由于美使馆的翻译卫理发送照会时误用一般信函，外务部一直未予回复。3 月 17日，使馆翻译卫理再次致函外务部查问此事，外务部表示查从未收到此函，于是卫理于 3 月 21 日重新将 1 月 23 日的照会抄送外务部。③ 3 月 24日，外务部做出正式答复，通知康格，美国所派商约谈判官员可与中方商约谈判代表盛宣怀和吕海寰在上海举行，并表示中方谈判代表吕、盛系奉特旨简派，有实在议约之权，至于画押全权则须待商约由外务部核准后再奏请颁给。④

---

① Mr. Hay to Mr. Conger, January 21, 1902, *Diplomatic Instructions of the Department of State, 1891 – 1906*, microfilm.

② Mr. Hay to Mr. Conger, January 25, 1902, *Diplomatic Instructions of the Department of State, 1891 – 1906*, microfilm.

③ 《外务部收美翻译卫理函》（光绪二十八年二月初八日、十二日），黄嘉谟主编《中美关系史料》（光绪朝五），第 3099、3108 页。

④ 《外务部致美使康格照会》（光绪二十八年二月十六日），黄嘉谟主编《中美关系史料》（光绪朝五），第 3110 页。

6月27日，中美双方就修改商约问题在上海举行第一次会谈。美国公使康格在交送约稿后即回北京，由驻上海总领事古纳、商董希孟具体负责与中方的谈判。会上，美方提出共计40款的条约草案。该草案的第1至第28款系在1858年《中美天津条约》的基础上修改，第29至第40款为完全新增的内容；《中美天津条约》中拟予删除的字句用括号标出，新增的条款和字句则用斜体字标明。但由于当时中英商约的谈判正在进行之中，美国政府有意在中英商约的基础上再进行中美商约谈判，以获得更有利的结果。当时负责远东外交事务的柔克义就明确建议美国政府将中美商约谈判推迟至中英商约签订之后进行，指出：鉴于在修改商约问题上对于许多重要问题尚有不同意见，以及英国正在商约谈判中起领导作用，我认为目前能做的事就是等待英国谈判的结果。中英商约自然会有许多适用双方的最惠国条款，但它们只有在被所有条约国接受时才能生效。① 因此中美间的谈判没有立即举行。

9月9日，也即在中英商约签订后的第四天，中美代表在上海举行第二次会议，开始就美方提出的草案进行具体讨论。在这次会议上，中方代表希望中美商约的谈判以业已商定的中英商约为准，并对美方草案中没有提到的中英商约中的裁厘加税的条款表示严重关注，指出：这个问题很重要，如果不解决，就不可能签订条约。但美方代表并不愿受中英商约的限制，明确表示，中美商约内遇到与中英商约同样的问题时，美国方面喜欢用自己的提法；有关厘金问题，尚未收到政府的指示。② 在随后的几次会议中，中美代表着重就美方提出的第28款教会问题和第29至第38条新增的10条内容进行讨论。但中美间的第一轮会谈不到一个月（据中方的记录仅仅进行了9次），在9月30日的会议后即告中断。谈判中断的原因虽然部分是由于中方参与商约谈判的人员发生一些变动，商约大臣盛宣怀因丁忧开缺，督办商约大臣、两江总督刘坤一因病出缺——应张之洞的建议，清政府于10月16日任命驻美大臣伍廷芳为商约大臣，回国参与中美

---

① W. W. Rockhill to the Secretary of State, May 16, 1902, *John Hay Papers*, microfilm.

② 中国近代经济史资料丛刊编辑委员会主编《辛丑和约订立以后的商约谈判》，中华书局，1994，第158页。在以后的谈判过程中，美方也一再强调中美商约的谈判不受英约的限制。

商约的谈判，同日任命直隶总督袁世凯为督办商约大臣，[①] 但主要还是因
为美方谈判代表等待美国政府的指示。事实上，当时与中美商约同时进行
的中日商约的谈判就没有因中方的人事变化中断，而是一直在进行之中；
并且，中方代表也曾多次向美方提出继续会谈的要求，但美方代表均表示
须"俟接训条再议"。[②]

　　而美方之所以出现这样的延宕，主要由于中英商约中的裁厘加税条款
遭到美商利益集团美亚协会和美华协会的抵制和反对。10 月 3 日，美亚协
会通过一项决议，坚决反对将中英商约关于裁厘加税条款作为中美谈判的
基础，指出加税将严重损害美商利益，建议美国政府"在主要贸易国支持
下，努力谈判达成一项条约，纠正中英商约中的一些重大缺陷"，对加税
持严重抵制态度，并对清政府是否能够履行诺言、真正裁厘表示极大怀
疑。[③] 由于美亚协会和美华协会代表美商利益集团，美国政府对他们的建
议给予了高度重视，国务卿海约翰将修订后的条款送美亚协会主席福尔德
（Foord）征求意见，指出任何独立于其他列强签订的条约都是无效的，国
务院认为中英商约在现有条约的基础上多有改进，但由于美亚协会和商界
的强烈反对，他本人"不愿达成一个违背他们意愿的条约"。[④] 为解决中美
商约这一棘手问题，海约翰还指示柔克义在白宫当面听取富尔德的意见，
协调美国政府与商业集团利益之间的立场。在与美国商界协调过程中，柔
克义明确表示美国政府之所以迟迟没有向中方提交条约草案，原因就在于
"国务卿决意在获得贵协会充分、考虑周到的建议之前，不会采取任何
行动"。[⑤]

　　1903 年 2 月 28 日，中美商约谈判在中断将近 5 个月后在上海再度续

① 《清实录·德宗景皇帝实录》卷 505，中华书局，1987 年影印本，第 678~679 页。
② 《奏中美商约遵旨画押折》（1904 年 1 月 1 日），丁贤俊、喻作凤编《伍廷芳集》上册，
　　第 247 页。
③ *Journal of the American Asiatic Association*, Vol. 2, No. 11 (Dec. 4, 1902), p. 300.
④ Hay to Foord, Nov. 19, 1902, 转引自 James J. Lorence, "Organized Business and the Myth of
　　the China Market: The American Asiatic Association, 1898 – 1937," *Transactions of the
　　American Philosophical Society*, 1981, 71 (4), p. 40。
⑤ Rockhill to Foord, Dec. 26, 1902, 有关美亚协会等商业利益集团对中美商约谈判的影响，
　　参见 James J. Lorence, "Organized Business and the Myth of the China Market: The American
　　Asiatic Association, 1898 – 1937," *Transactions of the American Philosophical Society*, 1981, 71
　　(4), pp. 41, 39 – 41.

议。会上，美方代表要求撤回原 40 款约稿，并简单地向中方介绍了新拟约稿的内容，表示新约稿系由美国政府在华盛顿拟订，除第一至第四款的内容与英约不同外，其余各款与英约大体相同。3 月 17 日，美方代表交来 16 款的新约稿，作为中美商约谈判的基础。该草案虽然对商约的内容做了重大的调整，比照英约办法，不再将旧约列入，但新草案的内容和要求与中英商约仍有很大的不同。中美商约草案中的第 1、2、3、10、11、15 款都是中英商约所没有的，其余条款的内容虽为中英商约所有，但美方提出不同的要求，或文字的表述不尽相同。此外，新草案也没有将中英商约的内容都列入其中。在研究美方提出的 16 款的草案后，督办商务大臣袁世凯和张之洞几乎对每一条都有不同意见。其中，张尤为不满，认为美"素和平"，但此次美国所提 16 款"太属老辣"，"大概取英约之有益于彼而去其有益于我者"。①

中美代表围绕 16 款草案的谈判虽然没有像中英和中日商约谈判那样紧张，但也极为艰难。谈判开始后，中美代表约定：鉴于中日商约的谈判安排在每星期的一、四两日，中美商约的谈判则安排在每星期的二、五两日。但在后来的谈判中并没有拘泥于这一时间安排，而是根据谈判的实际情况多有变动。在 2 月 28 日再度续议到 7 月中旬的四个多月里，中美代表对商约的每一条内容都进行了反复的讨论和修改，并大体达成定议，呈请两国政府核准。为早日结束商约谈判，在 7 月 14 日的会谈中，美方代表敦促中方代表催促清朝政府尽快对拟定的商约条款做出最后答复，拒绝与中方代表再就一些已议定的具体问题重新进行讨论，提出在外务部对商约草案提出通盘意见后再"统行核定"，"贵国外务部电报未回以前，本大臣不愿再议"。② 至此，中美商约在上海的谈判暂告一段落，谈判也因此又中断一个多月。

然而，就在上海谈判中断的一个多月里，美国驻华公使康格与外务部关于东三省开埠问题的直接谈判有了具体的结果，并对商约谈判的进程产生了决定性的影响。在商约草案第 12 款中，美方要求将东北的奉天和大孤山（后汉为大东沟）辟为通商口岸。但俄国在 1903 年 4 月 18 日向清政府

---

① 王彦威辑，王亮编《清季外交史料》卷 171，总第 2721～2722 页；卷 170，总第 2716 页。
② 《中美商约谈判记录（第 10～41 次）》，中国社会科学院近代史研究所近代史资料编辑部编《近代史资料》总 112 号，中国社会科学出版社，2006，第 34～167 页。

提出"未经俄国同意，不得在满洲开埠、设领"的要求，使中美关于这个问题的谈判变得复杂，有关开放口岸的问题主要也由康格与清政府直接进行交涉。为了避免激怒俄国，同时也为了避免其他列强效尤，清朝政府反对将开放口岸问题载入商约，建议俟俄兵全行撤退后由中国政府自行将美国所请的奉天和大东沟两地辟为通商口岸。① 但美国政府一定坚持将在东三省开埠问题写入商约，尤其在 7 月 14 日俄国外交部向美、日、英等国申明，除哈尔滨外，俄国不反对在满洲开放通商口岸后，美方进一步逼迫清政府必须就答应将东三省开埠问题载入商约做出书面的承诺；表示如果不这样的话，就不签订商约。② 在美国政府的压力之下，外务部于 8 月 8 日照会康格，同意将开埠载入商约，表示"俟西历本年十月八号东三省所驻俄国兵队全行撤退交还地方后，再将该两处由中国自开口岸一节列入约内，商约全文亦俟彼时一并签字"。但照会最后又表示"倘至西十月八号俄国兵队尚未全撤，届时应与贵大臣再行商办"。③ 这就为 10 月 8 日能否真的完成商约的签订带来变数。对此，美国公使康格又向清政府施加压力，要求清政府在照会中不带附加条件，不能将 10 月 8 日通商口岸问题是否载入商约和商约全文的签字与俄国军队届时是否真的撤兵连在一起，即必须在 10 月 8 日那一天将商约全文签字，不管俄国届时如何办理。康格威胁清政府，如果迟至 14 日晚还不能满足他们的要求的话，那么清政府就必须为商约谈判的失败承担全部的责任。8 月 13 日，清政府被迫重新照会康格，满足了美方的要求。④ 这样，美国公使康格与清朝政府之间的直接谈判，不但解决了中美间关于要不要将美国所请的两处通商口岸写入商约的问题，而且还为结束中美商约的谈判规定了一个最后的期限。

8 月 19 日，中美在上海的会谈也在中断一个多月后重新恢复，双方代表开始就外务部提出应修改的地方进行磋商、核定，同时继续就一些悬而未决的问题，诸如设立盐报验公所问题，约开口岸与自开口岸问题，专利

---

① The Foreign Office to Mr. Conger, May 24, May 27, 1903, Mr. Conger to Mr. Hay, July 1, 1903, *FRUS*, *1903*, pp. 62 - 64, 66 - 67.

② Mr. Hay to Mr. Conger, July 26, 1903, *FRUS*, *1903*, pp. 70 - 73.

③ 《外务部致美使康格照会》（光绪二十九年六月十六日），黄嘉谟主编《中美关系史料》（光绪朝五），第 3628 页。

④ Mr. Conger to Mr. Hay, August 14, 1903, Prince ch'ing to Mr. Conger, August 13, 1903, *FRUS*, 1903, pp. 71 - 73.

保护问题，保护外人上谕问题，继续进行讨价还价。在此过程中，美国驻华公使康格为在规定的10月8日那一天结束商约谈判，频频催促清政府加快商约谈判的进程。9月3日，他便照会外务部，提醒知照商约大臣，事先将所定商约缮备齐全，以便至日签字。① 但清政府似乎并不急于在10月8日那一天签订商约，在9月6日的复照中表示："现在两国在沪所议商约，大致虽已订妥，惟内有数款，字句之间尚须详酌。""如于十月八号以前全约一律议定，届时自当奏请谕旨，予商约大臣以签字之全权。倘彼时商约全文尚未议竣，亦不得不稍缓日期。"② 对于清朝政府的这一态度，康格极为不满，9月12、14两次照会外务部，指出根据美国驻沪商约大臣的报告，现在商约未能议定，原因在于中国政府没有对中方商约大臣请示之事做出回应。他再次声明："本国政府系以至西历十月八号于商约上签字为极要之事，虽全文尚未议定，而所未定者不过些少之处，是签字一节，绝无合理之推诿可以稍缓一日之期。"③ 在康格的一再敦促之下，9月18日中美代表在举行最后一次会议后，结束了中美商约的谈判。10月1日，康格照会外务部，通告明日离京，届期抵沪签订商约。10月8日，中美代表分别在商约上签字。1904年1月13日中美互换批准书，《中美通商行船续订条约》正式生效。

从中美商约谈判的过程来看，美方一直处于主动地位，态度积极，而清政府则始终处于被动的地位，并表现得较为消极。清政府采取消极态度的原因是，当时的有关官员认为修改商约的谈判只能意味着列强对中国权利的新的索取，因此对签订中美商约并不热心。他们希望通过拖延的办法，迫使美方满足中方要求，做出更多让步。商约大臣吕海寰、伍廷芳在向美方代表解释清政府在商约问题上迟缓、拖延的原因时就明确指出，这是因为"好处在贵国故耳"。④

---

① 《外务部收美使康格照会》（光绪二十九年七月十二日），黄嘉谟主编《中美关系史料》（光绪朝五），第3656页。

② 《外务部致美使康格照会》（光绪二十九年七月十五日），黄嘉谟主编《中美关系史料》（光绪朝五），第3658页。

③ 《外务部收美使康格函》（光绪二十九年七月十九日）、《外务部收美使康格照会》（光绪二十九年七月二十一日），黄嘉谟主编《中美关系史料》（光绪朝五），第3667～3668、3670页。

④ 《中美商约谈判记录》，第41次会议记录。

二　中美关于商务改革的争论

中美商约谈判的内容以美方提出的约稿为基础，但美方在刚开始谈判时即向中方表示愿意考虑中国方面提出来的任何条款。美国负责东亚政策的官员柔克义在 1902 年 8 月 16 日写给英籍税务司、商约谈判帮办贺璧理（Alfred Edwar Hippisley）的信中明确声明美国在商约谈判中不追求单方面利益，指出："我们与中国谈判的目的，就是为了改善我们的贸易。达成的调解必须既有利于中国的出口贸易，也有利于我们的出口贸易。李鸿章和庆亲王在回复 1900 年 12 月 24 日联合照会中提到的关于和约第 11 款修改商约达成的调解必须彼此互利的要求，这自然是各国列强的观点——至少是美国的观点。"① 在一年多时间的谈判里，中美代表围绕中美商约的约稿在上海共进行了 64 次之多的会谈。② 他们讨论的问题极为广泛，概括起来，主要有以下几方面的内容：

第一，有关加税免厘问题。尽管这是中英商约已解决的问题，但它依然是中美商约谈判中争论次数最多、最激烈的问题。中美在这个问题上的分歧涉及两个方面：首先在加税上，美国开始时不同意中英商约将进口税增至值百抽十二点五，只同意增至值百抽十，指出清政府从前所抽的进口税实际上不过值百抽四点五而已，若照英国办法则较前已加三倍，足以抵偿庚子赔款。中国的谈判代表则解释：加税并不是完全为了赔款，主要是各国要求裁撤厘金，而要裁撤厘金，只有加税才能办到。其次，英约将进口税增至值百抽十二点五，照当年的时价计算，实际上不过值百抽十，已不足弥补厘金收入，厘金的收入之款为每年 3000 万两，而照英约办法不过增加 2600 万两；如照美方提出的值百抽十的方案，则其实不过值百抽八，所加无几，将无法裁撤厘金。在听了中方代表的意见之后，美方在 3 月 27 日的会谈中即表示加税至值百抽十还是值百抽十二点五，相差不大，愿意

①　W. W. Rockhill to Hippisley, August 16, 1902, *Rockhill Papers.*

②　《奏中美商约遵旨画押折》（1904 年 1 月 1 日），丁贤俊、喻作凤编《伍廷芳集》上册，第 246 页。按：据《辛丑和约订立以后的商约谈判》所载，中美商约的会谈为 55 次，这是因为中美代表之间曾为海关用人问题、东三省开埠问题和加税免厘问题举行的几次秘密会谈均无海关人员在场。

将中方的意见转告美国政府考虑。① 在后来加税免厘的谈判中，美方代表虽然也不时地表示反对加税至值百抽十二点五，强调加税过重，将不会被其他国家接受，但这主要是将它当作要求中方满足他们在免厘方面所提要求的一个筹码。在免厘加税条款基本达成协议后，美方代表就曾向吕、伍透露说：美国政府实际上在西历3月份即同意加税至十二点五，条件是"必须将内地常关撤去"。② 因此，中美关于加税问题的争论事实上并不十分激烈，争论的焦点主要集中在免厘方面。

在免厘问题上，中美对于裁撤厘金并无任何的分歧，中美的分歧在于要不要将厘金之外的其他一些征收行货税捐的局卡一并裁撤。首先，在常关问题上，清政府要求保留内地常关，其理由是：此次加税系为裁厘，与内地常关无涉；常关系抽内地税，与洋货没有关系，实属中国内政，美国作为中国的友善之邦，不应干预中国的内政。如果裁撤内地常关，则各省税款无着，抽收之法必至乱而无章，偷漏税饷必自此始；中国财政损失太巨，中国政府和各省督抚决不会答应，结果加税免厘也不能办成。并且，常关起自明代，在中国已实行数百年，不只征收税饷，而且兼负稽查、缉捕之事。现下常关统归海关管理，所收之税也与洋关相同，不会存在美方所说的留难需索的弊端，查核子口税单系各国通例；中方担保内地常关不存在对洋货留难需索等弊端，否则，即按照《中英续议烟台条约》解决洋药税厘并征的办法，在中美商约内写明：如保留的内地常关将来发现有需索留难的事情，美方有随时废弃的权力。再者，与中国商务利益最大的英国在中英商约中已允保留，何以美国不允。

但无论中方代表如何解释，美方代表始终不接受中方所说的这些理由，只同意保留和添设通商口岸内的常关，坚持必须裁撤一切内地常关。他们指出：根据中英商约第8款开头订明"所有厘卡及征抽行货他捐各关卡局所裁撤后，不得改名，或借词将此项关卡复行设立"的规定，内地常关也应在裁撤之列，而在该款的第3节中又允保留内地常关，实自相矛盾，

① 《中美商约谈判记录》，第11次记录。
② 《外务部收商约大臣吕海寰、伍廷芳电》（光绪二十九年闰五月初八日），黄嘉谟主编《中美关系史料》（光绪朝五），第3579页。按：美方代表所说并非虚言，4月初，中国驻美大臣梁诚在拜见美国国务卿后也致电清朝政府，报告美国政府可能会同意加税至值百抽十二点五，不致与中国为难。见《外务部收驻美大臣梁诚电》（光绪二十九年三月二十七日），《中美关系史料》（光绪朝五），第3499页。

当时各国对此就很有意见，无一洋商以为然，将来必定难以实行。常关收税，"名与捐两样，勒索则一"，与厘卡无异，"缘关工凡遇货物不知是否洋货，所以总要稽查"，有稽查就难免会有需索留难；而既知有此弊端，就应在立法之初做到"设法除弊为好"。即使内地常关全派洋人监察也不妥，这不但会导致中国官员的怨愤，而且经费庞大，将加重民间的负担；况且洋人也有好有坏，并非派洋人监察，即可周全，此外海关税司的权力也未免过大。再者，内地常关事实上仅居全部常关的 1/4，每年进款极为有限，大多自用，费用很大，不像洋关征一缴一，"于贵政府有损而无益"，同时通商口岸的常关随着开放口岸的增多将来必定比以前有所增加，因此实行加税改革后，比较裁撤内地常关所失之数"定有盈无绌"；至于地方的损失，则可由所加之税予以弥补，况且各省尚有销场税等收入。此外，要求裁撤内地常关，也不是要干涉中国的内政和自主之权，而是因为它与加税连在一起，与"贸易争论价值相类"，不但如此，还可帮中国除去积习，"不独有益于贵政府，而百姓也有利焉"。"凡欲兴商，须除去各种积习，然后商务可以通行无阻。现下各省几如分为列国。若尽去留难之弊，则商务税饷定有起色，而国之强盛可期矣。""中国民间由捐重受苦，地方官办理未妥，贵国国家理应体恤。二位贵大臣亦系中国办事大员，尤应仰体国家之意，帮助除弊才是。"至于内地常关稽查匪类的职责，则完全可改办警察执行。① 由于美方态度坚决，清政府最后被迫放弃保留内地常关的要求。

　　与常关问题相关的是，中美代表对是否保留通商口岸常关分口曾也有不同意见。根据美方最初的意思，通商口岸常关分口也不应在保留之内，理由是因为据他们的调查，常关分口多数在海关 50 里之外，查有 3,000 处之多，按规定 50 里之外的常关不属海关管理，因此必须裁撤。而中方代表则认为，既然允留通商口岸的常关，那么此项常关的分口自然亦可照设，并指出：常关进款大半来自分口，若海关 50 里之外的常关分口不照旧存留，那么，所有常关几乎都在裁撤之列，收饷就难免偷漏，结果必然是"虽有常关之名，与无常关何异"。同时，为使美方同意保留常关分口，中

---

① 中美代表关于要否保留内地常关的争论，见《中美商约谈判记录》第 14、16、25～29、31 次及五月初七日与美使密议问答记录。

方代表提出 50 里之外的常关分口也由督抚委派洋员监察。经中方的解释，美方同意了保留常关分口，但对常关分口的如何设立和管理中美代表又有不同的理解。美方主张设立和保留常关分口应由中国官员与领事官会商，由税务司视各口岸情况而定，并根据 1901 年《辛丑条约》的规定，归海关管辖。而中方代表则不赞成与领事会商，认为由关道与税司会商即可，指出领事向来不管税事，"管辖"两字太重，应声明由督抚统辖，和约只是称税饷归海关管理，并非指常关而言，至于常关洋员监察，和约原稿中已有督抚选派字样。① 经过协商，中美代表最后达成妥协，约定常关分口的设立改为由海关管理官员商办核定，常关及分口的管理只是笼统地规定照 1901 年《辛丑条约》的办法，由新关管理。

在裁厘方面，中美反复争论的另一个问题是关于要不要保留征收鸦片税的土药税所和征收盐税的盐卡，以及稽查私盐走私的盐报验公所。中方认为，鸦片和盐均非一般土货可比，一般的百货纳税均为值百抽五，而盐与土药加税数倍，对其他行货并无妨碍。至于盐报验公所，其职责只是稽查私盐走私，盐船决不装载土货，盐报验公所也向来不查行货，并且装盐之船与其他的民船不同，吃水较深，一望便知；此项公所的费用也都出自盐商，与官和百姓没有关系，并非累商。中方指出，盐和土药均为中国税项之大宗，中英商约已允许中国保留和设立土药税所、盐卡和盐报验公所，否则，必给中国造成很大的财政损失。但美方坚决反对照中英商约的办法办理，不同意在中美商约内规定允许保留土药税所和盐报验公所，建议盐和土药可在出产处和销场处抽税，指出如允许土药于转运时抽税，允许盐报验公所对舟行途中的船只进行查验，必会与内地常关一样，对其他货物造成留难，这就与中美商约第 4 款免厘加税的意旨大相违背，如果按照中英商约的做法，则中美商约的第 4 款"虽有如无，万难照允"；"盐卡、土卡假若仍有一存而不遵约办理，则敝国断不允将进口税加增"。同时，美方也一再表示，美国在这个问题上无意干涉中国的内政，"无论贵国征收土货若何，倘无碍于行货，敝国断不干预"。② 经反复辩论，美方最后同意中方在商约附件内对这个问题加以说明，大意谓：有关在内地征抽

---

① 中美代表关于常关分口的辩论，见《中美商约谈判记录》第 26、33、34、35 次记录。
② 《中美商约谈判记录》，第 14、15、16、38、39、40 次记录。

鸦片和盐斤税捐，以及防漏之法，均由中国政府自行办理，但不得与第 4
款不得妨碍其他货物运转的宗旨相违背。

　　此外，对于是否要将允许中国征收出产税、销场税和出厂税写入加税
免厘条款内，中美也存在严重的分歧。中方主张仿照中英商约的做法，将
允许中国征收出产、销场和出厂等税也写入中美商约内，或用照会加以说
明，以免有其他国家不同意，日后多言。而美方既反对写入商约，也不同
意用照会加以说明，一再指出：出产、销场和出厂等税系中国内政，美国
不愿干预；中美商约第 4 款已写明将来中国除约内写明的已有之税之外均
可抽收，无碍中国主权，倘若在照会或约内将销场、出产等税逐一写明，
反而自限主权。① 由于中方的坚持，美方在 1903 年 9 月 8 日的会议上才最
后同意有关这个问题以互换照会的方式加以解决。②

　　第二，关于通商口岸问题。首先在将何地辟为通商口岸问题上，美方
最初提出要将北京和东北的奉天、大孤山两处辟为商埠，后经调查，发现
大孤山并不是一个理想的通商口岸，便将大孤山改为大东沟，最后又改为
安东。③ 对美方要求将东北的以上两处地方开埠，中方并不反对，但中方
坚决反对美方将北京辟为通商口岸的要求。理由是北京系辇毂之地，当时
中国尚未能收回治外法权，旅居京城的各国人民"不归敝国皇帝治辖，实
不雅观"。再者，如将北京开作通商口岸，则京城洋人必定增加，争端之
事不断，"宫禁成何事体"。④ 在谈判过程中，美方还曾提出以哈尔滨代替
北京。但哈尔滨在俄国的势力范围之内，实为不可能之事。在中方的坚拒
之下，美方后来放弃了北京开埠的要求。此外，在谈判过程中，美方还曾
提出希望允将湖南长沙、衡州、湘潭和广东的韶州等四处开作通商口岸，
理由是此四处均在粤汉铁路附近。但美方的这一要求被中方代表断然拒
绝，他们表示："此是新添之款，本大臣未便允从；中国将来建造铁路四
通八达，焉能处处开添口岸？此事请毋庸议。"⑤

---

① 《中美商约谈判记录》，第 15、17、31、34、36 次记录。
② 《辛丑和约订立以后的商约谈判》，第 204 页。
③ Mr. Conger to Mr. Hay, March 31, 1903; Mr. Hay to Mr. Conger, May 16, 1903; Mr. Conger to
　Mr. Hay, September 12, 1903; Mr. Adee to Mr. Conger, 1903, September 12, 1903. All files
　see in *FRUS*, *1903*, pp. 51 – 52, 59, 76 – 77.
④ 《中美商约谈判记录》，第 12、24 次和四月初六日与美使密议问答记录。
⑤ 《中美商约谈判记录》，第 31 次记录。

在开放通商口岸问题上，中美争议最大也是最为重要的是约开口岸与自开口岸的矛盾和斗争。从一开始，中方代表即主张将美方所要求的两处地方由中国政府自行宣布开放，后又以俄国反对在东三省开放通商口岸和俄军占据东三省为由，坚持俟俄兵全行撤退后由中国政府自行将美国所请的奉天和大东沟两地辟为通商口岸。① 中方代表指出，之所以主张自开商埠，目的就是要将它与条约口岸区别开，摆脱条约口岸的束缚，将通商口岸的各项管理权收归中国自主，仿照岳州定例，其一切章程由中国政府自定，工部局及巡捕等事由中国政府节制，巡捕捐亦由中国政府征收。但美方代表开始时显然没有意识到自开口岸与条约口岸的重大区别，不但接受了中方自开商埠的提议，而且还同意有关这个问题可以不列入约章，只以彼此互换照会加以解决。但这一方案被美国政府否决，美国政府坚持要将这个问题写入商约内。② 并且，在明确清政府的自开商埠的含义后，美国政府坚决反对将他们所请之地按自开口岸的方式办理，坚持按条约口岸办理，认为工部局和巡捕章程由中国自行制订和管理"是没有道理的"，美国"一定不能同意"；美国政府所理解的"自开商埠"的含义，只是指"这些地方当然要中国自己开，因为谁也不能代中国开，但是还是按照条约开的通商口岸"。③ 中美间有关这个问题的争论，一直到会谈结束前夕才达成妥协，约定东北的奉天府和安东县由中国自行开埠通商，此两处外国人公共居住地界及一切章程，将来由中美两国政府会同商定。

与通商口岸相关的是，围绕外人在通商口岸权利问题，中美代表也进行了激烈的辩论。美方援引 1896 年中日《通商行船条约》第 4 款，在商约第 3 款第 1 节中提出美国人民可在中国已开及日后所开为外国人民居住通商各城邑或地方往来、居住，从事工商业等他项合例事业，且可在该处赁买房屋行栈，并为此租买地基的要求，强调美国政府之所以一定要将此款载入约内，"因不乐靠别国之约以行事也"。对美方的这一要求，中方极为不满，指出中英商约并无此款内容，根据该款的规定，实际上允许外人在中国内地杂居；中日《通商行船条约》第 4 款的内容至今无人不骂，迄今未能实行，现议中日商约，日方多次提出要求，也始终未曾应允，"已

① 《中美商约谈判记录》，第 12、29、37、40 次及四月初六日与美使密议问答记录。
② 《中美商约谈判记录》，四月初二日与美使密议问答记录。
③ 《辛丑和约订立以后的商约谈判》，第 206 页。

作罢论"，美国作为中国的友好国家，"应帮助中国除去此约为是"，"不应再有此款"。美方代表则表示，美方并不追求内地杂居，所求者不过欲于此约内提明于现在已开及日后所开各口岸划一合宜之地，以为美国人民通商居住之地而已。据此，双方代表对该节的文字做了修改，根据中方的意见，删除"城邑"两字，改为"各口岸"，并对外人在通商口岸赁买房屋行栈，租买地基，自建房屋等行为加以限制，将"且在该处赁买房屋行栈等，并租买地基，自行建造"一句改为"且在各该处已定及将来所定为外国人民居住合宜地界之内，均准赁买房屋行栈等，并租赁或永租地基，自行建造"。①

此外，关于是否要将 1901 年清政府颁布的并已载入《辛丑条约》的保护外人的上谕重新载入中美商约内，中美代表也相持不下。美方坚持要将保护外人的上谕写入商约第 3 款第 2 节中，理由是：1901 年 2 月所颁的上谕仅传贴 2 年，时间未免太短，应重降上谕，改为 10 年。上谕是可以修改的，载入商约后，就可使"贵国永远遵守"，避免义和团运动排外事情再次发生。美方还向中方提出，只有中方担保《辛丑条约》各节都得到严格的执行，才可删去此节。中方则坚决反对将保护外人的上谕写入商约内，指出在商约内说及上谕，"有疑惑中国之意，并有碍体面"，应予删除。保护外人的上谕已载入和约，中国并没有不遵守和约的情况，如果说和约所载的谕旨中国可以不遵守，那么商约所载也可以不遵守。并且，如果将上谕所说"凡官员不遵此旨者，皆革职永不叙用"载入商约，这也是有碍中国的主权，美国政府既然多次表示断不干涉中国自治之权，就不应再提此要求。中方代表还向美方提出，如果一定要将上谕载入商约，那么，中美商约也要讨论美国苛待华工问题，彼此报施一律，切实保护在美的中国官商，惩办那些作奸犯科、谋害旅美华人的美国人；并且美方还须答应放弃治外法权，允许中国政府从严惩办那些在中国行为不端、作奸犯科的美国官员和商人。② 中美代表围绕这个问题的争论直至会谈结束前夕也未能完全达成协议，美方代表还表示须等待美国政府的同意。但由于中

① 《中美商约谈判记录》，第 17、18 次记录。
② 《中美商约谈判记录》，第 29、36、38、41 次记录。按：美方谈判代表曾在第 17 次的会谈中同意不将上谕重新载入商约，但被美国政府拒绝。此后，这个问题便与自开还是约开口岸问题一道成为在有关免厘加税的问题解决之后中美双方会谈的焦点之一。

方的坚决反对，在最后签订的中美商约中还是删去了保护外人上谕的内容。

第三，关于知识产权的保护问题。这个问题涉及商标、图书版权和专利三个内容。商标问题在中英商约中已解决，因此中美的分歧不大，但也做了一些修改。如根据中方代表的建议，将中英商约内规定商标注册由南北洋大臣在所辖境内设局交归海关管理，改为由中国政府设立注册局所，并由中国官员管理。此外，在有关商标保护条款的谈判中，中方谈判代表还曾要求将禁止冒挂洋旗写入保护商标条款内，并试图将商标的保护仅限于已在美国国内注册登记的商标，但中方这两个修改意见都被美方代表拒绝。美方代表指出：冒挂洋旗与商标问题没有关系，"若贵国人民有犯此者，贵国官员尽可自行惩办"。商标保护不同于专利的保护，将商标保护仅仅局限于已在美国注册的商标是不妥的，须加保护的商标除在美国已准保护的之外，还应包括已在中国行用的商标和新拟申请的商标。①

对于美方在商约中提出保护版权的要求，当时中国国内反应强烈，尤其是知识阶层坚决反对，其中以管学大臣张百熙的意见最为典型。他在中美商约谈判开始后不久即代表中国最高学府大学堂，致书外务部和商约谈判大臣盛宣怀、吕海寰、张之洞、刘坤一，呼吁对美方保护版权的要求加以抵制，指出：版权一条如入约，各国必将援请利益均沾，"如此，则各国书籍，中国译印种种为难。现在中国振兴教育，研究学问，势必广译东西书，方足以开民智。风气之变，人才之出，胥赖乎兹，非细故也。各国自修好结和之后，深望中国变法维新，相期共进世界文明之化。今日学堂甫立，才有萌芽□端，一线生机又被遏绝。论各国之有版权会，原系公例，但今日施之中国，则不见保守利权之益，只益阻塞新机之害，使我国多译数种西书，令国人遍读之，则中外各种商务，犹当日见发达，彼时我国通习西文之人日众，各国再约中国以入此会，尚不为迟。似此甫见开通，遽生阻滞，久之将读西书者，日见其少，各国虽定版权，究有何益"。② 中方谈判代表在与美方代表讨论版权保护问题时，基本上也是持这

① 《中美商约谈判记录》，第12次记录；《吕盛伍三使致外部与美使会议保护商标办法电》，《清季外交史料》卷174，总第2761页。

② 《外务部（代大学堂）发商约大臣吕海寰、盛宣怀电》（光绪二十八年八月二十八日），黄嘉谟主编《中美关系史料》（光绪朝五），第3271页。

一主张，并以此说服美方在版权保护问题上做出让步。但他们同时也认为从"翻刻必究"的意义上来说，上海道厅领事衙门已有成案，完全拒绝版权保护，显然不会被美方接受；并且，平心而论，如果所印或所著、所译的著作一出版便被复印，也确乎伤著译者的积极性。① 因此，中方代表在与美方代表举行的涉及保护版权问题的谈判中，主要对美方提出的版权保护条款的文字进行修改，对版权保护的范围、适用地区和期限做出严格的限制，规定只对专为中国人民所用的洋文书籍和已译成华文的书籍、地图等予以版权保护，不得翻印，期限 10 年；除此之外，不论美国人所著何项书籍地图，可听华人任便自行翻译，刊印售卖，同时也不论这些书籍是在中国所著还是在国外所著；即使是已译成华文的书籍不得翻刻，但仍可重行翻译出版；并且，凡有碍中国治安者"不得以此款邀免，应各按律例惩办"。②

在知识产权问题上，当时中美双方谈判最为艰难的是有关专利的保护。中方坚决拒绝接受商约第 11 条保护专利的条款，明确表示："国人目下不能新创各物，故不得不仿效他人之物"，"中国现在各项工艺全恃仿照，若照此款办法，是禁止华人制造矣，不如去之为是"。认为仿造外国新创之物并没有什么不对的，中国人民完全可以照样制造，只是不得擅用该货商标而已，"专利一事，中国从古以来所未有，如照贵大臣所言，未免有碍敝国之政"。保护专利"俟中国制造大兴以后再议此款不迟，且英日约内无此款也"。美方代表则一再解释专利保护的意义和合理性，指出保护专利与保护图书版权一样，均对"勉励全国人学识，最为有益"，"系酬创造新器之劳"，"敝国人民创造各物日新月异，所得专利者亦属不少，故敝国政府甚愿该民在中国亦享有此专利之权也，文明之国本当如此"。"英德各国无不准专利者，彼此以文明之礼相待，本大臣之所求并非过于文明之国之所求。"且商标一事，中国政府也已应允。如果仿效别人新创之物而不予补偿，则"与夺人财产何异"，"天下焉有此理"？为说服中方接受专利条款，美方代表还解释说：保护专利，并不是禁止仿效，只不过要求仿效者偿付专利费；并且专利还有年限限制，过了一定的年限，便可

① 《管学大臣争论版权函电汇录》，《政艺通报·皇朝外交政史》卷 4，光绪二十八年。
② 《中美商约谈判记录》，第 10、12、13 次记录；另见《辛丑条约订立以后的商约谈判》，第 160～162、201、203 页。

仿效。并向中方表示，只对合例货物准予专利，这样军械就可不在其内。同时还指出，在版权问题上美方已做很大让步，在专利保护上不能再做让步；否则，美国就不允许关于中国收回治外法权的条款。① 在美方代表的一再坚持之下，中方代表在 4 月 28 日的会谈中提出一个妥协方案，指出保护专利问题须俟中国政府设立专利衙门、颁布保护专利章程后加以解决；在此之前，中国将不承担保护专利的责任。美方代表则要求规定一个实行专利保护的时限，提出在商约画押一年内设立专利衙门施行保护专利，强调指出：如果不规定一个实行期限，"则此条直同虚设"。而中方代表则以约内如写明年限"殊失中国体面"为由予以拒绝，指出一定要在条约上限以时日，肯定不会被中国政府所接受。最后，中美双方谈判代表在年限问题上也达成妥协，不具体规定实行的期限，但加上"迅速"两字。② 但督办商务大臣张之洞和外务部不满中方代表与美方达成的协议，坚持要求取消专利保护条款，认为如果答应实行专利保护，这简直是"自柱中国利源，自蹙国民生计"。张之洞甚至表示，如不删去此条，他将拒绝在商约上会奏。③ 美方代表则坚决反对取消专利保护条款，表示此款"早已议定，万难删去"，并以光绪二十五年有一福建人创造纺纱机器，不但李鸿章准其专利，而且还在美国注册，以享受专利保护为例，论证中国保护美国公民专利的合理性，重申"贵国如欲将治外法权收回，则此款万不可删，因专利为文明之国所必有之政也"。④ 但在期限问题上美方代表又做了进一步的让步，同意取消"迅速"两字，改为"将来"两字。⑤ 中美间关于专利保护问题的争论一直拖到 9 月 1 日的会议上，鉴于美方同意将盐和土药税捐问题写入商约附件中，中方才最后不反对专利保护条款。

最后，中美在有关商标、专利和版权问题上分别达成如下协议：关于商标问题，商约第 9 款规定："无论何国人民，美国允许其在美国境内保

① 《中美商约谈判记录》，第 10、12、20、21 次记录。
② 《中美商约谈判记录》，第 22 次记录。
③ 《外务部收湖广总督张之洞函》（光绪二十九年闰五月二十九日），黄嘉谟主编《中美关系史料》（光绪朝五），第 3605~3606 页。
④ 《中美商约谈判记录》，第 40 次记录；参见《吕盛伍三使致外部美约牌照专利事声明俟中国设官定律后再行保护电》，《清季外交史料》卷 173，总第 2753 页。
⑤ 《吕盛伍三使致外部与美使议定专利条款并增入年限电》，《清季外交史料》卷 174，总第 2762 页。

护独用合例商标，如该国与美国立约，亦允照保护美国人民之商标；中国今欲中国人民在美国境内得获保护商标之利益，是以允在中国境内美国人民行铺及公司有合例商标实在美国已注册或在中国已行用或注册后即欲在中国行用者，中国政府准其独用实力保护。凡美国人民之商标在中国所设之注册局所由中国官员查察后，经美国官员缴纳公道规费，并遵守所定，公平章程，中国政府允由中国该管官员出示禁止中国通商人民犯用、或冒用、或射用、或故意行销冒仿商标之货物，所出禁示应作为律例。"

关于专利问题，商约第 10 款载明："美国政府允许中国人民将其创制之物在美国注册，发给创造执照，以保自执、自用之利权。中国政府今亦允将来设立专管创制衙门。俟该专管衙门既设，并定有创制专律之后，凡有在中国合例售卖之创制各物已经美国给以执照者，若不犯中国人民所先出之创制，可由美国人民缴纳规费后，即给以专照保护，并以所定年数为限，与所给中国人民之专照一律无异。"

关于版权问题，中美商约第 11 款规定："无论何国若以所给本国人民版权之利益一律施诸美国人民者，美国政府亦允将美国版权律例之利益给予该国之人民。中国政府今欲中国人民在美国境内得获版权之利益，是以允许凡专备为中国人民所用之书籍、地图、印件、镌件者，或译成华文之书籍系经美国人民所著作，或为美国人民物业者，由中国政府援照所允保护商标之办法及章程，极力保护十年，以注册之日为始，俾其在中国境内有印售此等书籍、地图、镌件、或译本之专利。除以上所指明各书籍、地图等件不准照样翻印外，其余均不得享此版权之利益。又彼此言明，不论美国人所著何项书籍、地图，可听华人任便自行翻译华文，刊印售卖。凡美国人民或中国人民为书籍、报纸等件之主笔、或业主、或发售之人，如各该件有碍中国治安者，不得以此款邀免应各按律例惩办。"①

第四，关于矿务问题。中美双方的争议在于，中方代表认为矿务问题系中国内政，已有专门机构负责，中国政府现在也知道开矿的重要性，并已颁布了有关的章程，将来各国如何开办，美国亦必可照办，不必载入商约；如一定要提到这个问题，那也只能照中英商约的条款，做一笼统的规

---

① 王铁崖编《中外旧约章汇编》第 2 册，生活·读书·新知三联书店，1959，第 186～187 页。

定。美方代表则坚持要将矿务问题写入商约内，并且反对照搬中英商约中有关矿务问题的条款，认为中英商约第 9 款的内容太空泛，没有什么用处。具体言之，中美的分歧有以下几点：①中方代表反对在条款内写明可以租买矿地，强调必不被中国政府接受，指出矿地问题系矿务章程中的内容，可根据中国政府所订章程，与各国一律对待，不便入约。张之洞对此尤为不满，指出：英约虽有矿务一条，但只订明中国采取各国矿章自定章程，今美约则许美人各处租买矿地，漫无限制，直是遍地通商。① 美方则坚持矿地问题必须添入约内，强调"矿地之事，为全约之最要者"。指出如果不允许美国人民租赁矿地，那么，"美国人民仅为中国矿内雇佣矣"。②②中方代表认为美方所提在矿务问题上照最优待之国人民同样对待的要求不能尽允，难以实行，有诸多窒碍，理由是有些省份的矿务中国已与一些国家商办，美国势难插入。对此，美国代表一方面表示对中国政府以前已准予其他国家开办的矿务，美国不加干涉，同时又声明"如谓某国得某处矿利，则别国无从沾益，此言甚非敝国所乐闻也"。但最后美方还是接受了中方的建议，将"最优待之国"字样删去。③ 美方代表在这个问题上所遇到的两难，实际上从一个侧面反映了美国门户开放政策在执行过程中所遇到的窘境。③中方代表对条款内"中国各处"的表述提出异议，认为不妥，需加以限制，指出如有碍祀典等重要地方即不能应允，建议将"中国各处"改为"中国地方"。④ ④中方对美方矿务条款中所说的美国人民有权开办"矿务内之事"保持高度警惕，担心将铁路问题联系在一起，建议取消，指出矿务条款中所说的"矿务内之事"意思太宽泛，"外务部恐因此贵国商民或可得别项利益"，如不加以说明，"日后即难免争论，故必须删去此句为妥"。美方代表坚决反对删去，并表示："内地之矿非有铁路或河道相连，何能转运煤斤及所产矿质。"在 7 月 10 日的会议上，中方代表仅将"矿务内之事"改为"矿务所应办之事"。⑤ 对此，外务部和督办商务大臣张之洞并不满意。7 月 21 日，张之洞即致电中方谈判代表，指出：

---

① 《外务部收湖广总督张之洞函》（光绪二十九年闰五月十三日），黄嘉谟主编《中美关系史料》（光绪朝五），第 3582 页。

② 《中美商约谈判记录》，第 19、21 次记录。

③ 《中美商约谈判记录》，第 20、21 次记录。

④ 《中美商约谈判记录》，第 21 次记录。

⑤ 《中美商约谈判记录》，第 40 次记录。

"若添矿务内所应办之事一句，将来索造铁路，亦借口运矿所必需，便难阻止，如山西某公司先仅订明开矿，后遂添索造路以运矿，失权最甚。前车可鉴，能否劝美使照英约不再增添枝叶，以免议约他国效尤，愈增愈繁，将来拟议矿章，致滋窒碍。"① 在 8 月 26 日的会议上，中方代表终于对"矿务内之事"做出实质性的限制，将它修改为"按请领执照内载明矿务所应办之事"。②

经过谈判，最后中美商约在第 7 款中对矿务问题做出如下规定："中国因知振兴矿务于国有益，且应招徕华、洋资本兴办矿业，故允自签押此约之日起，于一年内自行将美国连他国现行矿务章程迅速认真考究，采择其中所有与中国相宜者，将中国现行之矿务章程从新修改妥定，以期一面振兴中国人民之利益，于中国主权毫无妨碍，一面于招致外洋资财无碍，且比较诸国通行章程，于矿商亦不致有亏。美国人民若遵守中国国家所定为中外人民之开矿及租矿地、输纳税项各规条章程，并按照请领执照内载明矿务所应办之事，可照准美国人民在中国地方开办矿务及矿务内所应办之事。至美国人民因办理矿务居住之事，应遵守中、美彼此会定之章程办理。凡于此项矿务新章颁行后始准开矿者，均须照新章办理。"③

第五，关于外交体制问题。这个问题涉及中美商约第 1 和第 2 两款驻华公使和领事的派遣。关于第 1 款驻华公使问题，中方提出两点修改意见：一是要求按照国际公法原则，在条款内写明中国驻美大臣也享有美国优待别国公使的权利；二是要求删去条款中美国驻华公使遇有公事可直接与各省督抚商办的规定，指出：办理交涉，外务部为总汇之区，必须由外务部转递方可，中国驻外官员遇事也必须通过该国外部，即使邀请各部大臣宴饮，亦由外部转约，绝无径行各处之理，此乃各国通例。经过谈判，中方的这两个修改意见都被美方接受。④

关于第 2 款派驻领事问题，中方提出以下意见：①除领事裁判权之外，中国领事驻扎美国所享权利应仿照美国驻华领事所享权利办理，以昭公

① 《张之洞致商约大臣等电稿》，黄嘉谟主编《中美关系史料》（光绪朝五），第 3606 页。
② 《辛丑条约订立以后的商约谈判》，第 200 页。张之洞赞赏这一修改称"矿务应办之事已限制于执照之中，甚为轻妙"。见《外务部收湖广总督张之洞致商约大臣等电稿》（光绪二十九年七月初四日），黄嘉谟主编《中美关系史料》（光绪朝五），第 3653 页。
③ 王铁崖编《中外旧约章汇编》第 2 册，第 185 页。
④ 《中美商约谈判记录》，第 17、19、23 次记录。

允，指出数十年前中国因不懂外交，与外国所订的条约诸多吃亏。②该款末节所云美国领事奉派到中国口岸或地方，由美国驻华公使照会外务部认可的规定，系为四十多年前条约规定的办法，应加以修改，指出："假如贵国派一鄙劣之人充领事一席，中国亦定要认许，将何以堪。"美方代表开始时拒绝修改，认为是"吹毛求疵"，指出：现在约稿第 2 款的文字四十五年前的旧约就是如此，为何要改。但在听了中方代表的解释之后，美方同意按国际公法修改。① 此外，中方代表还曾试图将美方派驻中国领事的地域仅限于辟为通商口岸的地方，对第二款内"美国可……派领事官员前往驻扎中国已开或日后开为外国人民居住及通商各地方"一句提出异议，认为外国人民居住和通商口岸系属两层意思，应改为"外国人居住之通商地方驻扎"，意即只在通商口岸地方派驻领事，指出："领事是管通商事务，不通商地方居住无益。"对此，美方据理力驳，指出派驻领事并非都要通商口岸，如四川成都并未通商，而现已有英国领事前往驻扎；青岛一处，现有英法各领事，而彼处也无商务。再者，如果说领事不能住非通商之处，则领事官反不如美国游历之人可任便居住，"为领事官者尚有体面乎"？② 结果，中方代表的这一修改意见未被美方接受，仍维持原议。

第六，关于海关用人问题。这个问题在美方最初拟定的中美商约约稿的第 33 款中即已提出，该款要求中国修改海关用人制度，在海关由外国人管理办理征税期间，海关用人"尽可能照通商各国对华贸易总额比例分配"；同时，中国政府应对通商口岸的进出口船舶和货物的数量、种类、价值、来源和指运地应认真造册，印发详细统计。但中方认为海关用人问题系属中国内政，反对将这个问题载入商约内。后来美方在交送的第 16 款的约稿中虽然取消了有关改革海关用人问题的条款，但美方代表在谈判过程中转而要求以照会的形式加以解决。美方的理由是他们的这一要求并不妨碍中国的主权，因为照会内明确写明"在中国海关用他国人而不用华人期内"，并指出由英人控制的中国海关多有不公之处：录用海关人员的考试不在中国举行，而在伦敦举行，无一华人充当税司；凡洋货自港进口者，统以英货入册，不能反映各国对华贸易的真实情况，"敝国商务虽不

---

① 《中美商约谈判记录》，第 36、37 次记录。

② 《中美商约谈判记录》，第 17 次记录。

敌英国之多，然所差亦不甚悬殊"；美国在华商务虽然与英不甚相悬殊，但在中国海关服务的美国人反较以前大大减少，"从前在海关用事者甚多"，"现下只有数名而已"。而中方代表则坚持海关用人系中国内政，既反对入约，也不赞成照会立案，指出：税司虽系洋人，实属中国之官，外人不得干预；并且一旦答应，他国必将起而效尤，恐难为中国政府接受。但他们同时也认为美方代表所说的海关问题不无道理，答应将美方的照会咨呈外务部定夺。① 在致外务部的密函中，伍、吕、盛建议清政府乘机要求赫德改革海关用人制度，订明兼用中国人，"渐渐收回税司自主之权"，② 达到一箭双雕的目的。外务部在收到中方谈判代表转呈的美方照会后也坚决反对将海关用人问题立照解决，指出："查各海关税务司充补迁调，总税务司均随时申请本部查核，其有得力人员任满时或疆吏为请留任，以资熟手，亦随时由本部札饬总税务司照行，是关务虽由总税务司经理，而用人之权仍操之自我，若必按某国商务之大小以定用某国人之多寡，则例限分明，应去应留转失其操纵之权。至考选税务司不在中国而在伦敦，及通国税务司无一华人充当，诚为国体所关，本部拟俟商约定后，再与总税务司从容商议，妥订办法，以期逐渐收回主权。美使既经声明不必入约，应由我自行酌办，不应于此时用照会作据。其海关贸易册于货物之往来须核实载明一节，亦应由本部与总税务司酌量商改，均不必于现议商约有所关涉，统希酌告美使为荷。"③ 稍后，外务部即致函赫德，转告美方的意见和要求，指出海关"应如何自行酌量变通办理之处，容与阁下面商"。④ 由于中方的反对，有关海关用人问题最后既没有写入商约，也没有立照，但美方的这一要求却对1906年清政府主动改革海关制度产生了明显的影响。

除以上这些谈判内容之外，中美商约中涉及新政改革内容的还有关于

① 《中美商约谈判记录》，闰五月十四日与美使密议问答记录；《外务部收商约大臣吕海寰等文》（光绪二十九年六月十七日），黄嘉谟主编《中美关系史料》（光绪朝五），第3629页。

② 《中美商约谈判记录》，伍、吕、盛致外务部函。

③ 《外务部发商约大臣吕海寰等函》（光绪二十九年六月二十日），黄嘉谟主编《中美关系史料》（光绪朝五），第3642~3643页。

④ 《外务部发总税务司赫德函》（光绪二十九年七月二十三日），黄嘉谟主编《中美关系史料》（光绪朝五），第3674页。

禁烟问题、币制改革问题及法制改革等问题。关于禁烟问题，中美商约第 16 款载明："美国兹允中国禁止莫啡鸦及刺入肌肤莫啡鸦之各针进口，除为医治所必需者，于进口时照则纳税，应遵中国为防有不因医治使用起见所自定专章办理，不在此禁例。此外，无论由何国何地运来者均应一律禁止，毫无歧视。中国亦允禁止国内之铺户制炼莫啡鸦或制造此项之针，以杜隐患。"① 关于法制改革，中美商约第 15 款载明："中国政府深欲整顿本国律例，以期与各西国律例改同一律，美国允愿尽力协助，以成此举。一俟查悉中国律例情形，及其审断办法，并一切相关事宜，皆臻妥善，美国即允弃其治外法权。"② 关于货币改革，中美商约第 13 款规定："中国允愿设法立定国家一律之国币，即以此定为合例之国币，将来中、美两国人民应在中国境内遵用，以完纳各项税课及付一切用款。惟彼此商明，凡纳关税，仍以关平核计为准。"③

总之，在中美商约谈判过程中，清政府虽然与美国处于不平等的位置，但并没有一味迁就美方的要求。在涉及国家主权和利益的问题上，中方代表总是字斟句酌，极力争取，最大限度地维护中国的权益。而美国政府为体现对华"门户开放"的友好政策，的确也在不少方面接受了中方的意见，满足了中方的要求。

三　中美商约的历史意义

从中美商约谈判缘起和经过的历史中，我们不难看到，美国政府对中美商约给予了高度重视。可以说，这是进入 20 世纪之后中美之间第一个最重要的双边条约。在中美商约签订之后，罗斯福总统在当年国会年度咨文报告中就对中美商约的重要性给予高度评价，认为它为实现美国的门户开放政策提供了保障，说道："10 月 8 日在上海与中国签订的商约是一件令人满意的事情。这个条约是长期讨论和谈判的结果，将我们与这个东方帝国的商业关系置于比以前更令人满意的基础上。它不但为我们的外交官和领事官提供了通常的权利，而且还通过增加我们进入中国港口的便利，为

---

① 王铁崖编《中外旧约章汇编》第 2 册，第 188 页。
② 王铁崖编《中外旧约章汇编》第 2 册，第 188 页。
③ 王铁崖编《中外旧约章汇编》第 2 册，第 187 页。

我们的商业提供了重要的拓展，以及通过消除以前那些妨碍贸易的障碍，为贸易提供了便利。在公正、公平及在得到主要商业国家同意的情况下，中国政府愿意废除帝国全境的厘金和其他内地税的征收，引进其他更合理的行政改革。对我们的公民在中国从事采矿事业，也将提供更大的便利。我们为我们的传教士也获得一个更有价值的权利，允许他们有权永久租赁和出租在帝国各个地方所需的物业。并且，通过这个条约，将满洲省城奉天和通往朝鲜位于鸭绿江边的一个重要港口安东开放为外国人贸易城市，这是我们商业在满洲和中国获得发展不可缺少的条件。在目前帝国不正常的各种情况获得解决之前，我们商业所期望的全面的发展措施几乎毫无希望，但现在终于为我们商业的全面发展奠定了基础。"①

从清朝政府方面来说，一方面中美商约将一系列属于中国内政的经济改革和政策内容写入中外条约之中，这就为美国和其他列强干涉中国内政提供了条约依据，使清廷的一些政策和改革受制于列强，丧失独立性。但另一方面，由于清朝商约谈判代表的努力和争取，同时也由于美国政府从对华门户开放政策出发，希望一个相对强大和繁荣的中国，在商约谈判中明确表示不追求单方面的利益，在不少方面做出让步和妥协，满足了中方的要求。因此，1903 年中美商约虽然是一个不平等条约，但它的内容在当时并非完全是负面的，也有积极的一面。

首先，中美商约一定程度体现了中外所享权利的对等。如商约中规定中美两国的公使和领事彼此享有对等的权力，彼此保护商标、专利和版权，中美两国人民进口货物彼此享受最惠国纳税待遇。当然，由于中美两国是两个处于不同发展阶段的国家，以及受其他不平等条约的束缚，中国在所享权利方面实际上不可能真正与美国做到平等。例如，美国的领事在中国享有治外法权，而中国的领事就不享有此项权利。有关保护知识产权的规定，在中国近代工商业还远远没有发展起来的时候，实际上只能主要有利于美国的利益，而不利于中国的发展。但同时必须指出的是，规定所享权利平等总比片面的最惠国待遇要好，并且中美商约所体现出来的平等原则也非完全没有实际意义。例如，商约第 5 款规定："中国人民运货进美境者，所纳之税不得较重于最优待之国之人民所纳者。"这就为中国物

---

① Message of the President, December 7, 1903, *FRUS*, 1903, p. XXII.

品出口美国提供了便利。当时，英国和日本在商约谈判中都拒绝了中国政府的这一要求，对中国进口货征收的货税不同于征收其他国家的货税。因此，中美商约第 5 款的规定，实具有重大的意义，诚若中方商约谈判代表吕海寰和伍廷芳所说："溯自中国与各国通商立约以来，从未议及中国人民运货至各国如何纳税办法，英约屡与之商酌，马凯未允，此亦难得之机会也。""今美约有此，借可为日约辩争之助。"① 又如根据对等原则，在第 2 款美国领事的派驻上按照国际惯例，规定美国所派驻中国各通商口岸的领事官，须应由美国驻华公使知照外务部认可，准其办事，方可行使职权，指出彼此所派领事官不得"率意任性"，"致与驻扎国之官民动多抵牾"。这就改变了长期以来外国所派领事不经中国政府同意，就直接知照地方督抚予以优礼接待的不平等的做法，并对领事官的行为进行了一定的约束。对此，当时一些国外的评论给予高度的评价，认为这是中外关系史上的一个重大进步，指出："观约内此节，则中国已能争回此权，执是以推，嗣后中西交涉，又当更易局面矣。"② 再如在商约第 14 款有关教会问题上也改变过去中外条约对教士和教民一味地偏袒，一定程度上承认存在教士干涉内政、教民恃符藐法行为，规定"惟入教与未入教之华民均系中国子民，自应一体遵守中国律例，敬重官长，和衷相处；凡入教者，于未入教以前或入教后，如有犯法，不得因身已入教，遂免追究，凡华民应纳各项例定捐税，入教者亦不得免纳。""教士应不得干预中国官员治理华民之权；中国官员亦不得歧视入教、不入教者，须照律秉公办理，使两等人民相安度日。"这一规定的意义正如吕海寰和伍廷芳所评论："实为从来立约所未有，彼此果能恪守约章，事事持平，秉公办理，日后自可期民教相安矣。"③

其次，中美商约较诸以前不平等条约的另一个进步是，在某些方面照顾到了中国的主权诉求。中美商约除仿照中英商约，在第 15 款载明俟中国法律改进后，美国将放弃治外法权外，在其他的条款中也表现出对中国主权的尊重，较中英商约有所改进。如为表示不干涉中国的主权，美方在第 4 款有关裁厘加税的条文中对中英商约的内容做了一些重大的修改，除涉

---

① 《中美商约谈判记录》，吕、伍呈中美新约注释稿本。

② 《论中美商约》，译自 1904 年 2 月 1 日比利时报，载《外交报》1904 年第 4 卷第 6 期，译报第一类，第 23 页。

③ 《中美商约谈判记录》，吕、伍呈中美新约注释稿本。

及进出口货的抽税之外，凡是中英商约中提到的完全属于中国国内的税收，诸如出产税、销场税、出厂税以及民船、帆船和车辆抽捐办法等，均不提及，指出这些均为"中国自主之权，不应入约；凡有关内政，美国概不干预"。① 后来，虽因中方的要求，将出产税、销场税、出厂税写入照会内，但照会主要也是说明这些税项中国政府有自主之权。② 在第 12 款中，中美商约虽然与中英商约一样，也规定美国在中国享有内港行轮的权利，但同时载明如果将来中美需要修改内港行轮章程，则"应由中国查看所拟修改之处果为贸易所必需，且于中国有利，则由中国政府应允和平采酌办理"。③

又如在商标的保护问题上，中英商约规定商标的注册和保护由外人控制的海关管理，而中美商约则改为由中国政府设立注册局所，归中国官员管理，另规定版权的保护也援照保护商标的办法办理，专利的保护则由中国政府设立专门机构负责。这些规定不但部分地挽回了中国的主权，而且在维护中国利益方面也起到了一些积极的作用。例如，由于商约规定有关商标、图书、专利的保护由中国政府设立专门机构负责，并将知识产权的保护限制在一个严格的范围之内，这就为中国在很长一段时期内能继续较为自由地出版和翻译外国著作，模仿外国先进技术，提供了方便，中国政府以各种理由，迟迟不制订和颁布有关保护外人图书和专利的法令或法律。后来，美国政府也意识到商约中有关保护知识产权的条款没有能为美国的专利和图书版权提供实际的保护，一直寻求修改的机会。

又如商约规定东北的奉天和安东两处由中国自行开埠，这就打破了长期以来条约口岸对中国主权的束缚。后来在与美方的争执中，清政府即据此声明：奉天和安东系为中国自行开放的通商口岸，因此不受以往不平等条约的限制。④ 再如中美和中英商约虽然对中国收回治外法权的要求附加了条件，规定须视中国法律制度的改进而定，但它还是为中国废除治外法权提供了一定的依据。在当时关于如何处理中外商标纠纷的讨论中，清政

① 《外务部收商约大臣吕海寰、伍廷芳函》（光绪二十九年五月初二日），黄嘉谟主编《中美关系史料》（光绪朝五），第 3532 页。

② 王铁崖编《中外旧约章汇编》第 2 册，第 190～191 页。

③ 王铁崖编《中外旧约章汇编》第 2 册，第 187 页。

④ Paul A. Varg, *The Making of a Myth: The United States and China, 1897 - 1912* (Westport, Connecticut, Greenwood Press, 1980), p. 143.

府即曾以所订商标法完全依照西方律例，坚决反对将领事裁判权扩大到商标的注册和纠纷的处理，指出英美日三国既然都在商约中承诺"俟中国法律改正，即弃其治外法权，……何独于此次参酌各国通行照约应行遵守之商标法不愿意遵守耶！"[1] 至于美方不把一些属于中国的国内税写入商约，声明在国内税问题上清政府享有自主之权，虽然不完全是从遵从中国的主权考虑，很大程度上是因为担心英国借此控制中国的财政，但它无疑是符合中国利益的，与后来中国人民争取关税自主运动中提出的废除现行条约中涉及国内税的要求是相一致的。

再者，需要指出的是，作为中美商约核心内容的加税免厘条款就其主要方面来说，是符合当时中国利益的。在免厘问题上，如前所述，美国提出比英国更为严格的规定，要求将与厘卡相类的征收行货税捐的局卡也一并裁撤，这固然是从美国利益出发的，但同时也如美国代表所说，它同样也有利于中国经济发展。事实上，对于厘金制度的弊端和危害，以及废除厘金的必要性和意义，当时负责商约谈判的清朝官员吕海寰、盛宣怀、张之洞、刘坤一、袁世凯等都有清楚的认识。当1902年中英商约谈判期间英方提出裁撤厘卡的要求时，清朝政府关心的是裁撤厘卡之后中央和地方的收入如何得到补偿，而对废除厘卡，他们也认为如果英方答应增加进口税予以弥补，这对中国也是有利的。如两江总督刘坤一就曾在一封电稿中指出："中国年来百物昂贵，贫民食用维艰，每为厘金重累，厘若全免，物价必平，不独食力之民易于温饱，工料之价亦必减廉，出口之货必可渐旺。"[2] 与加税免厘关系密切的户部也表示了相同的意见，认为加税虽"仍恐不足抵免厘之数，惟华商久苦厘卡节节留难苛索，若将过境行厘全免，于产地销场酌量加收统捐一次即畅行无阻，商情自必悦服，收数亦不至大减，似为得计"。[3] 后经艰难的谈判，英国最后同意：清政府承诺裁撤厘卡，作为补偿，英国答应将进口货物加税至值百抽十二点五，出口税为值百抽七点五。根据海关副总税务司裴式楷（Robert Edward Bredon）的核

---

[1] 《商部、外务部为商议使用商标注册条规、商标章程拟改事的来往咨文》，中国第一历史档案馆藏外务部档案，综合、商业贸易类，案卷号：4468。

[2] 《吕海寰奏稿》（《近代中国史料丛刊三编》第58辑），台北：文海出版社，1974，第8～9页。

[3] 《吕海寰奏稿》，第15页。

算，加税后清政府每年可增加税收约 2300 万两～2400 万两，而当时各省所收厘金内销和外销实数据各省督抚所报，综计不到 1700 万两，并非吕、盛在商约谈判中所说的 3000 万两，此数实为要求向列强加税的要价。因此，在与英方达成这一协议后，具体负责商约谈判的盛宣怀和吕海寰即上奏朝廷，建议清政府尽快批准，不要坐失良机，说道："明知厘金相沿数十年，各省赖此巨款以为补苴之计，而官吏沾润已久，不暇念及民瘼，一旦革除，难保不阻挠观望，谤怨丛集，臣等将为众矢之的，惟时局艰窘极矣，民生凋敝亦极矣。此举能成与否，实为强弱转移一关键。何敢引嫌避怨，坐失事机。"并指出："况厘金一免，民困大纾，土货畅销漏卮渐塞，银价不致再跌，镑价不致再增，而商民如释重负，然后援照西法开办印花、营业铺户等税，不致重累吾民，盖所获无形之利益尤胜于有形之利益也。"①

在中美商约谈判中，免厘加税条款事实上也主要是因中方的要求提出来的，中方代表始终将美方是否同意中英商约中的免厘加税条款作为接受美方所提要求的一个前提条件，曾明确向美方代表指出：总须将免厘加税条款议妥，"则其余各款均易商量"。② 为说服美国政府接受加税免厘条款，中国驻美大臣梁诚和代办沈桐也曾拜见美国务卿海约翰，希望美国予以支持，并向美方坦言："内地厘金原属军兴助饷，一时权宜，乃国家万不得已之举，京外官绅多以裁撤为宜，朝廷亦不欲重累吾民，屡有劝诫苛敛之谕，诚以厘金之抽，不独有损中外通商，抑且于内地商情亦多窒碍，只因迭年赔款，国债出项日增，不得不因仍旧贯。"③ 事实上，也正是因中英和中美商约中的免厘加税的条款主要对中方有利，因此有关列强对此多持保留态度，不愿承担这一条约义务。当时日本在商约谈判中就拒绝接受加税至值百抽十二点五的条件，认为裁厘所造成的税收的减少不能完全由增加进口税来抵补，土货裁厘那一部分应从改革国内税制来解决，换言之，就是要清政府通过加重对土货的征税来解决，④ 与美方代表建议和鼓励清政

---

① 《吕海寰奏稿》，第 41～42、38 页。
② 《中美商约谈判记录》，第 11 次记录。
③ 《外务部收驻美大臣梁诚函》（光绪二十九年五月初十日），黄嘉谟主编《中美关系史料》（光绪朝五），第 3541～3542 页。
④ 《辛丑和约订立以后的商约谈判》，第 228～230、248 页。

府裁撤厘卡以促进国内经济的发展形成显明的对照。只是在美国与清政府达成免厘加税的协议后，日本才在中日商约的第1条中勉强同意按中国与各国共同商定的办法办理。后来，在废除不平等条约运动中，中国政府在很长一段时期里也仍然将裁厘加税作为中国实现关税自主之前的一个奋斗目标。① 因此，美国当时接受中英商约的裁厘加税条款，可以说这是对中国的一个重大支持。

　　要之，1903年中美商约谈判充分反映了美国政府在清末货币改革、关税改革、矿务政策、通商口岸制度、建立知识产权保护制度等方面介入的深度及中美在这些改革领域中的合作、分歧和矛盾；同时也反映了在清末中国对外开放上存在两条道路之争：美国政府力图将清朝政府的改革开放置于不平等条约体系之下，清朝政府则力图摆脱不平等条约的束缚，走独立的改革道路。

---

① 参见王建朗《中国废除不平等条约的历程》，江西人民出版社，2000，第25～27、84～87、155～164页。

第六章　精琪访华与清末币制改革

就在与清政府进行商约谈判前后，美国政府还在列强中捷足先登，率先主导推动清末币制改革，于 1904 年派遣"会议货币专使"精琪来华，与清政府商议币制改革方案，作为美国落实对华门户开放政策的举措之一，同时配合美国当时推行的国际金融政策。"会议货币专使"精琪访华，进一步具体反映了清末中美之间的特殊关系及中美之间的文化隔阂和立场、利益分歧。因此，本章将从中美关系史和币制史两个维度，对精琪访华的背景和币制改革方案，以及中美会谈的真实情况和美国的反应，清政府拒绝精琪币制改革方案的原因等，做一考察和分析。

一　中美各取所需

清末划一货币改革虽然被写入 1902 年和 1903 年的中英、中美和中日商约，[①] 精琪货币改革方案确乎也与商约规定的划一币制改革精神相一致，并且美国政府还有意将此与商约货币改革条款联系在一起，但美国"会议货币专使"精琪访华则系清政府的邀请，是清政府的主动行为，与商约规定并无直接联系。清政府邀请美国帮助中国币制改革的动机和目的，是要解决自 19 世纪 70 年代以来因国际银价跌落、金银折算亏累给清政府造成

---

① 按：1902 年，中英商约第二款谓："中国允愿设法，立定国家一律之国币，即以此定为合例之国币。将来中英两国人民应在中国境内遵用，以完纳各项税课及付一切用款。"1903 年，中美商约第十三款亦谓："中国允愿设法，立定国家一律之国币，即以此定为合例之国币。将来中美两国人民应在中国境内遵用，以完纳各项税课及付一切用款，惟彼此商明，凡纳关税，仍以关平核计为准。"王铁崖编《中外旧约章汇编》（第二册），第 102、187 页。

的财政损失，尝试引入金本位制。

众所周知，晚清的货币十分混乱，严格来说并无货币本位制度，勉强言之，实行的是银铜本位货币政策。但国际货币制度在 1816 年英国颁布金本位货币法，规定 1 英镑的黄金值为 7.32238 克纯金之后，开始由金银复本位制进入金本位制时代。在英国的影响下，至 1870 年代欧洲诸国普遍采行金本位制：1870 年德国正式采行金本位制；1873 年，挪威、丹麦、瑞典三国成立货币同盟，一致宣布采行金本位制；1874 年，法国、比利时、瑞士、意大利等国一致限制银币铸造，1878 年一致宣布采行金本位制。美国也于 1873 年停止银本位币铸造权，并经多年的准备，于 1900 年正式采行金本位制。日本则于 1897 年加入金本位制国家行列。① 总之，至 19 世纪末，金本位制已成为世界各大商业国的唯一本位货币制度。

随着金本位制在世界的确立、白银的非货币化以及世界产银量的提高，国际银价也自 1870 年代开始进入长期跌落阶段。受此影响，中国银币与金币的比价在 1870 年代跌破 16∶1 之后，一路走低，到 1895 年银与金的比价跌至 31∶1，1900 年再跌至 33∶1。

国际金本位制度的确立及随之而来的国际银价的跌落，使包括中国在内的实际实行银本位制的国家在国际经济交往中处于十分被动和不利地位。银价跌落不但导致中国在国际贸易和经济交往中的购买力下降，而且加重了清政府的财政负担和压力。1894 年中日甲午战争爆发后，战费借款 41546140 两，赔款借款 309367550 两，总计 350913690 两。由于这些外债都以外币为单位，随着银价的跌落，清政府每年还本付息都要承受一笔额外的"镑亏"，即汇率比价的亏损。为改变这种不利局面，中日甲午战争前后，一些稍具世界知识的官员和士人，如通政使司参议杨宜治、户部郎中陈炽等，都以金贵银贱导致中国在中外经济交往中处于不利地位，提出过仿用英镑，铸造金币的建议，指出镑价上涨，中国损失巨大，"征收所入，使费所出，无不加倍吃亏，借款一项，吃亏尤巨而久，中国国家商民交困，其患俱在有形"；② 因此，中国"欲收利权，欲兴商务，非自铸金钱

---

① 参见蔡可选《金本位制度之现在与将来》，《清华学报》1935 年第 1 期；〔美〕查尔斯·P. 金德尔伯格《西欧金融史》，徐子健、何建雄、朱忠译，中国金融出版社，2007。

② 杨宜治：《奏请仿造金银钱折》，陈度编《中国近代币制问题汇编》（一），上海瑞华印书局，1932，第 22～23 页。

不可"。① 但他们的货币改革主张并无切实可行的操作性，因此均未被清朝政府采纳。对于杨宜治提出的铸金币的建议，户部以"外洋能否一律通用，本部殊难悬断"而不予考虑。②

1901 年 9 月《辛丑条约》签订后，列强不但向中国勒索 4.5 亿两庚子赔款，而且还额外提出"还金"要求，即要求将赔款折算成各国货币支付。由于银价跌落，根据当时国际货币汇率，清政府每年在支付赔款本息之外，还要支付 300 万两左右的"镑亏"。考虑到庚子赔款分 39 年还清，本息计 9.8 亿两，每年的"镑亏"又是一笔沉重的财政负担。清政府为消除因金贵银贱在支付外债和赔款中带来的额外负担，开始认真讨论引入金本位制问题。

1902 年底，清政府致电驻美代办沈桐，授意他与中国有着共同利害关系的用银国墨西哥商议对策，就如何稳定银价问题寻求美国帮助。1903 年 1 月 22 日，驻美代办沈桐照会美国务卿，提交备忘录，正式请求美国政府出面帮助稳定金本位国家与银本位国家之间的货币比价。在这份长达数千言的备忘录里，为争取欧美国家支持中国的货币改革，清政府刻意隐去减轻"镑亏"负担的真实用意，声明"并非出于狭隘和自私的动机"，一再强调稳定国际金银货币比价，不但对银本位国家具有重要意义，而且对那些寻求扩大在东方贸易的金本位国家来说，也具有重大意义，有利于保护和促进欧美国家在中国的贸易和投资，符合各方利益，称"任何两国之间的安全的有利的贸易，很大程度取决于他们货币的相对稳定"。③ 因中、墨两国的请求，美国货币问题专家很快代为拟订了一份维持银价节略，拟将银与金的比价维持在 32∶1 的价位上。1 月 24 日，沈桐即致函外务部，表示"若照此价，则库平百两可得美现行之金钱七十四五元，不特各国使馆免捉襟露肘之虞，即赔款还金亦有因利乘势之便，一举而数利具，方今理

---

① 陈炽：《通用金镑说》，陈度编《中国近代币制问题汇编》（一），第 17 页。
② 《为杨通政请仿造金银钱折咨总署片》，陈度编《中国近代币制问题汇编》（一），第24 页。
③ Note from the Chinese Charge d'Affaires to the Secretary of State of the United States of America, The Commission on International Exchange, Gold Standard in International Trade: *Report on the Introduction of the Gold Exchange Standard into China, the Philippine Islands, panama, and Other Silver Using Countries and on the Stability of Exchange* （以下简称 *RCIE*）（Washington: Government Printing Office, 1904）, pp. 75 - 78. 按：清政府这份致美国政府备忘录的措辞主要是接受了沈桐的建议，后来户部尚书赵尔巽在与精琪会谈中，对这份备忘录只强调中国币制改革对各国的好处，而不主张中国自身利益，表示了极大的不满。

财之策，莫要于此"。① 1 月 27 日，沈桐又致函外务部，进一步就币制改革问题提出"铸金钱""存金款""铸银圆""收金税""严金禁""开金矿""设银行""借国债""用金票"等九条具体建议，主张仿照美国和日本的做法，采用金本位制，指出若不行改革，"各国因偿款为数甚巨，金贵银贱，遂倡还金之说以难我，至今迄无定议，若不早为之所，窃恐海外各邦握财用之权，而制其轻重，凡用银各国固同受害，而中国分年偿款，所费尤巨，若束手待毙，终有财穷力竭之时"。②

2 月 25 日，外务部收到沈桐的建议后大为赞同，认为该方案可行，与总税务司赫德（Robert Hart）建议相近，于 3 月 16 日即上奏朝廷，建议采行，指出"近因金价日昂，较之二十年前不止贵加一倍，以致洋债赔款筹补镑价，亏累无穷，其故因环球各国用金者多"，最后称"臣等查该参赞驻美六年，于外国钱币情形考求有素，该总税务司久居中国，一切利弊亦所熟悉，其言均不无可采。当此财力匮乏之时，亟应变通尽利，金币已为各国所通用，中国自可仿行，以免独受巨亏。大要在以金钱定银铜二币之值，以钞票济金银一币之用，以银行为利国便民之枢纽，以矿产为设局鼓铸之来源，借鉴列邦，具有成法，但能损益尽善，庶可挽回利权，应请旨饬下政务处、户部会同核议施行"。慈禧太后和光绪帝也十分重视外务部的上奏，当日就下达朱批，着政务处会同户部议奏。③

对于清政府的货币改革请求，美国政府做了十分积极的回应。1903 年 1 月 28 日，国务卿海约翰将 1 月 22 日沈桐及墨西哥驻美大使的照会和备忘录呈送罗斯福总统，建议总统提交国会，授权行政部门，同意美国给予支持，以实现墨、中两国的目的，他指出币制问题对中国偿付美国和欧洲国家的赔款有重大关系，是中华帝国政府按所有列强要求的方式偿付赔款的币制基础。这一改革一旦实现，不但对美国和其他享有赔款份额的国家具有重要意义，而且对中国及其未来的发展也具有重大意义。次日，罗斯福总统根据国

---

① 《外务部收驻美代办沈桐函》（光绪二十九年二月二十六日，黄嘉谟主编《中美关系史料》（光绪朝五），第 3435 页。
② 《外务部收驻美代办沈桐函》（光绪二十九年正月二十八日），黄嘉谟主编《中美关系史料》（光绪朝五），第 3397～3401 页。
③ 《外务部奏折》（光绪二十九年二月十八日），黄嘉谟主编《中美关系史料》（光绪朝五），第 3427～3428 页。

务卿的建议，致函国会，建议国会授权。① 在国会批准后，3 月 3 日国务院即成立国际汇兑委员会（Commission on International Exchange），以蒙大拿州财政局总办罕纳（H. H. Hanna）、美国银行总办柯南（Ch. A. Conant）及康奈尔大学财政学教授精琪（J. W. Jenks）为委员，负责推广金本位制度，并由国会拨款 5 万美金，作为此项活动经费，并将此决定通报中方②。

　　美国政府虽然有意主导中国币制改革，但同时也清楚地认识到，中国的货币改革方案必须得到其他列强的配合和支持。3 月 25 日，美国远东国际问题专家柔克义在写给国务卿海约翰的信件中，就指出"这是应该认真考虑的问题"，并与俄国财政代表商议，在中国成立"一个类似埃及事例的国际货币财政委员会"，帮助维持银价。③ 接着，美国政府又安排国际汇兑委员会于 5 月 19 日由纽约起程前往欧洲，与英、法、德、俄、荷兰等国协商中墨两国币制改革，争取欧洲国家的理解和支持，并在行前的 5 月 8 日照会清朝驻美大臣梁诚，要求清政府电达中国驻欧洲各国使节协同商议。当日，梁诚即电达外务部，认为"该委员等所陈拟办各节，事之成否未可逆睹，然按照中国情形，实属有益无损，……似应由贵部电饬知照，相机协议，以期保我利权"。④ 同日，美国代理国务卿楼密斯（Francis B. Loomis）也直接电示驻华公使康格，向清政府转达这一安排。⑤ 6 月 22 日，庆亲王奕劻复函康格，对美国政府的这一安排表示感谢。⑥

　　为消除其他列强对美国的猜忌，美国政府在下达国际汇兑委员会的公开指示中，也强调美国委派维持银价委员系出于墨西哥和中国政府的请

---

① *RCIE*, pp. 79 – 80.

② Loomis to Conger, May 8, 1903, *Diplomatic Instructions of the Department of State*, *1801 – 1906*, *China*, microfilm；《外务部收驻美大臣梁诚文·附件一 美外部海约翰来文》（光绪二十九年五月二十六日）、《外务部收驻美大臣梁诚函》（光绪二十九年闰五月十七日），黄嘉谟主编《中美关系史料》（光绪朝五），第 3562 ~ 3563、3588 页。

③ Rockhill to the Scretary of State, March 25, 1903, *Dispatches from U. S. Ministers to China*, *1843 – 1906*, microfilm.

④ 《外务部收驻美大臣梁诚文》（光绪二十九年五月二十六日），《外务部收驻美大臣梁诚文》（光绪二十九年闰五月十七日），黄嘉谟主编《中美关系史料》（光绪朝五），第 3562、3588 ~ 3589 页。

⑤ Loomis to Conger, May 8, *Diplomatic Instructions of the Department of State*, *1801 – 1906*, microfilm.

⑥ Foreign Office to Conger, June 22, 1903, *Dispatches from U. S. Ministers to China*, *1843 – 1906*, microfilm.

求，并称委员只负有调查建议之责，改革方案须由各国商议而定，不得损害金本位制国家的货币制度，指出："惟是我国虽派员商议，仍未能允行专一办法，即我国政府、议院均于所拟各节未经详察，难决从违，该员等务须与中墨两国政府及英、法、俄、德等国商议，妥求善策，不可另拟别法，致与各国用金制度或于美国现行圜法稍有侵变。……该员等应专告中国政府，如中国有可行善法，我国允为布告各国从中协助；倘银行富户有可相助之处，亦当邀同筹办，惟不论如何办法，美国不便助给款项，宜并声明。该员等俟与上开各国商议之后，务将所有情节以及各国如何应允合力暨我国应拟办法之处，详细开报，是为至要。"①

与在国际上表现出的低调态度不同的是，美国政府在实际操作过程中其实十分希望促成中国货币改革，并确保由美国主导。为防止其他国家抢先主导中国币制改革，在国际汇兑委员前往欧洲商议期间，美国国务院远东国际问题专家柔克义就催促美国政府尽快指示康格采取行动，指出："我看不到任何理由，为什么康格没有像汉纳所要求的那样获得指示。就我所知，俄国政府过去几个月来一直在考虑中国的货币改革计划，我已与这里的俄国财政问题代表多次交谈过这个问题。鉴于俄国政府当前对中国有强大的影响力，中国很有可能会匆忙的接受某些可能会被证明令人遗憾的方案。如果得到您的批准，我将向康格发出类似的电文。"② 1903 年 7 月 3 日，代理国务卿楼密斯即电示康格，私下要求清政府在收到美国与欧洲主要列强商拟的方案之前，不要承诺任何货币改革计划。③ 在美国的要求下，庆亲王奕劻表示"不会做任何打扰美国为响应墨西哥和中国要求任命委员会所进行的工作"，清政府目前所做的只是决定建立一个铸造银币和铜币的铸币厂，以便统一国内货币，并以两为单位，以尽快使财政有所好转。④ 对此，美国方面比较认可。柔克义在写给代理国务卿的信中认为奕劻的回信"虽然没有做出承诺，但就目前进展来说，我个人认为是令人满意的"。⑤

---

① 《附件二：美外部给委员罕纳等训条》，黄嘉谟主编《中美关系史料》（光绪朝五），第 3563 页。
② Rockhill to Loomis, July 2, 1903, *Rockhill Papers* (Houghton Library, Harvard University).
③ Loomis to Conger, July 3, 1903, *Diplomatic Instructions of the Department of State, 1801 - 1906*, China, microfilm.
④ Conger to the Secretary of State, July 21, 1903, *Dispatches from U. S. Ministers to China, 1843 - 1906*, microfilm.
⑤ Rockhill to Loomis, January 14, 1904, *Rockhill Papers*.

　　1903 年 9 月国际汇兑委员一行自欧洲返回后，美国政府最终任命康奈尔大学经济学教授精琪为赴华"会议货币专使"，同时指示精琪来华之前先访问日本，争取日本的配合和支持，[①] 然后前往菲律宾，调查美国在菲律宾推行币制改革的状况，为在中国推行类似改革提供经验。[②] 精琪在出任"会议货币专使"后，立即亲自致函并拜见清朝驻美大臣梁诚，介绍他欧洲之行情况，称与英、法、荷、德、俄诸国"所商诸事尚称顺手，美员甚为满意，各国议员均谓中国应将所用银铜通宝酌定换金准数，所用通宝无论是银是铜，均有一定之价，不致起落无常，即以金价为定率之谓也"，并通报他中国之行的行程，请梁诚将所拟币制改革条议先行转达清政府，"以便贵国政府酌量仿照办理"。10 月 25 日，梁诚即将美国政府的这一任命及精琪的来函和节略转达清政府，称"精琪素在美国康奈尔大学堂为计学总教习，此次偕满摊拿省财政局总办罕纳、美国银行总办高兰等同赴欧洲条议一切，多为精琪所主持，平日于东方情形颇肯讲求，盖为美政府及财政家所推重者也"；"本大臣查该大臣精琪系美国总统特简赴华议办维持银价之员，自应按照优礼相待"。[③]

　　为保证中国之行的成功，精琪还于 1903 年 10 月 3 日分别致函海约翰和柔克义，建议他们指示康格在中美商约有关货币问题条款上添加一个中英文解释性附件，就像马凯的信件在中英商约中被列入附件的做法一样，将实行金本位制度载入即将谈判告竣的中美商约之中，使之成为一项条约义务。精琪一再强调这对货币委员会的工作的成功十分有帮助。[④] 他的这一建议得到海约翰的批准。1903 年 11 月 10 日，柔克义指示康格致函外务

① 按：精琪赴日期间，日本对美国的货币改革方案明确表达了支持态度，1903 年 11 月 30 日海约翰在写给柔克义的信中说道：据正在日本访问的精琪来电所云，日本将支持美国的货币改革方案，"如果需要，我们有理由期望获得日本的坚定支持"，John Hay to Rockhill, November 30, 1903, *Rockhill Papers.*

② 按：美国政府任命精琪为赴华"会议货币专使"，这是因为精琪当时不但是美国国内一位难得的财政和货币方面的专家，并对远东问题也有一定的研究。他当时除在大学任教外，同时还在美国政府多个部门和委员会中兼任专家或委员，曾分别就托拉斯、货币、劳工、移民等经济问题向美国政府提交报告，1901～1902 年间他还是美国国防部殖民地管理委员会的委员，撰写了一份关于远东地区英国和荷兰殖民地经济问题的报告，他也因此受到美国政府的器重。

③ 《外务部收驻美大臣梁诚函》（光绪二十九年十月十二日），黄嘉谟主编《中美关系史料》（光绪朝五），第 3757～3760 页。

④ Jenks to Rockhill, Sept. 30, 1903, October 3, 1903; Jenks to John Hay October 3, 1903, *Rockhill Papers.*

部，提出这一要求，指出美国政府希望将中美商约第 13 款中有关币制问题条款与 1903 年 1 月 22 日清政府就货币问题致美国政府的备忘录联系起来，该备忘录表示力图由中国有关部门建立起固定的金银比价汇率，因此希望中国方面据此做出安排，新的铸币应按金本位制要求设计。① 根据美国政府的指示，1903 年 11 月 25 日，康格照会外务部，指出商约第 13 条的统一币制，"本国政府之意，应用西历本年正月二十二日中政府致美政府之文，以会同讲解此条之意"。② 但美国政府的这一要求被清政府拒绝，12 月 4 日外务部照会康格，称："本部查中美新约第十三款载，中国允愿设法立定国家一律之国币，即以此定为合例之国币等语。此系中国自行整顿国币之举，现经奉旨设立户部财政处，应由该处王大臣公同酌核，请旨定夺遵行。至上年十二月间，代办使事沈参赞缮具节略，请贵政府会商各国政府维持银价事，在商约之前，未便据以讲解约文。总之，金银价值于商务最有关系，果能立有一定交换之价，自为有益。惟中国铸造国币，甫经议办，尚须通盘筹划，本部已将贵大臣照会咨行户部财政处酌核办理。"③

与此同时，美国政府还指示美国驻华领事予以协助。10 月 10 日，柔克义根据国务卿授意，致函国务院领事局，要求他们指示香港、上海、汉口、天津、广东的美国领事，尽可能地配合和支持精琪的工作，安排他所希望会见的官员和其他人士。④ 在精琪抵达中国后，美国政府为强化清朝中央和地方政府对精琪访华的重视，代理国务卿又于 1904 年 2 月 1、2 日连发两道电文，指示美国驻华公使康格与外务部联系，要求光绪皇帝亲自予以接见，称"精琪此行因中、墨两国倡议，国会授权，系官方使命"。⑤ 2 月 22 日，精琪在晋见致辞中也不失时机地强调他此行系受清政府的邀请和美国总统

① Draft of Instruction to Mr. Conger, October 1, 1903, *Rockhill Papers*. Mr. Hay to Mr. Conger, October 12, 1903, *Diplomatic Instructions of the Department of State, 1801-1906, China*, microfilm.
② 《外务部收美使康格照会》（光绪二十九年十月初七日），黄嘉谟主编《中美关系史料》（光绪朝五），第 3748 页；Mr. Conger to Prince Ch'ing, November 25, 1903, *Diplomatic Instructions of the Department of State, 1801-1906, China*, microfilm.
③ 《外务部致美使康格照会》（光绪二十九年十月十六日），黄嘉谟主编《中美关系史料》（光绪朝五），第 3766 页；Prince Ch'ing to Mr. Conger, December 4, 1903, *Dispatches from U. S. Ministers to China, 1843-1906*, microfilm.
④ Rockhill to Consular Bureau, October 10, 1903, *Rockhill Papers*.
⑤ Rockhill to Mr. Loomis, February 1, 1904, *Rockhill Papers*; Loomis to Conger, February 1, 2, 1904, *Diplomatic Instructions of the Department of State, 1801-1906, China*, microfilm.

的亲自授权和美国国会的批准，表示要竭尽所能，完成使命。其晋见致辞云：

　　大美国大伯理玺天德上年照准贵国政府和衷商请本国政府，合力整
顿中国币制，故特命使臣来华，并代大伯理玺天德问大皇帝安好。大伯
理玺天德前闻贵国政府定准更改币制，甚为欣悦，意以为无论何国有所
举动，其关系无有重大逾于此者。缘此系加增中国经济之利益，并可推
及全球。若能办有成效，颇可望中国财富扩充，国阜民安，相因而至。
大伯理玺天德准到贵政府所请，故立即谕知议院会议。议院亦遂遵谕依
理定律，以佐大伯理玺天德依允贵政府所请，是以大伯理玺天德即按议
院所定之律，派使臣来华，并谕办此事，专心体会贵国政府及百姓利益
攸关之处。因本国相助贵国定准最妥善之币制，不惟全副贵政府所请、
合力整顿币制之意，并可使本国及合球普沾利益。使臣来此，自当竭尽
心力，遵照训条办理，以期仰副大皇帝之愿。①

　　以此施压清政府必须接受他的币制改革建议。1904 年 8 月在精琪与清
朝中央官员紧张会谈期间，柔克义甚至建议国务卿海约翰联合列强，一道
施加压力，指出对币制改革这样一桩复杂又不被大多数人所认识的事情，
在清政府采取行动之前，列强的联合行动是必不可少的；没有联合的压
力，便会一无所成。②

　　美国政府之所以热心中国的货币改革，除了通常所说的金银比价的波
动影响美国对华贸易和投资之外，还与当时美国的国际金融政策有着直接
关系。进入 19 世纪末，随着美国成为一个世界强国，美国愈来愈重视金融
货币在全球国际经济和美国向外扩张中所起的作用，1898 年共和党人麦金
莱当选总统后，结束国内关于货币本位问题的争议，于 1900 年颁布金本位
法案，并推行金元外交政策，将货币问题当作社会的核心问题，尤其是将
普及金本位看作全球进步和文明的关键，试图通过普及金本位制稳定国际
汇率，简化国际事务，便利贸易和投资，同时推进美元国际化，形成以纽

---

① 《美特使就中国改币事入觐致词》，《中美往来照会集（1846—1931）》第 10 册，第 87 ~
　88 页；英文见 Address of Jeremiah W. Jenks, February 22, 1904, *Dispatches from U. S.
　Ministers to China*, 1843 – 1906, microfilm. 又见《光绪朝朱批奏折》第 112 辑，第 115 页。
② Rockhill to the Secretary, August 15, 1904, *Rockhill Papers*.

约为中心的美元国际集团，以与长期主宰国际金融的英镑竞争，使美国政府在国际货币事务中扮演领导角色。因此，在签署金本位法案后，总统麦金莱和继任者罗斯福积极地将金本位扩大到美国的殖民地和附属国，派出专家，帮助菲律宾和墨西哥、巴拿马、古巴、波多黎各、多米尼加等南美国家实行金本位制度。1903 年成立的国际汇兑委员会，是美国为推动美元国际化而成立的第一个组织；① 中国货币改革只是当时美国国际货币金融政策的其中一环。②

　　事实上，也正是由于美国推行的金本位怀有领导国际货币事务的野心，因此它遭到欧洲国家的冷遇和抵制，其中，又以英国的态度最为突出。在 1903 年 6 月 16、18 日的伦敦会商中，英国对美方要求中国须在 5 年内建立统一流通的银钱、实现金银划价的提议，明确表示反对，主张在中国只可先行银本位制度，至于"其易金之价，何时可以划定，即何时办理"。另对美方为稳定金银比价，便于中国推行新币，建议各国限制和确定每年购银及铸币数量，英国也不配合，主张各国应保留自主之权，声明"此等办法须视各国之钱政及随时情形酌核办理"。对美方为减轻清政府"镑亏"负担，建议列强同意庚子赔款 10 年内仍按银支付，英国政府则直接以"此非各会员应议之条"，加以拒绝，不予讨论③。

　　综上所述，在启动清末币制改革问题上，虽然清政府和美国都以有利于促进国际贸易和投资相标榜，但其实是各有所图。清政府邀请美国帮助中国进行币制改革的最急切的动机和目的，是希望美国出面稳定金本位制国家与银本位制国家之间的货币比价，以消除中国在支付洋债和赔款中因银币大幅跌落所造成的汇率损失，即当时所说的"镑亏"，减轻沉重的财政负担。美国政府热心清末货币改革，除了一个统一、稳定的货币制度有助于美国对华

---

① 按：经过四十年的努力，美国凭借其强大的经济和军事实力，终于在 1944 年 7 月 1 日在美国新罕布什尔州的布雷顿森林召开联合国货币金融会议，宣布成立国际货币基金组织，完成了美元成为国际货币的梦想。

② 有关美国背景，详见 Emily S. Rosenberg, *Financial Missionaries to the World: The Politics and Culture of Dollar Diplomacy*, *1900 - 1930* (Cambridge, Mass.: Harvard University press, 1999)；〔美〕米尔顿·弗里德曼（Milton Friedman）、安娜·J. 施瓦茨（Anna J. Schwartz）《美国货币史》，巴曙松、王劲松等译，北京大学出版社，2009。

③ 《外务部收驻英大臣张德彝函》及附件（光绪二十九年六月初六日），黄嘉谟主编《中美关系史料》（光绪朝五），第 3611～3613 页；另参见精琪货币报告：*RCIE*, p. 104.

贸易和投资这一欧美列强共同利益之外，一个更为主要的动机是希望将中国货币纳入以纽约为中心的美元国际集团，以与长期主宰国际金融的英镑竞争。显然，中美在清末货币改革中的合作能否顺利进行，很大程度取决于能否找到双方利益的契合点，也与列强的态度以及其他相关条件有关。

二　精琪货币改革方案

美国"会议货币专使"精琪的货币改革方案集中体现在他撰写的 *Memoranda on New Monetary System for China*（《中国新币制备忘录》，当时中文译名为《美国会议银价大臣条议中国新圜法觉书》）和 *Considerations on A New Monetary System for China*（《中国新币制的思考》，当时中文译名为《大美钦命会议银价大臣续议》）两本英文小册子中。其中，《觉书》将货币改革的缘由及与欧洲专家讨论总结出来的要点及建议制作成小册子，在清政府同意和资助下，制作成中英文本，作为讨论的基础，在 1904 年 1 月精琪抵达中国后即在中国重要官员和商人中散发，并由一些中文报刊转载或摘录。①

《觉书》由 5 部分内容构成：第一篇和第二篇分别为清朝驻华盛顿代办沈桐致美国政府照会及罗斯福总统向国会提交国务卿关于帮助墨西哥和中国实行币制改革的报告，以说明精琪此行来华讨论货币问题系出于清政府的邀请。②

第三篇为"中国圜法条议"（Suggestion of Plan for China），就中国币制改革提出 17 条建议，大致可分三方面内容。一为划一国内货币，实行金汇兑制度，这体现在第 5、6、9 三条内容上。其具体方案是：政府制定含一定纯金量的本位货币单位，大约所值金价应兑银一两，或比墨西哥一银圆价值稍昂，政府自己或代民间铸造此货币单位之 5 倍、10 倍、20 倍的金币，只量收其铸造之费。同时国内应速铸银币若干万元，流通本国，大小近于墨西哥洋圆，与新铸金币（单位货币）的比价定为三十二换，嗣后添铸的补助货

---

① 按：《中国新圜法觉书》单行本有上海商务印书馆 1904 年铅印本和 1907 年京报馆铅印本。另，全文也刊载在《外交报》第 3 卷第 36 号（光绪三十年二月十五日至三月十五日）及《东方杂志》第 1 卷第 24 号，1904 年 4 月 10 日、6 月 8 日）等杂志上；英文本见 *RCIE*，pp. 75 – 113.

② *RCIE*，pp. 75 – 80.

币如小银币和红白铜币也应规定其与金币的比价。为维持银币定价起见，中国政府应在伦敦和其他通商巨埠开设信用账户，以便出售金汇票。金汇票的起售点为新铸银币1万两，其汇价较平日银行汇价略高。如按新法章程，平日银行伦敦汇价为新式银币1元兑换2先令，而政府可以俟汇价为1.02元兑换2先令，方出售汇票。

二为推行新币和维持金银比价之法，体现在第7、8、10、11、12、13、14、15、16等条内容中。关于推行新币之法，其方案是国家征收各项赋税按所定比价收用新币，并饬令各省督抚限期晓谕民间：新币可作偿付各种债务之用，同时准由国家银行或其他相当的银行发行与法定货币等值通用的钞票，并由司泉官委托各省地方官或票号、钱庄及可信之商家推广使用新币，限5年内，各通商口岸一律须用新币，而后逐渐推广至全国。关于维持金银比价之法，其具体建议是：一通过借款补充金储存款之不足；二将铸币溢利存入各处金储备存款处；三由政府所派驻的外洋代理人收买银汇票，补充因汇票出售而日见支绌的储备金。

三为中国币制改革应接受外国列强的指导和监督，并聘请外国人担任司泉官（Controller of the Currency），全权主持中国币制改革，这体现在第1、2、3、4、9、10、12、13、17等各条内容中。其第一条开宗明义地提出中国新币制的实施"以能得赔偿国之多数满意为归"。第2、3条则提议中国"应聘用适当之外国人，以相援助"，并派一洋员为司泉官，"总理圜法事务"；该司泉官有权辟用帮办数人，管理制钱局及司泉官所指派之事。第4条提议司泉官每月刊造详细报告书，申明货币情形，内容包括货币流通、借贷及外国信用汇票等数据；这些数据（非中国政府的数据）准许相关国家的代表查看，且有条陈献替之权，以使新币制昭信于各国。第9和第12条提议有关买卖汇票等国际汇兑事务"归司泉官管理"，"其价目由司泉官监督"。第10条要求支付币制改革借款的财源管理"须令各国之有关系此事者，咸表同情"。第13条提议准由国家银行或其他相当的银行发行与法定货币等值通用的钞票，"统归司泉官监督"。第17条提议"司泉官及各国代表人，有权为中国提议整顿财政"。①

第四篇为"中国新圜法条议诠解"（Considerations regarding Monetary

---

① "Suggestions regarding a New Monetary System for China," *RCIE*, pp. 80 – 81.

Plan），进一步阐述他的货币改革方案，依次分 10 个小点：

（1）"良法之益"。强调实行金本位、稳定中国货币与金本位制国家的货币汇率，可消除因货币汇率大幅波动对中外贸易和投资造成的不便和损失，有利于中外贸易和外国在华投资，并强调中国的货币改革与欧美国家在东亚附属国的货币密切相关，为获取对中国货币改革的支持，他已将货币改革方案送交欧洲各国。

（2）"中国改革之难点"。精琪认为中国缺乏统一的货币制度，货币发行地方化，新货币制度有可能损害地方督抚官员、钱庄甚至外国银行的利益，普通百姓对新币制缺乏知识和了解，以及新币制须获得列强和外商的同情与支持，等等。这些都是中国货币改革的难点。但他同时更强调这些难点是完全可以克服的，而有些并非难点，甚至有益新币制的推行，如缺乏统一的货币制度和货币发行地方化可使新币制免除收换旧币的义务，并通过设立国家银行或类似国家性质的银行加以克服，而地方督抚官员、钱庄、票号和外国银行受损利益则会在新币制下得到弥补，不会构成障碍；普通百姓固然对新币制缺乏了解，但中国百姓较诸他国人民更精于谋利，新币制可为中国百姓带来利益，因此更易为中国百姓接受；由于中外货币汇率的波动不利于各国对华贸易和投资，列强和外商多数已表示支持中国的币制改革。因此，"此事之开办谅必准定也，惟开办须向正途而行"。

（3）"新币制之开设"。精琪主张新币制应该从一开始就实行金本位，确定金银比价，可先在各通商口岸实施，逐渐推行至内地及全国，而不宜先实行银本位，待统一国内货币之后再行金本位。他指出后一方法只能鼓励投机，扰乱商业，并增加货币改革难度；而前一方法不但有助于中国的进出口贸易、吸引外国投资，增加政府税收，避免因银价跌落造成的税收损失，而且由于币值稳定，更易被百姓接受和采用。

（4）关于聘请外国专家问题。精琪一再强调其必要性，并主张尽可能赋予其最大权力，指出由于中国缺乏新币制方面的人才，因此为确保新币制妥善实行，应请外国专家管理铸钱局及新币制事宜；他们虽为中国雇员，但为获取专业帮助及信用，至少在最初几年应赋予这些外国专家最大的裁量权。并且，为避免引起各国的妒忌，这些外国专家应从不同国家挑选，但他们并非其国家的代表，作为中国雇员，他们应维护中国利益。

（5）关于币制纲目。精琪强调，无论币制改革是一开始就实行金平价，还是如少数人所提议先实行银本位然后再行金平价，都必须事先推行一个金平价为基础的单一的货币单位，确定该货币单位准金重若干、成色若干；至于该货币单位的大小要便于对外贸易，大致以与美国 50 美分、英国 2 先令、法国 2.5 法郎、德国 2 马克相近，但最好是选择与中国关系密切、商务众多且日见增长国家的货币（实则暗示中国最好采用美元）。同时，精琪指出，确定金平价的单一货币单位，但不必鼓铸金元实币，政府仅鼓铸部分金元，以备偶然之用；根据中国的经济状况，日常流通仍使用银币、铜币，只是各种铸币都以金平价的货币单位为准，并由政府设法加以维持。至于流通银币是称"两"还是称"元"，精琪认为无关紧要，关键是新币之价必须随金平价的货币单位而定。

（6）关于如何维持金银货币比价问题。精琪指出根据各国经验：一是严格限制铸币数量，并由政府控制，避免因铸币数量供过于求而出现贬值；二是政府各项收纳应按其所定平价收用新币，以确保其信用。就中国来说，国内流通的货币仍以银为主，金币仅用于支付金本位国家的款项，并实行金汇兑制度，如荷兰和印度采用的方法，国内无须存金，也不许在国内进行货币兑换。

（7）关于创设金款存储。精琪提出：一是将货币铸头出息作为金款存储；二是与各国商议，暂允庚子赔款还银，所省镑亏可作金款存储；三为筹备巨额借款；四为购买金汇票，补充存储金款；五为开发国内金矿。

（8）关于银行钞券。精琪主张新币制一开办就应发布相关条款，允许银行发行纸币流通，调节市面银币，有助于保护金款存储：当市面银根吃紧，银行可添发钞票；市面银根过于宽松，则收回银行钞票，这样可避免随时动用存储金款。

（9）关于已做工作。精琪指出为阐明他所提币制方案的好处及美国的无私，争取各列强对币制方案及由美国主持币制改革的支持，他已将币制方案提交在东方有商业和财政权益的诸列强，而且各国都赞成中国采用金本位制度，只是在一些细目上尚有一些分歧。其中对于币制改革是从一开始就实行金平价，还是待银币统一后再行金平价，德、法、荷、墨、日、美六国持前一主张，英国和俄国持后一主张。

（10）关于后续工作。精琪指出将在币制方案获得各国支持的基础上，与中国政府合作，制订金汇兑制细目，并将此事提交各官员及中外商人，敦请他们提供帮助。最后，精琪声称中国请求美国的帮助是中美两国友好关系的一个自然结果，并再次证明了美国愿意促进中国的经济利益，这些利益既符合美国的利益，也符合所有在东方寻求合法商机的列强的利益。①

第五篇为金本位与贸易平衡之关系（Effects of Balance of Trade）。针对关于中国贸易逆差将不利于中国推行金汇兑制度的观点，精琪否定贸易逆差的存在及对金汇兑制度的负面影响，指出这一观点来源于重商主义将金银看作一国繁盛的重要物品，视金银进口为于国有利之事，金银出口为国家有害之事，但从长远观点来看，首先，进出口贸易货值必然彼此平衡，否则，就会出现进口货物无钱支付或出口货物收不到钱的局面，这种情况是不可能存在的。其次，进出口货物统计并不能反映贸易顺差或逆差的真实状况，如根据进出口货物统计英国处于逆差地位，但由于英国作为一个债权国在海外有巨大投资收益和货运业务收益用于进口商品，因此，并不像通常以为的那样需要英国出口黄金。事实上，那些富裕国家在新开发国家中的投资诸如修建铁路所需机器、设备及其他建筑材料等，系为获取长期投资回报，因此并不需要新开发国家以出口金银或货物来抵消进口。贸易逆差只是一个表面现象，仅仅意味资本正在该国投资。虽然根据此前中国十年海关统计，精琪承认中国进口之货多于出口，并且年年加增，但又毫无依据地断言已通过其他方面抵补，如可能因为由陆路运出的货物没有登记在海关关册上，或进口货物系在中国投资，无须出口货物对抵。总之，并没有出现进出口贸易不平衡的状况。实行金汇兑制的关键是要使银币高于银条实际价值，并以金平价，使银钱与金币一样参用，其法是确定和限制国内钱币数量，并较实际需求稍少，确保银币高抛，另新铸银币允许用于完纳政府赋税租饷等公款及私人债务，并按法定的金币价值推算。②

为宣传他的货币改革方案，精琪在2月22日与美国驻华公使康格一道觐见光绪皇帝后，便南下汉口、上海、杭州、苏州、广州、天津、厦门、烟台等地查访，实地考察各地货币状况及经商运作方式，以便了解推行新币制的可行性，同时与地方各级官员、商人和普通民众交流座谈，解释币制改革要义，消除他们对新币制的误解和反对。③ 在做上述实地调查和考察之后，

---

① *RCIE*, pp. 82 - 106.
② *RCIE*, pp. 106 - 113.
③ *RCIE*, pp. 14 - 15.

精琪返回北京，于 1904 年 6 月 20 日开始与户部和外务部官员就币制改革问题举行会谈，提交新的说帖，也即《大美钦命会议银价大臣续议》（以下简称《续议》）。①

需要指出的是，《续议》或者说新说帖与《觉书》所提的改革方案和主张是完全一致的，并无改变，只是对《觉书》中涉及的货币问题做了进一步阐释，以消除中国官商的误解。对此，该小册子在"序言"之首即做了明确说明，指出"数月前美国出使中国会议银价大臣精琪曾于沪上刊印银价条议，其中申明美政府特派会议之原因，并载有与中国政府条议诸大纲暨美国会议银价大臣在欧洲及他处办理此事之结果，查该书尚系节略，内有中国官商阅之，误解其意者，并有请将前书详加解释者，殊不乏人也。著者系美国会议银价大臣之代表，曾在中国各处游览数月，会同官商察考圜法情形，并曾与中国派同会议银价各大员互相讨论所有整顿圜法诸条议何者可以施行，兹将送交中国会议银价大员各说帖再为更改，纂集刻印成书，以供群览，并望于前书中所有不明晰者，或可解释也"。②

《续议》共 17 篇，节目则多达 60 条，③ 对《觉书》所提的改革方案和主张加以细化，逐一解惑释疑，因此内容多有交叉和重复，归纳起来，着

────────────

① 《续议》中文铅印本出版于 1905 年 2 月；英文本见 RCIE，pp. 113 – 176.

② 《大美钦命会议银价大臣续议》（光绪三十一年正月），第 1 页；RCIE，pp. 113 – 114。按：有些学者根据赵尔巽在 1904 年 8 月 24 日会谈中所说"如按初次条议所说万难商办，近日所致各说帖尚可议办"，认为《续议》较《觉书》"做了大幅度修改"，特别是在聘请外国专家问题上，"似乎说服了在北京参加会谈的清廷官员"，这是不准确的。事实是，精琪当即做了纠正，指出"本大臣从先所拟中国办新圜法，与现在宗旨并未更改"。

③ 按：《续议》17 篇中文篇目如下：第一篇"序"：一、此书之宗旨；二、整顿币制之两法；三、创办圜法之阶级；四、美国条议大纲。第二篇"币制划一"：一、政府应办各端。第三篇"定夺相助小元之准价法"：一、生意定夺价值；二、政府操纵生意；三、准此仿照以上各节办理为最重要，不致有不能维持定价之虞。第四篇"中国币制定准金价之益处"：一、汇价有常；二、铸币余利；三、置本营业加增；四、振兴借贷声名；五、赋税各项进口可有准数。第五篇"开办圜法银圆即定金价之原因"：一、政府余利；二、生意无碍；三、假创办时仅定银价市面之震动定必难免。第六篇"维持银铜货币所定金价法"：一、官管铸币；二、政府全国收用货币；三、官家让用新币；四、官家出售金汇票；五、以货币在中外各处兑换现金。第六篇"附篇"：值四角八分之银圆政府可作五角五分通用之办法。第七篇"存储金款"：一、存储金款不可无也；二、存储金款数目；三、存储金款之用处；四、筹划存储款项；五、维持存储款各策。第七篇"附篇"：拟在中国某处准包办鸦片事宜。第八篇"设立新币制经费约数"：一、每人四元之约数；二、每人二元之约数。第九篇"筹办体格"：一、成败之关系；二、如何能至以上之地步；三、应派官员；四、官银行。第十篇"修改条约"：一、进口生银与他国之（转下页注）

重围绕以下三个问题做了进一步阐述。

其一，反复强调中国的币制改革不宜先行银本位再行金本位，而应一步到位，从一开始就确定金银比价，实行金汇兑制度，这样既可省去第二次更改之周折和震荡，有益于新币的稳定，也可使中国享受金本位的各项好处，诸如促进中外贸易、增进铸币余利、鼓励外国资本在中国投资、增进中国政府向外国贷款的声誉等。① 为消除清政府方面对缺乏金储备的担忧，精琪解释由于中国国内工价、物价均甚低廉，贸易额也甚小，无须用金，规定在国内不允许以银圆兑换金元，金储备只用于出售汇票，因此金储备款额较准以银兑金的国家少许多，根据欧美专家的理论，金储备最多相当于新币总额的 25% ~ 30%，而待新币稳定后，只要 10% ~ 15% 即可；以当时中国银库存大约 7.5 亿墨西哥元计，大约需铸造新币 8 亿元；但由于最初 5 年新币只试用于通商口岸及人口最多的江苏、广东、直隶和湖北四省，只要铸造 4 亿元即可敷用，金储备款为 4 亿元的 1/3 即可应付。② 为消除清政府方面对币制借款的抵触和顾虑，精琪特别强调借款的正面意义，指出鉴于新币制的重要性及每年至少有 800 万两新币的铸头出息，币制借款是很合算的，并且大部分存入中外银行的金款储备金还可获得二厘的利息，如一部分投资中外证券，则可得三四厘之利，并罗列了币制借款的抵押来源有：（1）海关加增之税；（2）膏捐、酒捐等项；（3）地丁；（4）矿山；（5）铁路；（6）其他捐税，以说明币制借款具有可操作性。③

其二，就如何维持银、铜币与金币的比价提出更具体的意见：①政府须有管辖铸币之全权，并根据商业的实际需要，限铸货币数目，避免新币

（接上页注③）银币；二、商议修改条约法。第十一篇"开办新圜法以二法相比较"。第十二篇"开办即定金价不须借款之办法"；一、较借款办法之速率从缓办法。第十三篇铸银币之节略。第十四篇"整顿圜法聘请专门家"：一、事端难办暨请洋员之情由；二、二办法聘请专门多寡之比例；三、开办时最需专门家协助；四、选择专门者。第十五篇"整顿圜法大致办法"：一、二办法之比较；二、开销比较；三、开办之法、四、借款暨抵抗款；五、聘请专门；六、专门者之合同；七、各国交涉。第十六篇"政府创办之次序"：一、选派专门家；二、正司泉主陈请上谕颁发条规；三、借款章程；四、存款章程；五、修改条约；六、官银行体制。第十七篇"银价续议条举新圜法析疑"：一、专门者所办事宜；二、不宜迟延；三、答复驳议；四、专门者可将办法随机应变；五、若有妥善条议定可见效。

① *RCIE*, pp. 114 – 117, 119 – 125, 153 – 155.
② *RCIE*, pp. 132 – 135.
③ *RCIE*, pp. 136 – 139.

贬值；②政府不论在中国何地何时都用新币收纳款项，以昭信用；③政府于适当时候颁布法律，使铸币成为法币，即成为民间偿付债务时债主必须接受的货币；④政府出售金汇票，即政府在新币通行后，不论何时准按所定金价收用新币，出卖金汇票，在伦敦、纽约或横滨支取，汇兑额不得少于5000金元，以取信于洋商及外国银行。⑤为抵制银圆价值高于所定金价，政府在国内和国外随时准将银铜货币按照定价换金。① 另外，为维持新币币值的稳定，精琪指出还必须与有关列强修改条约，规定除中国政府特许外，禁止进口其他国家的银币和生银。②

其三，就聘请外国专家的必要性、人数及外国专家在新币制开办时所要做的工作和权限及聘请方法和聘请合同等，做了具体论述。精琪一再建议清政府尽快聘请外国司泉官，并赋予其全权，由他帮助制订新币制各项法规条例，监督和管理新币制的实施及相关人员的保举；同时也一再解释聘请外国专家只是为中国政府服务，并非允许他们攘夺主权，中国政府挑选外国专家应不受外国政府的指派，也不可贿派，而是与专家订立明晰合同，规定服务期限和权限，同时任命会办华员，协助外国专家办事，并有权知其详情，以便学成专家，另创设专门学堂，为中国培养财政人才。强调根据各国经验，币制问题事关重大，如有失手，不但商务和实业将遭受重大损失，并且可能因此酿成商祸，拖累大局，无论是采取银本位还是金本位，都必须聘请外国专家，赋予专权，一则中国缺乏人才，二则只有由外国专家主持中国币制改革，才能取信外人。③

最后，精琪对各种质疑和批评意见做了简略答复。对于有人以中国百姓缺少货币方面知识为理由反对他的币制改革，精琪表示即使在文明知识发达国家，普通百姓也不通晓币制问题，并且事实上也不需要，就好比人们去邮局发电报或乘火车，并不需要知道电报是如何发送的或火车是如何发动的，关键在于政府确保新货币的比值、兑换。对于有人提出中国缺少黄金，精琪表示中国可以购买黄金，就像购买机器一样容易，并且中国以其输出产品购买黄金就如同通过开矿或其他办法获取黄金一样便宜。对于有人提出洋人不肯按金价接受中国新币，精琪解释自然不会用新币运往外

---

① *RCIE*, pp. 125–130.
② *RCIE*, pp. 151–153.
③ *RCIE*, pp. 160–163.

国支付，而是用新币按所定之金价兑换成金汇票在国外支付。对于有人提出新币制只有益于外国，精琪解释外国人只是通过与中国通商而获益，而通商同样也有益于中国。根据其他地方的成功经验及对该问题所做的长期研究，新币制如果获得清政府的支持，一定也能成功，并使中国从中获益。①

三　美国对币制改革方案夭折的反应

尽管精琪在新说帖中反复推销他的币制改革方案，并从 1904 年 6 月 20 日到 8 月 24 日，与清朝官员进行了 20 多次的会谈，劝说清政府即行金汇兑制度，但清政府对他的货币改革方案始终持保留态度。② 根据会谈记录，清朝官员拒不接受精琪货币改革方案的最大原因是，认为该方案损害中国主权，多考虑列强利益，怀疑新币制不能给中国带来各种实际好处和利益，此外认为中国尚不具备采行金汇兑制度的主客观条件（具体反对理由详见下文）。由于清政府的拒绝，精琪只好放弃最后努力，于 8 月 28 日离京南下，9 月 7 日悄然离开上海回国。在精琪离开中国后刚过 1 个月，清廷便于 1904 年 10 月 8 日下达上谕，将张之洞的反对意见"下所司知之"，并批准张之洞在湖北铸造以一两为单位的库平银币，"如所请行"，③ 实际上放弃了精琪货币改革方案。1905 年 11 月 19 日，清廷又颁布上谕，进一步明确排除金本位制度，接受财政处和户部所拟方案，公开宣布采用银本位制，以一两重库平银为中国本位货币，"嗣后公私收发款项均应行用银币，以垂定制而昭大信"。④

需要指出的是，尽管清政府实际上否定了精琪的货币改革方案，但为

---

① *RCIE*, pp. 172 – 175.

② 按：在 8 月 24 日最后一次会谈中，户部尚书赵尔巽为结束会谈，态度有所缓和，向精琪表示"此次说帖已较原书条议合乎情理"，"如按初次条议所说万难查办，近日所致各说帖尚可议办"。有些学者据此认为精琪已成功说服清政府接受了他的方案，这是不符合事实的。事实是，赵尔巽紧接着就表示"惟聘用洋员及开办各事，中国尚须详细推求，与庆亲王并诸位大臣商量"。这实际上是拒绝了即行精琪货币改革方案的可能性。只要我们通读赵尔巽与精琪的会谈记录，是不可能得出清政府已接受精琪方案结论的。

③ 《清德宗实录》卷 535，中华书局，1987，第 120 页。有关张之洞的反对意见，请见下文。

④ 中国第一历史档案馆编《光绪朝上谕档》第 31 册，广西师范大学出版社，1996 年影印本，第 187 页。

了向美国政府和国会表示自己此行的成果，同时部分也由于中美文化和语言的隔阂，① 精琪并没有如实和准确地传达他与清政府会谈的实际情况，对清政府的真实态度做了错误陈述，极力粉饰自己的失败。8 月 31 日，他在到达上海后写信给美国驻华公使康格，汇报他在北京与清朝官员会谈情况，表示他已成功说服清政府接受了他的币制改革方案。他在信中这样写道："当最初我自南方返回北京开始工作的时候，与我会谈的清朝官员对币制问题态度十分冷淡，他们对币制改革的动机也持不信任态度，但随着讨论的深入，他们的态度由冷淡转为下决心解决，我认为他们的不信任感很大部分也被消除。开始时，他们向我声明，他们倾向先行银本位制，以为逐渐过渡到金本位制奠定基础。但现在他们显然认为，如有可能，一开始就实行虚金本位制比先行银本位制要好得多，他们只是不能确定以何种方式开始。在我们最后一次正式会谈中，户部尚书向我表示，他看不到我们制订的金汇兑方案存在不可行的任何理由。"②

据此，康格致函国务院，对精琪的工作大加肯定，称"精琪教授受到了中国官员的极大尊重和悉心关照，他们认为精琪对他们有极大帮助，他此行一定会产生许多益处，他应享有此殊荣"，"他的任务十分艰巨，起初前景很令人沮丧，但通过巧妙、耐心和不懈地讲解他在币制问题上的卓越知识，现已取得重大进步。实际上，他已使中国政府相信他的方案是正确的，如果可能，会加以采纳。但他们十分担心这样一个激进的改革由于政府对各省缺乏权威，目前难以执行。然而，他们已允诺立即征询主要督抚意见，然后再采取行动。不管精琪的方案是否被采纳，他所提出的建议及所传授的知识将极大有助于中国政府根据商约所要求的建立统一币制的努

---

① 按：在晚清中外谈判过程中，尤其是在经过数次中外战争失败之后，清朝官员出于中国式的礼貌、和气和面子观念，同时也为减轻自身的外交压力，避免过于得罪洋人，常常并不明确表达拒绝意见，而以中国式的婉转方式加以搪塞，或以不被皇帝接受加以推脱，或以须与地方督抚商量或民间反对为由加以拒绝，或以条件成熟再做考虑和讨论予以应付，由此给一些不谙熟中国文化和语言的洋人造成一定的误解。精琪与清朝各级官员的会谈，不同程度存在以上诸种情况，这在精琪与赵尔巽的会谈和交涉中表现得最为淋漓尽致。

② Professor Jenks to Mr. Conger, August 31, 1904, *Dispatches from U. S. Ministers to China, 1843 - 1906*, microfilm. 按：如以一个中国人阅读精琪与清朝官员的会谈笔录，是不可能得出精琪所说结论和判断的。

力，并且他们很有可能会恳求精琪的进一步帮助。"①

同时，精琪还在离开北京前要求外务部就他所谈货币问题致函美国政府，表达意见，为他所做工作背书。出于礼貌，庆亲王奕劻在致美国政府的信函中对美国派精琪访华、帮助币制改革，表示了感谢，称："美国政府特简专使前赴欧洲与各国会议，并来华与中国政府会议，言美国政府并允劝各国于中国新圜法行用之时，使中国有利无害，中国政府实深感荷。美国政府夙重邦交，如中国政府开办所条陈之时，仍望美国政府不忘此言也。"但同时排除了即行精琪货币改革方案的可能性，指出"中国已与美国政府简派之专使会议此事，惟中国之圜法为中国之内政，一切自有主权，并不因所列各语受无论何国之限制。……此事关系甚重，故中国政府务须体察情形，谨慎为之，俾免舛错。是以美国专使所条陈者，中国政府尚未能定，现时中国政府之意，盖将采用若干条，其余俟一切预备妥协后，斟酌采用"。②

受精琪的误导，当时在华外国报刊和外国人也纷纷称赞精琪此行已成功说服清政府接受了他的货币改革方案。如在精琪离开北京的第二天，英国《泰晤士报》驻华首席记者莫理循（George Ernest Morrison）即致电《泰晤士报》，称"在精琪的不懈努力下，他已成功向中国人说服改革币制的必要性及接着建立金本位制的巨大好处"。③ 在精琪离开上海的第二天，《北华捷报》也专门刊文，认为精琪此行取得巨大成功，达到了目的，并对他大加赞扬，写道："精琪教授昨天搭乘 Mongolia 轮船离开上海回国，我们很高兴得知，他是带着满意的信念离开这个国家的。他坚信他此行完全不是徒劳的，他已播下种子，等待浇灌和成长。由于他十分熟悉他的话题，同时他还是一位明白易懂、令人信服的作者，一位非常有才能的演说家和一位具有人格魅力的人物，因此，当中国请求一位委员为他们如何消除因银价持续跌落所造成的损失提供咨询时，精琪是美国政府所做的最合适人选。众所周知，精琪的方案是采用金汇兑制，并做了言简意赅的表

① "Currency Reform in China," *The North China Herald and Supreme Court & Consular Gazette*, Sept. 9, 1904.

② 《庆亲王致美国政府函稿》，中国人民银行总行参事室金融史料组编《中国近代货币史资料》第 1 辑下册，中华书局，1964，第 1125～1126 页。

③ "Professor Jenks's Mission Ends Chinese Government Impressed by His Gold Standard Arguments," Peking, August 29, *RCIE*, p. 18.

达，他发现与他讨论这个问题的北京和地方官员，都热切倾听、理解和适时采用他的建议。许多外国人起初都认为中国采用金本位是一个不可能的梦想，但他们现在也被他的论据所折服。很有理由相信，倘若不发生什么意外之事，某种类似在菲律宾获得意想不到的成功改革不久会被中国采用。因此，中国将与印度、海峡殖民地国家、菲律宾和日本一样，永久有益于所有金本位国家。主要由于他的精于世故、谦逊、真诚及他所掌握的各种事实和数据，这场伟大和有益的改革将是可预期的。人们普遍期待他将能重返中国，为那些将他的提议付诸实施的人提供建议和帮助。"①

精琪本人在归国后向国会提交的英文报告中，也继续极力渲染自己已成功说服清政府接受了他的币制改革方案，并引康格和奕劻信函及《泰晤士报》驻华首席记者莫理循的电讯和《字林西报》总主笔立得禄（Robert Little）的文章，为他此行所取得的巨大成功背书，称清朝官员开始时对他所提方案兴趣不大，但在他的耐心解释和工作下，"不仅他们的观点有了极大的改变，而且也极大地增强了他们对美国所提方案的兴趣"，不但一些督抚向他保证"他们将支持美国的方案，并且一些高级京官也表示，如果中央政府实施这一方案，地方政府将会全力支持"，虽然中国政府如何尽快或采取何种措施贯彻庆亲王在信中所表达的采纳委员会方案的意愿仍有待观察，但"十分清楚的是，清政府中负责此项工作的主要官员已对美国委员会的使命表现出最大的礼遇和考虑；他们也表示了愿意思考有关这一重大而困难问题的观点，表示愿意交流他们的看法，表明他们的开放心态、直率和坦白；中国政府在财政和其他方面有能力根据专家的建议，实行一种良好的制度，在那些在中国信息灵通的人士看来，这种趋向将会继续，除非受到某种敌意影响的干扰"；断言"有理由相信在中国和墨西哥政府的合作下，建立一个稳固的在最大的金本位国家和银本位国家之间确定固定汇率的货币体系的使命很大程度得到满意的贯彻"，"美国专家精琪在美国国会授权的法案的限定时间内，如能在中国再待上几个月，他将有机会看到新的币制制度或有机会与清政府合作组织新的币制。但委员会从一开始采取的立场便是，只做符合中国政府所要求帮助的事情，在执行方

---

① "Currency Reform in China," *The North China Herald and Supreme Court & Consular Gazette*, Sept. 9, 1904.

案过程中不对清政府施加任何压力，并坚信负责引入新的币制的中国官员的智慧和明智足以接受最为专业的建议，采取最为明智的办法，建立以金本位为基础的新的币制制度"。①

因此，在看到张之洞的奏折和清政府 10 月 8 日的上谕之后，已归国的精琪反应也就特别激烈，立即致函国务院远东问题顾问柔克义，指责张之洞对他的币制改革的评论几乎完全基于对他币制改革条陈的误解，特别是他对外国控制的害怕，表示他和张之洞的真正分歧仅在于对银本位好处的看法上，希望美国政府同意他致函奕劻，对张的奏折做出回应，指出"虽然我已离职，但张的奏折如此直接针对我的工作，致使我认为应该这样做"。② 同时，精琪还以个人名义写英文信给户部尚书赵尔巽，批评清政府允许张之洞在湖北发行银两铸币有违中外商约中规定的统一币制的精神，不是解决中国货币问题的办法，只能增加混乱。③ 作为对张之洞观点的一个反驳，精琪又授意他的中国学生施肇基将他在中国与清朝官员会谈的说帖翻译成中文，于 1905 年 2 月公开出版铅印本，题为《大美钦命会议银价大臣续议》。在看到《续议》中文版后，精琪表示满意，称赞这个译本比较准确反映了他的币制改革方案和思想，"翻译中体现出对张观点的批驳"。④

对于清政府舍弃精琪货币改革方案，美国政府自然也十分失望和不满。在清政府 10 月 8 日批准张之洞铸造以一两为单位的库平银币后，驻华公使康格便派使馆中文秘书卫理于 10 月 8 日和 13 日两次约见户部尚书赵尔巽，对清廷的做法表示不满，希望加以改正。⑤ 11 月 14 日，康格即致电国务卿，称中国目前统一币制的工作"是很不令人鼓舞的"。⑥ 同日，康格还致函精琪，通报情况，指出清政府的举动既没有执行奕劻信件所言，也

① *RCIE*, pp. 16 – 17, 20 – 21.

② W. J. Jenks to W. W. Rockhill, Jan. 17, 1905, *Rockhill Papers*.

③ Jenks to Chao Erhhsun, Dec. 28, 1904, *Rockhill Papers*. 该英文信也出现在中国第一历史档案馆"赵尔巽档案"中，说明确乎寄发。

④ Jenks to Rockhill, November 17, 1905, *Rockhill Papers*.

⑤ Memorandum by Mr. Williams, Peking, October 13, 1904, *Dispatches from U. S. Ministers to China, 1843 – 1906*, microfilm.

⑥ Mr. Conger to Mr. Hay, November 14, 1904, *Dispatches from U. S. Ministers to China, 1843 – 1906*, microfilm.

不符合商约条款的精神，这是他们通常行事的特性。① 负责美国远东政策的官员柔克义在得知此事后，对清政府近期实行货币改革不再抱有希望，明确表示"在币制改革问题上，我个人不认为在未来的几个月里有采取行动的丝毫可能性"。②

代理国务卿楼密斯和罗斯福总统虽然对清政府没有接受精琪的货币改革方案感到不悦，但他们一致认为中国的货币改革关乎美国在华贸易和投资的利益及美国的货币政策，在向国会提交汇兑委员会的报告中，都表示将继续推动中国的货币改革。楼密斯在提交总统和国会的信函中指出：

> 在金银国家之间确定汇率，这是对促进我们国际贸易具有重大意义的事情之一。建立这样一种制度的困难丝毫没有被低估，但它们在一些不同国家已被克服，在中国也能被克服。自然，没有任何其他的方案像美国的计划那样具有可行性。尽管美国的计划会遇到许多困难，但它有利于直接去除我们出口贸易的障碍，并且很大程度还通过促进采取新的币制国家的铁路建设和内陆贸易，间接刺激我们的出口贸易。这种效果在美国资本进入墨西哥中已被感受到；在采取相似的措施之后，同样的效果也将在中国被感受到。因此，在中国的工作应该坚持和继续，直至新币制完全确立。只要有机会，这件事也应引起南美洲国家和其他尚未建立稳固的货币制度的国家的注意。③

1905 年 1 月 26 日，罗斯福总统在将报告提交参众两院的信中写道：国际汇兑委员会在菲律宾群岛、墨西哥和巴拿马共和国建立新的币制过程中提供了极大的帮助。根据军机大臣庆亲王的来信，委员会在中国所做的工作对他们也是很有帮助的。银本位制国家的这些改进使他们与金本位制国家的联系更为密切，并且也十分有益于美国的贸易，应采取一切努力，鼓励这种改革。④

---

① Mr. Conger to Mr. Jenks, November 14, 1904, *Dispatches from U. S. Ministers to China, 1843 – 1906*, microfilm.

② Rockhill to Adee, November 17, 1904, *Rockhill Papers*.

③ "Letter of Submittal," *RCIE*, p. 11.

④ "President's Letter to Transmittal," *RCIE*, p. 7.

四　清政府放弃精琪改革方案的原因

对于清政府放弃精琪货币改革方案，精琪本人和美国政府及外国舆论多归诸以"货币发行地方化"所代表的地方利益的抵制及张之洞的反对。[①]其实，这种看法和观点似是而非，避重就轻，只看到表面现象，是缺乏历史根据的。

晚清中国存在"货币发行地方化"现象与"货币发行地方化"现象是否导致清政府拒绝精琪货币改革方案，这是两个不同的问题。晚清固然存在"货币发行地方化"现象及各种地方"陋规"，这是国内相关货币史和财政史论著都认同的观点，但不能以此就说清政府拒绝接受精琪货币改革方案也是因为以张之洞为代表的地方"享受已有权利阶层"的反对。一个明显的事实是，清政府虽然没有接受精琪提出的金汇兑制度，但在随后的改革中并没有因为存在"货币发行地方化"所代表的地方利益的抵制，忌惮触动各种地方"陋规"，而放弃推出一系列"去地方化"的改革措施。如1910年5月23日度支部颁布的《币制则例》24条，除确定国币单位、改两为元外，还对各种铸币的成色、重量，主辅币间的关系和使用数量，以及收兑方式、法律责任等做了统一规定，并将铸币权收归中央，明确宣称"推行币制，头绪纷繁，要以统一铸造为先务，诚以铸币本中央特权，断无任各省自为风气之理"，[②]其第二十条规定"自本则例奏定之日起，所有各省现铸之大小银铜圆一律停铸"。[③]同时，度支部对地方发行和流通的各类纸币也加清理和整顿。1909年7月23日颁布的《通用银钱票暂行章程》20条，对各官商银钱行号发行银钱票的条件和数目加以限制，并"严定准备，随时抽查，限期收回，使银钱行号专力于存放汇兑之正业，所以保信用、固银根，亦预为划一币制之地"。[④]次年，度支部颁布的《厘定兑换纸币则例》，便进一步明令将发行纸币权收归国家中央银行，声明"发

---

① 按：韩国学者丘凡真在《近代史研究》2005年第3期上发表的《精琪的币制改革方案与晚清币制问题》一文，也持这一观点。

② 度支部辑《度支部币制奏案辑要》，沈云龙主编《近代中国史料丛刊》第65辑，台北：文海出版社，1971，第20页。

③ 度支部辑《度支部币制奏案辑要》，沈云龙主编《近代中国史料丛刊》第65辑，第8页。

④ 度支部辑《度支部币制奏案辑要》，沈云龙主编《近代中国史料丛刊》第65辑，第31页。

行纸币固属国家特权，而政府要不可自为经理，近世东西各国大都委之中央银行独司其事……现拟将此项纸币一切兑换发行之事，统归大清银行管理，无论何项官商行号，概不准擅自发行，必使纸票于纷纭杂出之时，而立收集权中央之效"。①

就清末最后十年历史来说，清政府无论是在经济和财政领域，还是在政治和军事领域，都没有因地方督抚的反对或抵制而取消加强中央集权的改革。并且，在各项改革过程中，地方督抚与中央政府固然存在矛盾和利益冲突，但这种冲突和矛盾并非都像人们想象的那样是出于维护地方私利和各种"陋规"，更多出于地方实情，地方与中央的合作互动要远大于冲突和矛盾，毕竟他们是利益共同体，维护王朝的统治是他们的共同责任；而君主专制制度也决定了国家大政方针的决策权，最终是要由君主或中央政府定夺的。

再回到精琪货币改革方案问题上，早在商议之初，针对美方和墨方担心的地方督抚的分权会构成严重障碍，驻美公使梁诚就从清朝体制解释不会产生此一问题，指出在货币和财政问题上"中央政府总其成，各省督抚分其责，实同指臂之联，断无扞格之患"。② 梁诚此言，固然有美化成分，但确乎道出了清代王朝体制下地方督抚与中央关系的实情。因此，在没有充分历史根据的情况下，以地方与中央的矛盾解释清政府当时拒绝接受精琪货币改革方案的原因，只是美方和一些外国人的主观臆测。

其实，在诸如币制改革这样一些中国内政及中国与列强关系问题上，不根据当时历史实际情况，单方面不加分析地将一些外国人的观点和观察看作真实的历史，这是十分危险和不妥的，会存在许多盲区和陷阱。就精琪货币改革方案来说，站在精琪和美国政府的立场上，他们自然会将方案的失败归咎于晚清的腐败、地方势力的抵制和反对及其他一些客观因素，而不会反求诸己，承认美国方案存在问题或缺陷，损害中国主权和利益，因为这不但意味着他们要为币制改革方案的失败承担责任，而且还要承担"帝国主义侵略野心"的恶名。而事实也正是如此，无论是精琪还是美国政府，他们在向国会提供的报告中都不会提及美国方案因损害中国主权而

---

① 度支部辑《度支部币制奏案辑要》，沈云龙主编《近代中国史料丛刊》第65辑，第12页。
② 《外务部收驻美大臣梁诚函》（光绪二十九年闰五月十七日），黄嘉谟主编《中美关系史料》（光绪朝五），第3589页。

遭清政府强烈质疑和反对这一事实。就他们的立场和观点而言，将列强在菲律宾、印度、埃及以及南美洲等附属国或殖民地推行的币制改革模式移植到中国，并没有什么不妥。因此，无论是精琪本人还是《北华捷报》的文章，都将张之洞对精琪方案损害中国主权和利益的指责，斥为"狭隘、落后"，纯粹出于他的"排外偏见"和对货币知识的无知。①　在这个问题上，不去考察清政府拒绝精琪货币改革方案的真实理由，或置真实理由不顾，单方面站在美国的立场上，认定晚清"货币发行地方化"现象为精琪货币改革方案夭折的主因，显然缺乏客观性，是不可取的。

从清朝政府方面来说，他们当时拒绝接受精琪货币改革方案的最主要的原因，是该方案严重损害中国主权，过于强调维护列强利益，遭到中国朝野的一致反对。还在与欧洲各国讨论阶段，清朝一些使臣就对精琪货币改革方案中损害中国主权的内容表示强烈反对，要求删除或修改，如驻法大臣孙宝琦在巴黎参与讨论美国提案时，就认为提案中有关任命外人为铸币局总办及允许各国有条陈整顿中国财政之权等内容，"显系干我主权"，指示参赞刘式训等"向美员辩论，请将此说帖酌改"，并在讨论中当面向法国和美国代表"声明中国使馆未奉政府裁决之训条，故于各员议论不置可否，不得认为中国之允许。当经法员记注，美员颇滋不悦"。②　驻美大臣梁诚在看了精琪货币改革方案后，也致函清政府，表示对其中损害中国主权的内容要加警惕和改正，称："惟第三条派外国人充司泉官一节，虽所司之事与我国财政出入无涉，惟延用外人，太阿最易倒持，倘因华人于西国财政素未讲求，一时难得其选，不得不借才异地，亦须妥议章程，订定年限，声明于铸钱圆发钞票以外之事不得干预，庶无盘踞把持之患。……第四条如有应办之事，各国使员及副司泉均可随时条陈，及第十八条整理中国财政诸事，司泉及各国使员均得随时条陈办理二节，查司泉等官既系在事之人，又为中国之官，得失利弊，随时条陈，分所应为，毋庸声叙，各国使员条陈财政，以视干我内政，间不容发，自未便遽如所请。以上各

①　"H. E. Chang Chih Tungon Currency Reform，" *The North-China Herald and Supreme Court & Consular Gazette*，Feb. 17，1905；"Currency Reform in China"，*The North-China Herald and Supreme Court & Consular Gazette*，Mar. 31，1905，

②　《外务部收驻法大臣孙宝琦函》（光绪二十九年六月二十日），黄嘉谟主编《中美关系史料》（光绪朝五），第 3633 ~ 3634 页。

节，系该大臣精琪等条议，准行与否，权衡原自我操，然当兹倡议之初，若不为之分辨明晰，考核精详，我之财政主权，不难尽沦外人之手，实与今日整顿圜法、力图自强之心，未免显相诤谬，私忧过虑，不能不审慎再三，故于条陈各节分别参勘，略论可否，以备钧署采择。"①

精琪货币改革方案在国内公布之后，对于其中损害中国主权的内容，清廷朝野更是普遍反对，表示不能接受。1904 年初，商约谈判代表盛宣怀和吕海寰、湖广总督张之洞、两江总督魏光焘、湖北巡抚端方等在商议精琪货币改革方案时，都对聘用司泉官主持中国币制改革保持高度警惕，"深恐财政主权不免为外人所夺"②，认为"万万不可"，一致主张币制改革必须由中国自主主持，③ 并致电外务部，表达意见，指出币制问题"尤未便令外人干预，以尊主权而免攘利"。④ 张之洞稍后在他那道著名的《虚定金价改用金币不合情势折》中，首先也是对精琪货币改革方案中不尊重中国主权的内容大加挞伐，批评精琪以牺牲中国主权和利益换取列强对币制改革的支持，谓："财政一事乃全国命脉所关，环球各国，无论强弱，但为独立自主之国，其财政断未有令他国人主持者，更未有令各国人皆能干预者。今查精琪条议……，其所言直欲举中华全国之财政，尽归其所谓正司泉之洋员一手把持，不复稍留余地。而又恐各国之议其后，故一则曰使赔款国之多数能满意，再则曰赔款相关国之代表人可以查看账目。三则曰各国代表人准有提举整顿中国财政之事。几视中国为各国公共之贸易场，而不复问主权之何属。其见好各国，蔑视中国，悍然不顾，乃至此极，实出情理之外。"⑤ 总办江南商务局刘世珩更是做了连篇累牍的批判。如批评圜法条议第 1 条"将中国设立圜法之一切措置，先注重于有赔款之各国满意，立义既偏，全势皆侧，则于中国后来满意与否，必不暇计"。批评圜法条议第二、第三条"以洋员为总理，而纵其

① 《外务部收驻美大臣梁诚函》（光绪二十九年十月十二日），黄嘉谟主编《中美关系史料》（光绪朝五），第 3758～3759 页。
② 《寄武昌张宫保端午帅》（二月二十八日），盛宣怀：《愚斋存稿》卷 63，电报四十，台北：文海出版社，1975，第 18～19 页。
③ 《端午帅来电》（二月二十八日）、《张宫保来电》（二月三十日）、《魏午帅来电》（三月初一日）、《寄外务部》（三月二十五日），《愚斋存稿》卷 63，电报四十，第 20、21 页。
④ 《寄外务部》（三月二十五日），《愚斋存稿》卷 64，电报四十一，第 8 页。
⑤ 苑书义等主编《张之洞全集》第 3 册，河北人民出版社，1998，第 1629～1630 页。

权限，张其羽翼，并一切制钱之局，要津之地，一任司泉之指派，供帮办于徒党，斯则断断乎不可也。夫国之所以立在财，财之所以运用在权，财政失而全权敧，国奚以国？埃及之衰亡，殷鉴不远，是可悚念者也"，[①]等等。并且，即使对精琪的金本位主张持肯定态度的梁启超，[②] 也同样谴责精琪货币改革方案中第 2、4、10、13、17 条赋予外人在货币改革中权力过大，损害中国主权，"是不止举户部及各省藩司之权而握其半也"，表示"司泉一职，万无可以用外国人之理"，并批评精琪货币改革方案只图获取列强之欢心，违背中国币制改革之本意，没有顾及中国利益，指出中国币制改革的目的，一是"谋国内圜法之整齐"，二是"图国际汇兑之便利"，其动机并不出于赔款，而精琪货币改革方案却赋予外国债权国干涉中国财政权力，"斤斤于各国代表人之同情"，"则币制之改革，非为吾福而为吾祸也。就此点观之，谓精琪之造此案，与各国之赞成此案，非有野心存乎其间焉，吾所不能信也"。[③]

事实上，聘请外国专家问题也是精琪与户部官员商谈过程中的一个最大障碍。在 6 月 20 日的会谈中，户部尚书鹿传霖就对聘请洋人问题一口拒绝，当即表示"以现在中国整顿财政尚无成效，聘请洋人尚无此意思"。[④] 7 月 28 日，精琪提议清政府开办银行聘请洋人为督办，清朝官员立即表示"聘洋人充督办一事，今日不能奉答"。[⑤] 在 8 月 23 日的会谈中，赵尔巽接替鹿传霖，出任户部尚书，亦明确声言"如照条议所言，正司泉官及各国查考财政一层，万难照办"，要求精琪次日所谈新币制方案"总以权由我自操，不至为人把持限制方可"。此外，在 8 月 22 日的会谈中，赵尔巽还批评精琪货币改革条议过于考虑列强利益而忽视中国利益，直言精琪条议内容"专说各国之利益，中国只是带笔。似不但为贵国有益而来，且为全球利益而来矣。譬如一寒家自顾不暇，方欲借助他人，而反代他人谋划取自家之利益，岂不为人所笑"。同时，他还质问精琪圜法条议中所说"兼使各国满意"一语"是何解说"，指出"改圜法后，若各国动以不满意为

---

① 刘世珩：《银价驳议》，《中国近代币制问题汇编》（一），第 74～75 页。

② 按：梁在文中称赞精琪货币改革方案"原本学理，适切时势，吾几无以为难矣"，第 120 页。

③ 梁启超：《中国货币问题》，《饮冰室合集·文集之十六》，第 120～121、122～123 页。

④ 《精琪与户部及外务部官员会议记录》，《中国近代货币史资料》第 1 辑下册，第 1120 页。

⑤ 《精琪与户部及外务部官员会议记录》，《中国近代货币史资料》第 1 辑下册，第 1122 页。

词，圜法岂能畅行？岂非追寻苦恼？"声明要使中国接受他的货币改革方案，必须"以上不失主权，下不拂民情才可办"。① 在 10 月 8 日精琪货币改革方案实际遭朝廷否决后，赵尔巽在向美方解释时，再次指出精琪货币改革条议内容突出外人利益，这是招致朝廷和许多官员反对的一个重要原因，他们认为这是一个要让中国进一步落入外国列强之手的计划。②

由此可见，清政府拒绝精琪货币改革方案，绝非张之洞一人反对的结果，也非一些外国舆论或学者所说，系代表晚清"货币发行地方化"势力作祟。张之洞的意见固然对清政府拒绝精琪货币改革方案产生了一定的影响，但张并非清末币制问题的最终决策者，因此，将精琪货币改革方案的夭折归诸张之洞的反对，显然过于简单化，也夸大了张的作用。

精琪货币改革方案之所以未被清政府接受，也是由于当时中国缺乏实行金本位制的物质基础及其他各种客观条件。从世界货币史角度来看，无论是金本位制还是金汇兑制，其推行都需要相当的黄金储备，具备较为雄厚的财力。如 19 世纪英国、法国、意大利等欧洲国家之所以能顺利实行金本位制，就在于他们在 17、18 世纪重商主义时代通过殖民掠夺和海外贸易，积累相当多的黄金，财力充足。德国和日本则分别通过普法战争和中日甲午战争赔款完成了金储备基金的建立。美国也是在经过近三十年的讨论和准备，在 1900 年开始成为世界经济强国之时才宣布实行金本位。而中国当时并不具备这样的物质基础。首先，中国本身不是产金国家，1907 年的中国产金六七千公斤，仅占世界产金额的 1/100。③ 不但如此，由于中国实际实行的是银本位制，中国的黄金还长期处于外流状态。据海关统计，在 1888~1900 年的 13 年间出口多达 73692000 海关两。④ 可以说缺乏基本的黄金储备。当精琪向中方推销他的金汇兑制方案时，盛宣怀即以此表示不可行，指出"惟中国地广人众，金少银多，殊难骤改，转益为难"。⑤ 户部尚书鹿传霖在表达对铸金币的意见时，也认为中国缺少必要的黄金储备

---

① 《美使精琪为币制改造铸造金银价值差价等事致赵尔巽及会晤记录稿》（光绪三十年），赵尔巽档案，中国第一历史档案馆藏（藏所下略），卷 079，缩微号 0015。

② Memorandum by Mr. Williams, Peking, October 13, 1904, *Dispatches from U. S. Ministers to China, 1843–1906*, microfilm.

③ 彭信威：《中国货币史》，上海人民出版社，1958，第 651 页。

④ 彭信威：《中国货币史》，第 637~638、644 页。另参见 *RCIE*, p. 111.

⑤ 《请推广中央银行先齐币制折》（宣统元年闰二月），《愚斋存稿》卷 14，奏疏十四，第 38 页。

而难以骤行，指出"惟铸金币应预筹集金款，日本未行金币以前，即先积金十年，始行开铸。中国民间藏金甚富，只以国不用金，徒消耗于金器金饰之用，且近年流出外洋者亦复不少。亟宜筹收集之法，以充铸币之需"。① 对此，即使赞成精琪货币改革方案的梁启超也不能无视这一问题，认为这是中国实行金本位制的难题之一，指出"德之改金本位，利用法之偿金也。日之改金本位，利用我之偿金也。其他若俄若印度之改金本位，则皆自十余年以前，汲汲准备，吸收金块于海外，准备圆满，而始从事也。以我国而骤行改革，从何处得此现金"。② 1905 年 11 月，财政处会同户部放弃金本位，推出以一两重银圆为中国本位货币，也明确表示这是鉴于"中国积金未富，官私交易向系银铜并用，则用金之制尚难骤议"。③ 作为货币专家，精琪也认识到即使实行金汇兑制度，亦需要一定的金储备，但他提出的借款解决方案是不符合中国利益的，是当时清政府不愿接受的，赵尔巽在会谈中就以借新款必使中国"累上加累""利于公而不利于私"而予以拒绝。④ 1907 年，清政府内部在自主讨论金本位货币方案时，内阁各部院对借款方案也一致反对，称"惟息借洋款、聘用洋员，权落外人，似非善策，拟请毋庸置议"。⑤

同时，当时中外贸易和国际收支状况也不利于推行金汇兑制度。由于在金汇兑制下，中国国内并不铸造和使用金币，只是在伦敦和其他通商巨埠开设信用账户，出售金汇票，维护中国货币与金本位国家货币的固定比价，因此，贸易和国际收支状况就攸关金汇兑制的成败。1911 年清政府聘请的币制顾问荷兰人卫斯林（G. Vissering）在 1912 年《中国币制改革初议》中谈到金汇兑制度时也提出务必注意贸易收支情况，指出中国在采行金本位或金汇兑之前，"必详加考明商务之余数为正负。若商务有正余数，则金本位或金汇兑本位极为容易维持。……若商务亏负而久无进步，欲维

---

① 《户部奏筹集金款预备铸币片》（光绪三十年），上海商务印书馆编译所编纂《大清新法令》第 4 卷，商务印书馆，2011，第 68 页。

② 梁启超：《中国货币问题》，《饮冰室合集·文集之十六》，中华书局，1989，第 107 页。

③ 《财政处奕劻等会同户部折——制定一两重银元为中国本位币》（光绪三十一年十月二十三日），《中国近代货币史资料》第 1 辑下册，第 730 页。

④ 《美使精琪为币制改造铸造金银价值差价等事致赵尔巽及会晤记录稿》（光绪三十年），赵尔巽档案，卷 079，缩微号 0015。

⑤ 《内阁各部院会奏议复行用金币折附片》，《大清新法令》第 4 卷，第 97 页。

持金本位或金汇兑本位，则中国必须有新外债以垫之。不然其结果将至不堪设想。改良全国币制，采用金本位或金汇兑本位，必有绝大危险。其危险却在中国之商务与支收余数之实在情形力量，此不得预知也，观此，则金本位、金汇兑本位宜暂缓采用也"。①

但当时的中外贸易和国际收支状况并不支持清政府推行金汇兑制度。由于中外经济发展的不平衡以及中国丧失关税自主权，中国的对外贸易自1890年开始出现进入长期入超阶段，据统计，1890～1894年间中国贸易入超额达3856.3万关两，年均入超7713000关两。② 1895年中日甲午战争之后，中国对外贸易逆差进一步逐年扩大。从年均出口值来看，1895～1899年比甲午战争前1891～1894年增长了35.9%，年均增长速度更是前20年的28倍；但进口增长更快，年均进口值1895～1899年增长了49%。③ 1903～1913年的年均贸易逆差额更是达到1895～1899年年均值的19.8倍。④ 当时，总办江南商务局刘世珩就以中外贸易和国际收支存在的巨大逆差反对精琪的金汇兑制度，指出中外贸易存在巨大逆差和中国财政入不敷出"是人所共知者也"，抨击精琪为推销金汇兑制方案，置中外贸易存在巨大逆差及中国黄金大量外流的事实于不顾，有意撷拾英国古典经济学派亚当·斯密和李嘉图有关国际自由贸易和货币学说，声称国际贸易收支长期会自动趋于平衡，并举英国的例子，淡化甚至否认中外贸易和国际收支失衡对中国推行金汇兑制的制约，完全是"无稽之言，自遁之说"，质问精琪"假斯密氏之说，以为中国解，是何异以贫乏无业之夫，而与富拥巨万者比挥霍也，其谬不已甚乎！"⑤

此外，当时列强态度的不确定性，也是影响清政府决策的一个因素。对于美国的货币改革方案，由于其声称以促进国际投资和贸易、维护列强利益为宗旨，欧洲列强不便公开反对，但他们并不希望看到由美国主

① 陈度编《中国近代币制问题汇编》（一），第401～402页。
② 周广远：《1870年—1894年中国对外贸易平衡和金银进出口的估计》，《中国经济史研究》1986年第4期。
③ 陈争平：《1895—1936年中国进出口贸易值的修正及贸易平衡分析》，《中国经济史研究》1994年第1期。
④ 陈争平：《1895—1930年中国国际收支发展趋势及主要特征》，《中国社会经济史研究》1994年第1期。
⑤ 刘世珩：《银价驳议》，陈度编《中国近代币制问题汇编》（一），第100页。

导中国币制改革，因此态度并不积极。其中，英国和俄国就"颇有异议"，明确反对在中国立即实行精琪的金汇兑制方案，"以中国先定一律通用银币，自是正办，至于是否须与金钱等价，尽可随后酌量定夺"，"盖英欲于南方行其金镑，俄欲于北方行其卢布，各怀私见，所以不欲从同也"。① 此外，根据精琪的货币方案，尚有许多问题须与列强协商，由其提供支持，这些都具有很大的不确定性。如推行新币制，就须与列强修改条约，限制白银和银币的进口，统一行用新币，关税也按新币征收，对此，精琪本人都没有信心，认为如在中国商谈，各国肯定会"互争利益""互生嫉妒""抑勒阻碍"，"于所可准行之办法，势必生出许多难处，耽延时日"。② 清朝官员在与精琪会谈中更是对此表示了极大的忧虑。在 6 月 25 日的会谈中，清朝官员就对列强是否愿意接受中国新币与外国货币的比价表示怀疑，问"若定准以中国银圆若干抵外国一镑之用，各国能否照办？"而精琪则以"银圆定金价一节，下次细谈"，③ 加以推搪。在 8 月 24 日的会谈中，对于列强是否愿意修改条约，禁止各国银币和银条进口中国，赵尔巽也表示怀疑，问"此条禁止可否办到？"精琪虽然表示"各大国请中国整顿新圜法，载在商约，不能不答应"，但同时不得不承认会存在问题，建议"与各国应早为商量，恐内中有数小国又想他项好处"。而在解释清政府方面为什么不能贸然接受新币制时，赵尔巽明确表示除了新币制对本国商民利益不明之外，"各国外交之对待有无牵碍全未深知"，也是其中一个重要考量。④

其实，对于清政府放弃金汇兑制度，美国代理国务卿在 1905 年 1 月致总统和国会的信函中就予以相当程度的理解，认为当时中国确乎缺乏实行金本位的物质基础及客观条件，指出"在建立新的币制过程中，摆在中国政府面前的困难自然是巨大的。需要时间使他积累充足的黄金储备，需要时间说服各省当局放弃他们目前的铸币，改变人民使用银条的习惯，需要

① 《外务部收驻美大臣梁诚函·附件一 照译会议银价大臣精琪来函》（光绪二十九年十月十二日，九月初六日发），黄嘉谟主编《中美关系史料》（光绪朝五），第 3758、3760 页。
② 《大美钦命会议银价大臣续议》（光绪三十一年正月），第 54 页；RCIE, pp. 153 – 154.
③ 《精琪与户部及外务部官员会议记录》，《中国近代货币史资料》第 1 辑下册，第 1121 页。
④ 《美使精琪为币制改造铸造金银价值差价等事致赵尔巽及会晤记录稿》（光绪三十年），赵尔巽档案，卷 079，缩微号 0015。

时间提供合适的专业帮助，克服其他一些困难等"。[1]

再者，精琪货币改革方案被否，一定程度上也是由于受到当时清朝决策层缺乏货币理论和国际金融知识的影响。如张之洞和刘世珩批评精琪方案低于市价二成，确定金银比价为1:32，不可行，显然不明信用货币与传统足值货币的区别。精琪建议新铸银币系现代信用货币，而张视为传统的足值货币，即商品价值与货币价值完全等值，由此质疑精琪所定金银比价没有可行性。又如，张之洞以中国居民消费水平低为理由，反对推行金本位，实则不明本位货币与流通货币两者之间的联系和区别，不明币制本位问题与经济社会和居民消费水平并无必然联系。金本位制的目的是求币值的稳定，由国家标明法定货币含金量，允许持币人自由兑换等量黄金，并不要求百姓平常使用金币。因此，金本位与居民日常消费水平高低并无直接关系。[2] 对于由于决策层缺乏货币理论和国际金融知识影响到对精琪货币改革方案的态度，户部尚书赵尔巽倒是直言不讳。在8月24日的会谈中，对于精琪催促清政府立即实行新币制，赵尔巽明确表示如不对新币制详加考察，在自己都不明白的情况下，"骤然定准，贵国政府亦必笑本大臣率尔定此大事"。[3] 10月，针对美国驻华公使就清政府宣布放弃金汇兑制度所提抗议，赵尔巽再次坦言，由于政府方面缺少懂财政问题的人才，目前对采用金本位制度不可能有任何作为，要让政府方面的高级官员懂得金汇兑制的好处，需要时间。[4]

总之，1904年美国货币专家精琪来华，帮助中国币制改革，这是清末中美特殊关系的一个具体体现。此举推动了中国近代币制本位问题的讨论，传播了相关国际货币金融知识，但中美之间的不同立场和不同利益诉求，以及主客观条件的限制，又妨碍了中美之间在这一问题上的合作，使得中美特殊关系的成果不能落实。

---

① "Letter of Submittal," *RCIE*, p. 10.
② 按：梁启超当时就曾批评张之洞对精琪货币改革方案的驳议"全未达生计学学理，一派门外汉语"。见梁启超《中国货币问题》，《饮冰室合集·文集之十六》，第124页。
③ 《美使精琪为币制改造铸造金银价值差价等事致赵尔巽及会晤记录稿》（光绪三十年），赵尔巽档案，卷079，缩微号0015。
④ Memorandum by Mr. Williams, Peking, October 13, 1904, *Dispatches from U. S. Ministers to China*, *1843 - 1906*, microfilm.

第七章 美国政府与日俄战争后的
中国朝政（1905～1908）

　　1904～1905 年日俄战争之后，美国当政的依然是西奥多·罗斯福总统。在 1904 年的大选中，罗斯福凭借自己的影响，赢得 56% 以上的选票，击败对手奥尔顿·帕克（Alton Parker），蝉联总统职位。而清朝政局则在日俄战争之后继续发生了一系列重大的变化，或新的趋势：改革主义势不可当，新政初期的各项改革向纵深发展；民族主义运动勃然兴起；伴随改革运动和民族主义运动的勃兴，清廷政治权力结构继续裂变。本章就这一时期美国驻华外交官和美国政府对清朝政局的上述政局变化的观察和反应做一初步勾勒。

一　支持清廷预备立宪改革

　　日俄战争之后，清廷在改革主义方面的一个最新发展是，受日俄战争的刺激及国内立宪派的压力及革命党人的反清革命运动的威胁，开始启动政治改革。1905 年 7 月 16 日清廷发布上谕，命镇国公载泽、户部侍郎戴鸿慈、兵部侍郎徐世昌、湖南巡抚端方分赴东西洋各国考察政治，称："方今时局艰难，百端待理。朝廷屡下明诏，力图变法，锐意振兴。数年以来，规模虽具而实效未彰，总由承办人员向无讲求，未能洞达原委。似此因循敷衍，何由起衰弱而救颠危？兹特简载泽、戴鸿慈、徐世昌、端方等，随带人员，分赴东西洋各国考求一切政治，以期择善而从。"① 8 月 3 日，外务部照会美国驻华公使柔克义，转达 7 月 16 日清廷上谕内容。② 8

---

① 故宫博物院明清档案部编《清末筹备立宪档案史料》上册，中华书局，1979，第 1 页。
② 《外务部致柔克义照会》（光绪三十一年七月初三日），《中美往来照会集（1846—1931）》第 10 册，第 327 页。

月29日，外务部又照会美国驻华公使柔克义，通报派戴鸿慈、端方将赴美国考察，希望美方提供方便和帮助。[①]

对于清政府派遣官员赴国外考察政治，美国驻华外交官和美国政府给予了积极的配合。7月19日，在清廷发布上谕后的第3天，美国驻华公使柔克义就将上谕全文译送国务院。[②] 8月30日，柔克义又照会外务部，通报已将戴鸿慈、端方赴美考察政治转告美国政府有关部门，"饬该管官员，优为接待"。[③] 在端方、戴鸿慈赴美考察期间，美国政府也给予周到的安排。1905年12月14日，当考察团抵达旧金山时，美国政府专门派1903年来中国考察货币改革的精琪前往迎接，负责考察团在美期间的接待工作，并密派侦探随时保护考察团成员的人身安全。在随后1个月的访问期间，美国政府除安排考察团参观伯克利、斯坦福、加利福尼亚、哥伦比亚、康奈尔、哈佛、耶鲁等著名大学外，还安排考察团参观美国的一些农场、屠宰场、农具制造厂、纺织厂、炼钢厂、炼油厂、水力发电厂、汽车制造厂和造船厂，以及国会、铸币局、海军学院、军事学堂、国会图书馆、国家印刷局、老兵院、疯人院、监狱等机构。在美访问期间，考察团还分别受到罗斯福总统和国务卿罗脱及海军部部长、陆军部部长等美国政府官员的接见。[④] 1906年2月3日，外务部代表清政府，致函柔克义，对美国的接待表示感谢。[⑤]

经过一年的考察和酝酿，1906年9月1日清政府颁布上谕，正式宣布仿行预备立宪，宣称："时处今日，惟有及时详晰甄核，仿行宪政，大权统于朝廷，庶政公诸舆论，以立国家万年有道之基。但目前规制未备，民智未开，若操切从事，涂饰空文，何以对国民而昭大信。故廓清积弊，明定责成，必从官制入手，亟应先将官制分别议定，次第更张，并将各项法

① 《外务部致柔克义照会》（光绪三十一年七月二十九日），《中美往来照会集（1846—1931）》第10册，第336页。
② Minister Rockhill to the Secretary of State, July 19, 1905, *FRUS*, *1905*（Washington: Government Printing Office, 1906），pp. 178－179.
③ 《柔克义致外务部照会》（光绪三十一年八月初一日），《中美往来照会集（1846—1931）》第10册，第250页。
④ 有关考察团在美的考察活动，详见戴鸿慈《出使九国日记：清末出洋考察宪政的"五大臣"之一的日记》，湖南人民出版社，1982，第68～105页。
⑤ 《外务部致柔克义照会》（光绪三十二年正月初十日），《中美往来照会集（1846—1931）》第10册，第388页。

律详慎厘订，而又广兴教育，清理财务，整饬武备，普设巡警，使绅民明悉国政，以预备立宪基础。着内外臣工，切实振兴，力求成效，俟数年后规模粗具，查看情形，参用各国成法，妥议立宪实行期限，再行宣布天下，视进步之迟速，定期限之远近。"①

对于清朝政府的这一重大举措，柔克义表示欢迎，9月4日他在写给国务院的报告中指出："如果改革上谕得到贯彻，这是令人欣喜的"，他认为清政府那样匆忙宣布预备立宪是"因为清政府感到有紧迫感，尽速满足国内各阶层要求政治改革的愿望"。但同时他对清政府是否有能力完成预备立宪各项目标表示怀疑，指出："让人担心的是，上谕所指定的预备期限将证明不足以实现这些目标，即使是大致的，如果实现，那将是令人欣慰和永久的。摆在清政府面前的任务是十分巨大的。有能力执行上谕意旨的人非常少，并且很少有人胜任这一工作。同样值得担心的是，这样的激进改革将会遇到来自保守派官僚和士绅的强烈反对。"② 这与当时国内一些激进立宪派及后来国内学者批评清政府这道上谕在立宪态度上不够积极迥然不同。

根据9月1日的上谕，清政府的预备立宪工作将师法日本的明治维新，从改革官制入手。经过2个月的酝酿和筹备，11月6日清廷发布裁定中央官制上谕，其要点如下：内阁、军机处照旧；宗人府、翰林院、钦天监、内务府等由满人掌握的部门都予保留。中央共设11部，各部设1名尚书主管，不分满汉，其中外务部、吏部、法部、邮传部、民政部的尚书由汉人担任；度支部、陆军部、礼部、农工商部、理藩部的尚书由满人担任，学部尚书由蒙人担任。此外，外务部尚书之上还设有管部大臣和会办大臣，均由满人担任。这样，在11个部的13名大臣、尚书中，有7人为满族、5人为汉族，1人为蒙古族。虽云满汉不分，实际却是满人多于汉人，尚不如改革前的满汉各半。由于该官制方案在设立责任内阁和任用汉族官员方面，没有满足人们的愿望，当时舆论多表失望，批评是"伪改革"，③ "弥

① 《清末筹备立宪档案史料》上册，第44页。
② Rockhill to the Secretary of State, September 4, 1906, *Records of the Department of State Relating to Internal Affairs of China, 1906–1910*, microfilm, Washington：National Archives, 1972.
③ 《论今日时局之危》，《申报》1906年12月6日，第2版。

缝主义"“不足以有改革之价值"。①

对于清政府推出的中央官制改革方案，美国驻华外交官的看法却有所不同，刚开始时甚至持正面看法。11 月 6 日清政府厘定官制上谕颁布后，美国驻华使馆代办固立之（Goolidge）即于 7 日子夜和 8 日晨将新定官制及人事任免电告国务院。② 16 日又寄上中文秘书卫理（E. T. Williams）关于清廷官制改革的报告。在该报告中，卫理表示不赞同舆论对官制改革的批评态度，指出：“如果它们代表了所有的改革措施，这确乎是很有令人遗憾的欠缺，但作为中国走向开明的立宪制度的第一步，它们并不是没有意义或不明智的。"他在详细介绍有关中国官制改革的内容之后说道：“总之，目前颁布的这份上谕必须被看作中国历史上一件具有划时代意义的标志性事件，虽然充满希望的人会对这一结果感到失望，但没有理由怀疑皇帝和许多爱国官员要求改革的愿望是真诚的，并且一些改进措施也将随之而来。至少，我们可以希望目前所发动的这场变革将被证明是一场使中国沿着世界最先进国家方向迈进的改革运动的起点。"③ 但伴随官制改革，清廷内部出现了扑朔迷离的权力斗争，④ 美国驻华公使柔克义开始对清廷官制改革的实际效果表示怀疑，1907 年 3 月 28 日他在写给国务院的报告中表示：令人担忧的是，改革大多只是徒有虚名，只是继续 1906 年 9 月 1 日上谕所布置的改革。在这方面所获结果，有理由相信会与 1901 年总理衙门改为外务部的情况一样，目前的改革不可能触及几百年来困扰中国行政的那些病根——低效率及人浮于事。在政府机关引入诚实原则之前，行政方面的改革没有任何重大价值。⑤

在厘定中央官制之后，经过半年多时间的讨论，1907 年 7 月 7 日，庆亲王和孙家鼐拟订《各省官制通则》34 条，厘定地方官制。该地方官制方

① 僇译：《东报对于改革官制之批评》，《申报》1906 年 11 月 22 日，第 2 版。

② Goolidge to the Secretary of State, telegram, November 7, 1906, *Records of the Department of State Relating to Internal Affairs of China, 1906 - 1910*, microfilm.

③ Goolidge to the Secretary of State, November 16, 1906, *Records of the Department of State Relating to Internal Affairs of China, 1906 - 1910*, microfilm. 卫理的这份报告得到了国务院的肯定。1907 年 1 月 17 日，代理国务卿致函柔克义，代表国务院对卫理的这份报告表示赞赏，称该报告提供了有关中国行政组织变化的一些有趣的信息。

④ 按：有关此一时期清廷内部的权力斗争见本章第三节。

⑤ Rockhill to the Secretary of State, March 28, 1907, *Records of the Department of State Relating to Internal Affairs of China, 1906 - 1910*, microfilm.

案除改按察司为提法司，增设巡警道和劝业道，以及将有辖境的同知、通判改为州县，有属县的直隶厅改为直隶州，裁撤分守分巡道外，与此前的地方官制相比有以下一些不同：（1）规定在督抚一级设会议厅，定期传集司道以下官员讨论紧要事件；如事情涉及地方，则须邀乡绅与议。（2）在府州县一级取消佐贰杂职，一律以佐治官代之，分掌巡警、教育、农工商和交通、监狱和税收等事宜，并通过考试录用。（3）各省设提法司，置提法使，管理司法行政，监督各级审判，并规定设立高等、地方和初级审判厅，为司法独立奠定基础。（4）规定分期设立府州县议事会、董事会，增设民意机构，试行地方自治。① 同日，朝廷允准该地方官制方案，谕令由东三省先行开办，直隶、江苏择地试办，待卓有成效，逐渐推广，限15年全国一律通行。② 次日，清廷又接着饬行地方官制改革发布上谕，鼓励官员和民间凡有实知预备立宪之方，施行之序者，准条举以闻，称："惟立宪之道，全在上下同心，内外一气，去私秉公，共图治理。自今以后，应如何切实预备，乃不徒托空言，宜如何逐渐施行，乃能确有成效，亟宜博访周谘，集思广益，凡有实知所以预备之方施行之序者，准各条举以闻。除原许专折奏事各员外，其余在京呈由都察院衙门，在外呈由各地方大吏详加甄核，取其切实正大者选录代奏。"③

对于清政府允准的这一地方官制改革方案，柔克义予以充分肯定，认为这是一个考虑周密、富有治国之才的方案，值得仔细琢磨，它表明清政府的改革计划正在走向成熟并趋于成型，表明他们正在周密计划，公正对待民众的请求，在强化和集中中央对地方控制和权力的同时，也给予民意代表合理的参与权。而该方案中提出的有关建立独立法庭的建议特别有意思，体现了清政府希望恢复对外国居民行使司法权的企图。④ 对清廷7月8日的上谕，柔克义一方面称赞这是清朝政府走向与人民合作的第一步，也是清政府建立立宪政府或代议制政府的第一步，但同时对这道上谕的实际效果持怀疑态度，认为清政府允许人民就立宪事宜提出建议的措施的实际

---

① 有关地方官制详细内容，见《清末筹备立宪档案史料》上册，第503～510页；《光绪朝东华录》（五），总第5686～5688页。

② 《清末筹备立宪档案史料》上册，第510～511页；《光绪朝东华录》（五），总第5688页。

③ 《清末筹备立宪档案史料》上册，第44页。

④ Rockhill to the Secretary of State, July 24, 1907, *FRUS, 1907* (Washington: Government Printing Office, 1910), p. 180.

效果恐怕会很少，民众的意见在经都察院和地方大吏的筛选后很难像清朝政府希望的那样，得到真实的反映。①

在中央和地方官制改革之后，美国驻华外交官密切关注预备立宪的进程，及时将清政府有关预备立宪的上谕、法规、章程等译送国务院。如：8月9日，译送《天津试办自治章程》，报告清朝民政部已命令各省官员成立自治所，研究地方自治，为实行代议制做准备。天津的自治章程被视为楷模，天津的第一个自治会于7月24日成立，它的经验备受关注，中国的代议制政府的建立很大程度取决于它的成功。② 8月15日，报告8月2日颁布的奖励农工商的上谕和章程，认为与最近几年发布的大多数的改革上谕一样，这道上谕也将人民中没有根据朝廷所规划的路线取得进步的迹象归诸官员阶层的无能和因循苟安。同时译送8月13日清政府令将1906年设立的宪政调查馆改名为宪政编查馆的上谕，指出这是袁世凯8月3日上奏朝廷的一个结果。③ 9月28日报告清政府于20日颁布成立上谕，诏设资政院，指出这是"为响应成立国会而采取的第一步"，同时对清廷任命一个年轻的没有经验的亲王溥伦和年届80高龄的京官孙家鼐为资政院总裁，表示"难以令人理解"。④ 10月4日，译送9月30日上谕，称该上谕强调预备立宪仿行的君主立宪为最合适的形式，官民必须将之与其他形式的政府区别开，以免混淆；在仿行立宪之前，必须提高全国的教育水平，使全体人民更为全面地了解立宪政府的一般原则。⑤ 10月22日，报告清政府于10月19日下谕令各省设立谘议局，认为该上谕是清政府"走向代议制政府的又一重要步骤"。⑥

1908年1月20日，清政府颁布上谕，宣布景星、俞廉三、丁振铎、曹鸿勋、陆元鼎协理开办资政院事务。⑦ 对于清政府任命这些官员负责开办资政院，柔克义表示极大的不信任。1月24日，他在写给国务院

---

① Rockhill to the Secretary of State, July 18, 1907, *Records of the Department of State Relating to Internal Affairs of China, 1906 – 1910*, microfilm.

② Rockhill to the Secretary of State, August 9, 1907, *FRUS, 1907*, p. 189.

③ Rockhill to the Secretary of State, August 15, 1907, *FRUS, 1907*, pp. 190 – 191.

④ Rockhill to the Secretary of State, September 28, 1907, *FRUS, 1907*, pp. 191 – 192.

⑤ Chargé Fletcher to the Secretary of State, October 4, 1907, *FRUS, 1907*, p. 195.

⑥ Chargé Fletcher to the Secretary of State, October 22, 1907, *FRUS, 1907*, p. 197.

⑦ 《光绪朝东华录》（五），总第5820页。

的报告中说，这道上谕没有界定他们的权力或职责，从这些任命人员的资历判断，他们很难为资政院的实际进展提供保障。这群人员都受传统教育，他们精通中国经典，但从未去过国外，也没有接受过任何外国教育。作为极端的保守主义者，很难期望他们会同情政府倡导的改革运动。①

对于 7 月 22 日清政府颁布的谘议局及议员选举章程和 8 月 27 日颁布的宪法大纲暨议院法选举法要领及逐年筹办事宜，柔克义进行了认真的研究。他认为，谘议局章程第 21～30 条中赋予谘议局的权力足以在本省的需要和状况方面为政府提供有价值的帮助，尤其第 39 和第 40 条赋予议员讨论的自由，并保证其人身不受侵犯的权利，但第 46～54 条将谘议局及会议之事完全置于各省督抚手中，将可能压制自由讨论，使谘议局在未来的几年里将成为政府的附属机构，宪法大纲暨议院法选举法要领确定了清政府实行各项改革所遵循的原则——即巩固君权，保护臣民。该文件的核心内容是维护君权不受损害，同时通过地方议会和帝国议会，使君主与人民的关系更为接近。这些地方议会和帝国议会纯粹只是咨询机构，没有任何权力，甚至没有选择讨论话题的权力。但柔克义并不认为它们毫无意义，指出尽管清政府最近极力对言论和新闻自由以及各省谘议局所允予的权力施加各种检查和限制，但由政府要求成立这些议会以及鼓励人民和代表就地方和国家的一些问题加以讨论，最终必将对这个国家产生深远影响。并且，人民也将不会满足于他们已获得的权利，他们将极力从君主那里为他们自己和代表争取额外的和更为真实的权利。对于清政府制订的议院未开之前逐年筹备事宜，柔克义一方面持理解态度，认为是必要的，指出在一个新的时代开始之前，政府的规划将会发生许多变革，需要汇编许多新的章程，由皇帝批准和颁布，这是很有可能的。另一方面，他也认为清政府的预备立宪方案清楚地显示了负责改革运动的政治家们的倾向，显示了他们希望对改革运动所施加的各种限制，以及他们所寻求达到的目的，他们看来只不过是在承诺立宪的薄薄面纱下面保持现存的制度。②

① Rockhill to the Secretary of State, January 24, 1908, *Records of the Department of State Relating to Internal Affairs of China, 1906–1910*, microfilm.
② Rockhill to the Secretary of State, September 12, 1908, *Records of the Department of State Relating to Internal Affairs of China, 1906–1910*, microfilm.

伴随改革的进一步深入，清政府为消除满汉矛盾也尝试进行一些改革。1907 年 8 月 10 日，清廷发布诏书，令内外各衙门就如何消除满汉畛域妥议切实办法，称："我朝以仁厚开基，迄今二百余年，满汉臣民，无所歧视。……际兹时事多艰，凡我臣民，方宜各切忧危，同心挽救，岂可犹存成见，自相纷扰，不思联为一气，共保安全。现在满汉畛域，究应如何全行化除，着内外各衙门各抒所见，将切实办法妥议具奏。"① 经过 1 个多月的讨论之后，9 月 27 日清廷发布上谕，命各省将军督抚查明驻防旗丁数目，就该驻防原有马厂、庄田等产业，妥议章程，分划区域，计口授田，责令耕种，严禁典售，以所授田亩为裁撤口粮之准，并责令各省将军督抚对旗民开展各种实业教育，教授生计技巧，"期于化除畛域，共作国民，用副朝廷一视同仁之至意"。②

对清政府在消除满汉矛盾方面所做的改革和努力，美国驻华外交官也给予密切的关注，并加以肯定，认为这些举措有助于缓解国内矛盾，有益于清朝的统治。1907 年 9 月 28 日，柔克义将清廷的这两道上谕译送国务院，称这是清政府自 1901 年允许满汉通婚之后，在调和满汉矛盾方面所采取的进一步行动，是自改革计划实施以来，清政府采取的最实际、最平衡的一个措施，表明自 1905 年的炸弹案和一系列谋杀官员的事件发生后，清政府对于消除汉人的反满情绪、调和满汉矛盾的重要性有了进一步的理解。他指出自 1901 年清政府允许满汉通婚，直至最近所采取的一些措施很少令汉人满意，希望这道上谕能得到汉人的欢迎，并得以贯彻。③ 美国政府在收到报告后，也对清廷消除满汉畛域的改革表示"极大的兴趣"。④

同年 10 月 9 日，清廷再次就消除满汉歧视问题发布上谕，责令礼部和法律修订大臣议订满汉通行的礼制和刑律，指出："礼教为风化所关，刑律为纲纪所系。满汉沿袭旧俗，如服官守制，以及刑罚轻重，间有参差，殊不足以昭画一。除宗室本有定制外，着礼部暨修订法律大臣议定满汉通

---

① 《光绪朝东华录》（五），总第 5712 页。

② 《光绪朝东华录》（五），总第 5740 页。

③ Rockhill to the Secretary of State, September 28, 1907, *Records of the Department of State Relating to Internal Affairs of China, 1906 – 1910*, microfilm.

④ The Acting Secretary of State, November 26, 1907, *Records of the Department of State Relating to Internal Affairs of China, 1906 – 1910*, microfilm.

行礼制刑律，请旨施行，俾率土臣民，咸知遵守，用彰一道同风之治。"①
10 月 12 日，美国驻华代办费勒器（Henry P. Fletcher）在向国务院译送这
道上谕时，还专门提供一份由使馆助理中文秘书撰写的有关清政府消除满
汉歧视问题的备忘录，指出这是最近两个月内清朝政府为消除满汉差别发
布的第 3 道上谕。清王朝统治者在享受二百五十多年的特权之后，现在通
过放弃这些特权，将满汉两个民族或多或少地置于平等的地位，尽其所能
地安抚汉人。这种突然的慷慨举动的原因是显而易见的：（1）强烈的反满
情绪最近几年快速发展，此前几个月里愈益显示出来；（2）政府方面真正
意识到，在这个重要的转折时期，中国的希望在于其将广大民众团结在一
起的能力和在民众中培养团结一致的爱国主义情感和公民精神，这些都是
此前几年中国民众中所不存在的。②

　　日俄战争之后，清朝政府在教育领域继续推出一些新的改革措施。1905
年 7 月 14 日，在对回国留学生进行考试后，发布上谕，分别授予金邦平、唐
宝锷、曹汝霖、陆宗舆等进士或举人身份。9 月 1 日，又颁布上谕，令各省再
多派留学生游学欧美，并命出使大臣负责监督和考察。9 月 2 日，更是颁布具
有重大意义的上谕，宣布自 1906 年开始停止科举考试，并令各省兴办学堂。9
月 4 日，又颁上谕，命各省学堂事务，均归学政专司。

　　对于清政府在日俄战争之后在教育改革方面的新举措，新任驻华公使柔
克义亦继续给予高度的关注，将这些改革上谕分别译送国务院，指出这是
"目前中国人中具有首要意义的话题"。清政府给予回国留学生进士、举人等
出身的做法，打破了过去归国留学生不能获得科举出身，因而不能担任国家
高级职务的惯例，第一次承认了外国教育对于中国官员的价值，将激励更多
的中国青年前往国外学习，并有助于引进所急需的官员。③ 他认为废除科
举制的改革措施比其他任何可能采取的改革更能从根本上动摇中国的社会
基础。因此，他指示公使馆中文秘书卫理专门写了一份关于 1901 年以来中

①　《光绪朝东华录》（五），总第 5745 页。

②　Chargé Fletcher to the Secretary of State, October 12, 1907, *Records of the Department of State Relating to Internal Affairs of China, 1906 - 1910*, microfilm.

③　Minister Rockhill to the Secretary of State, August 1, 1905; September 4, 1905, *FRUS, 1905* pp. 179, 180.

国教育改革的详细报告，呈送国务院。①

在肯定清政府在教育改革方面采取措施的同时，美国驻华外交官和美国政府继续对清政府排斥外国教会学校的做法表示不满，力图加以改变。美国公使馆中文秘书卫理在有关中国教育改革的报告中就详细论述了教会学校在兴办新式学堂中所发挥的积极作用，抱怨清朝政府歧视教会学堂，没有给予教会学堂学生与公立学校学生同样的权利，指出如果不能允许教会学堂毕业学生出任官职，这有可能削弱教会学堂的地位。柔克义在向国务院递呈报告中，也特别建议美国政府关注这一问题。与此同时，美国监理会教士、东吴大学校长孙乐文（D. L. Anderson）和美国监理会教士林乐知（Y. J. Allen）也分别致函美国驻华公使柔克义，对清政府排斥外国教会学校的做法表示不满，要求教会学校的学生应与其他学校的学生一样享有在政府中任职的优待，指出那些组织良好的教会学校——主要是美国的一些学校，如燕京大学、圣约翰大学、东吴大学以及其他的一些学校，在今日中国的教育领域占有重要地位，正在做大量的教育工作，而没有让中国做出任何的付出。这些教会学校是西方世界，尤其是美国给予中国的发展和进步的最慷慨的礼物。如果清政府对教会学校予以同等待遇的话，这不仅有利于教会学校的发展，而且也将极大地丰富中国的教育资源，所有的教会学校都将直接为政府服务，并与官办学校一道为政府提供各类人才。孙乐文和林乐知强调：我们不是追求清政府的任何赞助，只是希望清政府承认我们的工作。为获得美国政府的支持，信最后写道：如果这件事能够成功的话，不但各个教会学校将感谢你所做的努力，而且还能极大地扩大美国在中国的影响，因为这些学校大部分都是由美国人创办的。② 对于美国传教士的建议，柔克义表示极力赞同和支持，指派美国公理会教士谢卫楼（Sheffield）、美国美以美会教士刘海澜（H. H. Lowry）等组成一个委员会，代表教会与清朝学部协商，说服清朝政府制订条例，规定教会大学的学生应与私立和公立学校享有同等的优待，指出这将有助于促进中

---

① Minister Rockhill to the Secretary of State, September 19, December 26, 1905, *FRUS*, *1905*, pp. 182, 197 - 204.

② D. L. Anderson to Mr. Rockhill, September 20, 1905; Mr. Young J. Allen to Mr. Rockhill, December 12, 1905, *FRUS*, *1906*, Part I（Washington: Government Printing Office, 1909）, pp. 342 - 344.

国政府与教会学校之间的了解，使教会学校与性质相同的新式学堂有一个平等的地位。①

综上所述，美国驻华外交官对清廷预备立宪的各项改革措施给予了相当关注，并持欢迎态度，同时也认同清政府渐进的改革步骤，但同时对清政府依靠自身力量完成改革方案持严重怀疑态度。对于清廷政治改革中存在的问题和不足，美国驻华外交官和美国政府只是持旁观的立场，除了要求清政府平等对待教会学堂外，无意进行任何干涉，也没有如通常人们所想象的那样，急于向中国输出美国的价值观念和美国的民主制度。1907 年 10 月 8 日，美国陆军部长、后来的美国总统塔夫脱在上海的演讲中一方面对清政府实行的改革表示欢迎，指出"我很乐意地说对于中国每一项的改进，美国都有着深切的同情，在美国方面对中国的工业或政治发展不存在任何妒忌或害怕，只要它总是遵循和平发展、维持法律和秩序以及维护中外公民的个人权利的路线发展。中国没有任何我们渴望得到的领土……由于有富饶的资源和勤劳的人民，中国的未来是不可估量的"。但同时明确表示："中国的行政改革不应是激进的或突然的；果真如此，这将是不明智的；像中国这样一个具有保守传统的国家，必须接受渐进的变革。"② 可以说，塔夫脱的这一表述，很大程度上代表了当时美国政府对中国国内行政或政治改革所持的态度和立场。

二　中美关于商务改革的交涉

与对中国政治改革采取旁观和比较保守态度不同，在有关商务、贸易和投资等领域，美国罗斯福政府与此前一样，继续采取积极态度。在中美商约签订之后，美方一再敦促清政府尽快落实，并对清政府的改革多加干涉。

柔克义继任驻华公使之后，继续就矿务章程问题与清政府进行交涉。1905 年 11 月 29 日，他将美国政府对矿章的修改意见照会外务部，敦促清

---

① Minister Rockhill to the Secretary of State, March 20, 1906; Mr. Rockhill to Mr. Y. J. Allen, January 3, 1906, *FRUS*, *1906*, Part I, pp. 341 – 342, 344 – 345.

② Speech of the Hon. W. H. Taft, *Journal of the American Association of China*, Vol. 11, No. 5 (Shanghai, November, 1907), p. 23.

政府尽快采取措施，按美国的意见修改矿务章程，以符合商约的规定。照会称："一千九百零四年四月十五号前任康大臣曾照会贵亲王，以贵政府于光绪三十年二月初一日奏定矿务新章，按美商约第七款实不相符，美政府未能照允。……是以康前大臣不能不达知贵亲王，如中政府实行此新章，美政府必于所望者有未满意。康前大臣之意，系望贵政府再行修改矿章，俾与商务可使得有成效。现已年半有余，本馆迄未见有何修改之章，是以本大臣论及此事，请贵亲王曲为原谅，俾将本国政府于此新章不愿之处，详细言之。"他指出该矿务章程系在 1898 年和 1902 年矿务章程基础上修改而成，但"所修文义有背商约之处过于遵从商约之意。中国既知振兴矿务有益，并知招徕华洋资本兴办矿业，是以本大臣深信贵亲王必能作速将本国政府之意，详为酌核，因该章原意系欲招致外洋资本，并鼓舞洋商前来开采，岂系欲阻碍此事？故望贵亲王查照，早行设法将此矿章修改可也"。①

除了对商部拟定的试办矿务章程表示不能接受外，美国对商部 1905 年 11 月 27 日制订的《矿政调查局章程》24 条之第 7 条规定民间矿地只准卖给本地居民的规定也表示强烈不满。② 1905 年 12 月 23 日，柔克义即照会外务部，指出该条款的内容与中美商约第 7 条"可照准美国人民在中国地方开办矿务及矿务内所应办之事"的规定相违背，代表美国政府向清政府提出严重抗议，称：《矿政调查局章程》第 7 条禁止洋人购买民间矿产，必将阻碍美国资本的投资，除去官地之外，拒绝允许美国公民从中国官民购买矿产。因此，我谨代表美国政府反对执行第 7 条之规定，对违背我们两国政府签订的神圣条约的行为表示抗议。③ 同时，柔克义将调查局章程

---

① 《美国驻华公使柔克义致外务部照会》（光绪三十一年十一月初三日），《中美往来照会集（1846—1931）》第 10 册，第 268～273 页。Minister Rockhill to Prince Ch'ing, 1905, *FRUS*, *1905*, pp. 234–235.

② 按：《矿政调查局章程》第 7 条全文如下："凡勘有矿产处，所查系官山，该局即应查照两江总督光绪三十一年七月二十七日奏案，会同地方官出示晓谕，不准民间私卖。即民间矿产只准卖与本地居户，须凭中证报官，查无顶冒诈弊，始准立契过割。此外尚有未查各矿，自应照此一体办理。倘有蒙混私卖情事，惟该管地方官是问。该局如扶同徇隐，应由商部按照此次奏案，一并奏参惩处。"《商部奏陈〈矿政调查局章程〉折并清单》，上海商务印书馆编译所编纂《大清新法令（1901—1911）》点校本，第四卷·光绪新法令·实业·矿务，第 326 页。

③ Minister Rockhill to Prince Ch'ing, December 23, 1905, *FRUS*, *1905*, pp. 235–238.《美国驻华公使柔克义致外务部照会》（光绪三十一年十一月二十七日），《中美往来照会集（1846—1931）》第 10 册，第 277 页。

译送国务院。① 对此，商部解释这一规定与外国人购买矿产无关，主要为了避免出现私人买卖中的欺诈和假替冒名的行为，之所以规定矿产只能卖给当地人，这是因为只有当地人了解当地的历史，不易于上当受骗；如果美国公民申请开矿，仍根据中美商约的规定。② 在接到商部的这一解释后，美国公使柔克义于 1906 年 1 月 31 日又照会外务部，指出根据商部的解释，只准卖予本地居民一语，显然应该加以改正，"使其于美国商约所列之意无违"，因为此语"致常人疑为不准卖与洋人"。③ 4 月 17 日，受美国政府的指示，柔克义再次照会外务部，要求或将商部的解释布告全国，使各地的官员和人民都知道该条规定"并非禁止租赁矿产于洋人"，或对《矿政调查局章程》第 7 条的文字加以改正，不使人产生误会，"均知租赁矿产于洋人，系无妨碍"。④

由于商部颁布的矿务试办章程和《矿政调查局章程》遭到包括美国在内的列强的抵制和反对，清政府只好放弃。1906 年 4 月 24 日外务部照会美国公使柔克义，通知《矿政调查局章程》系为临时章程，待张之洞编纂的矿务章程由本部和商部审核送皇帝批准后，一律照新章办理。⑤ 对此，柔克义为确保将来的矿务章程符合美国的利益，于 5 月 25 日照会外务部，表示根据 1903 年中美商约的规定，清政府在将矿务章程送皇帝批准之前，应抄录一份由他转达美国政府考察，认定是否与商约的精神相一致。⑥ 10 月 18 日，柔克义在看到有关张之洞奏请清政府批准新的矿务章程的报道后，又立即再次照会外务部，敦促清政府应在矿务章程颁行之前征求美国政府

---

① Minister Rockhill to Prince Ch'ing, December 23, 1905, *FRUS*, *1905*, pp. 235 – 238.
② 《外务部致柔克义照会》（光绪三十一年十二月十六日），《中美往来照会集（1846—1931）》第 10 册，第 387 页。
③ 《柔克义致外务部照会》（光绪三十二年正月初七日），《中美往来照会集（1846—1931）》第 10 册，第 467 页。
④ 《柔克义致外务部照会》（光绪三十二年三月二十四日），《中美往来照会集（1846—1931）》第 10 册，第 486～487 页；有关中美之间就《矿调查局章程》展开的交涉，详见 *FRUS*, *1906*, Part I, pp. 261 – 267。
⑤ 《外务部致柔克义照会》（光绪三十二年四月初一日），《中美往来照会集（1846—1931）》第 10 册，第 406 页。
⑥ 《柔克义致外务部照会》（光绪三十二年四月初四日），《中美往来照会集（1846—1931）》第 10 册，第 494 页；有关中美之间就矿务章程问题的交涉，详见 The Prince of Ch'ing to Mr. Rockhill, April 24, 1906, Mr. Rockhill to the Prince of Ch'ing, May 25, 1906, *FRUS*, *1906*, Part I, pp. 271 – 272。

的意见，指出："西本年五月二十五号曾照会，请将湖广总督张宫保编就新矿章抄送本馆等因……迄未接有照复，兹于中国新闻报中登有张宫保请中政府将所拟新章布告，故应再行直达贵亲王：查中美新定商约列明中国矿务章程应从新修改妥定，于招致外洋资财无碍，且比较诸国通行章程，于矿商亦不致有亏；至美国人民因办理矿务居住之事，应遵守中美彼此会定之章程办理云云。由是观之，若按照新商约所列之意，新修矿章系应于未布告施行之先，不能不将所拟该章转送本国详核，俾美政府得知该章系遵照约意，并免将来于矿务有所辩驳及有误会情事。本大臣深信贵亲王必可视以上所云为合理，故仍请饬抄一分送馆查核，并转送本国政府详阅可也。"①

1907 年 9 月农工商部在参考各国矿章的基础上制订矿务正章 74 款附章73 条并获旨准，10 月 14 日外务部就此照会美国驻华公使，予以通报，并照送 "正附矿务章程各一本"。② 对于农工商部的这个矿务章程，美国政府也不满意。1908 年 2 月 6 日，美国驻华代办费勒器照会外务部，转达美国政府对张之洞所修改的矿章 "不为洽意"，"现所送之章，系与条约所列之意相反；如施行此章，不惟不能招徕华洋资本兴办矿业，转致有碍"。指责矿章第 11章 "矿商应遵之禁令" 第 49 款 "开办停办之判断" 及 60、61、62 等四款内容与美商根据条约所获权利不合；另第 5、10、24～29 等 10 条内容含有 "不应限制矿务意念"。要求清政府 "展缓施行此章之期，即行妥善修改，总期所定矿章与各国开矿之章无所差异，并与所立之约无不相符方可"。③ 3 月 2日，费勒器又照会外务部，以清政府未按美方意见修改，再次要求停止施行该矿务章程，称："如前所送新章一无更正，请将施行之期设法停止。兹已届该章程施行之月，本署大臣仍未接有照复，是以再行照询该矿章究竟拟以如何办法，希即见复可也。"④ 由于美国政府完全从美国利益考虑，中美在矿务章程问题上的分歧和矛盾始终无法完全消除。

① 《柔克义致外务部照会》（光绪三十二年九月初一日），《中美往来照会集（1846—1931）》第 10 册，第 526～528 页。

② 《外务部致柔克义照会》（光绪三十三年九月初八日），《中美往来照会集（1846—1931）》第 11 册，第 66 页。

③ 《美国驻华代办费勒器致外务部照会》（光绪三十四年一月初五日），《中美往来照会集（1846—1931）》第 11 册，第 163～164 页。

④ 《美国驻华代办费勒器致外务部照会》（光绪三十四年正月三十日），《中美往来照会集（1846—1931）》第 11 册，第 167 页。

在开放通商口岸问题上，尽管中美两国围绕约开还是自开问题上通过艰难谈判，在 1903 年的中美商约中就约开还是自开问题达成协议，但由于这个问题涉及中外权利，中美之间的矛盾并没有得到解决。商约签订之后，对于清政府宣布济南、云南昆明等地自开商埠，由于这些自开商埠地点都在德国、法国等列强的势力范围内，美国驻华官员起初并不反对，一定程度上持肯定态度。柔克义在 1905 年 9 月 18 日写给美国政府的报告中认为，清政府之所以采取自开商埠的行动，目的是要向世界表示他们在没有任何外来压力的情况下也赞成和愿意执行进步政策。并且，中国还坚信自开商埠是防止一个国家在中国租让区获得独占影响力的最有效办法。①

但在仔细研究清政府颁布的自开商埠的相关章程之后，美国驻华外交官意识到，自开商埠实际上是清政府发起的一场严格限制外人在中国居住地所享权利的运动，并不符合美国的利益。1906 年，美国驻华公使柔克义在写给国务卿的函中就抱怨近年来由中国自开或与列强协议开放的通商口岸压缩了外人的居住权利，并提交了中文秘书卫理撰写的有关这个问题的节略报告。卫理在报告中写道："回顾外人在中国通商口岸居住的历史，表明中国政府愈来愈决心尽可能地严格解释条约的内容，尽可能削弱外人在通商口岸所能享受的权利，而同时不违背这些条约。最近民族团结思想的觉醒和努力赎回给外人的权利，以及用本国资本开发中国资源，都是这整个运动的组成部分。"他指出，将济南的自开商埠章程与 10 年之前的苏州和杭州开埠章程进行比较，清政府在限制外国人在居住地所享权利方面显然取得了重大的进展。根据《济南商埠租建章程》② 和《济南商埠巡警章程》③ 有关条文之规定，外人的居住和贸易将被限制在位于城外划定的居住区（Settlement）商埠内，居住区之外的济南城和所有地区都将照内地规章办理，外人在这些地方不能购地，也不能居住和贸易，所有进出居住区的商品都按运往内地对待。另外，济南还将设立一个中国人控制的工部局和巡警局，虽然领事的治外法权得到承认，但警察可以进入任何住宅搜

---

① Minister Rockhill to the Secretary of State, September 18, 1905, *FRUS*, 1905, p. 163.

② 北洋洋务局纂辑《光绪乙巳年交涉要览》上篇卷一，租借门·租建类，第 15～19 页；云南省档案馆编《云南档案史料》1986 年第 11 期，第 55～57 页。

③ 北洋洋务局纂辑《光绪乙巳年交涉要览》上篇卷二，狱讼门·捕务类，第 5～10 页；《云南档案史料》1986 年第 11 期，第 57～60 页。

捕疑犯，而不需要搜查令。所有居住区的土地均由政府定价购买后转租，每亩每年租金在 10 元到 36 元之间，每亩每年完纳钱粮 2 元；如租金及钱粮过一年仍未交清，即将该号租契取消。租契以 30 年为期，期满换契时，可根据情况酌加租价；60 年期满后，所有界内产业，中国政府可请中证人估值全数购回。租地内建筑三年内建成，否则，可将租契注销，从前所纳租金及钱粮概不退还。①

在意识到自开商埠对外人条约权利的影响之后，美国政府开始不愿意接受清政府自开商埠的安排。1906 年 6 月，在收到湖南常德自开商埠章程后，柔克义就对章程第 2 条关于外人租契以 30 年为限，期满归还中国出租人的规定表示不能接受，认为该条内容违背中美商约第 3 款之规定，该款明确申明"美国人民准在中国已开及日后所开为外国人居住、通商各口岸或通商地方往来、居住、办理商工各业制造等事，以及他项合例事业；且在各该处已定及将来所定为外国人民居住合宜地界之内，均准赁买房屋、行栈等，并租赁或永租地基，自行建造"。另外，柔克义认为常德自开商埠章程第 9 条关于商埠巡警的内容也没有条约依据，该条规定"管理商埠各事宜，均归常德关监督主持，会同税务司办理，各国商民在通商场内侨寓，中国地方官自应按约保护。巡警为地方要务，应遵光绪二十八、九年中英、中日、中美商约，归中国自行办理，由监督与税务司会商酌议章程，禀请大宪核定。檄委谙习警务规章及各国条约之员认真办理。所定章程，华洋商一律遵照"。② 柔克义指出，1903 年中美商约并无任何关于由中国自行执行巡警工作的内容，有关奉天和安东的居住章程将在征询两国政府意见之后确定。他指示美国驻汉口领事要使中国地方当局明白，在常德自开商埠章程中，"美国政府不会答应任何剥夺已存条约所赋予美国公民在中国权利的条款"。③

为维护约开商埠的权利，对于两江总督和江苏巡抚仿照南市办法，将与上海租界接壤、属于华界的宝山地区开埠，设为北市，美国也与其他列

---

① Inclosure Ⅰ：Foreign Settlement at the Open Ports of China, Minister Rockhill to the secretary of state, December 18, 1906, *FRUS, 1906*, Part I, pp. 290 – 293.

② 《丁振铎转发常德府城外通商场租地章程札》（光绪三十二年五月十四日），《云南档案史料》1986 年第 11 期，第 51 页。

③ Mr. Rockhill to Mr. Martin, July 16, 1906, *FRUS, 1906*, Part I, p. 208.

强一道，极力抵制，要求保护扩大上海租界外人居住区。在收到上海外国领事团有关清政府设立北市，对扩展上海租界构成威胁的报告后，国务卿罗脱（Elihu Root）即于 1906 年 6 月 30 日将上海领事团致美国政府和北京外交团的信函转达柔克义，要求他与北京外交团一道与清政府交涉，扩大外国人在上海的居住区。① 在接到美国政府的指示后，柔克义态度极为积极，在北京外交团达成联合照会之前，② 他便于 8 月 8 日单独照会外务部，对清政府方面限制外人在上海的居住区、将外国人居住区东北面的市政归中国政府管理表示抗议，指责清政府在宝山地区自开商埠是对上海外人合法利益的一种不友好行为和损害，要求外务部饬令南洋大臣停止在闸北地区自开商埠，称：多年来，居住在上海的外国人在宝山地区已赁租土地；根据条约，外国人居住区应不受限制，只是根据各方面的需要和便利而定；必须允许为上海租界的自然扩展留出空间，宝山地区即是租界扩展的方向；在中国当局的应允下，外国居民在宝山地区修建道路、提供电力、煤气和水及消防保卫方面投入了大量的资金。因此，如果在公共租界附近设立中国工部局，必将妨碍公共租界的扩展，从而严重危害租界的利益。③

而上海道在阅读外务部转达的照会后，坚持这是中国方面的权利，称：闸北自辟华界，始于二十九年冬。今岁议设马路、工巡局，仿南市成例，官督兴修。该处北接宝山，昔年早有洋商租地。二十四、五年间，上海议扩租界时，各国本欲扩至宝山境内。各前道以约载上海通商，宝山并非口岸，碍难划入，只定紧邻上海之宝邑结一结九等图，准洋商租杂居，地方一切仍归华官治理。此次议开新界，本准洋商一体居住，与华民同享利益。界内以警察实行保护，此系主国自治地方、保商卫民之政，与约章本不相涉。8 月 16 日，外务部将上海道的回复转达柔克义，并表示赞同上海道的意见，称"本部查上海闸北地方，既在各国租界之外，由中国自行开辟市场，设工巡局，系属治理地方应办之事，且准洋商一体居住，可见

① The Secretary of State to Minister Rockhill, June 30, 1906, *FRUS, 1906*, Part I, p. 297.
② 按：根据柔克义写给国务卿的信中所说，当时各国对于清政府在闸北设立北市是否要提共同照会有不同意见，见 Minister Rockhill to the Secretary of State, August 9, 1906, *FRUS, 1906*, Part I, p. 299.
③ Minister Rockhill to the Prince of Ch'ing, August 8, 1906, *FRUS, 1906*, Part I, pp. 299 - 230. 《美国驻华公使柔克义致外务部照会》（光绪三十二年六月十九日），《中美往来照会集（1846—1931）》第 10 册，第 502 页。

并无限制抵阻之意。辟界后，实行办理巡警，不惟与洋商利益无损，正可以保护洋商产业，以期益敦睦谊"。①

对于 1903 年中美商约中提到的奉天和安东两地的开埠问题，美国政府更是坚决反对清政府按照自开模式办理。1906 年 4 月 27 日，清朝外务部照会美国驻华公使柔克义，通报最近接日本驻华公使照会的要求，北洋大臣袁世凯和奉天将军已派开埠局员为安东和大东沟开埠勘划地段，待妥拟开办章程，"即当会商订定开办"。② 在接到清政府关于奉天和安东两地行将开埠的通知后，柔克义即于 4 月 30 日照会外务部，要求根据中美商约第 12 款之规定，由中美两国派代表商定开埠章程，并反对在奉天和安东开埠之后将外人限制在划定的居住区内，主张全城对外开放，强调："惟应行声明，约内虽云订定奉天等处为洋人居住租界，因为洋人方便，实已在奉天城内或附近城外地方作为通商之埠。安东县亦与奉天相同。该二处设立洋人居住租界，美国各领事均仍有居住该各城内之权，缘附近官署较为方便。又美商虽应居订定地界以内，实不能废其在各城内按约贸易应有之权。"③ 5 月 8 日，国务卿明确电示柔克义在讨论开埠章程中，美国代表要尽其所能保证维护外人免除受中国令人讨厌的监督的权利，坚决抵制任何有碍贸易的专横条款。④ 5 月 12 日，柔克义照会外务部，通报美国政府已任命驻营口总领事撒门司（Sammons）代表美国政府，会同中方官员勘定安东租界，并商定所有相关章程。⑤

在与清朝官员的会谈中，柔克义和美国代表撒门司根据美国政府的指

① 《清朝外务部致柔克义照会》（光绪三十二年六月二十七日），《中美往来照会集（1846—1931）》第 10 册，第 434 页。外务部给英国驻华公使也发了同样的照会，见《外务部照会上海租界外自开市场系洋商一体居住并无限制抵阻之意义》（六月），北洋洋务局编辑《光绪丙午年交涉要览》下篇，卷一，开埠类，第 44 页。

② 《清朝外务部致柔克义照会》（光绪三十二年四月初四日），《中美往来照会集（1846—1931）》第 10 册，第 409～410 页；The Prince of Ch'ing to Minister Rockhill, April 27, 1906, *FRUS*, *1906*, *Part I*, p. 200.

③ 《美国驻华公使柔克义致外务部照会》（光绪三十二年四月初七日），《中美往来照会集（1846—1931）》第 10 册，第 489 页。按：根据美国国务院外交文件，柔克义照会外务部的时间为 4 月 28 日，即在收到外务部照会的次日，做出回应。见 Minister Rockhill to the Prince of Ch'ing, April 28, 1906, *FRUS*, *1906*, *Part I*, pp. 200–201.

④ The Secretary of State to Minister Rockhill, May 8, 1906, *FRUS*, *1906*, *Part I*, p. 190.

⑤ 《美国驻华公使柔克义致外务部照会》（光绪三十二年四月十九日），《中美往来照会集（1846—1931）》第 10 册，490 页。

示，坚决拒绝接受中方拟定的开埠章程，指责该章程的表述歪曲了事实，指责章程中所涉及的限期租地、征税问题、市政地位问题及对审判案例的调整，公然违背最惠国待遇原则。为此，柔克义一面于 6 月 14 日专门前往外务部交涉，提出抗议，强调奉天和安东为条约口岸，美国绝不会同意任何限制美国人在其他条约口岸所享权利的事情；一面电令撒门司拒绝就该章程进行进一步讨论。面对柔克义的抗议，外务部左侍郎唐绍仪解释他们也没有收到该章程的副本，章程可能丢失了，但它们只是中国代表的提议，美国可以提出对案，相信能达到一个满意的结果。① 不久（7 月间），柔克义和撒门司以奉天等地一部分仍为日军占领，同意清政府暂缓讨论订定外人居住区及管理章程，要求清政府将奉天和安东作为条约口岸，按约先设立海关，照税则一律纳税，避免各国商务畸轻畸重，同时保证美商在奉天和安东两地享有与其他通商口岸同样的权利。他们认为在当时这样才能最好保护美商在东三省的利益，也符合中国利益。7 月 14 日，柔克义就此向外务部提交节略，指出设立海关后"凡外国运入东三省之货，均照税则一律纳税，俾免各国商务有所畸重畸轻，此为最关至要之件，必应即办。至开埠订定租界、为洋人所住之地及拟管理租界章程，可暂缓办，俟将来再行商订。如此办理，不过系使美商按约在该两处及他处通商口岸已获之权利，无所退让"。② 7 月 25 日，柔克义又照会外务部，敦促尽快落实 14 日外务部所谈内容，开设海关。③ 关于东三省开埠问题，美国政府赞同开设海关，但反对暂缓讨论订定外人居住区及管理章程，坚持两地按约开埠。④

8 月 3 日，柔克义收到奉天开埠总局一张照会，内声称安东设立海关"系照自开商埠略为布置，并无特别章程"，柔克义当即表示严重关切，照会外务部须遵守 1903 年中美商约第 12 款之规定，称："本大臣请询贵亲王，凡自行开埠设关与别等开埠设关有何分别？兹必提醒贵亲王，开安东县为通商口岸事，系载于中美新商约第十二款；款内声明一切章程将来由

---

① Minister Rockhill to Mr. Sammons, June 15, 1906, *FRUS*, *1906*, *Part I*, pp. 201 - 202.

② 《西七月十三号送外务部节略》，《中美往来照会集（1846—1931）》第 10 册，第 499 页；Minister Rockhill to the Secretary of State, July 14, 16, 1906, *FRUS*, *1906*, *Part I*, pp. 202 -203.

③ 《美国驻华公使柔克义致外务部照会》（光绪三十二年六月初五日），《中美往来照会集（1846—1931）》第 10 册，第 500 页。

④ Acting Secretary of State Bacon to Minister Rockhill, July 24, 1906, *FRUS*, *1906*, *Part I*, p. 214.

中美两国政府会同商定等语。本大臣深信贵亲王与有同心。至所定何章，若未经美政府会商，不能照允。是以必须声明本国政府于新定商约所准之权利，不能有所退让也。"① 对柔克义的交涉，美国政府表示完全赞同，重申必须维护美国的商约权利，反对清政府违背商约规定，按自开方式开埠。② 11 月 19 日，在看到 9 月 28 日《北洋官报》上刊载的《户部奏核议奉天等处开埠经费拟令自行筹垫片》中有关奉天、安东等处开埠经费将按自开商埠办理，并奉旨依议的内容后，美国驻华参赞固立之又照会外务部，重申中美商约第 12 款内容，表示"愿派委人员与中国所派之员商定租界地址与管理界内章程也"。③ 11 月 30 日，美国驻华参赞莫多马照会外务部，拒绝接受直隶总督袁世凯和奉天将军拟定的《奉天府安东县开埠章程》。该章程共 9 节，其中第一节"宗旨"开宗明义写道："查奉天府安东县二处系于中日美商约内载明由中国自行开埠通商，是该二处均应作为自开商埠，与各处约开口岸不同，一切应照自开章程办理。"第二节规定商埠定界以外的城区及附近华商之地，均应照内地章程，洋商不准租地赁屋、开设行栈。第三节规定奉天和安东两地的税关由中方监督会同税务司管理，奉天监督拟以驿巡道作为监督，安东以东边道作为监督；埠内工部局和巡捕厅也均由中国自行设立，负责埠内卫生、清道、防疫、救火及地方保安等各事；埠内审判案件，则由中国委员设局专门负责处理华洋一些轻微案件，诸如斗殴、小窃及违犯埠章之类，重大案件仍由地方官裁判，洋人犯案，则送请就近领事官审判。第四节规定埠内土地先由地方官定价收买后再转租，凡民间私相授受者，概行无效；埠内租地以 30 年为期，期满须另行换契，再订立年限；在租建专章尚未颁布之前，无论华洋人均不得争先租地。第六节规定埠内应抽之房捐、铺捐、码头捐、行捐、车捐、船捐、巡捕捐、执照捐等项捐款，由监督及工巡两局随时查核情形，分别抽收，届时华洋各商一体遵照。美国驻华参赞莫多马在照会中表示"若照

① 《美国驻华公使柔克义致外务部照会》（光绪三十二年六月十四日），《中美往来照会集（1846—1931）》第 10 册，第 501 页；Minister Rockhill to the Prince of Ch'ing, August 3, 1906, *FRUS, 1906, Part I*, pp. 218–219.

② Acting Secretary of State to Minister Rockhill, August 29, 1906, *FRUS, 1906*, Part I, pp. 219–220.

③ 《美国驻华参赞固立之致外务部照会》（光绪三十二年十月初四日），《中美往来照会集（1846—1931）》第 10 册，第 533～534 页。

此法定章，实属有违中美商约"，重申"本署大臣深望贵亲王速饬委员同美国所派官员，按照商约所载，查勘两处租界地势，订划四址，会商办理一切事宜可也"。①

在划定奉天和安东两地商埠和外人居住区及会商开埠章程中，美方代表极力维护并希望扩大条约口岸权利。在划定奉天和安东两地商埠和外人居住区问题上，美方代表和柔克义反对盛京将军将外人通商和居住限定在划定的商埠和居住地内，主张奉天府和安东县全城开放，享有条约口岸权利，指责盛京将军的意见"实与商约所列明者不合，且系阻碍两政府所定推广商务，俾商务易兴而订商约之意"。指出"两国订此约，并非欲阻碍限制意见。若按该将军之意，实系有碍通商。在美政府视该商约所列者，只此一义，并无他说。美商按此约，实有居住奉天、安东城内各处与城外附近地方，并于该二处城内外贸易。该二处订定居住合宜租界，系因便于通商，并非减其所应有之权。兹无论商约明明载列，无可质疑，然因贵国政府恐商人杂居各处，不为方便，本国政府愿让此端权利，限美商居住租界以内，不过先行贵国政府承认美商于约内所列权利，即系于奉天、安东二城内外附近地方贸易，有权在该各处设立栈房，用华人于各处代办生理，免纳内地一切税项"。柔克义在1907年2月5日致外务部的照会中，即要求外务部将此作为划定商埠和外人居住区及订定开埠章程的依据，饬令盛京将军会同总领事"按以上讲解之意办理，嗣再妥速订定居住租界与一切章程"。②

对于美方提出的将奉天全市作为开商居住之地的要求，清政府坚决加以拒绝。1907年2月7日，外务部照会柔克义，声明美方的这一要求与中美商约第12款之规定不符，指出："本部查奉天由中国自行开埠通商，系订在中美商约第十二款及中日商约第十款。约内均载明此通商场订定外国人公共居住合宜地界，并非将奉天全市均认为通商居住之地。

---

① 《美国驻华参赞莫多马致外务部照会》（光绪三十二年十月十五日），《中美往来照会集（1846—1931）》第10册，第536～537页。按：《拟定奉天府安东县开埠章程》又载《政艺通报》光绪丙午年，《皇朝外交政史》卷6，第12页下～14页上。

② 《美国驻华公使柔克义致外务部照会》（光绪三十二年十二月二十三日），Records of the United States Legation in China, 1843–1845, microfilm, Wachington D. C.：National Archives and Rcords Service, 1963。按：此件似被《中美往来照会集（1846—1931）》所遗漏，未收录。

今驻奉各国总领事所称与约不符，断难允认。"①

虽然清政府拒绝接受美国等列强提出的将奉天全市均认为通商居住之地的要求，但由于美国和英、德、日的共同抵制和反对，奉天和安东最终未能按自开商埠模式办理。根据1908年4月14日订定的《奉天省各商埠租地简章》的内容，奉天和安东最终是按约开商埠的模式办理的。该章程第一条明确宣布奉天各埠租地均按上海和天津三联印契办法执行，规定"奉省各埠有已经官家收买地段者，有未经收买者，至于所有各国商人居住合宜地界，在各埠拟照津沪三联租地契办法，道契易名为司契，所有章程，悉仿行之"。根据条约口岸模式，《奉天省各商埠租地简章》对外人租地年限也就没做明确限制，规定既可永租，亦可年租；既可与官订租，亦可民间自与洋商订租。②

为维护不平等条约权利，美国对清政府于1906年进行海关改革，设立税务处，尝试逐渐收回海关权力也持敌意态度。1903年商约谈判时，美国政府曾不满海关完全由英人赫德把持，要求改革海关用人制度。然而，当1906年清政府主动改革海关制度，设立税务处时，美国政府虽然没有像英国和德国那样直接干涉，但并没有表示支持。5月9日颁布设立税务处的当天，柔克义即电告国务院，③并于当日下午往访外务部唐绍仪，询问是否要改变用英人赫德为总税务司。清政府方面强调，设立税务处主要是将海关人员置于其管理之下。④当英方要求美国驻华公使与他们采取一致立场时，美国政府并没有站在中国一边，指示柔克义与其他列强保持一致，支持英国的立场。⑤6月7日，为安抚英国的反对，清政府向英方申明，在1896年英德借款到期之前，不对海关管理做任何改变，将维持现状。同日，英方通知美方已对清政府方面所做的声明表示满意。7月22日税务处

---

① 《外务部致柔克义照会》（光绪三十二年十二月二十五日），Records of the United States Legation in China, 1843 - 1945 (Records of the United States Regation in China, 1843—1945), microfilm. 按：此件似被《中美往来照会集（1846—1931）》所遗漏，未收录。

② 有关《奉天省各商埠租地简章》的具体内容，详见《清季外交史料》卷213，总第3261～3262页。

③ Minister Rockhill to the Secretary of State, May 9, 1906, *FRUS, 1906*, Part I, p. 280.

④ Minister Rockhill to the Secretary of State, May 10, 15, 1906, *FRUS, 1906*, Part I, pp. 281 - 282.

⑤ The Secretary of State to Minister Rockhill , May 21, 1906, *FRUS, 1906*, Part I, p. 283.

设立后，柔克义站在列强的共同立场上，对税务处的设立可能影响列强在海关的地位表示担忧。他在 31 日致国务卿的函中指出税务处的设立并没有像清政府向英方保证的那样，它实际上将管理外国直接利益之外的所有海关的事务，海关人员的任免和报告亦须在公布之前提交税务处的批准。这一变化会产生深远的影响，并与给予英国的解释相矛盾，因为它们直接干涉了海关的现行制度，而海关现行制度从没有明确的定义，如果照中国人的解释，此后很可能会有许多麻烦。①

总之，在经济改革领域，美国政府为维护自身利益，采取了与列强相近的态度，不愿看到中国走上独立自主的开放道路，不愿放弃不平等条约特权，反而反对和破坏中国的改革举措，企图将中国的开放和经济改革始终置于不平等条约体系之下。因此，对于这一时期中国国内掀起的收回利权运动，美国政府也持敌视态度。

三　抵制和破坏中国收回利权运动

自 1900～1901 年义和团运动失败之后，以非理性的排外主义为主要内容的传统民族思想渐趋式微，并最终归于沉寂，代之而起是以民族国家观念和主权意识为基调的近代民族主义。受近代民族主义思想的影响，在日俄战争和民族危机的刺激下，从 1905 年开始，中国国内掀起了轰轰烈烈的收回利权运动。这场运动的领导者包括地方士绅、新兴商人、留学生和部分爱国官员，并具有广泛的群众性，其目的主要是要收回被列强攫取的铁路权和各种矿权。收回利权运动虽然具有排外特点，但它与 19 世纪传统的排外主义有着本质的区别。首先，收回利权运动系出于国际理性，并非出于排斥西方文化；再则，其手段不再是以暴力手段驱逐外国人，而是依据国际法标准和人类基本正义原则，以和平的方式进行。

在日俄战争之际兴起的收回利权运动中，虽然美国在中国所获利权在列强中尚居于次要地位，但由于一些特殊和偶然的原因，却首当其冲。1904 年，湖南、湖北、广东三省官绅在商部鼓励商办铁路政策的激励下，因中美粤汉铁路借款合同损害中国权利太多太大，以及美国合兴公司违背

———————
① Minister Rockhill to the Secretary of State, July 31, 1906, *FRUS, 1906*, Part I, p. 286.

合同第 17 款之规定，私下将合兴公司大部分股权出售给比利时人，要求废除中美粤汉铁路借款合同，收回自办。此一要求也得到了清朝政府的支持。

对于中方提出的收回粤汉路权的要求，美国驻华外交官和美国政府一致强烈反对，认为这将严重损害美国在华利益。1904 年 10 月，在收到美国合兴公司报告清政府要求合兴公司停止在广东的筑路工作后，美国驻华公使康格便于 18 日照会外务部，进行抗议，指责清政府的决定"专横、没有道理"，威胁说美国政府将对由此造成美国公民的损失要求赔偿，康格要求清政府"立即责令盛宣怀允许继续发行必要的债券，使筑路工作得以恢复，避免进一步的损失和困难"。① 11 月 14 日，奕劻发回照会，称盛宣怀已建议取消与合兴公司签订的合同。康格立即于 15、19 日照会外务部，要求清政府"不要采取进一步的威胁行动"，以免损害中美两国的友好关系。② 美国政府也出面反对清政府收回粤汉路权。1905 年 1 月 4 日，国务卿海约翰照会清朝驻美公使梁诚，要求清政府在听取有关各方面的申述之前，"暂缓采取废约行动"。③ 在得知美国人重新控制合兴公司的股权之后，美国政府的态度更加强硬。1 月 6 日，美国国务院两次照会梁诚，指出美国业主已恢复对合兴公司的控制权，中方对合兴公司获得的铁路让与权应予以"积极的考虑"，声称"美国政府不能承认中国政府针对一个美国政府认为有良好声誉的美国公司采取行动"。④ 美国驻华代办固立之也就此与清政府进行交涉，拜见外务部会办大臣那桐和右侍郎伍廷芳，声称由于美国人重新控制了合兴公司，因此"此案进入了一个新的阶段"，中方此前提出的废约的理由"已不复存在，废约之议也就因此失去了基础"。⑤

---

① Jules Davids (ed.), *American Diplomatic and Public Papers: The United States and China*, Series Ⅲ, *The Sino-Japanese War to the Russo-Japanese War, 1894 - 1905*, Volume 14, *Railroad Building and Financial Affairs* (Wilmington, Delaware, 1981), pp. 121 - 122.

② Jules Davids (ed.), *American Diplomatic and Public Papers: The United States and China*, Series Ⅲ, *The Sino-Japanese War to the Russo-Japanese War, 1894 - 1905*, Volume 14, *Railroad Building and Financial Affairs*, pp. 142 - 143.

③ The Secretary of State to the Chinese Minister, January 4, 1905, *FRUS, 1905*, p. 127.

④ The Acting Secretary of State to the Chinese Minister, January 6, 1905, *FRUS, 1905*, p. 128.

⑤ Chargé Coolidge to the Secretary of State, February 9, 1905, *FRUS, 1905*, p. 131.

在美国政府的强烈反对下，清政府只好做出让步，将原来的废约改为赎约，与合兴公司直接谈判，提出以 675 万美元赎回粤汉路权。对此，美国政府也极力加以阻止。新任美国驻华公使柔克义在就任第二天就致电国务卿，要求阻止赎约活动，指出："华美合兴公司第二次出售它的特许权将严重而永久地损害我们在这里的利益，我强烈主张以修改合同的办法对付中国人的反对，并作为良好声誉的证明，以便早日恢复该铁路线的工作。"① 6 月 7 日，在中美代表订立《收回粤汉铁路美国合兴公司售让合同》草约的同一天，柔克义再次致电国务卿，建议美国政府从美国在华长远利益考虑，阻止粤汉路权售回中国，指出粤汉路权问题不但影响美国在华的名声，而且该铁路线的建设很可能因中国人不能自己承担而落入某个欧洲列强的手中，"因此终将对我们在这个国家的政治和商业利益构成威胁"。② 美国参议员洛奇（Henry Cabot Lodge）也赞同柔克义的意见，建议罗斯福总统为维护美国公司保留粤汉路权提供坚定的外交支持，强调"放弃这条铁路是一个真正的不幸——会打击我们想在中国多方培养的威望与商业"。为阻止清政府收回粤汉路权，7 月 18 日罗斯福总统亲自过问此事并致函摩根（John Pierpont Morgan），说服摩根不要放弃路权，指出："从我们国家利益的立场出发，我完全同意洛奇的观点。我并不想让你和其他美国投资者从事无利可图的事情，但若你认为政府不支持你因而准备放弃路权，那么我想向你保证，政府将以一切体面的方式支持你，并将尽其所能使你们在这个问题上不受中国人或任何其他列强的错误对待。"③ 8 月 7 日，罗斯福总统还专门在纽约牡蛎湾会见摩根，商谈对策。④ 与此同时，罗斯福又指示驻华公使柔克义向清政府施加压力，转达"美国政府不会默

① Jules Davids（ed.），*American Diplomatic and Public Papers：The United States and China*, Series Ⅲ，*The Sino-Japanese War to the Russo-Japanese War*，*1894－1905*，Volume 14，*Railroad Building and Financial Affairs*，p. 148.

② Jules Davids（ed.），*American Diplomatic and Public Papers：The United States and China*, Series Ⅲ，*The Sino-Japanese War to the Russo-Japanese War*，*1894－1905*，Volume 14，*Railroad Building and Financial Affairs*，p. 150.

③ Roosevelt to John Pierpont Morgan，July 18，1905，in Elting E. Morison（ed.），*The Letters of Theodore Roosevelt*，Vol. 4，Cambridge Mass.：Harvard University Press，1951，pp. 1277－1279.

④ Howard K. Beale，*Theodore Roosevelt and the Rise of America to World Power*（Baltimore：The Johns Hopkins Press，1956），pp. 206－207.

认中国政府损害美国商业界在东方利益的不择手段的行为"。① 根据罗斯福总统的指示，8月12日，柔克义就粤汉路权问题向清政府提出强烈抗议，声称中方收回粤汉路权的行为"不合常规"，"美国政府不会承认这个行动的效力"，威胁清政府须对由此造成的严重形势负责。② 在8月29日合兴公司的股东投票通过6月7日的草约之后，美国政府才放弃干涉中国赎回粤汉路权。

1905年春夏之交，就在中美就粤汉路权进行交涉之际，中国国内为反对美国排华法令，掀起了一场全国性的抵制美货运动。抵制美货运动表现出来的文明和理性、群众性和广泛性，以及民众和舆论在该运动中表现出来的国家观念和参政意识，充分说明这是一场完全近代意义上的民族主义运动。

对于抵制美货运动，美国政府的反应较收回粤汉路权运动复杂。大致说来，在抵制美货运动刚兴起之初，美国部分与华关系密切的商界人士和传教士及教育界人士从维护门户开放政策和美国在华利益出发，对中国表示了一定的同情，建议美国政府放松排华政策，缓和中国人的不满情绪。1905年5月16日，美国亚洲协会主席约翰·福尔德致函美国总统罗斯福，报告中国商人为反对美国的排华法令，将发起抵制美货运动，建议修改排华法令，与中国签订一个只排斥华工进入美国的移民条约，警告抵制美货运动将对美国工商业造成严重损失，特别是对新英格兰各州的棉纺业将带来灾难性的打击。6月12日，福尔德又率领亚洲协会代表团拜见罗斯福总统，敦请美国政府尽快修改美国现行排华法令，以符合起码的公道原则。③ 同日，在华的美国传教士和教育界人士亦联名致函罗斯福，强调美国的排华法令损害他们的在华事业及美国的利益，吁请美国政府从保持美国在华影响和长远利益出发，公正对待赴美的中国学生和商人，指出："目前对待访美中国学生的办法实际上是禁止他们进入，结果使他们中大部分人转向其他国家，这肯定损害美国的商业扩张，并且有可能危害美国教育家目

① Jules Davids (ed.), *American Diplomatic and Public Papers: The United States and China*, Series Ⅲ, *The Sino-Japanese War to the Russo Japanese War, 1894 – 1905*, Volume 14, *Railroad Building and Financial Affairs*, pp. 153 – 154.

② Jules Davids (ed.), *American Diplomatic and Public Papers: The United States and China*, Series Ⅲ, *The Sino-Japanese War to the Russo-Japanese War, 1894 – 1905*, Volume 14, *Railroad Building and Financial Affairs*, pp. 176 – 177.

③ Howard K. Beale, *Theodore Roosevelt and the Rise of America to World Power*, pp. 217 – 219.

前在中国所享有的声誉。"① 在"门户开放"利益集团的游说下，美国总统罗斯福本人也认为美国现行的排华法令过于苛刻和不人道，损害了美国自身利益，于 6 月 16 日和 19 日两次指示商业和劳工部部长，命令移民局除严禁中国劳工入境外，对例准入美的中国商人、官员、旅游者和学生不得无礼对待，有违者，将立予解雇，或施以其他惩戒。②

　　但在 1905 年 8 月中国国内抵制美货运动蓬勃兴起之后，美国政府却完全站在帝国主义的立场上，否认中国抵制美货运动的合理性和正当性，胁迫清政府加以取缔。是月初，国务院致函新任驻华公使柔克义，以罗斯福总统的名义，指示他"使用强硬的措辞"，要求清政府压制中国国内的抵制美货运动。③ 8 月 7 日，柔克义即遵照国务院的指示，照会清朝外务部，指责清政府同情抵制美货运动违背中美条约义务，威胁清政府要对因抵制美货运动所造成的美国商务的损失负责，声称美国总统指示我通知贵国，"美国政府认为，由于贵国政府未能制止目前有组织地反对我们的活动，因此必须对美国利益已经和即将遭受的损失负直接责任。总统还认为，允许反美运动继续进行是对中美 1858 年条约第 15 款中国赋予美国公民权利的公开践踏"。④ 8 月 14、28 日，柔克义又先后两次照会外务部，要求将上海抵制美货运动的领导人曾少卿革职。⑤

　　在美国的外交压力之下，清政府于 8 月 31 日发布上谕，要求各地停止抵制美货运动，声称"中美两国，睦谊素敦，从无彼此抵牾之事。所有从前公约，业经美国政府允为和平商议，自应静候外务部切实商改，持平办理，不应以禁用美货，辄思抵制，既属有碍邦交，且于华民商务亦大有损失，迭经外务部电行该省督抚，晓谕商民，剀切开导，务令照常贸易，共保安全。着再责成该督抚等认真劝谕，随时稽查，总期安居乐业，毋负朝

① F. R. Graves, Arthur H. Smith, Paul D. Bergen, R. E. Lewis, Brownell Gage to President of the United States, June 12, 1905, *Despatches from U. S. Ministers to China, 1843 – 1906*.
② Roosevelt to John Pierpont Morgan, June16, 19, 1905, Morison, *The Letter of Theodore Roosevelt*, Vol. Ⅳ, pp. 1235 – 1236, 1240.
③ Jules Davids (ed.), *American Diplomatic and Public Papers：The United States and China*, Series Ⅲ, *The Sino-Japanese War to the Russo-Japanese War, 1894 – 1905*, Volume 8, pp. 183 – 184. 《中美往来照会集（1846—1931）》第 10 册，第 239～241 页。
④ Minister Rockhill to Prince Ch'ing, August 7, *FRUS, 1905*, p. 214.
⑤ Minister Rockhill to Prince Ch'ing, August 14, *FRUS, 1905*, pp. 214 – 215. 《中美往来照会集（1846—1931）》第 10 册，第 243、247 页。

廷谆谆诰诫之意。倘有无知之徒，从中煽惑，滋生事端，即行从严查究，以弭隐患"。① 9 月 1 日，外务部将此上谕照会柔克义，表示清政府已尽压制之责。②

1905 年底至 1906 年初，在广东连州教案、厦门漳浦教案和江西南昌教案发生后，美国政府更是惊恐万分，将这些事件和抵制美货运动看作1900 年义和团排外运动在中国的复活，要求清政府尽速镇压，保护外国人生命和财产安全。美国总统罗斯福则于 11 月 15 日下令派遣"一支足够强大的海军力量向中国沿海集结"。③ 柔克义则在广东连州教案发生后，迅速约见外务部会办大臣瞿鸿禨、那桐，指责两广总督岑春煊制止不力，纵容广州的反美运动，要求对他加以处罚。④ 1906 年 2 月 26 日，在南昌教案发生的次日，国务卿罗脱代表罗斯福总统，电文指示柔克义与清政府进行交涉，以确保美国人的安全和利益不受损害。电文道：美国政府应当知道中国政府对于美国和在中国受条约权利和国际法保护从事商业和访问的美国公民的真实态度，这是十分必要的。许多独立来源的证据表明，对在中国的美国公民和利益的敌对情绪正在不受政府的有效监控而传播开来。这种冷漠和无动于衷如果不是帝国政府间接地鼓励的话，显然是由于省级督抚和地方官员的冷漠和不友好。帝国政府没有尽力约束各级地方官员恪尽职守，或对他们的疏忽和错误行为加以惩罚，表明帝国政府忘记了义和团叛乱的教训；现在正像那时一样，许多高级官员又在同情排外运动。现在该是中国宣布并履行其政策的时候了。美国有权利提出以下要求：第一，必须采取有效措施，避免 1900 年的暴行复活；第二，所有排外运动的同情者，不管高级官员还是低级官员，都必须严肃处理；第三，对被谋害的美国公民及其损失必须给予充分的赔偿，没有履行保护职责的地方督抚和各级地方官员也应受到惩罚；第四，采取有效步骤，镇压联合抵制合法贸易

① 《光绪朝东华录》（五），总第 5389 页。

② 《外务部致柔克义照会》（光绪三十一年八月初三日），《中美往来照会集（1846—1931）》第 10 册，第 337 页。按：对清政府发布这样的上谕，柔克义感到满意，他在当日写给国务卿的信函中说道：该上谕将会产生非常有益的影响，将促使地方当局采取更强力行动，取缔排外运动。见 Minister Rockhill to the Secretary of State, September 1, 1905, FRUS, 1905, pp. 224 – 225.

③ Howard K. Beale, Theodore Roosevelt and the Rise of America to World Power, p. 239.

④ Minister Rockhill to the Secretary of State, November 6, 1905, FRUS, 1906, Part I, pp. 311 – 313.

的运动，那些负有此责的最高权力的代理人应为没有执行帝国所宣布的愿望而受到处罚。

根据美国政府指示，柔克义在收到这一电文指示的第二天早上便照会庆亲王，要求尽早会谈。3月2日下午3点在与奕劻的会谈中，针对罗斯福总统电文提出的内容，奕劻表示：目前的确流传许多令政府极为焦虑的不安的谣言。目前在中国制造排外情绪的主要是一些革命党人和一些刚从国外回来的知识浅薄的留学生，他们希望以此推动他们目标的实现。然而，大部分的民众完全是忠诚的，并不同情革命运动。最近各地发生的教案和谋杀事件的确令人痛心，他已注意到所发生的这些事情对中国形势的严重影响，更不用说外部世界的眼光。政府必将采取必要的措施，以重新树立外国人的信心。对于美国提出的四点要求，他回复如下：第一，清政府自然将尽其所能避免1900年的不幸事件重演。朝廷和所有的政府成员都为那些不幸事件的结果承受了极大的痛苦，不能再经受另一场这样的经历而仍能侥幸生存。这样的事件对政府来说，完全是灾难性的，因此，朝廷比任何外国政府更关心避免类似的灾难重演。第二，他不知道有任何同情排外运动的官员，官员的利益与政府的利益是一致的，他们知道维护与所有列强的友好关系正是政府的利益。然而，如果发现有这样的官员的话，他们将被惩处。第三，中国政府对于外国人被谋杀的传闻极为遗憾，每当发生这样的事情，中国政府总是对那些受害者给予慷慨的赔偿；保护在中国的外国侨民，这是中国政府的责任，就如外国政府保护他们国家的中国侨民一样。第四，影响贸易的联合行动，就他所知，是与去年为抗议美国移民条约有关的抵制美货运动，这方面的形势目前已大有改善。他还强调，虽然中国希望与所有列强维持友好关系，但渴望与美国建立起特别友好的关系。①

在柔克义与奕劻面谈后的第3天，清政府便于3月5日发布措辞严厉的上谕，再次要求各地停止抵制美货运动，声称：

从来敦笃邦交，端在讲信修睦。朝廷与东西各国通商立约，开诚

---

① Rockhill to the Secretary of State, March 5, 1906, *Despatches from U. S. Ministers to China*, *1843-1906*, microfilm.

布公，固已情谊交孚，毫无隔阂；各国亦均称欢洽，亲密有加，中外相安，实天下所共悉。乃闻近日以来，讹言四起，适偶有不虞之暴动，遂突生排外之谣传，市虎杯弓，众情惶骇。推原其故，必由奸人播弄，匪徒煽惑，或思离间我交好，或欲激怒我民心，诡计阴谋，莫可究诘，关系大局，良匪浅鲜，不得不明白宣示，以释群疑。方今时局艰难，正赖列邦互相联络，庶几寰宇协和，岂有自启猜嫌，扰害治安之理。我君臣上下，惟当力戒因循，励精图治，以实心行实政，期于渐致富强。各处学生尤当深明忠爱，争自濯磨，精修本业，学成待用，以储桢干之才，应遵照奏定学堂禁令章程，束身自爱，尤不得干预外交，妄生议论。总之，团体原宜固结，而断不可有仇视外洋之心。权利固当保全，而断不可有违背条约之举。若士大夫宗旨不明，愚民将何所创导。一有匪人乘机滋事，必致贻害地方。经此次宣谕之后，着各省将军督抚严饬该文武各官，认真防范，所有外国身命财产及各教堂，均应一体切实保护，即遇不平之事，应候官为理论；如有造言生事，任意妄为者，必非安分守法之人，即着赶紧查拿，立行究办。倘或防护不力，致出重情，定将该地方官从重惩处，决不姑容。该将军督抚等务即剀切晓示，随时约束，惩前毖后，防患未然，用副国家辑睦友邦、保安黎庶之至意。①

3月7日，外务部照会柔克义，除转达3月5日清廷严禁排外上谕外，并对罗斯福总统的电函做出书面答复，声明中国并无排外之风，愿与美国发展友好关系，写道：

> 敝国自庚子年以来，惩前毖后，上下一心，其对于各国交涉之事，固无时不以敦睦为宗旨，而尤与贵国交情最笃，自通商以来，凡有交涉之案，无不和平了结，从无彼此龃龉之事。今读贵总统电谕，若有疑及敝国政府现在不顾邦交，致启华人有慢视美人情事，养成排外风气。此等疑心，大约因外间之无稽谣言而起。但此种谣言，万不可信，迭经敝政府严饬各省地方出示晓谕，设法查禁。凡我人民咸晓

---

① 《光绪朝东华录》（五），总第 5487～5488 页。

然于朝廷优待邻邦之至意，不为浮言所惑，是以近来中国各处颇称安靖，并无排外之风气。前日南昌闹教之案，现正派员严行查办，系有他故，致酿此祸；其非因仇视洋人而起，所可断言。即去年各埠商民因贵国工禁一事，纷纷集议，亦只为求改禁约而起。敝政府查悉此事，立即严谕禁止，并饬地方官出示晓谕，多方开导，消患无形，近来风潮，业已平静。即此而论，亦可见敝政府之认真督率，地方官亦已实力奉行矣。我皇太后、皇上励精图治，现又谕饬各省认真防范，俾与东西各国及贵国同敦和睦，共享升平，维持大局之深衷，当为各友邦所共谅也。贵大臣驻节中华，见闻较确，敝国交邻之道，当已洞知，希转电贵总统御前，以释怀疑而期永好，是为盼祷。①

9 月 11 日，在抵制美货运动平息之后，清政府又将同情广州反美运动的两广总督岑春煊调为云贵总督，改派周馥为两广总督，丁振铎由云贵总督调为闽浙总督。柔克义对清政府的这一调动亦表示欢迎，他在 9 月 13 日写给国务院的报告中指出：我认为周馥移任广东最令我们满意，他是一位和蔼、易于接近的人物，他将会尽其所能维持与我们的关系。岑春煊在过去几年中，由于他的固执和支持抵制美货运动，给我们制造了许多麻烦，现在被贬至帝国境内一个与我们利益无关的地区。② 美国政府在得知这一消息后，也表示庆贺。11 月 2 日，代理国务卿在复函中称：国务院很高兴得知由周馥取代岑春煊出任两广总督，认为周馥"是一位十分了解外国人观点的人"，而岑则是"一位惹是生非之人"。③

抵制美货运动平息之后，由于中国国内掀起的收回利权运动采取了和平方式，虽然以"中国是中国人的中国"为口号，但不同于 1900 年义和团盲目排外运动，并不排斥和拒绝西方文明，反而积极主张学习和引进西

---

① 《外务部致柔克义照会》（光绪三十二年二月十三日），《中美往来照会集（1846—1931）》第 10 册，第 398～399 页。按：柔克义将清廷上谕和回复当即转达了美国政府，见 Rochhill to the Secretary of State, March 7, 8, 1906, *Despatches from U. S. Ministers to China, 1843 – 1906*, microfilm.

② Rockhill to the Secretary of State, September 13, 1906, *Records of the Department of State Relating to Internal Affairs of China, 1906 – 1910*, microfilm.

③ Robert Bacon to Rockhill, November 2, *Records of the Department of State Relating to Internal Affairs of China, 1906 – 1910*, microfilm.

方文明，促进中国的进步和发展，因此美国驻华外交官和美国政府一度持同情之理解，忽视了收回利权的民族主义运动与美国追求在华特权和利益之间的冲突和矛盾。如柔克义在1906年2月26日写给美国政府的报告中就指出，中国朝野的确存在一种愈来愈强烈的并在迅速发展的要求摆脱外国控制和剥削的愿望，这是毫无疑义的，但同时表示无论民间和清政府内部都不存在"1900年那种部分由政府支持的、公开的、有组织的、暴力的排外运动。目前中国排外运动的成功主要依靠和平手段"，不会影响中国的进步和改革步伐；即使发生慈禧太后突然去世事件，也不会引起清朝政策的重大转变。1907年5月17日，美国驻厦门领事琶德克（Harry L. Paddock）在写给美国政府的一份题为《中国人排外原因》的报告中明确指出造成中外不和的原因除文明差异外，在于外国人不尊重中国人，在中国的土地上享有特权；日俄战争之后中国国内兴起的收回利权运动与义和团排外运动有着本质区别；目前流行的有关中国存在排外情绪和事件的报道存在夸大，外国人唯一的危险在于外国人自己的心理；这种情况表明普通外国人对中国人的生活和习惯所知甚少。如果能够更好地了解事件真相，那么很容易看到，许多所谓的排外只是数百年来中国内部骚乱的继续，或表明中华帝国正处在政治和社会的转型之中。1908年3月11日，美国驻南京领事马纳利（James C. Mcnally）在向国务院提交的一份题为《中国是中国人的中国》的报告中，也对中国国内民族主义运动所表现出来的改革主义和进步主义持赞赏态度，写道：普遍反对中央政府向英国借款和浙江自筹资金兴办铁路，这只是普遍的和日益增长的"中国是中国人的中国"这一情绪的进一步证明。最近整个帝国发起了许多富有建树的改革，并且这一趋势看来是沿着西方思想和文明的路线，但很显然的是，中国决心由自己主导这些改革和改进，以赢得声誉和利益。这种情绪还进一步体现在他们决心不再出让权益给外国人，而且不惜代价赎回那些已允让与的权益。日益增长的爱国主义随处可见。不管是来自朝廷还是来自地方督抚的命令，都散发着进步的语调。只要条件许可，在开发资源上必定是持自利的态度。①

---

① James C. Mcnally to the Assistant Secretary of State, August 11, *Records of the Department of State Relating to Internal Affairs of China*, *1906 - 1910*, microfilm.

同样，美国政府在收到这些报告后，也没有对中国国内的收回利权运动感到恐惧，只是表示对报告内容"感兴趣"，建议南京领事撰写的此类报告要符合惯例，不能随意将这类报告冠以"机密"（confidential）类别。[1] 1907 年 10 月 8 日，美国陆军部长、后来的美国总统塔夫脱在上海的演讲中也只注意到中国民族主义所表现出来改革主义和进步主义倾向，由此认为中国收回利权的民族主义运动与美国对华门户开放政策是一致的，与美国扩大在华投资和贸易是不相冲突的，表示"我不认为'中国是中国人的中国'的口号应该让任何人感到惊恐，它只是意味着中国应该致力于开发她富饶的资源，致力于她勤俭的人民，致力于扩大她的贸易，致力于对帝国国家政府进行行政改革。这些变革只能促进我们与她的贸易。我们最大的出口贸易是那些企业最为发达和具有独特资源开发的国家。"[2]而更能代表美国政府这一态度的是，连一向瞧不起中国人的罗斯福总统也在 1908 年撰文对这一时期中国兴起的民族主义和改革浪潮持肯定态度，认为它们标志着"中国的觉醒"，标志着"真正明智的爱国主义精神的成长"，称赞"中国的觉醒是我们时代最伟大的事件之一"。[3]

然而，这些美国外交官和政治家们在肯定中国近代民族主义觉醒的时候，显然忽视了其与美国门户开放政策之间的潜在矛盾和冲突，错误地认为美国的对华贸易和投资与中国近代民族主义是不相矛盾的。可以说，对中国近代民族主义的兴起和诉求缺乏真切的了解，不能正确对待，虽然口头上做些肯定，但实则敌视、打压，对贸易投资和利益的追求远胜于对中国民族主义的关注，这是美国对华政策失败的一个重要原因，也是后来美国在其他许多落后国家外交政策遭受挫折的一个重要原因。

四　支持袁世凯集团

日俄战争之后，清朝政府的改革步伐明显加速，但伴随预备立宪的推

---

[1] W. J. Carr to James C. Mcnally, April 6, 1908, Despatched from U. S. Ministers to China, 1843 – 1906), microfilm.

[2] "Speech of the Hon. W. H. Taft ," *Journal of the American Association of China*, Vol. 11, No. 5 (Shanghai, November, 1907), p. 23.

[3] Theodore Roosevelt, "The Awakening of China," *The Outlook*, November 28, 1908, pp. 665 – 667.

行，清朝统治集团内部矛盾却在进一步加剧，尤其是袁世凯集团权力的扩张，极大加深了其与满族统治集团及其他汉族官僚之间的矛盾，使清朝统治集团内部的斗争较诸清朝推行新政伊始时更为诡谲多变，并在1907年的春夏之间达到高潮，演变为一场轰动国内的"丁未政潮"。在这场政治权力斗争中，美国政府站在扶植清廷亲外的改革派立场上，倾向支持袁世凯集团。

1906年9月随着清政府宣布仿行预备立宪，率先进行官制改革，清朝统治集团内部新的一轮权力斗争就开始了。为了削弱袁世凯的权力，1906年11月20日清政府开去袁的各项兼差，将原由袁控制的北洋六镇新军的第一、三、五、六等四镇划归陆军部统辖，只留第二、四两镇暂由袁调遣训练。1907年1月13日，清廷又以邮传部尚书张百熙、侍郎唐绍仪时有意见，传旨严行申斥。

对于清廷统治集团内部权力发生的这些微妙的变化，美国驻华公使柔克义结合1906年12月30日清廷发布的尊奉孔子的上谕——宣布祀孔为大祀（原列中祀）以及1907年1月1日的上谕要求内外大臣讲求教育培养人才，须慎重名器等情况，认为这些迹象表明"目前朝廷正经历保守主义时期，不再那么热心于6个月前的西式改进"。他指出遭受斥责的张百熙和唐绍仪都是袁世凯的同党，前者为袁的亲戚，后者是袁20年来的忠诚助手，并且，这件事发生在袁世凯军权和行政权力遭受极大剥夺之际，须加警惕。[①] 对于1月23日清政府命副都统凤山专司陆军第一、三、五、六四镇训练，没有将四镇的兵权交与陆军部，柔克义认为这是因为袁的反对派担心四镇的兵权被袁在陆军部的同党荫昌控制，而凤山则为袁的死敌铁良的同党，尽管凤山是一个没有特别能力的军人。[②] 1月24日，柔克义在写给国务卿的报告中还担心袁世凯的权力受到进一步削弱，认为朝廷中的保守势力很有可能不满足目前的胜利，寻找一切方法永久剥夺袁世凯的权力，由此影响清政府的政治改革的进程。他写道："如果目前保守派削弱袁世凯和进步派权力的努力的影响，只是导致倡议的各项改革方案减速，

① Rockhill to the Secretary of State, January 17, 1907, *Records of the Department of State Relating to Internal Affairs of China, 1906 - 1910*, microfilm.

② Rockhill to the Secretary of State, February 7, 1907, *Records of the Department of State Relating to Internal Affairs of China, 1906 - 1910*, microfilm.

那么我仍认为保守派对国家做了有益的事情。我在 1 月 18 日的信函中已指出，我认为在中国目前的情况下，中国不可能承受急速和广泛的行政改革所带来的财政和社会压力，以及宪政改革所带来的混乱。如果不是这样的话，改革上谕和条例将不会受到信任，各省将会不予理睬，不但所有的进步最终受阻，而且极端保守反动派将有一个充足的论点，说明中国没有实行这些改革的能力。"① 1 月 30 日唐绍仪遭到言官弹劾，柔克义再次对清廷内反袁势力的得势表示担忧，指出："像唐绍仪这样有能力和活力的人遭到如此的诽谤，可见反袁总督和唐的感情确乎达到顶点。"②

尽管袁世凯势力在中央官制改革和权力斗争中受到铁良、载泽、载沣等满族亲贵和汉族官僚瞿鸿禨等暗算，受到沉重打击，但由于内有庆亲王奕劻撑腰，外有列强的支持，袁世凯势力在接着的地方官制改革和权力斗争中却部分扭回失势局面。1907 年 4 月 20 日，清廷发布上谕，宣布东三省官制改革，改盛京将军为东三省总督，出任东三省总督和奉天、吉林、黑龙江巡抚的官员都为袁世凯的亲信，他们分别为徐世昌、唐绍仪、朱家宝和段芝贵。4 月 21 日，清廷又颁布上谕，任命袁世凯的亲信朱宝奎为邮传部左侍郎。

对于清政府的这一系列人事任命，美国驻华外交官都表示欢迎和支持。4 月 22 日，美国驻天津总领事在向美国政府汇报中就强调指出：值得注意的是，任命的 4 位官员都是袁的弟子和同党，没有一个满人。4 月 24 日，柔克义在写给国务院的信函中亦认为这是以袁世凯为代表的改革派势力的一个胜利，指出出任东三省总督的徐世昌是一位年轻的、进步的、深受欢迎的官员，任民政部尚书，此前多年担任袁的下属，与袁关系密切。唐绍仪任奉天巡抚很难说是一个提升，但他的朋友认为，在几个月之前遭皇帝严厉训斥后，他离开北京一段时间是最好的安排。③

然而，就在美国驻华外交官为袁世凯挽回部分失势感到欣慰的时候，袁世凯集团与其政敌的权力斗争又在进一步升级。为加强朝中反袁

---

① Rockhill to the Secretary of State, January 24, 1907, *Records of the Department of State Relating to Internal Affairs of China*, 1906 – 1910, microfilm.

② Rockhill to the Secretary of State, February 7, 1907, *Records of the Department of State Relating to Internal Affairs of China*, 1906 – 1910, microfilm.

③ Rockhill to the Secretary of State, April 24, 1907, *Records of the Department of State Relating to Internal Affairs of China*, 1906 – 1910, microfilm.

势力，军机大臣瞿鸿禨援引袁世凯的政敌岑春煊来京。岑氏于3月间受命调补四川总督，他赴任之前突然要求觐见，来到北京，于4月底5月初连续4次得到慈禧太后和光绪皇帝的召见，弹劾奕劻贪贿，表示自己愿留在京中为朝廷效力。由于岑氏于庚子年间率兵勤王，护驾西巡有功，深得慈禧太后的宠信。觐见后，慈禧太后即于5月3日任命岑春煊为邮传部尚书，以赵尔巽为四川总督。而岑甫一出任，便于5月5日面奏光绪皇帝，以奕劻保举的朱宝奎声名狼藉，操守平常，诏着革职。与此同时，瞿鸿禨、岑春煊又暗中指使湖南籍御史赵启霖于5月7日奏劾袁世凯的亲信段芝贵夤缘无耻，以天津歌妓献于载振，并以10万金为奕劻寿礼，买得署黑龙江巡抚，致使清朝政府下令诏命醇亲王载沣、大学士孙家鼐彻查，撤去段芝贵布政使衔，毋庸署理黑龙江巡抚，以程德全暂行代理。

在袁世凯与其政敌瞿鸿禨、岑春煊的权力斗争中，美国驻华公使柔克义完全站在袁世凯一边，将慈禧太后重用岑春煊看作政治上的倒退和反动，他在5月7日写给国务院的秘密报告中明确表示"岑氏在北京权力的兴起的影响是令人不安的"，岑所攻击的庆亲王、袁世凯、唐绍仪以及邮传部左侍郎朱宝奎等都是开明的、进步的、有能力的改革派人物，岑的胜利会使他更加大胆，一些高层官员将会发生变动，这些变动可能会对政府的总体政策产生消极影响。柔克义认为，所有这些匆忙的任免表明慈禧太后缺乏任何明确的政策和行为准则，表明很大程度是派系阴谋、个人私愤和无力控制权力的结果。在此情况下，在中国实行重大的改革似乎是不可能的，更不用说贯彻、执行。毫无疑问，零星的改革尝试仍会继续，但许多改革只有在由强权人物控制的地区才能获得成功。除此之外，看不到任何总体改革的可能性。① 对于清政府在载沣、孙家鼐复奏查无实据后，仍维持将段芝贵免职的决定，柔克义认为这件事表明朝廷内斗争的激烈，以及皇帝听取对所有人的指控愿望，而不管其对国家如何重要或地位如何高。② 对于朝廷于5月16日又将奏劾段芝贵的御

---

① Rockhill to the Secretary of State, May 7, 1907, *Records of the Department of State Relating to Internal Affairs of China*, *1906 – 1910*, microfilm.

② Rockhill to the Secretary of State, May 14, 1907, *Records of the Department of State Relating to Internal Affairs of China*, *1906 – 1910*, microfilm.

史赵启霖革职，17 日则准载振开去御前大臣、领侍卫内大臣、农工商部尚书等缺及一切差使；次日，调溥颋为农工商部尚书，以载泽为度支部尚书，柔克义"感到震惊"，他在 5 月 30 日写给美国政府的报告中指出：清廷高层内最近发生的频繁的鲁莽的人事变动不但对皇帝和他的顾问的声誉造成不利影响，而且也令公众产生严重不安。以前从来没有发生这样大规模的罢免和变动，也没有像目前看到的那样对高层官员的严厉斥责。虽然他不希望对此附加太多的意义，但他认为这种局面清楚地表明清廷完全缺乏明确的政策，表明清政府由于缺乏明确的目标和缺乏自信而胡乱做事。[①]

　　然而，就在柔克义为袁世凯势力失势感到不安时，清廷统治集团内部的权力斗争又风云突变。在遭受政敌的攻击之后，奕劻和袁世凯立即联手反击。5 月 27 日，奕劻单独觐见慈禧太后，控告瞿、岑二人与康、梁维新派关系密切，他们联手倒袁和他本人，目的是引进维新党，归政光绪皇帝，并以广东有革命党起事为名，奏调岑春煊为两广总督。随后，奕劻和袁世凯又贿买御史恽毓鼎奏劾瞿鸿禨"暗通报馆，授意言官，阴结外援，分布党羽"。[②] 对岑春煊也进一步加以陷害，令人在上海制造一张岑氏与康有为的合照，唆使言官进呈弹劾。由于慈禧太后视康、梁为不共戴天之敌，在听了奕劻和袁世凯的挑拨之后，便对瞿、岑二人失去信任。5 月 28 日，清廷下令调岑为两广总督。6 月 17 日，清廷将瞿鸿禨开缺回籍，次日；以吕海寰为外务部尚书兼会办大臣，肃亲王善耆为民政部尚书；19 日，命醇亲王载沣在军机大臣上学习行走，鹿传霖为军机大臣。8 月 12 日，以岑春煊假期已满，尚未启程，诏命开缺，并将瞿鸿禨的亲信林绍年也逐出军机处，出任河南巡抚，河南巡抚张人骏则调任为两广总督。至此，清廷内部围绕"丁未政潮"而展开的权力斗争以袁世凯集团的胜利而告结束。

　　对于清廷权力斗争中出现的这一戏剧性变化，柔克义为袁世凯的最后得势欢呼，对反对派岑春煊的失势感到欣慰。5 月 30 日，在岑春煊被排挤出京的第 3 天，他就分别电告和致函国务院，指出最近对庆亲王及其子载

①　Rockhill to the Secretary of State, May 30, 1907, *Records of the Department of State Relating to Internal Affairs of China, 1906 - 1910*, microfilm.

②　《光绪宣统两朝上谕档》第 33 册，第 76 页。

振遭斥责负主要责任的岑春煊被任命为两广总督，岑是策动这次政潮的主要人物。根据上谕的措辞，这一任命是他在京城的活动招致政敌抗议的结果。如果他接受这一新的任命，他将会遭到两广的敌意，去年两广即有人上奏朝廷，要求罢免他的两广总督职务。柔克义认为，朝廷将岑派回两广的理由是十分勉强的，那里的起义一点也不严重，很有可能在到达那里之前即被扑灭。① 对于清廷 6 月间发生的人事任免，柔克义不但没有像一个月前那样，指责清政府胡乱做事，反而表示欢迎，并于 6 月 21 日致函国务院，表示"这是一次极好的任免"，其理由是接替瞿鸿禨任职外务部的吕海寰是一个和蔼、具有绅士风度的人，相当有能力；鹿传霖是一位年老无能、传统保守型官员。载沣显然是预备接替奕劻的位置。善耆无疑是一位最有能力和诚实的人，他的观点也极为自由主义。而上谕将瞿鸿禨开缺的理由不能令人相信是真实的，瞿、岑失势的原因在于他们都是"最近朝廷的麻烦制造者"，是 1907 年春夏之际策动反袁的主要人物。②

在"丁未政潮"前后清廷政治权力斗争中，美国驻华公使柔克义完全站在袁世凯一边，这固然沿袭了前一时期美国政府对清朝内政的政策——扶植和支持清廷内的改革派势力，但他将袁的政敌看作反对改革的保守派则是出于他的政治偏见。事实上，丁未政潮只是清朝统治集团内部的一场权力之争，并不涉及改革与保守之争，柔克义将袁的政敌瞿鸿禨、岑春煊等看作反对改革运动的保守分子，原因在于后者没有像袁世凯那样亲外，博取列强的好感。

并且，值得指出的是，美国对日俄战争之后清廷政治权力斗争的态度，除了支持改革派势力，严防保守派势力回潮外，也受到战后东亚国际局势的影响。自日俄战争之后，日本成为东亚强国，东亚的国际均势受到日本崛起的严重威胁，尤其是日本推行大陆政策，极力将东三省变为日本的势力范围，对美国的门户开放政策构成直接挑战，损害了美国的在华利益。受此国际关系影响，美国在关注清廷政局变动时，开始十分警惕日本对清廷政局的影响，对清廷内亲日派势力持戒心。9 月 4 日，在清政府宣布任命袁世凯为外务部尚书兼会办大臣、张之洞为军机大臣后，柔克义当

① Rockhill to the Secretary of State, May 30, 1907, *Records of the Department of State Relating to Internal Affairs of China*, 1906－1910, microfilm.
② 光绪三十三年五月初七日上谕，《光绪宣统两朝上谕档》第 33 册，第 76 页。

天电告国务院，次日在报告中即担心因此扩大日本对清廷的影响，指出："袁、张都为亲日分子，他们二人进入军机处，将对日本有利。"[1] 尤其对张之洞的亲日倾向，柔克义更是持高度警惕。在9月21日清政府宣布任命张之洞管理学部事务后，柔克义再次对日本因此扩大对清政府的影响表示忧虑。他在9月23日致国务卿的信函中指出，张之洞受日本影响太深，此一任命将在教育方面进一步增强日本的影响。[2]

为抵消日本和英国等列强在清朝政府中的影响力，美国驻华外交官积极建议美国政府采取措施，在清廷中培植亲美势力，对清政府重用或起用留美归国学生表示热烈欢迎和支持。对清政府任命留美学生施肇基为邮传部右参议，柔克义就大加赞扬，说施是一位很有理智和能力的人，就读于康奈尔大学，为精琪教授的学生。在精琪作为货币委员会委员在中国考察期间，曾担任精琪秘书。根据他个人了解的情况，施无论放在哪里，都是一位最有价值和最值得信任的官员。[3] 1908年3月3日，美国驻奉天领事司戴德（W. D. Straight）对清政府任命3名归国留美幼童表示欢迎，认为这是一件具有政治意义的事情，尤其令美国感到欣慰，为此专门写信给美国政府，建议做好中国留美学生工作，指出鉴于英国专门成立了一个社团，帮助中国学生留学英国，美国也应由亚洲协会从事类似工作，帮助中国学生到美国留学，同时鼓励美国各大学的大学生组织多关注中国学生，增进与中国学生的友谊，这必将为未来中美两国关系结出丰硕成果、扩大美国影响产生远胜于慈善和非个人组织的作用。[4]

除向美国政府提出建议外，司戴德还直接致函美国一些著名大学和教育机构，呼吁康奈尔大学等大学接收和善待中国留学生，促进中美关系，在扩大美国在中国的影响方面，发挥与哈佛和耶鲁同样的作用，指出：在中国的开发中，康奈尔人没有任何理由不能发挥同样重要的作用。就像唐

① Rockhill to the Secretary of State, September 5, 1907, *Records of the Department of State Relating to Internal Affairs of China*, *1906 – 1910*, microfilm.

② Rockhill to the Secretary of State, September 23, 1907, *Records of the Department of State Relating to Internal Affairs of China*, *1906 – 1910*, microfilm.

③ Rockhill to the Secretary of State, February 7, 1907, *Records of the Department of State Relating to Internal Affairs of China*, *1906 – 1910*, microfilm.

④ W. D. Straight to the Acting Secretary of State, March 3, 1908, *Records of the Department of State Relating to Internal Affairs of China*, *1906 – 1910*, microfilm.

绍仪、梁敦彦和施肇基在中国所取得的权力和地位，现在在康奈尔、哈佛、耶鲁、普林斯顿、宾夕法尼亚、密歇根或其他大学的中国学生，也应被看作潜在的领导者——当他们返回他们的国家之后。如果他们有能力做好，则是机会良多。部分由于受美国的影响，中国这个国家正从长期的保守主义和自我满足的状态中觉醒，在今后的数百年里，它或将是美国最危险的敌人之一，或将是美国最强大的朋友之一。美国应尽其所能为未来与这个国家建立真诚和相互理解的关系奠定基础。为了赢得中国留学生对美国的好感，司戴德倡议康奈尔、哈佛、加利福尼亚等大学鼓励中国留美学生参与学校各项组织活动，参加足球、划船、汽车比赛等。①

驻奉天副总领事马尔芬（George Marvin）也致函哈佛大学历史教师梅里曼（Roger Merriman），具体阐述接收中国学生来美留学，对于扩大美国对清朝官员的影响具有重大意义。他说：如果那些外国人没有赢得中国人的信任和尊敬，那么他们与中国人打交道会十分困难。除了这种信任之外，如果能在有影响的中国人与在中国有政治和商业来往的美国人之间建立友谊，那么远东问题就变得容易解决。马尔芬建议哈佛和耶鲁等美国大学善待中国学生，指出目前在美国的中国学生将来会扮演更为重要的角色，如果对在哈佛的中国学生采取友好的态度，那么，他们与美国的同学之间就会有一种共同的利益，带着是一位真正的哈佛人的感觉离开，这将极大地有利于中美两国的关系。②

对于司戴德的建议，美国政府明确表示支持。4月9日，国务院回复司戴德，称：很有兴趣地读了来函的内容，教育委员会和几所主要的大学一直在从事这项工作，国务院的看法是这项工作正在获得这些部门的支持。③ 可以说，美国政府在1907、1908年间做出退还部分庚子赔款，用于派遣中国学生留学美国的决定，便是美国政府为在清朝政府中培植亲美势力而做的一个努力。

---

① Circular to the Senior Class Society "SHINX HRAD" and the DRLTA UPSILON and DRLTA TAU DRLTA Franternities at Cornell University, Ithaca, New York, *Records of the Department of State Relating to Internal Affairs of China*, 1906 – 1910, microfilm.

② George Marvin to Mr. Roger Merriman of Harvard, *Records of the Department of State Relating to Internal Affairs of China*, 1906 – 1910, microfilm.

③ The Acting Secretary of State to W. D. Straight, April 9, 1908, *Records of the Internal of State Relating to Internal Affairs of China*, 1906 – 1910, microfilm.

五　美国官方的三次访华活动

作为扩大美国在华影响的努力之一，罗斯福政府在第二任期内继续加强中美官员的交往，密切和改善中美关系。

1905 年 7 月，为解决日俄战争后美国在远东地区遇到的问题，罗斯福总统首次派出由美国陆军部长塔夫脱率领的由 83 人组成的美国大型官方访问团于 7 月 8 日从旧金山出发，乘坐"满洲里"号远洋轮前往东亚三国进行为期 3 个月的正式访问。除日本和菲律宾外，将中国也列在其中，以化解因美国国内排华法案与中国抵制美货运动在双方之间造成的严重对立。在行前不到一个月之前的 6 月 15 日，陆军部长塔夫脱在俄亥俄州的迈阿密大学第 81 届毕业典礼的演讲中就排华法案一事劝诫美国人要公平对待中国人，以消除中国抵制美货运动，维护中美贸易关系。他指出"自义和团战争以来，当美国能够表现出对中国的友谊以及不受其他国家掠夺土地意图的影响的无私和自由之时，中国就将美国视为她的最好朋友。世界上最大的商业利益之一就是与四亿中国人做贸易。难道仅仅因为我们担心暂时可能会失去加利福尼亚州和其他沿海各州的某些不理性又极受欢迎的领导人的支持，我们就应该抛弃由于中国对我们的天生的友好态度所带来的优势，而继续执行不公正的严苛法律，从而在中国人心中产生抵制美国贸易并将我们的商人赶出中国吗？这个问题的答案不证自明：国会议员和政府官员的职责难道不就是不理会社会上对中国有很深偏见的那部分人提出的不合理要求，并坚持公正礼貌地对待这个在国际贸易中正在给我们带来或可能会带来巨大利润的民族吗？"①

9 月访问团到达中国后，兵分两路：一路由塔夫脱本人率领，先后访问广州、厦门、上海等地，与当地官绅会面座谈，实地考察和了解抵制美货运动实况和中方诉求，解释美方意见和态度，劝说各地采取措施，尽快平息抵制美货运动。9 月 4 日，塔夫脱在出席广东地方官为他举办的宴会

① Ralph Eldin Minger, *William Howard Taft and United States Foreign Policy: The Apprenticeship Years, 1900–1908* (Urbana, IL: University of Illinois Press, 1975), p. 166；马戈·塔夫脱·斯蒂弗等：《看东方——1905 年美国政府代表团访华之行揭秘》，浙江大学出版社，2012，第 34 页。

上发表演讲，阐述美国的对华友好政策：①美国通过他的国务人员、政府和国会，坚决反对肢解中华帝国；②保全中华帝国是两国友谊的基础；③美国对中国的唯一期望就是友谊与贸易关系；④在中国努力使经济和治理现代化的过程中，会得到美国的同情与鼓励。[①]

另一路沿袭康格夫人外交成果，由罗斯福总统长女爱丽莎·罗斯福（Alice Roosevelt）和其他约30名成员径往北京，觐见慈禧太后，以增进与清朝最高统治者之间的感情。爱丽莎·罗斯福一行于9月12日抵达塘沽后，即受到清政府的高规格接待，由北洋大臣袁世凯安排专车，派员护送到京，外务部官员伍廷芳、联芳等亲往车站迎接，当日入住美国公使馆。第二天即由外务部安排爱丽莎·罗斯福一行入住朗润园。14日巳初慈禧太后和光绪皇帝在颐和园仁寿殿亲自接见爱丽莎·罗斯福一行，美国驻华公使柔克义呈递了罗斯福总统的亲笔电文。罗斯福总统的电文就光绪皇帝关于日俄战争的电文作答，对日俄两国息战、不损中国和各国利益表示祝贺，云："本总统与大皇帝同心相印，喜见日俄两国媾和议妥，俾此两大国罢战，均不损国威，并保全中国土地不失主权，使东三省咸获平安之福，无碍通商，各国同获利权。且不但于天下有益，并于东方大局尤属咸宜。本总统兹代美国民众致谢大皇帝所送亲贺之亲电。"[②] 觐见后，慈禧太后不但安排了饮宴，还赠送爱丽莎·罗斯福大量珍贵礼品。第二天，外务部又安排爱丽纱·罗斯福一行游览参观紫禁城。15日爱丽莎·罗斯福和其他6名成员还前往天津，出席直隶总督袁世凯为她们举办的家宴，这体现了美国政府对袁世凯的重视。[③]

这个访问团对化解中美两国之间因排华法案与抵制美货运动造成的严重对立起到了十分积极的作用，增进了美国政府对中国国内实际情况的了

---

① Ralph Eldin Minger, *William Howard Taft and United States Foreign Policy: The Apprenticeship Years 1900 – 1908*, p. 167.

② 《柔克义致外务部照会》（光绪三十一年八月十三日），《中美往来照会集（1846—1931）》第10册，第252～253页。

③ 《关于美大臣呈递美总统亲电觐见日期之复照》（光绪二十一年八月十四日）、《总统之公主并议院大臣奉旨于仁寿殿觐见希转达附礼节单》（光绪三十一年八月十三日），《中美往来照会集（1846—1931）》第10册，第343～344页；有关访问北京期间的活动，详见其英文回忆录 *Crowded Hours: Reminiscences of Alice Roosevelt Longworth*（New York: Charles Scribner's Sons, 1933), pp. 93 – 103；马戈·塔夫脱·斯蒂弗等：《看东方——1905年美国政府代表团访华之行揭秘》，第91～96页。

解。塔夫脱 10 月回到美国后在回答美联社记者的采访中就充满信心地表示中美两国的对立将很快得到化解："我的印象是，这个事件将会逐渐平息，因为中国商人必然需要美国向满洲里出售需求量很大的那些商品。中国商人自己也在赔钱，他们的影响力也不可能使抵制进一步延续。已经有人提出了合理修订《排华法案》的建议，在不为苦力打开大门的前提下，去掉现行条款中强加给合法入境者的耻辱。这是香港及其他地方的商人向我提出的建议，我将把这些建议提交给总统。总统公开承诺给予中国人公平的对待一事起到了良好效果。"① 中美之间的冲突后来实际也是基本通过塔夫脱所说意见解决的。1906 年在得知爱丽莎·罗斯福成婚的消息之后，慈禧太后和光绪皇帝又通过驻华使馆寄赠珍贵礼品。其中，慈禧太后赠送金镶珍宝耳饰、红绿首饰各一对，成套白狐裘及四端花锦；光绪皇帝赠送了成柄的镶玉如意和四端花锦。②

1907 年，为了远东问题，罗斯福总统再次派美国陆军部长塔夫脱访问日、菲、俄等国，也将中国列入其中。是年 10 月 8 日，塔夫脱在访问日本之后抵上海，参加中国青年会新楼揭幕典礼。塔夫脱的上海之行虽然为顺道访问，时间仅有一天，但此时其身份除美国陆军部长之外，还是下届美国总统的共和党人候选人，所以此行也有促进中美关系的用意。当天，上海《字林西报》发表的一篇英文文章就认为塔氏此行怀有非常实际的目的：美国政府力图通过塔夫脱这样一个特殊人物，强调美国与中国之间的和睦关系，表明美国政府会更加重视在华利益。③ 而事实也的确如此，塔夫脱的上海之行受到中美官商两界的隆重接待，中美官商两界进行了很好的互动，无论是中国青年会举行的欢迎会，还是上海官绅在愚园举行的欢迎会和寓沪美国人在礼查饭店举行的晚宴，都共同出席参与。在欢迎致辞中，中美官方和商界都表达了增进中美关系和友谊的强烈愿望。在下午两点中国青年会举行的欢迎会上，在主席台上就座的除塔夫脱外，美方人员有美华协会主席、中国青年会执行主席马士，美

---

① Taft's Interview with Associated Press, September, 1905, San Francisco. 转引自马戈·塔夫脱·斯蒂弗等著《看东方——1905 年美国政府代表团访华之行揭秘》，第 88 页。

② 《美总统嫁女添妆礼物事》（光绪三十二年正月初二日），外务部档案，台北中研院近代史研究所档案馆藏，档案号：022300508。

③ Press Comments on the Visit of the Hon. W. H. Taft, *North-China Daily News*, October 8, *Journal of the American Association of China*, Vol. 11, No. 5, Shanghai, November, 1907, pp. 34 - 35.

国驻沪总领事田夏礼等，中方人员有两江总督端方代表唐露园、江苏巡抚陈启泰代表上海道台瑞澂和上海地方士绅代表朱葆三等。会议首先由王阁臣观察代表中方对塔夫脱的来访表示欢迎，接着马士致辞并接受新楼钥匙。然后，唐、瑞分别代表两江总督端方和江苏巡抚陈启泰致辞，除欢迎塔夫脱来访外，并祝贺中国青年会新楼落成，赞扬和肯定该组织在中国民众中拥有良好声誉。最后，塔夫脱致辞，鼓励中国青年会应在各方面帮助和提升来上海的中美年轻人，并发扬宽容精神，与基督教各教派合作传播基督教教义和事业，为中美之间增添一条永久纽带。①

下午四点，在愚园由上海 32 个会馆、公所共同组织的欢迎会上，出席欢迎会的中外人士多达 300 余人，中方代表唐露圆、瑞澂和沈敦和在欢迎致辞中都极言中美两国之间的友好关系。唐露圆作为接受美国教育并不久前随端方考察美国的官员，表示美国是最真诚帮助中国实现这一目标的国家，美国对中国的友好也表现在无数的中国青年成批地前往美国的各个院校，以及美国政府承诺和声明公正合理地对待中国和中国人，中美两国在思想和行为方式上的相互理解将使太平洋沿岸两个伟大国家的人民消除所有的不信任的阴影成为可能。瑞澂代表上海官绅商在致辞中感谢美国承诺退还部分庚子赔款，感谢美国为不久前发生的淮北水灾提供巨捐和救助，强调中美两国自通商以来的友好关系，祝愿中美两国和人民共同繁荣和幸福，中美两国关系更加紧密、和睦。沈敦和在致辞中也期待中美关系有更大的发展，指出：美国与中国位于太平洋东西两岸，注定是紧密的朋友。随着东亚的觉醒和发展，世界政治中心地位已发生转移，美国的命运似乎也在于太平洋沿岸，这必将使中美两国关系愈益紧密。随后，为感谢美国官方和民间为中国所提供的帮助，沈敦和代表上海市民向塔夫脱赠送一具精致的银觥礼品。塔夫脱在接受礼品后致答谢词，表示自己事前没有设想到受到上海官绅商界如此隆重的接待，对此深表感谢；表示上海官绅商界向他个人表达的友谊，更体现了他们向美国政府和美国人民传达中美两国既存和永久友谊关系的愿望。塔夫脱表示两年之前他在上海，中美这两个关系最为亲密的邻邦和伙伴之间

---

① The Visit of the Hon. W. H. Taft, *Journal of the American Association of China*, Vol. 11, No. 5, Shanghai, November, 1907, p. 49.

一度出现一些小小的摩擦，关系变冷，有如在晴朗的阳光下出现一团雾霾，现在他很高兴地说，雾霾已经散去，抵制美货运动是一段已经结束的插曲。塔夫脱的讲话，一定程度上表明他此次的上海之行是美国政府为修复两年前遭抵制美货运动伤害的中美友好关系所做努力的一个组成部分。

在寓沪美国人为塔夫脱举办的晚宴上，共有 230 位中外宾客出席，宴会厅高悬中美两国国旗；晚宴开始后，乐队奏响《哥伦比亚友情》（Hail Columbia）和《中国皇帝》（The Emperor of China），渲染中美两国友情。接着，美华协会主席、中国青年会执行主席马士和塔夫脱分别发表长篇致辞，大力宣传中美两国的友好关系。其中，马士的致辞一开头就为中美关系在经历抵制美货运动后得到快速改善以及中外人士得以欢聚一堂而欢呼，认为这是一个奇迹，赞扬中美两国外交家伍廷芳、梁诚、田贝、康格、柔克义等为消除中美两国关系困难、恢复正常关系所做的长期努力和贡献，并进一步追溯了自美国"中国皇后"号前往广州通商以来美国商人及美国传教士为促进中美关系所做的贡献。紧接着，塔夫脱发表长篇致辞，坦率地阐述了美国的东亚政策和对华政策，表示美国对华将坚定奉行和维护门户开放的友好政策，发展与中国的商业和贸易关系，支持中国的改革、进步和繁荣，指出：美国宣布的官方政策是，追求中国的永久安全与和平，维护中国领土和行政的完整，维护友好列强由条约和国际法赋予的所有权利，并且作为一个预防措施，维护中华帝国境内所有地区实行平等和非歧视性的贸易原则，美国政府将采取措施维护美国在华贸易和商业利益。美国和所有其他赞成门户开放政策的国家，如果明智的话，都会不仅欢迎而且鼓励中华帝国在行政和政府改革方面采取更多措施，也会欢迎和鼓励中华帝国开发自然资源、改善民生。这将增强中华帝国作为一个具有自尊地位政府的力量，可以抵制所有可能谋求不恰当、排他的或领土所有权的外来列强的侵略，并在没有外来援助的情况下向所有列强实行门户开放，为所有列强提供平等机会。对于具有庞大人口的中国发展成为一个伟大工业帝国的影响，塔夫脱表示他本人不持恐惧心理，深信不会伤害中外贸易，反而会极大促进中外贸易，并且同时还会在许多方面改变贸易的性质，而不会削减贸易的利润。将贸易利润寄托在一个民族在开放资源的落后上、寄托在他们没有能力对买卖商品价格进行合理估价的基础上，这样的贸易是不能期待稳定和永久的。①

在访问上海之后，塔夫脱在前往欧洲途中又取道中国东北实地考察和了解情况。11 月 18～20 日从海参崴到哈尔滨，他一路听取美国驻奉天总领事司戴德有关东三省情况的介绍和政策建议。这位年轻的美国领事详细介绍了日本在东三省的侵略和扩张活动，表示日本的侵略和扩张活动对中国的领土和主权以及美国在东三省的利益和门户开放政策构成严重危害，清朝政府希望得到财政和外交支持以抵制日本的侵略，美国应予支持，在列强中带头维护东三省的门户开放政策，这符合美国的利益，"我们与中华帝国的贸易和在太平洋的影响力将会极大加强"。为此，他建议中美合作组建银行，或组建有英国和法国参加的国际银团，投资开发东三省，以阻止日本的侵略和在东三省的闭关政策；他甚至建议将美国计划退还清政府的庚子赔款作为开发东三省的首笔资金。尽管塔夫脱当时并没有赞同将美国的退款用于东三省的开发，但他"还是十分乐于接受这套思想"，并"对整个东亚情况有着异乎寻常的了解"。② 塔夫脱的东北之行，为他出任总统后介入东三省问题，推出"满洲铁路中立化"计划和实业银行借款及组建四国银行团，无疑产生了一定的影响。并且，塔夫脱的东北之行也受到清政府的高度重视，在塔夫脱未到中国之前，在获知其行程后，外务部就曾于 8 月 12 日电令东三省总督和奉天巡抚做好接待工作，谓："驻美周代办电称美兵部大臣他扶赴小吕宋，西十月间由西伯利亚铁道回美。他扶声望甚隆，将举总统，应否由奉接待等语。俟该大臣到奉时，希即优礼接待。"③

罗斯福总统执政期间中美之间最后一次最重要的交往活动，当为 1908年美国"大白舰队"（Great White Fleet）访问厦门一事。"大白舰队"得名于采用白色油漆的自然冷却作用，将战舰漆成白色，使战舰在热带地区行动时内部温度降低，它由 18 艘战舰组成，是罗斯福总统任期内的一个精心之

---

① Speech of the Hon. WM. H. Taft, *Journal of the American Association of China*, Vol. 11, No. 5, Shanghai, November, 1907, pp. 20–22.

② 有关塔夫脱东北之行的情况，详见 Ralph Eldin Minger, *William Howard Taft and United States Foreign Policy: The Apprenticeship Years 1900–1908*, pp. 171–174；〔美〕查尔斯·威维尔：《美国与中国：财政和外交研究（1906—1913）》，张玮瑛、李丹阳译，社会科学文献出版社，1990，第 46～48 页。

③ 《发东三省总督徐世昌、奉天巡抚唐绍仪电》（光绪三十三年七月初四日），中国第一历史档案馆编《清代军机处电报档汇编》第 33 册，中国人民大学出版社，2005，第 301 页。

作，标志美国世纪的诞生。为显示美国的国威，自 1907 年 12 月 16 日至 1909 年 2 月 22 日，舰队开展为时长达 14 个月的环球巡航。① 应清政府之邀，"大白舰队"在到访日本之后，派出其中 8 艘战舰：路易斯安那号、威斯康星号、弗吉尼亚号、俄亥俄号、密苏里号、伊利诺号、肯塔基号和奇尔沙治号，总计官兵约 7000 人，由第三分队司令额墨利少将（William Emory Sperry）率领，于 10 月 30 日上午抵达厦门港，开始为期一周的访问活动。

为迎接美舰的来访，清朝政府进行了精心的筹备。自 1908 年 4 月美方告知访问厦门的决定后，清政府就高度重视，上下精心准备，拨款派员在厦门城外演武厅广场修建迎宾特区，花费近百万两白银。10 月 30 日上午，为迎接美舰的到访，清朝海军主力战舰——巡洋舰海圻号、海容号、海筹号、海琛号和鱼雷舰飞鹰号等齐集厦门；萨镇冰乘飞鹰舰出港迎接，毓朗、梁敦彦等则于厦门港演武厅广场迎候。同日，外务部还密电国内沿江沿海及川滇各省督抚，表示美舰来访事关国际关系，授意他们仿行日本做法，"密转知军、学、商各界，凡能联成团体者，均用西文径达美舰，以示欢迎之意"。② 在接着的 6 天里中方安排了馈宴、打球、踢球、演戏、联谊、赠送纪念品、施放烟火等多种活动。③

美舰访华结束之后，清政府还对到访的美军官员及其他相关人员进行了嘉奖：统领舰队海军副提督伊摩利和施罗达，赏给头等第三宝星；美国战舰舰长萧尔思、侯获、寇尔思、褒若、沙菩、赫勤士、毕立、戴义和驻使馆随员邓格地等 9 人，赏给二等第二宝星；驻厦美领事阿讷尔赏给二等第三宝星；舰队中军旗官韩德孙、克烈文和驻使馆武随员黎富思及美陆军体操员守备威芬等四人，赏给三等第一宝星。④ 1910 年在美舰第二次到访

---

① 有关"大白舰队"环球巡航和罗斯福总统的海军外交，可参见〔美〕亨利·J·亨德里克斯《西奥多·罗斯福的海军外交——美国海军与美国世纪的诞生》（王小可、章放维、郝辰璞译，海洋出版社，2015）一书。

② 戴海斌：《也说 1908 年美国大白舰队访问厦门——为马幼垣先生补充》，《史林》2013 年第 6 期。

③ 孟森：《美舰篇》，《东方杂志》第 5 卷第 11 期，1908 年，"记载"栏。有关"大白舰队"的访华经过及清政府的接待工作，详见马幼垣的《美国舰队清末两访厦门史事考评》上下篇（《九州学林》第 7 卷第 2、3 期）及戴海斌的《也说 1908 年美国大白舰队访问厦门——为马幼垣先生补充》（《史林》2013 年第 6 期）等文，兹不赘述。

④ 《外务部致柔克义照会》（宣统元年二月二十六日），《中美往来照会集（1846—1931）》第 11 册，第 327～328 页。

之后，当地士人还将 1908 年"大白舰队"的来访题刻于福建南普陀寺后山摩崖之上，以示永久纪念，称赞此次美舰的来访"联两国之邦交，诚一时之盛典，是则我国家官绅商民所厚望者也"。① 而美国政府也对清政府友好周到的接待表示感谢，1908 年 12 月 5 日美使柔克义照会外务部致谢："厦门接待兵舰之举，足为我两国最为敦睦之据，朗贝勒、梁大臣二位钦使为此事格外分心，特设盛筵，礼文周到，以接待伊提督及美员弁，彼时并有他省官员亦往接待。美总统与臣民尤为心感，兹伊提督与厦门领事，请本大臣特为致谢。"②

尽管美国来访的 8 艘战舰，在"大白舰队"中战力较弱，不及访问日本的隆重，并且还由于美国不愿引起其他列强的反感和猜忌，将访问地点定在未被其他列强租借而清朝政府控制力又比较薄弱的厦门，因受当时南方革命党人反清活动的威胁，给清政府的接待工作和活动也造成很大限制。但"大白舰队"的来访还是充分体现了美国罗斯福政府对中国的重视，除了增进了清朝政府与美国的关系之外，根据美国国务院档案文件，"大白舰队"访华还有为美国海军在厦门获取军港的企图。③

---

① 详见郭存孝《清末美国舰队两访厦门的石刻铭文考》，《福建论坛》1987 年第 2 期，第 67 页。

② 《柔克义致外务部照会》（光绪三十四年十一月十二日）《中美往来照会集（1846—1931）》第 11 册，第 220~221 页。

③ Acting Secretary of State to the Secretary of the Navy, November 5, 1908; Elihu Root to W. W. Rockhill, November 7, 1908, Records of the Department of State Relating to Internal Affairs of China, 1906—1910, microfilm.

第八章　美国首倡退款兴学

在 1905～1908 年罗斯福总统第二任期内，美国政府做出的对中国内政产生深远影响的事情，当数退款兴学。对于清末美国退款兴学，有关论著均有论述。但对于美国为什么要退还部分庚款，它是如何被提出来的，退还的部分庚款又是如何与兴学联系在一起的，以及退还部分庚款的金额是如何确定的，谁在退还部分庚款中起了关键的作用以及如何评价等问题，学术界迄今仍有一些不同看法，甚至似是而非的观点。[①] 有鉴于此，本章将根据美方档案资料，同时结合已公布的部分中方档案，就上述问题做一考辨。

一　退款的缘起与经过

对于美国政府为什么要退还部分庚款，1907 年 6 月 15 日美国国务卿罗脱（Elihu Root）第一次将这一决定正式通知中国驻美公使梁诚时是这样解释的："从赔款一开始本政府就有此意向，即在适当的时候，当所有的申诉均已提出，所有的开支均尽可能查清之后，原来估计的数字以及赔款

---

① 有关学者对美国退还庚子赔款所持的不同观点将在文内的注释中逐一注出，此不赘述。迄今中国学者对这个问题的研究，几乎无出王树槐的《庚子赔款》（台北：中研院近代史研究所，1974）之右。另一篇较有学术价值的论文是李守郡的《试论美国第一次退还庚子赔款》一文，载《历史档案》1987 年第 3 期。国外学者对这个问题的研究则以美国学者韩德的《美国退还庚款的再评价》一文最为详尽，见 Michael H. Hunt, "The American Remission of Boxer Indemnity: A Reappraisal," *Journal of Asian Studies*, Volume 31, Issue 3 (May, 1972), pp. 539 - 559. 但遗憾的是，或许由于这些论著过于偏重过程的叙述，所持观点不够明确，或缺乏论证，细节不够具体，国内学者大多没有很好地吸收其研究成果，反而单凭一些中文资料进行推论和考证，结果得出一些有悖史实的结论或观点。

支付总数应予修正，并作为与中国真诚友好的一个证明，自愿免除超出中国应向美国国家和公民赔偿之外的那一部分赔款的法律义务。"① 由于没有具体细节，大多数学者对罗脱所说美国政府从赔款一开始就有退还部分庚款的意向，不是没有予以注意，便是持怀疑态度，认为美国政府主动退还部分庚子赔款是"不确切的""不符合历史事实的"，"美国政府退还部分赔款的设想竟是在中国赔款开始之时，真是匪夷所思"。② 但揆诸事实，罗脱所说，并非虚言。

美国之所以主动退还部分庚款，并从赔款一开始就有此意，这要从1900~1901年和约谈判期间美国政府对赔款问题所持的态度说起。当时，美国政府从刚确立的对华门户开放政策出发，认为一个稳定完整的中国是符合美国利益的，因此在赔款问题上不像德、法、日、俄等国那样，希望从清政府那里榨取尽可能多的赔款，相反，主张将赔款额尽量限制在清政府能够承受的范围内，不要给清政府造成过度的财政压力，以致清政府失去生存和改革的能力。本着这一原则，1900年12月29日美国国务卿海约翰即在电报中指示康格，在和约谈判中，尽可能使赔款保持在一个适当的限度内，以确保中国的偿付能力。③ 1901年1月29日海约翰具体指示康格将庚子赔款的总数限制在1.5亿美元（约合关平银2.02亿两），同时提出美国的损失和支出约为2500万美元。在此需要指出的是，海约翰当时提出美国的损失为2500万美元，并不是实际要求的赔款额，只是一个虚报的数字，目的是为在谈判中要求其他列强削减赔款数目预设一个筹码。在同一份电报中，海约翰就指出为使赔款总数不超出1.5亿美元，这就很可能需要各国做出一定的削减，并在电报的最后表示："我们并不期望完全赔付

① The Secretary of State to the Chinese Minister, June 15, 1907, *FRUS*, *1907*, p. 174.
② 徐建平：《美国退还部分庚子赔款史实考》，《华东师范大学学报》1998年第2期，第55、58页；其他学者则多没有认真看待罗脱的话，多数认为退款起源于1905年梁诚的交涉，见王树槐《庚子赔款》，第274~275页；罗香林《梁诚的出使美国》，香港大学亚洲研究中心，1977，第122页；李喜所、刘集林《近代中国的留美教育》，天津古籍出版社，2000，第65~66页。另一种意见则认为退还部分庚款是美国驻华公使柔克义和美国一些教育家或传教士为缓和中国人民的反美情绪于1905年想出的一条诡计，见王绍坊《中国外交史：鸦片战争至辛亥革命时期》，河南人民出版社，1988，第355页；杨生茂主编《美国外交政策史1775—1989》，人民出版社，1991，第253~254页。
③ Mr. Hay to Mr. Conger, December 29, 1900, *Diplomatic Instructions of the Department of State*, *1801-1906*, *China*, microfilm.

这样一个总数，像其他一些列强那样提出类似超出中国赔付能力的极端要求。"① 在此后有关赔款问题的谈判中，美国政府一再主张将赔款额限在4000 万镑（约合关平银 2.6666 亿两），避免给中国造成严重的财政困难，逼迫清政府实行一些不但危害中国独立和完整，也危害列强自身利益的应急措施，强调"更多的优惠和行政改革要比大量的金钱赔偿更合乎需要"。②

5 月 7 日，在有关列强提出总数为 6750 万镑（约合关平银 4.5 亿两）的赔款要求后，美国始终持反对立场。美国谈判代表柔克义为削减这一赔款数，甚至于 7、9 两日分别通知美国驻南京和汉口领事密告两江总督刘坤一和湖广总督张之洞，希望经由中国全权谈判代表提出困难达到削减赔款的目的。③ 10 日，海约翰在致柔克义的电报中也认为这一总数太高了，他第一次明确提出：为使赔款额降到一个合理的数字内，如果其他各国也同样缩减的话，美国政府愿意将所要求的赔款减少1/2。④ 在愚蠢的清政府答应列强的赔款要求之后，美国谈判代表柔克义仍然呼吁降低赔款。他在 5 月 22 日的外交团会议上指出：虽然中国政府承认了 4.5 亿两的赔款，但当初我们提出这一要求只是一个假设性的数字，因此我们不能就此把它理解为要求中国偿付这一巨款的一个承诺。⑤ 28 日，海约翰在电报中也支持柔克义的立场，再次表示"这一数额太大了，恐怕会给中国造成灾难"，指示如有可能，将赔款问题移交海牙国际仲裁法庭裁

---

① Mr. Hay to Mr. Conger, January 29, 1901, *Diplomatic Instructions of the Department of State, 1801 - 1906, China*, microfilm. 按：海约翰的最后一句话在美国出版的 1901 年的外交文件中被删去，见 *Foreign Relations of the United States, 1901*, Appendix, p. 359。

② Mr. Hay to Mr. Rockhill, April 8, April 29, 1901, *Diplomatic Instructions of the Department of State, 1801 - 1906, China*, microfilm; Mr. Rockhill to the Secretary of state, April 18, 1901, *John Hay Papers*, microfilm.

③ Mr. Rockhill to American Consul, Nanking, Hankow, May 7, May 9, 1901, *Report of William W. Rockhill* (Washington, 1901), p. 159. 按：当时列强提出 4.5 亿两赔款额系为征求清政府有无偿还这一赔款额的能力，并非定议，故柔克义有此举动。但遗憾的是当时清政府对赔款问题并没有像惩凶问题那样与列强交涉，而是贸然接受。

④ Mr. Hay to Mr. Rockhill, May 10, 1901, *Diplomatic Instructions of the Department of State, 1801 - 1906, China*, microfilm.

⑤ Mr. Rockhill to Mr. Hay, May 13, 1901, *Report of William W. Rockhill*, p. 156; Memorandum, Mr. Rockhill to the Secretary of state, January 22, 1902, *Rockhill Papers*.

决。①但由于各国的反对，美国的建议始终没有被其他列强接受。

1901 年 9 月《辛丑条约》签订后，由于各国申报的赔款总额高达 4.6 亿多海关两，比和约规定的 4.5 亿两多出 1000 余万两，因此各国继续就如何分配庚款问题举行谈判。在此过程中，美国不但表示愿意按比例削减赔款额，而且还多次指示美国驻华公使康格转告其他列强，在将各国的赔款总额削减至 4.5 亿两之后，美国愿意做进一步的削减，假如其他列强也按比例削减的话。② 然而，美国政府的这一倡议并没有得到其他列强的响应，经多番的商讨，至 1902 年 7 月列强仅就他们之间如何分配 4.5 亿的赔款达成一致意见，而无意做进一步的削减。

在庚子赔款数额尘埃落定之后，对于列强因"镑亏"问题而与清政府发生的争执，柔克义又坚定地站在中国一边，坚决反对列强在庚子赔款中因银价跌落而产生的亏损即"镑亏"问题要求清政府负责补偿，批评列强提出的庚子赔款还金的要求和理由完全不能成立，极力支持清政府的还银主张。1902 年 6 月 22 日，柔克义以当事人的身份，就此问题专门给国务卿海约翰撰写了一份冗长的备忘录，详尽地叙述了外交团确定庚子赔款数额的经过，具体驳斥了列强提出的还金要求是没有根据和不公正的。他指出：当初清政府接受 4.5 亿两的赔款，很明确这是中国方面的一个赔款总数，并且与以往的赔款一样，均以银为付款单位；而列强提出 4.5 亿两的索赔要求，也是列强在计算各国的损失和考察清政府的各项财源之后提出的一个总的赔款额，并且也是以银为计算单位的。在此过程中，没有任何证据表明中国应承担列强因银价跌落而造成的可能损失；因金银比价波动所造成的损失，只能由《辛丑条约》第 6 款中确定的 1901 年 4 月 1 日的固定汇率予以保证。③ 他还亲自草拟国务院致康格的电文指示，要求康格在与其他列强谈论还金还银问题时坚持美国所持赔款还银观点的同时，申明美国将不会盲从其他列强的要求；如果中国将这一问题提交海牙国际法庭裁决，美国将予以支持。④ 另一方面，柔克义还

① Mr. Hay to Mr. Rockhill, May 28, June 6, July 20, 1901, *Diplomatic Instructions of the Department of State*, *1801 - 1906*, *China*, microfilm.

② Mr. Hay to Mr. Conger, May 9, 1902; Hill to Conger, June 28, 1902, *Diplomatic Instructions of the Department of State*, *1801 - 1906*, *China*, microfilm.

③ Mr. Rockhill to Mr. Hay, June 22, 1902, *Rockhill Papers*.

④ Draft of Cablegram to Mr. Conger（此件为草拟稿，故无具体日期。）1902, *Rockhill Papers*.

一再鼓动清政府在还金还银问题上持坚定立场。在读到 6 月 9 日伦敦《泰晤士报》有关庆亲王奕劻、盛宣怀承认还金的报道后，柔克义立即劝说清朝驻美公使伍廷芳建议清政府将这一问题提交海牙国际法庭公断，统一清朝内部在这一问题上的意见，与美国保持一致，以免其他列强反对美国对《辛丑条约》第 6 款条文的解释；声称即使庆亲王表达了不同的意见，但在清政府采取进一步行动之前，美国仍将坚持自己对第 6 款所做的解释。[1]

在愚蠢的清政府接受列强的还金要求之后，柔克义和海约翰为缓解因"镑亏"问题给清政府所造成的进一步财政压力，转而考虑由美国率先退还部分庚款，从而达到促使其他列强一同退还的目的。1904 年 12 月 6 日，应海约翰的要求，柔克义草拟了一份提交国会的关于退还部分庚子赔款的备忘录。该备忘录指出：经调查，美国公民在义和团时期所遭受的损失以及美国军队的开支并非最初估计的那么多，鉴于这一事实，以及中国目前的财政困难和我们以前也有过向中国退还多余部分赔款的政策，[2] 向国会提出庚子赔款对中国是否存在不公正问题是他的职责；退还部分庚子赔款对减轻中国沉重的债务来说是十分必要的；如果这一建议获得国会的批准，他建议授权行政部门通知中国政府，此后美国只要求赔款总数的一半，随后安排中国与其他列强解决这一问题。[3] 1905 年 1 月间，驻美公使梁诚奉命与美国商讨还金还银问题，海约翰一方面表示鉴于清政府已答应其他列强的还金要求，美国也应一视同仁，但同时为缓解因还金给清政府所增加的财政负担，第一次婉转向中方表达了退还多余部分赔款的打算，并叮嘱梁转告清政府，为避免产生阻力，不要泄露这一消息。[4] 同年 5 月，柔克义为早日促成此事，在来华任公使前夕，就如何归还部分庚款征询梁

---

[1] Rockhill to Wu, June 20, 1902; Rockhill to Hippisley, August 16, 1902, *Rockhill Papers*.

[2] 系指 1885 年美国退还广州洋行赔偿多余之款一事，详见王树槐《庚子赔款》，第 270 ~ 271 页。

[3] Memorandum, December 6, 1904, *Rockhill Papers*; Rockhill to Hay, December 12, 1904, *John Hay Papers*, microfilm.

[4] 《驻美公使梁致外务部函》（光绪三十年十二月十四日收），清华大学校史研究室编《清华大学史料选编》（一），清华大学出版社，1991，第 73 ~ 74 页。按：许多学者，包括王树槐和美国学者韩德，都没有注意到在此之前海约翰已授意柔克义起草了要求国会授权退还部分庚款的备忘录这一事实，便根据梁诚的这封信，认为要求美国退还部分庚款系为梁诚倡议。严格说来，这一观点是不符合历史事实的；事实是当时梁诚只是就还金还银问题奉命与美方交涉，退还庚款则是海约翰首先婉转暗示的。

诚的意见。① 1905 年 7 月 12 日，在国务卿海约翰病逝后第 5 天，已来华履任的柔克义又立即给美国总统罗斯福写信，希望早日解决退还庚款的超额部分，指出：在过去的几年里，海约翰经常与我说起这件事，每次他都最后这样表达他的意见：我们必须找到某种方式履行公正。但这件事在国务院中并没有任何文字记录，只是在海约翰和我之间一再讨论，因此，"提请您关心这件事是我的责任，也是对海约翰的纪念，相信以您的智慧，您能够决定以某种方式完成这一愿望"。②

然而，当时中美之间所发生的一系列纠纷，如收回粤汉铁路、抵制美货运动及发生在广东的连州教案，影响了美国政府做出退还部分庚款的决定。8 月 22 日，美国总统罗斯福在给柔克义的回信中虽然承诺他本人将会解决这个问题，并表示无论是在移民问题还是在赔款问题上，他比任何一个总统更愿意公正地对待中国人，但同时明确表示最近中国政府在粤汉铁路和抵制美货运动中的表现使他对向国会提出这件事犹豫不决。他指示柔克义必须对清政府在处理这两件事情上的"错误行为"采取强硬态度，以最强烈的方式让清朝官员明白他们在粤汉铁路和抵制美货运动中没有履行"公正"，极大妨碍了获得国会赞同退还部分庚款的机会。③ 8 月 29 日，罗斯福在致柔克义的信中再次强调：因清政府在收回粤汉铁路和抵制美货运动中所持的态度和表现，我不能确定退还庚款要经历如何漫长的过程。④ 11 月 16 日，罗斯福在接见丁韪良（W. A. P. Martin）时也表示，中国目前发生的抵制美货和杀害传教士事件，使退还庚子赔款成为不可能之事⑤。

1906 年初，随着中国抵制美货运动的平息，尤其是 3 月间清政府应美

---

① 《驻美公使梁致外务部函》（光绪三十年十二月十四日收），《清华大学史料选编》（一），第77 页。

② Rockhill to Theodore Roosevelt, July 12, 1905, *Rockhill Papers*.

③ Theodore Roosevelt to W. W. Rockhill, August 22, 1905, *Rockhill Papers*.

④ Theodore Roosevelt to W. W. Rockhill, August 29, 1905, *Rockhill Papers*.

⑤ W. A. P. Martin, *The Awakening of China* (New York: Doubleday, Page & Company, 1907), p. 251. 按：在抵制美货运动和连州教案发生之后，美国国内一度盛传中国国内正在发生第二次义和团运动，美国总统罗斯福甚至商议派军队对中国进行威胁，见 Howard K. Beale, *Theodore Roosevelt and the Rise of America to World Power*, pp. 239 – 245.

国政府的要求，公开发布保护外人的上谕，[①] 消除了美国国内当时流传的有关中国正在出现第二次义和团运动的疑虑，美国总统罗斯福对退款的态度转向积极。1906 年 4 月 3 日，他在给美公理会传教士明恩溥（A. H. Smith）的回信中虽然仍表示"我之所以一直怀疑是否要将赔款用于你所提的建议，这仅仅是因为我对中国人是否会把它看作一个软弱的行动而犹豫不决"，但同时明确赞成将退款用于派遣中国学生留学美国，承诺只要不发生一些重大的相反的理由，他本人将会采取行动，通过行政法案和与诸如哈佛、耶鲁等大学机构的共同努力，争取国会通过退款决议，并指出今后将由国务卿罗脱负责处理这件事。[②]

　　美国退还庚款除主动意愿之外，驻美公使梁诚的游说活动及与美国政府官员建立的友好关系也起了积极作用。为促成退还庚款，梁诚分别游说罗斯福总统及国务院有关官员，如国务卿海约翰、罗脱、内务部大臣格斐路（J. R. Garfield）、工商部大臣士脱老士（O. S. Straus）等支持退款动议[③]。而国务卿罗脱特意在梁诚卸任之前的 1907 年 6 月 15 日正式致函清政府，宣布美国总统将在下次国会开会期间要求授权修改与中国签订的有关赔款协议，豁免和取消部分庚子赔款。这也是出于对梁诚的关照、友好和帮助，为使他归国后不至乏善可陈，能被清朝政府重用。梁诚卸任之前在接受美国记者的访谈中即做如此表示，谓退款"得观其成，或亦贵政府鉴及愚忱，而使归朝述职之时，得所借手以告乎"。

　　从美国正式公开宣布退还部分庚款的过程来看，我们可以得出以下结论：

---

① 该上谕"着各省将军督抚严饬该文武各官，认真防范，所有外国人命财产，及各教堂，均应一体切实保护……如有造言生事，任意妄为者，必非安分守法之人，即着赶紧查拏，立行究办；倘或防护不力，致出重情，定将该地方官从重惩处，决不姑容"。见《清实录·德宗景皇帝实录》（八），第 363～364 页。按：该上谕系因罗斯福总统的直接要求而颁布，见《外务部致柔克义》（光绪三十二年二月八日），此文件为美国驻华使馆档案中文件，系微缩胶卷。下同。*Records of the United States Legation in China*，*1843 - 1945*，microfilm；Rockhill to Root，March 5，March 7，March 8，1906，*Dispatches from U. S. Ministers to China*，*1843 - 1906*，microfilm.

② Roosevelt to Smith，April 3，1906，in Elting E. Morison（ed.），*The Letters of Theodore Roosevelt*，Vol. 5，（Cambridge，Mass.：Harvard University Press，1952），p. 206.

③ 有关驻美公使梁诚为争取美国退款所做的努力详见《驻美国大臣梁致外务部函》（光绪三十三年六月初七日、六月二十五日收），《清华大学史料选编》（一），第 81～83 页；罗香林《梁诚的出使美国》，第 812 页。

第一，退还部分庚款系出于美国政府的对华友好和主动行为，并从一开始就有退还的打算，那种将美国退还部分庚款说成清朝驻美公使梁诚运动的结果的看法，是言过其实的。很显然，以当时中美两国强弱之悬殊，若不是美国有主动退还的意向，即使梁诚有三寸不烂之舌，也无法说动美国政府做出此举。对此，梁诚本人即有自知之明，在离美之前谈及此事时向记者表示"此固我国人民欢迎之事，而亦仆之私幸也。鄙人不敏，承政府命，治此交涉，非两国之互敦睦谊，及贵国之一秉大公，曷克臻此？功不在予"。① 当然，梁诚作为一名外交家，能够抓住机会，利用他与一些美国政府官员建立的良好关系，多方游说，在他任内促成美国政府做出退还部分庚款的正式决定，确乎做出了他个人的贡献。

第二，那种认为退还庚子赔款是美国政府为了消泯抵制美货运动之后中国人民的反美情绪而采取的一个举动的看法，实际上是一种似是而非的观点。如前所述，有关退还部分庚款的动议早在抵制美货运动之前即在进行之中。虽然一些美国人士当时有此建议，但就美国政府做出退款的决定来说，并非出于此一意图，相反，抵制美货运动一度妨碍了美国政府做出退款的决定，担心退款的决定被视作对抵制美货运动的一个奖励。美国通过退还部分赔款，的确在一定程度上改善了它在抵制美货运动中的形象，但显然不能倒果为因，将退款视为抵制美货运动的一个结果。历史和逻辑有时是两码事。

二 退款用途问题的确定

对于美国第一次退还庚款如何与兴学联系在一起，有些学者根据有关中文资料和档案，认为它主要是清朝驻美公使梁诚的功劳，② 或说"这是中美两国的共同意愿"③。但揆诸事实，这些说法也是不确切的。

根据目前所看到的资料，庚款用途问题最早系由美方提出。1905 年

---

① 《论美国减收中国赔款》，《外交报》第 193 期，译报第一类，第 14 页。
② 徐建平：《美国退还部分庚子赔款史实考》，《华东师范大学学报》1998 年第 2 期；罗香林：《梁诚的出使美国》，第 122 页；《清华园与清华学校》，《清华周刊》本校十周年纪念号，1921 年 4 月，《清华大学史料选编》（一），第 26 页。
③ 李喜所、刘集林：《近代中国的留美教育》，第 68～69 页。

初，在国务卿海约翰向梁诚透露美国有退还部分庚款的意图之后，新任驻华公使柔克义在5月来华前夕，向梁诚探询清政府对美国退还庚款的用途有何打算，以便总统向国会提出议案。会谈后，梁诚立即致函外务部，原文如下：

> 美国赔款商办收回各节，经于叠次函陈在案……连日与柔及署外部等商榷办法。柔言：总统以为，此项赔款摊付之法，中国早经筹定，若果交还，不知是否摊还民间，抑或移作别用。诚答以交还不应得之赔款，贵国义声足孚遐迩，减免之项如何用法，则是我国内政，不能预为宣告。柔谓总统并非有心干预，特欲略知贵国宗旨，以便措辞请求议院耳。诚惟今日列强环伺，若不觇我措施，定其应付，不有非常举动，无由戢彼奸谋。今美总统所言，无论是否有心干涉，均应预为之地，庶免为彼所持，尤应明正其词，庶彼为我必折，似宜声告美国政府，请将此项赔款归回，以为广设学堂遣派游学之用，在美廷既喜得归款之义声，又乐观育才之盛举。纵有少数议绅或生异议，而词旨光大，必受全国欢迎，此二千二百万金元断不至竟归他人掌握矣。在我国以已出之资财，造无穷之才俊，利害损益已适相反……且按年赔款，各省摊拟此二千二百万元者，合则见多，分则见少，即使如数归还民间，未必获益，与其徒资中饱，起交涉之责言，何如移应要需，定树人之至计耶！诚衡量轻重，若善于此……敬请酌裁，迅赐训示，俾得禀承一切，相机照会美外部办理，或能于秋间议院开会即行交议，早日告成，于大局不无裨益。柔使抵京谒见，倘蒙将此宗旨明白宣示，俾得接洽，则机轴愈紧，成功愈易。①

对于这段史料，目前学术界存在两种不同解读：第一种由此推定庚款兴学系驻美公使梁诚倡议；另一种意见则认为，它表明梁诚为了早日实现退还，在庚款用途问题上"按照美国的意图，向清政府提出了退款兴学的建议，却做了种种有利于清政府的解释"。② 换言之，庚款兴学最初系出于

---

① 《驻美公使梁致外务部函》（光绪三十一年四月初十日到），《清华大学史料选编》（一），第76～77页。
② 李守郡：《试论美国第一次退还庚子赔款》，《历史档案》1987年第3期，第101页。

美国之意。笔者以为，第二种解读无疑是正确的。事实上，在收到梁诚的来信之后，清政府就做了正确的解读，注意到庚款兴学"必为美廷所乐从"，而没有把它看作梁诚个人的建议。并且，根据梁诚最后要求清政府明确向柔克义宣布此意，以及柔克义本人对庚款用途所持的态度来看，庚款兴学的建议很可能就是柔在会谈中向梁诚传达的意思。作为一位学者型的外交家和美国对华门户开放政策的实际制订者，柔克义是当时美国政府中仅有的一位能够阅读中文和藏文的汉学家，热心促进中国的改革，对中国的教育事业尤为重视，在会见梁诚一个多月之前，他就曾以个人身份写信给一位参议员，呼吁允许接收中国学生就读西点军校，指出："我不能设想还有比向他们提供我们的教育设施所能提供的便利更为有益的事——不仅对他们来说，而且最终对我们来说。从与许多在美国接受教育的中国官员的长期接触中，我完全有信心地说这些人对他们国家和人民所产生的影响绝对是符合我们利益的。已有不少中国的海军军官在美国接受教育，他们中许多人已享有盛名。我相信如果有可能允许中国学生进入西点军校，将会获得同样令人满意的结果。"① 1905 年 4 月，柔克义在来华前夕就如何归还部分庚款征询清朝驻美公使梁诚的意见时，提出清政府最好答应将退款用于设立学堂、派遣中国学生留学，这将有助于退款的决定在美国获得支持和通过。会后，梁诚即致函外务部，转达此意，建议清政府在柔克义抵京谒见时，"倘蒙将此宗旨明白宣示，俾得接洽，则机轴愈紧，成功愈易"。② 7 月 12 日，柔克义在来华后写给罗斯福总统建议尽快落实退还部分庚款的信中，也极力劝说罗斯福支持将退款用于教育，坚决反对康奈尔大学教授精琪提出的将退款用于清政府货币改革的建议，指出这一方案不切实际，强调接受现代教育是目前中国各项改革事业中所急需的，只有它才能确保中国的生存，并且清政府已答应保证将退款完全用于教育，并很可能会要求美方参与这一教育基金的管理。③ 后来，在与清政府谈判庚款归还问题时，柔克义多次向中方代表传达过与梁诚信中所言大体相同的信息：即中方申明将退款用于兴学，将有助于美国

---

① Rockhill to Senator Warren, February 28, 1905, *Rockhill Papers*.

② 《驻美公使梁致外务部函》（光绪三十一年四月初十日到），《清华大学史料选编》（一），第 76～77 页。

③ Rockhill to Theodore Roosevelt, July 12, 1905, *Rockhill Papers*.

总统早日做出退款的决定。

此外，还须指出的是，庚款兴学计划实际上是美国正式宣布退款之前即已基本做出的一个决定，这是当时美国朝野比较一致的意见。1906年4月，罗斯福总统就曾对美国传教士明恩溥提出的将退款用于派遣中国学生留学美国的建议明确表示赞同，指出："如果我们能采取你所建议的政策，我将全力支持。"① 同年5月3日，柔克义在写给国务卿罗脱的信中，再次强调接受中国学生留学美国，这是一件对中美两国都有益的事情。②

与此相反，对美国建议将退款直接和完全用于派遣中国学生赴美留学，清政府从一开始就持保留意见。在收到梁诚的信函之后，清政府虽然原则上不反对将退还的庚款用于派遣中国学生留学美国，但鉴于"目前中国待办要政极多，正虑无款可筹"，并不赞成将它全部用于兴学。直隶总督袁世凯建议将退还的庚款先用于兴办路矿，再以其所获之余利用于兴学，认为这样"庶可本末兼权，款归实济"。③ 外务部也认为袁世凯的意见"尤属统筹兼顾、尽美尽善之图"，并指出"办理学务，似无须如此巨款"。但鉴于庚款兴学"为美廷所乐从"，以及当时中美之间正为粤汉路权问题进行交涉，为不影响美国退还部分庚款，驻美公使梁诚和外务部都不敢对庚款兴学提出异议，外务部指示梁诚"揆度情形，必须毫无妨碍，方可示此宗旨，否则但告以办理一切有益之新政，决不妄费";④ 而梁诚也因"时值粤汉铁路正议收回，美总统颇不适意，且恐有所牵掣，未曾再提前议"。⑤ 但这并不意味清政府已完全接受美国的方案。

1907年6月，美国国务卿罗脱正式通知中方将退还部分庚款之后，用途问题再次成为中美两国争议的焦点。清政府仍然不赞同将退款直接和全

① Roosevelt to Smith, April 3, 1906, in Elting E. Morison (ed.), *The Letters of Theodore Roosevelt*, Vol. 5, p. 206.

② Rockhill to Root, May 3, 1906, *Dispatches from U. S. Ministers to China*, *1843 – 1906*, microfilm.

③ 《北洋大臣袁世凯致外务部函》（光绪三十一年四月二十日到），《清华大学史料选编》（一），第78页。

④ 《外务部致驻美国大臣梁函》（光绪三十一年四月二十九日发），《清华大学史料选编》（一），第79页。

⑤ 《驻美国大臣梁致外务部函》（光绪三十一年十月初五日到），《清华大学史料选编》（一），第80页。

部用于兴学，希望将退还的庚款首先用于其他急需兴办的新政上，再以其所获余利用于兴学，所不同的是此时清政府希望将退还的庚款用于东三省的开发，以抵御当时俄、日两国的侵略。其具体设想是，清政府设立资本金为 2000 万美金的东三省银行，在美国发行债券，以东三省的一部分收入和退还的庚款为抵押，然后以东三省银行的盈余用于派遣中国学生留学美国。在清政府看来，这一计划与美国政府的要求并不矛盾。为此，奉天巡抚唐绍仪与当时美国驻奉天领事司戴德频频接触，商讨具体事宜，并来北京拜见柔克义，希望得到他的支持。尽管这一计划没有得到后者的支持，美国国务院也于 1908 年初即指示司戴德不要插手中美庚款用途问题，[①] 但唐绍仪与司戴德之间关于用退还的庚款作为一笔满洲开发借款抵押的计划直到唐访问美国，一直未曾停止。[②]

1908 年 5 月 25 日，美国国会通过决议，授权美国总统以合适的方式退还部分庚款。同日，美国国务卿罗脱指示美国驻华公使柔克义就此一问题征求清政府意见。在与清政府讨论退款方式的过程中，柔克义极力贯彻美国政府的意图，胁迫清政府必须将退款完全用于派遣中国学生赴美留学。在 5 月 25 日收到国务卿的电文通知后，柔克义故意没有立即照会外务部，而是非正式地通知外务部右侍郎梁敦彦，询问清政府是否有贯彻 3 年前向他本人多次做出的将退还庚款用于兴学的诺言。6 月 10 日，在与唐绍仪和梁敦彦会谈过程中，应后者的要求，柔克义递交了他拟订的清政府致美国政府照会和他本人致清政府照会的草案，供清政府参考。6 月 30 日，对梁敦彦送来的外务部照会草案略去有关声明退还的方式将按美国政府的安排、成立教育使团的文字，柔克义当即表示不能接受，要求梁敦彦转告庆亲王奕劻：如果外务部送给美国政府的是这样一个照会的话，他担心总统将不会放弃庚子赔款的权利；如果中国希望美国放弃这种毋容置疑的权利的话，必须提出充分和很好的理由，向总统证明这样做是正确的；他个人认为，在一个确定的年限内成立一个大规模的

---

① Wilbur J. Carr to Straight, February 10; Straight to the Assistant Secretary of State, March 3, 1908, *Records of the Department of State Relating to Internal Affairs of China, 1906 - 1910*, microfilm. 参见 Michael H. Hunt, *Frontier Defense and the Open Door: Manchuria in Chinese-American Relations, 1895 - 1911* (New Haven, CT: Yale University Press, 1973), pp. 71 - 72.

② 详见〔美〕查尔斯·威维尔《美国与中国：财政和外交研究 (1906—1913)》，第 47～57 页。

派往美国的教育团，这对总统将有很强的吸引力，将有助于中国实现退还部分庚款的目标，但中国派遣教育使团的决心必须明确、正式地表达出来。7月9日，在与唐绍仪的会谈中，柔克义再次强调：如果中国希望美国早日归还部分庚款的话，清政府必须对坚定不移执行派遣学生留美计划，以及学生人数和实行年限做出明确的声明，实行年限应该与庚款的退还期相同。最后，柔克义与唐绍仪就派遣中国学生赴美达成一致意见，商定头4年每年选派100名学生赴美留学，学习期为8年，此后每年50人。但为了显示这一方案完全出于清政府的意志，避免外界将派遣中国学生留学美国看作归还赔款的一个先决条件，唐绍仪建议将有关派遣留学的具体计划与正式照会分开，以附件形式发送。

　　7月11日，发现梁敦彦送来的照会的附件草稿遗漏实行年限后，柔克义在第1段的第6和第7行补上"直至赔款付清为止"一句，要求梁拿回去再加以修改；他本人原计划这一天送给清政府的照会也没有发出。7月14日，柔克义亲自拜访外务部，在确知清政府的照会完全满足了他的要求之后，才与外务部正式互换照会。[①] 在7月14日的照会中，清政府明确表示："中国政府乘此机会愿表明实感美国之友谊，且念近年贵国大伯理玺天德提倡中国学生来美分授高等教育，此事征之往事，入美国学堂结果甚善，而裨益中国者良匪浅鲜。中国政府现拟每年遣送多数学生至美就学。"照会的附件也根据柔克义的意见，规定自开始退还赔款之年起，中国政府于头4年每年遣送100名学生赴美留学，自第5年起每年至少选派50名中国学生赴美留学，直至该项退款用毕为止。[②] 10月31日，经反复协商，柔克义又与外务部拟定《派遣美国留学生章程草案》，就留美学生的资格、选拔、专业及其管理等问题初步达成一致意见。

　　然而，清政府与美国政府围绕退款用途问题的交涉并没有就此结束。事实上，在7月14日照会发布后不久，清政府就宣布将任命唐绍仪为赴美特使，前往华盛顿，名义上感谢美国退还部分赔款，实则希望劝说美国政

---

①　W. W. Rockhill to Secretary of State, July 16, 1908, *Records of the Department of State Relating to Internal Affairs of China*, 1906–1910, microfilm.

②　《外务部致美国公使柔克义照会》（光绪三十四年六月十六日发）、《外务部致柔克义公使》（1908年7月14日），《清华大学史料选编》（一），第88、102～103页。按：综上所述，1908年7月14日清政府致柔克义照会及附件，其实是由柔克义事先草拟并修改认可的，因此，该照会的内容并不完全代表清政府的意图和愿望。

府支持他们提出的东三省借款计划。柔克义得知这一内情之后，立即向美国国务院汇报唐绍仪访美的真实意图，建议美国政府不要接受清政府的方案，指出中国的财源愈来愈拮据，财政改革没有任何前景，如果将退还的庚款用于借款的担保，很有可能过了几年派遣留学即由于缺乏财政支持而被停止。[1] 为使美国政府拒绝唐绍仪的游说，柔克义甚至对唐个人的能力也加以诋毁，他在 7 月 30 日写给国务卿的信中说，唐与大多数中国人一样，对财政、政治经济问题完全无知；虽然他的英文不错，也了解一些西方知识，但无论是从中国人的标准来看，还是从我们的标准来看，他都不能称为一个受过很好教育的人。[2] 在接到柔克义的通报之后，美国国务院在唐来访之前即采取了相应措施，在全国广泛公开发表 7 月 14 日清政府的照会，"让世人都知道中国将用退还的庚款派学生来美留学"，[3] 以杜绝届时唐绍仪提出将退款用于东三省借款的方案。同时，美国政府当时也无意在东三省问题上与日本发生冲突和对抗，11 月 30 日就在唐绍仪抵达华盛顿前夕，美日两国缔结"罗脱—高平协定"，美国以听任日本可在东三省以"和平手段"自由行动换取日本不侵略菲律宾的保证。因此，尽管唐绍仪在访问华盛顿期间一再恳请美国政府同意将退还的庚款先用于东三省实业借款计划，再以借款所得利息用于留学计划，认为美国不应对退款附加条件，但终被美国政府拒绝。在 12 月 9 日的会谈中，美国国务卿故意对唐的建议保持沉默，不置可否，将话题转向他不会提出反对意见的问题上。[4]

在拒绝清政府建议的同时，美国政府还采取具体措施，确保退款完全和直接用于派遣中国学生赴美留学。12 月 9 日，柔克义就退款的使用问题再次照会外务部，要求清政府"应声叙减收之款，系与派生留学一事紧接牵连"，并"应声明每年所减之还款拨出若干以办学务"，指出只有这样，

[1] Extract from Letter from Mr. Rockhill to Mr. W. Phillips, Sept. 30, 1908, *Records of the Department of State Relating to Internal Affairs of China, 1906 – 1910*, microfilm.

[2] W. W. Rockhill to the Secretary of State, July 30, 1908, *Records of the Department of State Relating to Internal Affairs of China, 1906 – 1910*, microfilm.

[3] W. Phillips to Mr. Adee, September 9, 1908, *Records of the Department of State Relating to Internal Affairs of China, 1906 – 1910*, microfilm.

[4] Interview between T'ang ShaoYi with the Secretary of State, December 9, 1908, *Records of the Department of State Relating to Internal Affairs of China, 1906 – 1910*, microfilm.

"美政府方可抵拒或强中国将此减还之款改作他用"。① 12 月 28 日，国务卿罗脱根据美国国会的授权，制订了一套退款计划，于 31 日正式通知中国驻美公使伍廷芳。其具体步骤如下："计划 A"为根据原赔款义务中国应向美国每年和每月应赔的数目，"计划 B"为美国应收数目，"计划 C"为每年应交还中国的数目。② 1909 年 4 月美方进一步将这一计划具体化，规定清政府每月仍须按原数向上海花旗银行缴付赔款，然后由美国驻上海总领事通知银行汇往美国之数，由上海海关道代表中国政府照数购一汇票交银行汇往美国，最后才由美总领事签字核明将剩余之款退还上海海关道转交外务部。③ 美国制订的这一退款办法与唐绍仪提出的将美国所占庚子赔款份额简单地分为偿付美国部分和退还中国部分的建议显然有别。④ 对于美国政府为什么必须采取这套烦琐的"先赔后退"的办法，柔克义当时就明确指出：只有这样，才能确保中国学生留学美国的基金，避免清政府将退款改作他用；一旦清政府不履行约定，美国便可中断退还。⑤

唐绍仪访美使命失败后，清政府对将退款完全用于兴学仍然不甚热心。对此，美国政府继续施压，要求清政府尽快履约，做出具体安排。1909 年 1 月 9 日，美国国务卿指示柔克义转达美国政府对落实中国派遣留美学生的关注，指出：希望最近发生的袁世凯的去职不会影响业已达成的协定，美国方面已做好准备，在选派学生上没有理由再延搁。⑥ 3 月 20 日，柔克义照会外务部，催促清政府尽快选拔留美学生，指出第一班赴美留学之期将至，美国方面已为接收中国留学生做好准备，"外部愿中国速选学

---

① 《美国公使柔致外务部照会》（光绪三十四年十一月十六日），*Records of the United States Legation in China*, *1843 – 1945*, microfilm.

② The Secretary of State to the Chinese Minister, December 31, 1908, *FRUS*, *1908*（Washington：Government Printing Office, 1912), pp. 72 – 74.

③ Mr. Rockhill to the Prince of Ch'ing, April 8, 1909, *Records of the Department of State Relating to Internal Affairs of China*, *1906 – 1910*, microfilm.

④ 按此一建议系唐于 1908 年 12 月 9 日的会谈中向美方提出，见 Interview between T'ang ShaoYi with the Secretary of State, December 9, 1908, *Records of the Department of State Relating to Internal Affairs of China*, *1906 – 1910*, microfilm.

⑤ Mr. Rockhill to the Secretary of State, April 9, 1909, *Records of the Department of State Relating to Internal Affairs of China*, *1906 – 1910*, microfilm.

⑥ Root to Rockhill, January 9, 1909, *Records of the Department of State Relating to Internal Affairs of China*, *1906 – 1910*, microfilm.

生筹备一切，迅来美国就学为盼"。① 5 月 14 日，柔克义再次照会外务部，对清政府迟迟不履行上年 10 月间达成的《派遣美国留学生章程草案》以及对他的照会未做反应提出强烈抗议，指出根据上年达成的草案，"贵部大臣与本大臣均以此事草章所有应行酌改之处，自必无难办理定卜，于会晤时即可核定，心虽如此设想，而事则惜与愿违。在此三个月中，本大臣迭与那中堂、梁大臣提及此事，催请按照草章及面谈所定之章，即行办理，岂料迄今未曾施行一事。在上年虽曾将留学一事电达政府，美政府也曾允减收之款，即由本年正月起算，然细阅上年七月十四号来照所言之意旨，似系至今全行更变。迨至本年前两月间复行照会此事，迄未准复，更足见系于原所商定之法，均不愿照行"。柔克义最后威胁外务部："如中政府不按上年七月十四号所云办法及草案速行酌定，本大臣无法，只可达知美政府将现行减收之法停办，俟贵国将派生赴美留之章定妥，再行议订减收之法。"② 正是在柔克义和美国政府一再催促之下，1909 年 7 月 10 日清政府颁布《遣派游美学生办法大纲》，在北京设立"游美学务处"，附设"游美肄业馆"，正式启动留美计划。这个培训学校"游美肄业馆"，便是今日清华大学的前身，它于成立的翌年 10 月即因地处"清华园"，更名"清华学堂"。

综上所述，庚款兴学主要是出于美国政府的意图，其中驻华公使柔克义起了关键作用，中国驻美公使梁诚在庚款用途问题上除了于 1905 年商议退款初期根据美方意图建议清政府同意将退款用于兴学之外，便没有再发挥任何影响和作用；清政府对于庚款兴学原则上虽然表示赞同，但对将退款直接和全部用于派遣中国学生留学美国始终持反对态度，只是在美国政府的一再压力之下才勉强接受。因此，庚款兴学计划不能简单地说是中美两国的共同意愿，更不能说成清政府自动提议，或梁诚的个人功劳。

三　美国退款动机及评价

美国罗斯福政府在 1907、1908 年间做出退款兴学的决定，一个重要动

① 《美国公使柔致外务部照会》(宣统元年二月二十九日)，*Records of the United States Legation in China*，1843－1945，microfilm.
② 《美国公使柔致外务部照会》(宣统元年三月二十五日)，*Records of the United States Legation in China*，1843－1945，microfilm.

机是与日本、英国等列强竞争，以扩大美国在中国的影响力。日俄战争之后，日本成为东亚强国，日本对中国的影响如日中天。在国际关系上，日本不但于 1905 年 12 月 22 日通过与清政府签订《中日会议东三省事宜条约》，将南满变成日本独占的势力范围，而且还于 1905 年 8 月与英国续签同盟条约，1907 年 6 月和 7 月分别与法国和俄国缔结协定，结成英法俄日同盟，以巩固其在中国的地位。与此同时，日本又利用与中国特殊的地理、历史和文化关系，吸引大批中国学生前往日本留学。一向在东亚政策上奉行亲日政策并主张日本在引导中国改革中扮演主角的罗斯福总统，在日俄战争结束后不久，就对日本在中国影响的迅速扩张产生警惕，担心中国完全成为日本的追随者，在 5 月 18 日写给柔克义的信中，专门要求柔克义就日俄战争之后的中日关系做一汇报。[①] 在柔克义表示中国不会接受日本的领导后，罗斯福总统虽然消除了对日本影响的担忧，继续奉行亲日政策，[②] 但美国教育界和传教界及外交官继续对日本的崛起感到不安，纷纷建议美国政府采取措施，吸引中国学生留学美国，以扩大美国对中国的影响力。1905 年 8 月，康奈尔大学教授精琪在一封写给罗斯福总统的信中即指出，美国在对中国留学生的争夺中已远远落后于日本和欧洲国家，在日本的中国留学生已多达 3000 人，德国、比利时和法国各 500 人，而在美国的中国留学生只有 50 人，这将使美国失去对中国年轻一代的影响，使美国在对中国未来的争夺中处于不利地位。1906 年 1 月 3 日，美国驻日本代办亨廷顿·威尔逊在写给罗斯福总统的信函中也指出，大批中国学生留学日本，这将有利于扩大日本在中国的影响。[③]

同年初，美国伊利诺伊大学校长詹姆斯（E. D. James）在一份备忘录中则明确建议罗斯福组织一个教育代表团访问中国，正式邀请中国学生赴美留学，培植亲美势力，从而达到控制中国的目的，指出"哪一个国家能够做到教育这一代的中国青年人，哪一个国家就将由于这方面所付出的努力而在精神的与商业的影响方面收获最大可能的回报。如果美国在三十五

① Theodore Roosevelt to W. W. Rockhill, May 18, 1905, *Rockhill Papers*.

② W. W. Rockhill to Theodore Roosevelt, July 7, 1905; Theodore Roosevelt to W. W. Rockhill, August 29, 1905, *Rockhill Papers*.

③ Delber L. Mckee, *Chinese Exclusion versus the Open Door Policy 1900 – 1906*, Detroit: Wayne State University Press, 1977, p. 194.

年前已经做到把中国学生出国学习的潮流引向这个国家来，并能使这个潮流继续扩大，那么，我们现在一定能够使用最圆满和最巧妙的方式，控制中国的发展。也就是说，使用那种从知识上与精神上支配中国领袖的方式"。他警告大量中国学生涌向日本和欧洲留学，"这就意味着，这些中国人从欧洲回去后，他们将劝告中国仿效欧洲，仿效英国、法国、德国，而不仿效美国……他们将购买英国的、法国的、德国的货物而不买美国货，各种工业上的特许权将给予欧洲而不给中国"。①

1906 年 4 月，美国驻华公使柔克义也以清朝政府聘请一位美国人为修缮外务部的建筑工程师为事例，指出这是由于那些在美国接受教育的清朝官员起了重要作用，"他们对我们的友好来自他们对美国的技艺和方法有更好的了解，这使得他们在工作中特别愿意获得美国的技术帮助"。②

毫无疑问，正如许多学者已经指出的那样，美国的退款兴学是为美国的对华政策服务的，目的是要培植亲美势力，加强美国在中国的影响力。

然而，同样值得指出的是，清末美国退款兴学的动机除了加强美国在中国的影响外，也是为了支持中国的改革。如前所述，美国国务卿海约翰和远东政策顾问柔克义最初讨论退还庚款问题，其目的是要减轻清政府的财政负担，支持中国实行改革，同时将它看作履行公正和正义。后来，美国政府决定将退款用于兴学，除了认为它符合美国的利益之外，同时也认为它是符合中国利益的，是有利于中国的进步和改革事业的。美国总统罗斯福和驻华公使柔克义都明确地表达过这一观点。1905 年 7 月 12 日，柔克义在写给总统的信中建议将退款用于兴学时就认为，接受现代教育是中国各项改革事业中所急需的，只有它才能确保中国的生存。③ 1906 年他在写给国务卿罗脱的信中，再次强调接受中国学生留学美国，是对中美两国都有益的事情。④ 1907 年 12 月 3 日，罗斯福在争取国会支持退还部分庚款所做的年度咨文报告中也明确表示，兴学将有助于中国向现代国家的转

① Arthur H. Smith, *China and America Today*, New York: Fleming H. Revell, 1907, pp. 214, 218.

② Rockhill to Root, April 26, 1906, *Dispatches from U. S. Ministers to China, 1843 - 1906*, microfilm.

③ Rockhill to Theodore Roosevelt, July 12, 1905, *Rockhill Papers*.

④ Rockhill to Root, May 3, 1906, *Dispatches from U. S. Ministers to China, 1843 - 1906*, microfilm.

变，指出"我们这个国家应在中国人的教育方面给予十分实际的帮助，以便中国这个幅员辽阔、人口众多的帝国逐渐适应现代形势；实现这一目标的途径之一，就是鼓励中国学生来我们这个国家，吸引他们在我们的大学和高等教育机构里就学"。①

此外，当时美国一些主张将退款用于兴学的教育界人士和在华传教士也表达过同样的意思。如美国伊利诺伊大学校长詹姆斯（E. D. James）在递交罗斯福总统的《关于派遣教育考察团去中国的备忘录》中，一方面为游说美国政府改变排华法令对中国留学生的歧视，强调退款兴学如何符合美国的利益，声称"哪一个国家能够做到教育这一代中国青年人，哪一个国家就能由于这方面所付出的努力，而在精神和商业的影响上取回最大的收获"，甚至扬言"为了扩展精神上的影响而花些钱，即使从物质意义上说，也能够比用别的方法获得更多。商业追随精神上的支配，比追随军旗更为可靠"；② 但同时也表达了通过教育促进中国改革的意图，指出："中国正临近一次革命。自然，中国的革命将不会像日本那样快速，如果不是其他原因的话，这是因为这个国家人口众多、国土辽阔。然而，不能认为这场已启动的革命会再次遭受长时期的挫折和反动。世界上每一个大国都将或多或少地与这场巨变产生密切的关系。对他们来说，每一国家都得决定这些关系将是一种怎样的关系——是和睦和友善的关系，还是残忍的暴力和武力威胁的关系，美国应当毫不迟疑地做出自己的选择。"③ 他断言，任何鼓励和促进中美两国学生交流和相互理解的事情，都必定有助于两国的利益。

---

① 60th Congress, 2nd Session, 1908 – 1909, *House Documents*, Vol. 147, p. 6.

② Arthur H. Smith, *China and America Today*, pp. 214, 218. 按：认为庚款兴学是"文化侵略"的学者常常都以詹姆斯的这段话作为其定性的根据。笔者以为，对一些美国教育家和传教士的有关言论应做具体分析。一方面，他们的确认为庚款兴学符合美国的长远利益，但另一方面为说动美国改变排华法令对中国留美学生的歧视和限制，同时也出于其对教育的迷信，他们难免夸大其词。如詹姆斯和明恩溥以 30 多年前中国幼童留美事例阐述通过庚款兴学达到控制中国的目的的时候，他们显然忽视了当时代表清政府与美国打交道的梁诚、梁敦彦、唐绍仪等都曾是留美幼童，但他们并没有成为美国控制中国的工具这一事实。因此，对于一些美国教育家和传教士的言论，我们不能全信以为真，并作为我们对庚款兴学进行定性的唯一根据。

③ Arthur H. Smith, *China and America Today*, p. 214. 按：詹姆斯在文中所说的"革命"，意指中国正在进行日本明治维新那样的改革运动。

美国传教士明恩溥在《今日中国与美国》一书中倡议将退款用于教育时，除了指出此举可以扩大美国的影响之外，也强调教育可增进中美两种不同文化的交流和沟通，促进中国社会的变革，呼吁美国以最大的真诚、勇气和希望，以"美国援助东方"为座右铭、毫无偏见地迎接中国行将到来的巨大转变。他指出：与过去相比，中国虽然发生了巨大的变化，但中国的转型几乎尚未开始，它必将在未来的几年里加速进行。在此过程中，首先提出的是道德因素而不是物质因素。这场非凡的革新对所有西方国家来说都将是意味深长，但对美国来说可能是最重要的。①

事实上，在1900年义和团运动之后，希望通过教育促进中国的变革和社会文明的进步，这是美国朝野中一部分关心中国事务人士的一个共同信念。② 因此，将美国退款兴学完全看作出于自私的动机，是有失片面的；1909年的退款兴学，固然有实用主义一面——为扩大美国在中国的影响服务，但同时也有理想主义一面——支持当时中国的改革。

在如何评价美国退款兴学问题上，国内学者长期来多从退款的动机出发，进行道德评价，认为庚款兴学是为扩大美国在中国的影响服务的，因此便将它看作文化侵略而予以否定。③ 即使有些文章承认美国的退款兴学起过一些积极作用，但认为"这是美国统治阶级始料所未及的"，因而"不应该算做美国退款兴学的功劳"。④ 另有一些学者虽然没有将美国的退款兴学说成文化侵略，但同样从抽象的道德原则出发，或批评美国对退款的用途加以限制，干涉中国主权，批评美国退款的动机主要是为了"增进中美之间的贸易与培植美式教育的领袖人才"，并非完全为了正义与公道；⑤ 或批评美国的退还以中国的清偿为前提，系出于美国的"傲态"和

① Arthur H. Smith, *China and America Today*, p. 239.
② 见 Jerry Israel, *Progressivism and the Open Door: America and China, 1905–1921* (Pittsburgh: University of Pittsburgh Press, 1971), pp. 15–22.
③ 刘大年：《美国侵华史》，人民出版社，1951，第83～88页；刘培华：《近代中外关系史》下册，北京大学出版社，1986，第237页；王绍坊：《中国外交史：鸦片战争至辛亥革命时期(1840—1911)》，第355页；杨生茂主编《美国外交政策史(1775—1989)》，第255页。
④ 李守郡：《试论美国第一次退还庚子赔款》，《历史档案》1987年第3期，第107页；张静：《美国"退还"庚款和在华"兴学"论析》，《天津师大学报》(社会科学版)1997年第6期，第99页。
⑤ 王树槐：《庚子赔款》，第289～292页。

对中国的"怜悯","与纠正国际政治中强权即公理的邪恶行为毫无干涉"。① 我们认为,对美国的退款兴学作这样一种道德评价是有失偏颇的,值得重新检讨。②

第一,从国际关系角度来看,迄今为止,国与国的关系都是从本国利益出发的,都是为其外交政策服务或受本国价值观念的影响的。因此,我们不能因为一国的外交行为为本国利益服务,从本国价值观念出发,便斥为侵略。一国的外交行动是否侵略,应依据它是否损害了另一国的主权和利益。庚款兴学虽然如许多学者指出的那样,是为美国利益服务的,不完全是一次慈善举动,但同时我们很难说退款兴学在当时损害了中国的国家利益和主权。相反,其对中国国家的发展和社会进步所起的积极作用,却是一个有目共睹的事实。③ 虽然在讨论退款兴学过程中美国曾提出一些额外条件,如罗斯福总统将退款与清政府解决粤汉铁路和抵制美货运动结合起来,塔夫脱总统则于 1909 年以中断退款逼迫清政府答应美国参与湖广铁路借款,④ 这些确乎体现了美国的强权政治和中美关系不平等的现实,在道义上损害了美国政府所说的"公正"与"友谊",但它们恰恰也从反面说明退款兴学本身是一件有利于中国的事情。

第二,将退款用于兴学虽然出于美国的意图,但由于庚子赔款系为战争赔款,并为 1901 年和约所确定,因此,美国在退还过程中对退款的用途提出附带条件,指定将退款用于兴学,保证退款不被用于有损美国的事情,这与直接干涉中国主权和内政还是有所不同的。并且,考虑到当时中国的实际情况,如果不是美国政府对庚款用途加以限制,退款很可能像美

① 宓汝成:《庚款"退款"及其管理和利用》,《近代史研究》1999 年第 6 期。

② 按:对于如何正确看待各国的庚款退款,徐曰彪先生(笔名石楠)在《历史研究应以求实存真为要务——〈庚款"退款"及其管理和利用〉平议》(载《近代史研究》2000 年第 3 期)一文的最后部分提出了一些富有灼见的原则性意见,切中国内学者在评价各国退款中存在的问题。

③ 有关美国退款兴学对中国社会进步所起的积极作用,请参见徐鲁航《庚款留学对中国的主要影响》(载中美关系史丛书编辑委员会主编《新的视野——中美关系史论文集》第 3 辑,南京大学出版社,1991,第 21~32 页)和《试析庚款留美学者在推动中国政治民主化进程中所起的作用》(载陶文钊、梁碧莹主编《美国与近现代中国》,中国社会科学出版社,1996,第 364~379 页)两文,兹不赘述。

④ Huntington Wilson to Peking Legation, telegram, June 19, NF 5325/259, 转引自 Michael H. Hunt, "The American Remission of Boxer Indemnity: A Reappraisal," *Journal of Asian Studies*, Volume 31, Issue 3, May, 1972.

国公使柔克义担心的那样或被清政府虚掷，或被挪作他用，这样，兴学也就不可能取得那样大的效果——为中国的现代化培养大批人才，今日的清华大学也很可能是另一种命运。另外，还应看到的是，虽然当时美国对退款的用途加以限制，但根据清政府制订的《遣派游美学生办法大纲》和《游美学务处暂行章程》的规定，庚款兴学的管理权主要还是掌握在清政府的手中，这与民国之后庚款兴学的管理权处处受制于退还国也是有区别的。

第三，1909 年美国退还部分庚款虽然没有从根本上纠正《辛丑条约》所强加给中国的不公正待遇，但它在某种意义上是对 1900～1901 年列强侵华并勒索高额赔款的一种自我否定。对此，当时一些外国舆论就意识到美国的这一行动所带来的骨牌效应，一份日本人办的英文报纸在得知美国有退还部分庚款的动议时就抱怨美国的这一做法背叛了 1900 年庚子事件中美国与其他国家的合作，是感情用事，警告说：

> 在我们看来，美国这种故意地脱离他的战友的行为将是灾难性的；不管华盛顿这一行动的真实动机是什么，中国人都会把它理解为美国在 1900 年行为失当的一个迟到的招认。这是一种感情用事的政策，除非它纯粹是一个算术问题，否则，感情用事在国际关系中是很难找到其安全位置的。[1]

不管当时日本舆论反对美国退还庚款的真实动机是什么，至少他们所说的美国的这一行动将会导致对 1900 年列强镇压义和团行动的自我否定，确是事实。正是在美国退还部分庚款之后，1901 年《辛丑条约》的不公正性才引起各国进步和主持正义人士的关注，重新看待庚子赔款，后来各国进步人士争取各国退还庚款，其中一个重要的理由便是认为 1901 年列强强加给中国的赔款是不公正的。就此来说，美国率先退还部分庚款的积极意义是不言而喻的。

我们认为，美国第一次退款存在的最大不足，是它所确定的赔款额并没有像美国政府声称的那样代表了他们在义和团运动中的实际损失，依然

---

[1] The United States and the Boxer Indemnity, *The Japan Daily Mail*, Monday, December 11, 1905.

有很大的水分。换言之，美国的第一次退款实际上是不彻底的。1908 年 5 月美国国会授权总统退还 1075 余万美元，尚不如海约翰当初提出退还赔款总数一半的建议。就军费的开支来说，经重新校正，美国海陆两军确定陆军部的费用为 7186310 美元，海军部的费用为 2469182 美元，总计为 9655492 美元，这一数字仍然是高估的。由于庚子年间美国派往中国的海陆军大部分系从菲律宾派出，美国的军费开支远远低于此数。根据柔克义的估算，美国的军费开支不会超过 500 万美元[①]。

　　至于民间赔款部分，在美国提出退还之后，不但没有削减，还有所增加，从宣布退款之前的约 200 万美元增至 280 多万美元。[②] 虽然我们不能对美国的民间赔偿案一一进行核查，但民间部分从 1902 年美国两名驻华官员核查的 150 多万美元增至 280 多万美元，美国政府在审理过程中显然没有严格执行有关民间赔偿的标准和要求，做了偏袒美国公民的裁决。以争议最大并且也许是民间赔款额最大的丰裕洋行（China and Japan Trading Company）的索赔案来说，该行最初提出总计 559285 美元的索赔要求，而当时负责审查美国民间索赔的美国公使馆二等秘书本布立基（William E. Bainbridge）和驻天津领事莱格斯德尔（James W. Ragsdale），根据赔款委员会制订的有关民间赔偿的原则和要求，只对因义和团运动所造成的额外的贮存和火灾保险两部分的费用准予补偿，计 63612 美元，而对丰裕洋行提出棉花跌价所造成近 239775 美元的损失和因货物滞留所造成的偿付银行的贷款利息 256050 美元，不予接受。美国国务院也支持这一裁决，多次拒绝该洋行的赔款要求。[③] 但在美国政府宣布将退还部分庚款的决定公布之后，美国国会却支持丰裕洋行的索赔要求，于 1908 年 1 月 27 日通过一项议案，授权上诉法院受理此案，对该洋行所受的实际损失和应获的赔偿进

---

① Rockhill to Theodore Roosevelt, July 12, 1905, *Rockhill Papers.* 柔克义在同一封信中甚至提出即使归还庚款的 75%，仍足以赔偿美国在战争中的损失和费用。

② 有关美国民间庚子赔款额的演变，详见王树槐《庚子赔款》，第 35～37 页。

③ 60th Congress, 1st Session, 1907－1908, *House Reports*, Vol. 1，p. 23. 按：根据 1901 年 3 月赔款委员会确定的民间赔款原则，对商业合同因义和团运动遭破坏的损失可予赔偿，但丰裕洋行的棉花只是在公开市场上出售，并无合同，因此不符合赔款委员会确定的赔款要求；至于银行利息的损失，1901 年 3 月赔款委员会确定的民间赔款原则明确规定不在索赔之列。有关赔款委员会确定的民间赔款原则，可参见《1901 年美国对华外交档案》，齐鲁书社，1983，第 118～123 页。

行裁决，其裁定的数目将从美国接受的庚子赔款中支付。① 一些议员还为丰裕洋行的索赔要求辩护，对赔款委员会所做的"被毁坏或变质的有价贸易存货、商品、食品和货样"应予赔偿的规定进行曲解和引申，认为丰裕洋行棉花跌价的损失应予赔偿，即使该洋行的棉花是在市场上公开出售，事先并无合同，无权确定其具体价格。至于银行利息，虽然赔款委员会明确规定不在赔偿之列，但他们认为丰裕洋行因义和团运动不能及时将棉花在华北市场上出售，由此增加的银行利息也应予赔偿。② 最后美国国务卿认为国会的做法越权，予以反对。③ 但国会坚持认为他们有权将丰裕洋行的索赔案提交上诉法院裁决。1908 年 5 月 25 日美国国会通过修正案，决定从美国退还的庚款中再留 200 万美元，作为应付美国民间重行请求赔偿之用。④ 结果，丰裕洋行最后胜诉，在原核准的赔款之外，又得 40 余万美元的赔偿，另诉讼费 10 万美元。这一案例充分反映了美国由于有其保护美国人的特殊法律和制度，在处理国际事务中是不可能完全执行和贯彻公正原则的，总是要偏袒美国人自身利益，即使在从事一项他们自以为公正事业的时候，也是如此。

然而，撇开这一案例，如果不以抽象的道德评价为尺度，而是持历史主义态度，从一般的国际关系和中国国家利益角度看待问题的话，美国的退款兴学应该说是近代中美关系史上一件值得肯定的事情，对中国后来的现代化建设起了积极的作用，似不宜将它看作文化侵略而加以否定。近代中外关系总体上是不平等的关系，是侵略与反侵略的关系，但其中并不排除一些侵略国家有时也做过一些对中国有益的事情，或既对他们自身利益有利同于中国也无害的事情，庚款兴学便是其中之一，这是我们在研究中应该区别对待的。

①　60th Congress, 1st Session, 1907 – 1908, *Senate Documents*, Vol. 31, p. 45.

②　60th Congress, 1st Session, 1907 – 1908, *House Reports*, Vol. 1, p. 45.

③　Root to Mr. Denby, February 20, 28, 1908, *Records of the Department of State Relating to Internal Affairs of China, 1906 – 1910*, microfilm.

④　60th Congress, 2nd Session, 1908 – 1909, *House Document*, Vol. 147, p. 67.

第九章　美国政府与清末禁烟运动

罗斯福总统执政期间，美国政府为中国所做的另一件最为有益的事，当为支持清末禁烟运动。1906 年 9 月清政府发起的禁烟运动历时 5 年，被称为清末新政期间最富有成效的改革之一。它的开展既得益于 1905 年日俄战争之后中国国内改革主义和民族主义的普遍觉醒，也得益于当时的国际环境。其中，美国政府对清末禁烟运动的支持，便是其中一个重要因素。[①] 本章拟就美国为何支持清末禁烟运动，以及美国如何倡议并与中国代表合作、促使 1909 年上海万国禁烟会[②]通过声援中国禁烟之决议，以及美国发起上海万国禁烟会在清末禁烟运动和晚清中美关系及中外关系史上的意义和影响等，做进一步系统考察和分析。

---

① 有关清末禁烟运动缘起、经过、成效及其国际因素等，参见于恩德《中国禁烟法令变迁史》（中华书局，1934）；王宏斌《禁毒史鉴》（岳麓书社，1997），第 268～328 页；苏智良《一九〇九年上海万国禁烟会研究》，《历史研究》2009 年第 1 期；托马斯·D. 莱因斯的《改革、民族主义与国际主义：1900–1908 年中国的禁烟运动与英美的影响》，《国外中国近代史研究》第 25 辑，中国社会科学出版社，1994，第 1～44 页；Thomas D. Reins, China and the International Politics of Opium, 1900 – 1937: The Impact of Reform, Revenue, and the Unequal Treaties, Claremont Graduate School, Ph. D., 1981; Kathleen Lorraine Lodwick, Chinese, Missionary, and International Efforts to End the Use of Opium in China, 1890–1916, The University of Arizona, Ph. D., 1976.

② 按："万国禁烟会"的英文名称为"国际鸦片委员会（International Opium Commission）"，在英文文献和论述中并无"万国禁烟会"的称谓，国内大概在 1908 年 5 月各国商定 1909 年 1 月在上海召开国际鸦片委员会会议之后出现有关"万国禁烟会"的报道，因此，本文将根据语境，交互使用"万国禁烟会""国际鸦片委员会""国际鸦片会议"等表述。

一 美国支持清末禁烟运动的背景

美国关注和支持清末禁烟运动，首先与当时美国国内兴起的反麻醉品①运动有着直接关系。鸦片作为 19 世纪最主要的一种麻醉品，在 1800 年以前的美国，它作为镇静剂药物被用于治疗肠胃疾病，但在进入 19 世纪之后，由于美国在南北战争和美西战争中为军队提供鸦片丸和鸦片粉，用于缓解战场上伤员的疼痛，以及六七十年代吗啡皮下注射在美国的流行和吸食鸦片的习风在 1870 年之后从华工逐渐扩大到白人阶层，使用鸦片成瘾者在美国急剧上升，至 1890 年代迎来美国有史以来的第一个高峰，从 1842 年不到总人口的 0.72‰上升到 4.59‰，② 在 20～40 万人之间。③ 另据 1908 年美国鸦片调查委员会报告估计，在美国医务界，有 10% 的医务人员因吗啡皮下注射而染上毒瘾。④

随着麻醉品上瘾人数的扩大及旨在改良社会各种弊端的进步主义在美国的兴起，麻醉品上瘾问题在 19 世纪末 20 世纪初开始引起美国主流社会和美国政府的高度关注。美国一些进步主义改革家和医学界的一些有识之士，猛烈抨击鸦片及其衍生物吗啡等麻醉品成瘾给美国社会带来极大的危害，指出它们"破坏生活和幸福的家庭，使我们的监狱和疯人院爆满，使不幸的人们丧失了上帝恩赐的永恒生命"，指责那些提供非医用麻醉品的人是"比杀人凶手还要坏的人"。随着对麻醉品成瘾危害意识的觉醒，美国的州、特区、联邦政府和国会等政府部门以及美国药学会等行业组织都各自提议或通过一些法案，对鸦片、吗啡等麻醉品的生产、买卖和使用加以控制。⑤

---

① 按：根据国际毒品分类，麻醉药品分为鸦片类、古柯类和大麻类三个系列，其中，鸦片类包括生鸦片、精制鸦片、吗啡、海洛因、杜冷丁等制品，是 19 世纪以来世界上最主要的毒品。

② David T. Courtwright, *Dark Paradise: A History of Opiate Addiction in America* (Cambridge, Mass.: Harvard University Press, 2001), p. 9.

③ 〔美〕戴维·F. 马斯托：《美国禁毒史——麻醉品控制的由来》，周云译，北京大学出版社，1999，第 46 页注 13。

④ *Report of the International Opium Commission*, Vol. Ⅱ, *Reports of the Delegations*, Shanghai, Printed and Published by the North-China Daily News & Herald Ltd., 1909, p. 19.

⑤ 有关 19 世纪末 20 世纪初美国国内兴起的反麻醉品改革运动情况，请详见〔美〕戴维·F. 马斯托《美国禁毒史》，第 175 页。

在反麻醉品运动中，由于美国本土并没有专门用于商业目的的鸦片种植，因此，美国政府和相关人士清醒认识到，要解决美国国内的麻醉品问题离不开国际的合作。1908 年 5 月，美国国务卿罗脱（Elihu Root）代表美国总统建议国会批准发起远东鸦片会议时即以此为一个重要理由，指出：尽管美国的政策一直以来十分清楚和明确，避免美国公民追随中国人使用鸦片，并运用各种可能的办法禁止菲律宾使用鸦片，但仍有理由相信对美国毒品的进口并没有给予充分的注意，截至 1907 年 6 月 30 日，进口到美国的鸦片达到 728530 磅。有鉴于此，他明确表示："由于这个问题涉及广泛而复杂的贸易关系，因此，如果没有商业大国的一致行动和鸦片泛滥的东方国家人民的合作，要有效地解决这个问题是不可能的。"① 美国鸦片调查委员会也认为，如果其他国家控制本国麻醉品的生产、制造及出口，美国就可以卸掉控制麻醉品的包袱，因为美国本土从来没有大量种植商业性的罂粟和古柯叶。美国鸦片调查委员会委员赖特（Hamilton Wright）博士在劝说美国国会议员支持发起召开国际鸦片会议时这样说道："若其他国家采取他所提出的那种美国国内控制麻醉品的强硬立场，美国海关的开支就会减少，因为海关不需要那么多的人员打击走私并保护国家利益。"② 可以说，美国政府在 20 世纪初帮助和支持中国禁烟运动是当时美国国内兴起的反麻醉品改革运动的一个组成部分。

与此同时，美国为治理菲律宾发起的禁烟运动进一步将美国与 20 世纪初的中国禁烟联系在一起。1899 年美国在占领菲律宾后，为了治理的需要，开始关心当地华人吸食鸦片问题，1903 年组织一个委员会专门调查菲律宾周边国家和地区如何对付鸦片贸易和吸食问题。在对日本、上海、香港、西贡、缅甸、新加坡和菲律宾群岛等地进行详尽的调查之后，1904 年 6 月 15 日美菲政府在调查报告的基础上，颁布了一条逐渐禁止鸦片进口和出售的法令，宣布对鸦片实行为期 3 年的政府专卖制度：在此期间，种植鸦片和鸦片烟店在菲律宾均为非法；禁止年龄在 21 岁以下者吸食鸦片；只

① Message from the President of the United States, Transmitting a letter from the Secretary of State Recommending an Appropriation for the Participation of the United States in the Coming Investigation of the Opium Question in the Far East by a Joint International Commission, May 7, 1908, *FRUS*, *1908*, pp. 88 – 89.
② 〔美〕戴维·F. 马斯托：《美国禁毒史》，第 46 页。

有由政府确定的吸烟者才允许购买鸦片，购买鸦片须有政府颁发的许可证；对初犯或再犯的违法者将处以罚款或监禁，或两者并罚。同时，声明政府实行鸦片专卖的收入应不得超过与此有关的支出，其目的在于抑制和禁止鸦片的使用和贸易，而不是为了敛财。1905年3月3日，美国国会通过"菲律宾群岛关税修改和补充法令"，批准菲律宾逐渐禁止鸦片进口和销售法令，同时附加两个条件：（1）菲律宾委员会和任何其他的立法部门将有权颁布法律，完全禁止鸦片的进口和销售，或限制和约束鸦片的进口和销售，或采取为查禁鸦片这一恶魔所需要的措施。（2）1908年3月1日之后，除了政府和医用目的之外，菲律宾群岛的任何鸦片进口均为非法；任何除医用之外向菲律宾当地出售鸦片均为非法。①

由于菲律宾作为一个岛国，有着漫长的海岸线，美国政府要在菲律宾实现禁烟目标，就离不开东亚相关国家的合作。菲律宾鸦片调查委员会和美国鸦片调查委员会的官员们在报告中都意识到这一点，一致建议为切断菲律宾的鸦片货源，就应与菲律宾的邻国达成一项有效的安排，由美国政府派官员进驻东亚各个港口，检查和报告鸦片的流动，这样才能迅速有效地控制鸦片走私，指出"我们不知道多大数量的鸦片在远东流动，它们就像水银流动一样，随时会流进菲律宾，直接使我们的努力功亏一篑"。② 1906年7月24日，菲律宾鸦片调查委员会委员、菲律宾大主教布伦特（C. H. Brent）也建议美国通过国际合作来解决菲律宾的鸦片问题，他在写给罗斯福总统的信中指出：我在菲律宾鸦片调查委员会工作的经验，使我相信鸦片问题应通过国际行动来解决。美国有责任处理它的属地菲律宾的鸦片问题，有责任发起一场运动，召集与鸦片问题密切相关的各国代表共同讨论。美国为什么不能邀请英国、法国、荷兰、中国和日本的代表共同调查远东的鸦片问题呢？③

其次，美国积极介入和支持清末禁烟运动与美国对华鸦片政策有着密切关系。尽管美国商人在19世纪初参与了对华鸦片贸易，并从中获得巨大

---

① Message from the President of the United States, Transmitting a Letter from the Secretary of State Recommending an Appropriation for The participation of the United States in the Coming Investigation of the Opium Question in the Far East by a Joint International Commission, May 7, 1908, *FRUS, 1908*, p. 88.

② *Report of the International Opium Commission*, Vol. II, *Reports of the Delegations*, Shanghai, Printed and Published by the North-China Daily News & Herald Ltd. , 1909, p. 24.

③ Bishop Brent to the President, July 24, 1906, *FRUS, 1906*, Part I, pp. 361–362.

收益①，但根据中美签订的有关条约和美国国内法律，鸦片贸易一直为非法活动。1844 年《中美望厦条约》第 33 条明确规定："合众国民人凡有擅自向别处不开关之港口私行贸易及走私漏税，或携带鸦片及别项违禁货物至中国者，听中国地方官自行办理治罪，合众国官民均不得稍有袒护；若别国船只冒合众国旗号做不法贸易者，合众国自应设法禁止。"② 虽然由于这一条款没有规定在开关港口鸦片贸易是否合法，在很长一段时间里并没有起到限制美国商人从事鸦片贸易活动的作用，但它在法理上承认鸦片贸易是非法的。1880 年 11 月 17 日，美国与中国签订的《中美续约附款》第 2 条就弥补了《中美望厦条约》的这一不足，明确规定美国公民不得在包括通商口岸在内的各港口之间从事鸦片贸易，声明"中国与美国彼此商定，中国商民不准贩运洋药入美国通商口岸，美国商民亦不准贩运洋药入中国通商口岸，并由此口运往彼口，亦不准作一切买卖洋药之贸易。所有两国商民，无论雇用本国船、别国船及本国船为别国商民雇用贩运洋药者，均由各本国自行永远禁止；再此条，两国商民彼此均不得引一体均沾之条讲解"。③ 为履行《中美续约附款》第 2 条之规定，美国国内法律也禁止美国公民从事鸦片贸易活动。1887 年 2 月 23 日，美国国会通过法案，宣布根据中美条约之规定，任何美国公民在中国从事鸦片贸易或华人在美国从事鸦片贸易均为非法，对犯此条款的美国公民处以 50 ~ 300 美元罚金，要求美国驻华领事严格执行这一法律。④ 1903 年在中美签订的《通商行船续订条约》第 16 款中，美国又进一步同意禁止将医用之外的吗啡和吗啡注射用具输入中国。⑤

　　美国在鸦片问题上所实行的"阳光政策"，使美国政府认为他们最有资格在推动中国禁烟问题上发挥领导作用。1906 年 7 月 24 日，大主教布伦特在建议由美国总统倡议发起召开国际鸦片会议时就持这一观点，强调美国在早期与东亚国家关系中对鸦片贸易所持的明确政策使美国有责任和

---

① 有关美商早期参与鸦片走私情况，可参见李定一《中美早期外交史》，台北：传记文学出版社，1978，第 95 ~ 107 页。

② 王铁崖编《中外旧约章汇编》第 1 册，第 56 页。

③ 王铁崖编《中外旧约章汇编》第 1 册，第 380 页。

④ *Report of the International Opium Commission*, Vol. II, *Reports of the Delegations*, Shanghai, Printed and Published by the North-China Daily News & Herald Ltd., 1909, p. 2.

⑤ 王铁崖编《中外旧约章汇编》第 2 册，第 188 页。

义务解决鸦片问题，指出：与其他列强不同，美国与鸦片贸易没有任何联系，我们既没有鸦片的生产商和消费者，也没有鸦片贩卖者，我们对讨论这个问题没有任何的借口，有责任由我们处理这件事，我们完全有理由为了我们彼此的利益，与其他有关列强一道共同讨论这个问题，这样一种为着我们彼此利益的努力一定会得到有关国家的赞同，包括中国和日本。并邀请中国参加，这将极大地增强中国人的禁烟意识。① 美国政府也十分赞同布伦特的这一观点，1906 年 9 月 27 日代理国务卿艾地（Alvey A. Adee）致函美国驻英国和日本大使，指出美国之所以倡议发起国际鸦片会议，就在于美国与其他列强不同，与鸦片贸易没有任何联系，我们既没有鸦片的生产商和消费者，也没有鸦片的贩卖者，我们对讨论这个问题没有任何前提条件，因此有责任由我们处理这件事，"我们完全有理由为了我们彼此的利益，与其他有关列强一道共同讨论这个问题，这样一种为着我们共同利益的努力一定会得到包括中国和日本在内的相关国家的赞同"。② 国务卿罗脱在 1908 年 5 月 7 日向国会建议拨款用于召开国际鸦片会议的报告中也强调"由美国发起这一行动，符合我们政府的既定政策"。③

同时，美国政府也有借此提高美国作为世界强国地位的意图。1908 年 5 月 11 日，罗斯福总统在建议国会支持国际联合委员会调查远东鸦片问题时就表示，美国应在国际联合禁烟问题上扮演领导角色，"美国的这一倡议得到有关国家的热烈响应，这是一件令美国政府和人民高兴的事情。这一国际项目以人类的福祉为崇高目的，是近代文明和国际良好愿望与合作的一个很好体现。这样的事业一定为美国人民所欢迎，我很高兴向国会提出这一机会，以便美国在这项工作中能够承担其应尽的责任"。④

---

① Bishop Brent to the President, July 24, 1906, *FRUS*, *1906*, Part I, p. 362.
② The Acting Secretary of State to Ambassador Reid, September 27, 1906, *FRUS*, *1906*, Part I, pp. 360 – 361.
③ Message from the President of the United States, transmitting a letter from the Secretary of State recommending an appropriation for the participation of the United States in the coming investigation of the opium question in the Far East by a joint international commission, May 7, 1908, *FRUS*, *1908*, p. 88.
④ Message from the President of the United States, transmitting a letter from the Secretary of State recommending an appropriation for the participation of the United States in the coming investigation of the opium question in the Far East by a joint international commission, May 7, 1908, *FRUS*, *1908*, p. 87.

再者，美国热心中国的禁烟运动也有扩大对华贸易的考虑。根据美国学者斯特尔（Charles Clarkson Stelle）的研究，在 1858 年《天津条约》规定鸦片贸易合法化后，美国的对华鸦片贸易就因受各种小贸易商的竞争反而趋于萎缩；南北战争结束后随着美国国内出现的投资机会，美商又进一步退出鸦片贸易。据统计，1870 年悬挂美国国旗的商船尚占对华贸易外商总吨位的 43.61％，而到 1879 年即降至 1.94％；至 1887 年美国颁布法令、禁止美国公民从事鸦片贸易之后，美商便完全退出中国鸦片贸易。[①] 这样，美国不但不能从鸦片贸易中获取利益，鸦片贸易反而损害了美国对华的正常商业贸易，影响了中国人的购买力。美国前驻华代理公使、评论家何天爵（Chester Holcomb）在 1901 年出版的《中国问题真解》一书中就持这一观点，谴责西方国家强迫向中国输入鸦片是比非洲奴隶贸易更严重的犯罪行为，是中外正常商业贸易的真正敌人，指出西方与中国的贸易需要后者的繁荣，而鸦片贸易却抑制了真正的商业贸易，摧毁了具有无限商业潜力的市场，导致中国经济贫困、道德沦丧。他断言"不能期望那些因吸食鸦片而弄得瘦骨嶙峋的人对外国的棉织物或毛织品有更多的需求，他们已无力购买国内最普通的碎布用于蔽体；对那些只有鸦片灯设施和鸦片枪奢侈品的人来说，西方文明的各种便利设施和奢侈品对他们不会有任何的吸引力"。[②]

与此同时，美国政府亦有意借助支持中国禁烟运动获得中国人民的好感，改变美国在排华法案问题上的不好形象，扭转抵制美货运动可能对美国对华贸易造成的负面影响，扩大美国在中国的商业市场。美国鸦片调查委员会委员赖特在建议美国政府支持中国禁烟运动时就这样说道："我们帮助中国进行鸦片改革会给我们带来比同中国签订任何友好条约所能带来的特权要多得多。如果我们不断地要求召开会议，中国会感到我们是和她站在一起的，整个事件会给我们在那里的进攻性商业政策增加润滑油。"[③]

---

① 有关 19 世纪美国在华鸦片贸易的历史，请见 Charles Clarkson Stelle, *Americans and the China Opium Trade in the Nineteenth century*（New York：Arno Press，1981）一书。

② Chester Holcomb, *Real Chinese Question*, London：Methuen & Co.，36 Essex Street W. C.，London，1901，pp. 284 – 285. 另，有关 1890 年代之后美国国内对扩大对华贸易的憧憬及这种憧憬对美国对华政策的影响，可参见 Thomas J. McCormick, *China Market：America's Quest for Informal Empire*, *1893 – 1901*（Chicago：Quadrangle Books，1967）.

③ 〔美〕戴维·F. 马斯托：《美国禁毒史》，第 48 页。

最后，美国支持清末禁烟运动也与当时出现的有利于联合禁烟的国际环境分不开。自 19 世纪以来，英国等西方列强在华从事可耻的鸦片贸易一直受到英国国内和国际上所有心存人类良知人士的谴责，尤其是英美国家的传教士，认为鸦片贸易玷污了他们在华传教事业，大多对鸦片贸易持反对态度。1868 年，传教士在上海创办的《教务杂志》就一直致力于禁烟宣传，1891 年该杂志的一位编辑动员在华传教士搜集有关鸦片在中国流毒的图片和资料，将它们发回本国，呼吁抵制鸦片贸易。与此同时，传教士还在中国各地成立戒毒公所，帮助戒烟。1890 年在上海召开的传教士大会专门讨论鸦片问题，并通过一项决议，号召在华传教士加强禁烟宣传，呼吁全世界的所有传教士祈祷终结罪恶的鸦片贸易，宣告成立一个永久性的外国传教士禁烟联合会。

而在英国本土，一些有良知的工商界和知识界人士及一些宗教领袖和在华的著名传教士早在 1874 年 8 月就在伦敦成立英国禁止鸦片贸易协会，出版月报《中国之友》（Friend of China）和由反鸦片贸易人士撰写的出版物，揭露和抨击鸦片贸易给中国人民带来的危害和痛苦。义和团运动之后，该协会又与多个教会组织一道，联名致函英国议会和政府，指责鸦片贸易不但不道德，激发了中国人对在华英国人和英国利益的敌意，并且也伤害英国的对华商业贸易，呼吁英国政府尽快禁止鸦片贸易①。

在国内和国际道德舆论的强大压力下，1906 年 5 月主张禁止鸦片贸易的自由党终于在英国议会选举中获胜并通过议案，谴责印度与中国之间的鸦片贸易在道德上是不能令人接受的，要求英国政府尽快采取措施，终止不光彩的鸦片贸易。②

英国国内在鸦片问题上发生的这一重大政策转变，为美国倡议国际联合禁烟提供了一个前提条件。1906 年 7 月 24 日，菲律宾大主教布伦特便以此作为向美国总统建议发起国际联合禁烟运动的一个重要理由，他在信的一开头就指出："正如您最近所知道的，鸦片贸易问题在古老英国的政

① 有关传教士反对英国对华鸦片贸易，详见 Kathleen Lorraine Lodwick, Chinese, Missionary, and International Efforts to End the Use of Opium in China, 1890 - 1916, pp. 36 - 102.

② David Edward Owen, *British Opium Policy in China and India* (New Haven: Yale University Press, 1934), p. 334.

界中已获得重新讨论。"① 同时，清政府表现出来的禁烟决心也使美国看到了在远东发起国际联合禁烟的可能性，② 美国政府在向各国发出联合禁烟的倡议时就一再强调中国方面的积极态度，指出"中华帝国政府已做出乐于严肃根除鸦片的迹象"，从清政府颁布的一系列禁烟条例来看，在联合调查鸦片问题上得到中国的合作"是完全可以期待的"。③

二　倡议发起国际鸦片会议

基于在鸦片问题上的共同利益和立场，美国政府对清末禁烟从一开始就持支持态度。还在 1906 年 9 月 20 日清政府颁布清末禁烟令之前，美国政府就支持美国在华传教士杜步西（Hampden C. Du Boes）代表外国传教士禁烟联合会，就禁止鸦片贩卖问题向清政府直接表达意见。1906 年 7 月 11 日，美国代理国务卿培根（Robert Bacon）致函驻华公使柔克义，指示他帮助杜步西拜见外务部，推动清政府发起禁烟运动，指出"对于中国有害的鸦片贸易，美国的政策一直以来十分明确，在 1880 年 11 月 17 日的条约和 1887 年美国国会通过的法案中做了明确的表达。因此，在这个问题上，您为杜步西先生提供与外务部交换意见的机会是符合美国利益的"，并要求柔克义提供目前中国鸦片贸易状况的报告。④ 柔克义在接到美国政府的指示后，对杜步西的活动也表示支持，承诺将充分发挥其影响力，鼓励由反鸦片同盟领导的宣传运动。⑤ 在柔克义的帮助下，杜步西终于如愿以偿，亲赴外务部，"与各堂官会见，颇为满意"。⑥

9 月 27 日，在清政府颁布 10 年内废止鸦片吸食上谕的第 7 天，美国政府就联合调查远东国际鸦片问题首先征求与远东鸦片贸易关系密切的英

---

① Bishop Brent to the President, July 24, 1906, *FRUS*, *1906*, Part I, pp. 361 – 362.
② 按：有关清政府为推动清末禁烟所颁布的各项法令和改革，相关论著已有充分论述，兹不赘述。
③ The Secretary of State to Minister Hill, January 31, 1907, *FRUS*, *1907*（Washington：Government Printing Office, 1910）, pp. 145 – 146.
④ The Acting Secretary of State to Minister Rockhill, July 11, 1906, *FRUS*, *1906*, Part I, p. 352.
⑤ Minister Rockhill to the Secretary of State, August 29, September 8, 1906, *FRUS*, *1906*, Part I, p. 353.
⑥ 《美教士入都提倡禁烟善举》，《申报》1906 年 11 月 18 日，第 4 版。

国和日本两个国家政府的意见。代理国务卿在下达给美国驻英和驻日大使的指示中指出：总统深信由英国、法国、荷兰、德国、美国、中国和日本等在远东有直接关系的国家，对远东鸦片贸易和吸食鸦片习惯所产生的精神和物质的影响做一总体的、没有偏见的调查，这是十分有益的。在发起这一倡议之前，考虑到英国此前对这个问题表现出极大的兴趣，曾任命皇家委员会调查鸦片贸易问题，因此在获得其他国家的意见之前，倾听和确定英国政府的看法是合宜的。同样，事先获得日本的看法也是合理的，日本不但在远东事务中具有很大影响力，而且是美国属地菲律宾的近邻。① 美国的这一倡议得到英国和日本的有条件的响应。英国政府的态度是，如果其他国家同意，而会议不只考虑印度鸦片的种植和贸易，同时也考虑中国国内鸦片问题，英国将对美国提出的建议予以配合。② 日本政府的态度是，假如美国保证中国能够真诚的合作，日本政府愿意参加美国倡议的调查，采取步骤限制或禁止鸦片贩运。③

　　鉴于英国和日本及此后美国联系的相关国家都以中国对鸦片问题的态度为前提条件，美国政府为促成各国同意联合调查远东鸦片问题，积极鼓励和支持清政府颁布和实行积极的禁烟政策。对清政府建议美国在列强中率先执行 1903 年中美商约第 16 条的规定，严禁向中国出售吗啡和注射器，并根据清政府颁布的禁烟条例，在外国人住处也执行中国地方政府采取的检查方法和禁令，禁止出售鸦片，美国驻华公使柔克义亲往外务部，明确表示在目前这场禁烟战斗中，中国将会得到美国的全力支持，建议清政府就出售吗啡和注射器问题颁布如同禁烟一样的条例，以有助于其他列强也接受这一禁令。关于加强外人住处的禁烟问题，柔克义向唐绍仪保证，鉴于美国在中国没有单独的租借地，美国领事官将尽其所能，与他们的领事团联合行动。④ 国务卿罗脱在收到汇报后，即对柔克义的立场表示支持，

---

① The Acting Secretary of State to Ambassador Reid, September 27, 1906, *FRUS*, *1906*, Part I, p. 361.

② Ambassador Reid to the Secretary of State, November 8, 27, 1906, *FRUS*, *1906*, Part I, pp. 363, 365.

③ Ambassador Wright to the Secretary of State, November 8, 24, 1906, *FRUS*, *1906*, Part I, pp. 363 - 365.

④ Minister Rockhill to the Secretary of State, January 4, 1907, *FRUS*, *1907*, pp. 140 - 141.

在 1907 年 2 月 23 日的复信中说道："国务院赞同您对外务部的声明。"①

不但如此，美国政府还有意对清政府颁布的禁烟政策给予正面评价，为中国禁烟营造有利的舆论氛围。受部分对中国抱有成见的外国舆论，特别是一些英国记者观点的影响，美国驻华公使柔克义开始时对清政府的禁烟多持不信任态度。例如，对清政府在 1906 年底制订的《禁烟章程十条》中提出的 10 年内禁绝鸦片的目标，柔克义就表示怀疑，他在 1907 年 2 月 18 日写给美国政府的报告中说道："目前，很少有中国人和外国人相信禁烟这一良好的动机能产生效果，尽管官方和个人都尽了最大的努力，真诚地想禁止鸦片的吸食，作为复兴民族道德的必不可少的第一步。但与我讨论这个问题的中国人，他们更普遍的看法是 10 年的禁烟期实在太短，不足以实现改革的目标；禁烟的失败对进步的措施可能将会是一个沉重的打击。"② 对清政府随后颁布的两道上谕，命令各省将军、督抚认真执行禁烟条例，关闭烟馆、削减鸦片种植，柔克义也一概缺乏信心，他在将这些上谕译送美国政府时认为，它们的发表固然表明清政府改革的决心，但禁烟行动到目前为止只在顺天府得到执行，"帝国的其他地方甚至似乎尚未有任何的举动"，③ 因此，"清政府的诚意仍然是值得怀疑的"。④

柔克义对清政府禁烟诚意和能力的消极评价，显然既不利于鼓励中国的禁烟，也不利于国际社会对中国禁烟运动的支持。美国代理国务卿在 3 月 28 日写给柔克义的复函中就此加以提醒，告诉他美国政府正在与英国、日本、德国、法国和荷兰等国家联系，倡议支持中国的禁烟运动，写道："我得指出，这场有益的运动正在受到极大的关注，并善意地希望改革能够行之有效。"⑤ 在经代理国务卿的提醒后，柔克义很快就改变对中国禁烟运动的负面评价。6 月 25 日，清政府再次颁布上谕，命令各省将军、督抚严饬所属，遵照去年政务处制订的禁烟章程，切实办理，并进一步做出具体要求，规定："所有进口洋药，应由各海关认真稽查。至内地栽种土药地方，务当按照奏定期限，逐年递减，并着严定考成。……用副朝廷为民

---

①　The Secretary of State to Minister Rockhill，February 23，1907，*FRUS*，*1907*，p. 149.

②　Minister Rockhill to the Secretary of State，February 18，1907，*FRUS*，*1907*，p. 147.

③　Minister Rockhill to the Secretary of State，February 18，1907，*FRUS*，*1907*，p. 147.

④　Minister Rockhill to the Secretary of State，March 15，1907，*FRUS*，*1907*，p. 151.

⑤　The Acting Secretary of State to Minister Rockhill，March 28，1907，*FRUS*，*1907*，p. 152.

除患之至意。"① 对此，柔克义在 6 月 29 日写给国务卿的报告中一改此前的不信任态度，对清政府的禁烟努力予以充分肯定，称赞这道禁烟上谕内容要比以前的禁烟令丰富，既为各地官员指明了行动的总路线，要求行动有力、积极、持之以恒，同时赋予每个省充分自由，采取最佳办法，停止鸦片种植，完成这场改革的艰巨任务；并宣称禁烟运动已在中国取得重大进展，除外国人居住的租界区之外，北京、天津和上海的本地居民区以及福州和许多大城市的所有烟馆都已被关闭，甚至在许多小地方可能也同样如此。②

在鼓励清政府推行积极的禁烟政策并为中国的禁烟运动营造有利的舆论氛围的同时，美国继续就如何开展国际联合禁烟问题与英国、日本、德国、法国、荷兰等国磋商，询问是举行国际鸦片会议，还是由各国政府委派代表调查鸦片问题，然后向各国政府提出一个联合建议。③ 在这个问题上，美国显然接受了英国的建议，1907 年 3 月 15 日美国驻英代办致函国务卿罗脱，表示英国政府更倾向于先由各国任命委员在各自管辖范围内调查鸦片问题，然后由各国委员在调查的基础上举行国际鸦片会议，这样更有利于达成确定的建议。④ 关于会议的时间和地点，美国政府在征求各国意见之后，于 1908 年 5 月 7 日致电驻英、德、日、法、荷兰、葡萄牙等国的大使或公使，指示他们转告驻在国政府，国际鸦片会议将于 1909 年 1 月 1 日在上海举行，美国将委派不超过 3 名熟悉这个问题的委员，并由国会拨款 20000 美金，作为会议经费；同时，建议各国委员立即开展鸦片问题调查，以便在上海国际鸦片会议召开时，各国代表能够就如何在远东附属地逐渐禁用鸦片和停止鸦片种植和贸易，共同或分别向各国政府提出明确建议，以达到帮助中国彻底根除鸦片毒瘤这一目的。⑤

为使国际鸦片会议成功召开，美国政府随后又做了大量的联络和组织工作。6 月 20 日，国务卿便电令美国驻外使节通知有关国家，美国已任命伯克（Thomas Burke，8 月 1 日通知改为布伦特）、赖特和丁家立

① 《光绪宣统两朝上谕档》第 33 册，第 83～84 页。
② Minister Rockhill to the Secretary of State, June 29, 1907, *FRUS, 1097*, pp. 160 – 161.
③ The Secretary of State to Ambassador Reid, January 31, 1907, *FRUS, 1097*, pp. 144 – 145.
④ Chargé Carter to the Secretary of State, March 15, 1907, *FRUS, 1097*, pp. 149 – 150.
⑤ The Secretary of State to Ambassador Reid, May 7, 1908, *FRUS, 1908*, pp. 86 – 87.

（Charles D. Tenney）为专员，参加国际委员会，调查远东鸦片问题。① 7
月 11 日，又将美国鸦片委员会的调查内容通报有关国家，希望其他国家加
以仿照，强调这将有助于上海国际鸦片会议的成功。② 7 月 21 日，电令驻
外使节，催促各国在上海国际鸦片会议召开之前尽快提供调查鸦片委员名
单、身份以及所采取的行动，特别是调查方法和范围。③ 11 月 14、15 日，
光绪皇帝和慈禧太后相继去世，清朝政府因此提议将国际鸦片会议推迟
至 2 月 1 日召开。美国政府虽然对改变会议预定计划表示遗憾，但对清政
府的要求还是予以充分理解，立即与有关国家联系，对清政府的遭遇表
示同情，希望各国同意会议改期举行。④ 与此同时，美国还先后动员葡萄
牙、奥匈帝国、意大利、波斯、俄罗斯和暹罗等国也派代表参加上海国际
鸦片会议。

　　在美国的倡议和具体组织下，2 月 1 日，由中国、美国、英国、法国、
德国、日本、荷兰、意大利、葡萄牙、奥匈帝国、波斯、俄罗斯和暹罗等
13 个国家代表参加的国际鸦片会议在上海黄浦江畔新建成的饭店——汇中
饭店正式召开。是日上午 11 时，两江总督端方代表中国政府致开幕词，宣
布本次大会开幕。⑤ 11 时 40 分，国际鸦片委员会举行第一次闭门会议，因
中国代表刘玉麟的建议，各国委员一致推举美国代表布伦特主教为会议主
席。11 时 45 分，布伦特主教作为会议主席致辞，感谢各国代表一致推举
他为会议主席，并表示自己将以最大的努力和公正履行会议主席职责。在
致辞中，他还扼要介绍了美国发起此次国际鸦片会议的缘起和经过，强调
此次会议只是一个临时性质的、各国派员讨论问题的委员会
（Commission），它既不是一个商议实行之会（Conference），也不是一个常
设委员会。因此，他建议各国代表在此次会议上不要纠缠于容易引起争议
而与此次会议主旨无益的历史问题及其他一些枝节问题，呼吁各国代表以
最大的勇气和诚意，从精神、经济、商业和外交等方面讨论禁烟问题，得
出一个满意的结论，指出"我们来这里是为了做一些将给我们国家带来极

---

① The Acting Secretary of State to Ambassador O'Brien, June 20, 1908, *FRUS*, *1908*, p. 92.
② The Acting Secretary of State to Ambassador Reid, July 11, 1908, *FRUS*, *1908*, p. 93.
③ The Acting Secretary of State to Ambassador Reid, July 21, 1908, *FRUS*, *1908*, p. 93.
④ The Acting Secretary of State to Ambassador Reid, November 19, 1908, *FRUS*, *1908*, p. 110.
⑤ 端方的中文开幕词，见《万国禁烟会中国代表端午帅演说词》，《申报》1909 年 2 月 2 日。

大荣誉以及可能给人类带来极大好处的工作"。最后，他宣布国际鸦片委员会成立并开始工作。①

三　上海万国禁烟会上的中美合作

尽管在美国的倡议和组织下，英国、法国、德国、日本、荷兰、葡萄牙、俄罗斯和暹罗等国都派代表参加了国际鸦片会议，尽管在上海召开的国际鸦片会议只是一次非正式的会议，会议通过的建议对各国并没有约束力，但由于各国与鸦片贸易有着各种不同的利益关系，各国代表在讨论禁止种植、吸食、贩运鸦片的措施时并不像当时一些媒体报道的那样无私和一致，相反，充满了激烈的辩论和斗争。②

上海万国禁烟会在2月1、2日举行第一、第二次会议，制订会议规则之后，自2月5日开始进入提交和讨论各国调查报告阶段。在2月12日第6次会议上讨论中国代表报告时，英国代表、驻华使馆商务参赞谢立山（Alexander Hosie）首先对中国进行发难，批评中国的鸦片报告没有提供鸦片种植亩数，称中国代表唐国安以不可能提供这方面数据而逃避批评的理由不能成立，指出清政府在1907年6月26日上谕和1908年5月23日上谕批准的禁烟章程中都要求各省当局在六个月内向度支部和民政部汇报鸦片种植面积。他还批评中国鸦片报告提供的有关鸦片吸食人数、鸦片生产等数据不合逻辑，没有价值，缺乏可靠性；批评中国鸦片报告没有提供每年土药税总收入，夸大洋烟流入中国的比重，声称从中国的报告中"我们完全不知道中国鸦片实际生产、吸食和削减情况"。英国代表史密斯（C. Clementi Smith）则批评中国鸦片报告严重夸大香港鸦片走私中国大陆的数量，指出鸦片贩运受港英政府严格控制，大规模非

---

① *Report of the International Opium Commission*, Vol. I, *Report of the Proceedings* (Shanghai, Printed and Published by the North China Daily News & Herald Ltd. , 1909), pp. 11 – 12.
② 按：对上海国际鸦片会议的历次会议情况，当时国内报刊，如《申报》《外交报》《东方杂志》和英文报刊《字林西报》均有简单报导，但由于上海国际鸦片会议实行的是闭门会议，会议时除各国会员外，一律不准外人旁听，会议期间的文稿和决议在未经会议允准和各国批准之前，一律不得交报馆公开发表，因此，当时国内报刊的报道并不完全准确，后来的研究者当谨慎使用。本文使用的系会议结束之后出版的会议记录，比较真实地反映了各次会议的情况。

法走私鸦片是不可能的。①

在批评中国鸦片报告存在的各种缺点时，尽管英国代表谢立山一再表示无意在禁烟问题上羞辱中国，只是为求得事实真相，但从英国代表批评的内容以及此后在会议中的表现来看，他们的言行并非像声称的那样单纯，而是为英国继续从事鸦片贸易提供借口，逃避在中国禁烟运动中的责任，这在英国代表此后与中国代表和美国代表的辩论上得到充分表现。

2月18日，在第8次会议上讨论英国鸦片报告过程中，鉴于外商在中国大量贩卖含有鸦片和鸦片提制成分的戒烟药，中国代表唐国安提出一条提案，建议成立一个由5人组成的委员会，讨论和报告鸦片问题中的医学方面问题，包括不含有鸦片或鸦片成分的治疗烟瘾的最佳方法。在会议是否将该项提案列入议案进行表决的争论中，各国代表展开激烈辩论。有些国家的代表以该提案与在第6次会议上遭否决的美国代表所提的提案内容相近，反对将唐的提案列入议案讨论、表决，而中、美两国代表则坚决主张将这一提案列入议案进行表决。很少对会议内容进行表态的会议主席、美国代表布伦特亦明确表态支持将中国代表的提案列入议案讨论，指出根据他的理解，唐的提案与前一议案的形式完全不同，上次遭否决的议案，其涉及的范围仅限于讨论各国代表团鸦片报告中涉及的课题，而目前这个议案有着更为宽广的含义。唐国安则解释说，他本人之所以提出这一提案，是因为在第6次会议否决美国代表赖特的提案时，中国的首席代表和他本人都不在场，结果他们没有机会就这个问题表达自己的观点，并指出：我们认为这个问题对中国禁烟来说具有重要意义，应该得到全面讨论——如果国际鸦片委员会有意实现各方面都令人满意的结果的话，因为当我们仍以另一种方式继续使用鸦片药丸的时候，我们不可能达到根除吸食鸦片的目的。对于唐国安的发言，美国代表丁家立立即发言，予以支持，并建议将这一提案列入下次会议中首先讨论。②

在中、美两国代表的积极争取下，在19日举行的第9次会议上，各国

① *Report of the International Opium Commission*, Vol. I, *Report of the Proceedings*, pp. 27 - 30; *Report of the International Opium Commission*, Vol. II, *Reports of the Delegations* (Shanghai, Printed and Published by the North - China Daily News & Herald Ltd. , 1909), p. 118.

② *Report of the International Opium Commission*, Vol. I, *Report of the Proceedings*, p. 36.

代表就唐的议案继续讨论。鉴于中国代表的提案和说明有很大的合理性，英国首席代表史密斯爵士也不得不承认的确存在中国代表所说的问题，承认讨论戒烟药问题的重要性，但表示他本人之所以反对组织一个委员会讨论中国代表提出的问题，是因为委员会缺乏能够胜任处理这个问题的人员，声称各国代表所能给予中国提供的帮助都应采取一种实际方式，而中国代表的建议将会妨碍而不会推动问题的调查，建议将中国代表的提案改为"鉴于委员会组织中没有充足的人员从科学的观点调查戒烟药及其性能和鸦片及鸦片生产的影响问题，委员会希望各代表团建议各国就这些问题采取认为必要的行动"。① 对于史密斯所说的这一理由，美国代表赖特博士予以反驳，认为反对理由不能成立，指出 1893 年英国政府仅向皇家鸦片调查委员会指派一位医学专家，而这位医学专家的报告很大程度上就被皇家委员会作为判断的根据，并且大多数从事这项考察的医学专家都对这位医学专家的报告感到满意，而国际鸦片委员会包括中国代表团内的一位在西方接受教育的医学专家，共有 3 名医学专家，足以对这个问题展开调查，他说："如果一位专家对皇家委员会就足够了，那么对国际委员会来说，有 3 位专家应该也是足够了。"② 接着，唐国安就英国代表的观点进一步阐述自己的看法，指出中国政府在两年前颁布的禁烟条例中就涉及戒烟药问题，自颁布条例以来，中国在内地一直采取措施，控制出售含有鸦片成分的戒烟药，但十分不幸的是，大量含有鸦片成分的戒烟药在通商口岸制造，然后被运入内地。因此，如果没有条约列强的合作，中国无力阻止这种情况蔓延，这是他提出这一议案的原因之一。另外希望引起各位代表注意的是，根据英国代表的观点，假如委员会中没有足够合格的人员处理这一问题，那么也可以向委员会之外的专家征求意见和建议。但受外交和利益因素的影响，会议在投票表决中还是以 7 比 6 的微弱多数通过了英国代表的修正案。③

2 月 23 日，上海万国禁烟会举行第 11 次会议，会议进入提案和议决

---

① *Report of the International Opium Commission*, Vol. I, *Report of the Proceedings*, p. 37.

② *Report of the International Opium Commission*, Vol. I, *Report of the Proceedings*, p. 38.

③ 其中，美国、奥匈帝国、中国、德国、意大利和日本投票赞成中国提案；英国、法国、荷兰、波斯、葡萄牙、俄国和暹罗投票赞成英国修正案。见 *Report of the International Opium Commission*, Vol. I, *Report of the Proceedings*, p. 38。

的关键阶段，各国围绕禁烟的斗争也随之进入高潮。按英文字母顺序，美国代表赖特首先提出 7 条议决案，内容大致如下：第一，委员会建议各国立即或在不久采取措施，将鸦片及其生物碱和各种提制品仅限于医用，并为本国确定医用的标准。第二，委员会建议，作为一项原则和前提条件，任何国家都不能继续将鸦片及其各种提制品的生产作为他们财政收入的一个必不可少的组成部分。第三，委员会建议，全面禁止鸦片的生产、贩运和吸食原则适用于所有国家，既适用于宗主国，也适用于附属国和被保护国。第四，委员会建议继续从事鸦片及其各种提制品生产的国家，有义务阻止在通商口岸将鸦片及各种提制品运往禁止输入鸦片及其提制品的国家。第五，委员会建议与会各国政府制订严格的国际条例，控制吗啡的输入及滥用。第六，鉴于没有相关国家政府的合作，没有一个国家可以通过本国法律完全解决鸦片及其提制品的生产、贸易和吸食问题，委员会建议与会各国政府做出共同努力，帮助彼此解决鸦片这个国际问题。第七，鉴于各国代表的报告都直接或间接地承认将来鸦片问题的成功解决有赖于各国政府的合作，因此委员会一致赞成召开一个解决鸦片问题的国际会议。①

对美国代表提出的这一比较全面的禁烟提案，与鸦片贸易还有着重大利益关系的英国代表，除对第 4、5 条勉强赞成外，其余都提出反对意见，表示不能接受。他们辩称：美国代表的第一项提案基于各国报告绪论中赞同鸦片应该只限于医用这一表述，但并非所有国家都这样对待鸦片问题，英国代表提交的报告中就表明英国在印度并没有将鸦片仅限于医用，并且就目前印度的情况来看，要在近期改变印度既有政策也完全是不切实际的，不能将各国报告绪论中不合适的表述作为委员会的提案或建议，他们不能建议英国政府承诺这一原则。对美国代表的第二项提案，英国代表明确表示反对将鸦片财政问题放在提案的突出位置上，表示一些国家依赖鸦片财政收入，这是有效管理鸦片吸食的回报，他们在这个问题上的态度已在对第一条提案的评论中做了充分阐述。对于第三项，作为最终目标，英国代表原则上表示赞同，但鉴于各国的情况不尽相同，主张逐渐禁止，声称他们将就这一提案提交一个修正案。对于第

---

① Minutes of the Eleventh Session, February 23, 1909, *Report of the International Opium Commission*, Vol. I, *Report of the Proceedings*, pp. 46 – 48.

六项提案，英国代表认为该提案内容鲁莽，直接干涉其他国家的内政，不在其权力能处理的范围之内。对于第七项，英国代表表示超出他们的权限，不能接受，应留给各国政府决定。①

在赖特的提案遭英国代表的抵制后，美国代表丁家立接着提出一个单独议案，建议根据委员会意见，凡是在本国有效禁止医用之外的鸦片及其提制品生产的国家，应该有权自由决定禁止鸦片及其提制品的输入。丁家立的这一建议，实际上是要求在禁烟问题上废除中外不平等条约对中国的限制，赋予中国禁绝鸦片的自主权力。他在随后的发言中对此做了充分的阐述，指出：全世界都知道和承认鸦片和吗啡对中国的福祉构成严重危害，对其他国家也是如此；与会的每个国家都能自由采取他们所认为必要的措施，保护他们的人民免受吸食鸦片的伤害。但不幸的是，中国不能自由地采取行动，现存的条约阻止中国作为一个主权国家行使权力，采取行动，保护它的人民。这些条约限制就像是麻痹症一样对中国改革者的精神产生作用，妨碍他们为复兴国家而做的努力。"允许这样一种情况继续下去，这对近代文明来说是一件很不光彩的事情。"对于中国代表团提供的鸦片调查报告，丁家立也加以辩护，并对中国禁烟所取得的成果予以充分肯定，指出："虽然我们承认中国代表团的报告在统计数字的精确性方面存在不足，但仍能从报告中得出一些明确的结论。我认为仔细研究过中国代表团报告的人，都会得出以下三个事实：1. 中国政府正在以最真诚的态度从事禁烟改革运动；2. 民众赞成取缔鸦片的意识明显增强；3. 执行1906 年的皇帝禁烟令已取得决定性的和令人满意的进步，除少数地方外，大多数地方当局已在贯彻上谕的指示，削减鸦片种植面积比上谕的最初要求更为迅速。"最后，他呼吁英国和其他国家的代表对他的提议做出积极响应，说道："不要将这个提案解释为美国代表对英国的攻击。我们的想法没有更多的东西。如果中国在处理鸦片问题上享有一个主权国家的权利，那么必然要涉及所有条约国家。我们十分赞赏英国代表所表现出来的良好精神，我们希望这种良好精神能通过他们友好地支持这一提案而得到进一步的展示。我们所建议的行动将给中国一个展示她们真诚和能够自己

① Minutes of the Eleventh Session, February 23, 1909, *Report of the International Opium Commission*, Vol. I, *Report of the Proceedings*, pp. 48 – 53.

帮助自己的公平机会。如果中国能够自己解决鸦片问题，那么友好国家应该帮助她。如果她不能自己解决，那么责任只能落在他们的肩上。我们认为这是一个义务问题，应该毫无异议和无条件地提供这样的帮助。任何高尚的人都不会因为要求他做一些高尚的事情而力图索取报酬，或因为他可能付出某些东西而拒绝去做那些正确的事情。我相信我们每个人都希望他的国家将外交政策建立在激励完美之人的原则上，因此，我们说所有条约国家的政府都应该给予中国'公正待遇'，不管它可能会给他们带来任何暂时的损失或不便。毫无疑问，一场声势浩大的道德运动大潮正在中国兴起，让我们帮助中国这艘航船在潮汐之时起航，驶向强盛和繁荣的港湾。"①

　　对于丁家立的这一提案和充满激情的演讲，英国代表没有直接进行评论和反驳，但在中国代表唐国安发言对美国代表的讲话和提案表示支持，并表示中国代表将提出一个意义与之相近的提案后，英国代表再次将攻击矛头转向中国。英国代表史密斯首先不怀好意地提问唐对美国代表提案的看法究竟是代表中国政府，还是仅仅代表其个人观点。对英国代表的这一具有挑衅性的提问，唐国安声明中国代表团的行为向他们的政府负责，作为一个主权国家的代表，我不认为我们应被这里的任何一位代表要求叙述我们的权力由谁赋予。史密斯继续进行挑衅，说道：就我所知，唐先生是代表中国代表团支持丁家立博士的提案，自然，唐先生知道它的实质是对有关条约的一个完全废除，我不知道中国政府是否准备这样行动，我也不想说有哪个政府会接受这一主张，但从一般常识来说，我认为假设哪个列强会立刻同意否认已签订的协定的效力，这是十分令人惊讶的。我相信任何会被理解为有关国家可以轻易违背条约的语言，国际鸦片委员会都绝不会同意的。

　　对于英国代表攻击中国代表支持丁家立提案，意图在于废除条约，唐国安解释说：中国代表团和中国政府并无此意，但我们仍将感谢英国代表团通过缩短允许鸦片进口中国期限，为我们提供进一步的帮助，正是出于这一想法，我们冒昧支持丁家立博士的提案，并指出中国政府当

---

①　Minutes of the Eleventh Session, February 23, 1909, *Report of the International Opium Commission*, Vol. I, *Report of the Proceedings*, pp. 53 – 55.

初满足与英国达成的协议出于以下考虑，即有一个 10 年的确定限期总比没有确定的限期要好，因为我们的政府当时对于民众是否支持禁烟抱有怀疑，为安全起见，我们接受 10 年期限。但自那时以来，情况发生了变化，我们人民的反应大大超出我们的预期，我们在禁烟上所取得的进步令世界都感到惊讶，我们的人民都强烈要求根除鸦片毒瘤。自委员会开会以来，我们已接到数十封来自国内不同地区的电报，他们要求我们请求英国代表做进一步的让步，允许我们缩短 10 年限期。因此，我们认为有理由请求英国满足我们的要求，请求英国代表能够善意地接受我们的建议。①

对于中国代表的这一善意解释和要求，英国代表毫不理会，继续无理指责，说道：我对唐先生所说的话感到震惊。他拒绝坦率地告诉我们今天所发生的事情是否符合他的政府的指示。他指出自中国与英国签订协议以来，情况发生了变化，他个人负责完全否定不久前来自北京所发表的有关中国对达成的安排感到完全满意，不希望改变的声明。②

对英国代表的这种无理态度，美国代表丁家立表示愤慨，起来说道："我对提案没有得到英国代表和这里的各位代表的友好支持表示震惊。任何思想健全的人怎么能反对这条提案的原则呢？不管它是否影响中国与英国之间的协定，也不管中国是否能在 10 年里有效地禁止鸦片的进口，但当她能提供证据，表明鸦片的生产已得到有效禁止的时候，任何国家仍坚持将鸦片强加于她，这难道不是极不公正吗？"③

在中国代表与英国代表的辩论中，日本和法国代表从维护不平等条约立场出发，认为美国代表的提案和中国代表与英国代表辩论的内容属于外交性质，不在这次会议讨论和表决的范围之内，并建议就此进行表决。对此建议，美国代表丁家立表示抗议，指出这简直是一种"遁词"，但在日本代表的要求下，会议主席布伦特站在中立的立场上，同意对日本代表的建议进行表决。结果，在交付表决中，丁家立的提案被法国、日本、英国

① Minutes of the Eleventh Session, February 23, 1909, *Report of the International Opium Commission*, Vol. I, *Report of the Proceedings*, pp. 55 – 56.
② Minutes of the Eleventh Session, February 23, 1909, *Report of the International Opium Commission*, Vol. I, *Report of the Proceedings*, p. 56.
③ Minutes of the Eleventh Session, February 23, 1909, *Report of the International Opium Commission*, Vol. I, *Report of the Proceedings*, p. 57.

等 8 国代表否决，只有中、美、德三国代表赞成。①

在带头否决美国代表的提案之后，英国代表史密斯在提案中再次与中国为难，继续拿中国代表的报告说事，指责中国代表的调查报告没有就减少鸦片生产提供可靠的统计数据，致使各国无法对中国禁烟进展情况做出判断，强调这是一个十分重要的问题，因为它影响与其他国家的协定，"没有统计数字，我们很难追踪中国执行任务的情况"。为此，他专门提出一条提案，建议有关国家就鸦片生产问题与中国政府进行谈判和磋商，敦促中国引入一套可以信赖的官方统计制度，在规定的 10 年禁绝鸦片之前提供与鸦片生产有关的统计数据。②

对于英国代表的这一发难，中国代表唐国安沉着应对，一方面坦承调查报告在统计数据方面的确存在不足，但同时指出这种情况也存在于印度和其他所有没有适当的土地调查的国家中，并表示作为中国代表，他会建议中国政府注意这个问题，不管会议是否通过这一提案。其他国家的代表也对英国代表反复拿中国代表报告的统计数据说事不以为然，认为中国代表对这个问题已做过多次解释，报告中的数据只是一个估计，不是统计，对这些统计数字的准确性进行判断是不妥当的。由于没有得到任何喝彩，英国代表只好当场撤回这项提案。③

在 2 月 24 日第 12 次会议上，中国代表唐国安在提出提案之前做了一次近万言的长篇演说，以争取各国代表的支持。他全面阐述了鸦片给中国人民带来的深重灾难以及中国政府和人民禁绝鸦片的决心，最后呼吁各国支持中国的改革事业和现代化，在根除鸦片毒瘤问题上进一步提供全面合作，放弃现有中外条约中限制中国自由处理鸦片问题的条文，指出："世界各国不管它们采用什么法则来处理相互之间的关系，我们总不可忘记，有一项法则高于人类所有的法则，这项法则比所有的经济法则更伟大，甚至凌驾于自然法则之上，它是永恒的上天的法则，这项法则按孔子的说法便是'己所不欲，勿施于人'。按耶稣基督的说法便是'你应该爱你的邻

① Minutes of the Eleventh Session, February 23, 1909, *Report of the International Opium Commission*, Vol. I, *Report of the Proceedings*, p. 57.

② Minutes of the Eleventh Session, February 23, 1909, *Report of the International Opium Commission*, Vol. I, *Report of the Proceedings*, p. 58.

③ Minutes of the Eleventh Session, February 23, 1909, *Report of the International Opium Commission*, Vol. I, *Report of the Proceedings*, p. 59.

人就像爱你自己一样'。"①

　　然而，在 2 月 25 日第 13 次会议上，中国代表的四项提案还是全都遭到利害相关国家的代表的阻击。对于中国代表提出的第一项关于建议各国代表提请各国政府根据中国国内禁烟的进程相应削减对中国的鸦片输入的议案，英国代表以中英两国已订立相关协议坚决反对，声称他们的立场很简单：除非有特别的指示，对英国代表来说，与中国代表讨论两个国家外交之间的课题是不可能的，也不会允许他们继续留在这里通过第三方做这样的讨论。鉴于这条提案主要与英国有直接关系，在英国代表做出在禁烟问题上英国将会继续给予合作的承诺后，中国代表便主动撤回这项提案。②

　　中国代表的第二项提案建议——相关国家关闭在中国租界和租借地的烟馆和鸦片商店的提案则遭到法国代表的抵制。法国代表以法国政府在广州湾与鸦片种植农订有一直到 1911 年底的合同为由，提出在此之前，法国政府对任何破坏合同的建议都不可能接受。因此法方代表提出修正案，建议去掉关闭鸦片商店内容，另在各国关闭鸦片烟馆措施上改为由各国自己决定，在提案的结尾加上"只要他们认为合适的"（as soon as they may deem it advisable）措施。中国代表唐国安同意去掉提案中关闭鸦片商店的表述，指出中国政府十分清楚，只要不根除鸦片烟瘾，关闭鸦片商店将是不可能的；关闭鸦片商店只有与根除鸦片烟瘾同时进行才会有效；我们提出这条议案的意图是要求那些在租借地开有烟馆的政府迅速采取措施关闭它们。但他坚决反对法国代表在结尾加上"只要他们认为合适的"的这一修改，认为如果要对条文做出修改的话，可以改为"尽快采取措施"（as soon as possible）。唐国安指出法国在上海法租界继续保留鸦片烟馆的做法已给中国人民造成不好影响，法国代表此前以关闭烟馆将迫使人们在自己的家中吸烟，鸦片灯的数量将大大增加，火灾的危险也随之增加的理由，是不能接受的，根据中方从保险公司得到的统计数字，由鸦片灯灼热引起的火灾实际几乎为零；另外，法国代表在提交的鸦片报告中已提到法国安南政府于 1907 年 6 月 19 日发布公告，禁止在越南的河内开设烟馆，那么，

①　Minutes of the Twelfth Session, 24th February, 1909, *Report of the International Opium Commission*, Vol. I, *Report of the Proceedings*, pp. 65 – 70.
②　Minutes of the Thirteenth Session, 25th February, 1909, *Report of the International Opium Commission*, Vol. I, *Report of the Proceedings*, pp. 71 – 72.

该禁令也应适用法国在中国的租界，除非法国代表能证明河内的情况与上海不同。唐国安呼吁法国代表不要因"私利"（private interests）而阻止这一提案。法国首席代表、驻沪领事巨籁达（J. Ratard）对唐国安在发言中使用"私利"一词提出强烈抗议，认为这是对法国政府的污辱，同时也反对在提案中添加上"尽快"（as soon as possible）这样的强制性用语。最后，在美国代表赖特的调解下，法国代表同意以"可能的"（possible）一词代替"合适的"（advisable）一词，中国代表则同意接受法国代表的修正案，然后由会议一致表决通过。①

中国代表关于要求各国除医用外，禁止在租界或租借地销售含有鸦片或吗啡或任何鸦片提制品成分的戒烟药的第 3 项提案，分别遭到日本和法国代表的抵制。日本代表宫冈常次郎（Miyaka）虽然表示同情中国代表的这一提案，但以日本公民在华生产和销售戒烟药的问题此前并没有引起日本政府的注意为理由，建议中国代表不要将这一提案提交会议表决，指出在没有与负责处理这个问题的日本国内官员进行沟通之前，不可能指望日本会采取什么合适的措施。法国代表巨籁达的态度更为恶劣，他质问中国代表如何界定"医药用的戒烟药"，在中国有谁是符合医学顾问资格的医生，并表示法方与中国订立的条约并没有规定禁止销售提案中的一些产品，中国要解决戒烟药问题，最好通过外交途径，就像解决吗啡问题那样。日本代表对法国代表的发言立即予以附和，声称国际鸦片委员会完全不是投票表决这个问题的地方，应该通过通常的外交途径解决。

对法国和日本代表的观点，中国代表唐国安进行了有理有节的反驳，他指出除了那些在国外和中国公认的医学机构接受医学系统教育的医生外，总的来说，中方不认为中国大夫（doctors）是合格的开业医生（medical practioners），但我们并不把那些通常自封的"大夫"纳入开业医生的范畴。换言之，中国有界定"医药用的戒烟药"的合格的开业医生。关于是否应该将禁止销售戒烟药问题提交会议表决问题，唐国安一再强调这个问题对中国成功根除鸦片毒瘤具有重要意义，如果在这个问题上没有各国的合作，中国要成功根除鸦片毒瘤的任务是令人怀疑的。唐国安指出

---

① *Report of the International Opium Commission*, Vol. I, *Report of the Proceedings*, pp. 72 – 74.

各国在本国都有禁止销售毒品和含有毒品的药物的法律，中国的提案只是要求各国将他们的法律运用到他们在中国的租界和租借地，并且这些国家的公民在中国都享有治外法权，因此，中国的提案并没有什么过分之处。

在中国代表唐国安与法国和日本代表的争论中，美国代表赖特再次出面调解，他一方面赞同法国和日本代表的观点，承认这是一个属于外交谈判的话题，但同时表示如果国际鸦片委员会通过这个提案提请各国政府注意这个问题，将有助于这个问题更快得到解决。在美国代表的调和下，法国代表最后提出一条修正案，称：鉴于在中国的外国租界和租借地正在采取有效和及时的措施，禁止生产和销售含有鸦片或鸦片提制品成分的戒烟药，国际鸦片委员会强烈建议各国代表提请各国政府就此与中国政府进行谈判。同时，他仍然声称"我们不能干涉外国租借地的合法商业活动；控制戒烟药问题并非像中国代表认为的那样容易"。由于法国的提案在一定程度上满足了中国代表的诉求，会议最后一致通过法国代表的修正案。①

鉴于前三项提案连遭一些国家的阻击，在讨论第四项关于禁止向中国输入或出售医用之外的吗啡和海洛因的提案时，中国代表唐国安及时调整策略，在就第四项内容非正式征求意见之后，主动要求将提案推迟到下午复会后表决。利用中午休会期间，唐国安在听取美国代表赖特和德国首席代表乐斯磊（Walther Rossler）博士的意见之后，将第四项提案的内容改为：国际鸦片委员会建议各国代表提请各国政府，将本国有关药物法应用于中国租界和租借地及领事管辖区内的各国公民。由于事先做了充分的意见交换和联络工作，该提案在下午 2 点 30 分复会后获一致通过。②

在第 13 次会议结束之前，美国首席代表布伦特又利用会议主席身份，任命中国代表唐国安和美国代表赖特及英国代表布伦业（James Bennett Brunyate）为修订国际鸦片会议决议小组委员，供最后一次会议表决，另任命唐国安、英国代表谢立山和法国代表布勒尼埃（H. Brenier）为出版委员会委员。③

---

① *Report of the International Opium Commission*, Vol. I, *Report of the Proceedings*, pp. 74 - 77.

② *Report of the International Opium Commission*, Vol. I, *Report of the Proceedings*, p. 77.

③ 按：因鲁本人的要求，改由中国副代表、上海江海关造册处职员、英国人湛玛斯（J. L. Chalmers）代为出任出版委员会委员。

综上所述，在上海国际鸦片会议讨论禁止种植、吸食、贩运鸦片措施过程中，中、美两国代表相互配合，努力促使会议通过有利于促进全面禁烟的决议，尤其是美国代表向中国代表提供了宝贵的支持。

四　上海万国禁烟会之意义

虽然由于利益关系，各国代表对禁烟的态度和立场并不一致，但由美国倡议发起的上海国际鸦片会议还是具有多方面的历史意义。

首先，它有力地推动了国际社会对清末中国禁烟运动的支持。1909 年 2 月 26 日，国际鸦片委员会举行最后一次会议，除葡萄牙外，一致表决通过了由中、美、英三国代表修订的声援中国禁烟运动的 9 条决议，内容如下：（1）国际鸦片委员会承认中国政府努力根除种植和贩售鸦片之坚诚，承认这种努力受到这个国家愈来愈多的公民团体和舆论的支持，承认中国在这个最具重大意义的事情上已取得真正的但尚不平衡的进步。（2）鉴于中国政府为禁阻吸食鸦片所采取的行动和其他国家政府也有同样的目的，国际鸦片委员会建议各国代表提请他们的政府根据各国的不同情形采取措施，于其本境和属地逐渐禁绝鸦片吸食。（3）国际鸦片委员会发现除了药用目的之外，几乎每个与会国家都禁止鸦片烟的使用，或有详细的条例，并且各国的管理条例只要条件许可，愈来愈趋于严厉；虽然国际鸦片委员会承认各国情形有极大的差异，但应敦促各国政府注意根据其他国家处理同样问题的经验，重新检讨禁烟条例。（4）国际鸦片委员会发现与会各国政府均有严厉法律，目的在于直接或间接禁止走私鸦片烟及其提制品进入本国，因此国际鸦片委员会认为所有国家有责任采取适当措施，禁止载有鸦片及其提制品的船只离港，运往已颁行上开禁例的国家。（5）国际鸦片委员会发现吗啡的漫无限制的生产、销售和流布已构成一个巨大的祸患，并且吗啡上瘾已露蔓延之象，因此，国际鸦片委员会力促各国政府于其本境和属地内采取严厉措施，控制此种药物以及其他同样也可能被滥用并产生同样不好效果的鸦片提制品的生产、销售和流布。（6）由于国际鸦片委员会在组织上尚不具备从科学的观点研究戒烟药和鸦片及其制品的特性和功用的能力，但国际鸦片委员会认为此种研究具有重要意义，希望与会代表将此项问题提请各国政府，采取他们所认为的必要行动。（7）国际鸦片委员会极力敦促所有在中国拥有租界和居住地而尚未在这些地方采取有效措施关闭烟馆的各国政府，仿照其他国家的做法，采取他们认为可能的措施，关闭烟馆。（8）国际鸦片委员会强烈建议与会代表提请各国政府与中国政府举行外交协商，在中国的外国租界和居住区内采取有效和果断措施，禁止生产和贩卖含有鸦片和鸦片提制品成分的戒烟药。（9）国际鸦片委员会建议与会代表提请各国政府将本国的药物法施行于他们在中国领事管辖区和租界及居住区内的臣民。① 上述9条决议，很大程度上吸收了中、美两国代表的意见，达到了美国倡议发起上海国际鸦片会议以帮助中国禁烟的初衷。

并且，会议的成功召开及所通过的决议也为以后国际社会联合禁烟打下了基础。鉴于上海国际鸦片会议通过的各项决议对各国只具有道德意义，并无约束力，1909年9月，美国政府又倡议发起海牙国际鸦片会议，邀请有关国家派出全权代表，签订有关禁烟协议，"使上海禁烟会议决议具有国际有效性并得到国际的认同"。② 在美国的建议和联络下，第一次国际鸦片会议于1911年12月1日至1912年1月23日在海牙召开，派代表出席会议的计有中国、美国、英国、法国、德国、日本、意大利、荷兰、波斯、葡萄牙、俄罗斯和暹罗等12个国家。与会各国代表签署《鸦片国际公约》，该公约共6章25款，其基本精神是所有签约国同意采取措施，禁止生鸦片的出口，逐渐禁止熟鸦片在本国的生产、贸易、使用和出口，药用鸦片、吗啡和可卡因也将根据公约的条款制订章程。该公约第4章第15～19款还专门就中国鸦片问题做出如下规定：（1）与中国有约国家将与中国政府一道采取必要措施，避免将生熟鸦片、吗啡、可卡因和公约第14款提到的东西走私进中国及他们在远东的殖民地和他们在中国的租借地，同时中国政府也应采取强力措施，禁止将鸦片及前面提到的毒品走私运至外国人的殖民地及租让地。（2）中国政府应为其臣民制订药品法，规范吗啡、可卡因及公约第14款提及的物品的销售和

---

① *Report of the International Opium Commission*, Vol. I, *Report of the Proceedings*, p. 84. 按：上海国际鸦片会议通过的9条决议，当时国内许多杂志，如《申报》《东方杂志》《外交报》等都加以译载，但这些译文，个别文意与原文尚有出入，特别是译文中出现的"迅速""必须"等词，不合原意，更多体现了中国单方面的愿望。

② The Acting Secretary of State to the diplomatic officers of the United States accredited to the Governments which were represented in the Shanghai International Opium Commission, September 1, 1909, *FRUS, 1909* (Washington: Government Printing Office, 1914), pp. 110–111.

分发，并将这些药品法通过各国驻华代表转达各国政府；与中国有条约关系的国家将仔细审查这些法律，如果认为可取，那么他们将采取必要措施，使这些法律适用他们居住在中国的本国公民。（3）与中国有条约关系的国家将着手采取必要措施，限制和控制他们在中国租借地、租界及出让地内吸食鸦片的习惯，与中国政府一道取缔那些地方存在的鸦片烟馆及类似设施，禁止在娱乐和卖淫场所使用鸦片。（4）与中国有条约关系的国家应采取与中国政府一样的有效措施，逐渐削减他们在中国的租界、租借地及居留地销售生熟鸦片的商店的数目。倘若尚未对此做出规定，他们应采取有效措施，限制这些地方的鸦片的零售。（5）在中国设有邮局的条约国家将采取有效措施，禁止利用包裹邮寄，将生熟鸦片、吗啡、可卡因及公约第14款揭示的物品非法运入中国，或通过邮局这一载体，将这些物品从中国的一个地方非法转运到另一地方。①

会后，美国又动员拉美等没有参加会议的国家在协约上签字，在召开第二次海牙国际鸦片会议之前，美国共动员34个国家在协约上签字。到1914年6月25日第三次海牙国际鸦片会议结束时，共有44个国家政府在协约上签字，计划于1914年12月31日在所有签约国之间生效。虽然爆发的第一次世界大战打乱了国际社会联合执行海牙国际禁烟协约的计划，在大战期间只有美国、中国、荷兰、挪威和洪都拉斯等国家在1915年开始执行协议，但在第一次世界大战结束之后，随着海牙国际会议协议成为凡尔赛条约的一部分，海牙《鸦片国际公约》终于在更广泛的国际范围内生效。追溯近代国际社会联合禁烟历史，上海国际鸦片会议无疑具有开创意义。

另外，上海国际鸦片会议的召开及通过的决议也有力地推动了中国国内禁烟运动。受上海国际鸦片会议的鼓舞和督促，清政府禁烟政策的力度在会后明显加强。在上海国际鸦片会议闭幕后20天，清政府即于1909年3月15日发布上谕，重申严格执行鸦片禁吸、禁种政策，强调在鸦片问题上，朝廷"既愤国民积弱之难振，复虑友邦期望之难副"。② 换言之，禁烟问题在上海国际鸦片会议之后不但事关国家的自强，同时也是为了履行国

① International Opium Convention, *FRUS, 1912* (Washington: Government Printing Office, 1919), pp. 200–201.
② 中国第一历史档案馆编《光绪宣统两朝上谕档》第35册，广西师范大学出版社，1996，第76页。

际义务。本着禁烟所承担的这一双重责任，禁烟大臣根据上谕精神，续拟禁烟办法十条，加重对各级吸食鸦片官员的查处，① 并致电各省汇报执行禁烟章程情况，宣称："上海万国禁烟会既已开会，禁烟功令日益急迫，所有上年部颁之禁烟章程……，在在均关紧要。而各省详报者尚属寥寥，合再电催，速即详细调查咨报，不得延误，以重禁令。"② 对于上海国际鸦片会议对中国禁烟运动所产生的督促作用，正如国内舆论评论所说："中国于鸦片一事，去春以来，朝野同心，筹禁不可谓不力，所踌躇瞻顾者，恐各国未必肯实力协助耳。自有此会，而各国诚心协助中国禁烟之美意以见，我国上下必因此益加奋发，则于禁烟前途收效自必更速矣。"③ 总之，这次会议是对清末中国禁烟运动的一个重大鼓舞，增强了国内外对中国取得禁烟斗争胜利的信心。

再者，上海国际鸦片会议也是晚清中美关系和中外关系史上的一件大事。就中美关系来说，美国倡议发起上海国际鸦片会议，支持中国禁烟运动，可以说是晚清中美特殊关系的一个具体体现，表明对华实行门户开放原则的美国政府与中国有着较为一致的共同利益，试图通过支持中国内部的改革，改变中国的积弱状态，帮助中国实现相对的繁荣和富强，以期有助于实现美国的门户开放原则。对于美国政府的这一友好行动，清朝外务部会后即照会美国驻华公使柔克义，对美国发起组织上海国际鸦片会议表示衷心感谢。④ 驻美中国使馆参赞颜惠庆在美国杂志上发表的一篇论中美关系的文章中，也将美国对华鸦片政策看作晚清中美特殊关系的一个具体表现，称："纵观近今全球之大势，中国之所最宜联络、最宜亲密，彼此得以相维而相系者，莫如美，试言其故，厥有数端……一千八百四十四年，美总统戴拉尔简派公使库兴至华，呈递国书，时当宣庙御宇，中美交谊之挚，实始于此。……其后，中国办理外交，聘用美人安森柏林甘为专使，亦足见华人信赖美人之深也。且不但此也，鸦片之毒，贻害无穷，他国争有输入，

① 《禁烟大臣奏续拟禁烟办法折》，《宣统己酉大政记》卷 14，奏折三，第 17 册，沈云龙主编《近代中国史料丛刊续编》第 25 辑，台北：文海出版社，1976，第 1360～1364 页。
② 《汇志中外禁烟事宜》，《东方杂志》第 6 卷第 4 期，1909 年 5 月 14 日，"记事"栏，第 84 页。
③ 《论今日上海开万国禁烟大会》，《申报》1909 年 2 月 1 日。
④ The Ministers of the Foreign Office to Minister Rochill, May 20, 1909, *FRUS, 1909*, pp. 103–104.

而美国则从无贸易。沿海要隘，觊觎者多，各国皆有占据，而美国则从未染指。不欲攘夺苦工之生计，退还拳匪赔偿之巨款，维持中国之大局，保全中国之疆土。凡此种种，悉合公理。其加惠于我中国者，诚匪浅鲜，而吾人固当感激图报而永矢弗谖也。此感情上之宜亲密者一。"①

　　上海国际鸦片会议在晚清外交史上的意义则在于，它是中国在晚清以平等身份参与多边国际外交、加入多边国际协议和公约的一次成功的外交活动。② 1907 年 6 月下旬在接到美国驻华公使柔克义邀请中国参与国际鸦片调查委员会的照会通知后，清朝政府就要求以尊重中国主权和平等参与为前提条件，对中文照会中未与中国商议，便称"所请各国已大概允诺。美政府故备一详章分致法、德、英、和、日本各政府，请各派员与本国所派之员协查各国鸦片一切之事与贩入中国及中国自行种植之事"，③ 断然予

---

①　颜惠庆：《论中美邦交》，《外交报》第 251 期，"译论"栏，第 9 ~ 10 页。按：颜氏所谓美国从无从事鸦片贸易并不符合历史事实，但这恰恰表明美国于清末发起上海国际鸦片会议留给中国人的好感。《外交报汇编》第 13 册，第 423 页。

②　按：中国参与国际多边活动始于 1890 年代，如 1896 年清政府批准加入《航海避碰章程》（共 31 条，1889 年订于华盛顿）国际交通公约；1899 年 12 月 27 日在《和约公断条约六十一条》（61 条）、《推广 1864 年日来弗原议行之于水战条约十四款》《禁用升空气球暨同样新器投放炸弹及易炸之物声明文件》《禁用专放迷闷毒器之弹声明文件》等第一次海牙保和会公约上签字，并于 1904 年 4 月 25 日批准加入；1904 年又批准加入 1864 年 8 月签订的《瑞士日来弗红十字会条约》（10 款）；1905 年 6 月 7 日派代表在《罗马万国农业会合同》（11 条）之国际经济公约上签字；1907 年 5 月 23 日在《陆地战例条约五款附陆地战例章程六十条》之第一次海牙保和会公约上签字；1908 年 6 月 26 日在《和解国际纷争条约九十七条》《日来弗红十字约推行于海战条约二十八条》《禁止自气球上放掷炮弹及炸裂品声明文件》等第二次海牙保和会公约上签字；1909 年 10 月 18 日又在《战争开始条约八条》《陆战时中立国及其人民之权利义务条约二十五条》《战时海军轰击条约十三条》《海战史中立国之权利义务条约三十三条》等第二次海牙保和会公约上签字、并批准加入，但清政府参与和加入的上述国际公约多由其他国家倡议和拟订，中国方面系例行应邀与会和批准，并未在这些公约的制订上发挥影响和作用，与上海国际鸦片会议专门针对中国问题有所不同。

③　《柔克义致外务部照会》（光绪三十三年五月十四日），*Records of the United States Legation in China*，*1843 - 1945*，microfilm。按：柔克义的此一中文照会表述并没有正确传达英文照会原意，根据英文照会文本，仅表示美国政府就联合调查鸦片问题，已向英、法、德、日等国家提出明确建议，并得到它们的响应，根本没有中文照会中所说"美政府故备一详章分致法、德、英、和、日本各政府"的内容。总之，该中文照会内容与英文照会文意多有不合之处，研究者须加注意。英文照会文本请见 Minister Rockhill to the Prince of Ch'ing，June 22，1907，*FRUS，1907*，p. 160。

以拒绝，外务部在回复照会中明确表示"中国于此项章程办法，均未详悉，无凭核复"。① 一直到柔克义重新照会并亲至外务部，对国际鸦片调查委员会的目的和调查方式做出具体解释，保证不会干涉中国主权，声明指派委员会只是对鸦片贸易和吸食进行没有偏见的调查，以达到禁烟的目的；有关鸦片问题的调查都由各国在本国进行；对于国际鸦片调查委员会的报告和建议，每个国家都有保留他们认为合适的行动的权利。② 在此前提下，清朝政府才决定接受邀请，同意派员参加国际鸦片调查委员会，外务部于7月23日照会柔克义，称："本部查中国于禁烟一事极为注意，前以未悉派员会查之办法，故未便遽然核复。今阅来照声明贵政府之意及本月初十日贵大臣来署，面言系各国派员会商考查办法后，仍各自考查本国属地鸦片情形云云。此事大概办法已经明晰，可允贵政府所请，选派相当之员，俟会议办法后，即将中国各省鸦片一切情形自行查明办理。"③ 而在1909年2月1～26日的上海国际鸦片会议上，中国代表不但享有与其他国家平等的代表权，而且在会议上发挥了积极和重要的作用，尤其是中国代表唐国安在辩论中所表现出来的克制、坦诚、谦虚、理性和镇静，不但显示了一位优秀外交家的风采，④ 为他本人赢得极大的荣誉，同时也为中国赢得了荣誉和尊严。如唐在2月24日第12次会议上所做的雄辩演讲，令他的论敌英国首席代表史密斯都"不得不表示赞赏"；⑤ 上海《字林西报》则在上海国际鸦片会议结束后全文发表他的演讲词，称赞这是一篇"杰出的、逻辑性很强的报告"。⑥

总之，由美国倡议发起的上海国际鸦片会议有力地推动了清末中国

---

① 《外务部致柔克义照会》（光绪三十三年五月二十九日），*Records of the United States Legation in China*, 1843 – 1945, microfilm；The Prince of Ch'ing to Minister Rockhill, July 9, 1907, *FRUS, 1907*, pp. 162 – 163.

② Minister Rockhill to the Prince of Ch'ing, July 15, 1907, Minister Rockhill to the Secretary of State, July 25, 1907, *FRUS, 1907*, pp. 164 – 165.

③ 《外务部致柔克义照会》（光绪三十三年六月十四日），*Records of the United States Legation in China*, 1843 – 1945, microfilm.

④ 关于一位优秀外交家所应具备的素质和表现，请见〔英〕哈罗德·尼科松《外交学》，眺伟译，世界知识出版社，1957，第80～94页。

⑤ *Report of the International Opium Commission*, Vol. I, *Report of the Proceedings*, p. 38.

⑥ 上海市禁毒工作领导小组办公室、上海市档案馆编《清末民初的禁烟运动和万国禁烟会》，上海科学技术文献出版社，1996，第96页。

禁烟运动和国际联合禁烟运动，既是晚清中美特殊关系的一个具体表现，也是晚清中国参与多边国际外交活动的一个成功范例，并表明晚清中外关系除了侵略和反侵略主题之外，尚有正常的国家关系和国际合作之内容。

第十章　塔夫脱政府与宣统朝政

　　宣统朝是清朝统治的最后三年。在这三年里，清朝朝政继续生变，且更为脆弱，最后在 1911 年和 1912 年之交走向覆灭。当时美国当政的则是以金元外交著称的塔夫脱总统。塔夫脱总统与他的前任西奥多·罗斯福总统同为共和党人，并曾在罗斯福政府内担任第一任菲律宾民政总督和陆军部长等职，先后两次出访亚洲，两度还到访上海，有着较为丰富的亚洲经历，而他本人也对亚洲问题表现出浓厚的兴趣。因此，在清廷改建元年号为宣统后，美国著名报人、记者密勒（Thomas F. Millard）就在《纽约时报》发表文章，预言塔夫脱总统的当选，将极大加强中美两国的关系，指出："在西方国家中，没有任何国家像美国这样真诚地祝愿大清国繁荣昌盛，也没有任何国家像美国这样在帮助大清国实现其合理的发展志向方面给予她精神鼓励和物质支持。在未来的五年中，一个很有价值的参考因素将是塔夫脱总统本人会发挥出怎样的影响。在所有到访过大清国的外国人中，没有任何人能比塔夫脱先生对大清国所有阶层所形成的印象更深刻。……很难想象，大清国这个正在露出端倪的新政治集团不会把它自己的国家与美国的关系拉得更近，并且增加我们美国的威信和影响力，而我们自己的国家战略也应是通过一切正当手段以达到此目的。"[1] 本章拟就塔夫脱政府对宣统朝政的观察和反应做一综合考察。

---

　　① 郑曦原编《帝国的回忆——〈纽约时报〉晚清观察记》，李方惠等译，生活·读书·新知三联书店，2001，第 377～378 页。

一　承认溥仪继任皇位

1908 年 11 月 14、15 日，清朝两个最高统治者光绪皇帝和慈禧太后的相继去世，无疑是清廷朝政的一个重大变动，标志清朝统治进入了后西太后时代。然而，出乎人们意料的是，这一突发事件并没有引起政局的动荡，也未引发历史上经常发生的宫廷政变。根据慈禧太后临终之前的安排，清廷的政治权力顺利实现交接。11 月 14 日就在光绪皇帝去世的同一天，清廷颁布慈禧太后懿旨，宣布由 3 岁的溥仪继任皇位，由溥仪的父亲醇亲王载沣担任监国摄政王。11 月 18 日，新皇帝定建元年号为"宣统"。

两宫去世、溥仪继位，纯属中国内政。但此时清朝政府作为已被融入国际社会的一员，其合法性不但要合乎祖制，也有赖于国际的承认。因此，清政府将朝廷政治权力的变动及时通过外务部一一通知各国驻华公使，同时由清朝驻外使节通告有关国家，以获得有关国家的承认和支持。11 月 14 日在光绪皇帝病逝当日，外务部即照会柔克义，宣布奉慈禧太后懿旨，以醇亲王载沣为摄政王。[①] 11 月 15 日又四次照会柔克义，第一道照会通报光绪皇帝于昨日酉时病逝；第二道照会转达慈禧太后 14日懿旨，宣布以溥仪入承大统，在其未成人之前由载沣监国、行使军国政事；[②] 第三道照会转达摄政王载沣以宣统皇帝溥仪名义颁发的上谕，宣布仍为光绪皇帝举行三年之丧，称：

> 本月二十一日酉刻，大行皇帝龙驭上宾，朕钦奉慈禧端佑康颐昭豫庄诚寿恭钦献崇熙太皇太后懿旨，入承大统，抢地呼天，攀号莫及。伏念大行皇帝御宇三十有四年，祗承家法，上秉慈谟，惕厉忧勤，无日不以敬天法祖、勤政爱民为念，简任亲贤，变法图强，维新政治，中外望风，凡有血气者，罔不悲哀感恋，出于至诚。……至丧服之制，钦奉大行皇帝遗诏，令依旧制二十七日而除，朕心实

---

① 《外务部致美国公使柔照会》（光绪三十四年十月二十一日），《中美往来照会集（1846—1931）》第 11 册，第 292 页。

② 《外务部致美国公使柔照会》（光绪三十四年十月二十二日），《中美往来照会集（1846—1931）》第 11 册，第 293 页。《光绪宣统两朝上谕档》第 34 册，第 247 页。

有不忍，仍当恪遵古制，敬行三年之丧，庶几稍尽哀慕之忱。①

第四道照会转达光绪皇帝的临终遗诏，该遗诏自述光绪皇帝病情演变情况并宣布溥仪为嗣皇帝，以消弭外界的猜疑，称：

> 自冲龄践祚，……自去年秋间不豫，医治至今，而胸满胃逆腰痛腿软气壅咳喘诸证，环生迭起，日以增剧，阴阳俱亏，以致弥留不起，岂非天乎。顾念神器至重，亟宜传付得人。兹钦奉慈禧端佑康颐昭豫庄诚寿恭钦献崇熙皇太后懿旨，摄政王载沣之子入承大统，为嗣皇帝。在嗣皇帝仁孝聪明，必能仰慰慈怀，钦承付托……克终朕未竟之志。在天之灵，借稍慰焉。丧服仍依旧制二十七日而除，布告天下，咸使闻知。②

同日，柔克义即照会外务部，通报已将照会内容转达本国政府。③ 次日，清朝驻美公使伍廷芳也照会国务卿，转达相同的内容。

16 日，在慈禧太后病逝的次日，外务部又发给柔克义四道照会：第一道照会通报慈禧太后于 15 日未时仙逝。第二道照会转达宣统皇帝上谕，表达对慈禧太后的哀思，宣布为慈禧太后穿孝百日并素服二十七月，称：

> 朕以冲龄，仰蒙大行慈禧端佑康颐昭豫庄诚寿恭钦献崇熙太皇太后顾复恩慈，情深罔极，特命入承大统，深冀慈躬康健，克享期颐，俾朕奉养承欢，恭聆训诲，以成郅治而固邦基，乃宵旰忧劳，渐致违和，屡进汤药调理，方期日就安痊，不意因二十一日大行皇帝龙驭上宾，哀戚过甚，病势陡重，遂至大渐，遽于本月二十二日未时仙驭升遐。呼抢哀号，曷其有极。钦奉遗诏，丧服二十七日而

---

① 《外务部致美国公使柔照会》（光绪二十四年十月二十二日），《中美往来照会集（1846—1931）》第 11 册，第 295 页。《光绪宣统两朝上谕档》第 34 册，第 248～249 页。

② 《外务部致美国公使柔照会》（光绪三十四年十月二十二日）《中美往来照会集（1846—1931）》第 11 册，第 296 页。《光绪宣统两朝上谕档》第 34 册，第 247～248 页。

③ 《美国公使柔致外务部照会》（光绪三十四年十月二十二日），《中美往来照会集（1846—1931）》第 11 册，第 215～216 页。

除，朕心实所难安，仍穿孝百日并素服满二十七月，稍申哀悯。至谕以勉节哀思，一以国事为重，敢不敬遵遗命，强加抑节，以慰大行太皇太后在天之灵。[①]

第三道照会转达慈禧太后临终遗诏，在该遗诏中慈禧太后对自己一生功绩做了讲述和辩解，记述了自己患病情形，并对身后清廷政治权力交接做出交代，既欲树立其死后光辉形象，也欲解除外界对她在光绪皇帝病逝次日突然变故所生的各种猜疑，达到稳定朝政之目的，遗诏称：

> 予以薄德，祗承文宗显皇帝册命，备位宫闱。迨穆宗毅皇帝冲年嗣统，适当寇乱未平，讨伐方殷之际，时则发捻交讧，回苗傲扰，海疆多故，民生凋敝，满目疮痍，予与孝贞显皇后同心抚训，凤夜忧劳，秉承文宗显皇帝遗谟，策励内外臣工暨各路统兵大臣，指授机宜，勤求治理，任贤纳谏，救灾恤民，遂得仰承天麻，削平大难，转危为安。及穆宗毅皇帝即世，今大行皇帝入嗣大统，时事愈艰，民生愈困，内忧外患，纷至沓来，不得不再行训政，前年宣布预备立宪诏书，本年颁示预备立宪年限，万几待理，心力俱殚，幸予体气素强，尚可支拄。不期本年夏秋以来，时有不适，政务殷繁，无从静摄，眠食失宜，迁延日久，精力渐惫，犹未敢一日暇逸。本月二十一日复遭大行皇帝之丧，悲从中来，不能自克，以致病势增剧，遂至弥留。回念五十年来，忧患迭经，兢业之心，无时或释，今举行新政，渐有端倪，嗣皇帝方在冲龄，正资启迪，摄政王及内外诸臣，尚其协心翊赞，固我邦基。嗣皇帝以国事为重，尤宜勉节哀思，孜孜典学，他日光大前谟，有厚望焉。丧服二十七日而除，布告天下，咸使闻知。[②]

第四道照会宣布因遭大丧，除重要事件之外，其余寻常商议事件缓日再

---

① 《外务部致柔克义照会》（光绪三十四年十月二十三日），《中美往来照会集（1846—1931）》第 11 册，第 297 页。参见《光绪宣统两朝上谕档》第 34 册，第 252～253 页。
② 《外务部致柔克义照会》（光绪三十四年十月二十三日），《中美往来照会集（1846—1931）》第 11 册，第 298 页；《光绪宣统两朝上谕档》第 34 册，第 252 页。

商。① 柔克义也于当日转达美国政府。②

18 日，摄政王载沣又以宣统皇帝名义分别就光绪皇帝和慈禧太后病逝拟定国电两道，分别由外务部照会美国驻华公使柔克义和清朝驻美公使伍廷芳转达美国政府。其第一道电文如下：

> 大清国嗣皇帝致电于大美国大伯理玺天德：昊天不吊，遽降鞠凶，朕之兼祧皇考大行皇帝于本月二十一日龙驭上宾，奉太皇太后懿旨，以朕入承大统。蕲兹冲人，婴斯大故，抢地呼天，攀号莫及。凡我友邦，理应讣告。贵国大伯理玺天德与我大行皇帝睦谊久敦，自必同深哀悼。谨此哀电奉闻。

其第二道电文称：

> 大清国嗣皇帝敬致国电于大美国大伯理玺天德：邦家不造，迭遭闵凶。本月二十二日，朕之圣祖母大行慈禧端佑康颐昭豫庄诚寿恭钦献崇熙太皇太后仙驭升遐，呼抢哀号，曷其有极。伏念大行太皇太后慈谟圣德，薄海同钦，凡我友邦，理应讣告。中国与贵国睦谊夙敦，大伯理玺天德闻之，自必同深感恸。谨此哀电奉闻。③

11 月 29 日，摄政王政府分别通过外务部和清朝驻美公使伍廷芳照会柔克义和美国政府，通报朝廷择定十一月初九日辛卯午初举行登基典礼。④

摄政王政府如此急切地将纯属内政的朝廷权力变动照会柔克义和美国政府，显然是为了争取尽快获得美国的承认。对于光绪皇帝的去世及其朝政可能的变动，当时各国驻华外交官和舆论普遍有各种猜测和不安。根据

---

① 《外务部致柔克义照会》（光绪三十四年十月二十三日），《中美往来照会集（1846—1931）》第 11 册，第 295 页。
② 《美国公使柔致外务部照会》（光绪三十四年十月二十三日），《中美往来照会集（1846—1931）》第 11 册，第 216～217 页。
③ 《美国公使柔致外务部照会》（光绪三十四年十月二十五日），《中美往来照会集（1846—1931）》第 11 册，第 300～301 页。
④ 《美国公使柔致外务部照会》（光绪三十四年十一月初六日），《中美往来照会集（1846—1931）》第 11 册，第 303 页。

《纽约时报》15 日的专电,当时在北京各国外交官的反应:一是由于连续几周来清政府有关光绪帝的报道自相矛盾,由此猜疑光绪皇帝并非自然死亡;二是由于不清楚在未来朝政中庆亲王和袁世凯将扮演什么角色和位置,以及担心载沣并非强权人物,对未来清廷朝政表示担忧,担心朝廷政治被反动势力占据,"倒退到她最初呈现于世人面前的情形",再次引发列强的侵略,"重新出现导致彻底崩溃的危险"。①

即将卸任的美国罗斯福政府在接到有关清廷政情的最新消息后,虽然于 11 月 16 日复电对光绪皇帝和慈禧太后的病逝表示吊唁,② 但对光绪皇帝的病逝还是有些猜疑,对清廷决定由 3 岁的溥仪继任皇位也有所保留,并没有立即予以承认。16 日,国务卿罗脱在给伍廷芳当日的回复中,仅表示收到通报的内容,未做任何表态。③ 并且,就在同一天,罗斯福总统收到康有为的一份电报。康有为在电报中指责袁世凯谋害光绪帝,变换君主,扰乱中国,请求罗斯福总统致电北京,联合所有其他国家,不予承认。④ 由于康有为与罗斯福总统早有接触,在 1905 年康有为访问美国期间,罗斯福总统曾两次(6 月 15 日和 24 日)邀请康有为到白宫讨论美国排华法令问题,1906 年 1 月 30 日,康有为又在墨西哥给罗斯福总统写了一封共 26 页打印纸约 6000 字的长信,就美国对待华人问题提出建议。⑤ 因此,康有为 11 月 16 日的电报得到了美国政府的高度重视,国务院就电报的内容分别征求国务院远东处和驻华公使柔克义的意见。11 月 17 日,美国国务院远东处就康有为电报内容给助理国务卿培根写了一份报告,在简要叙述自戊戌变法以来光绪帝和西太后之间的权力斗争及康有为和袁世凯的关系后,认为康有为电报的内容并非没有可能,指出从历史的观点来看,袁世凯是有谋害皇上的可能性的,因为一旦西太后死后光绪帝真正接

① 郑曦原编《帝国的回忆——〈纽约时报〉晚清观察记》,第 148 ~ 149 页。

② 《美国公使柔致外务部照会》(光绪三十四年十月二十三日),《中美往来照会集(1846—1931)》第 11 册,第 216 页。

③ Mr. Root to Mr. Wu TingFang, December 16, 1908, *Records of the Department of State Relating to Internal Affairs of China*, 1906 – 1910, microfilm.

④ Kang Yuwei to President Roosevelt, November 14, 1908, *Records of the Department of State Relating to Internal Affairs of China*, 1906 – 1910, microfilm.

⑤ 见 Robert L. Worden(an associate at the Library of Congress in Washington, D. C),Letter From K'ang Yuwei to Theodore Roosevelt, *Bridge*: *An Asian American Perspective*. Vol. 5, No. 3, Fall 1977.

任权力，就意味袁世凯官宦生涯的完结。①

但驻华公使柔克义无意追究光绪皇帝死因，他从加强美国在清廷的影响力角度，反对美国政府与康有为接触。24 日，柔克义电复国务院，对康有为其人完全做了否定性的评价，明确表示"康有为在这里没有任何位置或势力，昨天袁世凯告诉我，康除了会冗长的演讲外，没有任何实际东西。我不希望再提到他，这会引起人们的误解"。② 次日，柔克义又写信汇报其调查情况，称：就康有为目前的地位和影响是否对中国政府有所作用的问题，征询这里的官员和外国人，几乎所有人的回答都是相同的——康有为在中国没有追随者，他在 1898 年对光绪帝的影响现在被认为不利于真正的改革。人们承认他是一位高雅的、令人喜欢的演说家，但毫无实际价值。广东人也对他有强烈的反感，他们指控他从居住海外的同乡人中敛财。③ 受柔克义观点的影响，此后美国政府对康有为的意见就不再加以理会。11 月 30 日，康有为再次致电罗斯福总统，称袁世凯正在利用皇太后破坏世界和平，请求罗斯福电令美国驻京公使与醇亲王举行私人会晤，用军队保护自己，并协助自己秘密移居美国使馆。④ 对此，国务院未做任何反应。

另外，在光绪皇帝和慈禧太后相继去世时中国的形势虽然相对平静，但当时的一些传言及 11 月 19 日安徽安庆发生的革命党人熊成基起义，也使美国政府对溥仪继任皇位的合法性和权威性持谨慎态度。美国国务院远东处在 11 月 17 日的报告中就根据有关来自北京的传言及南方发生的革命党人的反满活动，对中国政局感到担忧，称：据《北华捷报》通讯员说，他们的杂志接到一个来自北京的个人来电，预告将会发生一些意想不到的麻烦，根据美国驻南京领事电报，南京的满族总督命令带领 30000 名官兵

---

① Division of Far Eastern Affairs to Mr. Bacon, November 17, 1908, *Records of the Department of State Relating to Internal Affairs of China*, 1906 – 1910, microfilm.

② The Secretary of State to Mr. Rockhill, November 24, 1908, Telegram; Mr. Rockhill to the Secretary of State, November 24, 1908, Telegram, *Records of the Department of State Relating to Internal Affairs of China*, 1906 – 1910, microfilm.

③ Mr. Rockhill to the Secretary of State, November 25, 1908, *Records of the Department of State Relating to Internal Affairs of China*, 1906 – 1910, microfilm.

④ Kang Yuwei to President Roosevelt, November 30, 1908, Telegram, *Records of the Department of State Relating to Internal Affairs of China*, 1906 – 1910, microfilm.

前往北京，这种情况显然是可能的。① 在收到安庆发生革命党人起义的报
告后，11 月 23 日，国务卿罗脱致函海军部，建议海军部在已有的安排之
下，应随时准备派军舰到那些需要保护美国公民的中国港口或需要采取此
类行动的内地。② 24 日在接到汉口领事官报告一些外国妇女和儿童到英国
炮艇上避难的消息后，国务卿再次致函海军部，建议海军部指示在上海的
美国海军官员安排两艘炮艇在安庆和汉口之间巡弋，以应急需。③ 27 日，
海军部回复，已指示派两艘军舰前往执行使命。④

　　然而，随着安庆革命党人的起义很快被平息，中国国内并没有出现外
人想象和担忧的动荡现象，这就为罗斯福政府承认溥仪继位创造了条件。
12 月 9 日，柔克义照会外务部，代表美国政府对安徽巡抚在安庆革命党人
起义中妥善保护居住在当地的美国人生命和财产安全表示感谢。⑤ 另外，
由于摄政王载沣有过国外游历的经历，国外舆论除对他的能力有所担忧之
外，一般都对载沣出任摄政王持肯定态度。11 月 15 日的美国《纽约时报》
就对载沣出任摄政王表示赞同和支持，认为这是清廷内部改革派的胜利，
有助于改革进程，指出"这项任命在社会上产生了良好反响，结果使那些
改革者们感到满意，并且满足了人们对光绪皇帝的怀念之情。因为，这不
但顾及了在皇位继承上最亲近的血缘关系，而且给这个帝国的新政体引进
了一种新鲜的、更富有现代观念的因素。这项任命是改革派一方所取得的
明显胜利"。⑥ 并表示光绪和西太后的去世不会影响中国的政局，写道：
"在清国百姓中间，鲜有迹象表明人们对正发生着的事有什么情绪化的反
应。皇帝的驾崩以及皇太后在很短时间内也可能薨逝这件事对清国人来说
几乎没有什么影响。清国人所追求的是一条平稳、连贯的发展道路，根本

①　Division of Far Eastern Affairs to Mr. Bacon, November 17, 1908, *Records of the Department of State Relating to Internal Affairs of China*, *1906 – 1910*, microfilm.

②　Mr. Root to the Secretary of Navy, November 23, 1908, *Records of the Department of State Relating to Internal Affairs of China*, *1906 – 1910*, microfilm.

③　Mr. Root to the Secretary of Navy, November 24, 1908, Records of the Department of State Relating to Internal Affairs of China, *1906 – 1910*, microfilm.

④　The Secretary of Navy to Mr. Root, November 7, 1908, *Records of the Department of State Relating to Internal Affairs of China*, *1906 – 1910*, microfilm.

⑤　《美国公使柔致外务部照会》（光绪三十四年十一月十六日），《中美往来照会集（1846—1931）》第 11 册，第 222 页。

⑥　郑曦原编《帝国的回忆——〈纽约时报〉晚清观察记》，第 147 页。

不会为了这两人的死而悲伤。"11月22日，美国著名记者和报人密勒也在《纽约时报》发表文章，对清廷权力实现平稳过渡表示赞赏，认为中国国内在慈禧太后死后没有发生人们先前预料的"政治大灾难"，"从整体上表现出了其社会体制的稳定性，并且清国政治家们在面对紧急事态时表现出了十足的信心和能力。显然，他们对这个紧急事态的出现绝对是早有预料"。同时，密勒对后西太后时代由摄政王行使清朝政府的最高权力也表示由衷的欢迎，写道："由醇亲王担任摄政王而行使至高无上的权力，这在帝国历史上还是头一遭。醇亲王是个年轻人，他成长的时代正处于现代思想在东方世界取得立足点之际。他通过自己的眼睛看到了西方世界，其心智和视野并没有因为紫禁城的城墙而受到限制。因此，他可以做到其他大清国统治者所没有做到的事情，即立足于现代观点，以透视的目光，从与其他世界强国的对比中来认识自己的国家。单单凭据这一事实，即能证明他对目前大清国所面临的事态所采取的态度是可靠而正确的。"①

除舆论对摄政王载沣表示欢迎之外，有些列强也对清廷权力的转移明确表示认同和接受。18日，美国驻日本大使电告国务院，称日本外务部从北京和各省获得确信，形势有望保持和平，对指定的继任人将予以接受，不提任何抗议。并且，外务部还坚持声明日本不会采取任何形式的行动或干预。②

在上述历史背景之下，美国政府在经过短暂的观望之后，很快也对溥仪继任皇位并由摄政王行使清朝政府的最高权力表示接受。1908年12月2日，罗斯福总统特意在溥仪举行登基典礼这一天接见清朝特使唐绍仪，对新皇帝溥仪登基当面表示祝贺，表示美国愿意进一步发展与中国的关系，并帮助促进中国的进步，声称：我们的愿望是，只要机会和权力许可，将援助中国国民改善中国的状况，引导中国跟上人类文明潮流。现在世界比以往任何时候都意识到，任何国家的稳定和繁荣，以及维护自己边界的和平和强大到足以避免外来的入侵，对其他国家通常是有利的，而不是不利的。我们真诚地希望中国进步，并将在进一步推动中国的进步方面尽我们

---

① 郑曦原编《帝国的回忆——〈纽约时报〉晚清观察记》，第369~370、376页。
② Mr. O'Brien to the Secretary of State, November 18, 1908, *Records of the Department of State Relating to Internal Affairs of China, 1906-1910*, microfilm.

所能。① 12 月 3 日，国务卿又致电柔克义，指示他代表美国政府祝贺宣统皇帝继位，贺词云："本总统及本国各大臣恭贺中国大皇帝登极，惟望福祚绵长，光荣照耀"，"甚喜适于此日觐见贵国唐使，得以面祝登极贺词，实幸机缘巧遇也"。5 日，柔克义将此一贺词转达外务部。②

12 月 3 日，摄政王载沣颁布上谕，宣布继承改革路线，重申于宣统八年颁布宪法，召集议员，称："本年八月初一日，大行皇帝钦奉大行太皇太后懿旨，严饬内外臣工务在第九年内将各项筹备事宜一律办齐，届时即行颁布钦定宪法，并颁布召集议员之诏各等谕。煌煌圣训，薄海同钦。自朕以及大小臣工均应恪遵前次懿旨，仍以宣统八年为限，理无反汗，期在必行。内外诸臣断不准观望迁延，贻误事机，尚其激发忠义，淬厉精神，使宪政成立，朝野乂安，以仰慰大行太皇太后、大行皇帝在天之灵，而巩亿万年郅治之基，朕有厚望焉。"③ 摄政王的这一宣誓进一步打消了美国对摄政王政府未来政策的顾虑。12 月 4 日，柔克义在致国务院的报告中就对 12 月 2 日宣统皇帝登基时发表的誓文极为不满，批评誓文完全遵照以前的做法，许多内容不适合现在的形势，但认为摄政王 12 月 3 日的上谕显然表明新政府全面执行 1908 年 8 月 27 日慈禧太后制订的立宪方案的决心，它"最终打消了任何对新的君主未来政策不确定性的忧虑"。④ 而美国政府在接获报告后也对摄政王颁布宣誓坚持宪政改革上谕表示欢迎和释然，1909 年 1 月 21 日，国务院复函柔克义，认为"上谕的宣誓表达了新政府贯彻已故皇帝和皇太后去年 8 月制订的宪政计划的

① The President's Reply, December 2, 1908, Records of the Department of State Relating to Znternal Affairs of China, 1906 - 1910, microfilm.

② Mr. Root to Mr. Rockhill, December 3, 1908, Telegram; Rockhill to the Secretary of State, December 12, 1908; Rockhill to Prince of Ch'ing, December 5, 1908, Records of the Department of State Relating to Internal Affairs of China, 1906 - 1910, microfilm;《柔克义致外务部照会》（光绪三十四年十一月十二日），《中美往来照会集（1846—1931）》第 11 册，第 220 页。

③ 《重申仍以宣统八年为限实行宪政谕》（光绪三十四年十一月初十日），故宫博物院明清档案部编《清末筹备立宪档案史料》上册，中华书局，1979，第 69 页。

④ Mr. Rockhill to the Secretary of State, December 4, 1908, Telegram; Mr. Rockhill to the Secretary of State, December 4, 1908, Records of the Department of State Relating to Internal Affairs of China, 1906 - 1910, microfilm.

决心"。①

　　十分巧合的是，几乎在宣统朝顺利实现权力交接前后，美国也完成了总统的选举和换届。共和党人塔夫脱于 1908 年 11 月战胜他的竞争对手民主党人布赖恩（William Jennings Bryan），赢得大选，于 1909 年 3 月 4 日接替同为共和党人的西奥多·罗斯福，正式出任美国第 27 任总统。对于塔夫脱这位到访过中国的共和党人正式出任美国总统，摄政王第二天就代表清朝政府由外务部和驻美公使递送国书，表示热烈的祝贺，并对其推动中美关系的发展充满期待，谓："大总统隆称伟略，久深佩仰。上年游历来华，我国官民欢迎尽礼。去冬得闻延膺选举之信，当经谕令外务部专电致贺。今年二月二十三日，即一千九百九年三月四日为大总统接任之期。允符众望，式焕新猷，狄听之余，欣悦无极。中国与贵国友谊素称辑睦，大总统笃念邦交，关怀大局，从此 联欢敦好，共享升平，实为两国人民之幸福，而尤朕与大总统所同深庆忭者也。敬祝大总统勋名远扬，福履永绥。用达贺忱。"② 表达了发展中美两国关系的愿望。

二　干涉载沣驱袁

　　尽管清廷政治权力在光绪皇帝和慈禧太后相继去世后出乎意料地实现平稳过渡，没有发生朝廷政变，但在宣统继任皇位后不久，封建朝廷政治所固有的权力斗争还是上演了。两宫的去世，首先使戊戌政变以来一直遭压制的帝党和后党之争的历史旧案重新浮出水面。当年拥光绪帝推行变法的康有为、梁启超等立即在海外发起倒袁运动。他们发表《光绪帝上宾请讨贼哀启》和《讨袁檄文》，并上书摄政王载沣，历数袁世凯罪状，控告光绪帝系被袁世凯谋害，呼吁载沣"为先帝复大仇，为国民除大蠹"。③ 如前所述，康有为甚至为此两次致电美国总统西奥多·罗斯福，控告袁世凯谋害光绪皇帝，请求美国政府出面进行干涉。在国内，

---

① The Secretary of State to Mr. Rockhill, January 21, 1909, *Records of the Department of State Relating to Internal Affairs of China, 1906 - 1910*, microfilm.

② 《外务部致美国公使柔照会》（宣统元年二月十五日），*Records of the United States Legation in China, 1843 - 1945*, microfilm.

③ 康有为：《上摄政王书》，汤志钧编《康有为政论集》上册，中华书局，1981，第 638 ~ 639 页。

他们还策划与善耆、载泽等满族亲贵和岑春煊、瞿鸿禨、张之洞等汉族官僚联络，劝说载沣迅速解除袁世凯的职务。① 同时，在朝廷内部，一些满族亲贵和汉族官僚也发起了倒袁运动。还在光绪帝去世前不久，御史江春霖就有感于袁世凯 50 寿辰时前往祝贺的各路官员堵塞门庭，袁的权势如日中天，上书慈禧太后和光绪帝，建议为国家和为袁世凯家族计，须对袁世凯的权势加以裁抑。② 12 月 19 日摄政王载沣在宣统皇帝登基后为表示新朝"恩泽"，命庆亲王奕劻以亲王世袭罔替，赏加袁世凯太子太保衔，御史江春霖又于 12 月 29 日上书摄政王，不满褒奖，控告奕劻、袁世凯结党营私，败坏官场风气，"关系于前途者甚巨"，提醒载沣"重思之"。③ 御史赵炳麟也上书摄政王，直言袁世凯为人险恶，"包藏祸心"，"树植私党，挟制朝廷"，"他日必生意外之变"，建议摄政王在"方今主少国疑"之际速将袁罢斥，"以奠国本而杜后患"。④ 善耆、载泽等满族亲贵则以袁世凯的权力对朝廷构成严重威胁，劝说载沣尽快严办袁世凯，指出："此时若不速作处置，则内外军政方面，皆是袁之党羽；从前袁所畏惧的是慈禧太后，太后一死，在袁心目中已无人可以钳制他了，异日势力养成，消除更为不易，且恐祸在不测。"⑤ 度支部尚书载泽还鼓动载沣乘机除掉袁世凯，为光绪皇帝复仇，密谓："大行皇帝之事，天下称冤，皇上年幼，尔摄政，其毋自贻伊戚。"⑥

为防止北洋大臣袁世凯势力可能对清廷统治的威胁，摄政王载沣在满族官员和一部分汉族御史的策动下，于 1909 年 1 月 2 日突然发布上谕，以足疾为由罢黜袁世凯，称："军机大臣外务部尚书袁世凯夙承先朝屡加擢用，朕御极后复予懋赏，正以其才可用俾效驰驱，不意袁世凯现患足疾，步履维艰，难胜职任，袁世凯着即开缺，回籍养疴，以示体恤

① 有关海外立宪派康有为、梁启超的倒袁活动，详见杨天石《须磨村密札与改良派请杀袁世凯的谋划》（载《复旦学报》1986 年第 5 期），兹不赘述。
② 《劾军机大臣袁世凯权势太重疏》（光绪三十四年九月初九日），江春霖：《梅阳江侍御奏议》第 2 卷，第 11 ～ 14 页。
③ 《论庆亲王奉旨世袭罔替覃恩过优疏》（光绪三十四年十二月初七日），江春霖：《梅阳江侍御奏议》第 2 卷，第 29 ～ 32 页。
④ 《赵柏岩集》（上），广西人民出版社，2001，第 473 ～ 474 页。
⑤ 载涛：《载沣与袁世凯的矛盾》，中国人民政治协商会议全国委员会文史资料研究委员会编《晚清宫廷生活见闻》，中国文史出版社，2000，第 73 页。
⑥ 《赵柏岩集》（上），第 307 页。

之至意。"①

对于摄政王载沣的这一突然举动，美国驻华公使柔克义立即做出反应。当日下午 4 时，柔克义就将摄政王罢黜袁世凯上谕电告国务院，将这一事件看作满族官僚的"反动行为"，②认为"突然罢免袁世凯只是反动政策的第一步，既危害中国的利益，也危害外人的利益"。③紧接着，柔克义又与其他国家的驻华公使聚集在美国使馆商量对策，建议联合向摄政王政府提出抗议。当晚 10 时，柔克义致电国务卿，请求授权他与其他国家的驻华公使分别提交照会，称：

> 今天下午，我拜访了我的多数同僚，所有人均认为罢免袁世凯造成了十分严峻的局面，需要立即向中国政府抗议。袁参与中国政府对维护秩序、稳定和进步产生了重要的影响，对他的罢免一定会在中国产生极为不好的后果，可能引发严重骚乱。您是否授权我就此向中国政府提出抗议，并要求中国政府注意这一草率行动给美国政府留下的不快印象。我们建议提出相似的抗议，但不采取联合方式。希望尽速回复。④

对此，国务卿罗脱当即复电，表示同意，并指示柔克义在向清政府提出的抗议中加上以下内容：

> 我们深信这种草率的不明智的行动将会损害中国的信誉，毁坏中国在世界上赢得的尊重，极大地伤害中国政府业已宣布的为了促进中国的独立与强盛的明智计划，并且使美国依据 1858 年条约第一款规定的、并为 1903 年条约所重申的为中国提出一些友好的忠告变得

---

① 《光绪宣统两朝上谕档》第 34 册，第 325 页。

② Mr. Rockhill to the Secretary of State, January 2, 1909, Telegram, *Records of the Department of State Relating to Internal Affairs of China*, 1906–1910, microfilm.

③ Mr. Rockhill to the Secretary of State, January 16, 1909, *Records of the Department of State Relating to Internal Affairs of China*, 1906–1910, microfilm.

④ Mr. Rockhill to the Secretary of State, January 2, 1909, Telegram, *Records of the Department of State Relating to Internal Affairs of China*, 1906–1910, microfilm.

极为困难。①

　　柔克义在公使馆召集各国驻华公使商量对策的行动当即对摄政王政府构成压力。在得知这一消息后，袁的同党庆亲王即借机向摄政王载沣施压，提出外国代表可能要求解释袁世凯被罢免的原因，询问摄政王该如何答复。对摄政王提出以袁身体不好答复各国公使的询问，庆亲王当即拒绝，表示他不愿做这样的答复。最后，袁的政敌那桐出面替摄政王解围，表示愿意以这样的答复应付前来外务部询问的外国公使。②

　　为缓和美英等国对罢免袁世凯的不满，摄政王于1月3日任命留美归国的梁敦彦署理外务部尚书、会办大臣，7日以外务部左丞邹嘉来署右侍郎（1月23日，梁、邹实授），8日，以张荫棠署外务部左丞，吴宗濂署右丞，周自齐、曹汝霖署左右参议。对于摄政王重用有留美背景的官员，柔克义表示满意，期待外务部因此有所起色。1909年1月11日，他在写给国务院的报告中称："9日接到外务部照会，所有外国人都对由梁填补袁世凯的位置表示特别高兴，惟一感到遗憾的是，他是一个鸦片瘾君子，其工作精力将受影响，除非他能立即戒除这一恶习，但看来似乎是不可能的。外务部组成人员目前十分软弱，处理事务十分棘手，常不令人满意。庆亲王老态，虚弱、过劳，毫无作为；尚书那桐现任职军机处，左侍郎联芳是一个和蔼软弱的老绅士，他的意见完全没有权威性。在这样一个不被看好的组成人员中，现在加入令人满意和欢迎的梁和周自齐。然而，正如我们处在一个过渡时期，我们期待外务部人员不久有一些新的变化，希望他们能加强外务部的力量。"③

　　而柔克义在获得美国政府的授权后，积极策动各国驻华公使向清政府提

---

①　The Secretary of State to Mr. Rockhill, January 2, 1909, Telegram, *Records of the Department of State Relating to Internal Affairs of China, 1906 – 1910*, microfilm. 按：1858 年中美《天津条约》第一款规定："嗣后大清与大合众两国并其民人，各皆照前和平友好，毋得或异；更不得互相欺凌，偶因小故而启争端。若他国有何不公轻藐之事，一经照知，必须相助，从中善为调处，以示友谊关切。"见王铁崖编《中外旧约章汇编》第 1 册，第 89 ~ 90 页。

②　Mr. Rockhill to the Secretary of State, January 16, 1909, *Records of the Department of State Relating to Internal Affairs of China, 1906 – 1910*, microfilm. 按：那桐在袁世凯遭罢黜的同一天，即获在军机大臣上学习行走的任命。见《光绪宣统两朝上谕档》第 34 册，第 325 页。

③　Mr. Rockhill to the Secretary of State, January 11, 1909, *Records of the Department of State Relating to Internal Affairs of China, 1906 – 1910*, microfilm.

交联合照会，向摄政王载沣进一步施加压力，希望朝廷收回驱袁成命。但他的这一工作并不顺利，遭到俄国和日本的杯葛。俄国公使坦白表示袁对俄国不友好，是一位最难打交道的人，让他抗议清政府罢免袁世凯有些困难。日本公使则虚伪地表示"他担心抗议将会被中国政府误解，被看作对纯粹中国内部事务的干涉"，实际上也不愿为罢免袁世凯事向清政府抗议。为此，日本政府还同时向美国驻日大使表示，罢黜袁世凯"只是人事原因，并不涉及实质性的政策改变"，形势并没有什么危险，[①] 以消除美国的担忧及进行干涉的必要性。在日本和俄国的影响下，法国、德国也对联合照会持消极态度，不倾向就袁世凯问题向清政府进行抗议，表示除非所有国家都认同这一倡议；奥地利和意大利则表示在这一问题上将追随德国行动。[②]

在联合干涉的愿望落空之后，柔克义坚持要对摄政王罢免袁世凯事件提出抗议，1月9日他又致电国务院，请求授权他单独与英国公使采取一致行动，指出："同文照会完全失败，但我个人仍强烈的认为，应要求清政府对我们的忧虑表示严重关切，罢免袁世凯意味政策的转变。有些列强建议加以观察，这是十分令人焦虑的。英国驻华公使的观点与我相同，我是否单独与英国公使一道，沿着我所说的路线和方式行事？英国公使已致电请示英国政府。"[③]

柔克义的这一建议再次得到美国政府的支持。在次日获得美国政府复电认可后，柔克义即与外务部联系，安排会见。1月15日，柔克义与英国驻华公使朱尔典一道前往外务部会见庆亲王，就罢黜袁世凯问题分别提交内容相近的备忘录。柔克义在备忘录中写道：

> 美国政府一直对中国怀有友好感情并始终关心中国的福祉，且在许多场合都表达了这种真诚的感情。
>
> 在过去的几年里，美国一直以极大的同情和兴趣关注对中国有深

① Mr. O'Brien to the Secretary of State, January 6, 1909, *Records of the Department of State Relating to Internal Affairs of China*, 1906–1910, microfilm.

② Mr. Rockhill to the Secretary of State, January 16, 1909, *Records of the Department of State Relating to Internal Affairs of China*, 1906–1910, microfilm.

③ Mr. Rockhill to the Secretary of State, January 9, 1909, Telegram; Statement of Report by Cable from Mr. Rockhill, January 15, 1909, *Records of the Department of State Relating to Internal Affairs of China*, 1906–1910, microfilm.

远影响和良好结果的政策的启动和发展，这一政策确保了中国政治和经济的发展，同时也加强了她与世界各国的关系，继续这一政策被视为和平、稳定和进步的一个保证。

美国政府对新君主刚刚即位就突然罢免一位与近几年的重大改革有密切关系的国务人员表示严重关切，对新政府的信心产生动摇，担忧新政府将不继续前任君主倡导的正确的政策，美国认为这一政策对中国有极大的好处。

美国政府很高兴获知，它的担忧是没有根据的，摄政王政府的愿望是，继续执行此前获得美国政府友好支持和由衷称赞的政策。①

在会谈中，与袁同党的庆亲王对柔克义与英国驻华公使朱尔典出面替袁说话表示"欢迎"，并坦陈他本人也不赞成罢黜袁世凯，认为这是一件遗憾的事情，指出他本人完全了解袁在指导外交方面和改革工作中的作用。同时，为打消柔克义对摄政王政策的顾虑，庆亲王又以最坚定的语气，向两位公使保证"摄政王政府将严格执行前任君主的进步政策"，"不允许任何东西干扰和阻碍这一政策，这一政策将会得到完整的贯彻"，并向两位公使透露袁可能会被召回任用。②

在获得庆亲王的上述保证后，柔克义对会谈的结果表示满意。1 月 16 日，他在写给国务院的报告中指出："在整个会谈中，庆亲王所表达的都以最友好、最坦率和强调的语气。很显然，他很高兴我们的抗议，毋庸怀疑，它们将会被递送到摄政王面前，希望它们能对摄政王产生稳固的影响。在庆亲王表示袁的免职是摄政王的一场政变，以及他相信袁迟早会被召回来复职之后，就不必再存疑虑了。"同时，柔克义认为他们的抗议将对摄政王上任后表现出来的冲动、任性和亲近保守派起到抑制作用，避免清廷重新回到保守的道路上去，指出："许多已被证实的摄政王冲动和刚愎自用的例子，使我和我的英国同僚坚信，我们有责任提醒他注意，他使他的国家以及中国对

---

① Memorandum Left by Mr. Rockhill with the Prince of Ch'ing, January 15, 1909, *Records of the Department of State Relating to Internal Affairs of China*, *1906–1910*, microfilm.

② Mr. Rockhill to the Secretary of State, January 15, 1909, Telegram; Statement of Report by Cable from Mr. Rockhill, January 15, 1909, *Records of the Department of State Relating to Internal Affairs of China*, *1906–1910*, microfilm.

外关系和物质利益面临危险。在我看来，如果摄政王发现他罢免对秩序和进步政策最有影响和最著名的执行者而不会遭到列强的任何抗议的话，他将不会就此止步，他还会继续这样做下去，而他的一时冲动和个人好恶也会鼓动他这样做，并且也许很快就会无意但有效地抑制最近几年来所取得的进步，致使中国返回到十年之前的动荡、骚乱和困惑之中。"①

在收到柔克义的报告后，美国政府也对交涉的结果表示满意。1月19日，国务卿致电柔克义，称：对于外务部接受你和英国公使的共同抗议，以及中国政府保证中国的政策将不会因罢免袁世凯而受到任何影响，保证目前的各项改革和对外国列强的态度将沿袭以前的路线，本政府十分满意。你在这件事上所做的工作受到国务院及总统的高度评价。② 同时，美国政府还致函英国驻美大使，对英国驻华公使在干涉罢黜袁世凯问题上的合作表示感谢。③

需要指出的是，美国政府当时积极干涉清政府罢免袁世凯，除了担心改革政策发生倒退外，还担心这件事与日本有着直接的关系。在摄政王罢免袁世凯的消息传到华盛顿后，美国政府就怀疑日本参与了这一阴谋，以排除袁世凯统治集团对日本侵略东三省构成的障碍，加强日本对清廷朝政的影响和控制。1月5日，国务院就电令驻日本大使收集有关中国政治局势的正式和非正式的情报和观点，以及与日本的关系。④ 1月7日，国务院远东司在一份备忘录中认为这件事与清廷内部在外交问题上采取亲日还是亲美的斗争有着直接关系，同时纠合满汉之间的矛盾，并与日本政府的活动有关，而美国与日本签订罗脱—高平协定，则进一步削弱了袁的地位。该《备忘录》指出：最近几年，满族亲贵铁良、那桐和醇亲王载沣对像袁世凯这样的汉族官员一直存有戒心，他们信任日本，希望获得日本的支

---

① Mr. Rockhill to the Secretary of State, January 16, 1909, *Records of the Department of State Relating to Internal Affairs of China, 1906–1910*, microfilm.

② The Secretary of State to Mr. Rockhill, January 19, Telegram, *Records of the Department of State Relating to Internal Affairs of China, 1906–1910*, microfilm.

③ Mr. James Bryce to Mr. E. Root, January 18, 1909; Mr. E. Root to Mr. James Bryce, January 21, 1909, *Records of the Department of State Relating to Internal Affairs of China, 1906–1910*, microfilm.

④ Mr. O'Brien to the Secretary of State, January 5, 1909, *Records of the Department of State Relating to Internal Affairs of China, 1906–1910*, microfilm.

持，袁世凯的亲信唐绍仪访美就遭到他们的激烈反对，只是在慈禧太后的支持下唐才被任命为赴美特使。同时，日本方面对唐绍仪使团的使命十分敏感，他们意识到美国在中国尤其在满洲利益的确立会妨碍日本的图谋；而挑选有前途的中国青年到美国留学，也对日本构成另一威胁。因此，日本便采取行动，以破坏唐绍仪使团成功所带来的严重和灾难性的后果。由于十分清楚此时日本与美国互换照会传达给中国的信号，日本便于1908年11月30日成功结束谈判。此外，日本还在中国皇帝和皇太后去世时努力向摄政王保证，日本将支持他主持清廷朝政，并向美国声明日本将不会采取劝说、干涉行动，相信此时是没有必要的。国务院远东司表示日本的这些举动"从实际发生的事情来看，是非常有意思的"。①

国务院远东司的这一分析和看法是很有见地的。虽然摄政王载沣罢黜袁世凯系出于权力斗争，但日本当时的活动确乎对袁世凯的免职产生了直接的影响。袁世凯的门生沈祖宪、吴闿生在《容菴弟子记》中就强调指出袁的去职系由派大使唐绍仪联美一事引发，谓：

> 时清帝德宗病势日剧，孝钦后预议继统事。公在枢垣，最为孝钦后所倚任，青蒲陈说，情同一家。醇亲王载沣长子常出入内廷，孝钦后密以询公，公一力赞成。十月二十二日，德宗晏驾，遂以宣统帝入承大统。公虑孝钦后年高，且皇族中亦颇有争竞继统者，主幼国危，无所统率，必生变乱，倡议以醇亲王载沣监国。二十四日孝钦后遽崩，于是公与二三老成，从容定策，匕鬯无惊，中外咸深叹服。公感悼孝钦后知遇，拟俟大丧事竣，亦即告退。乃未及上书陈请，而局势忽变。论时事者，言庞论杂，咸莫测其由来。不知公之去位，实由于派大使一案也。先是，公因甲午、庚子之后，政府虽一意讲求外交，而操纵失宜，究不免为外人所轻视，中国等级，向居人后。海牙和平会，置列三等。亲贵出洋，何尝无所激刺。奈事过辄忘。公因美之商派大使，遇我独厚，密建联美之策。先与庆王商定后，乘间独对，畅陈中国宜派大使理由。孝钦后甚韪其议。旋遭大故，枢廷同列，以不获预闻其事为恨，有议公之

---

① Memorandum on Political Situations in China by Division of Far Eastern Affairs, January 7, 1909, *Records of the Department of State Relating to Internal Affairs of China*, *1906－1910*, microfilm.

轻举者。于是横生阻力，事败垂成，其机会为至可惜也。①

另外，柔克义在1月16日写给国务院的报告中也提到袁授意唐绍仪赴美外交遭到了政敌的攻击，写道："我得到可靠消息，袁的政敌对摄政王说，袁所执行的个人政策危害中国的利益，唐绍仪出使国外完全是为了他个人的利益。结果，摄政王命令唐应被立即召回，但庆亲王解释说已通知好几个唐将访问他们的欧洲国家，将唐直接召回，这是极不礼貌的，在听完庆亲王的这一解释后，摄政王才做出让步，但坚持唐必须尽快完成欧洲的使命，命令他尽快回国。"在报告中，一向对日本持正面看法的柔克义虽然没有认为袁的去职系日本策划，但明确指出日本对这件事是持欢迎和支持态度的，写道："一些外国列强，尤其是俄国和日本不会对袁世凯的遭罢免感到不高兴，这并不奇怪，因为袁是他们满洲政策的最厉害的反对者。现在，日本政府，至少在这里的日本公使无疑如释重负，对袁的罢免感到极大高兴。他从中看到一些直接好处，因为他正与外务部就满洲的一些急迫问题进行谈判，他期望日本将获得比袁世凯在位时更有利的条件。"②

对此，日本政府一再向美国政府解释，声称他们与罢黜袁世凯事件无关，并不愿看到这一事件的发生。1909年1月14日，日本外交大臣就中国形势与美国驻日大使进行了一次长时间的会谈，表示有关日本策划罢黜袁世凯的说法是没有根据的，日本需要的是和平，指出自光绪皇帝和慈禧太后去世后，他本人就利用一切方法鼓励清朝政府继续维持目前中国国内和中日两国间的和平状况，不要采取任何危害目前情况的激进步骤；他本人也认为袁世凯是一位精明能干的人，对他的罢免感到非常遗憾，这种遗憾不是基于袁对日本的用处，而是因为他对于中国的价值。同时，还安慰美国政府不必对罢黜袁世凯之后的中国局势过于担忧，指出"至少就目前来说，他不相信中国方面会试图进行任何激进的政策改变，策划对其他国家的邪恶计划"，并表示他本人已向北京的有关官员转达了不要对袁世凯做进一步惩处，袁在军

① 沈祖宪、吴闿生：《容菴弟子记》卷4，1913年校印，第28页。
② Mr. Rockhill to the Secretary of State, January 16, 1909, *Records of the Department of State Relating to Internal Affairs of China, 1906 - 1910*, microfilm.

政部门的同党也应继续保留、不要追究，他相信这一方针会得到执行。① 1
月 21 日，日本政府又通过驻美大使高平小五郎（Kogoro Takahira）致函美
国政府，再次就舆论认为日本支持罢免袁世凯进行辩解，声称日本在维持
中国政局的稳定上与其他国家的立场和态度是一致的，日本公使之所以没
有与美国驻华公使一道就罢免袁世凯问题向清政府提出抗议，这是因为
"日本政府认为在袁被罢免后再恢复原位会十分困难，这是一个既成事实，
并且不可能期待从中产生良好结果，只能激起中国政府的反感，好像日本
政府正在干涉他们国家的内部事务"。但日本政府在解释不愿罢免袁世凯
问题干涉中国内政的同时，又声称为避免政局发生动荡，日本政府已"训
令日本驻华代表警告中国当局对袁及同党不要采取任何极端措施"。这就
说明日本政府所说在罢免袁世凯问题上不愿干涉中国内政，并非由衷之
言。对于某些外国人认为日本因为袁世凯妨碍了日本的满洲政策而策划了
倒袁事件，日本政府声称这种说法也是"完全错误的"，表示虽然袁对日
本不那么友好，但日本的满洲政策需要像袁世凯那样有能力、有影响人物
的合作，"因此，袁并不被认为对日本不利的人物"。②

　　塔夫脱政府当政后，也继续关注袁世凯的复出问题。1909 年 6 月 6
日，美国驻华参赞就向塔夫脱政府电告了 6 月 5 日在公使馆与袁世凯长子
袁克定讨论袁的复出问题，称：袁的儿子昨天造访了使馆，密告他与载沣
的一位胞弟举行了一次会晤，有迹象显示载沣可能会接受袁世凯作为一个
没有实权的官员复出。③ 1910 年 7 月第二次日俄协约签订后，摄政王载沣为
化解日俄协约的压力，酝酿发起第二次中美德三国联盟，重新重用袁的同党徐
世昌和唐绍仪等，美国驻华公使嘉乐恒（W. J. Calhoun）给予高度重视，表示
欢迎，报告国务院，认为这是袁世凯复出的"第一步"，"目前任命像唐绍仪那
样袁的朋友，日后完全有可能促进袁本人的复出"④，并通过朝廷中的线人了

① Mr. O'Brien to the Secretary of State, January 15, 1909, *Records of the Department of State Relating to Internal Affairs of China*, 1906–1910, microfilm.
② Mr. Baron Takahira to the Secretary of State, January 21, 1909, *Records of the Department of State Relating to Internal Affairs of China*, 1906–1910, microfilm.
③ Mr. Fletcher to the Secretary of State, June 6, 1909, *Records of the Department of State Relating to Internal Affairs of China*, 1906–1910, microfilm.
④ Calhoun to the Secretary of State, August 23, 1910, *Records of the Department of State Relating to Internal Affairs of China*, 1910–1929, microfilm.

解相关动向。[1] 一位美国记者还曾就袁世凯复出问题专门致函国务卿诺克斯（Philander C. Knox），称赞袁是清廷中一位独一无二的官员，与其他只会夸夸其谈的官员不同，袁具有办事能力和魄力，指出"中国目前的危机很大程度就是由于袁世凯未能在北京掌控局面"，袁遭罢免肯定是由那些希望中国虚弱的人策动；尽管唐绍仪重新得到重用，他在许多方面也是一位强人，但唐如要有所作为，"必须要有袁的支持"，建议美国政府加以干涉。[2] 1910 年 9 月 27 日，美国总统塔夫脱和国务卿诺克斯在白宫接见到访的载沣胞弟、海军大臣载洵时，也亲自过问袁的复出问题，鼓励摄政王载沣尽快加以落实，指出"这个方向是可取的"。[3]

撇开日本是否参与策划倒袁问题，就美国政府来说，其出面干涉清政府罢黜袁世凯，虽然没有改变既成事实，但从清政府和日本政府的反应来看，显然对袁世凯势力免遭毁灭性打击起了十分重要的作用，从而使袁世凯日后得以东山再起。就此来说，美国政府干涉罢黜袁世凯对清末民初的政局都产生了十分深远的影响。

三 支持载沣实行渐进政治改革

尽管美国外交官和美国政府对摄政王载沣上台伊始罢黜袁世凯表示不满和反对，但对摄政王载沣继续奉行改革路线则多抱肯定和支持态度。并且，塔夫脱政府为配合其金元外交，较诸罗斯福政府时期更为关注摄政王政府实行的各项改革政策。

首先，美国驻华外交官和美国政府都认同摄政王渐进的宪政改革，认为渐进的改革有助于中国政局的稳定。1909 年 8 月 28 日，美国驻华公使馆代办费勒器在写给国务院的报告中指出："袁世凯和慈禧太后的宪政改革正在由摄政王加以筹备，在执行预备立宪上，他显然是真诚的。的确，很可能他感到无力逆潮流而动，相信缓慢地往前走，试图减少一些风

---

① Calhoun to the Secretary of State, October 17, 1910, *Records of the Department of State Relating to Internal Affairs of China, 1910 - 1929*, microfilm.

② Walter Kriton to the Secretary of State, November 1, 1910, *Records of the Department of State Relating to Internal Affairs of China, 1910 - 1929*, microfilm.

③ Memorandum, by Division of Far Eastern Asia, September 29, 1910, *Records of the Department of State Relating to Internal Affairs of China, 1910 - 1929*, microfilm.

险。但中国引入代议制后果的不安，不仅限于保守派，相反，一些最开明的官员，由于知道中国人的脾气，也担心宪政运动很可能失控。他们表示政府中的这一激进变化应该慢慢进行，并指出土耳其和波斯最近发生的事也可能在中国发生，除非政府坚定和小心行事。"①

对于中国国内立宪派发起的速开国会运动，美国驻华外交官一方面认为摄政王政府拒绝国会请愿运动的要求，"恐怕有些人会对改革表示极大的失望，驱使另一些人采取一些不恰当的措施"②，但仍支持摄政王政府预备立宪的合理性，认为目前中国人尚不具备速开国会的条件。1910 年 9 月 2 日美国驻华公使嘉乐恒在公使馆接待私下来访的湖广总督瑞澂，③ 会谈中，使馆秘书宾斯坦（Binstein）向瑞澂提出如何看待提前召开国会的合理性问题，瑞澂不赞成提前召开国会，其理由是国会的成员应来自各省谘议局，但各省谘议局均由新闻编辑和归国留学生或其他学生组成，如果马上召开国会，国会将不会是人民的代表。对此，美国驻华公使嘉乐恒表示赞同，再次表示中国目前不具备行使这种权利的条件，建议应采取严格的选举权以改善国会的人员组成，指出这是目前一种有用的权宜之计，选举权在英国也是逐渐扩大的。④

塔夫脱总统本人也对摄政王政府以宪政为中心的各项改革表示赞赏和支持。1910 年 8 月间，他在一份由国务卿诺克斯草拟的致摄政王的信件中，除称赞摄政王实行对外开放的外交政策之外，对摄政王的预备立宪方案表示肯定，写道："我很有兴趣地听说阁下为逐渐在政府中引入议会而采取的方案，以及那些为增强财政与国际汇兑潜能所必需的财政和货币改革提议。通过不懈地和真诚地追求这些现代化以及在司法、教育和军事组织方面所从事的改革，使得中国这个东方古老文明国家的法律和制度符合与西方关系相适应的新的形势，以便在世界各国中跻身于与中国人口和资

① Fletcher to the Secretary of State, Augest 28, 1909, *Records of the Department of State Relating to Internal Affairs of China*, 1906 – 1910, microfilm.
② Calhoun to the Secretary of State, July 9, 1910, *Records of the Department of State Relating to Internal Affairs of China*, 1910 – 1929.
③ 按：瑞澂由翻译陪同拜访使馆，嘉乐恒开始时不在场，由使馆秘书宾斯坦和佩克（Peck）接待。
④ Calhoun to the Secretary of State, September 13, 1910, *Records of the Department of State Relating to Internal Affairs of China*, 1910 – 1929.

源相称的先进地位，这是我和美国人民的愿望，也是所有友好国家的愿望。"① 1910 年 12 月 16 日，塔夫脱总统在白宫接见摄政王特使梁敦彦时，再次询问清政府有关宪政改革情况，建议清政府实行有限的民主，指出"在目前情况下，限制选举权是明智的"，并以他个人在菲律宾、古巴和波多黎各等不同地方的经历，说明在推行民选政府改革中实行有限民主的合理性，指出在菲律宾大约只有 20% 的人口享有选举权。对于梁敦彦提出清朝官员普遍有一个误解，认为外国政府主张清朝政府应满足中国国内立宪派的要求，不愿看到任何限制立宪运动的企图。对此，塔夫脱总统当即声明：就美国来说，她虽然关心民选政府的普及，但不认为普选权应该匆忙扩大，首先应该是有一个人民接受教育的良好基础。②

在宪政改革上，美国政府之所以支持渐进、保守的改革政策，不主张中国建立西方式或美国式的民主制度，除了认为中国国情与西方不同和中国条件不具备之外，也是出于美国自身利益的考虑，担忧民主制度所激发的民族主义感情损害美国的利益，这在美国政府和外交官对于各省谘议局的态度上得到充分的反映。

根据清政府 1908 年 8 月颁布的"九年预备立宪清单"，各省自 1909 年 3 月起陆续开始谘议局议员的选举工作，至 1909 年 10 月 14 日，除新疆之外，各省谘议局第一届常会于是日同时开幕。虽然谘议局只是初级形态的地方议会，尚没有完全立法权，但谘议局的成立却为地方立宪派和绅商提供了参政、议政的机会和渠道，各省谘议局议员都表现出高昂的政治热情，积极参政、议政，对传统的专制统治造成极大的冲击，开启了中国近代民选政治的航程。对各省谘议局第一届常会的意义和影响，美国政府也表示高度的关注，指示美国驻华各地领事及时汇报当地谘议局第一届常会的情况。③ 然而，美国驻华外交官并没有对各省谘议局议员所表现出来的民主热情和参政意识表示认同和支持，相反，对福建、湖南、广东等省谘议局通过的有关保护主权、收回利权的议案，表示强烈不满，指责福建和

---

① William Howard Taft to the Emperor of China, August 11, 1910, *Records of the Department of State Relating to Internal Affairs of China*, 1910 – 1929.

② Memorandum of Interview between Liang Tunyen and Taft and Knox, December 17, 1910, *Records of the Department of State Relating to Internal Affairs of China*, 1910 – 1929.

③ Knox to Fletcher, December 4, 1909, *Records of the Department of State Relating to Internal Affairs of China*, 1906 – 1910.

湖南等省谘议局通过的有关限制和禁止外国人购买当地土地的议案"毫无
理由，只是为外国企业制造麻烦"，是"排外情绪的一种反应"；① 指责谘
议局"违背命令，干预政治事务，妨碍官员执行条约义务"。② 美国政府也
指责谘议局的议案是一种"偏激的行为"，"扰乱美国合法利益"，指示领
事官与地方官员交涉，确保谘议局遵守"不得干预政事和妨碍地方督抚执
行与条约有关的职责的命令"，同时将在与中国当局官方交往中有关这些
和其他超出条约行为的具体事件应该立即汇报北京公使，由他向清朝中央
政府施加压力。③ 1910 年 7 月 5 日，美国驻华公使嘉乐恒在向国务卿汇报中
国国内政局时继续对各省谘议局的参政意识和热情表示担忧，认为地方谘议
局的行为可能会使民众激动，而不是使民众变得平静。各省谘议局的讨论可
能引发一些排外措施。而中央似乎愈来愈准备屈服于地方意见的压力。④

　　对于资政院，美国驻华外交官也持相同态度和立场。同样根据"九年
预备立宪清单"，1909 年 8 月 23 日和 10 月 26 日，摄政王政府先后颁布资
政院院章和选举章程，规定钦选和谘议局互选议员各 100 人。1910 年 5 月
25 日，摄政王载沣最后圈定钦选和互选议员各 98 名。对于摄政王政府设
计的资政院，美国驻华公使嘉乐恒根据西方的议院标准，起初多有批评。
在摄政王圈定资政院议员的当日，他在写给国务院报告中指出：正如国务
院知道的，目前的这一措施只是 1908 年 8 月公布的立宪方案计划的一个组
成部分，因此就表面上来看，没有任何新意，但它的意义在于朝廷的真切
愿望——完成他的许诺，但尽可能少放弃权力，并通过精心挑选那些阿谀
奉承的人作为资政院成员以保证资政院的最初多数。虽然目前中国显而易
见缺乏有能力的和权威的人，但朝廷似乎要谨慎地去除那些个别有能力的
人。这是一种半心半意的改革，显然要去除它所有的实际意义，这将给帝
国的未来留下不祥预兆。没有实施的意愿或者没有强迫的力量，很难希望

①　Julian H. Arnold to the Secretary of State, January 10, 1910, *Records of the Department of State Relating to Internal Affairs of China*, 1910 – 1929.

②　Hubert G. Baugh to the Secretary of State, January 25, 1910, *Records of the Department of State Relating to Internal Affairs of China*, 1910 – 1929.

③　The Secretary of State to Mr. Julian H. Arnold, The Secretary of State to Mr. Hubert G. Baugh, March 16, 1910, *Records of the Department of State Relating to Internal Affairs of China*, 1910 – 1929.

④　Calhoun to the Secretary of State, July 5, 1910, *Records of the Department of State Relating to Internal Affairs of China*, 1910 – 1929.

改革得以实施。① 但在资政院于 10 月 3 日开院后，对于民选议员在资政院内充分行使参政、议政权，接受国会请愿代表孙洪伊等请愿，通过速开国会决议，并提出弹劾军机案，嘉乐恒并没有表示欢迎，相反，他担心民选议员的举动和行为颠覆清朝的统治，损害美国的利益。10 月 25 日，嘉乐恒在向国务院汇报 22 日资政院通过接受国会请愿代表孙洪伊等速开国会请愿的报告中即提醒美国政府警惕资政院开院对中美签订借款合同谈判可能产生的影响，指出：这里熟悉中国局势的外国人将上星期六资政院议员通过的提前召开国会的议案看作半个世纪来中国最有意义的事件。众所周知，资政院议员经过严格的挑选，以确保保守派掌控局面，但这种场合，那些真诚赞成速开国会的演讲得到热烈的鼓掌，并且没有任何反对的演说。议案通过起立表决被通过，会场一片欢呼。这个表决显然是一致的。在场的亲王和官员也一致予以肯定。保守派几乎没有要求点名统计，他们完全被吓住了。这些事实使政治氛围变得充满兴奋和期待。财政改革，有关申请借款的条件以及关于财政的征收和使用的询问，也受到这次运动的影响。在这种气氛之下，当前的贷款谈判正在进行之中。尽管会议受到各个部门的公开批评，但必须看到，它对度支部产生了影响。国务院和美国财团应该考虑这个新的变化。②

对于资政院民选议员不满清政府提前 3 年召开国会的决定，嘉乐恒也甚为清廷的局势担忧，他在 11 月 9 日的电文报告中写道：今天下午资政院会议十分混乱，议员们情绪激愤，他们不满于上谕将召开国会的时间缩改至 1913 年，希望更早召开国会，据说整个中国都有这种不满情绪。今天议员的行动会招致议会的解散或可能的武力镇压。据说增加了城内城外的军警，虽无立即发生动乱之忧，但形势极为严峻，值得密切观察。③ 对于民选议员在资政院内提出弹劾军机案，嘉乐恒更是认为走过了头，希望对民选议员的举动加

---

① Calhoun to the Secretary of State, May 25, 1910, *Records of the Department of State Relating to Internal Affairs of China*, *1910 - 1929*. 按：同一天，嘉乐恒又寄上 5 月 12 日《北华捷报》头条文章"中国的参议院"，指出该项改革有两个显而易见的缺点：（1）国家预算编制要到第 7 年实行；（2）没有由谘议局和资政院控制官员任命和行为的规定。

② Calhoun to the Secretary of State, October 25, 1910, *Records of the Department of State Relating to Internal Affairs of China*, *1910 - 1929*.

③ Calhoun to the Secretary of State, November 9, 1910, *Records of the Department of State Relating to Internal Affairs of China*, *1910 - 1929*.

以压制。他在 11 月 24 日中午致国务院电文报告中称这是一场极大的政治危机，指出：这里的政治形势到达了严重的危机地步。……在其他国家发生这样的事情毋庸认真对待，但这个行为证明反叛精神在升起，对军机处的攻击非常接近对朝廷的攻击。相信这一事情涉及一场严重危机，希望那些明智的议员们能制服那些狂暴分子。① 在此，嘉乐恒对清廷统治秩序的维护和美国利益的关心远胜于对民主观念的认同。

　　总之，随着政治改革向纵深推进，特别是宪政改革所激发出来的近代民族主义情绪严重妨碍包括美国在内的外国人的利益，塔夫脱政府并不鼓励清政府进行激烈的政治改革，对中国政治改革的态度明显趋于保守，与此前美国政府多批评清朝的政治改革趋于保守，没有按照西方模式进行，形成一个鲜明对照。

　　塔夫脱当政期间除支持清政府进行渐进政治改革外，对摄政王载沣加强与美国的军事接触和交往也持积极态度，先后三次接受中方来美进行军事访问和交流。1910 年 4、5 月间接待陆军大臣载涛一行赴美进行军事考察，安排陆军上校斯凯勒（Walter S. Schuyler）前往檀香山迎接，陪同载涛一行在美期间的考察活动。② 对载涛访美期间提供的周到接待，5 月 16 日驻美公使张荫棠根据载沣摄政王政府的指示，致函国务卿，对美国政府和人民表示感谢，表示摄政王政府“十分高兴载涛使团访美所获成果，并深刻地感受到各地美国人民表现出来的对中国的友好感情”。③ 在载涛使团回到国内后，外务部又于 8 月 5 日通过驻美公使张荫棠转达宣统皇帝致塔夫脱总统的感谢电，电文云：率使团赴海外考察军事归来的载涛亲王，详细汇报了他最近访问贵国期间阁下所提供的周到和友好的接待，特别是为他每到之处考察和获取有关军事方面情况上所提供的方便和机会。真诚感谢美国政府这些友善的、慷慨的好意，它们定会增进中美两国之间的关系。④ 同年 9、10 月间，塔夫脱政府又精心接待海军大臣载洵访美，并达

① Calhoun to the Secretary of State, November 24, 1910, *Records of the Department of State Relating to Internal Affairs of China, 1910 - 1929.*

② The Secretary of State to the Chinese Minister, April 8, 1910, *FRUS, 1910* (Washington: Government Printing Office, 1915), pp. 340 - 341.

③ The Chinese Minister to the Secretary of State, May 16, 1910, *FRUS, 1910*, p. 341.

④ The Emperor of China to President Taft, Auguest 5, 1910, *FRUS, 1910*, p. 342.

成中美海军合作协议，由美国帮助清政府建造军舰，组建舰队。①

　　继分别接待载涛和载洵使团的来访和考察之后，塔夫脱政府还在辛亥革命爆发前夕接待巡洋舰队统领程璧光率"海圻"号访问美国。1911 年 4 月，海军大臣载洵上奏朝廷，拟派巡洋舰队统领程璧光率"海圻"号前往英国，参加英皇加冕典礼，并作环球航行，将美国作为访问国之一。6 月 19 日"海圻"号抵达美国当日，中国驻美公使张荫棠即照会国务卿，通报"海圻"号行程，表示中国官方军舰随后将首次访问美国。② 在得知"海圻"号到访的消息后，美国朝野都予欢迎。报界以"第一艘访美中国军舰"为题，对"海圻"号的来访及程璧光本人做了宣传和报道，呼吁美国政府给予热情接待，指出："海圻"号到访美国，这是中国军舰第一次出现在美国水域。虽然程璧光少将并非作为国宾来访，但美国政府应尽其所能，使他的美国之旅成为一次愉快之旅。③ 国务院在接到清政府方面的通知后也予安排，9 月 2 日复照通知国务院已将"海圻"号消息通知纽约州州长、美国财长、陆军部长、海军部长，并要求商务和劳工部采取必要行动，允许军舰访美期间中国海军官兵登岸。④ 9 月 10 日，在"海圻"号抵达纽约后，海军部指派海军陆战队上校库珀（G. F. Cooper）负责接待工作；12 日下午，塔夫脱总统还亲往看望。⑤ 24 日在离开美国前夕，程致函国务卿道别，感谢美国政府的好意和提供的热情接待，感谢美国海军库珀上校提供的宝贵帮助，称赞他处理事务的能力"使我的美国之行非常愉快"。⑥ 代理国务卿则在 28 日的复函中也对"海圻"号的到访表示满意，表示这次访问"使得美国政府有机会证明美国政府对古老中华帝国抱有的真诚关心"。⑦ 而在此前一日，外务部因海军部之请，照会美国署理公使卫

① 详见本书第十一章，兹不展开。
② The Chinese Minister to the Secretary of State, June 19, 1911, FRUS, 1911 (Washington: Government Printing Office, 1918), p. 84
③ First Chinese War Vessel to Visit the United States, FRUS, 1911, pp. 83 - 84.
④ The Acting Secretary of State to the Chinese Chargé d' Affaires, September 2, 1911, FRUS, 1911, pp. 84 - 85.
⑤ The Acting Secretary of State to the Chinese Chargé d' Affaires, September 12, 1911, FRUS, 1911, p. 85.
⑥ Rear Admiral Ching to the Secretary of State, September 24, 1911, FRUS, 1911, p. 85
⑦ The Acting Secretary of State to Rear Admiral Ching, September 28, 1911, FRUS, 1911, pp. 85 - 86.

理，也进行了感谢，称："准海军部函称，据海圻兵舰程统领电称，中历七月初八日由英起程赴美游历，十八日行抵纽约，备承美国政府优待，宾主极形欢洽，应请照会美国驻京大臣转达谢忱等语。查海圻此次赴贵国游历，承贵国政府加意相待，益征两国交谊愈形亲密，相应将本政府感谢之忱，照会贵署大臣查照，转达贵国政府可也。"①

　　除欢迎和接待摄政王政府的军事访问外，塔夫脱总统也先后派遣相关军事官员访问中国。1909 年 8 月，美国前副总统及水师提督何尔博访问中国，27 日在养心殿受到摄政王载沣的接见。② 根据美国署理公使提供的名单，是日参加接见的美方人员有：费勒器、黎富思、丁家立、海礼荪、裴克、费雅邦、何尔博、姬本式、骆德满、贾丕鹤、沃勒、欧阳式、马葛那、李喜、何乐根、巴聂得、马德那等 17 人。③ 1910 年 9 月，美国陆军部长狄金生（J. M. Dickinson）访问中国，21 日破例在乾清宫受到摄政王载沣的接见。④ 在晋见致辞中，狄金生代表塔夫脱总统，表达了加强中美两国关系及祝愿中国强盛的愿望，称："美国大伯理玺天德谕派金生来华，今觐见将国书呈递，并代为致问摄政王监国安好。当摄政王监国时，中美邦交日加亲密，甚为总统所欣悦。总统于前数年来华，至今思之，犹觉畅快。其所最为珍重者，大皇帝及臣民多增幸福。金生能于呈递国书时代问摄政王安好，实为惬意，并得于古名城极有名誉之古殿内敬立，更有意不能言之象。金生为本国政府实官，甚愿中美邦交和睦，并望往来交际，推诚相与。现惟默祝上苍垂佑护于大皇帝，并祝摄政王康健，自必使帝祚永延，庶民日强也。"⑤

① 《外务部致美国署理公使照会》（宣统三年八月六日），《中美往来照会集（1846—1931）》第 11 册，第 518 页；The Prince of Ch'ing to the American Chargé d'Affaires, September 28, 1911, FRUS, 1911, p. 86. 按：有关"海圻"号环球访问详情，可参见张黎源著《泰恩河上的黄龙旗》，生活·读书·新知三联书店，2020，第 509～518 页。
② 《外务部致美国署理公使照会》（宣统元年七月九日），《中美往来照会集（1846—1931）》第 11 册，第 357－358 页。
③ 《美国署理公使致外务部照会》（宣统元年七月八日），《中美往来照会集（1846—1931）》第 11 册，第 420～421 页。
④ 《外务部致美国驻华公使照会》（宣统二年八月十七日），《中美往来照会集（1846—1931）》第 11 册，第 492 页。
⑤ 按：此件未被《中美往来照会集（1846—1931）》第 11 册收录，显系遗漏。详见 Records of the United States Legation in China, 1843－1945, microfilm.

塔夫脱政府和摄政王载沣所开展的这些军事交流活动，包括此前美国大白舰队访问中国厦门，无疑反映了清末中美两国关系的升温，体现了塔夫脱政府对中国的重视，同时也改变了清政府军事上长期单向关注和依赖英、德等少数欧洲国家的情况，开启了中美军事交往和合作的进程。

四　金元外交与中美合作

塔夫脱政府当政后，其对华政策与前任的一个不同之处是，在门户开放政策的基础上进一步提出"金元外交"政策。所谓金元外交，就是通过金融投资活动帮助美国实现其外交政策，同时获取经济和政治利益。而与前一时期中美之间经常围绕商务改革问题产生矛盾和冲突不同的是，对于塔夫脱政府在华推行"金元外交"活动，清朝当政的摄政王政府与塔夫脱政府之间更多表现出一种合作态势。

塔夫脱政府金元外交的一个重要项目是投资东三省铁路修建。为此，塔夫脱总统上任后就积极推动摩根公司、坤洛公司、第一国民银行和花旗银行等金融机构于1909年6月组成一个美国银行团，并委任国务院官员、前驻中国奉天领事司戴德为银团常驻北京代表，专门统一负责美国银行团的在华投资活动。美国投资东三省铁路受到东三省总督锡良、奉天巡抚程德全的积极响应和配合，锡、程认为"救东省今日之危，破日俄相持之局"，"非借外人之款不足经营东省，尤非借外人之力无由牵制日俄"，① 因此不及清政府的批准，他们便于1909年10月2日与美国银团代表司戴德签订《锦爱铁路借款草合同》，规定在东北修筑一条与南满铁路平行的、由锦州经齐齐哈尔至瑷珲的铁路，由美国银行团和英国保龄公司提供借款，"此项借款为中国政府承认全还，并将此路作保""此项草合同由督抚与该银行暂时签字，应奏明请旨；如未奉批准，即作废纸"。② 稍后，又与司戴德签订《锦爱铁路包工草合同》，就修建铁路事宜做出详细

① 《锡良程德全致枢垣遵旨筹借洋款议筑锦瑷铁路电》（宣统元年八月十九日），王彦威纂辑、王亮编《清宣统朝外交史料》卷9，书目文献出版社，1987，总第3579~3580页；王芸生编著《六十年来中国与日本》第5卷，生活·读书·新知三联书店，1980，第243页。

② 王铁崖编《中外旧约章汇编》第2册，第603~604页。

计划和规定。①

虽然锡良与司戴德秘密签订的《锦爱铁路借款草合同》被外务部、度支部、邮传部否决——认为《锦爱铁路借款草合同》中有关路事内容损害中国主权和利权，计划不够周全，提议将草合同"即行作废"，并于当日即奉旨"依议",② 但这并不意味清政府反对或抵制美国的金元外交，拒绝美国资本进入东三省。

在司戴德策划投资修筑锦爱铁路的同时，美国国务卿诺克斯还提出一个更为宏大的"满洲铁路中立化计划"。该计划提出两种方案，一是从一开始就将东三省的所有铁路置于愿意参加的列强共同组成的一个所谓的"经济的、科学的、公正的管理机关之下"，由这些列强提供借款，让中国赎回东三省所有铁路，有关各国承认中国对这些铁路的所有权，但在借款期内这些铁路须由列强组织的机关监督经理；二是实行渐进路线，先从锦爱铁路做起，以美国和英国为核心，取得中国、日本和俄国的合作，邀请那些赞同满洲实行中立化的国家共同投资修建，并逐渐推广到其他铁路，逐步实现东三省所有铁路的中立化或国有化。诺克斯认为他的这一方案对中国及与此利益攸关的日本、俄国及列强都有好处，是一个各方共赢的方案。对中国来说，该计划是"确保中国在满洲享受政治权利，不受侵扰，并在门户开放和商业机会均等政策下，促进满洲发展的最有效方法"。对列强来说，可以避免各国发生利害冲突，可以"在中国造成巨大的共同利益，便利合作"。对日本和俄国来说，可以把过去为保护在东三省利益所"负担的义务、责任和费用，移交给一个由各国包括他们自己在内的、依照利益大小联合组成的机构去担任"。诺克斯将他的这一方案以备忘录形式，最先于1909年11月6日照会英国政府；12月14日，又指示美国驻巴黎、柏林、彼得堡、东京和北京的外交代表转达各驻在国政府。③

根据美国政府的指示，12月21日美国驻华公使馆即向清政府递交节略，转达了满洲铁路中立化计划。④ 12月24日，考虑到"满洲铁路中立化

① 王铁崖编《中外旧约章汇编》第2册，第606~613页。
② 《外度邮三部奏东省借款筑路事关重大遵旨统筹全局折》（宣统元年十月十二日），王彦威纂辑、王亮编《清宣统朝外交史料》卷10，总第3609~3610页；王芸生编著《六十年来中国与日本》第5卷，第248~250页。
③ The Secretary of State to Ambassador Reid, November 6, 1909, *FRUS*, *1910*, pp. 234–235.
④ 王芸生编著《六十年来中国与日本》第5卷，第258~259页。

计划"中第一套方案有很大难度，缺乏操作性，1909 年 12 月 31 日美国驻华公使馆又照会清政府，按照第二套方案，催促清政府先从锦爱铁路开始，将《锦爱铁路借款草合同》尽快加以落实，并就借款筑路提出具体指导意见，称：

> 现美国政府以此事于中国主权、商务，均大有益。是以甚愿襄助此事成就。查东三省地方现有中俄日三国分办铁路三股，如能使三股铁路事归一律，彼此相帮，庶所获利益较前愈多。况所立之某某两合同，于中国行政权多有关碍之处。今据美政府意见，中国果愿保存三省主权，并期该省兴旺，且于各国均沾利益之法丝毫不失，当令此三股铁路事权统归一律，其总理之法，务须以省减、明敏、公平为要。此等办法须认中国为地主，亦当允数国备办需用之款。如集此款时，借期当为展宽，庶还款之易，不卜可知。至于借款应有利益，须当公平合宜，使该银行情愿允诺，并承买股分人均愿购买。此项股分尤须明定章程，允出借款之国于借款未还清以前，派该本国人总理路务，举凡一切用人购物，亦许各出借款项之国，彼此商定公平办法。此事若果开办，须先请中日俄三国允准襄助，英美两国因有锦爱铁路合同，亦须帮同办理。以上办法于中国甚为有益，东省路权既已均归中国，所有争执行政权之意见，宜必消归无有。该省农商等事，亦因路权划一，愈觉兴旺。是以美国政府甚望中政府之乐成此事也。[①]

1910 年 1 月 24 日，美国驻华公使馆再次照会清政府，询问落实进展情况，建议由美国银团与东三省督抚进一步"订立详细合同，是为至要"。[②]

对于国务卿诺克斯的"满洲铁路中立化计划"，清朝外务部复照美国驻华代办费莱齐，明确表示欢迎，称："本部详核所称各节，具征贵国持论公允，与本部宗旨大致相符。深望贵国与有关系之各国政府互相赞助，

---

① 《美国署理公使致外务部照会》（宣统元年十一月十九日），《中美往来照会集（1846—1931)》第 11 册，第 432~433 页。

② 《美国署理公使致外务部照会》（宣统元年十二月十四日），《中美往来照会集（1846—1931)》第 11 册，第 435~436 页。

俾中国将日俄两国在东三省承造之各路购回，所有中国行政权不致有所关碍，并以副利益均沾之义"。① 同时，外务部也建议邮传部和度支部给予支持，指出"美国倡议联合各国共办东省铁路，此事果底于成，不特中国行政权不致再有障碍，且各国利益既平，则日、俄固无从争雄，英、美亦不致垄断。以现在东省情形而论，计亦无有逾于此者"。② 而邮传部也表赞同，表示"东省借款筑路，原系政治关系，非为营业起见。现美费署使提议各路统一一策，洵是排难解纷之法，所称归并大局，须视锦瑷为基础，亦系准情度势扼要之言"。③ 因此，对东三省总督锡良、奉天巡抚程德全于12 月 23 日再次上奏朝廷，建议继续保留他们与美国银团所签合同，"部臣所指为侵损利权各条再与该代表悉心磋商，其余不必作废，免致坐误时机"，外务、邮传和度支三部一改此前态度，均表赞同，称："所陈各节，均中肯要，自不应置为缓图，应即准如所请，仍由该督抚与美国银公司代表接续商议借款修路办法。"④ 1910 年 1 月 27 日，外务部还复照美国驻华代办费莱齐，将这一决定通知美方。⑤

但清政府与美国共推的"满洲铁路中立化计划"因其他列强的反对并未能付诸实施。这一计划首先遭到日本和俄国的强烈反对。1910 年 1 月 21日日本外交大臣照会美国驻日大使，明确反对将东三省铁路中立化，置于国际共管之下，认为这一方案与《朴次茅斯条约》的相关条款相违背，狡辩在东三省并不存在侵害中国主权和违背维护门户开放的情况，声称在国际共管体制下，经济与效率必将屈从于政治需要，这一体制必然导致缺乏应有的责任，严重有损公众利益和服务，并坦言日本在东三省有着特殊利益。⑥ 与此同时，日本也施压清政府不得接受美国的建议。1 月 31 日，日

---

① 王芸生编著《六十年来中国与日本》第 5 卷，第 260～261 页。
② 《外部致度邮两部美外部谓保全中国东省铁路主权须先赎回锦瑷路希详复函》（宣统元年十二月二日），王彦威纂辑，王亮编《清宣统朝外交史料》卷 12，总第 3648～3649 页。
③ 《邮部致外部锦瑷铁路借款拟先定大纲再商合同函》（宣统元年十二月六日），王彦威纂辑，王亮编《清宣统朝外交史料》卷 12，第 24 页。
④ 《外度邮三部会奏议复借英美款兴筑锦瑷铁路折》（宣统元年十二月十日），王彦威纂辑，王亮编《清宣统朝外交史料》卷 12，总第 3656～3657 页。
⑤ 《外部复美使费锦瑷铁路借款合同应由东督与美英公司妥商改订照会》（宣统元年十二月十七日），王彦威纂辑，王亮编《清宣统朝外交史料》卷 12，总第 3658 页。
⑥ The Minister for Foreign Affairs to Ambassador O'Brien January 21, 1910, *FRUS, 1910*, pp. 251 – 252.

本驻华公使伊集院彦吉代表日本政府照会外务部，要求清政府对于此事"须格外小心"，"应先听本国核准"；威胁"倘使本国竟为所蒙，或不关照本国，则两国邦交之险，实在令人难以预算。"2月24日再次照会外务部，声称修筑锦瑷铁路"使南满洲铁路财产大受影响"，"日本政府必须干涉，与闻其事"。

俄国公使也先后三次照会外务部，警告清政府"非先与俄国商议，万勿从事，不然，则两国邦交诸多窒碍"；指称美国误解俄国意见，"请将此借款停止"；"美国嘱询建造锦瑷铁路之举，俄国政府切实声言，此举于俄国利益有非常关系。此路若成，非但接连北满铁路之南端，并且在瑷珲实与俄国边界相接，直使军务警务大受影响，而使满洲铁路所通东蒙古、北满洲情形改变，故此事必须详细查询，始能定见。倘使俄人不知其详，万不可行。俄政府对于此事甚为审慎，故所有计划应先为知照，俟俄国郑重审定以后，自应将该路应如何建造情形早为答复。至于以后凡在满洲中国欲借款造路，第一应先商知于俄国，俟俄国察视有碍俄国或北满洲军警两界否，再行将该路如何建造之处持平办理，定见施行。"① 俄国外交大臣在向美国驻俄大使柔克义提交的备忘录中也传达了同样的意见，明确声言美国的建议"将严重伤害俄国公私双方的利益，不可接受"。②

除俄国和日本反对外，法国也站在日俄一边，持抵制态度，法国外交大臣向日本表示："美国近来之政策，其出发点当在脱离门罗主义而转向热狂的帝国主义，且以清国之保护者自居，以企图实现美国之扩张。若同意其此次提案，结果将使满洲实际上无异归美国所有。"③ 根据这一立场，法国驻华公使马士理（Margerie）也照会清政府，警告"倘建造锦州至瑷珲之铁路，事前不可不关照日、俄两国政府"，称"法国政府因为中国谋平和起见，请中国政府于锦瑷铁路之事，事前未与日、俄商量，勿遽定议。如此可免各国满洲之竞争，并可增进其在亚洲之幸福"。④ 即使是在这

① 《日俄法使致外部借美款建筑锦瑷铁路事务请慎重照会（附照会八件）》，王彦威纂辑，王亮编《清宣统朝外交史料》卷12，总第3662~3664页。
② AID－MEMOIRE, *FRUS*, *1910*, pp. 249－250.
③ 《小村致伊集院训令》（1910年1月14日），宓汝成编《中国近代铁路史资料（1863—1911）》第2册，中华书局，1963，第650页。
④ 《日俄法使致外部借美款建筑锦瑷铁路事务请慎重照会（附照会八件）》，王彦威纂辑，王亮编《清宣统朝外交史料》卷12，总第3663页。

个问题上被美国引为同道的英国也持消极态度，英国外交大臣葛雷（Grey）在给美国的复照中表示他个人认为在湖广铁路借款问题解决之前，考虑中国其他铁路国际贷款问题是不适宜的，"因此，我建议现在无论如何，推迟考虑第一项计划（即"满洲铁路中立化计划"）较为明智"。①

因日、俄等国的反对，外务部最后只好致电东三省总督锡良，要求他暂停与美国商议签订锦瑷铁路借款合同，指出"锦瑷路事，日俄来照于我，借固国防默为抵制之意业已揭破，词意斩截，断难容我空言辩驳。即肯转圜，我亦断难恃有他国扶助，即可操切从事。若不待商妥，遽派员与司戴德接议详细合同，恐将来美为保护商人利益，出而争执，则我更面面失据，无从应付。此事关系重大，仍希饬令郑、邓两司缓与提议，免致后悔"。② 美国塔夫脱政府和清政府共推的"满洲铁路中立化计划"虽然因为列强的反对胎死腹中，但它深刻体现了当时中美在抵制日俄侵略东三省上的共同利益和立场，体现了清末中美之间的特殊关系。

在东三省铁路之外，对于塔夫脱政府在长江流域谋求参与湖广铁路借款合同的努力，摄政王政府也予以配合，帮助塔夫脱政府实现其愿望。在1909年6月6日督办湖广铁路大臣张之洞与英、法、德三国银行代表签订《湖北湖南两省境内粤汉铁路鄂境川汉铁路借款草合同》（以下简称《湖广铁路借款合同》）前夕，对于美国驻华公使柔克义代表美国政府提出要求参与的愿望，外务部尚书梁敦彦及时将美方愿望和要求转达张之洞，希望加以考虑，"通融办理"。在收到张之洞"请将此次借款为时已迟，不及将美国增入通融办理情形代为婉复美使"的回复之后，③ 梁敦彦在与柔克义的会见中虽然也表示美国参加目前的借款为时太晚，但同时暗示美国资本可以投资未被包括在川汉铁路借款草合同内的四川段的建设，由此为美国挤进湖广铁路借款打开一个缺口，并声言"十分愿意和期待美国资本参与铁路建设；在北京，美国资本家也应与其他财团一样有其代表"。④

① The Minister for Foreign Affairs to Ambassador *Reid*, *November 25, 1909, FRUS, 1910*, pp. 235–236.
② 《外部复锡良等锦瑷路事关系重大希饬司缓议电》（宣统二年二月初四日），王彦威纂辑，王亮编《清宣统朝外交史料》卷13，总第3683页。
③ 《张之洞致外务部电》（宣统元年四月），宓汝成编《中国近代铁路史资料》第3册，第1181页。
④ Minister Rockhill to the Secretary of State, June 1, 1909, *FRUS, 1909*, p. 145.

湖广借款铁路草合同签订后，美国驻华公使馆又立即于6月8日照会外务部，通报美国政府正在就关于美国银行团参与湖广铁路借款事与英、法、德三国联系、商议，要求清政府待美国与各国商定后"再行签押"。① 对此，外务部也积极予以配合。6月24日，梁敦彦通知美国驻华代办：他已通知英、德、法三国银团驻北京代表"借款须待三国银团与美国银团达成协议后方能解决"。为促成这一问题早日解决，梁还建议美国在这个问题上尽快做适当调整，只满足于与三国银团享有同等借款权，而不要坚持在铁路供料方面的同等权利。② 接着，梁敦彦还多次在外务部约见美国驻华代办费莱齐，向他通报与在京三国银行团的谈判情况及意见，推动美国早日与三国银团达成协议。③

在美国与三国银团关于平等参与湖广铁路借款的初期谈判遭遇挫折之后，负责湖广铁路借款的张之洞希望合同早日画押，并不支持美国享有平等借款权，主张美国在鄂境川汉铁路借款可享有1/4借款权，但坚决反对其参与粤汉铁路借款，表示"自光绪三十一年十二月中国赎回粤汉铁路以后，该路并无允许美国借款之案。美国何至无端更欲分借粤汉铁路借款，断断无此办法。此议一出，三省全路绅民，必至哗然骇怪，訾议沸腾，群相抵抗，断不遵从。即鄙人亦决不肯于此路自美国赎回以后，重复又借美款修造粤汉铁路也"。"今乃闻三国银行已允美国银行以鄂境川汉铁路借款四分之一，美人更欲分借两湖粤汉铁路借款四分之一，致使三国银行罢议，延缓日期，鄙人深为骇异。"张并威胁要在美方未与三国谈妥之前即将与三国所签草合同付诸实施，谓："敝处前准大咨，属令暂缓出奏，现在为日已久，鄙人责任重大，众情盼望甚急，未便久延。拟再稍缓数日，专候复音，如美国于三国银行允借鄂境川汉铁路借款四分之一至公至平之办法，尚未允认，致使无从转圜，敝处实不能再为延候。惟有将三国银行已订之合同，先行出奏，以免贻误要工。相应函达贵部，即希从速照鄙人原函转致美使为盼。"④

────────────

① 《美驻华署理公使致外务部照会》（宣统元年四月二十三日），《中美往来照会集（1846—1931）》第11册，第406页。

② Chargé Fletcher to the Secretary of State, June 24, 1909, *FRUS, 1909*, p. 166.

③ Chargé Fletcher to the Secretary of State, July 14, 1909, *FRUS, 1909*, pp. 172 - 175.

④ 《张之洞致外务部电》（宣统元年五月），宓汝成编《中国近代铁路史资料》第3册，第1184页。

张的这一立场和态度于 7 月 13 日由梁敦彦转达美国驻华代办费莱齐。① 次日，费莱齐即电告国务卿。② 由于张之洞的这一立场和态度将大不利于美国与三国银行团的谈判，7 月 15 日塔夫脱总统专门为此致电摄政王载沣，亲自出面干预。电文称：

> 我不安地获知报告，贵国政府为美国资本平等参与目前铁路借款的安排受到某种成见的反对。根据您的明智判断，美国的要求很显然不但基于 1903 和 1904 年中国的承诺以及上个月的确认，而且也是基于攸关贵国利益的更为宽广的国际公平和友好原则。我已让驻华使馆将有关此案的全部信息告知贵国外务部尚书。我发送此电，谅您在考虑这个问题的各个方面之后，定能立即做出令两国满意的结果。我本人之所以采取这种非同寻常的与阁下直接联系的方式，这是因为当前我们的协商获得一个成功的结果具有重大意义。我本人十分关注在中国的发展过程中利用美国资本以促进中国的物质繁荣和中国的福祉，同时不会为增强中国的独立政治权力和维护中国领土的完整制造障碍和纠纷。③

同日，国务卿诺克斯也给驻华代办发了一个长文电报，对因某些个人的影响迟迟不能让美国获得平等借款权表示"惊讶"，要求他严肃地告知清政府，敦促清政府与美国一道，对破坏门户开放和反对美国平等参加铁路借款的观点予以抵制。根据美国政府的指示，次日（7 月 16 日），美国驻华公使馆向外务部提交一份冗长的照会，指出在张之洞草签合同之前，美国驻华公使柔克义就亲往外务部，阐明美国按约保留参与湖广铁路借款的权利，将美国排除在粤汉铁路借款之外的做法"实于本国体统及美政府应得之公理均有未合，且于自始迄今之邦交尤为不合"，"本政府所不能深信者，以美国待中国邦交甚密，中国竟不照应为之事办理，并不介意自己利益，且于待美国之意亦甚不优。美政府殊不料中国有此

---

① Chargé Fletcher to the Secretary of State, July 14, 1909, *FRUS*, *1909*, p. 173.

② Chargé Fletcher to the Secretary of State, July 14, 1909, *FRUS*, *1909*, pp. 171 - 172.

③ The President of the United States to Prince Chun, July 15, 1909, *FRUS*, *1909*, p. 178.《中美往来照会集（1846—1931）》第 11 册，第 415～416 页。7 月 22 日转达清政府。

等之情形"。照会要求清政府务必珍惜中美两国友好关系，珍惜自身利益
和主权，如果三国或银行团破坏在华利益均沾原则，不允许美国参与铁
路借款者，中国应捍卫自身利益和主权，将之作废，"中国应借主权，自
己妥定。凡有以中国利益施于中国为最重者，中国当即与之商同办理
也"。①

　　在美国与三国银团及张之洞围绕粤汉铁路借款权的角逐中，载沣摄政王
政府并没有接受张之洞的意见，而是继续站在美国一边，支持美国争取获得
湖广铁路平等借款权。7 月 18 日，摄政王载沣在复电中，感谢塔夫脱总统
"对中国事务的深切关心"，并通知"为答谢其盛意，关于铁路问题，已命外
务部与贵国驻京代办协商，期能获得一个合适的决定，并付诸实施"。② 根
据摄政王载沣指示，梁敦彦为落实美国平等参与湖广铁路问题，除与美国驻
华代办协商外，将湖广铁路借款额从 550 万英镑增加到 600 万镑，以便四国
平分（粤汉铁路和川汉铁路各 300 万英镑，其中川汉铁路 150 万英镑由美国
财团提供），表示"虽然起初系与欧洲银团谈判，并达成协议，但中国始终
不忘与美国的友好关系，愿意竭尽所能满足美国政府的愿望，以维护两国之
间非常和睦的关系"。③ 而美国在与三国的交涉中，也以清政府的态度作为其
平等参与铁路借款的一个重要理由和依据，美国国务卿在 7 月 17 日致德国外
交部的备忘录中即强调，"美国政府对美国资本参加建筑川汉铁路的利益是
一个原则性的利益，是基于中国政府的肯定诺言，而且为中国政府与美国政
府目前所一致要求履行的诺言"。声称："美国政府，鉴于目前外国资本的提
供只是尚未为中国政府所正式接受的一个提议，且有英、德、法政府赞成美
国参加的保证，而中国政府准备在平等条件下接受美国参加，所以它看不出
理由为什么不应平等参加。因此，美国政府将坚持平等参加，并在这样一个
安排被规定及被国务院认可以前，将不撤回它在北京提出的抗议。在这点
上，美国政府与中国政府是一致的。"④ 在载沣摄政王政府的配合和支持下，
经过将近一年的谈判，至 1910 年 5 月间美国就平等参与湖广铁路借款与

① 《美驻华署理公使致外务部照会》（宣统元年五月二十七日），《中美往来照会集（1846—
　　1931）》第 11 册，第 412～415 页。
② The Prince Chun to the President of the United States, July 18, 1909, *FRUS, 1909*, p. 180.
③ The President of the Wai – wu Pu to Minister Rockhill, July 24, 1909, *FRUS, 1909*, p. 187.
④ 孙瑞芹译《德国外交文件有关中国交涉史料选译》第 3 卷，商务印书馆，1960，第 73～
　　74 页。

英、法、德三国达成协议，约定"借款由四国银团均分，同时发票"，"一切材料购置，由四国银团尽可能平均分配"，① 基本实现了其平等参与湖广铁路借款的目标。

塔夫脱政府的对华"金元外交"政策除了重视铁路投资外，也十分关注中国的财政和货币改革。对于摄政王重启货币改革，于 1910 年 5 月 24 日颁布《国币条例》，塔夫脱政府表示热烈欢迎和支持。1910 年 6 月 13 日，美国代理国务卿致函清朝驻美公使张荫棠，称：美国政府很高兴得知中国正在考虑采用新的货币制度，统一帝国货币，履行 1903 年中美商约；指出由于一些列强国家已明确表示愿意根据中国执行最近商约改革的情况讨论修改关税问题，因此引入令人满意的货币制度将使中国在主张提高关税的倡议中处于有利地位；建议清政府应毫不迟疑地采取有效行动，并为取信利益有关的列强，有必要聘用一位外国货币专家。② 7 月 19 日，国务院又指示驻华公使嘉乐恒转告清政府尽快采取有力的币制改革，美国将在这方面提供帮助。7 月 22 日，威尔逊指示嘉乐恒尽可能明确地弄清中国最近会在金融财政方面采取什么行动，强调货币改革对中国的重要性和必要性，明确表示国务院希望清政府能聘用一位美国专家。③

对于清政府委派盛宣怀于 9 月 22 日正式向嘉乐恒提出由美国贷款 5000 万两用于币制改革和开发东三省实业的建议，美国政府慨然应允。9 月 29 日，诺克斯便电示嘉乐恒转告清政府，美国财团愿意承担这笔贷款，国务院希望尽快做出安排。④ 与此同时，美国政府又接受清政府的建议，同意除为币制改革提供借款外，也愿为开发东三省实业提供借款，并将两项借款予以合并。在美国政府的积极撮合下，10 月 27 日清政府即与美国财团签订 5000 万美元的币制实业借款草合同。

在中美签订币制实业借款草合同之后，美国政府为谋求获得英国、法国、德国等列强的合作与支持，又极力说服清朝政府同意接受让英国、法国、德国参与币制实业借款。盖当时清朝政府与美国签订币制实业借款合

---

① 《美、英、法、德四国银行的铁路协定》（1910 年 5 月 23 日），宓汝成编《中国近代铁路史资料》第 3 册，第 1193 页。

② The Acting Secretary of State to the Chinese Minister, June 13, 1910, *FRUS, 1912*, p. 89.

③ H. Wilson to Calhoun, July 22, Knox Papers, 转引自吴心伯《金元外交与列强在中国（1909—1913）》，复旦大学出版社，1997，第 88 页。

④ The Secretary of State to the American Minister, September 29, 1910, *FRUS, 1912*, p. 90.

同，除要推动币制改革之外，也有外交目的，希望借此拉近与美国的关系，将美国资本引入东三省，抵制俄国和日本的侵略；同时，鉴于另外两个主要国家英国和法国分别与日俄结盟，成为日、俄侵略东三省的纵容者。因此，为达到"以夷制夷"的目的，在谈判签订币制实业借款草合同过程中，度支部尚书载泽即代表清朝政府，要求只与美国一国签订借款合同，同时应允任命一名美国财政顾问。对此，美国政府一再向清政府解释，只有让英、法、德等国参与签订币制实业借款，才能获得他们对币制改革及其他改革的支持，同时也可改变中国在国际上的孤立与无援，获得这些国家的外交支持。1910 年底和 1911 年初塔夫脱总统和国务卿诺克斯在与摄政王的特使梁敦彦的会谈中，一再敦促清朝政府接受美国的这一建议，提出中国如果希望得到美国的帮助，它必须相信美国，并表示：美国关心这笔借款是要帮助中国，美国的金融家并不追求这笔借款，他们实际上被劝说接受这笔借款，因为他们在国内投资更有利可图。① 与此同时，美国谈判代表司戴德也反复劝说清政府接受美国的方案，并利用 1910 年冬中国东北地区因鼠疫流行而出现的不稳定局面及 1911 年初中国西北地区因俄国要求续订《伊犁条约》而出现的紧张局面，诱使清政府接受英、法、德等国参与签订币制实业借款，指出只有这样，中国才能获得英、法、德、美等国的帮助，阻止日、俄对中国的侵略。② 另一方面，鉴于清政府担心聘请美国财政顾问将引来英、法、德等国提出同样的要求，进而控制中国财政，坚决反对任命一名美国财政顾问，以及英、法、德等国对由一名美国人担任中国财政顾问持严重抵触态度，美国政府最后在这个问题做出让步，放弃由一名美国人担任中国财政顾问的要求，同意任命一名非贷款国的专家担任中国财政顾问，③ 并且这一任命由在与清政府交换照会中加以确定，不写入借款合同内。④

在美国政府的牵头下，摄政王政府于 1911 年 4 月 15 日与美、英、德、法四国银行团代表正式签订《币制实业借款合同》。该合同共 21 款，主要

① Memorandum of Interview between Liang Tunyen and Taft and Knox, December 17, 1910, *Records of the Department of State Relating to Internal Affairs of China, 1910 – 1929*.

② Herbert Croly, *Willard Straight* (New York: MacMillan, 1924), pp. 386 – 387.

③ 按：后经商议，四国银行团最后选派荷兰人前爪哇银行经理卫斯林（G. Vissering）担任中国财政顾问。

④ The Department of State to the British Embassy, February 24, 1911, *FRUS, 1912*, p. 94.

内容如下：借款的正式名称为"一千九百十一年大清政府整顿币制及兴办实业五厘递还金镑借款"，该借款用途一是用于"大清国整顿画一币制用款"，二为"兴办扩充东三省实业事务用款"。借款总额为 1000 万英镑（约合 8000 万美元），年利息 5%，折扣 95%，期限 45 年；第 11 年开始还本，每半年一次，如欲在第 25 年之前提前归还或加还，应向银行团支付 2.5% 附加费。贷款担保以东三省烟酒税年入 100 万两、出产税年入 70 万两、销场税年入 80 万两和各省盐斤加价每年 250 万两，共计每年 500 万两为"头次抵押"；如上述抵押因减厘或修改税则而减少，清政府应先与银行团商妥以他项收入补充抵押。此项贷款由英国汇丰银行、法国东方汇理银行、德国德华银行和美国银行团平均承担，并存放在上述外国银行，给予中国年 3% 的回头利息，而清政府则应允经理此项借款的各银行按每年所经手借款付还总额的千分之二点五提取经理费。另为确保借款用途和信誉，保护债券持有人的利益，清政府在签订合同的当天，应向四国银行团提交有关改革币制及兴办东三省实业章程及用款清单，此后清政府必须严格按照章程和用款清单，通知银行团汇款，但每周不得超过 30 万镑；用款情况则应在每一季度的一个月后用中英文汇表交银行团审查，同时清政府还应将向资政院的年度报告抄送银行团。中国如欲增加本项目借款或另借新款，四国银行团享有优先权。合同签字后，银行团将预先各备 100 万镑分别作为东三省实业和币制改革的启动经费，供清政府借用。①

尽管四国银行团为该借款合同规定了一些比较苛刻的条件，并且由于不久辛亥革命的爆发，该借款合同除 5 月 13 日为东三省实业开发提供 40 万镑贷款外，并未及实施，但由美国牵头签订币制实业借款合同，还是充分体现了美方当时力图支持清政府重启币制改革和开发东三省实业的积极态度及清末中美之间的特殊关系。

---

① 王铁崖编《中外旧约章汇编》第 2 册，第 703～710 页。

第十一章　海军大臣载洵访美与中美海军合作计划

在美国总统塔夫脱当政的三年里，中美关系如前所述，明显加强，海军大臣载洵访美与中美海军合作计划，也是其中的一个例证。对于这一历史，相关论著虽有提及，但多只知有其事，而不知其详。[①] 有鉴于此，本章根据美国国家档案馆出版的"1910～1929年国务院有关中国内部事务档案"缩微胶卷中的相关档案，就这一历史事件做一解密，并揭示其历史意义。

一　访美之前的订舰大战

载洵访美之所以引人注目，首先与当时清政府重振海军计划有着直接关系。清朝海军在中日甲午战争遭受惨败后，一度一蹶不振。但随着日俄战争之后国防和海权思想的增强，发展海军重新得到清政府的重视。

---

① 吴心伯：《金元外交与列强在中国（1909—1913）》，复旦大学出版社，1997，第88页；戚其章：《晚清海军兴衰史》，人民出版社，1998，第508页；姜鸣：《龙旗飘扬的舰队——中国近代海军兴衰史》，生活·读书·新知三联书店，2002，第491～492、502页。另外，孙毓棠的《三都澳问题与所谓"海军借款"（1900—1922）》（《抗戈集》，中华书局，1981，第243～256页）和陶文钊的《中美关系史（1911—1950）》（重庆出版社，1993，第14～17页）对1911年中美海军合作计划有所论述，但他们主要侧重民国时期美国与其他列强对控制中国海军权的争夺。就国外的研究来说，则以美国学者布雷斯特德（William Reynolds Braisted）的《美国海军在太平洋（1909—1922）》（*The United States Navy in the Pacific*, 1909 - 1922, Austin: The University of Texas Press, 1971, pp. 77 - 93）一书对载洵访美和中美海军合作计划的论述最为详细。

1905 年因两江总督周馥等的建议，清政府批准将南北洋海军合为一军，统归北洋海军广东水师提督叶祖珪统领。1907 年练兵处提调姚锡光奉命就整合旧有舰队和筹措经费重振海军的长远规划提出具体方案。1909 年摄政王载沣掌权后，不但自任陆海军大元帅，而且同时任命其弟载洵和海军提督萨镇冰为筹办海军大臣，负责设立筹办海军事务处。年轻志盛的载洵甫一出任，即宣布了一个雄心勃勃的发展海军七年规划，计划在整顿各洋旧有各式兵轮的基础上，在第 3 年至第 7 年的 5 年里，添造头等战舰 8 艘，巡洋舰 20 余艘，各种兵轮 10 艘，编制第一、第二、第三各队水鱼雷艇；编定北洋舰队、南洋舰队及闽省等各洋舰队；成立各洋军港和船坞；设立海军大学；等等。8 月 13 日清政府批准这一计划，并根据载洵等的建议，令度支部及各省分筹开办费 1800 万两。[①] 9 月，载洵、萨镇冰即前往英国、德国、意大利和奥匈帝国等欧洲国家考察，分别向这些国家表达了订购各类战舰的意愿，于 1910 年 1 月取道西伯利亚，乘火车回国。

清政府发展海军和准备向欧洲国家订购军舰的动向，立即引起当时积极发展对华关系的美国政府的高度重视。载洵一行甫一归国，美国政府即通过驻华公使馆邀请他立即访问美国，但由于当时清政府已安排陆军大臣载涛出国访问，载洵表示不能按原计划出访，可能推迟至 7 月份访问美国，"因为两个亲王同时都不在国内是不合适的"[②]。

同时，美国的有关制造商也密切关注清政府采购军舰的情报，希望能从清政府那里获得订单。还在 1908 年间，纽波特纽斯造船公司（Newport News Shipbuilding Company）在风闻清政府有向国外订购军舰的计划后便毛遂自荐，给外务部写信，推荐和介绍该公司的一位技术人员担任清政府在美国订造军舰的监工。[③] 1909 年初，纽波特纽斯造船公司在华代理商茂生洋行的梅里美（William L. Merriman）由在华美国传教士丁家立陪同，拜

---

① 《筹办海军七年分年应办事项》（宣统元年），张侠等编《清末海军史料》，海洋出版社，1982，第 100~101 页。

② Mr. Fletcher to the Secretary of State, February 19, 1910, *Records of the Department of State Relating to Internal Affairs of China, 1910-1929*, microfilm.

③ Noble E. Dawson to Leung Tuen Yin, October 19, 1908; The Certification of Newport News Shipbuilding and Dry Dock Company, February 22, 1908, 见《梁敦彦存札》，中国社会科学院中国历史研究院图书馆藏，甲 1366。

访陆军部尚书铁良，从铁良那里获得允许纽波特纽斯造船公司参与投标中国订购军舰合同的口头承诺。①

为获得造船订单，一些制造商还直接寻求美国政府的帮助和支持。1909 年 11 月间，伯利恒钢铁公司（Bethlehem Steel Company）致函国务院，提请美国政府注意英国政府和造船公司对载洵访英所给予的隆重接待，指出各国政府都在帮助本国私人公司获得外国军火合同，国际军火合同某种程度已成为"非正式条约"，希望美国政府也为他们获得中国的军火合同提供帮助。② 对伯利恒钢铁公司的这一请求，海军部长迈耶（Meyer）明确承诺在载洵使团访美期间海军部将提供实际帮助。③

1910 年 5 月 7 日，马萨诸塞州的富尔里弗造船公司（Fore River Shipbuilding Company，Quiney，Massachusetts）总裁鲍尔斯（Francis T. Bowles）也致函国务院，声称收到其在中国的代理人的来信，清政府已与英国一家公司签订了一艘造船合同，另一份造船合同将给德国一家造船公司，要求美国政府立即采取行动，加以阻止。他抱怨清政府不通过投标便将第一份造船合同给予英国公司，使美国公司将来参与竞争处于十分不利的位置，指出："从将中国的生意转到美国这个观点来看，我认为将这艘训练船的订单给予英国是一件十分严重的事情。虽然这笔合同的数额不是很大，但它是有利可图的，并且它会给英国提供使中国官员和年轻官兵熟悉英国最近各类军械和弹药的机会，从而不但对各类军械产生感情和偏好，而且对所有被装备在兵轮上的海军配件也产生感情和偏好。因此，这项工程便为后来更为重要的发展奠定了基石。"④ 在收到富尔里弗造船公司的来函后，代理国务卿威尔逊（Huntington Wilson）于 5 月 12 日致电驻华公使嘉乐恒，指示他与外务部交涉，要求清政府在贸易权利方面平等对待美国公民，为美国公司参与竞争政府合同提供机会，宣称"美国政府向中国多次表示的友好，

① Calhoun to the Secretary of State, August 11, 1910, *Records of the Department of State Relating to Internal Affairs of China*, *1910 - 1929*, microfilm.

② Meigs to Huntington Wilson, November 23, 1909, See William Reynolds Braisted, *The United States Navy in the Pacific*, *1909 - 1922*, p. 81.

③ Meyer to the Secretary of State, December 13, 1909, See William Reynolds Braisted, *The United States Navy in the Pacific*, *1909 - 1922*, p. 81.

④ Mr. Franci T. Bowles to the Secretary of State, May 7, 1910, *Records of the Department of State Relating to Internal Affairs of China*, *1910 - 1929*, microfilm.

应该为美国的公司和军械获得公正的对待"。①

　　根据美国政府的指示，嘉乐恒于 16 日向外务部转达美国政府的要求，但外务部尚书那桐表示他不知道现在有购买战舰的打算，建议嘉乐恒向海军处了解有关情况。5 月 20 日，嘉乐恒又与载洵的助手谭学衡举行会晤。谭承认已从英国公司购买了一艘 2000 吨的训练船，但否认有关从德国公司订购军舰的消息，表示目前可供中国政府支配的资金不允许扩大海军规模，同时承诺未来如有购买意愿，将通知美国使馆的中文秘书，以便美国造船商有投标的机会。此外，嘉乐恒还会晤外务部官员周自齐，周也否认目前有购买更多船只的计划，同时建议美国造船公司应派代理人驻北京，以加强与有关部门的沟通与联络，指出像这样一些事情或多或少会卷入一些个人因素，就像生活中的其他方面一样；获得训练船订单的英国公司的一位代理人在北京数月，与海军部的官员联络，并与他们建立密切的社交关系，因此他能够获得订单。②

　　尽管清政府否认有向德国订购军舰的打算，但富尔里弗造船公司于 6 月 13 日又致电国务院，称据其在华代理人的来电，中国确实将于近日与德国签订购买船只的合同。次日，威尔逊致电嘉乐恒，指示他再次与清政府交涉，强烈要求为富尔里弗造船公司获得竞争这份合同的平等机会。③ 6 月 14 日，嘉乐恒就此事与载洵本人会谈。在会谈中，载洵同样否认目前有向德国购买船只的行为和意向，且表示与美国存在的友好关系使他更想购买美国的船只，他将在 9 月前往美国考察造船厂。一同参与会谈的谭学衡则私下透露清政府今年计划订购 10 艘 1000 吨的小型炮艇，用于培训海军军官，并指出美国的不利之处在于从来没有海军方面的人员在这里提供方案或与有关部门讨论。④ 在获知清政府首批将订购 10 艘训练船的情报后，威尔逊直接秘密通知当时有意竞争中国造船合同的纽约造船公司、

---

①　Mr. Wilson to Mr. Calhoun, May 12, June 14, 1910, *Records of the Department of State Relating to Internal Affairs of China, 1910–1929*, microfilm.

②　Mr. Calhoun to the Secretary of State, May 25, 1910, *Records of the Department of State Relating to Internal Affairs of China, 1910–1929*, microfilm.

③　Mr. Wilson to Mr. Calhoun, June 14, 1910, *Records of the Department of State Relating to Internal Affairs of China, 1910–1929*, microfilm.

④　Mr. Calhoun to the Secretary of State, June 15, 1910, *Records of the Department of State Relating to Internal Affairs of China, 1910–1929*, microfilm.

克兰普斯造船公司（The William Cramp and Sons Ship and Engine Building Company）、纽波特纽斯造船公司、富尔里弗造船公司，建议他们采取合适的行动；① 另外也致函商业和劳工部，嘱将这一消息转告国内的其他造船公司。②

在美国政府的压力和抗议之下，清政府只好暂时中断与德国公司签订造船合同。6 月下旬，因美国驻华公使嘉乐恒的要求，谭学衡接受美国驻华公使馆中文秘书佩克（Peck）和纽波特纽斯造船公司代理人梅里美的私人拜访，宣布清政府已决定从美国订购一艘军舰和从日本订购一些炮艇，同时计划与德国公司也签订一份类似的军舰合同，但所有这些造船合同都将在海军使团考察回国之后进行。③

围绕清政府的造船合同，美国除与日本和英国、德国等欧洲国家存在竞争外，美国公司之间也存在竞争。当时有意在中国竞争造船合同的美国公司主要有纽波特纽斯造船公司、富尔里弗造船公司和克兰普斯造船公司，这 3 家造船公司的代理人为获得造船合同彼此互相拆台，甚至在驻华公使嘉乐恒面前亦不掩饰，扬言他们如何成功地阻止了清政府将合同给予另一家美国公司。为避免美国造船公司之间的这种恶性竞争，9 月 8 日嘉乐恒致函国务卿，建议美国政府劝说造船公司撤销他们的在华代理人，在中国只保留一个美国籍代理人，作为美国造船业的唯一代表，指出：鉴于中国目前的财政窘况，除了一些小型的船只之外，中国不可能同时提供许多合同；美国公司为此竞争是十分不幸的，只会破坏彼此的生意，而对他们本身并没有好处。④ 根据嘉乐恒的建议，1910 年 10 月在载洵使团结束考察回国后，国务院即与海军部协商，由海军部选派负责接待载洵访美的海军上校吉利斯（Gillis）

① Wilson to the New York Shipbuilding Company, The Newport News Shipbuilding and Dry Dock Company, The Bethlehem Steel Company, The William Cramp and Sons Ship and Engine Building Company, June 17, 1910, *Records of the Department of State Relating to Internal Affairs of China, 1910–1929*, microfilm.

② Wilson to the Secretary of Commerce and Labor, June 16, 1910, *Records of the Department of State Relating to Internal Affairs of China, 1910–1929*, microfilm.

③ Calhoun to the Secretary of State, August 11, 1910, *Records of the Department of State Relating to Internal Affairs of China, 1910–1929*, microfilm.

④ Calhoun to the Secretary of State, September 8, 1910, *Records of the Department of State Relating to Internal Affairs of China, 1910–1929*, microfilm.

前往中国，作为美国造船业的唯一代理人，负责与清政府洽谈造船合同问题。①

二　美方的隆重接待

在各国竞争造船合同过程中，如何接待载洵海军使团都是重要一环。对于这两者之间的关系，嘉乐恒在 6 月 27 日写给国务院的报告中做过详细阐述。在这份报告中，嘉乐恒虽然对清政府发展海军计划的前景并不看好，认为清朝政府目前既无资金也无可供挖掘的财源用于购买战舰，同时也没有训练有素的人操纵它们，但从签订造船合同来说，清政府将不会进行招标；根据其所掌握的情况，英国和德国公司获得订单系载洵对"其个人所受礼遇的一种回报"，因此他建议：如果载洵访问美国，美国的造船商可以给他一饱眼福的展示，并施放大量的烟火，这样就能使他对美国制造军舰的高超技术留下深刻的印象；据说，英国的公司便是通过在施放烟火中突然出现载洵身穿上将制服的肖像而给他留下深刻印象的。② 虽然嘉乐恒的建议有些夸张，甚至不无揶揄，但主张外交应为美国贸易和投资服务的塔夫脱政府为了帮助美国制造商获得造船和军火订单，还是对载洵访美给予了格外的重视和礼遇。

8 月 11 日，清朝驻美公使张荫棠致函代理国务卿，正式通告载洵一行将于 8 月 23 日乘"满洲"号从上海启程，前往美国，估计 9 月 17 日抵达旧金山，10 月 4 日自旧金山启程回国，此行的目的主要是考察美国海军建设。③ 在接到通知后，国务院立即进行周密安排。19 日，代理国务卿威尔

---

① The Acting Secretary of the Navy to the Secretary of State, October 18, 1910; Mr. Knox to Mr. Calhoun, October 20, 1910, *Records of the Department of State Relating to Internal Affairs of China*, *1910－1929*, microfilm.

② Mr. Calhoun to the Secretary of State, June 27, 1910, *Records of the Department of State Relating to Internal Affairs of China*, *1910－1929*, microfilm.

③ Chang Yintang to the Secretary of State, August 11, 1910, *Records of the Department of State Relating to Internal Affairs of China*, *1910－1929*, microfilm. 按：载洵使团实际于 8 月 24 日由上海启程前往美国，随从人员有萨镇冰、周自齐、曹汝霖、郑汝成、徐振鹏、郑祖彝、林葆纶、赵鹤龄、冯恕、李景龢、张步青，另有 5 名警卫人员和 5 名仆役，见 Amos P. Wilder to the Secretary of State, August 25, 1910, *Records of the Department of State Relating to Internal Affairs of China*, *1910－1929*, microfilm。

逊分别致函财政部和内政部在夏威夷和旧金山等地安排秘密警卫人员，保护载洵一行的安全，防止革命党人的谋杀活动。① 8 月 25 日，威尔逊又致函陆军部长，希望陆军部在载洵沿途停留夏威夷期间予以隆重接待，指出载洵极为珍视在他短暂停留夏威夷期间陆军部给予的招待，并建议按春天接待载涛的性质接待载洵一行，他到旧金山后将由海军部安排一名军官负责接待。② 9 月 7 日，又分别致函旧金山、纽约、费城、芝加哥、波士顿和布法罗市长，要求他们做好接待和保卫工作。

除美国政府对载洵访美予以周密安排外，相关的制造商也纷纷致函国务院，询问载洵一行在美国的行程，打听美国方面的接待人员，要求国务院能安排载洵访问他们的工厂。③ 与国务院关系密切的伯利恒钢铁公司总裁施瓦布（Charles M. Schwab）则建议由他们提供专列负责载洵一行在美国的东西部之行，他本人也将乘专列前往西部亲自迎接载洵一行，指出倘若已安排专列，那么他很希望驱车陪同载洵考察。在国务院与中国驻旧金山总领事联系商量之后，9 月 13 日施瓦布乘坐专列前往西部迎接。④

由于美国政府的高度重视，载洵一行在美国的访问受到隆重的接待。作为载洵访美的第一站，夏威夷州长根据美国政府指示，在载洵抵达之前即召集相关官员做出具体安排，给予载洵所乘轮船快速无疫入港许可证，并通过无线电与载洵取得联系，了解该使团的人数和官衔，对他们的到来表示欢迎。9 月 13 日上午，由夏威夷海军基地司令里斯（C. P. Ress）上

① Mr. Wilson to the Secretary of the Treasure, August 19, 1910; Mr. Wilson to the Secretary of the Interior, August 19, 1910; Mr. Wilson to the Secretary of the Interior, The August 24, 1910; The Acting Secretary of Treasure Department to the Secretary of State, September 7, *Records of the Department of State Relating to Internal Affairs of China*, 1910 - 1929, microfilm.

② Mr. Wilson to the Secretary of War, August 25, 1910, *Records of the Department of State Relating to Internal Affairs of China*, 1910 - 1929, microfilm.

③ Francis T. Bowles, President, Fore River Shipbuilding Company to the Secretary of State, August 4, August 27, 1910; The Acting Secretary of State to Mr. Francis T. Bowles, August 9, 1910; Third Assistant Secretary of State to Mr. Francis T. Bowles, August 30, 1910; The William Cramp and Sons Ship and Engine Building Co. to the Secretary of State, August 25, 1910; The Secretary of State to the William Cramp and Sons Ship and Engine Building Co. , August 31, 1910, *Records of the Department of State Relating to Internal Affairs of China*, 1910 - 1929, microfilm.

④ Mr. Wilson to the Consul General of of China, San Francisco, California, Sept 10, 1910 ; Mr. Yung Kwai to Mr. Wilson, Sept 11, 1910; Mr. Schwab to Mr. Wilson, Sept 12, 1910, *Records of the Department of State Relating to Internal Affairs of China*, 1910 - 1929, microfilm.

将和美国第5骑兵旅斯凯勒上校（W. S. Schuyler）分别委派2名助手及警官和清朝驻夏威夷领事梁国英按计划在港口之外迎接载洵一行。在载洵所乘轮船驶进码头时，海军鸣礼炮21响，州务卿、海军上将里斯、斯凯勒上校，以及夏威夷州国家警卫队组成的仪仗队、一队美国第5骑兵旅、一连美国第20步兵团、二个连的美国海军陆战队和包括由美国财政部安排的一名秘密保卫人员在内的警卫人员等在码头迎接，另为载洵和使团人员安排了7辆汽车。接着，载洵被护送至州府大楼，州长率主要官员及美国驻夏威夷的陆军和海军部门的指挥官亲自接待，并在载洵抵达和离开州府大楼时，均鸣放21响礼炮；州长还率相关官员前往载洵下榻的饭店进行了回访。随后，载洵又由骑兵护送至海军基地，拜访里斯上将，在载洵到达和离开海军基地时，同样都施放了礼炮，里斯上将还安排使团人员乘船参观了尚在建设中的珍珠港（载洵本人因轻微感冒留在城内）。参观完毕后，由中国领事馆宴请使团人员。宴请后，再由州务卿亲自乘汽车带领使团人员参观城内的风景点，然后由军队保护载洵使团登船驶离码头。①

9月19日下午载洵使团抵达旧金山时，又受到一大群美国政府官员和军队保卫人员以及当地华人社团首领的迎接。海军部和国务院则分别委派2名海军军官和2名政府官员为载洵使团的助手，专门负责接待工作。在随后10多天的访问期间，美国政府除安排载洵使团考察旧金山、纽约、波士顿等地的造船公司、钢铁公司及海军造船厂外，还安排他们访问美国造币厂、国会图书馆和美国最高陆军院校——西点军校，及纽约、布鲁克林、尼亚加拉瀑布等地的观光旅游。9月27日载洵访问华盛顿，国务卿和海军部长又分别与他举行会晤。下午2点30分，载洵还受到塔夫脱总统的亲自接见，会后（3点30分）一道观看骑兵操练表演。晚8时，塔夫脱总统并设晚宴招待载洵。10月2日，载洵使团乘专列离开纽约，前往旧金山，启程归国。②

载洵使团之所以受到如此的礼遇，显然与美国竞争造船合同有关。国

---

① W. F. Frear（Governor of Hawaii）to the Secretary of the Interior, September 13, 1910, *Records of the Department of State Relating to Internal Affairs of China, 1910 – 1929*, microfilm.

② Gillis to Chandler Hale, September 19, 1910; Chandler Hale to Yung Kwai, September 19, 1910; Tentative Itinerary and Entertainment of His Imperial Highness Prince Tsai Hsun, From September 24th to October 2nd, *Records of the Department of State Relating to Internal Affairs of China, 1910 – 1929*, microfilm.

务院当时在向塔夫脱总统介绍载洵使团的使命时即突出获得造船订单的意义，在简单介绍载洵的身份后指出："载洵访问美国的目的是考察海军机构和造船厂，以便为新建中国海军订购军舰。他于去秋今冬访问了欧洲主要国家……自从他访问欧洲后，至少已有一份订单给了英国，现传言另一份订单将给一家德国公司。虽然载洵访问的首要目标是考察海军，但他还携带摄政王致总统的一封私人信件。"①

美国对载洵使团的接待应该说是成功的，达到了预期的目的，既传达了增进与中国友谊的愿望，也使载洵使团对美国的海军留下深刻的印象。载洵一行回到国内后，于 12 月 1 日以宣统皇帝名义致电美国政府，称美国海军的高效给使团成员留下深刻印象，对美国政府和人民对使团的友好接待表示真诚的感谢，指出这一友好的接待定能促进两国更为密切的关系。② 12 月 10 日，塔夫脱总统在复电中也表示希望借此加强中美两国的关系和合作，指出"我很高兴得知帝国海军使团对他们所访问和考察的美国政府和私人机构留下肯定印象，我深信海军使团的访问一定能进一步拉近我们两国的合作关系，这是我最真诚希望促成的一个结果"。③ 同年底，塔夫脱在国会年度咨文报告中，也将载洵访美列入该年度美国与东亚国家的一项重要外交活动。④

三　美国的第一份造船订单

美国政府的友好接待不久便换来具体结果，1910 年 12 月 21 日由海军部派往中国的吉利斯上校终于从清政府那里获得第一份造船合同，由纽约造船公司为中国制造一艘 2600 吨的巡洋舰，⑤ 清政府将这艘巡洋舰取名

---

① Department of State to the President, September 27, 1910, *Records of the Department of State Relating to Internal Affairs of China*, *1910 – 1929*, microfilm.

② The Emperor of China to the President of the United States of American, December 1, 1910, *Records of the Department of State Relating to Internal Affairs of China*, *1910 – 1929*, microfilm.

③ William Howard Taft to His Imperial Majesty, December 10, 1910, *Records of the Department of State Relating to Internal Affairs of China*, *1910 – 1929*, microfilm.

④ Message of the President, *FRUS*, *1910*, pp. 12 – 13.

⑤ Mr. Calhoun to the Secretary of State, December 22, 1910, *Records of the Department of State Relating to Internal Affairs of China*, *1910 – 1929*, microfilm.

"飞鸿"。但对美国政府来说，这是一份不完整的造船合同，因为该合同规定纽约造船公司为中国制造的巡洋舰将配备英国制造的阿姆斯特朗枪炮和弹药。

对于这份造船合同，美国军火制造商伯利恒钢铁公司强烈反对，要求美国政府加以干预。1911 年 1 月 30 日，伯利恒钢铁公司第一副总裁约翰斯顿（Archibald Johnston）致函国务卿，要求美国政府在他们与英国、德国等欧洲国家的公司竞争军火出口方面提供支持，在吉利斯之外，选派一位精通海军枪炮和军械的海军现役军官前往中国，帮助他们获得造船和武器订单。他指出，军械和枪炮等设备是军舰的重要组成部分，几乎占一艘军舰造价的一半，在与英国、德国、法国和意大利造船公司和军工厂的竞争中，国务院的支持是必不可少的，"如果不能获得支持，我们就可能很容易被我们的外国竞争者挤垮，他们都从各自的政府那里得到相当大的帮助"。① 2 月 3 日，国务卿诺克斯致函海军部长，转交伯利恒钢铁公司的信函，希望海军部提供帮助，指出"国务院希望以合法的形式为美国公司的利益提供援助，并且鉴于美国造船业者在获得战船及设备订单中遇到激烈的竞争，美国的利益将由一些完全适合于这项工作的专家来代表，这是十分重要的"。②

同时，美国政府在获知吉利斯签订的造船合同规定装备英国制造的枪炮和弹药这一情况后，亦表示不能接受。1911 年 3 月 24 日，国务院致电嘉乐恒，要求他与吉利斯一道与清政府交涉，取消这一不合适的规定，称除非这艘船只全部由美国制造，包括枪炮和武器装备，否则，美国政府不但不将这份小额订单看作中国愿意向美国提供海军订单的一个表示，并且将它视作对美国制造业荣誉的伤害。国务院希望尽快听到第一艘军舰完全使用美国枪炮和装备的消息。鉴于美国武器装备毫无疑问的质量以及提供给中国的优惠价格，中方不满足这个要求是很难解释的。③

由于海军上校吉利斯属于海军部官员，不受美国驻华公使的领导，在

① Archibald Johnston to the Secretary of State, January 30, 1911, *Records of the Department of State Relating to Internal Affairs of China, 1910 – 1929*, microfilm.
② Knox to the Secretary of the Navy, February 3, 1911, *Records of the Department of State Relating to Internal Affairs of China, 1910 – 1929*, microfilm.
③ Mr. Wilson to Mr. Calhoun, March 24, 1911, *Records of the Department of State Relating to Internal Affairs of China, 1910 – 1929*, microfilm.

签订合同后就去了日本，嘉乐恒在收到国务院的电文指示后，便派二等中文秘书向清朝海军部副大臣谭学衡了解情况。在会谈中，谭证实吉利斯签订的造船合同确乎规定使用阿姆斯特朗枪炮，并解释说现在签订的大约 8 艘小型军舰，包括小型巡洋舰、炮艇和驱逐舰的合同已在英国、美国、德国、奥匈帝国和意大利等国家之间分配，条件是枪炮统一制造，其原因是英国得到最初一艘军舰和武器装备的合同，它的装备被作为其他军舰装备的标准，在这支小型舰队中统一武器装备是十分合理的。此外，英国当时坚持要获得一份制造所有这些军舰的合同，为减轻压力，因此同意他们为其他的军舰安装武器装备，但这一协定不适用此后订购的军舰。同时，谭在回复中还向嘉乐恒透露海军部正在与美国政府商议贷款 1500 万美元，用于筹建一支新的海军舰队，希望他不要纠缠于这艘巡洋舰合同中的枪炮问题。①

但伯利恒钢铁公司不愿意看到这批军火就这样轻易地落到英国竞争者的手中，4 月 7 日该公司第一副总裁约翰斯顿连续二次致电诺克斯，声称接到来自伦敦的私人情报，纽约造船公司尚未确定使用阿姆斯特朗枪炮，另从在伦敦的日本海军使团中获悉，正在日本制造的中国巡洋舰的枪炮将在日本制造。② 在接到电报的次日，诺克斯即将这一情况通报驻华公使嘉乐恒，指示他与清政府交涉。19 日，诺克斯又致电嘉乐恒，坚持在签订有关军舰合同中的枪炮问题上，美国的造船公司应该享有与日本和英国平等的待遇，指出：现在装备阿姆斯特朗枪炮使今后引入其他类型的枪炮变得十分困难；如果中国政府坚持第一批军舰使用阿姆斯特朗枪炮，那么只能在确保将来在美国制造的军舰的枪炮也为美国制造的情况下才能同意；要求嘉乐恒尽快回复，报告结果。③

但嘉乐恒并不看好中国的海军，对美国政府竞争造船和军火合同持消极态度，没有遵照国务院的指示，与清政府进行进一步的交涉，只是在向回到中国的吉利斯了解有关情况后，才于 28 日致电诺克斯，报告吉利斯所

① Mr. Calhoun to the Secretary of State, March 27, 1911, *Records of the Department of State Relating to Internal Affairs of China*, *1910 – 1929*, microfilm.

② Johnston to the Secretary of State, April 7, 1911, *Records of the Department of State Relating to Internal Affairs of China*, *1910 – 1929*, microfilm.

③ Mr. Knox to Mr. Calhoun, April 8, 19, 1911, *Records of the Department of State Relating to Internal Affairs of China*, *1910 – 1929*, microfilm.

说清政府坚持使用阿姆斯特朗枪炮的原因与谭学衡所说的相同，另二艘在日本建造的 600 吨和 700 吨的炮艇也将装备阿姆斯特朗枪炮，但由设在日本的英、日合资军工厂制造。① 在接到电报的当日，诺克斯即复电嘉乐恒，再次要求他遵照 19 日的指示，为将来在美国制造的中国军舰使用美国武器获得保证。②

5 月初，有关阿姆斯特朗枪炮问题的风波再起。是月 5 日，伯利恒钢铁公司致函国务院，声称根据其在欧洲的代理人报告，清政府最初也愿意在纽波特纽斯所造的船只上使用美国的枪炮，如果价格满意的话，后来吉利斯通过同意纽约造船公司制造的军舰使用阿姆斯特朗枪炮，才击败纽波特纽斯公司和伯利恒公司，获得合同，但目前纽约造船公司还没有就武器问题与英国公司签订合同，日本和英国合资的军工厂也还没有开工；约翰斯顿鼓动诺克斯制止纽约造船公司使用英国的阿姆斯特朗枪炮，指出"就我们所知，美国是唯一一个巡洋舰没有获得完整订单的个例"，"如果国务卿坚持完整的造船合同，成功几乎是肯定的；如果你们不坚持的话，未来将没有指望"。③ 在约翰斯顿的鼓动下，诺克斯于当日即致电纽约造船公司，要求他们暂停有关中国军舰枪炮问题的谈判，直至国务院认为美国没有了任何机会。④ 5 月 8 日，诺克斯又将约翰斯顿所说的情况致电嘉乐恒，强调"这件事极端重要，将来平等的合同取决于目前的成功"，指示嘉乐恒通知清政府，美国政府对中国的倾向和歧视深感惊讶，坚持要得到与英国和日本平等的对待，给予完整的造船合同。⑤

在收到诺克斯指示后，嘉乐恒又分别与谭学衡和吉利斯联系，向他们提出是否存在伯利恒钢铁公司所说的情况，但谭学衡和吉利斯都予以否认。谭指出，纽波特纽斯公司的代理商梅里美的投标也是使用阿姆斯特朗

---

① Mr. Calhoun to Mr. Secretary of State, April 28, 1911, *Records of the Department of State Relating to Internal Affairs of China*, *1910 – 1929*, microfilm.

② Mr. Knox to Mr. Calhoun, April 28, 1911, *Records of the Department of State Relating to Internal Affairs of China*, *1910 – 1929*, microfilm.

③ Mr. Johnston to Mr. Knox, May 5, 1911, *Records of the Department of State Relating to Internal Affairs of China*, *1910 – 1929*, microfilm.

④ Mr. Knox to New York Shipbuilding Company, May 5, 1911, *Records of the Department of State Relating to Internal Affairs of China*, *1910 – 1929*, microfilm.

⑤ Mr. Knox to Mr. Calhoun, May 8, 1911, *Records of the Department of State Relating to Internal Affairs of China*, *1910 – 1929*, microfilm.

枪炮，与吉利斯的投标一样，并不存在吉利斯通过同意使用阿姆斯特朗枪炮击败纽波特纽斯公司、从而争取到订单的事情；纽波特纽斯公司之所以最后没有中标，原因在于要价太高。谭还说，事实上他曾极力希望梅里美能够获得合同，私下向梅里美出示英国的投标，告诉他只要他投标的价格不要高于英国公司的10%，便把合同给予纽波特纽斯造船公司，但梅的投标最后还是高出大约2万镑，差距过大，没有理由将合同给他。吉利斯不但证实了谭所说的内容，而且还指出在争取造船合同的过程中，他曾尽一切努力让清政府接受美国的枪炮，并为此打电报给纽约造船公司让伯利恒钢铁公司降低枪炮的价格，以便在第一份造船合同上同时获得枪炮订单，但没有接到回复，于是只好接受阿姆斯特朗枪炮，以便获得造船合同。关于在日本和其他国家订购的船只是否也都安装阿姆斯特朗枪炮问题上，谭重申日本建造的军舰的枪炮也在英国制造，在一艘造船合同中，明文规定在英国的纽卡斯尔制造和检验，其他合同虽然对阿姆斯特朗枪炮没有这样明确的规定，但他将写信坚持完全英国制造。吉利斯反映的情况也与伯利恒钢铁公司所说不同，指出根据他在日本时得到的情报，英国和日本合资的阿姆斯特朗工厂正在开工生产中国军舰所需要的小型枪炮。①

对美国试图排挤在他们制造的中国军舰上使用阿姆斯特朗枪炮，英国公司亦采取了反制措施，向纽约造船公司施加压力，提出倘若不尽快签订订购合同，那么他们将无法在指定的时间内交货。5月13日，纽约造船公司就此致电国务卿，要求允许他们尽快与英国阿姆斯特朗工厂签订订购合同，指出关于为中国制造的巡洋舰的大炮和弹药问题，我们不能再延迟与英国签订订单，我们将被迫在下星期一提出正式订单。已花了大量时间说服中国接受美国的枪炮，不要使用英国的枪炮，但至今没有成功。由于中国坚持让我们使用英国枪炮，我们在交货时间上遇到重大困难，因为英国的公司前些时候通知我们，由于他们有大量的工作，除非马上签订订单，否则他们将不能在特定的时间内交货。②

鉴于伯利恒钢铁公司的控告不实，诺克斯在收到嘉乐恒14日的电文汇

① Mr. Calhoun to the Secretary of State, May 14, 1911, *Records of the Department of State Relating to Internal Affairs of China, 1910-1929*, microfilm.
② New York Shipbuilding Company to the Secretary of State, May 13, 1911, *Records of the Department of State Relating to Internal Affairs of China, 1910-1929*, microfilm.

报后，最后决定放弃修改合同的努力，接受纽约造船公司制造的巡洋舰安装英国的阿姆斯特朗枪炮。5 月 16 日，诺克斯致电伯利恒钢铁公司，指出中国政府不愿改变有关阿姆斯特朗枪炮的规定，在这件事上国务院已无能为力。同日，诺克斯还将这一决定通告纽约造船公司，允许纽约造船公司与英国公司签订购买阿姆斯特朗枪炮合同，无须再拖延，并对纽约造船公司的配合表示感谢。同时，诺克斯又致电嘉乐恒，对他电文汇报中没有为将来在美国制造的中国军舰安装美国枪炮获得保证极为不满，不客气地说道："你应该压缩你的电文"。[①]

很显然，美国在中国获得的第一份造船订单虽然实现了零的突破，但这份订单还是不完全的，对美国来说，是一份苦涩的订单，表明作为迟到者的美国要挤进长期被欧洲国家垄断的中国军火市场是不可能一蹴而就的。

四　中美海军借款合同的签订

美国虽然在争取第一份完整造船合同中部分遭遇挫折，但当时东亚的国际形势和清政府的外交政策，为美国全面进入中国军事领域提供了契机。20 世纪的头 10 年，随着日、俄对我国东三省的侵逼以及英法日俄集团的形成，清政府在外交上将美德两国，尤其是美国视为主要的依靠对象。在日法、日俄和英俄为协调它们在东亚的利益分别缔结协约之后，清政府即于 1908 年 7 月决定派唐绍仪为特使访问美国和德国，希望促成中、美、德三国同盟，以改善自己在东亚国际关系中所处的窘况。清政府的这一愿望虽然因为罗斯福总统不愿得罪日本和中国自身缺乏实力而未能实现，但随着 1909 年新上台的美国总统塔夫脱推行金元外交政策和 1910 年7 月第二次日俄协约的签订，不但美国与日本的矛盾加剧，清政府的危机感也进一步增强，[②] 这从两方面刺激清政府再次产生联合美国和德国、抗衡日俄的念头。新上台的摄政王载沣派遣载洵访美即有此意图。在载洵使

① Knox to Johston, May 16, 1911; Knox to New York Shipbuilding Company, May 16, 1911; Knox to Calhoun, May 16, 1911, *Records of the Department of State Relating to Internal Affairs of China, 1910 - 1929*, microfilm.

② 有关第二次日俄协约对中国的危害及清政府当时的反应，请参见丁名楠、张振鹍等著《帝国主义侵华史》第 2 卷，人民出版社，1986，第 281～285 页，兹不赘述。

团访问美国时，载沣就写了一封致塔夫脱的私人信件，除请求他在海军事务方面予以指导外，同时希望美国在维护东三省门户开放和远东和平方面提供宝贵意见和帮助，并通报将派前外务部尚书梁敦彦为特使，代表他本人，就所有与远东有关的重大问题与美国坦诚交换看法，以加强两国关系。[①]

1910 年 12 月初，梁敦彦抵达华盛顿，就加强中美关系提出以下 3 个建议：（1）为抵制日俄两国将东三省作为他们的殖民地，由美国向各国重申海约翰的门户开放原则。（2）为避免中国遭受外国侵略，集中精力从事各项改革，中美率先签订公断条约，从而促进中国与德国、意大利等国也签订公断条约，规定将所有与中国有关的争端提交海牙国际法庭裁决。（3）由德国帮助中国训练一支 2 万人的精锐陆军，海军方面由美国帮助中国兴建一支精锐小型舰队。在会谈中，诺克斯和塔夫脱对前两个建议都没有兴趣，对第一个建议明确予以拒绝，对第二个建议则加以婉拒，他们只对第三个建议表示出强烈的兴趣，认为发展海军对中国的防卫和维护国内秩序都是必不可少的，发展军事应与财政和教育改革同时进行，表示美国愿意在海军方面向中国提供帮助，建议梁敦彦就如何发展中国海军提出具体建议。[②]

1911 年 3 月间，在收到有关美国愿意帮助中国发展海军的密电后，清朝海军部、外务部、度支部联合提出一个具体方案，计划向美国贷款 2500 万两用于建造军舰，每年分期付款，不提供担保；同时在中国建立海军造船厂和制造大炮工厂，大炮的型号应由中国决定；倘若使用美国制造的大

---

① Tsai Feng to Taft, August 14, 1910, *Records of the Department of State Relating to Internal Affairs of China, 1910 - 1929*, microfilm. 按：梁敦彦出访欧美几乎与载洵访美同时进行，但为隐瞒此次出访的真实目的，以避免引起有关国家的警觉，梁敦彦先于 9 月 7 日以看病为由前往欧洲，密访德国，然后再访问美国。作为特使，载沣指示梁敦彦努力促成中美德三国同盟；在梁敦彦表示没有这个可能性之后，载沣坚持要求他朝这个方向尽力而为。后来，梁敦彦在与美国总统和国务卿的会谈中虽然没有提出结盟的建议，但会谈的内容仍然反映了清政府试图促成中美德三国同盟的用意。

② Memorandum of Interview between Liang Tunyen and Knox, December 6, 1910; E. T. William to Knox, December 6, 1910; Memorandum of Interview between Liang Tunyen and Taft and Knox, December 17, 1910; Memorandum of Interview between Liang Tunyen and E. T. William, January 14, 1911; Memorandum of Interview between Liang Tunyen and Knox, February 3, 1911; Memorandum by E. T. William, *Records of the Department of State Relating to Internal Affairs of China, 1910 - 1929*, microfilm.

炮，那么应采用美国海军的型号，避免其他国家提出反对；另由美国选派一些海军军官来华在中国舰队任职，帮助培训中国海军军官，以便新的中国舰队能够按美国的海军模式组建。①

对于清政府所提的这些要求和计划，诺克斯在 4 月 6 日与梁敦彦的会谈中明确表示美国政府可以做出安排，没有任何困难。② 会后，诺克斯即致函海军部长，希望海军部予以配合，指出：中国政府建议借用美国海军军官数年，组建一支舰队，作为中国新建海军的核心。如果这支舰队的司令和下属军官从美国海军军官中挑选（这些美国海军军官将不时地退休，逐渐被中国军官代替），那么大量的中国军舰完全有可能在美国制造。③ 5 月 5 日，美国海军部复函，表示在这件事上海军部很乐意满足中国政府的愿望，可以安排一些海军军官培训中国海军官兵，建议国务院方面最好争取得到国会的授权，并采取步骤，予以立法通过。④

与此同时，梁敦彦在会后也立即将会谈结果电告清政府，谓"前照来电，款无抵，船成分还，炮自定，在华建厂尤妙各节详告外部，谓当可办到，并无难色，请派员择厂与议"。⑤ 在收到梁敦彦的电报后，5 月 17 日清政府又密电梁敦彦，指示与美国政府协商，在舰船未成之前，先派中国军官和学生赴美舰队练习，并建议美方尽快派员偕同四大船厂办事人来京，会议具体办法。⑥

对于拟议中的中美海军合作计划，驻华公使嘉乐恒持反对态度，他在 6 月写给国务卿的信中最后写道：如果允许他表达对这项计划的意见的话，事实是中国不需要任何庞大的海军；中国也许只需要为沿海和内

---

① A Memorial Relating the Contract between the Late Ch'ing Government and the Bethlehem Steel Company, *Records of the Department of State Relating to Internal Affairs of China*, *1910 – 1929*, microfilm.

② Memorandum of Interview between Liang Tunyen and Knox, April 6, 1911, *Records of the Department of State Relating to Internal Affairs of China*, *1910 – 1929*, microfilm.

③ Mr. Knox to the Secretary of the Navy, April 12, 1911, *Records of the Department of State Relating to Internal Affairs of China*, *1910 – 1929*, microfilm.

④ The Secretary of the Navy to Mr. Knox, May 5, 1911, *Records of the Department of State Relating to Internal Affairs of China*, *1910 – 1929*, microfilm.

⑤ 《收外部大臣梁敦彦致海军部电》（无日期），中国社会科学院中国历史研究院图书馆藏。

⑥ 《遵拟致外务部大臣梁敦彦电》（四月十九日），中国社会科学院中国历史研究院图书馆藏。

河巡逻警察工作所需的、或为缉私和镇压叛乱和训练官员所需的已有的炮艇、游艇，等等，但战舰对中国没有任何用处。中国没有钱支付这些战舰的开销，也没有能够操纵这些战舰的官兵。这是目前普遍的看法：如果他们有一艘或更多的战舰，在某种程度上只能加强或扩大日本的海军，因为如果日本与中国或其他国家发生麻烦，在需要时日本会攫取这些战舰，中国和其他国家都不能阻止它的发生。由于清朝官员的固执和保守，他们热衷于表面文章，有许多的想象和虚骄心理，不关心事物的本质；他们喜欢拥有一个大国的所有标记，并像大国那样受到尊敬。因此，他们想要陆军和海军、枪炮和堡垒、战旗、战鼓和军号，同时却没有使用它们的经验或能力，此时他们对战舰的需要还不如一个小孩对枪的需要。鉴于清政府发动的许多实际改革以及正在倡导的教育工作和商业及资源的开发都急需金钱，并且也因为清政府的税收或其他的收入来源都到了极限，因此，嘉乐恒认为，鼓励他们负债发展海军或进行庞大的海军投资是不明智的，甚至是一个不友好的行为，表示"我想没有任何比它更大的金钱浪费。我对该项目有如此强烈的信念，以至我不能不表达自己的观点。"①

尽管嘉乐恒对中美海军合作计划大泼凉水，但美国政府从"金元外交"政策出发，为维护美国军火商的利益，同时为扩大美国在华势力和影响，并没有听取嘉乐恒的意见。9月22日，诺克斯授权与国务院关系密切的伯利恒钢铁公司总裁施瓦布携带有关允许使用美国海军装备、技术、专利、武器的正式文件，抵达北京，与清政府商谈海军合作事宜。经过1个月的谈判，10月21日，施瓦布在北京与海军部大臣载洵签订了一份由伯利恒钢铁公司帮助清政府重建海军的合同。

该合同除引言外，共9款。合同要点如下：（1）由伯利恒钢铁公司帮助清政府发行2500万两债券用于海军建设，该债券年利率为5%，折扣为97.5，无须抵押。（2）借款用途分为三项，其中200万两用于改进现存的枪炮厂和弹药厂以及清政府可能决定新建的枪炮厂和弹药厂，另外200万两用于改进现存的海军船坞和兵工厂以及清政府可能新建的

---

① Calhoun to the Secretary of State, June 23, 1911, *Records of the Department of State Relating to Internal Affairs of China*, 1910–1929, microfilm.

船坞和兵工厂，其余 2000 多万两则用于在美国订造中国不能制造的军舰及枪炮。（3）所有这些工程和军舰均由伯利恒钢铁公司负责修建和提供，军舰的价格与美国政府所支付的价格相同，但这些军舰的规格和性能由清政府决定。（4）伯利恒钢铁公司承诺从美国政府那里核准中国享有使用美国各种军舰、枪炮、弹药的设计和专利的权利，享有使用美国海军的一些特殊和秘密情报的权利；将来美国海军如有改良和更新之处，中国亦有权利用。（5）伯利恒钢铁公司还承诺将从美国政府那里核准由美国海军军官在美国或中国的军舰上帮助中国培训海军军官，帮助中国学生和军官获准进入美国的海军院校学习，并给予与美国军官和学生相同的训练、指导和待遇。（6）中国海军部如需要熟悉美国海军的熟练技术人员，可与伯利恒钢铁公司协商，此项人员的费用也由公司负担。（7）本合同在将来签订上述第二、三两条内容的"副合同"后，立即生效。①

对于与清政府签订的这份海军借款合同，伯利恒钢铁公司总裁施瓦布十分满意，他在回到美国后写给诺克斯的信中说道，这份合同"总的来说，对我们非常理想，由我们为他们制造的军舰的价格将与美国政府所付价格一样"。② 但由于合同签订时武昌起义已爆发 10 天，为避免南方革命党人的反对，保护在华美国人的生命和财产安全，该合同在签订后并没有公开发表，双方约定对该合同加以保密，等中国国内局势安定后再予公布。③

五 中美海军合作计划之意义

中美海军借款合同虽然因清朝的覆灭未及实施，在美国订购的巡洋舰

---

① Copy of a Contract between the Late Ch'ing Government and the Bethlehem Steel Company, *Records of the Department of State Relating to Internal Affairs of China*, 1910 – 1929, microfilm. 另参见王铁崖编《中外旧约章汇编》第 2 册，第 760 ~ 761 页。

② C. M. Schwab to Knox, December 4, 1911, *Records of the Department of State Relating to Internal Affairs of China*, 1910 – 1929, microfilm.

③ William to the Secretary of State, October 22, 1911；C. M. Schwab to Knox, December 4, 1911, *Records of the Department of State Relating to Internal Affairs of China*, 1910 – 1929, microfilm.

"飞鸿"号，亦因革命爆发、美国退出银行团，厂商担心贷款无着，另行出售，始终没有交给中国，但载洵访美和中美第一份造船合同及海军借款合同的签订，在晚清海军史和中美关系上仍有其重大意义。①

首先，它打破了中国近代海军一直受英、德、法等欧洲国家和日本影响和控制的局面，表明在清朝宣统年间美国塔夫脱政府的对华"金元外交"政策不只局限于铁路、财政金融等经济领域，而且扩大到军事领域。同时，它也表明随着远东国际格局的变化，清政府在海军建设和外交政策方面亦发生了重大转向，开始改变以往一味依赖欧洲和日本的政策，转而寻求美国的合作与支持，将美国视为主要的依赖对象。可以说，载洵访美和中美海军借款合同的签订是当时清政府意欲与美国结盟的外交政策的一个具体表现。

其次，虽然从美国方面来说，美国的第一份造船合同和1911年的中美海军借款合同主要出于商业经济利益的考虑，为美国公司获得造船和枪炮订单，是塔夫脱总统"金元外交"政策的一个产物，在当时并没有通过军事合作制衡日本的军事意图，但合同的签订必然加强中美的军事关系。譬如，根据中美第一份造船合同的规定，美国海军部应清政府和美国国务院的要求，就曾于1911年9月向清政府派往纽约造船公司的中国海军军官提供美国军舰制造标准和规定方面的资料。② 而中美海军借款合同中有关允许中国海军人员进入美国海军学院和军舰学习和实习，以及为中国提供美国海军军舰和武器的设计、技术和专利的规定，更是突破了此前美国海军部不愿批准中国学生进入美国海军院校的倾向和国务院仅允许私立海军院校接收中国学生的限制。③ 事实上，在载洵访美和中美海军借款合同签订

① 按：对塔夫脱总统在海军方面与中国的接触，有些学者就因为它们没有付诸实施而完全否定其意义，认为塔夫脱的远东政策"没有取得任何效果"，"没有促进、反而妨碍了美国的利益"（〔美〕斯蒂芬·豪沃思：《驶向阳光灿烂的大海——美国海军史（1775—1991）》，王启明译，世界知识出版社，1997，第346～347页）。笔者以为，这一观点是值得商榷的。

② Imperial Chinese Legation to the Secretary of State, August 30, 1911; The Acting Secretary of State to the Secretary of the Navy, September 2, 1911; The Acting Secretary of the Navy to the Secretary of State, September 14, 1911, *Records of the Department of State Relating to Internal Affairs of China, 1910 – 1929*, microfilm.

③ 有关美国政府的态度，见 William Reynolds Braisted, *The United States Navy in the Pacific, 1909 – 1922*, p. 78.

前后，中美两国的军事关系明显加强。在载洵访美之前，军谘大臣载涛于是年春天对美国进行了访问。而在载洵访美之际，美国陆军部长狄金生则受塔夫脱总统之命访问中国，于 9 月 21 日觐见摄政王载沣。在这些访问活动之后，美国陆军部长狄金生和塔夫脱总统即建议国会允准清政府选派两名中国学生就读美国陆军最高学府——西点军校；1911 年初，美国参众两院正式通过议案，予以批准，中国成为最早获准派留学生进入西点军校的亚洲国家。[①] 同年 9 月，清朝海军提督程璧光又率 42 名海军官兵驾驶"海圻"号巡洋舰首次访问美国，受到美国海军和美国政府的热情接待，并得到塔夫脱总统的接见。[②] 中美之间的这些军事接触，可以说开启了近代中美军事合作的大门。

此外，中美海军借款合同虽然未及实施，但它并没有随着清朝的灭亡而失去效力，仍在较长一段时期内为美国与其他列强争夺中国海军控制权提供了条约根据和保障。为不失去中国这个潜在的军火市场和扩大美国在华势力，1913 年在袁世凯出任临时大总统后，美国政府即批准伯利恒钢铁公司派副总裁约翰斯顿来北京于 12 月 18 日与袁世凯政府续签中美海军借款合同。[③] 在中美军事借款合同续签之后，虽然由于中国国内政局的动荡，同时也由于受其他列强的制约，特别是日本的抗议和反对，美国政府一直没有同意伯利恒钢铁公司履行合同内容，为中国制造军舰或提供其他的援助，但同时美国在国际上又始终坚持 1911 年中美海军借款合同的有效性，将合同作为美国参与中国海军建设的条约权利和保障，作为抵制其他列强单方面扩大在华军事影响力的一个有效武器，多次声称美国保留中美海军借款合同的权利，美国不履行合同的内容，须以各国遵守相同的政策为前

---

① "Admission of Two Chinese Subjects for Instruction at West Point Military Academy", "61ˢᵗ Congress, 3rd Session, 1910 – 1911", *House Reports*, Vol. 1, pp. 1 – 2. 按：当时核准进入美国西点军校学习的外国学生共 7 人，除 2 人来自中国外，其余 5 人均为与美国关系密切的拉丁美洲国家。其中，一名来自哥斯达黎加，一名来自委内瑞拉，一名来自厄瓜多尔，2 名来自古巴。

② 有关"海圻"号访美的经过，见 *FRUS, 1911*, pp. 83 – 85。

③ Archibald Johnston, Concise Memorandum Re Contract of 1911 between the Imperial Chinese Government and the Bethlehem Steel Corporation, April 26, 1922, *Records of the Department of State Relating to Internal Affairs of China, 1910 – 1929*, microfilm. 另参见〔美〕保罗·芮恩施《一个美国外交官使华记——1913—1919 年美国驻华公使回忆录》，李抱宏等译，商务印书馆，1982，第 62 ~ 63、82 ~ 83 页。

提，须各国一致不为中国政府或地方当局修造军舰、船坞、武器装备及提供海军技术支持。直至 1929 年 4 月 19 日，随着北京政府终结和南京国民政府宣告统一，美国才由驻华公使正式宣布废止 1911 年的中美海军借款合同。①

---

① Memorandum Relating the Contract between the Chinese Government and the Bethlehem Steel Corporation for Certain Naval Construction and Improvements, September 11, 1929, *Records of the Department of State Relating to Internal Affairs of China, 1910 – 1929*, microfilm. 另，有关民国时期美国利用 1911 年中美海军借款合同与其他列强争夺中国海军控制权的情况，可参见孙毓棠《三都澳问题与所谓 "海军借款"（1900—1922）》，《抗戈集》，第 247～256 页。

第十二章　美国政府与清朝的覆灭

　　1911 年的辛亥革命和 1912 年 2 月 12 日的清帝逊位，是中国近代具有划时代意义的重大事件，它标志亚洲第一个民主共和国家的诞生和中国最后一个封建王朝的终结。晚清中国政局发生的这一重大变动，既是中国的内部事务，也是一个世界性事件，它在当时就引起世界几个主要列强的密切关注和反应。关于包括美国在内的列强对中国近代这一重大历史事变的态度和反应，国内传统观点多认为美国等列强支持清朝政府和袁世凯，破坏辛亥革命，[①] 这一历史叙事与事实多有出入。本章将根据美国国务院外交文件，就美国塔夫脱政府的态度和反应重新做一考察和分析。

一　对辛亥前夕革命形势的观察和判断

　　尽管辛亥革命和清朝的灭亡发生在 1911 年底和 1912 年初，但根据美国国务院档案资料，清朝政府的统治危机事实上在摄政王载沣执政一年之后，就引起了包括美国在内的有关列强的高度关注和讨论。

　　1910 年 1 月 15 日，上海卜内门公司创办人、英国人李德立（Edward S. Little）在对江苏、湖南、湖北等省进行考察后，向英国政府撰写了一份关于中国政局的秘密报告。在该报告中，李德立根据江苏、湖南等地人民在收回利权运动中表现出来的高昂的民族主义情绪和中国国内弥漫有关列强将瓜分中国的舆论，以及清政府的财政困难和人民的普遍不满，认为

---

① 参见崔志海《新中国成立以来的辛亥革命史研究》（《近代史研究》2015 年第 3 期）一文的介绍。

"现在中国政府和人民的整个政策和想法是直接或间接地对准外国人"，中国目前的局势非常接近 1900 年发生义和团运动时的情形，写道：形势发展如此迅速，尽快通报这个帝国内目前事件的发展趋势是合理的。在前几年里，他一直认为，拳乱复活的可能性很小，虽然也存在以前的排外，但采取的是限制外人权利的形式，而没有割断外国人的咽喉。但现在的情况却进入一个更为敏感的阶段，预计会有义和团形式的激烈的流血的排外暴动，只不过它将由学生阶层领导。爆发那些突然事件是不可避免的，除非采取一些直接的、激进的措施。[1]

对于进入 1910 年的中国政局，美国在华外交官的观察和看法不尽相同。3 月 5 日，美国驻华代办费莱齐在将李德立秘密报告转交国务院时表达了不同的观点，认为李德立的报告"似乎根据不充分的证据得出十分严肃的结论"。在中国国内是否存在排外运动问题上，费莱齐承认中国国内"对外国人在中国的投资有一种普遍的敌对情绪，它迫使政府只要有可能就赎回此前已允予外人的实业、铁路和开矿权利及让与，结果这个国家的发展实际上被遏制"，"他们宁愿他们的国家处于不开发状态，直至中国能由他们自己开发，不愿中国被外人剥削"。但费莱齐不认为将发生义和团性质的排外暴动，指出"就我目前所观察到的，不存在一种协同的排外运动。有关中国将被瓜分的谣言不时出现在当地的报刊，但它正在失去对人们的影响。……湖南表现出来的排外情绪不能说在中国具有普遍性，该省的大部分鼓动宣传出自学生阶层。激发广东人的精神似乎是爱国主义，而不是反对外国人"。对于清朝政府，费莱齐认为确乎"在财政、货币和税收方面陷入严重困境之中"，但不认为存在军队发生哗变、清朝统治被推翻的危险，指出摄政王政府已意识到军队忠诚的重要性，加强了对军队的控制，"如果青年中国的思想在军队中扎根，最近土耳其经历的事情无疑会重演，但中国军队在组织上不能与土耳其的军队相比，这种运动更容易被扑灭。中国的武装力量足以扑灭任何一次普通的起义，在军官当中没有任何不满的迹象。只要他们按时领到兵饷，没有人在目前这套人事和升迁制度中起来闹事。"他的结论是："总之，除了反对外国人开发中国资源外，我既没有看到对外人反感情绪的增长，也

---

① Memorandum on the Political Situations by Edward S. Little, January 15, 1910, *Records of the Department of State Relating to Internal Affairs of China, 1910 - 1929*, microfilm.

没有看到有即将发生排外骚乱的迹象。但中国无疑正经历一场严重的国内危机，有许多危险因素。很容易看到一场反对朝廷的运动或一次纯粹国内原因的暴动如何演变为一场排外事件。"①

但不久发生的长沙抢米风潮及在南京等地出现的宣传驱逐外国人和反对清朝统治的传单一度使美国外交官神经紧张。1910 年 4 月 18 日，驻汉口总领事致函助理国务卿，汇报了长沙 4 月 13、14、15 日发生的严重暴乱。②5 月 16 日，海军部致函国务院，转告在汉口的美国军舰"海伦娜"号（Helena）指挥官关于长沙抢米风潮的电报，称长沙的形势十分不利，一场人民起义极为可怕。5 月 11 日所有外国人接到官方通知，前往炮艇避难。③5 月 17 日，嘉乐恒电告国务院，称接到南京领事来函，那里流传各种令人不安的谣言，类似此前拳乱的反对朝廷和反对外国人的迹象十分明显。领事团已向总督提交了一份备忘录，提醒形势的严重性，强调立即阻止排外运动的重要性。已电示舰队司令准备军舰前往南京，以备急需。并称：据中方可靠消息来源，可能在最近发生严重的革命运动。虽然目前不能证实这一消息，但与各使馆收到的对形势的悲观报告相符合，并且由于可能歉收，任何情况下都有可能发生大规模的骚乱。④

长沙抢米风潮平息之后，同时鉴于原来谣传的在南洋劝业会开办之际南京将发生排外和反清革命的事情并没有出现，嘉乐恒对中国政局的判断又有所改变，既悲观，又乐观，一再表示中国的形势充满不确定性，需要加以密切关注。5 月 28 日，他在写给国务院的报告中指出：如果他没有提请国务院注意南京领事有关该城存在排外运动迹象的报告，这是他的失职，但他倾向于不夸大它的重要性。粮食的歉收将会引起长江流域骚乱的扩大，这是完全可能的。粮价和中国骚乱的程度之间存在密切的联系，并且总是存在着任何反对朝廷的运动都可能转变成反对外国人的危险。但同

① Fletcher to the Secretary of State, March 5, 1910, *Records of the Department of State Relating to Internal Affairs of China, 1910 – 1929*, microfilm.

② Consul General at Hakow to the Secretary of State, April 18, 1910, *Records of the Department of State Relating to Internal Affairs of China, 1910 – 1929*, microfilm.

③ The Secretary of the Navy to the Secretary of State, May 16, 1910, *Records of the Department of State Relating to Internal Affairs of China, 1910 – 1929*, microfilm.

④ Calhoun to the Secretary of State, May 17, 1910, telegram, *Records of the Department of State Relating to Internal Affairs of China, 1910 – 1929*, microfilm.

时也存在一些可令人相对乐观的迹象。虽然南京和长沙的骚乱令人不安，但似乎没有任何证据表明这些运动有广泛的组织，所发生的骚乱一直是散漫的，没有系统的。虽然华中华南的秘密革命组织完全可能进一步推进他们的事业，但也没有取得任何重大胜利。危险更在于继续郁积的不满和当局无力镇压叛乱所造成的后果。嘉乐恒表示：虽然很难预见事件的发展，但他希望可能发生的诸如此类的骚乱至少会被局限在一个有限的区域内。然而，形势必须加以审慎观察，任何时候都可能证明判断有误。① 7 月 5 日，嘉乐恒又在报告中写道："我没有经常向国务院汇报有关中国的政局，值得庆幸的是因为最近没有需要记录的事情。虽然局势尚不明朗，任何事情都可能发生，但同时也没有发生任何奇迹，允许人们怀疑那些看来不可避免的悲观主义的预言，尽管预测的日子仍然遥远。目前可以说的是，湖南的秩序与和平相对得到恢复，虽然又发生一些新的骚乱，并且在最有利的情形下，也有可能再次发生，但没有任何革命运动开始广泛扩展的迹象。在南洋劝业会开幕之前，人们经常说，这一事件为革命提供了一个目标，外国人的聚集为发泄排外怒火提供了一个便利的出口。虽然我们在南京的领事对此完全相信，但我不能说这些报告是否有严肃的根据。无论如何，迄今军舰和地方督抚的有力行动成功地维持了秩序。值得庆幸的是，与中央官员形成鲜明对比，新任的湖广总督和安徽巡抚都是能干的强权官员。他们的权威对于在收获季节之前不要发生什么紧急情况是必需的。"

并且，值得注意的是，嘉乐恒除了关注民众的排外和反清起义对中国政局的影响之外，还注意到地方立宪派势力的崛起对晚清政局的影响，他在报告中指出："虽然我们甚至不能模糊地看清会发生什么事情，但有理由说地方谘议局的行为可能会使民众激动，而不是使民众变得平静。从他们的讨论中将预见会有一些排外措施。中央政府不希望增添他们所已遭受的公愤，似乎愈来愈准备屈服于地方意见的压力。在袁世凯和张之洞时代几乎没有听说的地方运动成为头等大事，现在看来能威胁北京。清王朝的最大危险就在于这个弱点，以及由灾荒引发的不满。"另外，与代办费莱齐认为中国不存在土耳其革命的可能性不同，嘉乐恒认为存在新军起义推

---

① Calhoun to the Secretary of State, May 28, 1910, *Records of the Department of State Relating to Internal Affairs of China*, *1910 - 1929*, microfilm.

翻清朝统治的危险。他根据当时中国国内对摄政王载沣任命他的二个弟弟载涛和载洵分别负责陆军和海军、独揽军权的不满，以及各地军队不是从陆军部得到军饷而是从省库中支付的情况，认为"这一事实不可避免地导致他们减少对中央政府的依赖。虽然没有有关军队'道德'或纪律方面的确切情报，但如果某一天土耳其的事例在这里重演，一些低级军官开始发动一场真正的革命，这不会令人感到惊讶"。①

然而，尽管嘉乐恒意识到中国政局充满各种危机，但他同时表示不能确定清政府会很快覆灭。8月23日，在写给国务院的报告中，他一面继续报告清政府统治已失去人心，前景黯淡，指出"正若我以前所报告的，3个月前的混乱状态虽然消失了，但一直存在许多骚乱，它们本身虽然没有任何特殊意义，但表明在中国存在着尚未燃烧的怒火及对官员的不满。在山东的中心，最近发生了一次由于当地官员征税引起的起义（指1910年7月山东莱阳民变——引者注），只是用极为血腥和残暴的手段加以镇压，招致朝廷的谴责。在湖南，当地报纸说革命党人公开组织武装，而广东周围的乡村形势依然严峻，同时云南也有新的骚乱的报告。然而，人们如何不愿意给这些迹象赋予不恰当的重要性，在像中国这样如此巨大和地方分权的国家，骚乱总是可以预计的，综合考虑国家的财政困难，各省谘议局的混乱以及北京满洲朝廷与中国其他地区愈来愈扩大的裂隙，人们不可能不认识到前景是没有希望的"。但同时又表示："如果国务院将这些话看作是对中国马上要发生动乱的一个预测，这对我来说是一件遗憾的事情。不管这种动乱是在一年之后爆发还是在十年之后，我都不能看清楚。目前的危机也许可以伴随不时出现的骚乱而和平度过，也许在关键时刻从内部出现一位改革人物，这不是不可能的。但是，如果我没有指出最熟悉中国的人士们的观点——乌云正在这里聚集，不满的种子已被播种，革命的因素已经具备，这将是我的过失。"②

如果说嘉乐恒对辛亥前夕中国政局的判断既悲观又乐观，模棱两可的话，那么负责美国对华政策的国务院对中国政局的判断则要乐观和确定得

①　Calhoun to the Secretary of State, July 5, 1910, *Records of the Department of State Relating to Internal Affairs of China*, *1910 - 1929*, microfilm.

②　Calhoun to the Secretary of State, August 23, 1910, *Records of the Department of State Relating to Internal Affairs of China*, *1910 - 1929*, microfilm.

多。1910 年 7 月 26 日，亚洲舰队司令哈伯特（Hubbard）致函海军部，汇报中国国内政局，也认为中国不久可能会爆发严重的骚乱或革命，建议增加美国在中国的海军力量，以保护在华美国人的生命和财产，称："我希望海军部注意中国在不远的将来将发生严重和广泛骚乱或者革命的可能性。我得出这一看法是对局势进行仔细研究之后，根据那些直接处理最近骚乱官员的报告和骚乱本身的性质，以及与那些长期居住在中国的人士的交谈，他们的地位及经历使他们的观点受到尊重。我不能冒昧地预测这种暴动什么时候爆发，也许就迫在眉睫，也许推迟一个相当长的时期，保守的说法是，除了组织和领导人外，所有产生这种事件的因素现在都已具备。在这种情形下，对我来说，希望知道我们政府在这些事件实际发生后的政策是什么：是否继续我们传统的不干涉政策，除了有必要保护美国人的生命和财产之外，或者是否与其他国家一道进行某种形式的干涉。不管我们政府的政策是什么，可以肯定的是，在任何一次暴乱中，迟早都会不可避免地危及美国人的生命和财产，各种保护要求使我指挥下的舰队负荷，因为这些要求来自许多地点，彼此相隔遥远。如果我们不能满足这样的保护，海军部在这里和国内会受到许多的批评。不管我们的政策是什么，我认为通过派遣更多的炮艇和小型巡洋舰增强舰队的力量是必不可少的。虽然美国在中国真正可见的利益是比较并且实际上也是相当微小的，但对未来的可能性有一确定的期待，这就要求我们消除将中国命运完全委弃给其他列强的念头。因此，我们似乎应该有所准备，如果必要的话，我们应宣称我们认为恰当的权利。……我写这封信的主要目的是向海军部告诉这一事实，如果来自不同地点同时要求保护美国人的生命和财产，这里的海军力量尚不足以满足要求。"①

9 月初，海军部向国务院转达亚洲舰队司令的报告，征求国务院的意见。但国务院并不赞同亚洲舰队司令对中国局势的判断，对清朝的统治持乐观态度。在 9 月 15 日写给海军部的复函中，代理国务卿指出：虽然嘉乐恒的报告也有同样的担忧，但国务院不认为中国近期会有严重的起义。在中国产生革命所必需的因素无疑是真实的，但这些因素在中国过去二十年里一直是存在的。的确发生了许多突发事件，但宣传革命的有许多不同的

<hr>

① Hubbard to the Secretary of the Navy, July 26, 1910, *Records of the Department of State Relating to Internal Affairs of China*, 1910 - 1929, microfilm. 按：有关辛亥革命前后美国军方的反应，请参见 William Reynolds Braisted, *The United States Navy in the Pacific*, 1909 - 1922, pp. 94 - 122.

秘密会社，它们彼此猜忌，完全缺乏组织和合作，以至此前发生的所有的起义很容易就被镇压。国务院没有得到任何有关相信这种情况已发生变化的消息。① 同时，国务院坚决否定报纸上有关美国政府就中国局势召集内阁会议，准备远征的报道，宣称这些报道毫无事实根据，要求新闻部门予以反驳，表示"国务院不认为中国目前存在危险局面"。② 嘉乐恒也否定中国近期有爆发革命或排外运动的可能，指出"根据对可靠消息来源的调查，这个国家总的来说处在一个相对平静的状态，大约四个月之前所说的那些不安迹象现在大部分已经消散，排外迹象也很大程度减弱"。嘉乐恒怀疑有关谣传可能出自日本，认为"日本人将它们嫁祸于美国的用意是为了抵消最近陆军部长和美国商业考察团的访问在中国所产生的友好感情"。③

1911 年 4 月，同盟会会员温生才谋杀广州将军孚琦事件和广州黄花岗起义及革命党人进攻广东佛山、顺德的失败，进一步增强了美国在华外交官和美国政府对清朝统治的信心，同时看到革命党人无意敌视外国人和外国人的利益。5 月 4 日，美国驻广州总领事在向国务院汇报广州三·二九起义的经过之后写道："普遍认为外国人没有故意被骚扰的危险，革命运动是否会是十分严重或者可能发生遍布中国的总起义，我个人认为没有这个可能。革命党人使他们的行动不致招来外国列强的干涉，这显然符合他们的利益，他们只有通过全面地保护外国人和财产才能获得成功。"④ 4 月间，美国驻广州副领事巴特勒（Hamilton Butler）在撰写的一份报告中，也指出革命党人在起义过程中对外国人采取了保护态度，并根据这三次事件暴露出来的弱点，诸如缺乏统一的领导和严密的组织，实行军事冒险主义，脱离民众的支持等，认为孙中山领导的反清革命不可能在短期内获得

---

① Huntington Wilson to the Secretary of the Navy, September 15, 1910, *Records of the Department of State Relating to Internal Affairs of China*, 1910 – 1929, microfilm.

② The Secretary of State to Calhoun, October 6, 21, 1910, *Records of the Department of State Relating to Internal Affairs of China*, 1910 – 1929, microfilm.

③ Calhoun to the Secretary of State, October 8, 15, 1910, *Records of the Department of State Relating to Internal Affairs of China*, 1910 – 1929, microfilm. 按：有关美国商业考察团访华一事，详见虞和平《论清末民初中美商会的互访和合作》（《近代史研究》1988 年第 3 期）一文。

④ Consul General to the Secretary of State, May 4, 1911, *Records of the Department of State Relating to Internal Affairs of China*, 1910 – 1929, microfilm.

成功，清朝军队比革命党人更有力和强大，有能力对付革命党人的起义，指出"导致 27 日起义失败的因素将会使同样的起义失败，直到起义策略改变"，他断言在革命党人"得到更好的武装和组织之前，他们很少有成功的希望"，并表示"革命党人要做到这些将需要几个月也许几年，而在此期间清政府有做好防备的各种机会"。巴特勒还认为，导致爆发革命的原因一是清朝中央政府和地方官员对人民的压迫，横征暴敛，征收各种苛捐杂税；二是清政府对外软弱无能，丧权辱国；三是最近的立宪自治运动和报纸的宣传和鼓动激发了民众的政治热情。其中，关于清政府对外软弱无能与革命之间的关系，他这样写道："外国人大规模来到中国是在现在的王朝统治下开始的，结果满清要为迄今发生的失去的尊严、荣誉和领土负责。公正地说，这不能用来反对满清，因为在一个汉人当皇帝的王朝，也会发生同样的事情。同时，这就给那些不喜欢满清和外国人的人提供了一个论据的武器。满清统治者原则上强烈排外，但这一事实在中国人看来，不能弥补在清朝统治下中国所遭受的耻辱。在与日本和欧洲国家的战争中，中国一直不断遭受沉重的失败，而中国人是一个充满自豪感和有民族意识的种族。他们不能平静地看待租让领土的损失，他们不能平静地看待条约口岸的开放在他们藐视的人的统治之下，他们不能泰然地看待在他们的国境内实施治外法权及强迫他们忍受不受喜欢的宗教传道。所有这些事情都令他们痛心疾首，他们指责满清允许它们的实现。现在，更开明的中国人欢迎平等对待外国人来到他们的国家，但大部分的民众却不是这样，除了在通商口岸及附近地区，传统的排外情绪在中国依然像从前一样强烈。"①

广州副领事的这份报告受到总领事、驻华公使和美国政府的高度重视和认可。驻广州总领事称赞这份报告"既有意思，又有指导意义，并且展现了对中国历史和性格的知识，这只有通过近距离的研究和观察才能获得"。②嘉乐恒也表扬这份报告的观察"既有意思又有指导性"，在 6 月 5

---

① A Memorandum on the Activity of the Revolutionists in the Canton District during April, 1911, with Certain Observations on the Causes and Development of the Movement, *Records of the Department of State Relating to Internal Affairs of China*, 1910–1929, microfilm.

② Consul General to the Secretary of State, May 25, 1911, *Records of the Department of State Relating to Internal Affairs of China*, 1910–1929, microfilm.

日写给国务院的报告中接受巴特勒的分析，指出目前在中国人再度燃起的对清朝统治的普遍不满，"首先来自对中国政府与日本和俄国在处理蒙古、满洲领土主权及与英国云缅边界争端和鸦片贸易问题上软弱的不满。资政院和各省谘议局的成立为人民提供了一个表达不满的新的途径，他们很快将这种不满转变为对抗中央政府的态度。过去几个月里，在帝国境内流传列强将瓜分中国的谣言。这些谣言由当地的报纸加以传播，不断地在全国各地之间传开，提议成立鼓动人民反对外国人和他们自己政府的组织活动"。为此，他指示美国领事与中国地方官一道取缔排外宣传。[1] 国务院在收到巴特勒的报告后，也致电嘉乐恒，对巴特勒的工作予以表扬。[2]

对于清政府5月9日宣布铁路国有政策激起中国民众的愤怒和抗议，嘉乐恒有所警惕，在6月5日的报告中指出清政府的这一政策违背民众的意愿，已极大地激怒了激进分子，警告"形势极易转变为危机，需要审慎观察"，但鉴于湖南和广东的保路运动被清政府分化和平息及美国推行的"金元外交"政策，其他的美国外交官对铁路国有政策后果的严重性依然缺乏认识。在四川成都保路运动演变为武装反清斗争之后，尽管驻华代办卫理指示将在成都的美国公民撤往重庆，频频报告"成都与重庆的通信线路被切断""反对外人修建铁路在四川正引起严重骚乱""四川形势恶化""成都发生战斗"，[3] 但仍相信清政府能够平息事态的发展。9月28日，代办卫理在向国务院具体汇报四川保路运动的前后经过后，认为事态的发展可以通过满足地方铁路公司的要求而获得解决，称"情况可能会是，双方的领导通过讨价还价，通过完全支付老公司持股人获得和平解决，也就是说支付1100万两，包括橡胶风潮中的损失"。[4] 此前亚洲舰队司令默多克（Murdoc）在9月25日写给海军部的关于扬子江流域形势的报告中，也乐

---

[1] Calhoun to the Secretary of State, June 5, 1911, *Records of the Department of State Relating to Internal Affairs of China, 1910–1929*, microfilm.

[2] The Secretary of State to Calhoun, July 15, 1911, *Records of the Department of State Relating to Internal Affairs of China, 1910–1929*, microfilm.

[3] E. T. Williams to the Secretary of State, September 3, 7, 10, 15, 1911, *Records of the Department of State Relating to Internal Affairs of China, 1910–1929*, microfilm.

[4] E. T. Williams to the Secretary of State, September 28, 1911, *Records of the Department of State Relating to Internal Affairs of China, 1910–1929*, microfilm.

观地认为清政府能平息保路运动，危险在于解决长江流域因水灾造成的饥馑问题，指出：铁路问题和迫在眉睫的饥馑两者正在威胁内地的和平。如果这两者被政府有效的控制，和平会得以维持。由于修建铁路影响到帝国的外交关系，相信政府会尽其所能地镇压四川的骚乱，并避免其他地区发生类似事件。令人怀疑的是，当局是否会比他们在类似事件中更有力地处理饥馑问题，在冬季和早春，粮食风潮将会变得十分频繁。在整个华中和华南地区，到处弥漫着一种反对朝廷的情绪，一场街头风潮就有可能导致起义或革命。只要秩序得到维持，外国人在任何地方都是安全的，但如果地方当局比较衰弱，他们将会受暴民行动的危险。因此，长江流域的前景可以认为是严重的，这种状态将会维持数月。如果对帝国政府施加外交压力，对灾民进行足够的官方救济，那么，和平与保护外国人及外国人利益的可能性就会大大增加。①

总之，在武昌起义爆发前夕，美国驻华外交官和美国政府虽然意识到中国国内发生革命的条件已经成熟，但鉴于各地的反清起义及民众的反抗斗争都被清朝政府镇压，以及革命党人缺乏统一的领导等弱点，同时鉴于美国积极推行"金元外交"，发展与清朝政府的关系，他们对爆发全国性的革命缺乏认识，对清朝政府不久在辛亥革命中覆灭并没有先见之明。对于中国国内的反清起义，美国政府虽然出于秩序和安全考虑，多持反对立场，但只要它们不针对外国人，一般都将它们视为中国内部事务，并无直接干涉之意。

二　对辛亥革命的因应

1911 年 10 月 10 日，由湖北新军发动的武昌起义揭开了辛亥革命的序幕，应验了嘉乐恒一年前关于中国存在爆发土耳其式青年军人革命的预言。但在武昌起义爆发时，这位美国驻华公使已回国述职，并不在中国。美国在华外交官和美国政府对武昌起义的最初反应，大体沿袭此前的态度。

10 月 11 日凌晨 1 时，也即在武昌起义爆发的当天晚上，驻华代办卫理就把这一消息电告国务院，称："顾临（John Green）来电，二天前在汉

---

① Murdock to the Secretary of State, September 25, 1911, *Records of the Department of State Relating to Internal Affairs of China*, *1910－1929*, microfilm.

口俄国租界抓到几位革命党人，昨天5人被处决（实际3人被处决——引者注），昨晚随即发生数百名士兵兵变，他们焚毁汉口对面的营房。"① 上午8时，卫理又电告国务院，报告"今天兵变者占领了武昌"。② 同日，卫理在信中向国务院汇报四川保路运动形势时，还将武昌起义与四川保路运动联系起来进行分析，认为后者是前者的导火线，指出："这场动乱显然由革命党人煽动和领导，他们利用铁路的麻烦来推进他们的事业。我今天发给国务院的电报显示，革命派的活动已扩大到汉口，在那里许多领导人昨天被处决。这一偏激的行动引发了军队中的兵变，他们焚毁营房，举行暴动。鉴于这场运动宣布进入革命阶段，目前这场动乱的直接原因——清政府的铁路国有化政策，几乎被人遗忘。"③ 同时，卫理在11日的两份电报中还强调武昌起义对外国人实行了保护措施，称"那里的外国人被认为是安全的，因为革命党人有意避免攻击外国人"。12、13日，美国驻汉口总领事顾临和代办卫理及海军部也分别致电和致函国务院，报告在武汉的所有美国人都安全转移到汉口租界内。④ 鉴于革命党人对外人采取保护措施，美驻汉口领事在武昌起义爆发后就采取不干涉政策，一方面拒绝清朝地方官员提出的由外国军舰帮助巡护长江、阻止革命军渡江的请求，表示"只有租界区将受到保护"。⑤ 同时也拒绝承认武昌革命军政府，对军政府有关不得支持清政府的照会拒绝回复。⑥

　　根据武昌起义发生的情况，代办卫理在12日午夜12时在致国务院的电报中，将武昌起义定性为"自太平天国以来最严重的一次叛乱"，同时

①　Williams to the Secretary of State, October 11, 1911, telegram, *Records of the Department of State Relating to Internal Affairs of China*, *1910 – 1929*, microfilm.

②　Williams to the Secretary of State, October 11, 1911, telegram, *Records of the Department of State Relating to Internal Affairs of China*, *1910 – 1929*, microfilm.

③　Williams to the Secretary of State, October 11, 1911, *Records of the Department of State Relating to Internal Affairs of China*, *1910 – 1929*, microfilm.

④　Green to the Secretary of State, October 12, 1911, telegram, *Records of the Department of State Relating to Internal Affairs of China*, *1910 – 1929*, microfilm. 按：据顾临在电报中所说，当时在武汉的军舰有：美国2艘，日本2艘，英国3艘，德国1艘，中国6艘。

⑤　Williams to the Secretary of State, October 11, 1911, *Records of the Department of State Relating to Internal Affairs of China*, *1910 – 1929*, microfilm.

⑥　Williams to the Secretary of State, October 11, 1911, *Records of the Department of State Relating to Internal Affairs of China*, *1910 – 1929*, microfilm.

再次肯定"叛乱显得很有组织和领导"，"外国人迄今受到悉心尊重"。①根据在华外交官的报告，国务卿诺克斯于 13 日向塔夫脱总统汇报中国政局的变动时，也将武昌起义定性为一场"自太平天国革命以来最严重的叛乱"，同时对革命党人保护外人予以肯定，并认为这将它与以前的革命区别开来，避免招致外国人的干涉，指出："中国发生自太平天国革命以来最严重的叛乱。迄今外国人的利益一直受到悉心尊重，这就将这次革命与以前的革命区别开来，并表明了领导层的智慧，努力避免外国干涉的危险。"②

美国外交官和国务卿将武昌起义定性为一场"太平天国"性质的叛乱，固然表明他们对辛亥革命的性质尚缺乏正确的判断，但他们没有将武昌起义定性为 1900 年的义和团运动，实际上就承认了武昌起义只是一场纯粹的反满革命，属于中国内部事务，排除了进行干涉的必要性。正是根据武昌起义的这一性质，14 日美国国务院远东司司长兰斯福德·米勒（Ransford Miller）就中国最近发生的革命提出 5 点政策建议：（1）由美国亚洲舰队保护长江流域美国人的生命和财产；（2）将边远地区的美国人转移到外国租界加以保护；（3）在中国各派之争中保持中立；（4）反对各国单方面进行军事干涉；（5）遵守《辛丑条约》签约时列强达成的协商一致的原则。③ 同日，根据远东司司长的建议，国务院致电美国驻法国、英国、俄国、意大利等国大使，就联合将在遭受动乱影响地区的各国公民集中至外国军事人员容易进入的港口和如何进一步共同保护外国人的利益，征求各国政府的意见。④ 在随后的革命期间，美国政府始终奉行护侨、保持中立和与列强协商一致的政策。

在此需要指出的是，对于美国政府和外交官在辛亥革命中拒绝支持和

① Williams to the Secretary of State, October 12, 1911, *Records of the Department of State Relating to Internal Affairs of China, 1910 – 1929*, microfilm.

② Knox to Taft, October 14, 1911, *Records of the Department of State Relating to Internal Affairs of China, 1910 – 1929*, microfilm.

③ Miller to Knox（memo）, October 14, 1911, Knox Papers, see: James Reed, The Missionary Mind and American East Asia Policy, 1911—1915（Harvard University Press, 1983）, p. 115.

④ The Secretary of State to the American Ambassadors to Japan, Britan, Germany, Russia, Italy, France, October 14, 1911, *Records of the Department of State Relating to Internal Affairs of China, 1910 – 1929*, microfilm.

承认革命军的做法，站在客观的立场上，也是有待重新看待的。武昌起义
爆发后，孙中山曾在美国争取美国政府的支持。10 月 18 日他写信给国务
卿诺克斯，希望能进行一次秘密会晤，国务卿诺克斯以孙为"对现存政府
进行推翻的领袖，不愿与之接触"。同时，也拒绝接见孙中山的军事顾问
荷马李（Homer Lea）。① 并且，当 1911 年 11 月孙中山在伦敦谋求西方援
助时，诺克斯还曾指示美国驻伦敦的金融机构不要向孙中山提供贷款。诺
克斯的这一态度的确反映了美国政府对孙中山革命事业的意义和前途缺乏
认识，不支持反清运动，但需要指出的是，鉴于清朝政府是当时美国承认
的唯一合法政府，美国政府的这一立场是可以理解的，也是符合国际法
的，并没有违反美国的中立政策；相反，倘若诺克斯接见孙中山，支持美
国银行家和美国公民帮助孙中山推翻清朝政府，则有干涉中国内政之嫌。
在这方面，美国政府的态度和行为与日本政府既拉拢清朝亲日派同时又暗
中与革命党人接触以谋取对中国政局的影响和控制，形成鲜明对照。②

　　同样，嘉乐恒在 11 月 11 日拒绝南方革命党人要求他向摄政王转达要
求清帝退位的信件，也并不表明嘉乐恒支持清朝政府，他这样做只是出于
美国的中立政策。11 月 22 日嘉乐恒在向国务院汇报这一事件的前后经过
时，虽然认为共和制不适合当时中国国情，某种有限的君主制最有可能适
合中国，指出"中国人普遍不识字，他们的地方偏见和不了解自治的原
则，使得他们不可能成功地建立一个稳定的政府，如果没有由世袭的统治
者提供这种基础"。但在报告中他同时明确指出："必须承认，革命党人坚
决不愿接受满清统治者，也许我们将会愉快和惊讶地发现中国人能够领导
一个共和政府。"当资政院代表于 20 日就中国未来政体问题当面向他请教
意见时，他善意地建议他们在建立美国式的地方自治或联邦政府过程中，

---

① 按：有关美国人荷马李与孙中山的关系，尤其是他们策划的"红龙计划"，详见 Eugene
　　Anschel, *Homer Lea*, *Sun Yatsen*, *and the Chinese revolution* (New York: Praeger, 1984);
　　Lawrence M. Kaplan, *Homer Lea: American soldier of fortune* (Lexington: The University Press of
　　Kentucky, 2010); Key Ray Chong, "The Abortive American-Chinese Project for Chinese
　　Revolution, 1908—1911," (*Pacific Historical Review*, Feb. 1972, Vol. 41, No. 1, pp. 54 -
　　70) 及张忠正《孙中山与美国人合作的中国革命计划（1908 - 1911）》（载中国社会科学
　　院近代史研究所编《纪念孙中山诞辰 140 周年国际学术研讨会论文集》上卷，社会科学
　　文献出版社，2009，第 312 ~ 336 页）。
② 有关日本政府对辛亥革命的态度和反应，详见俞辛焞《辛亥革命时期中日外交史》（天津
　　人民出版社，2000）。

应注意在维持地方自治和国家最高权威之间平衡的困难，明确表示，作为一个美国公使，他不能干涉中国的国内政治，但出于关心中国福祉，"我希望尽快恢复你们国家的和平"。①

12 月中旬，美国政府出于与列强一致行动考虑，同意嘉乐恒与其他国家代表一道非正式照会南北双方代表，敦促南北达成协议，但在此过程中美国政府始终强调以不违背中立政策为前提，表示美国无意干涉中国内政，指示嘉乐恒和上海领事维礼德（Amos P. Wilder）"认真地维持严格的中立"，② 并向各国强调"必须保持联合行动"，表示对于是否应采取进一步措施迫使南北达成满意的结果问题各国"有一些不同意见"。③ 正因为美国政府严格奉行中立，对英国和日本企图压迫南北双方达成协议持消极态度，以至于英国公使朱尔典向嘉乐恒解释"友好的调解是必要的"，建议美国政府"应该发挥更大的影响"。④

对于 1911 年 12 月 29 日南方革命党人在南京成立临时政府，推选孙中山为中华民国临时总统，美国驻华外交官有两种不同态度。大致说来，在香港和上海的美国外交官偏向对孙中山领导的南京临时政府持肯定态度，给予积极评价。12 月 21 日在孙中山抵达香港后，美国驻香港领事安得森（George E. Anderson）当晚就安排会面。次日，即将孙中山的革命方案和目的转告国务院，称孙中山的到来"标志着进行中的革命运动进入了第二个阶段"。⑤ 在孙中山就任临时大总统后不久，他又建议美国政府予以承认，指出"整个革命运动的重要基础是美国式的，无论是财政支持、革命理想、政治体制还是革命精神，都来自美国；美国应立即承认此一临时政府，以表支持。……美国不能无视这样一个事实：旧中国已经死去，一个新政权已经到来。并且，在这个新政权中，美国有着发展自身利益和为一

---

① Calhoun to the Secretary of State, November 21, 1911, *Records of the Department of State Relating to Internal Affairs of China*, *1910 – 1929*, microfilm.

② The Secretary of State to Calhoun, November 15, 21, *Records of the Department of State Relating to Internal Affairs of China*, *1910 – 1929*, microfilm.

③ The Secretary of State to Ambassadors at Tokoy, London, Berlin, Paris, December 27, 1911, *Records of the Department of State Relating to Internal Affairs of China*, *1910 – 1929*, microfilm.

④ W. J. Calhoun to the Secretary of State, December 24, 1911, *Records of the Department of State Relating to Internal Affairs of China*, *1910 – 1929*, microfilm.

⑤ George E. Anderson to the Secretry of State, December 22, 1911, *Records of the Department of State Relating to Internal Affairs of China*, *1910 – 1929*, microfilm.

个伟大民族服务的机会，这一机会以前没有过，以后也不可能再有"。① 美国亚洲舰队司令默多克也在孙中山当选为临时大总统的当日致电海军部，称孙的当选无疑将会起到联合革命党人的作用，他的领导地位被各派承认，"这里的外国人也钦佩他的能力和魅力"，"革命党人认为根据12月28日的上谕，清帝已经退位"。② 在孙中山正式就职后，他又对孙中山领导的南京临时政府做了积极的评价，认为孙中山比任何革命党的领导人都了解外国知识，他是一位温和的共和主义者，他的回国产生了一些良好的结果，部分压制了革命党人中的一些激进分子。③

与此相反，在北京的美国外交官尤其是驻华公使嘉乐恒，对孙中山领导的南京临时政府则持不信任态度，认为孙中山领导的南京临时政府缺乏权威性和代表性。在不了解各省代表在南京选举临时大总统系以每省一票而非以参加会议代表每人一票的情况下，嘉乐恒便以参加会议的人数，说明孙中山以16票当选临时大总统缺乏代表性和权威性。他在1912年1月5日致国务院的电报中称：在参加会议的48人中只有17名省代表选举孙中山，其他的报告也证实革命党人不团结，没有获得独立省份人民的信任。④ 1月16日，嘉乐恒在写给国务院的一份报告中再次强调孙中山没有控制局势的能力，指出："南方共和运动的弱点在于这场运动几乎完全在广东人的推动、支持和控制之下。孙逸仙不论其品格和能力如何，在这里都不被认为是一个有代表性的人物。他出生在沿海，在国外接受教育，其一生大部分时间系在国外度过。他对中国的内地，对中国人民的生活、性格、传统和习惯一无所知。中国各省之间，特别是内陆和沿海各省之间猜忌和敌对甚深。因此，在满清势力被驱逐之后，孙中山是否能够控制形势和赢得互相敌对的各种势力的支持，是十分令人怀疑的。"⑤ 1月30日，嘉乐恒又

① George E. Anderson to the Secretry of State, January 11, 1911, *Records of the Department of State Relating to Internal Affairs of China, 1910 – 1929*, microfilm.
② The Secretary of the Navy to the Secretary of State, December 29, 1911, *Records of the Department of State Relating to Internal Affairs of China, 1910 – 1929*, microfilm.
③ 见 Nemai Sadhan Bose, *American Attitude and Policy to the Nationalist Movement in China, 1911 – 1912* (New Delhi: Orient Longmans, 1970), pp. 15 – 16.
④ W. J. Calhoun to the Secretary of State, January 5, 1912, *Records of the Department of State Relating to Internal Affairs of China, 1910 – 1929*, microfilm.
⑤ W. J. Calhoun to the Secretary of State, January 16, 1912, *Records of the Department of State Relating to Internal Affairs of China, 1910 – 1929*, microfilm.

在电报中希望国务院不要被香港和上海两地有关革命的报道所迷惑，表示"公使馆收到的来自中国各地的情报不支持香港和上海对于有关革命的乐观的观点"。①

美国政府对孙中山领导的南京临时政府则继续奉行中立政策，一方面继续拒绝承认南京临时政府，但另一方面鉴于中国的许多地方实际已处于革命政权的控制之下，美国政府改变了以前完全不与革命政府接触的做法。1912年1月13日，国务院指示美国驻中国领事严格执行中立政策，但必要时可与革命军领导人建立非正式关系，以保护美国公民人身和财产安全，指出"与革命军领导人保持联系的事实，无论是口头的还是文字的，都不能被认为承认革命党为能负责任的政府。但是革命党控制着地方政府机构，在很多地方履行着政府的职能，对涉及美国政府利益和美国公民人身和财产安全的行为负有责任，因此你可以根据自己的判断，私下和非正式地接受革命党领导人与美国公民和财产安全有关的书信"。②

在1月19日接到南京临时政府外交总长王宠惠呼吁美国政府承认南京临时政府的来电及20日美国亚洲舰队司令默多克关于英国使馆秘书和英国驻南京领事拜访孙中山，与南京临时政府进行联络的报告后，国务院也指示美国的外交官与南京临时政府进行接触。22日国务院即致函海军部，建议海军部指示默多克尽快前往南京，考察和报告那里的政治形势，特别是有关革命运动的凝聚力，以及南京临时政府多大程度上代表了中国人民的意愿。③ 次日，国务院又致电嘉乐恒，指示公使馆秘书丁家立前往南京，执行同样使命。④ 在对南京临时政府进行考察之后，丁家立和默多克都对孙中山领导的南京临时政府做了正面的评价。丁家立给嘉乐恒的报告中认为"革命运动代表了中国人民的坚定的决心，南京政府获得了广泛普遍的支持，人们决心为共和主义而奋斗。虽然能否成功还值得怀疑，但什么都

① W. J. Calhoun to the Secretary of State, January 30, 1912, *Records of the Department of State Relating to Internal Affairs of China, 1910 – 1929*, microfilm.

② The Secretary of State to the American Consul General at Hankow, January 13, 1912; The Secretary of State to the American Minister, January 16, 1912, *FRUS, 1912*, pp. 61 - 62.

③ The Secretary of State to the Secretary of the Navy, January 22, 1912, *Records of the Department of State Relating to Internal Affairs of China, 1910 – 1929*, microfilm.

④ The Secretary of State to Calhoun, January 23, 1912, *Records of the Department of State Relating to Internal Affairs of China, 1910 – 1929*, microfilm.

无法阻挡人们的努力"，他建议美国政府一旦南北和解，应该立即"承认共和政府"①。默多克在给海军部的报告中也表示南京共和政府"无疑代表了大多数中国人的意愿"，"我对临时政府官员的真诚和管理革命政府的能力以及他们最终在中国建立一个能够治理国家、保持和平与繁荣的民选政府的信心留下深刻印象，这是我访问南京得出的总的印象"②。

　　总之，对于1911年的辛亥革命，虽然美国驻华外交官有不同态度，但美国政府直至清帝逊位始终奉行中立政策，并没有借"中立"之名，对孙中山领导的反清革命进行干涉和破坏。这同样也表现在美国政府对袁世凯和清朝政府的态度上。

三　对袁世凯复出的反应

　　在晚清政局演变过程中，袁世凯是一位中外瞩目的人物，与清朝的存亡息息相关。如前所述，由于袁世凯手中的权力，更由于他在义和团运动中和抵制美货运动中极力保护外人利益，以及他在直隶总督任上所推行的一系列改革，自1901年和约谈判以来，他一直被美国政府看作一位开明的改革派和实力派官员，备受青睐。对于清政府在武昌起义爆发后重新起用袁世凯，美国政府和驻华外交官的确如许多学者指出的那样，持欢迎态度，希望由袁恢复秩序。10月17日，国务院在向总统汇报中国政局时，就将清政府重新起用袁世凯看作"一个很有希望的迹象"③。26日，代办卫理在写给国务院的报告中则认为袁是能够挽救清朝政府的唯一人物，指出"如果袁世凯能够掌权，出面改组政府并将业已独立的省份收复回来，

①　Tenny to Calhoun, February 11, 1912, enclosed in Calhoun to the Secretary of State, February 26, 1912, *Records of the Department of State Relating to Internal Affairs of China, 1910 – 1929*, microfilm.

②　Murdock to the Secretary of the Navy, January 26, 1912, the enclosed in the Secretary of the Navy to the Secretary of State, January 26, 1912; Murdock to the Secretary of the Navy, January 12, 1912, enclosed in the Secretary of the Navy to the Secretary of State, March 14, 1912, *Records of the Department of State Relating to Internal Affairs of China, 1910 – 1929*, microfilm.

③　The Department of State to the Presidemt, December 17, 1911, *Records of the Department of State Relating to Internal Affairs of China, 1910 – 1929*, microfilm.

那么清朝政府将可得救"。① 驻华公使嘉乐恒则认为袁是目前中国"唯一有所作为"的人，在袁世凯出任内阁总理后，即建议美国政府给予贷款支持，指出，"袁面临的最直接的问题是日常开支的钱。关税已被用于过去的贷款和赔款担保。虽然袁返回北京稳定了形势，但这只是一种期望，而不是已有把握"；"袁说如果没有钱支付地方部队的军饷，他们将会起义或解散。但整个国家似乎都在等待袁"。②

然而，尽管如此，美国政府在袁世凯当选为临时大总统之前并没有违背中立政策，扶植袁世凯。在接到嘉乐恒关于向袁世凯提供贷款的建议后，美国政府在 11 月 18 日的电文指示中明确反对，指出"有利益关系的国家除了从事帮助中国满足其国际义务及执行正常的行政和警察职能外，国务院认为目前进行任何贷款都是不明智的"。提出贷款的原则是"任何此类的援助都应限制在短期借款，并用于政府的一些急务上，包括镇压非政治性的骚乱，提供赔款基金和其他与外国有关的事情，而不能用于战争目的。贷款应在中国内部各派别之间严格中立，因此应得到各个不同政治派别代表的支持，并且应安排某种监督措施，诸如设立一名外国董事，确保资金的合理使用。并且，由于此类贷款主要为了保护共同利益，因此它们应面向所有与中国有重要关系的国家的国民，可以由本国或其他最有利益关系的国家首先倡议发起"。③ 鉴于革命党人在武昌起义后发表的对外宣言中多次声明反对外国向清政府提供借款或其他援助，国务卿规定的贷款原则，实际上排除了向袁世凯贷款的可能性。

在要不要放弃中立、支持袁世凯问题上，驻华公使嘉乐恒与美国政府之间存在严重分歧。在接到国务院反对贷款的电文指示后，嘉乐恒继续说服美国政府支持袁世凯，强调中国形势的严重性。11 月 21 日，他在写给国务院的信中指出"局势的发展没有任何的改善，其中最重要的因素是政府需要钱"，"没有获得军饷的部队有转变为土匪的危险，帝国的形势已经相当混乱。在许多省份，推翻被承认的权力部门已导致他们中一些人的无

---

① The American Chargé d'Affaires to the Secretary of State, October 26, 1911, *FRUS*, *1912*, p. 52.

② W. J. Calhoun to the Secretary of State, November 15, 17, 1911, telegrams, *Records of the Department of State Relating to Internal Affairs of China*, *1910–1929*, microfilm.

③ The Secretary of State to the American Minister, November 18, 1911, *FRUS*, *1912*, p. 102.

法无天和犯罪行为"。① 12 月 6 日，嘉乐恒又以北京公使团倾向向袁提供
300 万两贷款为由，建议国务院支持这一贷款，强调"随着袁的影响愈来
愈显著，他为急于资金所苦。在此关键时刻，没有财政的支持，他在任何
地方都不能拢住军队，谈判也将失败，随之而来的是血腥的混乱"。②

对于北京公使团的贷款建议，国务院在 7 日的复电中再次拒绝，坚持
原来的立场，指出："关于袁世凯问题，如果 300 万两如此重要，难道不
能从本国财源中获取？鉴于从一开始，我们就与其他有重要利益关系的国
家始终坚持严格中立和不干涉目前中国内部动乱的政策，以及鉴于可能对
我们在中国的贸易、人身和财产遭到的威胁和目前背离这一政策可能牵涉
的复杂的国际局面，你是否仍坚持你 12 月 6 日电报中的建议。国务院尚未
收到足够的证据，怀疑 11 月 8 日在巴黎举行的财团会议达成的决定③是否
明智，也没有足够的证据改变我在 11 月 18 日电报中所阐述的基本
立场。"④

在收到国务院的电文指示后，嘉乐恒依然坚持个人意见。11 日，他致
电国务院，详细阐述主张支持袁世凯、放弃中立政策的理由，强调革命党
人没有前途，袁世凯代表唯一公认的政府，指出袁的力量在他的单独控制
之下。直到和平谈判失败，他不希望重新诉诸战斗。他逐渐将满人排挤出
朝廷，只保留他们权力的一点影子，他显然一直在加强自己的权力，但他
没有钱，他的政府随时会垮台。不可能从个人渠道拿到钱，如果他不能给
部队支付兵饷，他们也会抢劫，随之而来的将是普遍的大混乱，各地的外
国人也将陷入危险之中。因此，继续执行中立，意味着一直等到局势变得
十分糟糕，武装干涉成为必要，随之可能带来复杂的国际局面。中国的命
运和世界的和平也会被卷入其中。这是不可避免的。最后，嘉乐恒表示
"建议贷款给袁世凯，不是用于积极的军事行动，只是在和平谈判期间，

---

① W. J. Calhoun to the Secretary of State, November 21, 1911, *Records of the Department of State Relating to Internal Affairs of China*, *1910 – 1929*, microfilm.

② W. J. Calhoun to the Secretary of State, December 6, 1911, telegram, *Records of the Department of State Relating to Internal Affairs of China*, *1910 – 1929*, microfilm.

③ 按：11 月 8 日财团会议做出如下决定：鉴于目前的不稳定局势，财团目前不主张考虑财政援助的申请，但同时表示向一个负责任的中国政府提供贷款，一旦我们在北京的代表能够向我们确保满足这点，我们将立即就此进行谈判。

④ The Secretary of State to the American Minister, December 7, 1911, *FRUS*, *1912*, p. 103.

在外国人的监督之下，如果必要，只能用于维持现状。如果贷款完全是国际性质的，它会影响叛军提出一些合理的条件。因为这些原因，我坚持我12月6日电报的建议，条件是美国将不带头倡议。英国在这里有最大的利益，英国与其他有关国家的关系也是如此，由他领导最合理。……我认为，贷款应该完全是国际性质的，这不仅因为道德因素，也是为了避免国际猜忌"。①

12月27日，嘉乐恒又电告国务院，以其他在华外交官对中国局势的态度，说服美国政府支持向袁提供金钱资助，指出"英国公使告诉我，他昨晚与袁讨论了最近给唐的电报中的问题。日本公使今天访问我，他对达成协定没有任何希望，认为局势正在变得愈来愈糟，对国际局势表示极大的担忧，希望主要国家共同确定某种可行的政策路线，日本政府希望有这样一种合作。德国公使今天也拜访了我，他认为无政府状态即在眼前，唯一的解决办法是给袁财政上的支持，袁是目前唯一可看到有力量和品质恢复秩序的人"。②

12月28日午夜12时，嘉乐恒再次电告国务院，转达袁世凯本人希望美国同意贷款的请求，称"今晚丁家立与袁举行一次会谈。袁要求提供1000万两，指出如果不能提供帮助，他不能维持北方的秩序，部队将会抢劫。表示他的目的不是为了作战，除非受到攻击，因为派系将会瓦解革命党人。他今天与皇族举行会议，建议他们逊位，但被拒绝。他要求财政帮助，他们也没有提供。他要求我向您转达他的处境，希望您能影响其他国家共同帮助他"。嘉乐恒断言："当最初提议时，如果列强支持袁世凯，我相信现在他已结束革命。继续中立，只能鼓励混乱。有理由肯定，某种形式的干涉必将到来。"③

然而，美国政府始终不为嘉乐恒的意见所动。在国务院发出电报的第二天，英国政府专门致函国务院，希望美国支持各国一道向袁世凯提供小额贷款，虽然美国政府在11日给英国驻美大使的回复中表示根据英国驻华

---

① W. J. Calhoun to the Secretary of State, December 11, 1911, telegram, *Records of the Department of State Relating to Internal Affairs of China*, 1910–1929, microfilm.

② W. J. Calhoun to the Secretary of State, December 28, 1911, telegram, *Records of the Department of State Relating to Internal Affairs of China*, 1910–1929, microfilm.

③ W. J. Calhoun to the Secretary of State, December 28, 1911, telegram, *Records of the Department of State Relating to Internal Affairs of China*, 1910–1929, microfilm.

公使所说的贷款条件，美国不反对英国的建议，但实际上美国并不主张贷款。在列强准备向袁世凯贷款的消息遭到南方革命党人的抗议及列强对贷款有不同意见后，当 18 日英国再征求美国意见时，美国便坚持其一贯立场，明确表示美国政府坚信在目前的关键时刻，任何给中国的贷款都是不合时宜的，除非满足两个条件，即在中国的派别之间严格中立及有利益关系国家的广泛参与，并称美国政府虽然在上述条件下倾向于赞成向中国提供财政援助，但这一政策的结果必然不鼓励美国公民贷款，除非保证此类贷款符合上述条件，同时还指出在上海南北和谈达成之前，北京当局要求的财政援助照会只会障碍而不是促进和谈的解决。①

1912 年 1 月 31 日，德国政府就中国最近局势的发展征询美国意见，诺克斯在 2 月 3 日的回复中对贷款仍然持反对态度，重申美国的主张，指出美国政府认为，在有关向中国贷款问题上，各国此前共同执行的严格的中立政策的结果必然是不赞成美国公民向中国提供贷款。② 甚至在清帝退位、南京临时参议院选举袁世凯为南京临时政府大总统之后，美国政府也以局势不明朗为由，不主张立即向袁世凯提供贷款，坚持贷款须以得到南北当局的同意为前提。2 月 24 日美国代理国务卿在给驻华公使的电文中表示：国务院认为，在一个代表全中国的混合临时政府稳固建立之前，或者如果贷款没有得到中国南北两个实际政权的赞同，向中国的任何贷款一般来说，都是不合时宜的。③

除了反对向袁世凯提供贷款外，对于嘉乐恒建议在清帝逊位前夕，美国政府放弃中立政策，支持袁世凯继承清朝权力，取消南京临时政府，美国政府也不予接受。1 月 20 日，在接到 19 日嘉乐恒关于支持袁世凯成立新政府的电报后，代理国务卿即电复，寄上 19 日收到的南京临时政府外交总长王宠惠呼吁美国政府承认南京临时政府的来电，表示美国对中国南北政府的新的指示"将取决于相关事实和合法性的考虑，使馆对此应加以很

---

①　The British Ambassador to the Secretary of State, December 18, 1911; The Assistant Secretary of State to the British Ambassador, December 18, 1911, *FRUS*, *1912*, pp. 106 – 107.

②　The German Ambassador to the Secretary of State, January 31, 1912; The Secretary of State to the German Ambassador, February 3, 1912, *FRUS*, *1912*, pp. 108 – 109.

③　The Acting Secretary of State to the American Minister, February 24, 1912, *FRUS*, *1912*, pp. 109 – 110.

好的考虑，并提供确定的情报"。① 1 月 23 日，国务卿诺克斯在指示嘉乐恒派遣丁家立前往南京考察的电文指示中，再次声明"进一步的行动须等收到丁家立的报告后再做决定"。②

综上所述，尽管自义和团运动以来，美国一直将袁世凯看作一位主张改革的实力派人物，并且武昌起义爆发后，美国驻华外交官也倾向支持袁世凯，但美国政府在袁世凯被推举为临时大总统之前，并没有偏袒袁世凯，将袁看作美国利益的代理人加以扶植。在这个问题上，我们应将美国驻华外交官个人的意见和态度与美国政府的决策区别开来，不能将美国外交官的个人意见当作美国政府的政策；同时，我们还要有时间观念，不能将辛亥革命之前或袁世凯被推选为临时大总统之后美国政府对袁的态度和政策，与袁被推举为临时大总统之前美国政府的政策混为一谈。

四　听任清帝逊位

直至武昌起义爆发，清王朝都是美国承认的合法政府。并且，在 1909年 3 月共和党人塔夫脱就任美国第 27 任总统后，中美关系较诸罗斯福总统时代更为密切。在塔夫脱"金元外交"政策的指导下，美国积极发展与清朝政府的关系，介入中国事务，诸如参加湖广铁路借款，提出满洲铁路中立化计划，成立银行团，提供币制实业借款，等等，宣称"没有国家比美国更关心中国的发展和独立及领土的完整"。③ 与此同时，摄政王载沣上台之后，为改变自己在远东国际关系中孤立无援的境地，抗衡日本和俄国的侵略，也积极发展与美国的关系，将美国作为一个主要的依靠对象。1910年日俄第二次协定签订后，摄政王政府就有意寻求美国的帮助，复活中、美、德三国联盟，是年底派遣前外务部尚书梁敦彦为特使，前往美国，建议由美国带头重申门户开放原则，并与中国签订公断条约；另外，还计划由德国帮助中国训练一支 20000 人的精锐陆军，由美国帮助中国组建一支

---

① The Acting Secretary of State to the American Minister, January 20, 1912, telegram, *Records of the Department of State Relating to Internal Affairs of China*, 1910 – 1929, microfilm.

② The Secretary of State to the American Minister, January 20, 1912, telegram, *Records of the Department of State Relating to Internal Affairs of China*, 1910 – 1929, microfilm.

③ Memorandum of Interview between Liang Tunyen and Taft and Knox, December 17, 1910, *Records of the Department of State Relating to Internal Affairs of China*, 1910 – 1929, microfilm.

精锐的海军舰队。然而，在武昌起义爆发后，塔夫脱政府并没有人们想象的那样，同情和支持这个它所承认的合法政府。

武昌起义爆发后，美国外交官就看到清朝政府的虚弱，对清政府能否继续维护其统治表示怀疑。代办卫理在 11 日的电报中称"北京政府心慌意乱"。[1] 10 月 13 日，上海领事维礼德电称：常见的意见认为汉口的叛乱可能会动摇北京政府。海军上将萨镇冰也认为是最严重的。中国人同情叛乱分子。[2] 同日，国务卿诺克斯在给总统的电文汇报中，认为鉴于此前中国国内发生的多次反清起义都被清政府派军队镇压，认为武昌起义也可能会被清军镇压，清政府的未来"取决于北方军队的忠诚和成功"，但同时表示"由于它本质上是一场反对清廷统治的革命，每个人都怀疑它能被压制多久，我们将密切关注事态的发展"。[3]

随着许多省份继武昌起义之后，相继宣布独立，清政府的无能进一步暴露，到 10 月下旬在华的美国外交官就得出清政府无望的结论。10 月 26 日，上海领事维礼德在电文中向国务院汇报最近中国国内的革命形势时称："帝国的革命话题高涨。传教士只是害怕暴徒。每个公民，许多官员都是革命分子。长沙、宜昌、西安等被轻易劝降。武力镇压叛乱是不切实际的。我预计北京愈来愈担忧，将会做出任何妥协。在目前体制下，保留皇帝是可以接受的，将可能继续。统治者的腐败和无能被暴露无遗，改革是不可避免的。"[4] 同日，代办卫理在报告中直言清政府面临被推翻的可能，指出："通过对帝国进行一次普遍的调查，人们只能承认目前的满清王朝面临历史上最严重的危机。除非有效地达成一个妥协，否则，即将到来的不是帝国的分裂，就是满清被彻底推翻。"[5] 根据在华外交官的汇报，国务院在 27 日向总统汇报美国对华政策时，也表示鉴于革命形势的发展，拒绝向清政府提

---

① The American Chargé d'Affaires to the Secretary of State, October 11, 1911, *Records of the Department of State Relating to Internal Affairs of China, 1910 – 1929*, microfilm.

② Amos P. Wilder to the Secretary of State, October 13, 1911, *Records of the Department of State Relating to Internal Affairs of China, 1910 – 1929*, microfilm.

③ The Secretary of State to the President, October 13, 1911, telegram, *Records of the Department of State Relating to Internal Affairs of China, 1910 – 1929*, microfilm.

④ Amos P. Wilder to the Secretary of State, October 26, 1911, *Records of the Department of State Relating to Internal Affairs of China, 1910 – 1929*, microfilm.

⑤ The American Chargé d'Affaires to the Secretary of State, October 26, 1911, *FRUS, 1912*, p. 52.

供财政支持，指出此时向清政府贷款是"不合时宜和不明智的"。①

为挽救清王朝，摄政王政府除被迫重新起用袁世凯，派兵镇压各地起义之外，也采取了一些妥协政策，以挽回人心。10 月 26 日，摄政王政府为转移国内民众的攻击目标，应资政院的要求，下诏将主张铁路国有政策的邮传部尚书盛宣怀革职，永不叙用。② 接着，又因国内立宪派的要求，以及驻滦州第二十镇统制张绍曾和第二混成协蓝天蔚的兵谏，于 10 月 30日以宣统皇帝名义下"罪己"诏，承认三年来"用人无方，施治寡术"，宣布自即日起，"誓与我国军民维新更始，实行宪政"；③ 11 月 3 日，颁布《宪法重大信条十九条》，削减过去无所不包的"君上大权"，把起草和议决宪法之权交给资政院，规定皇帝的权力以宪法规定者为限，皇族不得担任内阁总理大臣；④ 等等。对于清政府的这些举措，卫理在向国务院汇报中认为，清政府的这些妥协政策实际上表明了清政府的无能和丧失权威，表明清政府的统治已不可能继续太久。11 月 3 日午夜 12 时，卫理报告，清政府通过《宪法重大信条十九条》，皇帝批准，袁倾向做首相。过去两天的上谕已将政府置于一群不负责任的手中。局势是如此的混乱，任何事情都会发生。⑤ 11 月 7 日午夜 12 时，卫理在报告中又称：革命党人已占领9 个省城和许多重要城市。广东、福州、南京和天津准备起义。大多数省明确反对满人的任何条件。山东已宣布独立。……自从罢免盛宣怀之后，摄政王每天允许下属及地方上一个个要求，现在不受任何人尊敬。上谕变得胆小怯弱。满汉之间的敌视增加。武昌、太原和汉口汉人对满人的屠杀强化了这种敌对情绪。第六镇统制吴禄贞拒绝前往汉口，除非荫昌和其他人因汉口暴动受到处罚。政府处于进退两难境地。……看来清朝政府不可能继续太久。它的覆灭很可能导致中国的混乱。⑥

① The Secretary of State to the President, October 27, 1911, telegram, *Records of the Department of State Relating to Internal Affairs of China, 1910 – 1929*, microfilm.
② 《宣统政纪》宣统三年九月己巳条，第 62 卷，中华书局，1987，第 1135～1136 页。
③ 《宣统政纪》宣统三年九月癸酉条，第 62 卷，第 1151 页。
④ 《宣统政纪》宣统三年九月丁丑条，第 63 卷，第 1165 页；《择期颁布君主立宪重要信条折》（宣统三年九月十三日），《清末筹备立宪档案史料》上册，第 102～104 页。
⑤ Williams to the Secretary of State, November 3, 1911, *Records of the Department of State Relating to Internal Affairs of China, 1910 – 1929*, microfilm.
⑥ Williams to the Secretary of State, November 7, 1911, *Records of the Department of State Relating to Internal Affairs of China, 1910 – 1929*, microfilm.

11月9日驻华代办在写给国务院的报告中明确认为清王朝气数已尽，到了灭亡的边缘，指出：政府一天天变得软弱。它轻易满足国会和张将军的要求，皇帝在所有谈判和上谕采用道歉的语气——为自己过去的错误道歉，呼吁革命党人的支持。凡此种种胆怯的态度，已有效地毁灭了各阶层对他的尊敬，皇室的荣耀已经消逝。使馆的看法是，皇室的倒台不会遥远。[①] 对于摄政王政府将盛宣怀革职，美国驻华代办卫理虽然知道清政府的这一行动是维护其统治的不得已举措，指出"保留盛宣怀将意味着增强叛乱的动因"，[②] 但担心清政府改变铁路国有政策，在其他问题上也会屈服国内人民的要求，从而损害美国利益，同时担心清政府屈服舆论压力，处死盛宣怀。因此，在清政府罢免盛宣怀的第二天，卫理就与英、法、俄公使一道，向庆亲王施加压力，要求清政府确保盛宣怀的生命安全，继续执行铁路国有政策，[③] 他们一点也没有为清朝的统治着想。对于清廷提出在情况紧急的时候允许太后和皇帝到美国使馆避难的请求，虽然代办卫理表示"完全允许"，[④] 但美国政府仍不愿单独承担这一责任，主张应以获得其他国家的谅解为前提，声称"根据美国政府联合一致的政策，你可以根据你的判断提供必要的临时避难所，以保护无辜人的生命，保证你已确认或将确认你的同僚相信这样的行动将不会不一定对使馆区的安全构成重大威胁"。[⑤]

南北和谈开始后，在要不要保留清王朝的问题上，日本为达到侵华政策的目的，主张保留清王朝的统治，实行君主立宪制度，坚决反对共和制度。12月18日就在南北和谈开始的同一天，日本通过日本驻美大使和美国驻日大使，致函美国政府，认为袁世凯和南方的革命党人都没有能力恢复和维护

① Williams to the Secretary of State, November 9, 1911, *Records of the Department of State Relating to Internal Affairs of China, 1910 – 1929*, microfilm.

② Williams to the Secretary of State, October 26, 1911, *Records of the Department of State Relating to Internal Affairs of China, 1910 – 1929*, microfilm.

③ Williams to the Secretary of State, October 28, 1911, *Records of the Department of State Relating to Internal Affairs of China, 1910 – 1929*, microfilm.《朱尔典爵士致格雷爵士电》（1911 年 10 月 28 日发自北京），胡滨译《英国蓝皮书有关辛亥革命资料选译》上册，第 8 页。

④ Williams to the Secretary of State, November 10, 1911, *Records of the Department of State Relating to Internal Affairs of China, 1910 – 1929*, microfilm.

⑤ The Secretary of State to Williams, November 10, 1911, *Records of the Department of State Relating to Internal Affairs of China, 1910 – 1929*, microfilm.

中国的秩序与和平，建议美国政府支持日本政府的主张，由列强共同出面干涉，强迫南方革命党人放弃共和政府主张，保留清朝政府，指出：

虽然从一开始就认识到中国目前动乱的严重性，但日本政府一直认为避免采取行动，采取密切关注事态发展的立场是明智的。但……局势正在变得愈来愈糟糕。清王朝的尊严和权力已不复存在，北京的官员无力也无意拯救局势。叛乱正在扩大到更多地方，即使留在北京政府控制之下的北方几个省也是令人怀疑的。尽管袁世凯返回北京被寄予重大期待，但现在也证明是令人失望的，因此迫使各国加强他们在北京的使馆警卫。虽然清朝军队最近在汉阳的胜利使革命党人士气低落，但不能看作整个形势的重大转变，不能以为清朝的军队不久就能控制整个武昌、汉口和汉阳，暂遭挫折的叛乱分子像在四川等省发生的情况一样，肯定会继续骚乱，以取代他们的退却，而接着南京的陷落又给革命党人在长江流域留下一个据点。除了北京，满汉之间的仇斗随时都会爆发，而袁世凯权力的扩大也不是没有助长反对运动的忧虑。各个省相继宣布独立，只不过是暂时自我保护的权宜之计，以避免与革命党人的冲突，这些省没有力量维护他们的这种独立。

另一方面，各地的革命党人彼此分裂，显然缺乏凝聚力和一位真正的领导人。在某些地区，那些所谓的叛军领导人正在溃逃，以保护他们个人的安全，而在另外有些地方，他们之间正在争吵不休。各地维持军事行动和行政管理的资金也愈来愈困难。大部分的反叛军队都由新入伍的人组成，他们之间很少不争吵的，这使各地维持纪律和秩序都非常困难。从目前叛军的财政状况来看，在他们的士兵得不到军饷时，这些士兵不是没有转变为一股股土匪的危险。已有一些外国人遭受这种经历的一些报道。如果允许这种状况无限制地继续下去，不仅将阻碍贸易和商业，而且最终会发生某种类似义和团的排外骚乱。此外，随着冬季的到来，数百万刚受洪水和饥馑之苦的灾民的贫困状况会导致那些新入伍的新兵或者各地的居民胡作非为。在这种情况下，革命党人要在他们占领的地区维持秩序几乎没有希望，或者没有任何希望。

现在，在中国争论的焦点是在君主制和共和制之间进行选择。然而，日本政府认为，在像中国这样的国家采取共和制形式的政府必定是十分困难的，也不相信中国人有实施这种政府制度的准备，即使它被采用。尤其考虑到上面所说的革命党人的实际情况，他们几乎没有胜任他们自己所施加的任务的可能性。但在另一方面，满清王朝的无能再也无可辩驳。在旧体制之下恢复它的权威和维护其对国家的统治，也同样是不切实际的。

因此，在日本政府看来，满足目前中国形势需要的最好办法是，在满清王朝统治的名义之下实际确立汉人统治，这样，一方面对汉人的权力予以适当的尊重，另一方面，阻止满人权力的专横，摈弃不切实际的共和制念头。值得庆幸的是，由摄政王代表皇帝声称坚持的新的宪章（即《宪法重大信条十九条》——引者注）已经公布，它们虽然还不完善，但对改善局势是有益的。因此，今天中国按照新宪章的规定调整局势是明智的。

为了实现这一目的，日本政府认为让双方达成条件是可取的，一方面，使满清王朝接受上述原则，维护其统治，另一方面让革命党人不但认识到建立共和政府是不切实际的，而且会危害整个帝国的生存和汉人自身的福祉。同时，由在中国有重大利益的列强一致保证将来遵循这一条件——保留清朝统治，尊重汉人的地位。这些便是日本政府对目前中国局势的观点，日本政府希望知道美国政府对形势的看法。①

然而，美国政府并没有接受日本的这一建议。21日，国务院复函日本驻美国代办，同时通知美国驻华公使嘉乐恒，宣告美国"仍然坚持迄今由列强共同承诺的严格的中立态度"，表示在列强于12月15日向南北谈判双方表达他们早日结束冲突的中立愿望之后，"美国政府倾向于等待这一努力的结果，对由列强进一步共同考虑采取什么进一步的措施引导中国出现一个稳定的和负责任的政府持保留态度"。② 针对日本密谋进行军事干预，

① The Japanese Chargé d'Affaires at Washington to the Secretary of State, December 18, 1911, *Records of the Department of State Relating to Internal Affairs of China, 1910 – 1929*, microfilm.

② The Secretary of State to the Japanese Chargé d'Affaires, December 21, 1911; The Secretary of State to W. J. Calhoun, December 21, 1911, *Records of the Department of State Relating to Internal Affairs of China, 1910 – 1929*, microfilm.

以保留清朝皇帝，1912 年 1 月 31 日德国大使代表德国政府，就中国局势问题征求美国意见和态度。2 月 3 日，诺克斯在复函中明确反对干涉中国内政，认为目前中国局势发展，表明没有必要进行干涉，主张各国应坚持中立和一致行动政策，指出：直至目前所有国家都共同承诺，不仅避免单独行动和干涉中国内部事务，而且遵守他们彼此所做的尊重中国的完整和主权的保证。令人高兴的是，无论是皇室的支持者还是共和分子均保护外人的生命和财产，因此外国列强没有任何进行干涉的理由，而且最新的报道更令人相信，未来时局的发展也无进行此类干涉的可能。① 2 月 8 日，美国还将这一态度通告英、法、德、荷兰、意大利和奥地利驻美使馆，作为美国的一项公开政策，借以警告日本。

除了在清政府与革命党人的对峙中保持中立外，美国驻华外交官和美国政府还默认袁世凯篡权，逼迫清帝逊位。武昌起义爆发后，对于袁世凯拒绝接受湖广总督职务，迟迟不赴前线，国务院在 27 日向总统汇报中国情况及美国的政策时就认为这是袁为从清政府那里争取更多权力的一个计谋，指出：袁世凯拖延接受任命，可能是由于这一事实，他争取从皇帝那里获得充分的权力，以便他与革命党人谈条件。② 27 日在清政府宣布任命袁为钦差大臣后，卫理在 28 日的报告中认为"袁负有支持满人义务，但也同情革命党人改良政府的要求。他以各种借口拖延出任职务，每天都获得更多的统治权。如果被立即要求由总理任命向国会负责的内阁，他无疑能满足革命党人的要求"。③ 对于袁一度拖延赴京组阁，卫理推论"其中一个原因是在宪法要求由国会选举的时候，他不愿从皇帝那里接受这一任命。但更有可能的是，他认识到拯救王朝太晚了，不愿将自己与注定要灭亡的政府联系在一起"。④ 在 16 日袁世凯组织成立"责任内阁"之后，嘉乐恒十分担心袁受到失去权力的满族亲贵的报复，遭谋杀，在 23 日外交团

---

① The Secretary of State to the German Ambassador, February 3, 1912, *FRUS*, *1912*, pp. 63–64.

② The Secretary of State to the President, October 27, 1911, *Records of the Department of State Relating to Internal Affairs of China*, *1910–1929*, microfilm.

③ Williams to the Secretary of State, October 28, 1911, *Records of the Department of State Relating to Internal Affairs of China*, *1910–1929*, microfilm

④ Williams to the Secretary of State, November 9, 1911, *Records of the Department of State Relating to Internal Affairs of China*, *1910–1929*, microfilm.

会议上建议"保证袁世凯的地位，并给他进行活动的可能性"。① 实际上，如前所述，嘉乐恒建议美国政府向袁世凯提供贷款，不完全是要对付南方革命党人，同时也是帮助袁世凯对付满族亲贵，他在 12 月 11 日的电文中解释其主张时指出"他逐渐将满人排挤出朝廷，只保留他们权力的一点影子，他显然一直在加强自己的权力，但他没有钱，他的政府随时会垮台。不可能从个人渠道拿到钱，如果他不能给部队支付兵饷，他们也会抢劫，随之而来的将是普遍的大混乱，各地的外国人也将陷入危险之中"。②

12 月中旬南北和谈开始后，美国公使嘉乐恒就判断袁世凯有可能抛弃清政府，与革命党人达成妥协，"把自己的命运与革命党人联系在一起"，期待中国国内另一合法政府早日出现。1 月 16 日，他在写给国务院的报告中就认为清帝退位已是大势所趋，只是一个时间问题，指出：清廷内部对于退位问题虽然有不同意见，但他们中明智的人都赞成退位。并且，总的来说，这是他们所能做的最好的事情。他们已暴露他们是如此的虚弱、无能和无助，对他们的尊重已经过去，他们不可能对国家产生影响，他们所能做的只是为他们争取最好条件，然后离开。③ 他本人还主张"完全支持"法国驻华公使帮助袁世凯，出面建议清帝逊位，"以便减轻以前对美国的怀疑，并在货币借款可能出现的复杂局面中得到法国的合作"。④ 在 1912 年 2 月 12 日清朝政府下诏宣布皇帝退位的当日，嘉乐恒即电告国务院，建议"在南北方达成临时共和政府时，应立即给予承认"。⑤ 次日，嘉乐恒在向国务院译送有关清帝退位诏书等文件中指出："这些文件具有深远意义，标志清王朝及其统治的终结，标志着进入一个新的时代，虽然这个新时代的性质还难以确定，但它将无疑标志着汉人重新控制他们的国家。"⑥

综上所述，对于清王朝的覆灭，美国的驻华外交官们和美国政府没有表

---

① 见章开沅、林增平主编《辛亥革命史》下册，人民出版社，1981，第 1151 页。

② W. J. Calhoun to the Secretary of State, December 11, 1911, telegram, *Records of the Department of State Relating to Internal Affairs of China*, *1910 – 1929*, microfilm.

③ W. J. Calhoun to the Secretary of State, January 16, 1912, *Records of the Department of State Relating to Internal Affairs of China*, *1910 – 1929*, microfilm.

④ W. J. Calhoun to the Secretary of State, January 17, 1912, *Records of the Department of State Relating to Internal Affairs of China*, *1910 – 1929*, microfilm.

⑤ W. J. Calhoun to the Secretary of State, February 13, 1912, *Records of the Department of State Relating to Internal Affairs of China*, *1910 – 1929*, microfilm.

⑥ The American Minister to the Secretary of State, February 13, 1912, *FRUS*, *1912*, p. 65.

现出任何的惋惜；几乎从武昌起义爆发后，清王朝就被美国政府抛弃了。美国政府之所以在武昌起义爆发后就抛弃她所承认的合法政府——清王朝，是由当时中国国内的政治局势及东亚的国际形势和美国的外交政策所决定的。

五　美国采取中立态度的原因

在 1911～1912 年中国政局发生鼎革之际，美国政府在中国国内各种政治势力之间严格执行中立及不干涉政策，原因可能是多方面的。

首先，与当时中国国内的政治形势有着密切的关系。任何国家的外交政策，都要以对方国家的实际情况为基本依据。美国政府对辛亥革命的态度也不例外。在这方面，首先又与革命党人的策略有关。为避免列强的干涉，革命党人在 1905 年 8 月同盟会成立之际制订的《中国革命同盟会革命方略》中就制订了外交方针，确定了以下七项原则：（1）所有中国此前与外国缔结的条约继续有效；（2）赔款外债，继续承担；（3）保护所有居留军政府占领地域内的外国人和财产；（4）所有外国在中国的既得权利，亦一体予以保护；（5）对此次宣言之后清政府与各国所立条约，所许之权利，所借之国债，军政府概不承认；（6）外人如帮助清政府妨害军政府者，概以敌人视之；（7）外人如有接济清政府用以战争的物品，一律搜获没收。根据同盟会这一外交方略，武昌起义后二日，革命军便由黎元洪以中华民国军政府鄂省都督的名义，照会各国驻汉口领事，重申《中国革命同盟会革命方略》中的七项主张，声称军政府对各国持友好态度"对于各友邦益敦睦谊，以期维持世界之和平，增进人类之幸福"。[①] 军政府还在《刑赏令》中明确规定："伤害外人者斩""保护租界者赏""守卫教堂者赏"。[②] 南京临时政府成立后，孙中山在 1912 年 1 月 5 日发表的对外宣言中也同样声明继续承认和保护外人的各项条约权利，强调"吾人更有进者，民国与世界各国政府人民之交际，此后必益求辑睦"，呼吁"各国既表同意于先，更笃友谊于后"，"且协助吾人，俾种种大计，终得底定"，指出"盖此改建之大业，固诸友

① 中国史学会主编《中国近代史资料丛刊·辛亥革命》（五），上海人民出版社，1957，第152 页。
② 辛亥革命武昌起义纪念馆、政协湖北省委员会文史资料研究委员会合编《湖北军政府文献资料汇编》，武汉大学出版社，1986，第 24 页。

邦当日所劝告吾民，而满政府未之能用者也"。① 同时，南京临时政府还发布通令，要求各省都督保护外人生命和财产的安全；外交总长王宠惠则于1月17、19日先后两次致电美国政府，呼吁美国承认南京临时政府。

革命党人所采取的这些外交政策和努力，虽然没有达到预期目的——赢得美国政府的支持，但一定程度上增进了美国政府对革命党人的了解，消除了美国对革命的恐惧和担忧，从而排除了美国介入中国内部政权更迭的依据和必要性，也排除了某些列强干涉中国内政的借口。我们看到，当1912年2月3日国务卿诺克斯在照会中向德国阐述美国对时局的态度和政策时，即以革命党人对外人的态度作为列强奉行中立政策的依据，坚持中立政策，反对日本政府提出的帮助清朝维持统治的建议，明确指出："令人欣喜的是，无论皇室支持者还是共和分子，他们都保护外人的生命和财产，因此，外国列强绝无干涉之必要；并且最新的报道更令人相信，未来时局的发展也无招致此种干涉的可能性。"② 此外，革命形势的快速发展和清政府的软弱无能也导致美国政府对辛亥革命采取中立态度，使美国的天平没有倒向清政府一边，以最大限度地保护美国的利益不受任何一方的伤害。

另外，美国在辛亥革命中国政权鼎革之际保持中立，反对干涉，主张列强一致行动，也有国际因素——防止和避免少数国家特别是日本和俄国乘机单独干涉，谋取特殊利益。日俄战争之后，随着日本在华势力的进一步扩大和日本成为美国对华门户开放政策的最大挑战者，美国政府对日本通过培植清政府内的亲日派或通过中国内部的动乱达到控制中国的目的抱有高度警惕。如前所述，1909年1月2日摄政王载沣罢黜袁世凯的事件发生后，美国政府就怀疑背后有日本的影响。1月7日，美国国务院远东司在一份有关中国内部事务的备忘录中明确指出，中国最近发生的事情，与日本的阴谋有很大关系，并对日本为达到控制中国的目的，在中日甲午战争之后纵容革命党人和培植清廷亲日派官僚的活动做了系统的回顾。③ 武昌起义爆发前夕，在华的美国外交官也一再对日本可能利用中国的动乱谋

---

① 中国史学会主编《中国近代史资料丛刊·辛亥革命》（八），上海人民出版社，1957，第22~23页。

② The Secretary of State to the German Ambassador, February 3, 1912, *Records of the Department of State Relating to Internal Affairs of China, 1910 – 1929*, microfilm.

③ Memorandum, January 7, 1909, *Records of the Department of State Relating to Internal Affairs of China, 1906 – 1910*, microfilm.

取特殊利益，表示严重关切。1910 年 8 月 23 日，嘉乐恒在写给国务院的报告中指出："毫无疑问，在发生动乱事件中日本是只能从中获益的国家，它或者通过动乱获取利益，或者通过帮助中央政府镇压叛乱，从中增强它对北京的影响力。"① 1910 年 7 月 26 日，美国亚洲舰队司令默多克在向海军部报告中国不久将会发生严重的骚乱或革命时，也对日本的动向表示关切，指出日本已在为此做准备，"如果情报准确的话，日本的数千名部队将迅速在中国登陆，据说 3 万人。如果真实的话，他们将不限于保护日本的既得利益"。② 武昌起义爆发后，为避免日本利用革命，乘机出兵中国，美国驻日本外交官斯凯勒（Schuyler）为此拜访日本外务次长，敦促日本在未事先与美国政府协商之前，不要采取任何行动。他认为："如果像这里所期待的那样，满洲的叛乱变得严重，日本和俄国将不会征求其他列强（的意见），立即派军队前往那里。20000 日本军队将在任何列强的军队赶到之前抵达北京，5000 名在香港的英国军队由于担心广东，将不会离开……我相信日本将会独立采取行动。不管日本做什么，它将使自己成为未来中国政府不可缺少的。"③ 1912 年 12 月 3 日，塔夫脱总统在国会年度国情咨文中阐释美国对华政策时，也明确指出美国政府之所以对武昌起义和清帝逊位采取中立和与其他国家联合行动的政策，这是因为"美国同其他在华有巨大利益的国家一样，认为外国政府为自己利益采取独立行动，只会使已经复杂的形势变得更加混乱"。④

再者，美国政府对辛亥革命奉行中立政策，也有美国自身因素。就美国自身因素来说，它首先与美国外交上的不干涉原则和孤立主义传统有关。⑤ 1776 年美国在摆脱英国殖民统治，宣告独立之后，为了谋求年轻的美利坚合众国的生存和发展，美国的政治家们即将不干涉政策和孤立主义

---

① Calhoun to the Secretry of State, August 23, 1910, *Records of the Department of State Relating to Internal Affairs of China*, 1910 – 1929, microfilm.

② Murdock to the Secretary of State, July 26, 1910, *Records of the Department of State Relating to Internal Affairs of China*, 1910 – 1929, microfilm.

③ The American Chargé d'Affaires at Tokyo to the Secretary of State, October 15, 1911, *Records of the Department of State Relating to Internal Affairs of China*, 1910 – 1929, microfilm.

④ Message of the President, *FRUS*, 1912, p. XXI.

⑤ 关于美国的孤立主义和中立主义外交思想，可参见王玮、戴超武《美国外交思想史（1775—2005）》（人民出版社，2007）。

奉为美国政府的外交原则，除了一心追求与全世界通商贸易之外，拒绝卷入其他大陆的政治事务、干涉别国内政，拒绝与其他任何国家结盟、卷入战争。1783 年 6 月 12 日，美国国会在通过的一项决议中就宣称合众国的"真正利益要求应该尽可能地不卷入欧洲国家的政治与纷争"。① 1796 年 9 月 17 日，美国国父华盛顿在发表退出政坛的《告别词》中也强调"我们对待外国应循的最高行动准则，是在扩大我们的贸易关系时，应尽可能避免政治上的联系"；"我们真正的政策是避开与外界任何部分的永久联盟"。② 1823 年 12 月美国提出"门罗主义"宣言时也强调了不干涉政策和孤立主义原则，反对欧洲国家干涉美洲国家的独立，宣布：欧洲国家"如果企图把他们的制度扩张到西半球任何地区，则会危及我们的和平与安全。我们不曾干涉过任何欧洲国家的现存殖民地或属地，而且将来也不会干涉。但是对于那些已经宣布独立并维护独立的而且基于伟大动机和公正原则承认其独立的国家，任何欧洲国家为了压迫它们或以任何方式控制它们命运而进行的任何干涉，我们只能视为对美国不友好的表现"。③

　　虽然美国的不干涉政策和孤立主义主要针对欧洲国家，并且在 19 世纪末随着美国成为世界强国走上向海外扩张道路，参与帝国主义角逐，一些美国政治家公开呼吁放弃孤立主义，指出孤立主义"不再合乎需要"，"已经成为历史"，虽然一般认为自中国近代以来美国在对华政策上基本奉行与列强"合伙"和使用武力并用的策略，但在 20 世纪第二次世界大战之前，不干涉政策和孤立主义一直深刻影响着美国的外交政策，也包括美国的东亚政策。我们看到，在 19 世纪末 20 世纪初的东亚角逐中，美国与列强无论对立还是合作，始终没有与任何国家结盟，1908 年和 1910 年底罗斯福和塔夫脱总统两次拒绝清政府提出的与美国结盟的建议，固然因为美国政府认为与一个贫弱的中国结盟不合美国的利益，但在拒绝清政府的建议时，美国政府仍将不结盟外交传统作为一个理由。在对华关系上，无论是麦金莱总统，还是罗斯福总统，抑或塔夫脱总统，他们都着重商业经济

① Richard W. Leopold, *The Growth of American Foreign Policy: A History* (New York: Alfred A. knopf, 1962), p. 18.
② 〔美〕乔治·华盛顿：《华盛顿选集》，聂崇信等译，商务印书馆，1983，第 324~325 页。
③ James D. Richardson, ed., *A Compilation of the Messages and Papers of the Presidents*, Vol. 2 (New York, 1897), pp. 776-789.

关系的重要性，而不大重视和关注中国内部的政治进程。在 1911～1912 年中国政权发生鼎革之际，塔夫脱政府奉行中立政策显然也是受了这种不干涉外交原则和孤立主义传统的影响。当时，美国国内也曾有人建议美国对中国政局进行干预，诺克斯就以干涉中国内政不符合美国外交原则为由予以拒绝，指出中立政策之外的"其他任何政策都与每个国家有权在不受其他国家干涉下解决其国内事务的原则不相符合"，表示只有"当重大问题因中国人民自己解决后，国务院自然会采取相应的措施"。① 诺克斯的这一解释，充分说明美国的中立政策继承了美国外交上的不干涉原则和孤立主义传统。

就美国的外交政策来说，除了孤立主义和不干涉原则这个因素外，对华门户开放政策也影响了美国政府对辛亥革命的态度。美国对华门户开放政策的核心内容有两点：（1）各国在华投资、贸易机会均等；（2）维护中国行政和领土的完整。后一点与前一点是密切相关的，没有行政和领土的完整，就不可能维护在华投资和贸易机会的均等。为实现上述这两个目的，美国虽然与其他列强一道"合伙"侵略中国，但同时又与俄国、日本等对中国领土抱有野心的国家不同，希望一个相对繁荣和强大的中国，帮助美国抵制其他列强独占中国，维护门户开放局面，便于促进美国的对华投资和贸易。1904 年 8 月 5 日，美国对华门户开放政策的实际制订者柔克义在美国海军学院所做的演讲中阐述美国对华政策的转变时，就把与中国有关的列强分为以俄国为代表的大陆国家，和以美国为代表的海洋国家，认为前一类国家对中国怀有领土野心，倾向军事侵略，希望中国虚弱，以美国为代表的海洋国家追求贸易和投资，乐见一个比较强大和繁荣的中国，希望中国政局稳定。他指出，在美国宣布门户开放政策之前，美国的对华政策与欧洲国家一样，在于一道维护在中国的条约权利，特别是片面最惠国待遇，以保证美国的人民享有同样的条约权利，但在门户开放政策之后，美国对华政策又增添了新的义务，既要防止任何外国列强政治上完全控制中国，同时也要避免列强在中国的利益冲突，通过一切合法的途径保持列强力量的均势。与那些通过武力和军事侵略控制中国的列强不

---

① Knox to Mrs. Vilbur F. Crafts, January 13, 1912, *Records of the Department of State Relating to Internal Affairs of China*, 1910－1929, microfilm.

同——他们对华采取直接的武力压迫，希望维持中国政府的虚弱、无能和腐败，美国作为一个寻求商业利益和政治机会均等的国家，则希望通过建立一个强有力的、负责任的高度中央集权的政府实现自己的目标，以便获得必要的合作和支持。[1] 塔夫脱总统上台后，在对华推行金元外交中也一再表达希望促进中国进步与发展的愿望，指出："我们不是那些认为阻止其他国家的发展是有利可图的国家。最有利可图的商业必须是对双方都是有利的。我们最有利可图的商业，就在与那些最繁荣的国家发生关系。因此，美国十分关注中国的发展和繁荣。毫无疑问，有其他政府也这样认为，但有些国家的政府只顾眼前利益。我们可以自夸地说，我们与中国的友谊是无私的。我们对中国领土没有任何企图，不将它当作一件礼物，美国已有他在世界上想要的领土。"[2]

根据门户开放政策，支持一个无能、腐败和软弱的清政府，显然不符合美国的利益，这也是美国当时反对日本支持保留清王朝的原因之一。因此，在武昌起义爆发后，塔夫脱总统在 1911 年 12 月 7 日的国会年度咨文中即宣布在中国发生的内战中保持中立，继续奉行有助中国进步和发展的外交政策，指出："在保护我们侨民利益的同时，美国政府将竭尽所能地维持其对中华帝国和她的人民友好和同情的传统政策，并真诚地希望他们经济发展、行政进步，同时我们将一如既往地运用各种合适的手段增进他们的福祉，这些手段与我们在竞争各派之间所奉行的严格的中立政策是一致的。"[3]

此外，就美国自身因素来说，美国政府之所以对中国的辛亥革命持中立态度，也与美国当时在华实际利益有限有着直接关系。据相关学者的研究，美国的对华出口虽然在 1905 年度达到 5300 万美元，但到 1912 年又滑落到 2400 万美元，仅占美国对外出口总额的 1%，并且这一对华出口额也使该年度美国的对华贸易处于逆差地位，因为就在这一年美国从中国进口的商品达到了 3000 万美元。而美国的在华投资同样十分有限，约在 4000

---

[1]　The United States and the Chinese Questions, the Lecture Delivered at U. S. Naval War College, Newport, August 5, 1904, *Rockhill Papers*.

[2]　Memorandum of Interview between Liang Tunyen and Taft and Knox, December 17, 1910, *Records of the Department of State Relating to Internal Affairs of China, 1910 – 1929*, microfilm.

[3]　Message of the President, *FRUS, 1911*, p. XVIII.

万到 5000 万美元之间，不到美国海外投资的 2%。美国在华的经济利益更多是潜在的远景。① 同时，在政治关系上，清朝政府虽然是美国承认的合法政府，但它并不是美国扶植的傀儡。换言之，当时的美国政府与清朝政府之间尚未达到与后来国民党政权那种密切关系。正是当时中美关系之间的这些实际因素，影响了美国政府在对待辛亥革命和中美洲革命上采取了两种不同的态度。当然，20 世纪美国在东亚的实力尚不能与英、日、俄等列强分庭抗礼，也影响了美国在辛亥革命时期不可能如后来那样卷入中国内部事务。

最后，在美国因素中，价值观念和美国国内舆论也对美国对辛亥革命的态度产生了影响。武昌起义爆发后，美国在华外交官如代办卫理和公使嘉乐恒及一些商人等，担心革命破坏秩序，损害美国利益，曾极力主张美国政府干涉中国内政，支持清政府，平息中国革命。但另一方面，出于对民主价值观念的信仰，美国国内民众和舆论却表达了不同的声音，他们热烈欢迎辛亥革命推翻清朝专制统治，认为这是一场受美国价值观念和理想影响的革命，是一场"发生在中国的美国革命"，将辛亥革命看作 1787 年费城制宪会议上华盛顿、汉密尔顿和麦迪逊等的民主共和理想在中国的实现，欢呼这是"中国复兴过程中一个必然的事件"，是"所有历史上最激动人心的事件之一"，希望中国革命获得成功，憧憬中国取代日本成为亚洲最为西化的国家。② 在美国颇有影响力的教会也对革命普遍持赞成态度，他们认为革命标志中国的觉醒和对进步的追求，希望革命的成功将有助于基督教事业的发展。③ 同时，美国民众极力呼吁美国政府承认和支持中国的革命。据美国学者詹姆斯·里德（James Reed）的研究，在辛亥革命爆发之后，国务院收到潮水般的信件和电报，它们大多要求美国尽快承认中华民国。④ 此外，美国的一些外交官和政治家也受民主价值观念的影响，

---

① 〔美〕孔华润主编《剑桥美国对外关系史》上册，新华出版社，2004，第 514 页。

② 有关美国民众和舆论对辛亥革命的反应，详见 Nemai Sadhan Bose, *American Attitude and Policy to the Nationalist Movement in China, 1911 - 1912* (New Delhi: Orient Longmans, 1970), pp. 11 - 19.

③ 有关在华美国传教士和美国教会对辛亥革命的态度和反应，详见 James Reed, *The Missionary Mind and American East Asia Policy, 1911 - 1915* (Cambridge, Mass.: Harvard University Press, 1983), pp. 121 - 127.

④ James Reed, *The Missionary Mind and American East Asia Policy, 1911 - 1915*, p. 131.

主张支持孙中山领导的辛亥革命。如我们前面提到美国驻香港领事安德森，就是其中之一。另外，旅美华人也声援辛亥革命。1911 年 10 月 16 日，在旧金山的华人协会代表旅居美国华人，致电国务院，要求美国政府发挥其影响力，促使列强对中国发生的革命保持中立，以便维护中国的完整和建立一个稳固的政府。① 居住在美国檀香山的华侨也发函表示，他们将反对任何列强干涉中国人民自主选择建立一个新政府的努力，要求美国政府为严守中立树立榜样。②

在美国民众和舆论的影响下，1912 年 2 月 29 日，美国国会参众两院即通过了众议院外交委员会主席威廉·苏尔泽（William Sulzer）的提案，"对中国人民实行代议制制度及其理想的努力深表同情"，"对其执掌自治政府的权力、义务和责任表示祝贺"。③ 同年 12 月 3 日，塔夫脱总统在年度国情咨文中阐述美国对中国问题的中立政策时，就表示某种程度上是接受美国民众的意见，指出："1911～1912 年秋冬的中国政治骚乱导致了 2 月 12 日满清统治者的退位，以及临时共和政府的成立，以处理国家事务，直至按期成立一个永久政府。在 1912 年 4 月 7 日国会的一个现行决议中，美国人民恰当地表达了对中国人民主张共和原则的自然同情。"④

总之，在对待辛壬之际清朝政权鼎革问题上，尽管美国政府在辛亥革命爆发一年前就密切关注中国国内的革命风暴，但只要这些风暴不直接针对外国人，美国政府一般都将它们视为中国内部事务，并无干涉之意。1911 年武昌起义爆发之后，虽然美国驻华外交官在如何对待中国国内各派政治势力上有不同意见，但美国政府并没有像国内一些学者认为的那样，与反动的清朝政府或袁世凯政治势力相勾结，而是始终奉行中立政策，既拒绝承认南方革命政权，也不主张帮助清朝政府或袁世凯势力镇压革命党人，并反对有关国家干涉中国内政，寻求承认一个代表中国人民意愿的并具有权威性的合法政府。美国政府在中国国内各派政治势力之间保持中立

---

① The Chinese National Association to the Secretary of State, October 16, 1911, *FRUS*, *1912*, p. 50.

② The Chinese Residents of Honolulu to the Secretary of State, October 24, 1911, *FRUS*, *1912*, p. 51.

③ Huntington Wilson to Taft, February 29, 1912, *Records of the Department of State Relating to Internal Affairs of China*, *1910 – 1929*.

④ Message of the President, *FRUS*, *1912*, p. XXI.

的原因，既是出于国家理性，维护美国的国家利益，也有意识形态和价值观念的因素。在对待晚清中国内政与外交问题上，美国虽然与列强有一致之处，但由于美国对华奉行门户开放政策，常常又与其他列强有所区别，这是我们在考察美国与中国内政关系问题时应加以充分注意的。同时，在考察美国政府对辛亥革命态度问题上，应避免以下三种偏向：一是片面地站在革命党人的立场上看待问题，而忽视美国政府对清政府的态度和反应；二是将美国外交官的个人意见和态度等同于美国政府的政策，而忽略两者之间的区别；三是在史料的引用上不注意时间概念，忽视美国外交官和美国政府的态度根据形势发展而产生的变化。只有如此，才能对美国政府的态度和反应做出比较准确的判断和评价。

结语　何为晚清中美特殊关系？

　　在 1894 年至 1911 年的 17 年里，美国与晚清中国的官方关系明显有了重大转变和发展，有着丰富内容。在考察这一时期美国与中国的关系之后，我们大体可以得出以下这样一些结论。

　　其一，19 世纪和 20 世纪之交是美国对华政策的一个转折点。19 世纪末，随着美国成为世界头号强国，美国在对华政策上开始一改以往追随欧洲列强的传统，寻求在中国问题上扮演更为积极的角色，在 1894～1895 年中日甲午战争中，美国政府为进一步打开中国的大门，加强美国在中国的影响力，拒绝与欧洲国家合作，转而与日本站在一起，怂恿和鼓励日本发动对华战争，并帮助日本攫取对华侵略成果，试图借日本之手削弱英国、俄国等欧洲国家在中国的影响力。中日甲午战争之后，中国的虚弱暴露无遗，面对列强在华掀起瓜分势力范围狂潮和 1900 年因义和团运动爆发的中外战争，美国政府不但极力避免加入列强瓜分中国行列，并先后三次向列强发布"门户开放"照会，这不但标志着美国开始奉行独立的对华政策，而且也是美国在国际上谋求列强对华政策主导权的起点。自兹之后，门户开放便成为美国对华外交政策的一个基本出发点。

　　其二，美国的门户开放政策虽然从商业利益出发，但实则包含两方面内容。在商业经济层面，在承认各国在华势力范围的前提下，维护平等自由贸易，在各国势力范围和租借地内实行同等的关税、入港费和铁路运费，也即保持各国势力范围和租借地向美国开放。在政治层面，加强清朝政府的统治，维护中国领土和行政的完整。这两个方面是彼此相关的，不能维护中国领土和行政的完整，也就不可能保持经济的门户开放。诚如美国门户开放政策起草人柔克义所说，门户开放政策不可能是纯粹商业性的，它既是经济的，也是政治的；没有政治的保障和护航，经济的门户开放也是不可能实现或贯彻的。

其三、美国政府对清末中国内政的态度和反应，很大程度上就是反映了美国的对华门户开放政策。正是从门户开放原则出发，美国政府在1900年义和团运动之后始终将扶植清廷内的亲外改革派势力和打击清朝统治集团内的排外保守势力作为其对待晚清朝政的一个基本出发点。同样，正是从门户开放原则出发，美国政府欢迎清廷进行渐进的行政和政治改革，希望一个相对稳定和有效率的政府，尤其积极支持清廷进行与国际贸易和投资有关的改革。如果说美国的门户开放原则在国际和外交层面，并没有实际加以落实的话，那么，美国政府在中国内政问题上则不折不扣地贯彻了门户开放原则。导致美国政府在贯彻门户开放原则上出现这一差异的原因，在于美国政府在中国内政问题上面对的是一个处于弱势地位的清朝政府，要求清朝政府执行与美国对华门户开放原则相一致的政策，并不需要美国承担额外的责任和义务，更多的是对清朝政府的单方面要求。而在国际和外交层面落实门户开放原则，很大程度上要受制于其他列强；当与其他列强发生冲突之时，美国政府就不愿承担维护门户开放的责任了。美国政府在贯彻对华门户开放原则上表现出来的这一差异，一方面说明美国门户开放原则具有机会主义的一面，同时也反映当时美国政府试图通过中国配合美国实现门户开放原则而做的努力，表明美国的门户开放原则并不只是梦想，而是实实在在的。

其四，基于对华门户开放原则，美国驻华外交官和美国政府虽然对清朝政府的行政和政治改革持欢迎态度，但为维护和加强清朝的统治，尚无意对清末的政治改革进行直接干涉，奉行"价值观"外交。虽然美国一些驻华外交官和政府官员对清朝政府的自我革新能力有所怀疑，有时还以西方民主制度和价值观念批评清政府的政治改革不得要领，但美国政府并没有像一些美国学者认为的那样，急于向中国输出美国或西方的民主制度和民主价值观，按美国和西方的形象改造中国。相反，美国政府当时并不支持中国国内追求建立西方民主制度的立宪派和革命党人，甚至也不主张和赞成清朝政府进行激进的民主改革，对因清廷实行政治改革而出现的民族主义倾向明显持警惕或抵触态度。总之，美国政府对清末政治改革的态度，固然受价值观念的影响，但主要还是基于美国的国家利益考虑，并对中国的历史和文化特殊性多少怀有偏见，认为中国不适合实行西方式的民主制度，不具备建立民主制度的能力和条件。美国将"价值观"外交奉为圭臬，这是二战以后冷战的产物。这种"价值观"外交，反映了美国霸权主义和美国中心论思维，既违背国际关系准则，也不利于世界的和平和发展，是极不可取的。

其五，与对清朝政治改革持谨慎或相对冷漠态度不同，美国政府为实现对华门户开放原则，对清末与国际贸易和投资有关的改革，诸如币制制度、关税制度、矿务政策、通商口岸制度、知识产权保护等改革，则多加干涉。在这些改革领域，美国政府一方面固然认为这些改革将有助于中国资源的开发、实业的发展，并声称美国不追求单方面利益，但同时又继续站在帝国主义立场上，不但忽视中国当时实际的经济状况，并且坚持维护不平等条约体系。美国政府与清朝政府在这些改革领域的分歧和矛盾，反映了在清末中国对外开放上的两条道路之争：美国政府力图将清朝政府的门户开放置于不平等条约体系之下，清朝政府则力图摆脱不平等条约的束缚，走独立自主的开放道路。此外，美国政府对清廷朝政改革的"政冷经热"的态度，亦从一个侧面反映美国门户开放原则当时确乎主要是从商业利益出发的。

其六，在清廷政治权力斗争中，美国政府始终支持亲外的改革派势力，严防和打击排外保守势力回潮。但在如何界定改革派和保守派势力上，美国驻华外交官和美国政府则充满偏见。他们基本上以清朝官员对外国人的态度为取舍，视袁世凯势力为改革派的代表，将袁世凯的政敌都视为保守派势力，因人论事，对清朝统治集团重要政治人物的政治态度和政治立场并无细致、客观的观察和了解。并且，随着日俄战争之后美国与日俄在华竞争的加剧，美国政府愈益将清廷内部的权力斗争与培植亲美势力联系在一起。另一方面，对于清朝统治集团内部之外的政治势力和影响，美国驻华外交官和美国政府没有给予充分和必要的关注。他们不但站在帝国主义的立场上，对中国民众朴素的反对清朝统治和反对外国列强侵略和压迫斗争的合理性缺乏同情和理解，而且对以康、梁和孙中山为代表的中国民主派势力的崛起及其对中国政治的影响亦缺乏关注。总之，美国政府对 20 世纪头 10 年中国政局的演变缺乏全面、客观的观察和判断，这亦是美国对华政策在清末遭受挫折和失败的原因之一，同样也是后来美国"失去中国"的原因之一。

其七，在清廷政治权力斗争中，尽管美国政府支持清廷改革派势力，并开始着力培植亲美派势力，但直至 1912 年清朝覆灭，美国政府尚未在中国内部找到或培植起能够完全代表美国利益的政治势力。在辛亥革命来临之际，尽管美国驻华外交官在如何对待中国国内各派政治势力上有不同意见，但美国政府并没有像国内一些学者认为的那样，与反动的清朝政府或袁世凯政治势力相勾结，而是始终奉行中立和不干涉政策，既拒绝承认南方革命政权，也不主张帮助清朝政府或袁世凯势力镇压革命党人，反对有关国家干涉中国内政，寻求承认一个代表中国人民意愿的并具有权威性的合法政府。在清朝灭亡之后袁世凯政治势力与孙中山为代表的民主派政治势力之间，美国政府最后倒向前者，固然出于美国国家利益的考虑，是美国政府的选择，但同时或者说更主要的还是因为中国国内政治斗争的结果。

其八，就美国政府对晚清朝政的作用和影响来说，既有积极一面，也有消极后果。就积极方面而言，美国政府扶植清廷内的改革派，要求清政府压制任何的排外活动和有排外倾向的官员，鼓励清政府实行开放和改革政策，对改变中国与西方资本主义国家的关系，促进中国国家由传统向近代的转型，具有积极意义。就消极方面而言，在中国国内近代民族意识高涨之际，包括美国在内的列强干涉清廷的朝政，不但破坏了中国主权，同时严重损害了清朝政府权力的合法性和权威性，激化了中国国内矛盾，助长中国国内的革命和动荡，不利于中国向近代国家的正常转型，甚至为后来中国陷入军阀混乱埋下祸根。再者，尽管在晚清政府与列强的关系上，美国是当时与中国最有共同利益的国家，是对中国危害最少的一个国家，相比其他列强，美国无论在中国外交还是内政问题上，都执行较其他列强相对友善或者说与中国较为有利的政策和态度，但同时美国始终没有脱离列强阵营，坚持中外不平等条约体系，并不支持中国走上独立发展道路。中国的现代化历程只有建立在独立自主的正常的国际关系之下才能实现。

其九，就清廷朝政来说，透过美国政府的观察和反应，我们看到一方面清朝政府在遭受八国联军侵略的打击之后，的确滋长了亲外和媚外的倾向，但在事关国家主权和利益问题上，清朝政府也并非完全像以往国内一些著作认为的那样，采取卖国政策，相反，表现出强烈的国家主权意识，力所能及地维护中国国家利益。并且，清政府在义和团运动之后表现出来的亲外倾向固然有媚外的成分，但同时其中也有主动迎合国际潮流的趋向，有其进步一面。将清朝政府说成"洋人的朝廷"，这是当时革命党人为推翻清朝统治而做的宣传，并不完全符合历史事实。

其十，透过美国政府与晚清朝政关系的考察，我们认为包括美国在内的主要列强虽然对晚清朝政的变动施加了重大的影响，但晚清朝政的发展方向和结局，最终取决于中国国内各种政治力量的较量；晚清的改革运动虽然在许多方面成为条约义务，但同时清朝政府仍然掌握着改革的主动权，毕竟晚清政府尚不是一个完全受制于人的傀儡政府，晚清中国尚不是任何列强的附属国。对于研究晚清中国历史来说，无论是"挑战—回应"模式所代表的"西方中心论"研究模式，还是近年学术界颇为提倡的"中国中心论"研究范式，都存在偏颇，不适合用于研究 1840 年中西大沟通以来的中国历史。

最后，落实到何为晚清中美特殊关系问题，我们首先不能对特殊关系做绝对片面的理解，简单定义为友好关系；国家之间基于利益关系，不可能始终都是友好合作关系，而没有矛盾和冲突。固然，美国从 1840 年代至 1890 年代对华奉行学者所称的"合伙"或"为虎作伥"外交，追随英国等列强之后，道德上与欧洲人的传统做法无优越可言；而美国在 1899 年宣布的对华门户开放政策也只是美国海外扩张的产物，其动机和目的是为了更有力地扩大美国在华经济和政治势力，同时美国亦没有不折不扣地奉行此一政策，阻止列强瓜分中国；并且，晚清中美之间还发生过美国的排华主义和中国的抵制美货运动。但这些都不能否定近代以来美国对华政策与其他列强之间的不同，否定中美特殊关系的存在。

再者，晚清中美特殊关系也不是如一些学者所说，美国人怀着"天赋使命论"的思想，对华充满理想主义，要用美国的自我形象和价值观改造中国、塑造中国，这只是一部分传教士和美国舆论界怀有的思想。作为刚从英国殖民统治下宣告独立的合众国，美国政府在对待中国问题上基本奉行和采取的是美国的孤立主义和不干涉的中立主义外交思想。在外交政策上，美国一直到 1941 年珍珠港事件暴发之后才彻底放弃孤立主义和不干涉的中立主义外交思想，转而奉行干涉主义外交政策。当然，对美国的孤立主义传统和不干涉原则，亦不能绝对按字面理解。所谓孤立主义和不干涉原则，并不是说不与其他国家发生关系，也不是像美国人自己声称的那样，对别国的内政一律不干涉。它们的本意是，在美国尚未成为世界唯一强国之前，美国在对外关系方面主要以经济关系和经济利益为主，不干涉与美国利益没有直接关系的国际政治纠纷，不与其他国家结盟，不卷入与美国没有直接利害关系的战争。所谓孤立主义和不干涉原则，实际上就是尽可能避免承担与美国没有直接利害关系的国际义务。

　　所谓中美特殊关系，它在不同历史时期有其不同的内涵。就晚清来说，中美特殊关系主要体现在在近代中外不平等条约体系里，美国的对华政策较诸其他列强温和，没有像其他列强那样富有侵略性，对中国的危害没有其他列强那样严重，美国是几个主要列强中唯一没有直接使用武力分割中国领土的国家；体现在美国对华门户开放政策上，偏向于寻求经济利益，主张维护中国领土和行政的完整；体现在美国比较重视通过慈善事业和文化教育事业，扩大在华影响力；体现在美国认为一个繁荣富强的中国更合乎美国的利益，鼓励和支持中国国内各项改革，同时相对尊重中国的历史和国情；体现在美国一面怀抱基督教恩抚主义和开发中国经济的热情，一面又对中国始终抱有种族主义偏见。此外，中美的特殊关系还表现在中美彼此抱有一些不切实际的幻想或"迷思"，以及由此产生的失意和不满足感。这种特殊关系是由中美两国的历史、文化、地理、政治、经济、国土和国际地缘政治等诸多因素形塑和决定的，并表现为中美共同战略利益观：一个相对繁荣富强的中国符合中美两国利益。①

　　时转势移，随着中国国力的上升和世界格局的变化，历史上形成的中美共同战略利益观和特殊关系正在遭受严峻的考验。在人类社会进入全球化和高科技时代的今天，为了人类的美好明天，中美两个世界大国必须跳出历史上守成大国与崛起大国之间的"修昔底德陷阱"，认真反思和珍惜历史上形成的中美特殊关系，尤其是美国方面应摒弃冷战思维和基督教恩抚主义的失意感，与中国一道创造性地构建一个新的共同战略利益观。这是中美两国亟须面对和解决的问题。最后，以美国哈佛大学国际关系学教授卡尔·多伊奇（Karl W. Deutsch）所说的警示作为全书的结尾："假设人类文明在今后 30 年内毁灭，其原因将不是饥馑或瘟疫，而是外交政策和

———————————

① 有关晚清中美特殊关系内涵，本人将专门另文阐述。

国际关系。我们有办法对付饥荒或瘟疫，但迄今为止，在我们自己制造出来的武器所具有的威力面前，以及在我们作为民族国家的行为举止方面，我们却一筹莫展，无以为计。"①

---

① 〔美〕卡尔·多伊奇：《国际关系分析》，周启朋等译，世界知识出版社，1992，前言第
1 页。

参考文献

一　中文档案文献资料

外务部档案，中国第一历史档案馆藏。

赵尔巽档案，中国第一历史档案馆藏。

《东方杂志》《申报》《外交报》《政艺丛书》

北洋洋务局纂辑《光绪乙巳年交涉要览》，北洋官报局，1907。

北洋洋务局编辑《光绪丙午年交涉要览》，北洋官报局，1908。

陈度编《中国近代币制问题汇编》，上海瑞华印务局，1932。

《筹办夷务始末》（道光朝），中华书局，1964。

戴鸿慈：《出使九国日记——清末出洋考察宪政的五大臣之一的日记》，湖南人民出版社，1982。

丁贤俊、喻作凤编《伍廷芳集》，中华书局，1993。

度支部辑《度支部币制奏案辑要》，沈云龙主编《近代中国史料丛刊》第65辑，台北：文海出版社，1971。

〔美〕弗雷德里克·A.沙夫、〔英〕彼德·哈林顿编著《1900年：西方人的叙述——义和团运动亲历者的书信、日记和照片》，顾明译注，天津人民出版社，2010。

国家档案局明清档案馆编《戊戌变法档案史料》，中华书局，1958。

国家档案局明清档案馆编《义和团档案史料》上册，中华书局，1959。

故宫博物院明清档案部编《清末筹备立宪档案史料》，中华书局，1979。

黄嘉谟主编《中美关系史料》（光绪朝三），台北中研院近代史研究所，1989。

黄嘉谟主编《中美关系史料》（光绪朝四），台北中研院近代史研究所，1989。

黄嘉谟主编《中美关系史料》（光绪朝五），台北中研院近代史研究所编印，1990。

胡滨译《英国蓝皮书有关义和团运动资料选译》，中华书局，1980。

胡滨译《英国蓝皮书有关辛亥革命资料选译》，中华书局，1984。

〔美〕精琪：《大美钦命会议银价大臣续议》（附新圜法释疑），施肇基译，维新中西印书局，1905 年铅印本。

江岳波编《晚清赴美参加圣路易斯博览会史料》，《历史档案》1987 年第 4 期。

〔英〕李提摩太：《亲历晚清四十五年——李提摩太在华回忆录》，李宪堂、侯林莉译，天津人民出版社，2005。

梁启超：《饮冰室合集》，中华书局，1989。

路遥主编《义和团运动文献资料汇编》，山东大学出版社，2012。

〔澳〕骆惠敏编《清末民初政情内幕——〈泰晤士报〉驻北京记者、袁世凯政治顾问乔·厄·莫理循书信集》，刘桂梁等译，上海知识出版社，1986。

《吕海寰奏稿》，沈云龙主编《近代中国史料丛刊三编》第 58 辑，台北：文海出版社，1990。

《毛泽东选集》，人民出版社，1991。

戚其章主编《中国近代史资料丛刊续编·中日战争》，中华书局，1989～1996。

清华大学校史研究室编《清华大学史料选编》（一），清华大学出版社，1991。

《清季中日韩关系史料》，台北中研院近代史研究所编印，1972。

《清实录·德宗景皇帝实录》，中华书局，1987 年影印本。

上海图书馆编《汪康年师友书札》第 1 册，上海古籍出版社，1986。

上海市禁毒工作领导小组办公室、上海市档案馆编《清末民初的禁烟运动和万国禁烟会》，上海科学技术文献出版社，1996。

上海商务印书馆编译所编纂《大清新法令》，商务印书馆，2011。

沈桐生编《光绪政要》，台北：文海出版社，1969。

盛宣怀：《愚斋存稿》，上海人民出版社，2018。

沈祖宪、吴闿生编《容庵弟子记》，1913。

天津社会科学院历史研究所编《1901年美国对华外交档案——有关义和团运动暨辛丑条约谈判的文件》，刘心显、刘海岩译，齐鲁书社，1983。

王铁崖编《中外旧约章汇编》第1、2册，生活·读书·新知三联书店，1959。

王彦威辑、王亮编《清季外交史料》，书目文献出版社，1987。

汪寿松等编《八国联军占领实录·天津临时政府会议纪要》上册，倪瑞英等译，天津社会科学院出版社，2004。

《魏源全集》，岳麓书社，2011。

夏东元编《郑观应集》，上海人民出版社，1982。

徐继畬：《瀛环志略》，清道光三十年刊本。

薛福成：《筹洋刍议：薛福成集》，徐素华选注，辽宁人民出版社，1994。

阎广耀、方生选译《美国对华政策文件选编——从鸦片战争到第一次世界大战（1842—1918）》，人民出版社，1990。

苑书义等主编《张之洞全集》第3册，河北人民出版社，1998。

云南省档案馆编《云南档案史料》，1986年第11期。

张侠等编《清末海军史料》，海洋出版社，1982。

郑曦原编《帝国的回忆——〈纽约时报〉晚清观察记》，生活·读书·新知三联书店，2001。

中国第一历史档案馆编《光绪宣统两朝上谕档》，广西师范大学出版社，1996。

中国第一历史档案馆编《光绪朝朱批奏折》，中华书局，1995。

中国第一历史档案馆、福建师范大学历史系合编《中国近代史资料丛刊续编·清末教案》，中华书局，1996～2006。

中国第一历史档案馆编《清代军机处电报档汇编》，中国人民大学出版社，2005。

中国第一历史档案馆、北京大学、澳大利亚拉筹伯大学编《清代外务部中外关系档案史料丛编——中美关系卷》，中华书局，2017。

中国近代经济史资料丛刊编辑委员会主编《辛丑和约订立以后的商约谈判》，中华人民共和国海关总署研究室编译，中华书局，1994。

中国近代经济史资料丛刊编辑委员会主编《中国海关与庚子赔款》，中华书局，1983。

中国人民银行总行参事室金融史料组编《中国近代货币史资料》第1辑，中华书局，1964。

中国史学会主编《中国近代史资料丛刊·中日战争》，新知识出版社，1956。

中国史学会主编《中国近代史资料丛刊·义和团》，上海人民出版社，1957。

中国史学会主编《中国近代史资料丛刊·戊戌变法》，上海人民出版社，1957。

中国史学会主编《中国近代史资料丛刊·辛亥革命》，上海人民出版社，1957。

中国社会科学院近代史研究所图书馆藏《中美商约谈判记录》（未刊稿）。

《中国新圜法觉书》，上海商务印书馆，1904年铅印本，京报馆，1907年铅印本。

《中美关系资料汇编》第1辑，世界知识出版社编印，1957。

《中美往来照会集（1846—1931）》，广西师范大学出版社编印，2006。

朱寿朋编《光绪朝东华录》，中华书局，1958。

二　外文档案文献资料

Carl, Katherine Augusta, *With the Empress Dowager of China*, London and New York: Kegan Paul, 1986.

Conger, Sarah Pike, *Letters from China: With Particular Reference to the Empress Dowager and the Women of China*, Chicago, A. C. McClurg and CO., 1909.

60th Congress 1st Session 1907 – 1908, *House Reports*, Vol. 1.

60th Congress 1st Session 1907 – 1908, *Senate Documents*, Vol. 31.

60th Congress 2nd Session, 1908 – 1909, *House Document*, Vol. 147.

Davids, Jules, *American Diplomatic and Public Papers: The United States and China*, Series III, *The Sino-Japanese War to the Russo-Japanese War, 1894 – 1905*. Wilmington, Delaware: Scholarly Resource Inc. , 1981.

Diplomatic Instructions of the Department of State, 1801 – 1906, China, microfilm, Washington: National Archives, 1945 – 1946.

Dispatches from U. S Ministers to China, 1843 – 1906, microfilm, Washington, Nationel Archives, 1946 – 1947.

Documents diplomatiques français (1871 – 1914), 1ère série , 1871 – 1900, Tome 11, Paris: Imprimerie Nationale , 1947.

Documents diplomatiques français (1871 – 1914), 2e série, 1901 – 1911, Tome 2, Paris: Imprimerie Nationale, 1931.

Holcomb, Chester, *Real Chinese Question*, London: Methuen & CO. , 1901.

John Hay Papers, microfilm, Washington: Library of Congress Photo Publication Service, 1971.

Journal of the American Asiatic Association, 1898 – 1911.

Journal of the American Association of China, 1899 – 1911.

Martin, W. A. P. , *The Awakening of China*, New York: Doubleday, Page & Company, 1907.

Morison, Elting E. (ed.) *The Letters of Theodore Roosevelt*, Cambridge, Mass. : Harvard University Press, 1951 –1954.

Palmer, Spencer J. , *Korean-American Relations: Documents Pertaining to the Far Eastern Diplomacy of the United States*, Volume II, *the Period of Growing Influence, 1887 – 1895*, Berkeley and Los Angeles : University of California Press, 1963.

Records of the Department of State Relating to Internal Affairs of China, 1906 – 1910, microfilm, National Archives, National Archives and Records Service, 1972.

Records of the Department of State Relating to Internal Affairs of China, 1910 – 1929 , microfilm, National Archives, National Archives and Records Service, 1960.

Records of the United States Legation in China, 1843 – 1945, microfilm, Washington, D. C. : National Archives and Records Service, 1963.

Report of the International Opium Commission, Vol. II, *Reports of the Delegations.* Shanghai, Printed and Published by the North-China Daily News & Herald LTD, 1909.

Report of the International Opium Commission, Vol. I, *Report of the Proceedings.* Shanghai, Printed and Published by the North-China Daily News & Herald LTD, 1909.

Report of William W. Rockhill, Washington, 1901.

Rockhill Papers, Houghton Library, Harvard University.

Smith, Arthur H., *China and America Today: a Study of Conditions and Relations*, New York: Fleming H. Revell, 1907.

The North-China Herald and Supreme Court & Consular Gazette.

U. S. State Department, *Papers Relating to the Foreign Relations of the United States, 1894-1912*, Washington: Government Printing Office, 1894-1912.

三　中文论著与外文译著

〔英〕R. P. 巴斯顿:《现代外交》，赵怀普等译，世界知识出版社，2002。

〔美〕托马斯·博克、丁伯成:《大洋彼岸的中国幻梦——美国"精英"的中国观》，外文出版社，2000。

陈胜粦:《鸦片战争前后中国人对美国的了解和介绍——兼论清代闭关政策的破产和开眼看世界思潮的勃兴》（上、下），《中山大学学报》1980年第1、2期。

崔志海:《端方与美商一桩未予诉讼的经济官司》，《历史研究》2007年第3期。

崔志海:《光绪皇帝和慈禧太后之死与美国政府的反应——兼论光绪死因》，《清史研究》2009年第3期。

崔志海:《摄政王载沣驱袁事件再研究》，《近代史研究》2011年第6期。

戴海斌:《也说1908年美国大白舰队访问厦门——为马幼垣先生补充》，《史林》2013年第6期。

丁名楠、张振鹍:《中美关系史研究:向前推进，还是向后倒退?——评〈略论中美关系史的几个问题〉》，《近代史研究》1979年第2期。

丁名楠等:《帝国主义侵华史》第2卷，人民出版社，1990。

樊亢等编《主要资本主义国家经济简史》，人民出版社，1985。

〔苏〕福森科：《瓜分中国的斗争和美国的门户开放政策（1895—1900）》，杨诗浩译，生活·读书·新知三联书店，1958。

〔苏〕C.B. 戈列里克：《1898—1903年美国对满洲的政策与"门户开放"主义》，高鸿志译，黑龙江教育出版社，1991。

葛夫平：《法国与门户开放政策》，《中国社会科学》2019年第4期。

〔美〕古德诺：《解析中国》，蔡向阳等译，国际文化出版公司，1998。

〔美〕斯蒂芬·豪沃思：《驶向阳光灿烂的大海——美国海军史（1775—1991）》，王启明译，世界知识出版社，1997。

〔美〕韩德：《中美特殊关系的形成——1914年前的美国与中国》，项立岭、林勇军译，复旦大学出版社，1993。

〔美〕亨利·J. 亨德里克斯：《西奥多·罗斯福的海军外交——美国海军与美国世纪的诞生》，王小可、章放维、郝辰璞译，海洋出版社，2015。

蒋相泽、吴机鹏主编《简明中美关系史》，中山大学出版社，1989。

〔美〕T. 克里斯托弗·杰斯普森：《美国的中国形象（1931—1949》，姜智芹译，江苏人民出版社，2010。

〔美〕孔华润：《美国对中国的反应——中美关系的历史剖析》，张静尔等译，复旦大学出版社，1989。

〔美〕孔华润主编《剑桥美国对外关系史》，周桂银等译，新华出版社，2004。

〔美〕乔西亚·昆西编《帝国的相遇：美国驻广州首任领事山茂召实录》，常征译，人民出版社，2015。

〔美〕赖德烈：《早期中美关系史（1784—1844）》，陈郁译，商务印书馆，1963。

李德征、苏位智、刘天路：《八国联军侵华史》，山东大学出版社，1990。

李定一：《中美早期外交史（1784—1894）》，台北：传记文学出版社，1978。

李喜所、刘集林：《近代中国的留美教育》，天津古籍出版社，2000。

李守郡：《试论美国第一次退还庚子赔款》，《历史档案》1987年第3期。

〔美〕李约翰：《清帝逊位与列强（1908—1912）：第一次世界大战前的一段外交插曲》，孙瑞芹等译，中华书局，1982。

林明德：《袁世凯与朝鲜》，台北中研院近代史研究所，1984。

〔美〕阿瑟·林克、威廉·卡顿：《一九〇〇年以来的美国史》，刘绪贻等译，中国社会科学出版社，1983。

刘大年：《美国侵华史》，人民出版社，1951。

刘达人：《外交科学概论》，中华书局，1937。

刘彦：《帝国主义压迫中国史》（原名《中国近时外交史》），上海太平洋书店，1931。

〔苏〕鲍里斯·罗曼诺夫：《俄国在满洲（1892—1906）》，陶文钊、李金秋、姚宝珠译，商务印书馆，1980。

罗荣渠：《关于中美关系史和美国史研究中的一些问题》，《历史研究》1980年第3期。

罗香林：《梁诚的出使美国》，香港大学亚洲研究中心，1977。

〔美〕马士：《中华帝国对外关系史》第3卷，张汇文译，上海书店出版社，2000。

〔美〕马士、宓亨利：《远东国际关系史》上册，姚曾廙等译，商务印书馆，1975。

〔美〕戴维·F. 马斯托：《美国禁毒史：麻醉品控制的由来》，周云译，北京大学出版社，1999。

马幼垣：《美国舰队清末两访厦门史事考评——为美国舰队访问厦门百年而作》（上、下），《九州学林》第7卷第2、3期，2009。

茅海建：《戊戌变法史事考》，生活·读书·新知三联书店，2005。

〔美〕欧内斯特·梅、小詹姆斯·汤姆逊编《美中关系史论——兼论美国与亚洲其它国家的关系》，齐文颖等译，中国社会科学出版社，1991。

〔英〕C. L. 莫瓦特编《新编剑桥世界近代史·世界力量对比的变化（1898—1945）》第12卷，中国社会科学院世界历史研究所组译，中国社会科学出版社，1987。

〔英〕哈罗德·尼科松：《外交学》，眺伟译，世界知识出版社，1957。

戚其章：《甲午战争国际关系史》，人民出版社，1994。

钱亦石：《中国外交史》，生活书店，1947。

卿汝楫：《美国侵华史》，生活·读书·新知三联书店，1956。

卿斯美：《辛亥革命前夕美国对华政策研究——兼论清末预备立宪的失败》，《中美关系史论丛》第1辑，重庆出版社，1985。

〔美〕马戈·塔夫脱·斯蒂弗、沈弘、詹姆斯·塔夫脱·斯蒂弗等编著《看东方——1905年美国政府代表团访华之行揭秘》，浙江大学出版社，2012。

〔美〕托马斯·帕特森等：《美国外交政策》，李庆余译，中国社会科学出版社，1989。

孙毓棠：《抗戈集》，中华书局，1981。

〔美〕泰勒·丹涅特：《美国人在东亚——十九世纪美国对中国、日本和朝鲜政策的批判的研究》，姚曾廙译，商务印书馆，1959。

陶文钊：《中美关系史（1911—1950）》，重庆出版社，1993。

陶文钊：《日美在中国东北的争夺（1905—1910）》，《世界历史》1996年第1期。

汪敏之：《美国侵华小史》，生活·读书·新知三联书店，1950。

汪熙：《略论中美关系史的几个问题》，《世界历史》1979年第3期。

汪熙、〔日〕田尻利主编《150年中美关系史论著目录（1823—1990）》，复旦大学出版社，2005。

王立新：《美国对华政策与中国民族主义运动（1904—1928）》，中国社会科学出版社，2000。

王立新：《美国国家认同的形成及其对美国外交的影响》，《历史研究》2003年第4期。

王绍坊：《中国外交史：鸦片战争至辛亥革命时期（1840—1911）》，河南人民出版社，1988。

王树槐：《庚子赔款》，台北：中研院近代史研究所，1974。

王树槐：《外人与戊戌变法》，上海书店出版社，1998。

王玮、戴超武：《美国外交思想史（1775—2005）》，人民出版社，2007。

王玮主编《美国对亚太政策的演变（1776—1995）》，山东人民出版社，1995。

王晓德：《美国文化与外交》，世界知识出版社，2000。

外交学院中国对外关系史教研室编《中国近代外交史（1840—1919）》，外交学院，1965。

〔美〕查尔斯·威维尔：《美国与中国：财政和外交研究（1906—

1913）》，张玮瑛、李丹阳译，社会科学文献出版社，1990。

吴嘉静：《"门户开放"：美国对华政策史一页》，《复旦学报》1980 年第 5 期。

吴心伯：《金元外交与列强在中国（1909—1913)》，复旦大学出版社，1997。

向荣：《论"门户开放"政策》，《世界历史》1980 年第 5 期。

〔美〕迈克尔·谢勒：《二十世纪的美国与中国》，徐泽荣译，生活·读书·新知三联书店，1985。

〔日〕信夫清三郎编《日本外交史》，天津社会科学院日本问题研究所译，商务印书馆，1992。

项立岭：《怎样向前推进？——中美关系史研究中的几个问题》，《世界历史》1980 年第 5 期。

项立岭：《中美关系史全编》，华东师范大学出版社，2002。

熊月之：《中国近代民主思想史》，上海人民出版社，1986。

熊月之：《西学东渐与晚清社会》，上海人民出版社，1994。

徐国琦：《中国人与美国人：一部共有的历史》，尤卫群译，四川人民出版社，2019。

杨生茂主编《美国外交政策史 1775—1989》，人民出版社，1991。

杨玉圣：《中国人的美国观——一个历史的考察》，复旦大学出版社，1996。

杨振先：《外交学原理》，上海商务印书馆，1937。

〔美〕哈罗德·伊罗生：《美国的中国形象》，于殿利、陆日宇译，中华书局，2006。

余志森主编《崛起和扩张的年代（1898—1929)》，人民出版社，2001。

俞辛焞：《辛亥革命时期中日外交史》，天津人民出版社，2000。

〔英〕菲利浦·约瑟夫：《列强对华外交——对华政治经济关系的研究（1894—1900)》，胡滨译，商务印书馆，1959。

曾友豪编《中国外交史》，上海商务印书馆，1926。

张存武：《光绪三十一年中美工约风潮》，台北：中研院近代史研究所，1982。

张黎源：《泰恩河上的黄龙旗》，生活·读书·新知三联书店，2020。

朱卫斌：《西奥多·罗斯福与中国——对华"门户开放"政策的困境》，天津古籍出版社，2005。

四　英文论著

Beale, Howard K, *Theodore Roosevelt and the Rise of America to World Power*, Baltimore: The Johns Hopkins Press, 1956.

Bose, Nemai Sadhan, *American Attitude and Policy to the Nationalist Movement in China, 1911 - 1912*, New Delhi: Orient Longmans, 1970.

Braisted, William Reynolds, *The United States Navy in the Pacific, 1909 - 1922*, University of Texas Press, 1971.

Braisted, William Reynolds, *The United States Navy in the Pacific, 1897 - 1909*, University of Texas Press, 1958.

Campbell, Charles S. Jr. , *Special Interests and Open Door Policy*, New Haven: Yale University Press, 1951.

Clymer, Kemton J. , *John Hay: The Gentleman as Diplomat*, The University of Michigan Press, 1975.

Courtwright, David T, *Dark Paradise: A History of Opiate Addiction in America*, Cambridge, Mass. : Harvard University Press, 2001.

Crane, Daniel M. and Thomas A. Breslin, *An Ordinary Relationship: American Opposition to Republican Revolution in China*, Miami: Florida International University Press, 1986.

Croly, Herbert. *Willard Straight*, New York, 1924.

Dennett, Tyler, *John Hay: From Poetry to Politics*, New York: Dodd, Mead and Company, 1934.

Graham, Edward D, *American Ideas of A Special Relationship with China, 1784 - 1900*, New York and London : Garland Publishing, Inc. , 1988.

Hunt, Michael H, " The American Remission of Boxer Indemnity: A Reappraisal," *Journal of Asian Studies*, Volume 31, Issue 3, May, 1972.

Hunt, Michael H, *Frontier Defense and the Open Door: Manchuria in Chinese-American Relations, 1895 - 1911*, New Haven and London, Yale University Press, 1973.

Iriye, Akira, *Across the Pacific: An Inner History of American- East Asian Relation*,

Cambridge, Mass. : Harvard University Press, 1967.

Iriye, Akira, *From Nationalism to Internationalism: US Foreign Policy to 1914*, Routledge and Kegan Paul, London, Henley and Boston,

Israel, Jerry, *Progressivism and The Open Door: America and China, 1905 – 1921*, University of Pittsburgh Press, 1971.

En-han, Lee, *China's Quest for Railway Autonomy 1904 – 1911: a Study of the Chinese Railway Rights Recovery Movement*, Singapore University Press, 1977.

Lodwick, Kathleen Lorraine, Chinese, Missionary, and International Efforts to End the Use Of Opium in China, 1890 – 1916, The University of Arizona, Ph. D. , 1976, History, Asia.

Lorence, James J, " Organized Business and the Myth of the China Market: The American Asiatic Association, 1898 – 1937," *Transactions of the American Philosophical Society*, 1981, 71 (4)

McClellan, Robert, *The Heathen Chinese: A Study of American Attitudes toward China, 1890 – 1905*, Ohio State University Press, 1971.

McCormick, Thomas J, *China Market: America's Quest for Informal Empire, 1893 – 1901*, Chicago: Quadrangle Books, 1967.

McKee, Delber L, *Chinese Exclusion versus the Open Door Policy 1900 – 1906: Clashes over China Policy in the Roosevelt Era*, Detroit: Wayne State University Press, 1977.

Minger, Ralph E, *William Howard Taft and United States Foreign Policy, the Apprenticeship Years, 1900 – 1908*, University of Illinois Press, 1975.

Moore, A. Gregory, The Dilemma of Stereotypes: Theodore Roosevelt and China, 1901 – 1909, Kent State University, Ph. D. , 1978.

Neu, Charles E, *An Uncertain Friendship: Theodore Roosevelt and Japan, 1906 – 1909*, Cambridge, Mass. : Harvard University Press, 1967.

Owen, David Edward, *British Opium Policy in China and India*, New Haven: Yale University Press, 1934.

Patton, John R, *Minister to the Mandarins: Charles Denby and the Emergence of America's China Policy*, Boca Raton, Florida: Florida Atlantic University, 1977.

Reed, James, *The Missionary Mind and American East Asia Policy, 1911 – 1915*,

Cambridge, Mass. : Harvard University Press, 1983.

Reins, Thomas D, China and the International Politics of Opium, 1900 – 1937: The Impact of Reform, Revenue, and the Unequal Treaties, Claremont Graduate School, Ph. D. 1981.

Roscoe Thayer, William. John Hay, Boston and New York, Houghton Mifflin Company, 1915.

Rosenberg, Emily S, *Financial Missionaries to the World: The Politics and Culture of Dollar Diplomacy, 1900 – 1930*, Cambridge, Mass. : Harvard University press, 1999.

Scholes, Walter V. and Marie V. Scholes, *The Foreign Policies of the Taft Administration*, University of Missouri Press, 1970.

Stelle, Charles Clarkson, *Americans and the China Opium Trade in the Nineteenth century*, New York, 1981.

Treat, Payson J, *Diplomatic Relations bettween the United States and Japan, 1853 – 1905*, Gloucester, Mass. : Peter Smith , 1963.

Varg, Paul A, *Missionaries, Chinese, and Diplomats: The American Protestant Missionary Movement in China, 1890 – 1952*, Princeton: Princeton University Press , 1977.

Varg, Paul A, *Open Door Diplomat: The Life of W. W. Rockhill*, The University of Illinois Press, 1952.

Varg, Paul A, *The Making of a Myth: The United States and China, 1897 – 1912*, Westport, CT: Greenwood Press, 1980.

Young, Marilyn Blatt, *The Rhetoric of Empire: American China Policy, 1895 – 1901*, Cambridge, Mass. : Harvard University Press, 1968.

Zabriskie, Edward H, *American-Russian Rivalry in the Far East: A Study in Diplomacy and Power Politics, 1895 – 1914*, Westport, CT: Greenwood Press, 1976.

后　记

　　每部学术著作的诞生和出版，都有它的历史和故事。本书的写作最初源于 1990 年代从事清末新政史研究，试图探讨列强与清末改革的关系。2001～2002 年获哈佛燕京学社访学机会，便改以美国政府与清末新政关系做我的访学研究题目，对美方档案和文献资料做了广泛的搜集和阅读，由此奠定了本书的写作基础。2003～2008 年师从熊月之先生攻读复旦大学历史学系博士学位，又以这个题目做了我的博论选题，并以这个选题申请了国家社科基金项目，将研究时段稍前移至 1894 年的中日甲午战争，于 2012 年通过结项。后因其他研究工作，一再耽搁，至年初杀青、付梓之际，距离最初着手研究，已过二十余载。蓦然回首，不胜感慨！

　　饮水思源，这部著作得以完成，首先要感谢张海鹏、耿云志两位所长及张振鹍、陶文钊老师在我当年申请哈佛燕京学社访问学者中的鼎力推荐，同时也感谢哈佛大学杜维明教授、裴宜理教授、孔飞力教授的支持，感谢柯伟林教授慨然应允做我访学期间的指导老师。同样，亦感谢哈佛燕京学社各位工作人员提供的周到的安排和服务，感谢哈佛大学各图书馆的开放和提供的便利，更感谢中国社会科学院近代史所图书馆工作人员在我三十余年学术研究中提供的长期帮助。此外，还要感谢国家社会科学基金和中国社会科学院文库为本项目的研究和出版提供的宝贵资助；感谢社会科学文献出版社徐思彦等诸位领导的多年督促和编辑石岩的编校；感谢马维熙同学为本书引文所做的认真核对。最后，借此机会，向所有在我学术生涯中曾提供过热情帮助的中外学者和友人致以最真诚的谢忱和祝福！

　　令人遗憾的是，这部得益于中美两国友好关系的著作在付梓之际，中美关系正处于两国建交以来最低落、最艰难之时，又到了一个何去何从的抉择时期。在这一艰难和关键时刻，中国方面本着人类命运共同体思想，已提出中美构建一个"相互尊重、和平共处、合作共赢"的新型大国关系的倡议。不管美国方面最后如何界定中美关系，做出何种政策抉择，从历史和地缘政治角度来说，任何将中国排除在东亚和世界体系之外的政策，或将中国视为敌国或战略竞争对手的政策，都是有悖美国东亚和对华政策初衷的，既不符合中国利益，也不符合美国自身利益。试问一个与中国脱钩的东亚政策何以成为东亚政策或亚太政策？一个将中国视为敌国或战略竞争对手的对华政策，如何能够符合美国的利益？为了重建面向未来的中美关系，中美亟须达成新的战略共识，期待中美两国学者为此多做有益工作，以自己的知识贡献于中美两国和人类社会的和平与发展事业！

2022 年 5 月于通州大运河畔

图书在版编目（CIP）数据

　　美国与晚清中国：1894～1911 / 崔志海著 . -- 北
京：社会科学文献出版社，2022.7（2023.2 重印）
　　（中国社会科学院文库 . 历史考古研究系列）
　　ISBN 978 - 7 - 5228 - 0055 - 4

　　Ⅰ . ①美…　Ⅱ . ①崔…　Ⅲ . ①中美关系 - 国际关系史
- 1894 - 1911　Ⅳ . ①D829.712

　　中国版本图书馆 CIP 数据核字（2022）第 070064 号

中国社会科学院文库 · 历史考古研究系列
美国与晚清中国（1894～1911）

著　　者／崔志海

出 版 人／王利民
组稿编辑／宋荣欣
责任编辑／石　岩
责任印制／王京美

出　　版／社会科学文献出版社 · 历史学分社（010）59367256
　　　　　地址：北京市北三环中路甲 29 号院华龙大厦　邮编：100029
　　　　　网址：www.ssap.com.cn
发　　行／社会科学文献出版社（010）59367028
印　　装／三河市龙林印务有限公司

规　　格／开　本：787mm × 1092mm　1/16
　　　　　印　张：30.75　字　数：500 千字
版　　次／2022 年 7 月第 1 版　2023 年 2 月第 3 次印刷
书　　号／ISBN 978 - 7 - 5228 - 0055 - 4
定　　价／128.00 元

读者服务电话：4008918866